Wissenschaftliche Untersuchungen
zum Neuen Testament · 2. Reihe

Begründet von Joachim Jeremias und Otto Michel
Herausgegeben von
Martin Hengel und Otfried Hofius

44

Der griechische Begriff des Verzeihens

Untersucht am Wortstamm συγγνώμη von den ersten Belegen
bis zum vierten Jahrhundert n. Chr.

von

Karin Metzler

J.C.B. Mohr (Paul Siebeck) Tübingen

Die vorliegende Arbeit wurde von der Philosophischen Fakultät I der Universität Zürich im Wintersemester 1989/90 auf Antrag von Herrn Professor Dr. Walter Burkert als Dissertation angenommen.

CIP-Titelaufnahme der Deutschen Bibliothek

Metzler, Karin:
Der griechische Begriff des Verzeihens: untersucht am Wortstamm syggnōmē von den ersten Belegen bis zum vierten Jahrhundert n. Chr. / von Karin Metzler.
– Tübingen: Mohr, 1991.
    (Wissenschaftliche Untersuchungen zum Neuen Testament: Reihe 2; 44)
    Zugl.: Zürich, Univ., Diss., 1989/90
    ISBN 3-16-145671-8
    ISSN 0340-9570

NE: Wissenschaftliche Untersuchungen zum Neuen Testament / 02

© 1991 J. C. B. Mohr (Paul Siebeck) Tübingen.

Das Buch wurde von Gulde-Druck in Tübingen reproduziert, auf säurefreies Werkdruckpapier der Papierfabrik Niefern gedruckt und von der Großbuchbinderei Heinr. Koch in Tübingen gebunden.

Vorwort

Ich möchte an dieser Stelle allen meinen Dank aussprechen, die die Entstehung der hier vorliegenden Dissertation gefördert haben. Zuallererst ist an Prof. Konrad Gaiser zu erinnern, der das Thema entdeckt und mir zu näherer Untersuchung anvertraut, dann meine Arbeit daran bis zu seinem Tod im Mai 1988 betreut hat. In der Tat geht meine Bekanntschaft mit der Fragestellung bis in mein erstes Griechisch-Semester zurück, in dem ich an seinem Proseminar über Xenophons "Kyropädie" teilnahm. Dank gebührt danach Herrn Prof. Walter Burkert, der sich der in vielen Punkten schon festliegenden verwaisten Arbeit angenommen und ihr doch noch wichtige Impulse gegeben hat. Auch die Professoren, die an der Promotion in Zürich beteiligt waren, Heinrich Marti und George E. Dunkel, haben die Arbeit beratend gefördert.

Die Dissertation entstand neben meiner Tätigkeit in der Patristischen Arbeitsstelle Bochum der Rheinisch-Westfälischen Akademie der Wissenschaften, wo ich an der Neuedition der dogmatischen Werke des Athanasios von Alexandrien mitwirke. Die Gespräche über mein Thema, die neben dieser Tätigkeit an der Ruhr-Universität Bochum möglich waren, erinnere ich dankbar: die unentbehrliche Hilfe von Herrn Prof. Alexander Kleinlogel bei der Ausnutzung des Computer-Suchprogramms, das Doktoranden-Colloquium von Herrn Prof. Gerhard Binder und Herrn Prof. Bernd Effe und die Literaturhinweise und das Zuhören meiner Kollegen an der Fakultät für Evangelische Theologie, Frau Renate Bugenhagen und Herrn Dr. Martin Leutzsch (der auch das Druckmanuskript gelesen hat).

Ferner gilt mein Dank den Menschen, die die Arbeit aus der Ferne verfolgt haben, insbesondere Herrn Prof. Günter Bader (Zürich), Herrn Prof. Traugott Vogel (Berlin), Herrn Dr. Derk Ohlenroth (Tübingen).

Ich freue mich sehr, daß die Arbeit von Herrn Prof. Martin Hengel in eine theologische Reihe aufgenommen wird — war sie doch von Anfang an auf den interdisziplinären Dialog hin angelegt — und daß sie überdies durch das Erscheinen im Verlag J. C. B. Mohr (Paul Siebeck) zu ihrem ersten Ausgangspunkt, nach Tübingen, zurückkehrt.

Bochum, Februar 1991   Karin Metzler

Inhaltsverzeichnis

A Übergreifende Fragestellungen

A I Forschungsbericht

Nicht zufällig verdankt sich die vorliegende Arbeit der Anregung Konrad Gaisers,[1] der 1977 als erster[2] dem griechischen Verzeihen eine eigenständige Abhandlung widmete. Gaiser ging von einer Parallele zwischen zwei voneinander unabhängigen Texten aus, wie schon der Titel seines Aufsatzes zeigt: "Griechisches und christliches Verzeihen: Xenophon, Kyrupädie 3, 1, 38-40 und Lukas 23, 34a". Das Vorgehen ist also ein punktuelles: Es gewinnt seinen Begriff des griechischen Verzeihens aus der detaillierten Interpretation eines einzelnen Textausschnittes und dessen Einbettung in seinen literarischen und zeitgeschichtlichen Kontext. Gaiser hat dabei erfaßt, was griechisches Verzeihen in idealtypischer Form auszeichnet; gleichzeitig setzte er es durch dieses Vorgehen Mißverständnissen aus.

Den Xenophon-Beleg gibt Gaiser folgendermaßen wieder:

> X. Cyr. 3.1.40.[3] (*Gaiser* S. 78:) "In der Kyrupädie Xenophons liest man eine kurze Episode, die davon erzählt, daß Kyros den Armenierkönig und seinen Sohn Tigranes zum Essen einlud und daß sie bei dieser Gelegenheit

---

[1] Die Darstellung in diesem Kapitel ist bewußt ungleichgewichtig: Wichtige Autoren werden nur summarisch zitiert, da später am gegebenen Ort näher auf ihre Thesen eingegangen wird; Konrad Gaisers Aufsatz hingegen wird eingehend paraphrasiert, da er die geeignetste Einführung in das Thema darstellt; wichtig für die Problemstellung ist auch der Aufsatz von Ludger Oeing-Hanhoff.

[2] *Bishop* behandelt im Rahmen einer theologischen Magisterarbeit nur die Begriffe ἀπολύω, ἀφίημι und χαρίζομαι.

[3] Allen Zitaten seien folgende Hinweise vorausgeschickt: Auf Primär- und Sekundärliteratur wird generell durch kursiv geschriebene Siglen verwiesen, die im Literaturverzeichnis entschlüsselt werden; dort finden sich auch Angaben zur Zitierweise. – Zitate aus Primärliteratur sind, wo es nicht ausdrücklich anders angegeben ist, von der Verfasserin übersetzt; dabei wurden fremde Übersetzungen verglichen (diese sind nicht eigens im Literaturverzeichnis angegeben). Stellenangaben beziehen sich im Zweifelsfall auf das Vorkommen des Wortstamms

von einem Weisheitslehrer (σοφιστής) des Tigranes sprachen, den der König
hatte töten lassen (3,1,38-40).

(38) Als sie wieder auseinandergingen aus dem Zelt nach dem Mahl,
fragte Kyros: ´Sage mir, Tigranes, wo ist jener Mann, der mit uns auf der
Jagd war und den du, wie mir schien, sehr bewundert hast?´ ´Weißt du
nicht´, sagte Tigranes, ´daß mein Vater hier ihn getötet hat?´ ´Bei welchem
Unrecht hat er ihn ergriffen?´ ´Mein Vater sagte, daß der Mann mich
verderbe (διαφθείρειν). Dabei, mein Kyros, war jener so edel und gut, daß
er kurz vor seinem Tod mich kommen ließ und sprach: »Du darfst es,
Tigranes, deinem Vater nicht übel nehmen (μήτι χαλεπανθῇς), daß er
mich tötet; denn er tut dies nicht aus bösem Willen gegen dich (κακονοίᾳ
τῇ σῇ), sondern aus Nichtwissen (ἀγνοίᾳ); alle Fehler aber, die Menschen
aus Nichtwissen begehen, halte ich für unfreiwillig (ἀκούσια)«´.

(39) Kyros sagte daraufhin: ´Welch ein Jammer um einen solchen Mann!´
Der Armenier aber sagte: ´Es ist doch so, Kyros, daß diejenigen, die bei ihren
Frauen fremde Männer als Ehebrecher ergreifen, diese nicht etwa mit dem
Vorwurf töten, daß sie die Frauen ungebildeter (ἀμαθεστέρας) machten,
sondern deswegen, weil sie der Ansicht sind, daß diese ihnen die Liebe
(φιλία) der Frauen wegnehmen, behandeln sie sie wie Kriegsfeinde. So war
auch ich´, sagte er, ´auf diesen Mann eifersüchtig (ἐφθόνουν), weil er, wie
mir schien, bewirkte, daß mein Sohn ihn mehr bewunderte als mich.´

Und Kyros sagte: ´Ja, bei den Göttern, Armenier, mir scheint, daß dein
Vergehen menschlich ist (ἀνθρώπινα ἁμαρτεῖν). Und du, Tigranes, verzeihe (συγγίγνωσκε) deinem Vater!´

Nachdem sie damals so miteinander gesprochen hatten und freundlich
zueinander gewesen waren, wie es sich nach einer Aussöhnung (συναλ-
λαγή) versteht, stiegen sie auf ihre Wagen und fuhren mit ihren Frauen
fröhlich davon.´

Gaiser klärt zunächst zum Textverständnis das schwierige ἀμαθεστέρας:
Gemeinsam ist Ehemännern und Vätern, daß sie Eifersucht empfinden, auch wenn
ihre Frauen oder Söhne durch die fremde ˝Unterweisung˝ gescheiter werden
(S. 79).

Den inneren Zusammenhang der Episode erläutert er durch Kommentierung der Gründe für das geforderte Verzeihen aus der Klassischen
Zeit (S. 79-83): (1) Ein allgemeiner Entschuldigungsgrund besteht in der
ἄγνοια, (2) ein spezieller in der Eifersucht des Vaters. (3) Der Vergleich mit dem betrogenen Ehemann wird einmal aus den Bestimmungen
des griechischen Rechts verständlich, das es straflos ließ, wenn der Ehemann den auf frischer Tat ertappten Ehebrecher auf der Stelle umbrach-
te; zum anderen durch die im Griechischen weit verbreitete Überzeugung,

---

συγγνώμη. – Wichtige griechische Vokabeln werden in ihrer genauen Textform
angegeben, zeigen dadurch zum Teil Akzente, die in ihrer neuen Umgebung nicht
notwendig wären. – Spitze Klammern ⟨⟩ bedeuten Ergänzungen zum zitierten oder
übersetzten Text, sei es vom Herausgeber, sei es von der Verfasserin. In eckigen
Klammern [ ] werden (außer bei Papyrustexten) Erläuterungen eingefügt.

daß das Überwältigtsein vom Eros ein guter Grund sei, Verzeihung zu erlangen. (4) Wie es allgemein menschlich ist, zu irren und Fehler zu machen, so gehören auch Affekte wie ἔρως und φϑόνος zum Menschsein und sind daher verzeihlich. (5) Die Entschuldigung des Täters durch das Opfer dient nach griechischem Rechtsempfinden diesem zur Entlastung. Aus dem inneren Zusammenhang der Episode wird folgender Begriff von συγγνώμη gewonnen:

> *Gaiser* S. 83. "Er bezeichnet das einsehende Erkennen der Lage und der Absicht des anderen in seiner menschlichen Schwäche und von da aus das verstehende, auf den anderen eingehende, mitfühlende Entschuldigen. Im übrigen wird das Zustandekommen der συγγνώμη hier wie sonst dadurch erleichtert, daß derjenige, der sich vergangen hat, seinen Fehler einsieht und bereut."

Gaiser wendet sich dann dem Kontext der Episode im Roman, in der zeitgenössischen Literatur und in der Zeitgeschichte zu (S. 83-92). Er kann überzeugend darstellen, daß im Gespräch über den Weisheitslehrer das Schicksal des Sokrates aufgenommen und ein Votum in der literarischen und politischen Auseinandersetzung um dessen Tod abgegeben wird. Charakteristisch für Xenophon, der mit der "Kyropädie" seine Rehabilitation in Athen vorbereiten wollte, ist die vermittelnde Haltung nach beiden Seiten hin: Die ungerechte Anklage der Athener, Sokrates verderbe die Jugend, sei (außer durch das provokante Auftreten des Sokrates vor Gericht) erklärlich als Eifersucht der Väter, da ihre Söhne Sokrates höher schätzen als ihre Väter, in Verkennung freilich des Umstands, daß die Lehren des Sokrates der Ehrerbietung für die Väter nicht im Wege standen. Zur anderen Seite hin versucht Xenophon, die Anhänger des Sokrates von ihrem andauernden Groll wegen dessen Verurteilung abzubringen: Es sei im Sinne des Verurteilten selbst, den Richtern wegen ihrer Unwissenheit und Beeinträchtigung durch Affekte zu verzeihen — eine solche Position ist für Sokrates freilich sonst nicht überliefert, sehr typisch freilich die Verbindung von Unwissenheit und Unrechttun.

Schließlich geht Gaiser der Parallele der Xenophon-Episode zum Herrenwort bei Lukas nach: *NT* Lc. 23.34 πάτερ, ἄφες αὐτοῖς· οὐ γὰρ οἴδασιν τί ποιοῦσιν.

Beide Stellen gleichen sich in dem sonst außer *NT* Act. 7,60 und in Märtyrerakten nicht belegten Zug, "daß der unschuldig Sterbende selbst für denjenigen, der ihn umbringt, Verzeihung erbittet" (S. 93). Dagegen ist der Bezugsrahmen verschieden: "Der sokratische Weisheitslehrer erteilt einen guten Rat mit einer sachlichen, vernünftigen Begründung; und diesem Rat gibt Xenophon durch das auf die συγγνώμη hinzielende Gespräch eine moralisch-humane, fast sentimentale Wendung. Aus dem Wort Jesu dagegen hört man ein tiefes Mitleid und Erbarmen mit den irrenden Menschen heraus. Bei Xenophon will der Lehrer erreichen, daß der Sohn nicht unter dem Zerwürfnis mit seinem Vater leidet. Jesus will, daß gerade auch denen, die sich an ihm schuldig machen, kein Unheil geschieht, sondern daß sie den Willen Gottes zur Vergebung erfahren" (S. 93).

Die unsichere Überlieferung bei Lukas ohne Parallelen bei den anderen

Synoptikern läßt an spätere Streichung – aus antijüdischer Tendenz – oder nachträgliche Erweiterung denken. Eine Abhängigkeit von Xenophon ist höchst unwahrscheinlich; hingegen kommt eine Herkunft aus griechischer Literatur oder zumindest griechischem Denken, zumal wegen des Motivs des Nicht-Wissens, durchaus in Frage; andererseits ist der gedankliche Gehalt des Jesuswortes ebenso aus jüdischer Quelle herleitbar. Neben den Analogien gibt es doch einen spezifisch christlichen Hintergrund: "(...) die eigentliche Wurzel für die Bitte Jesu ist aber doch sicherlich in seinem neuen Gebot zu suchen, daß man die Feinde lieben, für die Verfolger beten, den eigenen Schuldigern vergeben soll" (S. 99).

Innerhalb der christlichen Tradition bestimmt Gaiser zwei Möglichkeiten der "besondere⟨n⟩ redaktionsgeschichtliche⟨n⟩ Bedeutung" (S. 95). Einmal sollte vielleicht "eine Auseinandersetzung zwischen Christen um die Schuld an der Verurteilung und Hinrichtung des Unschuldigen" beschwichtigt werden: Nicht nur die römisch-heidnischen Beteiligten, sondern auch die jüdischen Volksführer werden entlastet, um eine "Erleichterung der Mission und der Konversion bei Juden wie bei Heiden" zu ermöglichen (S. 96). Möglich ist andererseits, daß das Wort "in einer Zeit zunehmender Verfolgungen und einer sich ausbildenden Märtyrerethik besonders bedeutungsvoll geworden ⟨ist⟩, nämlich als die absolut gültige Anweisung dafür, daß der Christ auch im Extremfall zur Vergebung bereit sein soll. Damit ginge das Wort Jesu freilich insofern entschieden über die Mahnung bei Xenophon hinaus, als dort der Schüler, der zum Verzeihen aufgefordert wird, nicht ebenso leiden muß wie der Meister" (S. 97).

Gaiser arbeitet sowohl die Gemeinsamkeiten wie auch den unterschiedlichen Bezugsrahmen beider Belege deutlich heraus. Sein Aufsatz handelt von "griechische⟨m⟩ und christliche⟨m⟩ Verzeihen", ohne eine unüberbrückbare Kluft zwischen beiden aufzureißen. Genau dies geschieht aber in dem Aufsatz "Verzeihen, Ent-schuldigen, Wiedergutmachen" von Ludger Oeing-Hanhoff, der sich unter anderem auf _Gaiser_ beruft.

Für ihn bestätigt Gaisers Aufsatz, "daß SYNGIGNOSKEIN ein Ent-schuldigen besagt, das in Mit-Einsicht (SYNGNOME) in die Motive oder die Situation des scheinbar Unrecht-Tuenden oder des scheinbar Sich-Verfehlenden gründet. Versetzt man sich in die Situation des anderen, wird man mit ihm _einer Meinung_ über das, was er tun konnte oder sollte. Man ent-schuldigt ihn derart" (_Oeing-Hanhoff_ S. 69). Er postuliert einen fundamentalen Unterschied "zwischen Ent-schuldigen, bei dem jemand als eigentlich nicht schuldig erkannt und erklärt wird, und einem Verzeihen, das gerade die bestehende Schuld vergibt" (S. 69f.) und identifiziert die griechische συγγνώμη mit dem Ent-schuldigen, während nur der christlich geprägte moderne Begriff den Namen des Verzeihens verdiene.

Hat Oeing-Hanhoff recht? Zwei Punkte in seinem Vorgehen sind fragwürdig: Einerseits ist die Frage zu stellen, ob sich ein Vorgang, der zunächst einfach "Verzeihen" genannt wird, in zwei derart unterschiedliche und voneinander zu trennende Begriffe aufspalten läßt. Dieser Widerspruch erhebt sich bereits bei den Anspielungen auf die deutsche Etymo-

logie, für die Oeing-Hanhoff allerdings gewiß nur Modellcharakter postuliert hätte.

Oeing-Hanhoff faßt "Entschuldigen" als Eliminieren von *Schuld* auf: Es wird so
lange verstanden, bis keine zu verzeihende Schuld mehr vorhanden ist. Damit
gerät er aus dem Bereich des Verzeihens in den der Rechtfertigung hinein. Von
der Wortbildung her könnte man "Entschuldigen" aber ebensogut als Aufheben der
Beschuldigung auffassen: Die bestehende Schuld wird nicht mehr geltend gemacht.
Auch "Verzeihen" ist seinem etymologischen Sinn nach doppeldeutig: "Aufhören,
von etwas zu reden" (s. A II Anm. 11), kann auf der Einsicht in entlastende
Gründe wie auf dem Willen beruhen, eine bestehende Schuld nicht anzurechnen.

Der Gebrauch der beiden Wörter zeigt tatsächlich Unterschiede: "Sich ent-
schuldigen" kann eine Rechtfertigung bezeichnen, die keine Verschuldung mehr
übrigläßt; der Vorgang ist meist mit einer Begründung verbunden, muß sie aber
nicht enthalten. "Verzeihen" trägt stärker den Charakter des "Schenkens" von
Schuld, gilt meist gewichtigeren Anlässen, doch ist die Behauptung fragwürdig,
dabei werde nichts "verstanden", würden Motivationen der zu verzeihenden Tat
gänzlich unberührt gelassen.

Auch die Betrachtung vom deutschen Wortgebrauch aus hätte also
darauf führen können, eher einen Begriff des Verzeihens anzunehmen, der
beide Elemente enthält: eine Analyse der Motive, die den Schuldigen zur
Tat bewegten, und einen Erlaß bestehender und nicht zu elimienierender
Schuld.

Als Beispiel für eine fruchtbare Besinnung auf deutschen Sprachgebrauch läßt
sich die Betrachtung dagegenstellen, die Werner Wolbert, ebenfalls zur Klärung
der Bedeutung von συγγνώμη, zum deutschen Sprachgebrauch anstellt; sie ist
allerdings mehr auf die Gegenstände ausgerichtet, die verziehen, entschuldigt oder
nachgesehen werden, als auf das, was sich durch diesen Vorgang vollzieht:

> *Wolbert* S. 90. "Schließlich unterscheidet man auch im Deutschen oft
> nicht genau zwischen dem Verzeihen einer Schuld und dem Sich-zufrieden-
> geben mit dem weniger Guten, wo das Bessere nicht erreichbar ist, oder dem
> Nicht-Erreichen eines gesteckten Zieles. So 'entschuldigt' man sich, wenn
> man jemandem Unrecht getan hat, aber auch, wenn man einen vereinbarten
> Termin nicht wahrnehmen kann. Der (...) Arzt, der einen Besuch nicht
> machen kann, weil er einem Verletzten zu Hilfe eilen muß, 'entschuldigt'
> sich ebenfalls; er bittet damit aber nicht um Verzeihung, sondern *rechtfertigt*
> sein Fernbleiben. Ignatius von Antiochien bittet die Christen von Rom um
> 'Nachsicht' (συγγνώμην μοι ἔχετε Ign R 5,3 [= *Apost. Vät.* Ign. Rom. 5.3]);
> sie sollen nicht betreiben, was *sie* wünschen (das Martyrium des Ignatius
> verhindern), sondern geschehen lassen, was *er* wünscht (das Martyrium). Die
> römischen Christen sollen also die für sie weniger wünschenswerte Mög-
> lichkeit zulassen, insofern 'Nachsicht' haben." Wolbert führt an dieser Stelle
> aus, daß er συγγνώμην ἔχω bei Ignatius als ein Synonym zu ἐπιτρέπω
> (*Apost. Vät.* Ign. Rom. 6.3) betrachtet (da er für *NT* 1Cor. 7.6 συγγνώμη als
> "Erlaubnis" deutet, vgl. C II 3), was man allerdings nicht als strenge Aus-
> schließung der Bedeutung "verzeihen" ansehen muß. "Auch das Wort 'Nach-
> sicht', ein Äquivalent zu συγγνώμη, ist mehrdeutig. Man kann 'Nachsicht'
> üben mit den verschuldeten Fehlern anderer, man übt auch 'Nachsicht',

wenn ein Mensch nicht das leisten kann, was andere von ihm oder er von
sich selbst erwarten. So können Eltern 'Nachsicht' üben, wenn ihr Kind
nicht den Beruf ergreift, den sie selber für wünschenswert erachten."

Ist schon die begriffliche Scheidung fraglich, so muß erst recht das
philologische Vorgehen dieser "philologisch-philosophische⟨n⟩ Klärungsversuche" (so der Untertitel) in Frage gestellt werden. Man wird die
Möglichkeit nicht unbedingt von der Hand weisen, daß es zwei gänzlich
getrennte Verzeihens-Begriffe gebe und daß möglicherweise in einer Kultur der eine, in der anderen der andere vorherrsche — daß man aber
historisch der griechischen Kultur den einen und der christlich-modernen
Kultur den anderen Begriff zuweist, müßte eingehender belegt werden.
Wenn es umgekehrt gelingt, die historisch-philologischen Beweisstücke
dieser Ausführungen zu entkräften, dürften auch die philosophischen
Schlußfolgerungen so leicht nicht zu halten sein. Hierfür ist allerdings
ein mehr als nur paradigmatisches Vorgehen erforderlich.

Die Kluft, die Oeing-Hanhoff zwischen griechischem und christlich-
modernem Verzeihensbegriff sehen will,[4] gründet er auf die Rolle der
Reue in beiden Kulturen:

> *Oeing-Hanhoff* S. 71. "Daß die vorchristliche Antike das eigentliche
> Verzeihen nicht kannte, ergibt sich auch daraus, daß ihr die Voraussetzung
> für Verzeihen, Reue, METANOIA oder METAMELEIA, nur in pejorativer
> Bedeutung als unvernünftiger Affekt, als Sinnesänderung eines hin und her
> schwankenden Menschen bekannt war: 'Für die Schlechten und Unvernünf-
> tigen ist Sinnesänderung charakteristisch', erklärt Aristoteles. Im Kittel'schen
> Wörterbuch heißt es lapidar: 'Unser Verständnis von Reue war dem klassi-
> schen Griechisch fremd.'" (S. 71).[5]

> Nach diesen Prämissen ist verständlich, daß Oeing-Hanhoff bei seinen
> "Klärungsversuchen" weiterhin nur den christlich-modernen Verzeihensbegriff
> zugrundelegt und sich auf neuzeitliche Belege stützt; seine Ausführungen
> müssen in diesem Zusammenhang nicht weiterverfolgt werden. Seine Bemü-
> hung, den Inhalt des christlichen Glaubens als Philosoph "rational zu ver-
> antworten und zu rechtfertigen" (S. 78), läßt eine katholisierende Tendenz
> nicht verkennen.[6]

Daß sich συγγνώμη mit einem "Ent-schuldigen" in Oeing-Hanhoffs

---

[4] Gewisse Einschränkungen dieser These räumt Oeing-Hanhoff ein: "(...) Verzeihen ist doch noch anderes und mehr als Verzicht auf Sühne, (...) als Erlassen
eines Teils der (...) Strafe, (...) als Begnadigung und Amnestie. Das alles hat es,
wenigstens in Ansätzen, in der vorchristlichen Antike zwar schon gegeben"
(*Oeing-Hanhoff* S. 71).

[5] Zitiert werden *Arist.* EN 1166b24 und *ThWNT* Bd. 4, S. 630.

[6] Auch die hier vorgelegte Interpretation der das Thema Verzeihen betreffenden Stellen in den Evangelien, etwa des Gleichnisses vom verlorenen Sohn, unterscheidet sich deutlich von der Oeing-Hanhoffs, s. C II 3.

Sinne identifizieren lasse oder daß μεταμέλεια in der griechischen Antike grundsätzlich abgewertet worden sei, ist unzutreffend. Reue spielt eine verschiedene Rolle für den griechischen und christlichen Verzeihens-begriff,[7] aber auch in den frühen christlichen Texten nicht diejenige, die ihr Oeing-Hanhoff zuweist. Daß griechisches Verzeihen in erster Linie eine Einsicht in die vergangenen Tatmotive dessen, der sich verfehlt hat, sei, war allerdings eine Auffassung, die durch Gaisers paradigmatisches Vorgehen nahegelegt wurde.

Soweit seien die Positionen der beiden Aufsätze referiert. Auf sach-liche Einzelheiten einzugehen, wird im Verfolg dieser Untersuchung Ge-legenheit sein. An dieser Stelle ist wichtig, daß sich das Bedürfnis nach der hier vorgelegten Arbeit (geradezu auch ihre Methode) aus den drei bisher vorgestellten Positionen ergab. Es sind drei Positionen, da man auch das langjährige Schweigen oder beiläufige Behandeln des Begriffs in der Fachliteratur hinzurechnen muß. Es impliziert die Auffassung, daß das Wort συγγνώμη verstanden ist, wenn man es durch "Verzeihung" übersetzt; demnach müßte der Vorgang eine anthropologische Gegeben-heit, ein Universale, sein, das man nicht im Rahmen einer Fachwissen-schaft, sondern, wenn überhaupt, dann übergreifend, etwa im Rahmen philosophischer Betrachtungen, würdigt.

> Drei Beispiele aus neuerer Zeit, wie sie freundliche Zeitgenossen und der Zufall jemandem bescheren, der über Verzeihen arbeitet:
>
> Hannah Arendt stellt das Verzeihen als Gegenmacht gegen die "Unwider-ruflichkeit des Getanen" (*Arendt* S. 229) dem Versprechen als Mittel gegen die Unabsehbarkeit der Taten (*Arendt* S. 239) gegenüber. *Arendt* S. 232: "Könnten wir einander nicht vergeben, d. h. uns gegenseitig von den Folgen unserer Taten wieder entbinden, so beschränkte sich unsere Fähigkeit zu handeln gewissermaßen auf eine einzige Tat, deren Folgen uns bis an unser Lebensende im wahrsten Sinne des Wortes verfolgen würden, im Guten wie im Bösen; gerade im Handeln wären wir das Opfer unserer selbst, als seien wir der Zauberlehrling, der das erlösende Wort Besen, Besen, sei's gewesen, nicht findet."
>
> *Simon* S. 245. "Die dem Handeln zugrundeliegende Verabsolutierung der eigenen Gewißheit zur Wahrheit wird ⟨im Gespräch⟩ 'verziehen'. Es besteht Einsicht in ihre Notwendigkeit. Diese Einsicht besagt jedoch nicht, daß der andere in seiner Meinung so verstanden würde, wie er sie meint (...). Aner-kannt ist der andere nicht in Bezug auf den Inhalt seiner Meinung, sondern darin, daß es seine Meinung ist, die er *als* allgemein (...) äußert."

---

[7] In Kapitel B V 5 wird auf das Problem der Reue eingegangen. – Eine ge-nauere Lektüre von Gaisers Aufsatz hätte auf die richtige Spur gelenkt: "Im übri-gen wird das Zustandekommen der συγγνώμη hier wie sonst dadurch erleichtert, daß derjenige, der sich vergangen hat, seinen Fehler einsieht und bereut." (*Gaiser* S. 83)

Spaemann S. 96f. "Aber es gibt etwas anderes als das unerbittliche Rad der Gerechtigkeit, das Menschen und Dinge zahlen läßt. Es gibt die Möglichkeit des Menschen, diese seine eigene Begrenzung als Schuld anzuerkennen und die des anderen seiner Unwissenheit zugute zu halten und zu verzeihen. (...) Alle guten Handlungen ändern nichts daran, daß es kein menschliches Leben gibt, das als ganzes einfachhin gut genannt zu werden verdiente. Jeder braucht Nachsicht und vielleicht sogar Verzeihung. Aber nur der kann sie beanspruchen, der selbst, ohne die Augen vor dem Unrecht zu verschließen, bereit ist, ohne Vorbehalte zu verzeihen. Nachsicht, Verzeihung, Versöhnung: das ist die höhere Gerechtigkeit. Auf sie bezieht sich das Wort Hegels: Die Wunden des Geistes heilen, ohne daß Narben bleiben."

Gegen die implizite These vom Universale stellte Gaisers Aufsatz die These: Griechische συγγνώμη ist ein historisch geprägter, spezifischer Verzeihensbegriff, der sich von dem anderer Kulturen, etwa der des frühen Christentums, trotz frappierender Gemeinsamkeiten zweier Einzelbelege unterscheidet; er ist nämlich im typischen Fall bestimmt durch die Einsicht in die Bedingungen der Tat, die zu verzeihen ist, speziell durch Unwissenheit (in weitem Sinne) und Beeinträchtigung durch Affekte, die als allgemein menschliche, auch den Verzeihenden betreffende Handlungsbedingungen erkannt werden.

Die Aufnahme bei Oeing-Hanhoff machte daraus, verzeichnend, einen defizitären Begriff: συγγνώμη ist "nichts weiter" als ein intellektueller Vorgang, die Erkenntnis der Tatmotive, die erweisen, daß der angeblich Schuldige "eigentlich nicht schuldig"[8] ist, weshalb auf eine Bestrafung verzichtet werden kann.

Hier findet ein paradigmatisches Vorgehen seine Grenze. Um zu erproben, ob der von Gaiser analysierte Beleg ein typisches oder gar alle Aspekte umfassendes Beispiel für griechisches Verzeihen ist, muß wesentlich breiteres Material herangezogen werden. Zumindest ein einzelner Begriff sollte innerhalb eines so langen Zeitraums untersucht werden, daß der Zusammenprall heidnisch-griechischer und jüdisch-christlicher Anschauungen in der griechischen Sprache beobachtet werden kann, da dort das Problem offenbar virulent wird.

Kein anderes Wort als συγγνώμη mit seinen Stammverwandten umfaßt das Geschehen "Verzeihen" in einem so weiten Spektrum vom Entschuldigen einer Formulierung bis zur Straflosigkeit eines Kapitalverbrechens. Allerdings bieten sich für bestimmte Aspekte auch andere Vokabeln an. Die vorliegende Arbeit versucht diesem Umstand durch Exkurse zu παραιτέομαι und ἐπιεικής und Anmerkungen zu weiteren Vokabeln gerecht zu werden. Zwei Phänomene kommen allerdings bei diesem Verfahren nicht vollständig in den Blick: das der beidseitigen Aussöhnung (also gegenseitiger Verzeihung) und das der Bitte um Verzeihung für einen anderen, also die Fürbitte. Sie kommen zur Sprache, soweit

---

[8] *Oeing-Hanhoff* S. 69.

sie auch mit συγγνώμη bezeichnet werden, aber das Wort ist nicht auf diese Bedeutungen spezialisiert.

Auch bestimmte Leitfragen dieser Arbeit waren mit den drei Positionen gegeben:

> Wie intellektuell ist der Vorgang, der durch den Wortbestandteil -γιγνώσκω als Erkenntnisvorgang bezeichnet wird? Welche Bedingungen sind für συγγνώμη ausschlaggebend? Welche Rolle spielt hierbei die Reue? Wodurch läßt sich griechisches von modernem Verzeihen unterscheiden: tatsächlich in der Begründung für die Verzeihung? oder in der Verschiedenheit der Fälle, die verziehen werden können? vielleicht in der sozialen Bewertung des Vorgangs? In welchem Vokabular wird Verzeihen in der griechisch verfaßten jüdischen und christlichen Literatur ausgedrückt? (Auch an dieser Stelle wird über συγγνώμη hinaus anderes Wortmaterial untersucht, allerdings ohne Anspruch auf Vollständigkeit.)

Wie läßt sich erklären, daß Gaiser 1977 συγγνώμη als Thema entdekken konnte? Es scheint, daß Verzeihen grundsätzlich nicht leicht zum Thema wird, jedenfalls nicht so, daß es selbst das Erkenntnisinteresse steuert; als Ereignis hingegen findet es vielfach Erwähnung. *Oeing-Hanhoff* (S. 68f.) schildert, wie selten in philosophischen und theologischen Lexika vom 18. bis 20. Jahrhundert "Verzeihung" und "Vergebung" als Stichwörter auftauchen. Bei der Untersuchung fanden sich zahlreiche Belege für συγγνώμη und bedeutungsverwandte Wörter, aber sehr selten Definitionen, und diese gelenkt von anderen Erkenntniszielen. Die antiken Lexika geben vereinzelt Erklärungen zu συγγνώμη oder solche, die συγγνώμη verwenden, aber auch hier werden Wort und Sache nicht als eigenständiges Thema gesehen.[9] So ist auch in der Gräzistik συγγνώμη nicht unerwähnt geblieben, aber erst spät in den Brennpunkt des Interesses gestellt worden.

Immerhin blieb συγγνώμη vor Gaisers Aufsatz nicht gänzlich unbemerkt. Dafür lassen sich Darstellungen über griechische Ethik anführen, etwa Wilhelm Schmidts "Ethik der Griechen": Im Kapitel "Verhältnis zu den Mitmenschen" wird anläßlich der Reaktion auf erfahrenes Unrecht

---

[9] Die Lexika (die gefundenen Belege werden nur in Auswahl vorgestellt) bestätigen die mögliche Synonymie von Verbindungen, die συγγνώμη enthalten, mit den Vokabeln παραιτέομαι (dieses wiederum wird auch mit ἱκετεύω wiedergegeben), χαρίζομαι (im christlichen Bereich), ἀπολογία und den sachlichen Zusammenhang mit ἔλεος (*Hsch.* s. v. συγγνώμων· ἐλεήμων – ferner *Suidas* s. v. συγγνώμη und συγγνώμονα – zum Problem s. Kapitel B I 6). *Suidas* s. v. συγγνώμη wird das stoische Votum *gegen* das Verzeihen nach D. L. 7.123 (s. Kapitel B III 5) wörtlich wiederholt, ansonsten aber ein geschliffenes Votum *für* συγγνώμη abgegeben (nach *Isid. Pel.* ep. 5.111, zitiert Kapitel C II 6). – Von Attizisten wird die Bildung συγγνωμονέω abgelehnt (s. Kapitel A II 3).

auch das Verzeihen mit Belegen aus verschiedensten Epochen und Literaturgattungen illustriert.

> *Schmidt* Bd. 2 S. 310-324 bestimmt das griechische Verzeihen vor allem in seiner Relation zu anderen ethischen Werten. Er arbeitet heraus, daß die einander scheinbar widersprechenden "Aeusserungen über die Nothwendigkeit des Vergeltens und die des Vergebens" durch das Kriterium der Hybris miteinander vereinbar waren (S. 311); der Hintergrund des Verzeihens wird vor allem dadurch bestimmt, "dass das verlangte Verzeihen Selbstüberwindung kostet und dass das dem Menschen an und für sich Natürliche die Hingebung an den Zorn und das Sinnen auf Rache ist" (S. 312). Schmidt weist auch auf den Einfluß der verflossenen Zeit auf die Bewertung der Notwendigkeit zu verzeihen hin (S. 315ff.), stellt den Bezug zum Begriff μνησι-κακέω (S. 316-18) und zur philosophischen Kritik am Rachebegehren (S. 318-22) her.
>
> Auch *Schmidt* sieht einen grundsätzlichen Unterschied zwischen dem Verzeihen des Hellenen und des Christen, nämlich "dass der erstere von der Verpflichtung gegen den Menschen als solchen nur ein getrübtes Bewusstsein hatte. (...) Dass alle Menschen gleichmässig Gegenstand unserer Theilnahme und unserer Liebe sein müssen, weil sie mit uns Mitglieder eines einzigen Geschlechts von göttlichem Ursprunge sind, diese Lehre wird von Seneca, Epiktet und Marc Aurel nachdrücklich eingeschärft und aus ihr die Motive des Verhaltens abgeleitet. Im Vergleich damit war die Anschauung des Griechen der klassischen Zeiten, der seine Obliegenheiten gegen den Einzelnen, den er sich gegenüber sah, stets nach der Besonderheit seiner Beziehungen zu ihm abzumessen gewohnt war, unleugbar eine enge; indessen darf nicht ganz übersehen werden, dass den in solcher Weise begrenzter erfassten Obliegenheiten ein um so wärmeres Gefühl für ihre Unverbrüchlichkeit entgegenkam." (S. 323f.)

Einen guten Einblick in das, was im Griechischen positiv unter συγγνώμη verstanden wurde, bietet auch Kenneth Dovers "Greek Popular Morality" in kurzen Hinweisen, z. B.:

> *Dover Morality* S. 195. "We have seen that a misdeed could be thought to deserve forgiveness *if it was committed without malicious intent* (...), and that it could be also forgiven if the offended person enjoyed, or wished to display, the emotional security which predisposes to *magnanimity* (...). A further motive for forgiveness, however, was *compassion*, the sensitivity which makes us identify ourselves with a sufferer and advance his interests even to the detriment of our own." (Hervorhebungen von der Verfasserin.)

Die Belege, die in diesen zusammenfassenden Ethik-Darstellungen nachgewiesen werden, werden auch in der hier vorgelegten, breiter angelegten Untersuchung behandelt, und die dort herausgestellten Aspekte bestätigen sich auch hier. Mit der größeren Breite wird zugleich aber auch größere methodische Genauigkeit angestrebt: Es soll nicht aus den Augen verloren werden, daß sich der Begriff συγγνώμη nur in Texten fassen läßt, die — gemäß ihrer eigenen Wirkungsabsicht — nicht die Intention

haben, den Begriff rein zum Ausdruck zu bringen, geschweige denn ein
unmittelbares Abbild einer Realität griechischen Verzeihens zu bieten,
sondern den Begriff für ihre Absicht einsetzen. Die Frage, was συγγνώμη
sei, ist normalerweise nicht die Frage, die der einzelne Text beantworten
will; er wird nicht umhin können, sie in einem bestimmten Maß zu beantworten, wenn er aufmerksam geprüft wird, aber es gilt im Auge zu
behalten, daß sich der Begriff nur im Dienste der Textintention erfassen
läßt. Zusammenfassende Darstellungen griechischer Ethik hingegen lassen
leicht den Eindruck entstehen, aus den Belegen könne direkt griechische
Anschauung, ja, griechische Praxis abgelesen werden.

Im zitierten Abschnitt *Dover Morality* S. 195 wird z. B. nebeneinandergestellt,
was verziehen wurde und was für ein Motiv für Verzeihung gehalten wurde:
"could be thought to deserve forgiveness" – "it could be also forgiven" – "A
further motive"; Dover ist auf den Aspekt der Selbstdarstellung allerdings aufmerksam genug, um zu formulieren: "enjoyed, or wished to display (...) security".

Da der Begriff nicht anders als in der Widerspiegelung der einzelnen
Textintentionen zu fassen ist, lassen sich auch in dieser Untersuchung
Formulierungen wie "es wird verziehen, wenn" kaum vermeiden; aber
stärker als in den genannten Ethik-Darstellungen werden hier Texte mit
gegensätzlichen Aussagen miteinander konfrontiert, vertretene Tendenzen
gegeneinander abgewogen. Auch lassen sich genauere Ergebnisse erzielen,
wenn nicht allein gefragt wird, was Verzeihen für den Griechen "ist",
sondern wofür der einzelne Autor diesen Begriff einsetzt, was er mit ihm
bezweckt: Was man "mit συγγνώμη machen kann", läßt Rückschlüsse zu,
"was συγγνώμη ist".

Das Vorgehen dieser Untersuchung über συγγνώμη ist daher dem phi-
lologischer Kommentare ähnlicher; tatsächlich finden sich in manchen
Kommentaren zu bestimmten Stellen antiker Literatur Parallelbelege zu
συγγνώμη wie auch Charakterisierungen des griechischen Verzeihens: Die
Intention des kommentierten Autors ist hier von Interesse, freilich werden die Parallelbelege stark in deren Licht gesehen.[10]

Abgesehen von den Ethik-Darstellungen gibt es auch spezielle Frage-
stellungen, durch die συγγνώμη oder συγγιγνώσκω in den Blick geraten
sind; meist wird hierbei die Intention des einzelnen Belegs nicht sehr intensiv befragt. So geht Albrecht Dihle bei seiner Untersuchung, wie in
verschiedenen antiken Kulturen die Entstehung der sogenannten Goldenen
Regel zu erklären ist, der allmählichen Überwindung des Vergeltungsdenkens nach; συγγνώμη interessiert ihn hierbei im Zusammenhang mit

---

[10] *Stewart, Wolbert, Baumert*; besonders auf den Beweis eines Bedeutungs-
aspekts ist der Exkurs bei *Baumert* S. 359-63 angelegt.

den Begriffen ὕβρις und ἐπιεικής, die auch in dieser Untersuchung eine wichtige Rolle spielen.[11]

Ein anderer Zusammenhang, für den συγγιγνώσκω mit eine Rolle spielt, ist die Geschichte der Ausdrücke des Wissens und des Gewissensbegriffes; die Fälle, in denen das Verb "verzeihen" bedeutet, werden allerdings, wenn überhaupt, meist nur zur Abgrenzung verwandt; das Verhältnis beider Bedeutungen zueinander wird nur einmal kurz (bei Otto Seel) reflektiert.

Stein S. 32 merkt an, συγγνώμη sei in der Literatur über den Begriff γνώμη bisher nur selten in Betracht gezogen. Seine eigene Behandlung zielt aber gerade auf eine unnötig scharfe Trennung zwischen beiden Begriffen (s. A III 1). Unter der von *Stein* zitierten Literatur stellt *Huart GNOME* S. 178f. tatsächlich eine bloße Auflistung von Belegen dar; etwas detaillierter *Meyer Erkennen* S. 22f. und *Cancrini* S. 71-78. *Seel* S. 316 mit Anm. 1 wirft dagegen ein sehr interessantes Licht auf den Zusammenhang zwischen συγγιγνώσκω ἐμαυτῷ "werde mir bewußt" und συγγνώμη "Verzeihen" (s. A III). Für die Ausdrücke für Wissen, Selbstbewußtsein und Gewissen (ohne Eingehen auf συγγνώμη) sind zu nennen: *Snell Ausdrücke des Wissens*, *Snell Rez. Zucker*, *Class*, auf die alle noch im weiteren Verlauf der Untersuchung verwiesen wird. *Stein* S. 2 weitere Literatur, die für unseren Zusammenhang ebenfalls nicht ergiebig ist.

Eine ganz andere Annäherung ergibt sich, wenn man nach der juristischen und politischen Bedeutung von συγγνώμη fragt: συγγνώμη selbst ist zwar kein juristischer Terminus, wird aber parallel zu den Begriffen ἀμνηστία, μὴ μνησικακέω, ἐπιείκεια, φιλάνθρωπος gebraucht, die terminologischen Sinn haben; die Ergebnisse rechtsgeschichtlicher Arbeiten sind daher für unser Thema interessant, auch wenn hier zur juristischen Problematik kein kompetentes Urteil abgegeben werden kann. Nicht zufällig stößt man in Untersuchungen, die sich mit römisch beeinflußten Texten befassen, auch auf den Begriff συγγνώμη, nämlich in den griechischsprachigen juristischen und historischen Quellen, findet aber das Wort in Monographien, auf die man durch die Problematik von συγγνώμη verwiesen wird, vielfach nicht. Das hängt damit zusammen, daß im römischen Begnadigungsrecht *venia* terminologische Bedeutung erhielt und dann durch συγγνώμη wiedergegeben werden konnte.

Condanari-Michler (S. 63) äußert sich anläßlich der Problematik "Schuld und Schaden in der Antike" (speziell zu Aristoteles) im Anschluß an *Loening Zurechnungslehre* S. 184 ff. (siehe besonders die Definition S. 185f.) grundsätzlich zur Bedeutung von συγγνώμη und συγγιγνώσκω.[12] Hingegen führt etwa die Unter-

---

[11] *Dihle Goldene Regel* S. 41-60, zum Verzeihen speziell S. 41-48; siehe Kapitel B III Exkurs.

[12] *Condanari-Michler* deutet συγγνώμη ganz ähnlich wie *Oeing-Hanhoff* einlinig als Verständnis für die Motive des Täters, allerdings im besonderen Hinblick

suchung zum Billigkeitsbegriff im altgriechischen Recht von *Stoffels* nicht auf die Frage nach συγγνώμη (während im Rahmen dieser Untersuchung nach ἐπιεί-χεια gefragt werden muß, siehe B III Exkurs); auch *Meyer-Laurin* behandelt ἐπιείχεια, aber nicht συγγνώμη. – Studien zum "ungeschriebenen Gesetz" beziehen συγγνώμη nicht mit ein, so *Hirzel Agraphos Nomos*, vgl. auch *Hirzel Themis. Maschke*s Monographie zum juristischen Willensbegriff ist interessant für den, der nach συγγνώμη fragt, erwähnt dieses Wort aber nicht.

Dagegen der Bereich der römischen Politik und Rechtsprechung: *Koch* behandelt *venia* als politischen Amnestiebegriff und zieht dabei auch Quellen (D. S. u. a.) mit συγγνώμη in diesem Sinn heran. *Waldstein* stößt bei der Untersuchung der römischen Terminologie für Amnestie im juristischen Gebrauch auf συγγνώμη. *Adam*[13] bei der Herleitung des Begriffs *clementia* von ἐπιείχεια. *Fuhrmann Alleinherrschaft* erwähnt das Wort immerhin in Anmerkungen (Nr. 101 und 127).

Literatur zu juristischen Papyri stößt an Einzelstellen auf Belege mit συγγνώμη, interessiert sich aber nicht grundsätzlich für den Begriff: So behandelt etwa *Wiese* das Thema "Irrtum und Unkenntnis im Recht der griechischen und lateinischen Papyrusurkunden"; die meisten der S. 1-11 aufgeführten "Irrtumsbegriffe in den Papyri" können auch zur Begründung von συγγνώμη angeführt werden, aber συγγνώμη spielt als Begriff für Wiese keine Rolle, obwohl etwa *PFlor.* 61 behandelt wird, in dem συγγνώμη vorkommt.

---

auf die Definition in der "Nikomachischen Ethik". So führt er S. 63 aus, "dass συγγιγνώσκειν 'mit einem anderen erkennen' heisst, also das Eingehen in die seelischen Bedingungen seiner Handlung verlangt, wodurch sich eine Meinung mit dem Täter ergeben kann, weshalb man ihn dann entschuldigt (...). So äussert sich in der συγγνώμη die für uns massgebende Fähigkeit, vom Äusseren der Tat in das Innere des Täters zu sehen und dadurch überhaupt erst zu einer Scheidung der Unrechtshandlungen nach der seelischen Seite hin zu gelangen. Fassen wir uns bestimmter: Von der Schuld, die auf jedem lastet, der getötet hat, gelangt man durch 'Einsicht' zur Ent-Schuldigung dessen, der, ohne zu wollen, getötet hat. Wir sagen auch 'ein Einsehen mit jemand haben'."

[13] *Adam* S. 26 Anm. 23, S. 37 Anm. 69, S. 38 Anm. 74.

A II Sprachliche Aspekte

In einem ersten Schritt soll betrachtet werden, was sich über die Herkunft des Wortstamms von συγγνώμη sagen läßt, in welchen Zusammenhängen er verwendet oder nicht verwendet wird und welche Schlüsse sich aus den grammatischen Konstruktionen ziehen lassen.

1. Etymologie

Die Wörter συγγιγνώσκω, συγγνώμη und ihre Stammverwandten sind bei Homeros und Hesiodos und im Mykenischen nicht belegt.[1] Der früheste gesicherte Beleg findet sich bei Simonides, also im 6./5. Jahrhundert v. Chr. Man ist zunächst geneigt, συγγιγνώσκω als Neubildung des 5. Jahrhunderts anzusprechen, die in eine Reihe zu stellen wäre mit den zu dieser Zeit aufkommenden συν-Komposita wie συγχαίρειν, συμπενθεῖν, συναλγεῖν, συνάχθεσθαι, συλλυπεῖν, dichterisch συνασχαλᾶν, συγκάμνειν, συμπονεῖν.[2] Nach dem Grundsatz *"Quod non in verbo, non in mundo"* müßte man danach annehmen, daß das Phänomen Verzeihen in homerischer Zeit noch nicht wahrgenommen wurde, jedenfalls nicht im Vorstellungsbereich des Wortes συγγνώμη, allenfalls im Medium anderer Begriffe.[3] Wie der Begriff des Verzeihens im Griechischen gebildet und

---

[1] Überprüft wurden folgende Konkordanzen und Indices: *Prendergast* für *Hom. Il.*, *Dunbar Od.* für *Hom. Od.*, *Ludwich* für *Hom.* Batr. (die Scholien zur "Odyssee" benutzen das Wort nicht – *Sch. Hom. Od.* ohne Befund –, wohl aber die zur "Ilias", s. A V 1), *Paulson* und *Tebben* für Hesiodos. Nach *Frisk* s. v. ξύν und *Chantraine* s. v. ξύν ist mykenisch unter *ku-su* zu suchen, nach *Dunkel* σύν S. 56 auch unter *su-* und *u-*. Eine Entsprechung zu συγγνώμη findet sich bei *Morpurgo* und in den *Index généraux* in diesen Bereichen nicht.

[2] Belege s. *Burkert Mitleidsbegriff* S. 58; vgl. *Snell Dichtung* S. 46f.: die Verbalkomposita mit συν- bezeichneten bei Homer noch nicht gemeinsames Tun, auch ἅμα betone die Addition: "ebenfalls". Immerhin findet sich σύνοιδα bereits bei Sappho (*PLF* Sapph. 26.12).

[3] Zur Sache des Verzeihens bei Homeros s. A V 1.

ursprünglich gedacht wurde, müßte sich dann an den frühesten Belegen ablesen lassen. Der Versuch, die frühesten Belege zu einer "Archäologie des Verzeihens" zu verwenden, begegnet aber erheblichen Schwierigkeiten, wie die Untersuchung der Beziehungen zwischen den Bedeutung "verstehen" und "verzeihen" ergibt (A III).

Tatsächlich lassen sich aber gewichtige Argumente dafür anführen, daß es bereits im Indoeuropäischen ein Wort für "verzeihen" gab, das in συγγιγνώσκω indirekt weiterlebt. Der Zusammenhang ist von Jacob Wackernagel gesehen worden:[4] Das Kompositionsvorderglied von lat. *ignoscere* ist nicht, wie man zuerst meinen möchte, eine Verneinung, sondern eine Präposition mit der Bedeutung "entlang"; sie setzt lateinisch *enu* voraus wie *insequor, instō*.[5] Diese Annahme stützt sich auf die Existenz des altindischen *anu-jñā-*, das zunächst (seit Rigveda) "zustimmen, zugestehen", dann (seit Mahābhārata) "verzeihen" bedeutet.[6] (Auch συγγιγνώσκω bedeutet bedeutet ja unter anderem "zustimmen, übereinstimmen".)

Diese These läßt sich nach Dunkel (vgl. Anm. 4) so begründen: Gegen die traditionelle Etymologie, die Ableitung von der Verneinung, also *n̥-ĝnō, wird *Wackernagel* S. 1384 angeführt, daß diese nur in Nominal-, nicht in Verbalkomposita verwendet wird. Die von *Walde/Hofmann* bevorzugte Ableitung von *en (lat. *in*) ist phonetisch möglich, aber angesichts der indoeuropäischen Parallelen, die sich durch *ano erklären lassen, keine gute Lösung. Den Einwänden von *Walde/Hofmann* (s. v. ignosco) kann man mit folgenden Argumenten begegnen: (1) Für die "lautlich schwierig⟨e⟩" Synkope von -u- hat *Wackernagel Ignosco* S. 1318 die völlig vergleichbaren Parallelen *man(u)cups, -suetus, -tele* angeführt, zu ergänzen ist *mandare*. (2) Walde/Hofmann lehnen *enu für Komposita wie *insequor* und *instō, institōr* gegen Wackernagel, Leumann und Schwyzer ab, begründen aber das Übergehen der ausschlaggebenden Sanskrit-Parallele nicht. (3) Daß "von einer nach dem ai. Wort anzusetzenden Grundbedeutung 'zugestehen' (...) in den historischen Belegen von *ignosco* nichts zu entdecken" ist, liegt daran, daß wir nur den Endpunkt der Entwicklung überliefert bekommen haben, während diese Bedeutung für συγγιγνώσκω belegt ist (s. u.), stellt aber kein Gegenargument dar. (4) Die

---

[4] *Wackernagel Ignosco* S. 1319: "Vielleicht darf geradezu ein urindogermanisches *enu-gnō-* 'zustimmen, verzeihen' angenommen werden. Die Griechen, denen *enu* ganz abhanden gekommen war, hätten dann die alte Verbindung durch eine andere Zusammensetzung von *gnō* ersetzt, worin mittelst συν- der ähnliche Begriff gebracht war." (Mit Verweis auf συγγιγνώσκω "zustimmen, zugestehen" bei Herodotos und συγγνώμη "Zugeständnis" bei Paulus.)

Ich danke Herrn Prof. Dunkel, Zürich, für Beratung in der Frage des indoeuropäischen Zusammenhangs.

[5] *Wackernagel Ignosco* S. 1318f.; zur Ablehnung durch *Walde/Hofmann* s. v. *ignosco* s. u.; *Ernout/Meillet* s. v. entscheiden sich für keine der Herleitungen.

[6] *Wackernagel Ignosco* S. 1317.

Scheidung zwischen *ano "entlang" und *enu "ohne" ist richtig, beeinträchtigt aber nicht im geringsten Wackernagels Argument.

Indoeuropäisch wäre für das Präverb wohl *ano anzusetzen,[7] so daß man im Griechischen ἀναγιγνώσκω erwarten müßte, das aber in anderer Bedeutung spezialisiert wurde. Eine gewisse Schwierigkeit bereitet bei diesem Zusammenhang noch das lautliche Verhältnis von *ano zu lat. *enu, nicht jedoch der Ersatz des im Griechischen zu erwartenden ἀνα-γιγνώσκω durch συγγιγνώσκω; es handelt sich dabei um eine lexikalische Erneuerung eines aus dem Indoeuropäischen ererbten Idioms: Im Griechischen wird öfter die Semantik einer indoeuropäisch anzusetzenden idiomatischen Wendung erhalten, aber in anderem phonetischem Material realisiert.[8]

Entscheidend für unseren Zusammenhang ist die Übereinstimmung dreier indoeuropäischer Sprachen in einem analog gebildeten Wort für "verzeihen" mit der Wurzel *ĝnō "erkennen". Schon im Indoeuropäischen muß das Kompositum, für das die ursprüngliche Bedeutung "entlang-denken" anzunehmen ist, sowohl die moralische Bedeutung "verzeihen" als auch die mehr kognitive "zustimmen, zugestehen" angenommen haben.

Das Substantiv συγγνώμη kann hingegen eine spätere deverbative Bildung sein, da es ziemlich ausschließlich für Verzeihen gebraucht wird;[9] auch γνώμη scheint Ableitung von γιγνώσκω zu sein.[10]

Festzuhalten ist, daß im Indoeuropäischen der Kern des Verzeihensbegriffes positiv gedacht, das Miteinander (συν-) oder die Entsprechung ("entlang") betont wird ganz im Gegensatz zum Deutschen, in dem das

---

[7] Wackernagel setzt indoeuropäisch *enu voraus; inzwischen rechnet man eher mit *ano (evt. anu), woraus griechisch ἀνά wird durch progressive Assimilation wie in τέμενος ‹ *τεμανος, so *Dunkel IE conjunctions* S. 199, Anm. 124.

[8] Beispiele für eine solche formale Erneuerung bei Erhaltung der Semantik ("substitutive Kontinuante") sind die Wendungen "die Sonne lange sehen" im Sinne von "leben" und "die Hände erheben" für "beten"; in der Komposition etwa Ὀρέστης aus ορεσ-στα, vgl. ai. *giri-, parvate-stāh*, s. *Leukart* S. 182, oder *μελί-λιχ-ια ›* μελίσσα, vgl. ai. madhu-lih- "Honiglecker", siehe *Frisk* Bd. 1 s. v. μέλι.

Da auch für σύν indoeuropäischer Ursprung anzunehmen ist, kann für συγγιγνώσκω diese Erneuerung schon früh vorgenommen worden sein.

[9] Siehe A III 2.

[10] *Frisk* s. v. γιγνώσκω leitet das Substantiv vom Verb ab; *Snell Ausdrücke des Wissens* S. 20ff. führt Belege für γιγνώσκω von der "Ilias" an; γνώμη fehle bei Homeros und Hesiodos, sie sei bei Theognis belegt; für γνωμοσύνη führt er den Beleg *IEG* Solon 16 an.

Aufgeben des Anspruchs in *ver-zeihen*,[11] die Aufhebung der Beschuldigung in *ent-schuldigen* gesehen wird. Dieser Unterschied kann
allerdings in der Verwendung der Wörter aufgehoben werden.

2. Statistische Einsichten

Ist nun ein indoeuropäisches Wort "verzeihen" zu erschließen, das in
συγγιγνώσκω trotz des Ersatzes des Vordergliedes weiterlebt, so
wundert es nicht, daß die frühesten Belege für συγγιγνώσκω "verzeihen"
und συγγνώμη "Verzeihung" nicht den Eindruck entstehender Begriffsbil-
dung machen. Daß Homeros und Hesiodos (und bis auf die Ausnahme des
Simonides auch die archaische Lyrik[12]) συγγνώμη nicht gebrauchen, ist
dann darauf zurückzuführen, daß dieses Wort in die heroische Denkweise
nicht paßte.[13] Das Phänomen "Verzeihen" wird bei Homer durchaus
behandelt, aber in anderem Wortmaterial und mit bestimmten Unterschieden zur Verwendung von συγγνώμη.

Die Nichtbenutzung nicht nur in der heroisch-epischen Literatur,
sondern auch in der Lyrik mag aber auch vordergründiger damit zusammenhängen, daß συγγνώμη und συγγιγνώσκω keine "poesiefähigen"
Wörter waren: Auch in der Zeit, in der sie in der Prosa völlig geläufig
sind, werden sie in gebundener Sprache weithin, in Singversen generell
gemieden. Folgende Konkordanzen und Indices für Ausgaben ergeben für
συγγνώμη und Verwandtes keinen Befund (vgl. Anm. 1 und 12; mit-
aufgezählt werden manche Negativbefunde für Scholien, da diese einen gewissen Anhaltspunkt für die Thematik geben):

> *PEG* und *EGF* für epische Fragmente, *PLF* für die lesbische melische Dich-
> tung, *IEG* für iambische und elegische Dichtung, *Sitzler* für Theognis, *Rumpel Pi.*
> für Pindar, *Computer Irvine* für die orphische Dichtung, *CEG* für epigraphische
> Dichtung, *PPF* für die philosophische Dichtung, *Campbell* für Apollonios von

---

[11] *Kluge* s. v. verzeihen: "Auszugehen ist von *zeihen* (...) und seiner Grundbedeutung ΄sagen΄. Die bis ins 18. Jh. bestehende Wendung *sich eines Dinges
verzeihen* bedeutet ΄es sich versagen, darauf verzichten΄. Besonderung daraus ist
etwas verzeihen ΄seinen Anspruch auf Genugtuung oder Rache aufgeben΄. Dazu
Verzicht, verzichten."

[12] Das Vorkommen bei den Lyrikern wurde überprüft durch *PMG, PMG Suppl.,
IEG* und *PLF.*

[13] Daß bestimmte Wörter und Vorstellungsbereiche bei Homeros gemieden
werden, ist nicht ungewöhnlich, siehe *Risch, Schmitt, Wackernagel Homer*; mit
συγγιγνώσκω vergleichbare Vokabeln aus dem ethisch-psychologischen Bereich
finden sich in diesen Veröffentlichungen allerdings nicht.

Rhodos, *Anacr.* für Anakreontische Dichtung, *Rumpel Theocr.* für Theokritos,[14] *Call.* für Kallimachos, *Herod.* für die Mimiamben des Herondas,[15] *Arat.* für Aratos (*Maas* für die Aratos-Kommentare), *BKT V 1* für die dort veröffentlichten epischen und elegischen Fragmente, *James* für die "Halieutika" des Oppianos und die "Kynegetika", *Peek* für die "Dionysiaka" des Nonnos, *Pompella* für Quintus Smyrnaeus, *Triph.* für Triphiodorus.

Gegen diesen Negativbefund stehen folgende Belege in Versen (ausgenommen Sprechversen in der Tragödie):

PMG 543: Simonides 38.27 (13 D.), *S.* Tr. 1265 (Anapäste), *Ar.* Eq. 1299 (Iamben), *AP* 11.389: Lukillios (Epigramm), *Supp. Hell.* 973.20: Poseidippos (Epigramm), *Babr.* 103.17 (Mimiambus), *D. L.* 4.56 (katalektischer iambischer Tetrameter[16]), *Lycophron* Alexandra 3 (iambische Trimeter), *Orac. Sib.* 4.167 (Hexameter), *PMasp* 97 II 47 [VI] (iambisch/daktylisch).

συγγνώμη steht also nicht in besonders komplizierten Versen. — Heranzuziehen ist auch die Beobachtung, daß in der Tragödie συγγνώμη zu einem großen Teil in der Rede von Dienern, des Chores oder in einer Rede zu Dienern oder zum Chor gebraucht wird:

E. Alc. 139, *E. Andr.* 840 · 955, *E.* Ba 1039, *E. Heracl.* 981, *E. Hipp.* 117 · 615, *E. Med.* 814, *E. Ph.* 994 · 995, *E. Suppl.* 251, *E. El.* 257, *S.* Tr. 328 (Herold), evtl. *TrGF 4* 618: Sophokles (Anrede im Plural).

Man kann also vermuten, daß συγγνώμη der tragischen Diktion der Haupthelden (auf der hohen, "eigentlich" tragischen Ebene) nicht ganz entspricht. Dies läßt darauf schließen, daß in der gesamten griechischen Literatur der Ausdruck συγγνώμη bzw. συγγιγνώσκω (und mit ihm die Sache des Verzeihens in dieser Ausformung) als "nicht-heroisch", "nicht-poetisch", nicht gehobener Sprache, sondern niedrigerer Sprachschicht zugehörig, "banal", "alltäglich" empfunden wurde. Auch die Prosa zeigt die Tendenz, das Wort eher in den Dienst anderer Zusammenhänge als in den Mittelpunkt der Aufmerksamkeit zu stellen (s. A I).

Für die späte Überlieferung des Wortes lassen sich zwar auch Dialektgründe erwägen, etwa daß συγγνώμη allgemein und συγγιγνώσκω in der Bedeutung "verzeihen" im Ionischen unüblich gewesen seien; dafür fehlt aber die Evidenz.

Die These könnte den Negativbefund bei Homeros erklären, dessen Sprache stark ionisch geprägt ist, in seiner Nachfolge dann den in der epischen Dichtung.

---

[14] Die Scholien benutzen zwar einmal ἀξιοῦσθαι συγγνώμης (*Sch. Theocr.* 2.66), jedoch nicht in einer Textparaphrase.

[15] Hier findet sich Verzeihen der Sache nach mit der Vokabel ἀφίημι (*Herod.* 5.26 · 38 · 72 · 74 · 81); συγγνώμη in einem volkstümlichen, nicht in gebundener Sprache verfaßten Mimos im Appendix (*Herod.* Fr. 10.12).

[16] *West* S. 165 Anm. 8.

Bei Herodotos ist die Bedeutung "verzeihen" für συγγιγνώσκω umstritten
(s. A III 2, B II 3); συγγνώμη kommt selten vor. Im Anschluß an Herodotos
würde dann Thukydides ξυγγιγνώσκω nicht für "verzeihen" gebrauchen, allerdings ξυγγνώμη in üblicher attischer Verwendung. Die weitgehende Vermeidung
von συγγνώμη in Septuaginta und Neuem Testament läßt sich aber nur vage mit
dem Einfluß des Ionischen auf den biblischen Wortschatz in Verbindung
bringen,[17] hingegen aus der Bedeutung und der Verwendungsweise von συγγνώμη
erklären (s. u. C II). (Immerhin zeigen gerade Autoren aus Alexandrien, woher die
Septuaginta-Übersetzung stammt, wie Philon und Athanasios, keine Zurückhaltung
bei der Verwendung von συγγνώμη, s. C II 4 und 5.) Im Hebräischen[18] und wohl
auch im Syrischen[19] wurde, im Gegensatz zum Koptischen[20], συγγνώμη offenbar
nicht zum Lehnwort.

3. Grammatische Konstruktionen

Was läßt sich für die Bedeutung "verzeihen" aus den grammatischen
Konstruktionen erkennen, in denen συγγνώμη und συγγιγνώσκω gebraucht
werden? Auffällig ist zum einen der Reichtum an verschiedenen Kombinationen mit anderen Verben, in denen das Substantiv gebraucht wird:
Es läßt sich u. a. mit ἔχω, δίδωμι, νέμω, τυγχάνω, εἰμί, μέτεστι, ἀξιόω,
λαμβάνω, εὑρίσκω, αἰτέω, δέομαι verbinden; manche dieser Kombinationen werden ihrerseits von Verben des Bittens abhängig gemacht.
Grund für diese Vielzahl ist sicher, daß das Verb συγγιγνώσκω nicht
eindeutig genug auf den Vorgang des Verzeihens hinweist und nun für
Aktiv und Passiv Umschreibungen gesucht werden. (Aus dem Bedürfnis
der Eindeutigkeit entstand wohl auch das abgeleitete Verb συγγνωμονέω;
συγγνωρίζω dagegen für den eindeutig intellektuellen Vorgang.) Die
Kombination mit einem Verb des Bittens beleuchtet das Wechselspiel der
Beteiligten in diesen Kombinationen: dessen, der verzeihen soll, und dessen, der etwas begangen hat und jetzt der Verzeihung bedarf. Daß das
Wort so vielfältig näher bestimmt werden kann, zeigt es als "Aller-
weltswort", deutet vielleicht aber auch darauf hin, daß der Vorgang namens συγγνώμη nicht ganz fest umrissen ist, daß er verschiedenerlei An-
knüpfungspunkte bietet. Übrigens werden in der späteren Antike die
Kombinationen noch erweitert, wie aus der anschließenden Zusammenstellung erkennbar ist.

Zum andern stellt man bei der Sichtung der Konstruktionen fest, daß

---

[17] *Blass/Debrunner/Rehkopf* § 2, 2bc · 126, 1b.

[18] Nach *Krauss.*

[19] Nach *Schall* (der allerdings auf religiöse Fremdwörter spezialisiert ist).

[20] Beleg: *Athan.* ep. fest. 58.14 (-ΣΥΝΓΝΩΜΗ offenbar koptisch gebeugt).

alle verbalen Ausdrücke (sei es συγγιγνώσκω, sei es συγγνώμη mit einem Verb) vorrangig mit der Person kombiniert werden, der verziehen wird, und dann erst mit der Sache, die verziehen wird: Bei transitiv verwendbaren Verben tritt die Sache — im Genitiv- oder Akkusativobjekt — in der Regel nur auf, wenn ein Dativobjekt vorhanden ist; eine Handlung, die verziehen wird, wird gerne im Partizip des Dativ angegeben, also als nähere Bestimmung zur Person, der verziehen wird; allerdings kann die Sache, die verziehen wird, auch durch Konditionalsatz u. ä. umschrieben werden und steht dann nicht unbedingt neben einem Dativ der Person. Bei einer Konstruktion wie συγγνώμης τυγχάνω hat ebenfalls die Person, der verziehen wird, im Subjekt ihren festen Platz, während die Sache fehlen oder im Konditionalsatz hinzutreten kann. Es herrscht also eine festere Konvention darüber, daß der, dem verziehen wird, verschiedenen Verben im Dativ — als beteiligte Person — beigefügt wird, bei anderen das Subjekt bildet, als in der Frage, ob und wie die zu verzeihende Tat angeführt wird. Auch diese Beobachtung spricht dagegen, den Vorgang des Verzeihens im Griechischen auf ein besonderes Erkennen der begangenen Tat zu beschränken, eine Frage, die sich aus der Verwendung von *Gaisers* Aufsatz bei *Oeing-Hanhoff* ergab (s. A I). Allerdings nimmt mit der Zeit die zu verzeihende Sache einen selbständigeren Rang ein.

Anders bei συγγιγνώσκω im Bedeutungsfeld "erkennen" (Belege s. A III 2 und 3): Hier ist die erkannte Sache konstitutiv. Für die Konstruktion συγγιγνώσκω ἐμαυτῷ ist ein Objekt als Genitivattribut oder A. c. I. typisch; transitives συγγιγνώσκω τι, auch im Medium, gehört in der Regel ebenfalls in das Bedeutungsfeld "erkennen". Absoluter Gebrauch ist natürlich bei beiden Bedeutungsfeldern möglich und aus elliptischer Ausdrucksweise zu erklären.

Welche Person im Mittelpunkt steht, der Verzeihende oder sein Gegenüber, ist nicht vorgegeben; die Anzahl der Belege, die vom Verzeihenden ausgehen (hauptsächlich "Verzeihung gewähren"), und derer, die sein Gegenüber im Zentrum sehen (hauptsächlich "um Verzeihung bitten" und "Verzeihung erlangen"), ist sogar recht ausgewogen. Die häufige Kombination "darum bitten, Verzeihung zu erhalten" (z. B. συγγνώμης τυχεῖν παραιτέομαί τινα) setzt beide Personen in Wechselbeziehung. Die Konstruktion συγγνώμην ἔχω kann sogar beides bezeichnen, "Nachsicht haben, verzeihen" und "Gründe zum Verzeihen auf seiner Seite haben".

Mit *verzeihen* im heutigen Deutsch dürften dagegen Dativ- und Akkusativobjekt ausgewogen und gleichberechtigt verwendet werden; die Etymologie spricht hier aber für einen Vorrang der Sache (ursprünglich Genitivobjekt; s. Anm. 11).

Die Prävalenz der Person vor der Sache, die συγγνώμη erhält, ist allerdings zum Teil wohl auch Konvention, bestimmt also die Grammatik stärker als den Sinn. Es wird zum Beispiel unpersönlich argumentiert, ob ein bestimmter Tatbestand verzeihbar sei oder nicht (ohne daß auf eine konkrete Handlung Bezug genommen wird); dafür eignen sich das unpersönliche συγγνώμη ἐστίν, auch mit weggelassener Kopula, aber auch die Adjektive συγγνωστός und ἀσύγγνωστος. Derjenige, dem in diesem Fall verziehen werden könnte, tritt möglicherweise grammatisch in Erscheinung, im Mittelpunkt steht jedoch der Fall, in dem generell verziehen oder nicht verziehen werden kann.

Im folgenden werden Beispiele (vor allem der Klassischen Zeit) für die Konstruktionen im Bedeutungsfeld "verzeihen" aufgeführt; um den Überblick zu erleichtern, werden hier die Lexikonformen benutzt. Es wird mit angegeben, wenn in einem Beleg die Konstruktion von einem Verb des Bittens abhängig ist. Die Häufigkeit der Kombinationen muß dem Materialteil entnommen werden.

συγγιγνώσκω

συγγιγνώσκω abs.: *Pl.* R. 537e7, *E.* Tr. 1043

συγγιγνώσκω τινί (Person): *Ar.* Nu. 138, *CAF* 3.459: Adespota 281, *Epict.* 1.29.65

συγγιγνώσκω τινί + Part. Dat.: *E.* El. 1105, *Epict.* 1.29.64, *Gal.* DMG 4.2 alim. fac. 472

συγγιγνώσκω τινί + Part. Dat. + Inf.: *Antipho* 4.3.1

συγγιγνώσκω ⟨τινί⟩ + Part. Dat. εἰ: *S.* Tr. 279

συγγιγνώσκω ἐμαυτῷ εἰ: *Lib.* Prog. 9.4.1

συγγνωστέον ἐστί τινι ὡς + Part. Dat.: *Gal.* CMG 9.1 Hipp. de victu 478

συγγιγνώσκω τινί (Sache): *E.* El. 348, *Ar.* Eq. 1299 (Iamben, s. o.), *Pl.* Smp. 218b4, *D. L.* 4.56 (iambisch, s. o.), *J.* AJ 3.23, *Clem. Alex.* 1.276.16

συγγιγνώσκω τινί (Person) τινί (Sache): *E.* Hel. 82[21]

συγγιγνώσκω τινί τι: *X.* Ath. 2.20, *E.* Andr. 840

συγγιγνώσκω τινί τινος: *Pl.* Euthd. 306c6, *Gal.* DMG 4.2 de san. 347, *J.* AJ 14.89

συγγιγνώσκω τινί εἰ: *E.* HF 534, *Ar.* V. 959, *Gal.* DMG 9.2 Prorrh. ·615

συγγιγνώσκω ἐπί τινι: *Greg. Nyss.* 2: Eun. 3.10.45

συγγιγνώσκω τινί ἐπί τινι: *D. C.* 42.33.3

συγγιγνώσκω τινί ἔν τινι: *D. C.* 44.46.6

συγγιγνώσκω εἰ: *Hld.* 10.23.3

συγγιγνώσκω εἰ ὅτι: *D. Chr.* 50.2

---

[21] Nach *Kannicht Helena* z. St. handelt es sich bei diesem (seltenen) doppelten Dativ um ein σχῆμα καθ᾽ ὅλον καὶ κατὰ μέρος, der zweite Dativ expliziert also den ersten. Wie nahe der Dativ der Person und der der Sache einander stehen, geht aus *Or.* Mt. 349.15 hervor, wo beides verknüpft wird: μᾶλλον τοῖς ἀνθρωπίνοις πράγμασιν συγγιγνώσκουσιν ἢ τῷ ... γεννήσαντι ...

συγγιγνώσκω τινὶ ἐπί τινος: *Ph.* 5.89.5

συγγιγνώσκω τινί ὑπέρ τινος: *Ast. Soph.* 135.16

συγγιγνώσκω ὑπέρ τινος: *J. AJ* 2.154

συγγιγνώσκω περί τινος: *Plu.* Dio 16.6 (abh. von ἀξιόω), *J. AJ* 7.264
(abh. von δέομαι) *J. AJ* 14.86

συγγιγνώσκω ὡς: *Pl.* Lg. 717d5

συγγιγνώσκω τι: *Phld.* Ind. Acad. 6.38a,[22] *Ph.* 5.368.12

συγγιγνώσκω τινός (Grund): *Luc.* Jud. Voc. 8

Passivischer Gebrauch ist sehr selten; wenn er vorkommt, dann
meistens als persönliches Passiv; das Dativobjekt wird also ins Passiv
gesetzt. Generell selten ist das Medium; keiner der frühen Belege hat
ganz unzweifelhaft die Bedeutung "Verzeihung".

συγγιγνώσκομαι Medium (? – siehe A III 2): *Vorsokr.* 68B253: Demokritos, *Hdt.* 3.99, *A.* Suppl. 216

συγγιγνώσκομαί Medium τινι: *J.* Vit. 168

συγγιγνώσκομαί Medium τινί τινος: *J.* Vit. 110

συγγιγνώσκομαι Passiv: *Alex. Aphr.* Fat. 189.6, *Epict.* 2.21.7, *J. AJ* 16.198

συγγιγνώσκομαί Passiv τινος: *J. BJ* 1.167 (abh. von δέομαι)

συγγιγνώσκομαι Passiv παρά τινι: *J. BJ* 3.137

συγγνώμη: "Verzeihung gewähren"

συγγνώμης ἀξιόω: *D.* 21.148, *J. AJ* 15.258

συγγνώμης ἀξιόω τινά: *Thphr.* Char. 1.2: Epitome

συγγνώμης εἰμί: *D.* 37.53

συγγνώμης μεταδίδωμι: *Lib.* Decl. 28.19

συγγνώμης μεταδίδωμί τινι: *Ph.* 3.127.11

συγγνώμην ἔχω: *Ar.* Pax 668, *D.* 19.182, *Aeschin.* 1.37 (abh. von δέομαι), *Anaximenes* Rh. 4.9 (abh. von ἀξιόω), *CAF* 1.749: Theopompos 59

συγγνώμην ἔχω τινί (Person): *Hdt.* 1.116 (abh. von κελεύω), *Antipho* 5.5
(abh. von δέομαι), *D.* 19.290, *Aeschin.* 1.83, *Arist.* Rh. 1402b10, *Din.* 2.15,
Anaximenes Rh. 19.1 (abh. von αἰτέομαι)

συγγνώμην ἔχω τινί · Part. Dat.: *Lys.* 25.17, *D.* 40.4

συγγνώμην ἔχω τινί, ὡς: *Arist.* Pol. 1321a34

συγγνώμην ἔχω τινί, εἰ: *E.* Hipp. 117, *Lys.* 18.20

συγγνώμην ἔχω τινί, ὅτι: *D. Chr.* 50.2

συγγνώμην ἔχω τινί, ὅταν: *Lys.* 28.2

συγγνώμην ἔχω τινί τινος: *Hdt.* 6.86γ (ἴσχω), *Ar.* V. 368

συγγνώμην ἔχω τινί · Gen. abs.: *Ar.* Nu. 1479

---

[22] Die neue Rekonstruktion geht von einer ungewöhnlichen Konstruktion aus;
siehe Gaisers Kommentar in der Ausgabe S. 463 (dort allerdings nur Belege für
συγγιγνώσκω τινί τι).

συγγνώμην ἔχω τινός (Sache): *Pl.* Phdr. 233c4, *Lycurg.* 148

συγγνώμην ἔχω τινός (Grund): *S.* El. 400

συγγνώμην ἔχω, εἰ: *Ar.* Ach. 578

συγγνώμην ἔχω · Inf.: *E.* Ph. 995

συγγνώμην ἔχω ὡς · A. c. I.: *Arist.* EE 1225a21

συγγνώμην ἔχω ἐπί τινος: *Thphr.* Char. 1.2

συγγνώμην ἔχω περί τι: *Arist.* EN 1143a22

συγγνώμην ἔχω χάριν τινός: *UPZ* 146.39 [II a.]

συγγνώμην δίδωμι: *CGFP* 257.70: Adespoton

συγγνώμην δίδωμί τινι (Person): *Men.* Epit. 577, *Plu.* 48e

συγγνώμην δίδωμί τινι · Part. Dat.: *D. S.* 13.28.3

συγγνώμην δίδωμί τινι εἰ: *Aeschin.* 2.88

συγγνώμην δίδωμί τινι (Sache): *Lys.* 10.30

συγγνώμην δίδωμι · Inf.: *Arist.* MM 1201a2

συγγνώμην δίδωμί τινί τινος: *Plu.* 864e, *J.* BJ 6.391

συγγνώμην ποιέομαί τινι "verzeihen": *D. C.* 73.17.6

συγγνώμην ποιέομαι πρός τι (zur Bedeutung s. u. A III 2): *Hdt.* 2.110

συγγνώμην ποιέομαι "Verständnis aufbringen" ὑπέρ τινος: *Lys.* 9.22

συγγνώμην ποιέομαί τινος (Grund): *D. C.* 41.8.2

συγγνώμην παρέχω: *Lycurg.* 2 (v. l.), *Eus.* vit. Const. 75.26: Constantinus

συγγνώμην παρέχω τινί τινος: *J.* AJ 9.214

συγγνώμην νέμω: *Hld.* Aeth. 2.7.1 (abh. von ἱκετεύω)

συγγνώμην νέμω τινί: *J.* AJ 2.156

συγγνώμην νέμω ἐπί τινι: *J.* AJ 4.262

συγγνώμην νέμω ἔν τινι: *Lib.* Or. 20.13

συγγνώμην νέμω τινί τινος: *Aristid. Quint.* 108.2

συγγνώμην νέμω τινός: *Gal.* 9.97.8: de caus. puls. II

συγγνώμην νέμω ⟨τινί⟩ εἰ: *Gal.* CMG 4.1.2 de plac. 1.7.16

συγγνώμην ἀπονέμω τινί: *Aristaenet.* 2.9.15

συγγνώμην ἀπονέμω τινί · Part. Dat.: *Luc.* Nigr. 14

συγγνώμη: "Verzeihung erlangen"

συγγνώμης τυγχάνω: *And.* 1.141, *Lys.* 1.18, *D.* 20.140, *Anaximenes* Rh. 4.7, *Epicur.* [6] (= Sent. Vat.) 62

συγγνώμης τυγχάνω παρά τινος: *Is.* 10.1 *D.* 21.105, *Aeschin.* 3.89

συγγνώμης τυγχάνω πρός τινα: *CAF* 3.309: Philippides 26 (zweifel-hafte Lesart)

συγγνώμης τυγχάνω ἐπί τινι: *D.* 23.131

συγγνώμης τυγχάνω ὑπέρ τινος: *Isoc.* 12.271 (abh. von ἀξιόω)

συγγνώμης τυγχάνω εἰ: *Dig.* 27.1.13.7: Modestinus

συγγνώμης ἀπολαύω: *Chrys.* ep. ex. 10.16

συγγνώμης ἀξιόομαι Passiv: *Ph.* 4.248.16

συγγνώμης ἀξιόομαι Passiv παρά τινι: *Ph.* 5.91.12

συγγνώμης καταξιόομαι Passiv: *Eus.* p. e. 1.2.3

συγγνώμην λαμβάνω: *Athan.* MPG 26.657.33

ξυγγνώμην λαμβάνω • Inf.: *Th.* 3.40.1

συγγνώμην λαμβάνω εἴς τι: *Plu.* 73b

συγγνώμην λαμβάνω παρά τινος: *Pl.* Phlb. 65c7

συγγνώμην εὑρίσκω: *Athan.* MPG26.521.37

συγγνώμην εὑρίσκω ἐπί τινι: *J.* AJ 6.208

συγγνώμην ἔχω "Gründe zum Verzeihen auf seiner Seite haben": *Antipho* 5.92

συγγνώμην ἔχω "Gründe zum Verzeihen auf seiner Seite haben" • Part. Nom.: *CAF* 2.350: Alexis 146

συγγνώμης τι ἔχω "einige Gründe zum Verzeihen auf seiner Seite haben": *Th.* 3.44.2

συγγνώμην τινός ἔχω τι "etwas als Verzeihensgrund für etwas anführen können": *Clem. Alex.* 1.72.20

συγγνώμην ἔχω παρά τινος "Verzeihung erhalten": *Athan.* MPG 25.57.10

συγγνώμη: **"Verzeihung erbitten"** (direkte Verbindung mit Verben des Bittens)

συγγνώμης δέομαι: *Pl.* Criti. 107a6, *Plu.* 463e

συγγνώμης δέομαί τινι (Sache): *Lib.* Ep. 1104.2.3

τὸ τῆς συγγνώμης αἰτέω: *Pl.* Criti. 108a1

συγγνώμην αἰτέω: *Jul.* Ep. 184

συγγνώμην αἰτέω τινί: *App.* BC 5.177

συγγνώμην αἰτέω τινὶ ὑπέρ τινος: *Isoc.* 12.88

συγγνώμην αἰτέω τινός (Sache): *App.* Illyr. 37

συγγνώμην αἰτέω εἰ: *Hld.* 6.11.2

συγγνώμην αἰτέω παρά τινος: *Hld.* 6.7.6

συγγνώμην αἰτέω ἀπό τινος εἰ: *Or. Mt.* 461.2

συγγνώμην αἰτέω ἐπί τινι: *Lib.* Char. 14.63

συγγνώμην αἰτέομαι: *Pl.* Criti. 106c1, *PFlor.* 61.15

συγγνώμην αἰτέομαι εἰ: *Phld.* Rh. 1.102.31

συγγνώμην αἰτέομαί τινος (Grund): *J.* AJ 1.302

συγγνώμην αἰτέομαι ὑπέρ τινος (Zweck): *Aesop.* D. 2.3

συγγνώμην αἰτέομαι ὑπέρ τινος (Sache): *Chrys.* ep. ex. 1.14

συγγνώμην αἰτέομαί τινι (Sache): *J.* BJ 2.302

συγγνώμην αἰτέομαι ἐπί τινι: *Plu.* Caes. 16.7

συγγνώμην αἰτέομαι παρά τινος ἐπί τινι: *Aristid.* Rh. 62.11

συγγνώμην αἰτέομαι εἴς τινα: *J.* AJ 6.144

συγγνώμην παραιτέομαι: *Ph.* 5.375.3

συγγνώμην παρακαλέω, ὅτι: *D. C.* 77.3.3

συγγνώμην ποιέω (Spezialterminus, s. B I 4): *Hermog.* Stat. 2.13

συγγνώμη: "der Verzeihung bedürfen"

συγγνώμης δέομαι: *D. H.* 6.73.2

συγγνώμη: "Verzeihung verdienen"

συγγνώμης ἄξιός εἰμι: *Din.* 1.60

Unpersönliche Konstruktionen:

συγγνώμη ἔστι: *Lys.* 12.79

συγγνώμη ⟨ἔστι⟩: *Arist.* EN 1111a2

συγγνώμη ἐστί τινι: *D.* 21.118

συγγνώμη ⟨ἐστί⟩ τινι: *Hdt.* 1.39, *CPG* Ap.15.83

συγγνώμη ⟨ἐστί τινι⟩ · Part. Dat.: *AP* 11.389

συγγνώμη ἐστὶ τινί τινος (Sache): *D. Chr.* 20.2

συγγνώμη ἐστὶ ἐάν: *Pl.* Hp. Min. 372a2

συγγνώμη ⟨ἐστὶ⟩ παρά τινί τινος (Sache): *Alciphr.* 2.19.4

ξυγγνώμη ⟨ἐστὶ⟩ εἰ: *Th.* 1.32.5

συγγνώμη ἐστὶ · Inf.: *E.* Med. 814

συγγνώμη ⟨ἐστί⟩ · Inf.: *Lys.* 18.19, *Arist.* EN 1149b4

συγγνώμη ⟨ἐστί⟩ παρά τινος: *App.* Lib. 506

συγγνώμη ἐστί τινι παρά τινος: *Alex. Aphr.* Febr. 1.6

συγγνώμη ἔνι τινι εἰ: *Lib.* Prog. 9.1.2

συγγνώμη ὑπάρχει παρά τινι: *Hyp.* 4.7

συγγνώμη γίνεταί τινι: *Lib.* Decl. 23.79 (abh. von ἀξιόω)

συγγνώμη γίνεταί τινι · Part. Dat.: *D.* 58.24, *Athan.* MPG 25.32.21

συγγνώμη γίνεταί τινι ἔκ τινος: *Hdt.* 9.58

συγγνώμη ⟨γίνεται⟩ ἐπί τινι: *Arist.* EN 1109b32

συγγνώμη δίδοταί τινι · Part. Dat.: *Or.* Jo. 2.80

συγγνώμη δίδοταί τινί τινος: *Plb.* 22.5.3 (abh. von ἀξιόω)

συγγνώμη δίδοταί τινὶ παρά τινος: *D. C.* 36.17

συγγνώμη φέρει: *Lib.* Decl. 7.11

συγγνώμη φέρει τινί: *J.* AJ 16.403

συγγνώμη τινός: *Aristid.* Rh. 16.23

συγγνώμη ἀπό τινος: *J.* BJ 6.106

συγγνώμη περί τινος: *J.* BJ 1.164

συγγνώμη παρά τινος: *Aristid.* Rh. 16.18

συγγνώμης ἄξιος: *Din.* 1.59, *Gal.* 8.637.8: de diff. puls. III

συγγνώμης ἄξιόν ⟨ἐστι⟩: *Pl.* R. 539a6

συγγνώμης μέτεστί τινι: *Gal.* 8.689.18: de diff. puls. III, *D.* 24.49

συγγνώμης δεῖ τινί τινος · Part. Dat.: *D. H.* 6.20.1

συγγνώμην ἔχει: *D.* 21.66, *CAF* 2.60: Antiphanes 124

Wortbildungen außer συγγνώμη **und** συγγιγνώσκω:

συγγνωμοσύνην τίθημαι: *S.* Tr. 1265

σύγγνοιαν ἴσχω ὡς: *S.* Ant. 66 (abh. von αἰτέω)

συγγνωστός εἰμι: *Plu.* 541e, *Gal.* Cris. 618.4

συγγνωστά ἐστί τινι: *E.* Ph. 994, *Plu.* 1083f

συγγνωστός ⟨εἰμί⟩ τινος (Sache): *Philostr.* 2.10.19

συγγνωστός ⟨εἰμί⟩ εἰ: *Luc.* DDeor. 9.3

συγγνωστόν ⟨ἐστι⟩ + Inf. εἰ: *E.* Alc. 139

συγγνωστά ⟨ἐστι⟩ εἰ: *E.* El. 1026

συγγνωστά ⟨ἐστι⟩ ὅταν: *E.* Hec. 1107

συγγνωστός ⟨εἰμι⟩ + Part. Nom.: *Gal.* CMG 10.3 Adv. Lyc. 218

συγγνωστός "verzeihlich": *Sch. S.* Tr. 727

ἀσύγγνωστος: *Auct. de Subl.* 3.1

συγγνώμων ἐπί τινα: *Plot.* III 2.17.15

συγγνώμων εἰμί τινι: *Pl.* Lg. 906d1

συγγνώμων εἰμί τινι (Sache): *D. H.* 8.50.4

συγγνώμων εἰμί τινος (Sache): *X.* Cyr. 6.1.37, *E.* Med. 870 (abh. von αἰτέομαι)

συγγνώμων εἰμί, ὅταν: *E.* Fr. 645

συγγνώμων γίγνομαι: *D. H.* 1.16.2 (abh. von ἀξιόω)

συγγνώμονα ἔχω τινά τινος: *Plu.* Agis 31.8

ἀσυγγνώμων: *Lib.* Ep. 823.3.3

ἀσυγγνωμόνητος: *Sch. A.* Pr.34

συγγνωμονέω[23] τινι: *J.* AJ 11.144

συγγνωμονέω τινὶ ἐπί τινι: *LXX* 4Mcc. 5.13

συγγνωμονέω ὅτι: *Ath.* Deipn. 5.4

συγγνωμονέω τινὶ ὅτι: *D. C.*: Zonaras 9.10.5

συγγνωμονέομαι P.: *PGnom* 63 [II p.]

συγγνωμονικός: *Arist.* EN 1143a21

συγγνωμονικός εἰμί τινι: *Arist.* Ath. 16.2

συγγνωμονικόν ⟨ἐστι⟩ εἰ: *Arist.* EN 1150b8

δίδωμι τὸ συγγνωμονικὸν πρός τινα: *Or.* Mt. 265.3

ἀσυγγνωμόνητος: *Stob.* 4.23.61: Pseudo-Phintys

---

[23] Diese Wortbildung wird von attizistischem Standpunkt aus abgelehnt: *Phryn.* Ecl. 360 Συγγνωμονῆσαι ἀδόκιμον, τὸ δὲ συγγνῶναι κάλλιστον (so S. 121 für Handschriften-Familie q; S. 129 für Familie T sinngemäß gleich); danach *Thom. Mag.* 338.15 Συγγνωμονεῖν μὴ εἴπῃς, συγγιγνώσκειν δὲ καὶ συγγνώμης ἀξιῶσαι (...). (Ähnlich 339.2.)

A III Das Verhältnis der Bedeutungen
"verzeihen" und "erkennen"

1. Die Verbindung zwischen den Bedeutungsfeldern
"verzeihen" und "erkennen"

Wie in Kapitel A II 1 dargelegt wurde, ist συγγιγνώσκω ein vom Indoeuropäischen ererbter Begriff, der schon aus dem Indoeuropäischen die Bedeutung "verzeihen" mitbrachte und nur jahrhundertelang in der Dichtung nicht gebraucht wurde (soweit sich aus dem Erhaltenen schließen läßt). Mit höchster Wahrscheinlichkeit wurde schon der indoeuropäische Begriff in einer Bedeutung gebraucht, die vom Grundwort "erkennen" abgeleitet war, nämlich "übereinstimmen, zugestehen". Läßt sich der Begriff des Verzeihens aus dem Wortbestandteil "erkennen" ableiten?

Will man von der Bedeutung "erkennen" eine Brücke schlagen zur Bedeutung "verzeihen", so steht man immer vor der Schwierigkeit, daß das, was der Verzeihende erkennen kann, etwas anderes ist, als was der Schuldige inzwischen (vermutlich) erkannt hat: Dieser muß mehr die Fehlerhaftigkeit seines Handelns einsehen als dessen Rahmenbedingungen, die ihm (in bestimmtem Bewußtheitsgrad) die ganze Zeit über vor Augen standen; der Verzeihende dagegen geht von der Verfehltheit der Handlung aus und dringt — wenn das intellektuelle Moment des Verzeihens betont wird — zu ihren Bedingungen vor.

Innerhalb des griechischen Denkens gibt es einen Bezugspunkt, der diese Differenz aufhebt, nämlich das delphische γνῶθι σαυτόν. Der Verzeihende erkennt sich selbst als fehlbaren Menschen, der sich, im Gegensatz zu den Göttern, aus mangelndem Überblick und ungenügender Handlungsfreiheit verfehlen *muß*; er erkennt, daß der Täter bei seiner Verfehlung solchen Handlungseinschränkungen unterlag, und verzeiht daher die Tat. Diese Deutung gibt am Ende des hier behandelten Zeitraums Isidoros von Pelusium der Bildung συγγνώμη (s. C II 6) — er ist der erste, der einen den Bezug zum γνῶθι σαυτόν ausdrücklich herstellt; doch begleitet dieser Sinn die Geschichte der Verwendung des Begriffs συγγνώμη. Die Verbindung zum γνῶθι σαυτόν stellt den einzigen greifbaren religiösen Hintergrund des Begriffs συγγνώμη dar (Kapitel B V). Sie klingt etwa im ersten hier vorgestellten Beleg, *X.* 3.1.40, an, wenn betont wird, daß der Armenier "sich menschlich verfehlt" habe (ἀνθρώπινα ἁμαρτεῖν), wird in diesem Kapitel aber bereits in einem früheren Beleg begegnen, in einem Demokritos-Fragment.

Doch die Erklärung des Isidoros als historische Hypothese zu werten, hindert die Einsicht in die Etymologie des Wortstamms συγγνώμη: Bereits das Indoeuropäische muß moralische und kognitive Bedeutung verbunden haben. Ob es sich dort um zwei verschiedene Bedeutungen handelte oder sie als Nuancen derselben Bedeutung aufgefaßt wurden, läßt sich schwer ermitteln; in Kapitel A II 1 wurde die Grundbedeutung "entlangdenken" vorgeschlagen. Im Griechischen besteht die Möglichkeit, die Frage an der Verwendung im Kontext zu überprüfen, und die Frage muß in unserem Zusammenhang besonders interessieren, da der intellektuelle Gehalt des Verzeihens-Begriffes seit *Oeing-Hanhoff*s These zur Diskussion steht.

Wie immer die Doppelbedeutung vom Indoeuropäischen her ererbt war, eine gegenseitige Beeinflussung zwischen den Bedeutungen blieb auch in Klassischer Zeit möglich: Die Bildung des Wortes war durchsichtig; andere Verbalkomposita mit dem Vorderglied συν- wurden im 5. und 4. Jh. v. Chr. verstärkt gebraucht, und insbesondere wird in dieser Zeit συγγιγνώσκω nicht nur für "verzeihen" (und damit zu vereinbarenden Bedeutungen) gebraucht, sondern auch in solchen, die in erster Linie auf den Wortbestandteil -γιγνώσκω Bezug nehmen. In diesen Bedeutungen könnte man συγγιγνώσκω für ein neues Wort des 5. Jahrhunderts v. Chr. halten, wenn nicht die Bedeutung "zustimmen" schon im Altindischen belegt wäre: Einige Belege für den Bedeutungsbereich "erkennen" machen den Eindruck des Neuentdeckten, Neugeprägten, des im Medium des neuen Wortes entdeckten neuen Phänomens. Auf jeden Fall finden sich beide Verwendungen in der gesamten Antike nebeneinander, auch bei einem und demselben Autor kann συγγιγνώσκω "verzeihen" und – je nach Konstruktion – "erkennen", "sich bewußt werden", "eingestehen", "bekannt sein", "Mitwisser, Mitverschwörer sein" oder "allgemein verstanden" bedeuten. In den frühen Belegen wird das Verb häufiger in einer solchen intellektuell ausgerichteten Bedeutung verstanden als in der des Verzeihens.

Dafür, daß der etymologische Zusammenhang selbst beim Substantiv bewußt blieb, läßt sich *Lys.* 31.10 (s. B I 1) als Zeuge heranziehen: Hier wird ein Wortspiel mit γνώμη (hier "mit Absicht") und συγγνώμης gemacht, ähnlich wie *Pl. Smp.* 218a1 mit den Verbformen γνωσομένοις und συγγνωσομένοις gespielt wird.

Bei dieser Überprüfung ergab sich, daß sich bestimmte Verbindungen zwischen beiden Bedeutungsfeldern feststellen lassen, doch nicht so eindeutig, daß daraus eine Genese der Vorstellung vom Verzeihen im Griechischen abgeleitet werden kann. Die besondere Schwierigkeit, sich die Bedeutungsfelder "erkennen" und "verzeihen" als Nuancen einer Grundbedeutung zu erklären, besteht nicht darin, daß eine Verbindung zwischen den Bedeutungsbereichen zu vage bliebe, sondern daß sie überdeterminiert ist.

In den frühen griechischen Belegen gibt es nämlich eine doppelte Brücke zwischen den Bedeutungen "erkennen" und "verzeihen". Die eine führt von "erkennen" zu "verzeihen": Sie spannt sich zwischen "erkennen[, was der andere auch erkannt hat und nun beansprucht, und entsprechende Konsequenzen für das Handeln ziehen]" und "[erkennen, was der andere erkannt hat oder was die Rolle oder Lage des anderen ist, und daraus die Konsequenz ziehen, nämlich] verzeihen". Gewissermaßen ein Geländer dieser Brücke stellt die Gemeinsamkeit dar, daß in beiden Bedeutungen in einem umfassenden Sinn die Summe der Vergangenheit gezogen und für eine Veränderung des zukünftigen Verhaltens ausgewertet werden kann.

Eine zweite Brücke führt von "verzeihen" zu "erkennen". Es gibt eine Reihe von (frühen) Belegen, in denen etwas als "verzeihlich" gilt in dem Sinne, daß es "verständlich" ist; die Übersetzung "verzeihen" ist zwar nicht falsch, insofern tatsächlich an eine Bestrafung nicht gedacht wird, auch kein Groll zurückbleibt — aber eine solche Handlungskonsequenz liegt in der Situation auch gar nicht nahe; diese Verwendungsweise kann als abgeflachtes "Verzeihen" aufgefaßt werden (was mir wahrscheinlicher ist), aber auch als abgeflachtes "Erkennen": Auch die "Erkenntnis dessen, was der Standpunkt des anderen ist (und worauf er beruht)", hat möglicherweise nur geringfügige Folgen — daß die fremde Meinung zur eigenen wird, wie dies bei der Hauptbedeutung "erkennen" meist der Fall ist, ist hier oft ausgeschlossen. Solche Belege werden in Abschnitt A III 4 vorgestellt. Daneben gibt es noch die Verwendung von συγγνώμη in der Bedeutung "verzeihen", die in keine der Sparten paßt, in denen Verzeihen ein Vorgang ist, der nicht sinnvoll an einen Erkenntnisvorgang geknüpft werden kann (Abschnitt A V).

Zu einer einzigen Brücke, die sich als Entwicklungsreihe verstehen ließe, lassen sich die beiden Verbindungen zwischen "erkennen" und "verzeihen" nicht vereinen (ganz abgesehen von den Belegen, in denen kein Erkenntnis-Moment auszumachen ist). Sinnvoller ist die Annahme einer gewissen "Intellektualisierung" der ererbten Bedeutung "verzeihen" durch die jederzeit deutbare Wortbildung und durch Nuancen der Verwendung innerhalb des Bedeutungsfeldes "erkennen". Aus dem Vergleich der Verwendungsweisen läßt sich dann ein Bedeutungskern, etwas wie eine (gemeinsam angenommene?) Grundbedeutung rekonstruieren: *"sich auf den Standpunkt eines anderen versetzen"*.

Jürgen *Stein* arbeitet für den Begriff γνώμη bei Thukydides die Bedeutung "Standortbewußtsein" heraus. Er versteht darunter,

> (*Stein* S. 5) "daß *gnome* neben dem Wissen über die tatsächlichen Gegebenheiten durch die Auseinandersetzung mit ihnen in einem Prozeß von Ausrichtung und Reflexion den Standort des Individuums bzw. der Gemeinschaft erfahrbar macht". Er führt weiter aus: "Dieses Standortbewußtsein von einem Platz, der sich durch einen besonderen Blickhorizont und seine Abschattierungen von jedem anderen unterscheidet, wird selbstverständlich zum Element der Entscheidung. Im Werk des Thukydides zeigt sich vielfältig, wie dies geschieht und wirkt. Andere Faktoren kommen stützend und konkurrierend hinzu (...). (...)
>
> Im Werk des Aristoteles erscheint *gnome*, neben anderen Sonderbedeutungen, nicht mehr als Entscheidungs-, sondern als Beratungskompetenz, welche dem homo politicus die geeignete Einbringung seines Standortes erleichtert. Hier tritt − in Abhebung zu den kriegerisch ausgerichteten Überlegungen des Historikers − der richterliche Aspekt der politischen Tätigkeit in den Vordergrund."

Dieses Verständnis von γνώμη scheint mir auch fruchtbar für die Erschließung des Bedeutungskerns von συγγνώμη, da sie neben dem Bewußtsein auch den situativen Standpunkt und die Handlungskonsequenz der Beteiligten berücksichtigt. συγγνώμη kann danach den Standpunkt bezeichnen, den jemand gemeinsam mit einem anderen annimmt und von dem aus er sich in seiner Entscheidung leiten läßt. Es gibt Belege, die dieses Verständnis nahelegen. Allerdings ist bei συγγνώμη dann noch die Frage, ob der gemeinsame Standort der Beurteilung und Entscheidung dauerhaft und grundsätzlich oder im Gedankenexperiment, probeweise, höflichkeitshalber eingenommen wird. Bei Thukydides etwa finden sich beide Verwendungsweisen, ebenso in anderen frühen Belegen.

> *Stein* S. 32 lehnt die Übersetzung "Verzeihen" oder "Nachsicht" grundsätzlich ab: "Es handelt sich (...) unter unserem Betrachtungswinkel um das Phänomen, daß nicht der Standort des anderen eingenommen wird. Das Individuum bleibt vielmehr bei seiner eigenen Beurteilung der Lage, gibt aber zu erkennen, daß er [sic] es sich vorstellen kann, wie der Horizont vom Standpunkt eines anderen aussehen könnte.
>
> Üblicherweise verwendete Übersetzungen wie 'Verzeihung' oder Nachsicht' ergeben in diesem Zusammenhang wenig Sinn (...)." (Vgl. auch *Stein* S. 46.)
>
> Damit geht er aber daran vorbei, daß in bestimmten Thukydides-Belegen nicht nur gedankenweise der Standort eines anderen angenommen wird, sondern auch die Unterlassung von Vergeltung gemeint ist, wie noch dargelegt werden wird (A III 2, B II 4).

2. συγγιγνώσκω im Bedeutungsfeld "erkennen"

Für den Wortgebrauch bei Herodotos und in der Tragödie ist es charakteristisch, daß συγγιγνώσκω "erkennen" und συγγιγνώσκω ἐμαυτῷ "sich bewußt werden" mehrmals in das tragische πάθος-μάθος-Konzept verwoben ist; dies gilt besonders für *S.* Ant. 926 und *Hdt.* 1.45.[1]

> *S.* Ant. 926. Antigone am Ende ihrer letzten Rede: "Was soll ich Arme noch auf die Götter schauen? wen zum Beistand rufen? da ich ja wirklich durch Frömmigkeit die Gottlosigkeit erworben habe. Aber wenn das [daß ich so ausweglos der Strafe der Gottlosigkeit ausgesetzt bin] den Göttern recht ist [w.: unter Göttern gut ist], so sollte ich [w.: wir] im Leiden wohl einsehen, daß ich gefehlt habe (παθόντες ἂν ξυγγνοῖμεν ἡμαρτηκότες); wenn aber diese sich verfehlen, möge ihnen nicht mehr Leid widerfahren, als sie widerrechtlich mir antun."

Antigone begründet in ihrer letzten Rede noch einmal ausführlich das Begräbnis des Bruders. Nur Kreon kann darin eine Verfehlung sehen (V. 914); Antigone bleibt bis zum letzten Vers vom Unrecht ihrer Bestrafung überzeugt (ἐκδίκως V. 928). Im Widerspruch zu ihrem gottgemäßen Handeln sieht sie sich mit schwerster Strafe belegt, Ehe und Kinder sind ihr versagt, ohne daß die Götter helfend eingeschritten sind: Dies deutet darauf hin, daß Antigone mit ihrer Frömmigkeit auch Gottlosigkeit begangen hat (V. 924f.); wenn dies der Fall ist, so kann sie zwar bisher nicht, aber in dem auf sie wartenden Leiden vielleicht ihre Verfehlung einsehen, dadurch, daß die Götter selbst ihren Tod nicht verhindern. Bei ihrem Abgang läßt Antigone beide Möglichkeiten, ihr eigenes Unrecht und das der anderen, unentschieden nebeneinander stehen. Tatsächlich erfüllen sich beide Voraussagen: Die Götter verhindern den Tod nicht, und Antigones Gegnern widerfährt vergleichbares Leid. [2]

Auch *Hdt.* 1.45 bezeichnet συγγιγνώσκω eine Art von Erkenntnis, die im Leiden die Summe der Vergangenheit zieht:

> *Hdt.* 1.45. Adrastos ist von Kroisos vom – unbeabsichtigten – Brudermord gereinigt worden, tötet aber Atys, den Sohn des Kroisos, aus Versehen auf einer Jagd, bei der er dem Atys als Schutz beigegeben war. Kroisos legt ihm diese Tötung nicht zur Last, da nicht Adrastos, sondern ein Gott der Urheber sei. "Kroisos nun ließ denn seinen Sohn begraben; Adrastos aber, der Sohn des Gordias, Enkel des Midas, der mithin der Mörder seines eigenen Bruders gewesen war, Mörder aber auch ⟨des Sohnes⟩ dessen, der ihn gereinigt hatte,

---

[1] Im folgenden werden Belege aus Herodotos, Thukydides, den Tragikern und Aristophanes aufgeführt, aufgrund der Fragestellung jedoch nicht vollständig; die Ergänzung findet sich im Kapitel B II.

[2] Dieser Kommentar stützt sich auf *Patzer*s Deutung des Stückes: Der Sophokleische Held muß gerade in seinem Streben nach Arete schuldig werden und insofern scheitern; er behauptet aber sein Selbst gegenüber einer Welt, die die Verwirklichung dieser Arete nicht zuläßt, dadurch, daß er seinen Untergang bewußt herbeiführt, und in dieser Selbstbehauptung bestätigen und rechtfertigen ihn die Götter; im Hinblick darauf kann wiederum nicht von Scheitern gesprochen werden. Patzer deutet die besprochenen Verse daher im beschriebenen Sinn (*Patzer* S. 98f., ähnlich *Class* S. 81-83).

erkannte, als es am Grabe still von Menschen geworden war, vor sich selbst, daß er von allen Menschen, von denen er wußte, am schwersten mit Unheil beladen sei (συγγινωσκόμενος ἀνϑρώπων εἶναι ... βαρυσυμφορώτατος), und brachte sich selbst auf dem Grabe als Schlachtopfer dar."

Der Satz zeichnet die Selbsterkenntnis des Adrastos nach: Er verfolgt das Leben des Adrastos von seiner Herkunft über das durch ihn verursachte Unheil bis zu seiner von allen Menschen ausgesonderten Stellung am stillgewordenen Grabe. συγγιγνώσκω zeigt sich hier als Ingressivum zu σύνοιδα ἐμαυτῷ.[3] Die Form des Mediums verstärkt die Konzentration und Geschlossenheit des inneren Dialogs.[4]

συγγιγνώσκω stellt sich hier als das jähe Einbrechen einer tragischen Selbsterkenntnis dar.

Was *Seel* S. 316 zu συγγιγνώσκω im Bedeutungsfeld "erkennen" mit Berufung vor allem auf *S. Ant.* 926 und *Hdt.* 1.89 bemerkt, trifft auch den Kern dieser Stelle: "(...) der wesentliche Unterschied [zu σύνοιδα / συνείδησις] scheint mir darin zu liegen, daß mit συγγιγνώσκειν das ingressive Umschlagen[5] eines bisherigen Urteils in ein anderes bezeichnet wird: meist das jähe Zerreißen eines Schleiers von Beschönigung und Selbsttäuschung und das schmerzliche Innewerden einer ganz anderen, fragwürdigeren, durch keine erbaulichen Illusionen mehr verstellten Wirklichkeit, während dem συνειδέναι in höherem Maße eine durative innere Spannung eignet." Bemerkens- und begrüßenswert ist *Seel*s Schlußfolgerung für συγγνώμη (S. 316 Anm. 1): "(...) von hier aus erhält dann συγγνώμη = ΄Verzeihung΄ erst seinen emotionalen Hintergrund."

Diese tragische Selbsterkenntnis ist ein einsamer Vorgang.

Dies läßt sich auch von Kroisos sagen, der einsieht, daß die Orakel aus Delphi richtig waren (*Hdt.* 1.91: συνέγνω ἑωυτοῦ εἶναι τὴν ἁμαρτάδα), und von Periandros, der sich darüber klar wird, daß er ohne seinen verstoßenen Sohn die Herrschaft nicht aufrechterhalten kann (*Hdt.* 3.53: συνεγινώσκετο ἑωυτῷ).

Freilich kann συγγιγνώσκω "einsehen", "erkennen" ohne derartige Konnotationen bedeuten, unter den frühen Belegen etwa *Ar.* Eq. 427 (spätere Belege s. u.). Charakteristisch wird jedoch das Verb für Erkenntnisse gebraucht, die durch einen Anspruch von anderer Seite angeregt werden oder vor einem oder mehreren anderen ausgesprochen werden: In diesem Fall übersetzt man mit "eingestehen, einräumen, bekennen". Mit dem Kompositionsvorderglied συν- wird offenbar auf das Gegenüber verwiesen, dessen Standpunkt (γνώμη) eingenommen wird:

---

[3] Vgl. *Class* S. 83 mit Anm. 194. Für den Zusammenhang beider Verben spricht u. a., daß *Sch. Ar.* V. 999 ξυνείσομαι mit ξυγγνῶ wiedergegeben wird.

[4] So beobachtet von *Cancrini* S. 76.

[5] Anmerkung der Verfasserin: Die Bedeutung kann also *Hdt.* 1.45 den ingressiven Aspekt eines Aorists ersetzen.

Hdt. 6.92. Den Anspruch der Argiver, wegen der Unterstützung des Kleomenes von Aigineten und Sikyoniern je 500 Talente zu erhalten, erkennen die Sikyonier an, da sie ihre Schuld einräumen (συγγνόντες ἀδικῆσαι ὡμολόγησαν), die Aigineten nicht (οὔτε συνεγινώσκοντο).

Hdt. 4.126. Dareios ist das Zurückweichen des Skythenkönigs ein unverständliches Verhalten (Anrede δαιμόνιε ἀνδρῶν); er solle entweder sich dem Kampf stellen oder, wenn er eingestehe, daß er unterlegen sei (εἰ δὲ συγγινώσκεαι εἶναι ἥσσων), sich unterwerfen.

Eine schicksalsbestimmende (Nicht-)Anerkennung eines Einzelnen auch *Hdt.* 6.61.

Daß συγγιγνώσκω "anerkennen" bedeuten kann, beruht offenbar auf einer Grundbedeutung "erkennen, was auch der andere erkennt", "zur selben Beurteilung der Situation kommen wie der andere":[6]

Th. 8.24.5. Die Chier vereinigten Glück und Maß: Je mehr ihre Stadt seit den Perserkriegen wuchs, desto mehr sicherten sie sie; auch den Abfall von Athen wagten sie nicht ohne viele starke Verbündete und nicht, bevor sie wahrnahmen, daß Athen durch die Sizilische Expedition entscheidend geschwächt war, wie auch die Athener selbst zugaben; "(...) wenn sie aber in der Unberechenbarkeit des menschlichen Lebens einen Irrtum begingen, so beurteilten sie doch zusammen mit vielen, die denselben Eindruck hatten, die Lage fehlerhaft (μετὰ πολλῶν ... τὴν ἁμαρτίαν ξυνέγνωσαν),[7] daß nämlich die Sache der Athener bald gemeinsam zu Fall gebracht würde."

Hdt. 7.13 ist Xerxes zur gleichen Meinung gelangt wie sein Onkel (συγγνούς). Ein späterer besonders deutlicher Beleg für diese Bedeutung: *X. Cyr.* 7.2.27.

Erkenntnisse ganzer Staaten oder bestimmter Volksgruppen werden so über das bloße Erkennen hinausgehoben. Die Konsequenz aus dieser Erkenntnis entscheidet vielfach über die Zukunft dieser ganzen Gruppe.

Hdt. 4.3. Die Skythen müssen sich bei ihrer Rückkehr gegen ihre Sklaven behaupten. Einer von ihnen rät, im Kampf statt mit Waffen mit Peitschen an die Aufrührer heranzugehen. Dann würden diese erkennen, daß der Kampf nicht von gleich zu gleich sei; μαθόντες ὡς εἰσὶ ὑμέτεροι δοῦλοι καὶ συγγνόντες τοῦτο οὐκ ὑπομενέουσι.

Diese Stelle bietet einen bemerkenswerten Beleg dafür, daß eine Selbst-

---

[6] Für die Thukydides-Belege ist zu verweisen auf *Huart Vocabulaire* S. 81: Thukydides verfolge auch hier die Tendenz, Wörter zu intellektualisieren und in ihrem etymologischen Sinn zu gebrauchen.

[7] Deutung von ἁμαρτίαν als inneres Objekt nach *Meyer Erkennen* S. 22, gegen *LSJ* s. v. "share (the error) with" und *Bétant* (s. v.) "commune habere". Zur Stelle s. a. *Meyer Erkennen* S. 22: "Das ξυγγνῶναι bedeutet hier ebenso wie ἔδοξε die subjektive Überzeugung, Ansicht. Ihr liegt ein λόγος 'Überlegung, Berechnung' zugrunde, denn die Ansicht ist zu Fall gekommen durch den παράλογος, das unberechenbare Element, das, was der Berechnung zuwiderläuft."

erkenntnis zusammenfällt mit dem Nachgeben gegenüber dem Anspruch eines Gegenübers (was im Vorgang des Verzeihens seine Parallele hat).

Weitere Erkenntnisse ganzer Völker: *Hdt.* 5.86, *Hdt.* 5.91, *Hdt.* 5.94, *Hdt.* 6.140, *Hdt.* 9.122; einer Volksgruppe: *Hdt.* 1.89.

Gegenstand der Selbsterkenntnis oder Anerkennung eines fremden Anspruchs ist in den bisher aufgeführten Belegen fast überall ein dem Erkennenden abträgliches, ihn belastendes Faktum, etwas, das sein eigenes ausgreifendes Handeln hemmt, etwas Negatives; dies gilt lange Zeit auch für σύνοιδά μοι,[8] woraus die Bedeutung beider Verben für den griechischen *Gewissen*begriff resultiert: Die Erkenntnis ist nach modernem Verständnis Einsicht in Schuld. Auf die Bedeutung "verzeihen" verweist dieser Umstand insofern, als Verzeihen immer eine Minderung der eigenen Ansprüche ist.

Die Bedeutung des Gegenübers beim Erkennen kann so groß sein, daß συγγιγνώσκω "übereinstimmen, sich einigen, zur selben Ansicht kommen" bedeutet. Hier ist der Gegenstand nicht unbedingt ein das Subjekt belastender.

Th. 2.60.4. Perikles erinnert die Bürger von Athen daran, daß sie mit ihm anfangs, als der Krieg begann, übereinstimmten, man kann sogar übersetzen: die Entscheidung teilten[9] (ξυνέγνωτε).

Th. 2.74.2 Im gleichen Sinn ruft Archidamos vor der Belagerung von Plataiai die Götter und Heroen des Landes auf, nicht nur Zeugen (ξυνίστορες) des gerechten Anspruchs zu sein, sondern auch ξυγγνώμονες, einverstanden, daß die Athener für das Unrecht die Strafe vollzögen.[10]

Belege bei Herodotos: *Hdt.* 4.5, *Hdt.* 7.13

In dieser Art übersetzt man auch an einigen Stellen der Tragödie am besten: *TrGF* 4 679: Sophokles: σύγγνωτε "seht es ein[, wie ich es euch nahelege]" (Aufforderung zum Schweigen), *E.* Andr. 972 σῷ ... συνέγνων πατρί "ich setzte mich mit deinem Vater ins Einverständnis" (gestützt auf *E.* Andr. 987f.). *E.* IT 1400 κλοπαῖς σύγγνωθ᾽ ἐμαῖς "sei einverstanden mit meinem Raub".

Bei συγγιγνώσκω in dieser Bedeutung ist in der Regel eine deutlich wahrnehmbare Handlungskonsequenz an- oder eingeschlossen; darum ist auch entscheidend, daß man sich die Meinung des anderen zueigen machen kann. Dies zeigt sich in der Verneinung besonders deutlich:

Hdt. 4.43. Xerxes glaubt nicht, daß Sataspes Libyen wegen Untiefen nicht

---

[8] Siehe *Class* S. 2 Anm. 5 zu den negativen Objekten von σύνοιδά μοι. Ein etwas späteres gutes Beispiel für συγγιγνώσκω ἐμαυτῷ ist *Lys.* 9.11.

[9] Im Anschluß an *Huart GNOME* S. 88 ("se sont associés à la décison").

[10] *Meyer Erkennen* S. 23 nach Classen und Steup: "`(...) gebt eure Zustimmung.`"

habe umsegeln können, und läßt ihn deshalb kreuzigen: οὕ οἱ συγγιγνώσκων λέγειν ἀληθέα (...).

Verneint wird συγγιγνώσκω auch in der Bedeutung "eingestehen" oft:
Hdt. 5.94, *Hdt.* 6.61, *Hdt.* 6.92, *Hdt.* 6.140; das verneinte συγγιγνωσκομένη
("zu keinerlei Zugeständnis bereit") wird *Hdt.* 9.41 für die Kompromißlosig-
keit des Mardonios benutzt: Auch hier zeigt sich, daß man sich für
συγγιγνώσκειν die Meinung des Gegenübers zu eigen macht.

Die Konsequenz im Handeln, die aktive Unterstützung des "gemeinsam
Erkannten und Anerkannten", ist nur im Sonderfall nicht mitgemeint:

> *Th.* 7.73.2. Nach der letzten Seeschlacht im Hafen von Syrakus rät Her-
> mokrates den syrakusanischen Beamten, einen Abzug der Athener zu Lande
> zu verhindern. "Diese gaben dies nicht weniger zu als er (οἱ δὲ ξυνεγί-
> γνωσκον μὲν καὶ αὐτοὶ οὐχ ἧσσον ταῦτα ἐκείνου) (...)." Sie halten die
> Durchführung aber für unmöglich.
>
> *Meyer Erkennen* S. 61 führt es auf die ungewisse Stimmung der Truppen
> zurück, daß nicht ausgeführt wird, was doch gemeinsam richtig schien; er
> weist auf die beiden Imperfekte ἐδόκει und ξυνεγίγνωσκον hin.

Herodotos' Belege für συγγνώμη und συγγιγνώσκω erwecken zum Teil
auch Zweifel, ob sie mit einer der Bedeutungen "erkennen, sich bewußt
werden", "eingestehen, einräumen, bekennen", "übereinstimmen, sich einigen" oder mit "verzeihen" übersetzt werden sollen; an diesen Stellen
erscheint der "Brückenschlag" zwischen "erkennen" und "verzeihen" möglich. Einmal ergibt sich dieser Zweifel auch beim Substantiv; doch läßt
sich bei Herodotos nicht jeder Aspekt von Verzeihen vom Wortstamm
συγγνώμη fernhalten.[11]

> *Hdt.* 2.110. Der Priester des Hephaistostempels läßt es nicht zu, daß
> Dareios seine Statue vor der des Sesostris aufstellt: Dieser habe andere
> Völker, auch die Skythen, besiegt, über die Dareios nicht Herr geworden sei.
> "Dareios, sagt man, habe diese Sache nicht übelgenommen[12] / habe dies
> zugeben müssen (συγγνώμην ποιεῖσθαι)".
>
> Eine negative Reaktion des Dareios bleibt aus, soviel ist deutlich. Wenn
> er die Äußerung "verzeiht", so auf jeden Fall auch deshalb, weil er "mit dem
> anderen erkennen", seine Unterlegenheit "eingestehen" und "zugestehen"[13]
> muß.

---

[11] Dies gegen *Stein* S. 32 (gegen *Meyer Erkennen* S. 22: "hat nur die spezielle
Bedeutung des Verstehens und Verzeihens unter Berücksichtigung der menschlichen Fehler und Schwächen"), siehe Kapitel B II.

Cancrini S. 73 mit Anm. 47 zu Zweifelsfällen in der Tragödie, die noch
besprochen werden (nicht in allen ist das intellektuelle Moment wirklich stark).

[12] So übersetzt *Feix* Bd. I S. 289.

[13] Diese Seite betonen die Kommentare von *How/Wells, Wiedemann* und
Wadell, dieser unter Hinweis auf *Powell Cl. Qu.* wo συγγνώμην ποιέομαι als
gleichbedeutend mit συγγνῶναι erklärt wird, das bei Herodotos nie "verzeihen"

Hdt. 3.99. Bei den menschenfressenden Padäern töten die Freunde jeden Erkrankten, auch wenn er versichert, nicht krank zu sein, und zwar οὐ συγγιγνωσκόμενοι: "ohne mildernde Gründe walten zu lassen" oder "ohne sich umstimmen, überzeugen zu lassen"?

Hdt. 7.12. Die Traumerscheinung wirft Xerxes vor, weder handle er gut, wenn er sich anders entscheide, noch gebe es jemanden, der ihm verzeihen / mit ihm einer Meinung sein werde (οὔτε ὁ συγγνωσόμενός τοι πάρα).

Ganz selten ergibt sich für den Gebrauch des Substantivs συγγνώμη einmal die Notwendigkeit einer Übersetzung, die sich nur vom Bedeutungsfeld "erkennen" her verstehen läßt und keine oder eine zweifelhafte Verbindung zur Bedeutung "Verzeihung" zeigt.

Hierunter werden nicht die Fälle verstanden, in denen das "Verzeihliche" mit dem "Verständlichen, Natürlichen, Selbstverständlichen" zusammenfällt; diese lassen sich durchaus von der Grundbedeutung "Verzeihen" herleiten, wie im Unterkapitel A III 4 dargelegt wird. Auch in anderen Fällen treffen andere Übersetzungen den Sinn besser (z. B. *Pl.* Phd. 88c8).

In der späteren Antike ist die Übersetzung "Verzeihung" nicht möglich *LXX* 2Mcc. 14.20 ("übereinstimmende Meinung"), wenn die Lesart des Alexandrinus (γνώμης : συγγνώμης A) zutrifft,[14] sowie *NT* 1Cor. 7.6, vor allem im Anschluß an die Deutung bei *Baumert:* nicht "Zugeständnis" (so *EWNT* und *Bauer/Aland* s. v.), sondern "Zustimmung", "Einverständnis" (*Baumert* S. 359f.).

Baumert (S. 359-63) stützt sich dafür auf einige Belege aus Klassischer Zeit, auch auf *Hdt.* 2.110 (er faßt συγγνώμη als "Eingeständnis", "Zustimmung", also im Sinn der zweiten oben angegebenen Übersetzung). Die Belege *X.* Ath. 2.20, *Hdt.* 1.39, *Pl.* Tht. 197a7, *D.* 19.238 und *Hdn.* 2.3.3. gehören jedoch zu der genannten Gruppe, die von der Grundbedeutung "Verzeihung" hergeleitet werden kann, die freilich vom Einklang mit dem Natürlichen, Selbstverständlichen, dem Verstand Einleuchtenden her gedacht wird und so der intellektuellen Komponente des Kompositums besonders nahesteht. (*Baumert* S. 359 dagegen: "Es besteht ein allgemeines Einverständnis, es wird jedem [als Recht] zugestanden, ist gestattet".) Baumert führt für einige auch ausdrücklich eine Übersetzung mit "Verständnis" auf (*Baumert* S. 360). (Bei der zuletzt genannten Stelle, *Hdn.* 2.3.3, wird sogar eindeutig vom Vorgang des Verzeihens aus gedacht, freilich abgeschwächt zu einer Höflichkeitsformel; anders läßt sich συγγνώμης ἐδεῖτο schlecht verstehen, zumal es mit γῆρας ... προισχόμενος verbunden ist: Die Begründung für die Entschuldigung wird also mitangegeben.)

Die Übersetzung "Zustimmung" für *NT* 1Cor. 7.6 kann sich außer auf den Septuaginta-Beleg noch auf das Adjektiv συγγνώμων (ξ.) *Th.* 2.74.2 (s. o.) und *Pl.*

---

bedeute (unsicher sind aber auch *Hdt.* 3.99 und *Hdt.* 7.12, siehe Zitat); die dort aufgeführte Parallelüberlieferung der Dareios-Geschichte *D. S.* 1.58.4 deutet allerdings die Reaktion so, daß der König "nicht böse darüber war (οὐχ ὅπως ἠγανάκτησεν)", was eher in Richtung "verzeihen" deutet (χαλεπαίνω ist Gegenbegriff zu συγγιγνώσκω, s. A IV 4).

[14] *Baumert* S. 360f. mit Anm. 724.

Lg. 770c4 berufen, muß aber vor allem auf ihre innere Stimmigkeit gestützt werden ("Zugeständnis"[15] läßt sich hingegen leichter von "Nachsicht" ableiten); angesichts der in der folgenden Übersicht angeführten Bedeutungen des Verbs erscheint sie nicht zu kühn (zu den biblischen Belegen siehe Abschnitt C II 2 und 3).

Nicht in allen Fällen läßt sich also zwischen συγγιγνώσκω "verzeihen" und συγγιγνώσκω im Bedeutungsfeld "erkennen" sicher unterscheiden. Daß das Verzeihen als Einheit einer Einsicht in menschliche Bedingtheiten und Verzicht auf Bestrafung verstanden werden konnte, läßt sich aus einem für Demokritos überlieferten Fragment herauslesen, dessen Verständnis allerdings Mühe bereitet und nicht ohne Konjektur auskommt.

> *Vorsokr.* 68B253: Demokritos. "Für die Edlen ist es nicht günstig, wenn sie ihre eigenen Angelegenheiten vernachlässigen und fremde ausführen; denn dann steht es schlimm um die eigenen. Wenn man aber die Politik vernachlässigt, ergibt sich daraus, daß man in schlechten Ruf gerät, auch wenn man weder Diebstahl noch ein Unrecht begeht. Schließlich besteht ja auch für den, der sich weder Vernachlässigung noch Unrecht zuschulden kommen läßt, die Gefahr, in schlechten Ruf zu kommen und das dann auch am eigenen Leibe zu spüren; und es ist ja unvermeidlich, Fehler zu begehen, aber es läßt sich nicht leicht erreichen, daß die Menschen sich dies eingestehen und verzeihen (συγγιγνώσκεσθαι δὲ τοὺς ἀνθρώπους οὐκ εὐπετές)." In der Ausgabe wird dies übersetzt: "(...) aber die Verzeihung der Menschen dafür zu erhalten ist nicht leicht."

Für das schwierige[16] συγγιγνώσκομαι wird auch "sich es eingestehen" vorgeschlagen (Gomperz, textkritischer Apparat z. St.), doch geht es auch um die Abwendung gesellschaftlicher Ächtung und Bestrafung (κακῶς ἀκούειν καὶ δὴ καὶ παθεῖν τι).[17] Mediales συγγιγνώσκομαι in einem von εὐπετές abhängigen A. c. I. scheint den Möglichkeiten eines persönlichen Passivs oder eines medialen "j-n zum Verzeihen bewegen" überlegen zu sein, obwohl dieser Gebrauch isoliert steht.

Der Gesamtsinn ist wohl: Die Vernachlässigung der eigenen Angelegenheiten birgt Gefahren, noch größere aber die des politischen Lebens. Wer sich aus diesem zurückzieht, kann sogar unschuldig durch ein Gerücht zu Schaden kommen, erst recht bei einer Verfehlung, der doch ein Mensch gar nicht entgehen kann (ἀνάγκη δὲ ἁμαρτάνειν) – die Gefahr, die dem *Politiker* aus seinen notwendi-

---

[15] Die Alte Kirche verstand κατὰ συγγνώμην als "im Sinne eines Zugeständnisses": *Ält. Apol.* Tat. orat. 20.1. *Clem. Alex.* 2.242.31 heißt συγγνῶμαι (ein auffälliger Plural) "Zugeständnisse"; der Apparat der Textausgabe verweist auf *NT* 1Cor. 7.6. Das Lexikon des Thomas Magister empfiehlt diesen Ausdruck sogar besonders (*Thom. Mag.* 339.3: Κατὰ συγγνώμην ἵσταται κάλλιον λέγειν ἢ συγγνώμης ἄξιόν ἐστι.

[16] Vgl. *Vorsokr.*. Register s. v.

[17] Der Ausdruck κακῶς ἀκούειν καὶ πάσχειν deutet auch *Vorsokr.*. 68B265: Demokritos auf das Zusammenspiel von sozialer und gerichtlicher Verurteilung bei Inhabern öffentlicher Ämter.

gen Fehlern entsteht, wird offenbar nicht reflektiert.[18] Genau gleichgewichtig (wie der Satzbau zeigt) sieht Demokritos die Notwendigkeit menschlicher Verfehlung und die Schwierigkeit, Verzeihung zu erlangen.

Denkt man an das Beispiel des getöteten Weisheitslehrers, so müßten Verfehlungen, die auf der *Conditio humana* beruhen, besonders leicht zu verzeihen sein. Die Erfahrung des Demokritos ist eine andere; doch im Gebrauch des Wortes συγγιγνώσκομαι erhebt er die Forderung: Menschen müssen sich eingestehen (ein nicht bloß mentaler Vorgang), daß alle Menschen sich notwendig verfehlen, und darum die Verfehlungen anderer verzeihen. So nahe wird das Wort συγγιγνώσκω sonst nicht dem Grundsatz *errare humanum est* gebracht;[19] doch daß "menschliche" Vergehen verziehen werden müssen, findet sich öfter, und zur Anerkennung ihrer Menschlichkeit gehört ein Vorgang des "Erkennens".

3. Spätere Belege für συγγιγνώσκω im Bedeutungsfeld "erkennen"

Spätere Belege für συγγιγνώσκω im Bedeutungsfeld "erkennen" können bei der Untersuchung der Bedeutung "verzeihen" nur demonstrieren, wie lebendig das intellektuelle Moment der Wortbildung blieb. Eine Zusammenstellung des gesammelten Materials ist aber vielleicht für andere Untersuchungen hilfreich.

συγγιγνώσκω "erkennen, Schlüsse ziehen": *Arch. Pap.* 1.219.1, *Arch. Pap.* 1.220.1 *D. H.* 4.4.2, *App.* Bas. 5.2, *App.* Iber. 132, *App.* BC 2.263, *D. C.* 17.11, *D. H.* 6.29.1, *D. H.* 9.44.5, *D. H.* 12.2.7, *LB* Io. 198.23, *Or.* Luc. fr. 9.4, *Greg. Nyss.* MPG 45 or. catech. 61.26, *Callinicus.* v. Hyp. 118.14

συγγιγνώσκω "sich bewußt werden / sein": *LXX* 2Mcc. 14.31 (ὅτι), *D. H.* 4.60.4 (ὅτι), *App.* Syr. 309 (τι), *D. H.* 17.4.2, *LB* Th. 210.1 (ἑαυτὸν [sic] τοῦ θεραπεύειν), *Greg. Nyss.* 5: Ps. VI 192.7. Im Corpus der lateinischen Glossen taucht συγγιγνώσκω zur Erläuterung folgender lateinischer Ausdrücke auf (siehe *CGIL* Index): conscio, consciscit (conscit?), conscius, ignoscit, ignosce [sic]; sogar συγγνώμη *neben* ἄγνοια für *ignorantia* (*CGIL* VII 76).

συγγιγνώσκω ἐμαυτῷ "sich bewußt werden / sein": *Plu.* Demetr. 52.3, *D. H.* 2.55.3, *D. H.* 3.60.1, *D. H.* 11.44.3, *App.* BC 1.277, *App.* BC 1.375, *App.* BC 5.590, *J.* AJ 1.46, *J.* AJ 6.126, *J.* AJ 13.413, *Or.* Cels. 3.65.8, *Or.* comm. in Eph. 18.19, *Athan.* 184.1: hist. Ar., *Athan.* 237.20: syn.: Schreiben der Synode von Rimini 359, *Eus.* theoph. fr. 23.2, *Clem. Alex.* 3.48.5, *Greg. Nyss.* 1: Eun. 1.10 · 35, *Greg. Nyss.* 3.1: Maced. 115.4, *Greg. Nyss.* 5: Ps. VI 190.11

---

[18] Vgl. *Natorp* S. 115-17 zur Hochschätzung der politischen Betätigung bei Demokritos.

[19] *Isid. Pel.* verknüpft, wie angekündigt, συγγνώμη über das γνῶθι σαυτόν mit der Einsicht in die menschliche Fehlbarkeit.

συγγιγνώσκω "übereinstimmen, einverstanden sein, sich einigen": *SIG* 56.33: Argos [V a.], *Leg. Gort.* 5.46 [V a.], *Pl.* Lg. 770c4, *Arist.* Pol. 1311b40, *Is.* 8.38, *PGnom* 67 [II] (hier "dulden"), *Sammelb.* 6 9150.15 [V]

ἄλλα συγγιγνώσκω "anders urteilen": *Greg. Nyss.* 8.2: Ep. 29.5

συγγιγνώσκω "vereinbaren": *J. AJ* 13.420

συγγιγνώσκω "zustimmen, einwilligen": *BGU* 341.4 [II], *BGU* 432 III 8 [II], *App.* BC 3.113, *D. H.* 2.60.1, *D. H.* 8.30.6, *Hephaest.* Astr. I 3.6, *Vett. Val.* 210.13, *PGnom* 67 [II], *Athan.* MPG 26 881.18: v. Anton.

συγγιγνώσκω "eingestehen, zugeben": *App.* Celt. 3.2, *App.* BC 3.13

συγγιγνώσκω, meist συνέγνωκα "eingeweiht werden, Mitwisser / mitverschworen sein" (absolut oder τινί, in der Regel "mit j-m"): *Ach. Tat.* 6.2.4, *Ach. Tat.* 7.12.1, *D. C.* 57.16.4, *D. C.* 72.6.3, *D. C.* 87.5, *Plu.* Art. 19.2, *App.* Mith. 411 · 524 · 525, *App.* BC 1.239, *App.* BC 1.385 (bemerkenswerterweise συγγιγνώσκω τινι [Sache]), *App.* BC 2.17, *App.* BC. 2.20 · 21, *App.* BC 2.511, *App.* BC 3.392, *App.* BC 4.120 · 216 · 218 · 405 (Aorist), *App.* BC 5.15 · 28 (ἐπί τινι), *D. C.* 44.13.1 (συγγιγνώσκω τι [Sache]), *J. AJ* 16.330 (hier kein Perfekt, da Irrealis), *Philostr.* 2.227.25: Ep. 6, *J. AJ* 19.61 · 74, *Did.* 6.56, *Cat. Cod. Astr.* 1.98, *Greg. Nyss.* MPG 46: v. Gr. Thaum. 904.9 ("Anhänger")

συνεγνωσμένος "nach allgemeinem Verständnis, bekannt": *Porph. Sent.* 9 · 38, *Syrian.* in Metaph. 26.14 und öfter in den (späten) Aristoteleskommentaren

σύγγνωσις "Bewußtsein": *Phld.* Mort. 34.35, *Clem. Alex.* 2.13.19 (v. l.)

συγγνωρίζω "gemeinsam erkennen": *Arist.* EE 1244b26; die Existenz dieses Wortes weist darauf hin, daß συγγιγνώσκω als doppeldeutig empfunden wurde (auch in Aristoteleskommentaren).

συγγνώμη "übereinstimmende Meinung": *LXX* 2Mcc. 14.20 (varia lectio, s. o.)

συγγνώμων "miteinander einig, mit etw. einverstanden" (?): Vorsokr. 22C1: Herakleitos-Imitation (Gegenbegriff zu ἀγνώμων "unvernünftig"), *Pl.* Lg. 770c4

4. συγγνώμη als Einsicht in die Rolle des anderen

Bei συγγιγνώσκω (ἐμαυτῷ) in den frühen Belegen des letzten Abschnitts wird also intensiv auf die Vergangenheit zurückgeblickt — meist auf ein negatives, beeinträchtigendes Ereignis — und für die Zukunft eine Konsequenz gezogen, oft angesichts eines Gegenübers, das diese Erkenntnis auch veranlaßt hat. In diesen Facetten erscheint die Verbindung von "erkennen" zu "verzeihen" (im unabgeschwächten Sinne) sehr deutlich. Gerade in den frühen Belegen für συγγνώμη "Verzeihen" ist jedoch eine andere Verbindung zum Wortbestandteil "erkennen" wesentlich ausgeprägter: die, daß "verzeihlich" genannt wird, was hauptsächlich verständlich ist, nämlich der Rolle oder Situation des anderen angemessen. Die Meinung des anderen ist dabei nicht das, was der συγγιγνώσκων bis zur Übereinstimmung für sich selbst übernimmt, sondern eher etwas probeweise und nicht in voller Gültigkeit Übernommenes.[20] Statistisch dürften anfangs die Belege für συγγνώμη in diesem distanzierten, intellektuell betonten Sinne sogar überwiegen.

> *Hdt.* 1.39. Atys anwortet seinem Vater Kroisos, als der ihn wegen seines warnenden Traums von Krieg und Jagd zurückhalten will: συγγνώμη μὲν ὦ πάτερ τοι, ἰδόντι γε ὄψιν τοιαύτην, περὶ ἐμὲ φυλακὴν ἔχειν (...). Feix übersetzt: "Man kann es dir nicht verdenken (...)."[21] Der Sohn kann den Standpunkt des Vaters in Gedanken einnehmen; ihm ist verständlich, daß ein Vater, zumal (γε) nach diesem Traum, den Sohn in Obhut hält; da er die Haltung des Vaters erkennt und als Reaktion auf den Traum anerkennt, kann er auch selbst nicht mit Ärger oder Groll reagieren, er "verzeiht" also. Den fremden Standpunkt macht er hingegen nicht zum eigenen,[22] da er eine eigene Deutung des Traumgesichts vorzuschlagen hat; zur Bedeutung "mit j-m übereinstimmen" fehlt viel.

Festzuhalten ist der Charakter einer Höflichkeitsformel, den Atys' Rede hat. Im Vergleich zu der späteren Haltung des Kroisos gegen den Töter seines Sohnes (die aber mit κατοικτίρει gekennzeichnet wird, *Hdt.* 1.45) hat Atys hier kaum etwas zu "verzeihen".

Die betonte Anrede "Vater" weist darauf hin, daß der Standpunkt des anderen, der probeweise eingenommen wird, von der Rolle abhängt, die der andere innehat.

> Einsicht in die Rolle des Vaters drückt auch *E.* Ph. 994 (B II 1 zitiert) die Vokabel συγγνωστός aus.

Auch in der Komödie ist, trotz komisierender Tendenz, spürbar, daß für συγγνώμη ein bestimmtes Rollenverständnis wirksam ist:

> *Ar.* Ach. 578. Wenn Dikaiopolis sich die von Lamachos als Beschimpfung gemeinte Bezeichnung "Bettler" zu eigen macht und daran die Bitte um

---

[20] Diese bewußte Distanzierung kann mit συγγιγνώσκω verbunden werden: Dies ist gegenüber *Snell Rez. Zucker* zu präzisieren, er sieht in συγγιγνώσκω wie in σύνοιδά τινι ein "Miterkennen, das nicht lediglich Tatsachen weiß, sondern, wie wir sagen würden, mit den Augen des anderen sieht und damit Verständnis für den anderen hat. Die Vorstellung allerdings, die wir mit diesen deutschen Wendungen wachrufen, ist dem klassischen Griechen fremd; 'sich in den anderen hineinversetzen' ist ein moderner Gedanke, der bei allem Griechischen ferngehalten werden muß. In den Worten συγγιγνώσκειν und συνειδέναι liegt nichts von einem Aufgeben des eigenen Ich, kein Sichverwandeln oder Hineinkriechen in eine andere Haut, sondern die zugrunde liegende Vorstellung ist durchaus, daß man selber weiß und erkennt, aber man tut es mit einem anderen zusammen."

[21] *Feix* S. 37.

[22] Gegen *Schweighäuser* s. v. συγγνώμη, der analog zum Verb συγγιγνώσκω, für das er die Bedeutung "verzeihen" ablehnt, "Assentior tibi, Probo" versteht.

Verzeihung knüpft, so ist offenbar vorausgesetzt, daß zur Rolle des Bettlers Schwatzhaftigkeit gehört; συγγνώμη ist also "Einsicht in die Rolle des anderen".

Entsprechend entschuldigt Strepsiades sein ungestümes Anklopfen *Ar. Nu.* 138 damit, daß er fern von Athen auf den Äckern[23] wohne (σύγγνωθί μοι).

Ar. V. 959 im Hundeprozeß: Die Bitte um Verzeihung für den Hund Labes wird ermöglicht durch eine Begründung, die den Hund in Wirklichkeit verurteilt: "denn Zitherspielen hat er nicht gelernt", d. h. er kann nichts anderes als stehlen, aufgenommen *Ar. V.* 989, wo damit der Vater die Verweigerung des ἀπολύειν begründet (Deutung nach *Sch. Ar. V.* 959).

Anderes ist für den anderen natürlich aufgrund seiner besonderen Lage, die der Verzeihende nicht hat, der deshalb auch keinen Anlaß zu diesem Verhalten hat:

Th. 4.61.5. Hermokrates aus Syrakus redet für den Frieden: Im eigenen Interesse sollten sich die Sizilianer aussöhnen (καταλλαγῆναι), nicht der Blutsverwandtschaft einen Wert zumesssen, den sie nicht habe. Es sei sehr verständlich (πολλὴ ξυγγνώμη), daß die Athener mehr haben wollten und dafür Pläne schmiedeten, er tadle (μέμφομαι) nicht sie, daß sie herrschen wollten, sondern die, die bereit seien zu gehorchen.

Dazu *Stein* S. 33 (zu Steins Ablehnung der Übersetzung "Verzeihen" s. o.): "Thukydides befindet sich noch stärker im Einklang mit dem sonstigen Wortgebrauch, wenn es um *syggnome* für eigennütziges Verhalten geht. Hermokrates hat *syggnome* für Athens Expansion. Sie hängt hier eindeutig mit dem Standort in der politischen Welt zusammen: wäre Hermokrates Politiker in Athen und nicht in Sizilien, so wäre seine *gnome* eben die eines Atheners – er ist es nicht, kann aber *syggnome* haben." (Mit Verweis auf *X. Ath.* 2.20 und *D.* 19.238; es ließe sich auch *D.* 19.133 anführen.)

E. Med. 814. Medeia verkündet dem Chor ihren Beschluß, die Kinder zu töten und zu fliehen. Der Chor rät ihr davon ab. Medeia: "Es kann nicht anders sein. Bei dir ist es verständlich, daß du dies sagst (σοὶ δὲ συγγνώμη λέγειν / τάδ' ἐστί), weil du nicht so schlimm leidest wie ich." Medeia beharrt auf ihrem Entschluß, macht sich die Haltung des Chores nicht zu eigen, kommt ihm aber so weit entgegen, daß sie eingesteht, er könne ihre Meinung auch nicht teilen, solange er nicht so viel auszustehen habe wie sie. Auch dies ist ein Eingeständnis der Höflichkeit.

Bei Thukydides ist der Gebrauch von ξυγγνώμη ἐστί für "es ist verständlich, verzeihlich"[24] typisch und steht hier dem εἰκός am nächsten, das auch zweimal ausdrücklich hinzugefügt wird.

Im Fall der Melier (*Th.* 5.88 εἰκὸς ... καὶ ξυγγνώμη) handelt es sich eher um eine höflich-vorsichtige Entschuldigung, in den anderen Fällen wird einer recht ungewöhnlichen individuellen Entscheidung Ausdruck verliehen: Brasidas entschuldigt damit die zu den Athenern Übergelaufenen aus Torone

---

[23] Übersetzung nach *Dover Clouds* z. St. (gestützt auf Scholien).

[24] So *Meyer Erkennen* S. 23.

(*Th.* 4.115.5), Phrynichos, daß er zum Schaden seines Feindes Alkibiades auch einen Rat zum Schaden seiner eigenen Stadt gibt (*Th.* 8.50.2), die Kerkyräer ihre Bitte um Waffenhilfe, nachdem sie selbst früher keine geleistet haben (*Th.* 1.32.5). εἰκὸς wird auch *Th.* 4.98.6 mit ξύγγνωμόν verbunden (zitiert in B II 4).

In anderen, z. T. nicht späteren Belegen "erkennt" der Verzeihende im Verhalten des anderen gerade etwas Gemeinsames, eine Reaktion, die er unter gleichen Umständen auch zeigen würde; speziell Allgemein-Menschliches, durch die *conditio humana* Gegebenes wird als Motiv zum Verzeihen anerkannt. Dies wird typisch für den griechischen Verzeihens-begriff. Demgegenüber ist hier festzuhalten, daß vielfach die Einnahme des fremden Standpunktes nicht dessen Übernahme einschließen muß, sondern gerade die Distanzierung von ihm festschreiben kann:

> *E.* Andr. 955. Der Chor zu Hermione: "Zu sehr hast du der Zunge gegen das Verwandte [das weibliche Geschlecht] freien Lauf gelassen; zu verzeihen ist dir das freilich (συγγνωστά ... σοί), aber dennoch müssen Frauen die typischen weiblichen Fehler beschönigen."

> *E.* Ba. 1039. Der Chor triumphiert, als der Bote den Tod des Pentheus beklagt. Bote: "Man kann es euch verzeihen (συγγνωστὰ μέν σοι), nur ist es nicht schön, daß ihr euch über geschehenes Unglück freut, ihr Frauen!"

> *E.* Heracl. 981. Alkmene will Eurystheus selbst töten; der Chor versucht sie davon abzubringen, beschließt den Wortwechsel mit dem Urteil: "Ein furchtbarer und verständlicher (συγγνωστόν) Zorn hält dich gegen diesen Mann gefangen, das erkenne ich gut."

> Ähnlich distanziert reagiert der Chor *E.* Hec. 1107 auf die Klagen des Polymestor (συγγνώσθ᾽).

Ein interessanter Beleg findet sich in der noch aus dem 5. Jahrhundert stammenden oligarchischen Schrift Ἀθηναίων Πολιτεία, die unter Xeno-phons Namen überliefert ist;[25] deutlich ist hier einerseits die Distanz zu dem, was "verziehen" wird, weil es aus der Perspektive des Gegenübers verständlich und natürlich ist; andererseits ist hier bereits eine Denkfigur ausgebildet, die in dieser Untersuchung als "Figur des Verzeihlichen und des Unverzeihlichen" bezeichnet wird.

> *X.* Ath. 2.20. "Ich für meine Person behaupte, daß das Volk in Athen ⟨sehr wohl⟩ erkennt, welche Bürger redlich sind und welche schlecht; doch wenn sie ⟨das auch⟩ erkennen, sie lieben doch diejenigen, die zu ihnen gehören und zu ihrem Nutzen agieren, selbst wenn sie schlecht sind, die Redlichen aber hassen sie eher; denn sie sind nicht der Ansicht, die Tugend diene von vornherein ihrem Vorteil, sondern sie diene ihrem Schaden; und so sind umgekehrt einige, die wirklich auf der Seite des Volkes stehen, so veranlagt, daß sie nicht zur Volkspartei gehören können. Was mich angeht, so nehme ich nicht die Demokratie dem Volk übel (δημοκρατίαν ... τῷ

---

[25] *RE* Bd. IX A 2 Sp. 1947.

δήμῳ συγγιγνώσκω) – denn man muß jedem verzeihen, wenn er zu seinem Vorteil handelt (συγγνώμη ἐστίν) –, aber wer in einem demokratischen Staat in die Verwaltung gewählt worden ist, obwohl er nicht auf der Seite des Volkes steht, der ist eher als in einem oligarchisch verfaßten bereit, Unrecht zu tun, und weiß, daß er leichter im demokratischen Staat mit seiner Korruptheit verborgen bleiben kann als in einem oligarchischen."

Die Figur des Verzeihlichen und des Unverzeihlichen, die in Kapitel B I 5 aus der Gerichtsrhetorik hergeleitet wird, kann schon hier vorausgesetzt werden. Der polemische Charakter, den die Figur in der Gerichtsrhetorik hat, ist hier etwas anders gewendet, nicht zum Angriff gegen einen Gegner, sondern zur Werbung für die eigene Position: Nicht im Bekenntnis zur Demokratie sei der eigentlich Dissens zwischen oligarchischer und Volkspartei zu suchen, sondern in der Frage der wahren Anwaltschaft für das Volk und in der Kontrolle der Korruption. Das Wort συγγιγνώσκω ergibt in verschiedenen Bedeutungsnuancen Sinn: "Verständnis haben", "nachsichtig sein, nicht übel nehmen" und "einräumen, zugestehen", entsprechend kann man auch συγγνώμη verschieden übersetzen. Die ironische Sprechweise macht sich die Bedeutungsbreite des Wortstamms zunutze. Die verächtliche Haltung dem Volk gegenüber, die sich in der angeblichen Anwaltschaft ausdrückt, ist nicht zu verkennen; sie wird ermöglicht durch eine bestimmte Rollenverteilung zwischen dem Verzeihenden und seinem Gegenüber, die in Kapitel A IV 1 erörtert wird.

"Man muß jedem verzeihen, wenn er zu seinem Vorteil handelt" – wenn συγγνώμη das Verständnis für die Rolle oder Lage des anderen bezeichnet, so wird dieser Sinn in diesem frühen Beleg auf den allgemeinsten Nenner und zugleich auf einen sehr pointierten Punkt gebracht: Die Wahrung des Eigeninteresses muß das Verständlichste und dadurch auch das Verzeihlichste sein.[26]

Neben einer explizit entgegengesetzten Haltung steht der "Verzeihende" – oder eher "Verständnisvolle" – oft auch neutral dem anderen gegenüber:

> E. Alc. 139. Der Chor beobachtet den Auftritt einer weinenden Dienerin; er hält es für "verständlich" bei einer Dienerin, daß sie um die Herrin trauert (πενθεῖν ... / συγγνωστόν); seine eigene Beteiligung geht nicht so weit, er interessiert sich nur, was mit der Herrin geschehen ist.

> E. Med. 703. Medeia berichtet Aigeus von Iasons Heiratswünschen. Aigeus: "Wahrhaftig, verzeihlich war es dann zumindest, wenn du betrübt warst, Frau (συγγνωστὰ μέν τ' ἄρ' ἦν σε λυπεῖσθαι, γύναι)!"[27]

Dagegen ist *E. Heracl.* 435 mit dem "Verständnis" eine Einschränkung der eigenen Position verbunden: Iolaos versetzt sich in die Lage des

---

[26] Pointen dieser Art sind auch aus der Spätantike überliefert; am ähnlichsten *M. Ant.* 11.26 (als Rechtfertigung der philosophischen Betätigung), ferner *Suppl. Hell.* 973.20, *Aristaenet.* 1.24.30.

[27] Für τοι ἄρα siehe *Denniston* S. 555, für μέν solitarium S. 380.

Theseus, der nicht Kinder seiner eigenen Bürger töten will, was aber das Verhängnis für Iolaos' eigene Kinder bedeutet. Hier gewinnt "Verständnis" die Richtung auf das Opfer des eigenen Anspruchs, den συγγνώμη als "Verzeihen" hat.

Es hat sich gezeigt: Die Bedeutungen "verstehen" und "verzeihen" sind nach dem Zeugnis der Belege eher voneinander unabhängig· als auseinander erklärbar. Man sollte also das mit συγγνώμη bezeichnete Verzeihen nicht als vorwiegend intellektuellen Vorgang auffassen. Immerhin sind die Brücken, die sich zwischen beiden Bedeutungen schlagen lassen, ein Hinweis, daß immer *auch* ein intellektueller Vorgang mitverstanden wurde, wenn von συγγνώμη die Rede war.

Es zeigte sich aber auch: In diesen frühen Belegen stellt sich συγγνώμη vielfach dar als Verständnis für die spezielle Rolle des anderen oder die Lage, in der er sich befindet. Erst in dem Fall, daß es hierbei die Wahrung des Eigeninteresses ist, für die Verständnis aufgebracht wird, ist wiederum eine "allgemein-menschliche" Ebene erreicht, die sonst in den Hintergrund tritt. Vorausgewiesen wurde aber auf die Beobachtung, daß gerade das Allgemein-Menschliche, dem Verzeihenden und seinem Gegenüber Gemeinsame das sein kann, was συγγνώμη auf sich zieht. Was "miteinander erkannt" wird, kann also an ganz verschiedenen Stellen eines Spektrums angesiedelt sein, kann ebensogut das ganz Individuelle wie das Allgemein-Menschliche als Gegenstand haben.

Ein weites Spektrum wird sich auch in einer anderen Hinsicht ergeben: Insofern das Verzeihliche mit dem Verständlichen (insbesondere dem allgemein, nicht nur individuell Verständlichen) zusammenfällt, bezeichnet συγγνώμη vielfach das Normale, Selbstverständliche — in diesem Kapitel wurde auf entsprechende Aspekte hingewiesen. Als Gegenstand von συγγνώμη wird der Leser aber auch noch das Ungewöhnliche, durch besondere Umstände Bedingte kennenlernen, speziell Auswirkungen von Krankheit und Wahnsinn. Eine Mischung beider Aspekte stellt ein beliebtes Motiv dar, das Motiv des Liebes-Wahnsinns, der Liebes-Krankheit. Wer συγγνώμη durch eine Charakterisierung ihrer Gegenstände definieren wollte, sähe sich auf eine Kategorie wie "das unter Menschen Erwartbare" verwiesen; nur so global läßt sich auch die Frage beantworten, was denn verstanden werde, wenn für "verzeihen" ein Wortstamm auf -γιγνώσκω verwendet wird.

Nicht nur was den Gegenstand betrifft, wird συγγνώμη in einem breiten Spektrum, in vielfältig bestimmbaren Koordinaten verwandt; das nächste Kapitel wird zeigen, wie breit das Spektrum der Zeit- und Rollenaspekte ist.

A IV Spektrum des Verzeihens

Die beiden vorigen Kapitel näherten sich dem Wort συγγνώμη von der Seite der Sprachgeschichte und der Bedeutungsbreite her; in diesem wird ein anderer Zugang versucht, der der Überlegung entspringt, daß "Verzeihung" keine falsche (wenn auch nicht die einzige) Übersetzung für συγγνώμη ist. *Oeing-Hanhoff* sah das Charakteristische des Begriffes συγγνώμη darin, daß im Griechischen Verzeihen darin besteht, daß der Verzeihende die Tatmotive des Täters einsieht (γιγνώσκει) und daher auf Rache oder Groll verzichtet (vgl. Kapitel A I). Ehe aber in der Breite nach den Motiven für συγγνώμη gefragt wird, soll exemplarisch untersucht werden, ob sich die Erwartungen an den Begriff, die die Übersetzung "Verzeihung" erweckt, in der griechischen Literatur erfüllen oder nicht, speziell an die Zeit- und Personensapekte des Verzeihens.

1. Zeit- und Rollenaspekte des Verzeihens

Fragt man nach dem Begriff des Verzeihens in einer fremden Sprache und Kultur, so erwartet man, daß er auf Situationen angewendet wird, die durch (mindestens) dreierlei ausgezeichnet sind: eine Tat, einen Täter und einen Betroffenen; genauer gesagt: eine Tat, die eine Schädigung darstellte, als sie begangen wurde, deren Urheber und denjenigen, den die Schädigung betroffen hat (oder dessen Vertreter) und der jetzt die Möglichkeit einer Vergeltung hätte, auf diese aber — darin besteht im Kern das Verzeihen — verzichtet. Worin die Schädigung besteht, kann man offen lassen (sie mag ein Wort sein oder ein Kapitalverbrechen), auch die Art der Vergeltung (vom persönlichen Groll bis zur Todesstrafe) macht nicht das Wesen der Verzeihung aus, aber "verzeihen" wäre keine richtige Übersetzung, wenn eines dieser drei Elemente ganz ausfiele (in Höflichkeitsformeln, die für die Untersuchung von συγγνώμη eine große Rolle spielen, werden freilich geringste Schädigungen als der Verzeihung bedürftig ausgegeben).

Mit diesen drei Elementen ist im allgemeinen eine bestimmte Zeitstruktur gegeben: Die schädigende Handlung ist in der Regel zu ihrem

Abschluß gekommen, ehe als Reaktion darauf Verzeihung gewährt wird.[1] Gehört die Tat der Vergangenheit und das Verzeihen der Gegenwart an, so ergibt sich möglicherweise — falls beide Beteiligten leben — eine Zukunft des Zusammenlebens, die nicht mehr von der schädigenden Tat, sondern der die Beziehung heilenden Verzeihung bestimmt ist.

Mit der Zeitstruktur ist auch eine gewisse Rollenverteilung gegeben: Die Tat in der Vergangenheit ging wesentlich vom Täter aus; in der Gegenwart liegt die Entscheidung über Vergeltung oder Verzeihung bei dem, der ehemals der Schädigung ausgesetzt war. In bestimmten Fällen ist es angemessen, von einem Machtgefälle zu sprechen: Der Täter — etwa ein abtrünniger Verbündeter — besaß ehedem genug Macht, um Schaden zuzufügen, in der Gegenwart ist er aber der Entscheidung des ehemals Geschädigten ausgeliefert. Wird ihm verziehen, so hängt in Zukunft das Verhältnis zwischen den Beteiligten nicht mehr von dieser Tat ab, sondern für beide sind neue Entscheidungen möglich.

2. Eine Episode bei Xenophon

Wird beim griechischen Verzeihen einzig der Zeitaspekt der Vergangenheit berücksichtigt und von den beteiligten Personen einzig die Motivation des Täters, wie dies *Oeing-Hanhoff* aus *Gaisers* Analyse von *X. Cyr.* 3.1.40 herauslas? Daß im Griechischen mehr Aspekte gesehen werden, wenn von συγγνώμη gesprochen wird, zeigt ein Beleg desselben antiken Autors, nämlich aus Xenophons "Hellenika". Wie in der Episode aus der "Kyrupädie" werden hier in einer recht kurzen Erzählung grundlegende Elemente des griechischen Verzeihens berührt, weshalb dieses Beispiel besonders ausführlich behandelt wird.

> *X.* HG 5.4.30 · 31. Sphodrias, Harmost in Thespiai, fällt eigenmächtig in Attika ein, offenbar bestochen von den Thebanern, die auch Athen in Krieg mit Sparta verwickeln wollen. Sphodrias wird vor das Ephorengericht zitiert, wo er nicht erscheint, aber doch freigesprochen wird (ἀπέφυγε, 5.4.24). Xenophon gibt das Urteil von Zeitgenossen wieder, ehe er den Hergang dieser Ephorenentscheidung erzählt: καὶ πολλοῖς ἔδοξεν αὕτη δὴ ἀδικωτάτη ἐν Λακεδαίμονι δίκη κριθῆναι. Auch fürchten die Freunde des Sphodrias, sich für ihn einzusetzen: δεινὰ γὰρ ἐδόκει πεποιηκέναι. (5.4.25). Trotz dieser zeitgenössischen Urteile scheint Xenophon die Vorgeschichte des Freispruchs nicht zu mißbilligen, jedenfalls zeichnet er die Vorgänge ausführlich nach:

---

[1] Diese Regel wird von den Fällen durchbrochen, in denen die Tat noch vor ihrem Abschluß verziehen wird; diese Fälle — Jesus sowie der Weisheitslehrer — standen im Mittelpunkt der *Gaiser*schen Untersuchung, fielen aber auch dort als Ausnahmen und Extremfälle auf.

Sphodrias' Sohn Kleonymos ist der Geliebte des Archidamos, des Sohnes des Agesilaos; dieser Kleonymos bittet (auf Anweisung seines Vaters) Archidamos, bei Agesilaos für Sphodrias zu bitten. Dieser erklärt sich dazu auch bereit, obwohl er sonst seinen Vater aus Scheu nie um etwas bittet (5.4.26-27).

Seine Bemühungen vollziehen sich in folgenden Schritten: Archidamos mischt sich zunächst unter die Bittsteller bei seinem Vater, ohne diesen jedoch anzusprechen; Agesilaos ahnt sein Anliegen, fragt ihn aber nicht (5.4.28-29). Schließlich spricht Archidamos seinen Vater doch an: "'Vater, Kleonymos läßt mich dich darum bitten, du mögest ihm den Vater retten (σῶσαί); auch ich bitte dich darum, wenn es möglich ist.' Der aber antwortete: Ja, *dir* gewähre ich für meinen Teil gewiß Verzeihung (σοὶ ... συγγνώμην ἔχω); wie ich freilich selbst Verzeihung erlangen soll von der Stadt (συγγνώμης τύχοιμι παρὰ τῆς πόλεως) dafür, daß ich einen Mann für sein Unrecht nicht verurteile, das er begangen hat, um sich zum Schaden der Stadt zu bereichern, sehe ich nicht.' Der andere erwiderte damals darauf nichts, sondern entfernte sich, besiegt vom Prinzip der Gerechtigkeit." (5.4.30-31.)

Schließlich spricht er seinen Vater jedoch ein zweites Mal an, wobei Xenophon ausdrücklich offen läßt, wie Archidamos auf das Argument gekommen ist: ἢ αὐτὸς νοήσας ἢ διδαχθεὶς ὑπό του. Seine Worte sind: "'Aber daß du, Vater, wenn Sphodrias nicht im Unrecht wäre, ihn freigesprochen hättest, weiß ich; nun aber, wenn er ⟨denn⟩ irgendwie Unrecht getan hat, so soll er um *unsret*willen Verzeihung von dir erlangen (συγγνώμης τυχέτω)!' Der andere antwortete: 'Nun, wenn dies für uns denn gut scheint, soll es so sein!' Der andere ging, als er das hörte, begreiflicherweise (δὴ) sehr entmutigt fort." (5.4.31.)

Aber ein Freund des Sphodrias hört von einem Freunde des Agesilaos über dessen Haltung anderes. Dieser Freund antwortet, auf den Vorwurf, die Anhänger des Agesilaos wollten wohl alle Sphodrias töten: "'Beim Zeus, werden wir denn nicht dasselbe tun wie Agesilaos?[2] denn der sagt zu allen, mit denen er spricht, es sei nicht möglich, daß Sphodrias nicht im Unrecht sei; wer freilich als Kind, Heranwachsender und junger Mann ausschließlich gut handelte, den im Mannesalter zu töten, sei schlimm (χαλεπόν); denn Sparta benötige solche Soldaten.'" (5.4.32.)

Die Nachricht dringt schnell zu Kleonymos, der sich bei Archidamos mit folgenden Worten bedankt: "'Daß du dich für uns einsetzt, wissen wir; du sollst aber auch sicher wissen, daß auch wir versuchen wollen, uns so für dich einzusetzen, daß du dich niemals unserer Freundschaft schämst!' Und er log nicht, sondern tat im Leben alles, was in Sparta als gut gilt (ὅσα καλὰ ἐν τῇ Σπάρτῃ), und als er bei Leuktra an der Seite des Polemarchen Deinon vor dem König kämpfte, fiel er als erster von den Bürgern inmitten der Feinde, nachdem er ⟨schon⟩ dreimal gestürzt war. Und er bereitete damit dem Archidamos zwar den größten Schmerz, aber, wie er ver-

---

[2] Das notwendige Fragezeichen enthält nur die Ausgabe von *Hude*; mitübersetzt wird es auch von *Straßburger*. ἄρα mit Futur, meist in Fragesätzen (auch ohne Fragewort), zeigt "the surprise attendant upon disillusionment" an (*Denniston* S. 35 und 37, Punkt [3]).

sprochen hatte, keine Schande, sondern vielmehr Ehre. Auf diese Weise also wurde Sphodrias freigesprochen." (5.4.33.) Auch Sphodrias fällt bei Leuktra (6.4.14).

Eines ist klar: Sphodrias erlangt keine συγγνώμη, weil an seiner Tat irgendein mildernder Umstand zur Geltung gebracht, ein Unwissen oder eine Affekthandlung anerkannt würde, er hat Unrecht getan und bleibt im Unrecht.[3] Das Gericht müßte ihn zum Tode verurteilen (5.4.24), und sein Freikommen widerspricht der Gerechtigkeit.[4] Dennoch spielt seine Vergangenheit eine Rolle für die συγγνώμη, die er erfährt.

Daß Sphodrias freikommt, wird von Agesilaos zwar entscheidend beeinflußt, aber nicht allein entschieden; er selbst ist nicht der von Sphodrias Geschädigte, der willkürlich über συγγνώμη entscheiden könnte, sondern der spartanische Staat, vor dem er Rechenschaft über seine συγγνώμη ablegen zu müssen glaubt (5.4.30).[5] Agesilaos scheint zwar von Anfang an zur Begnadigung geneigt zu sein, tritt aber erst mit dem politischen Argument vor die Öffentlichkeit, es sei ein Skandal ("schlimm oder "schwierig": χαλεπόν 5.4.32), einen Mann zu töten, der sich sein ganzes Leben (außer in der zur Debatte stehenden Frage) bewährt habe; Sparta brauche solche Soldaten.

Motiv für συγγνώμη ist also die *Vergangenheit des Täters*, aber nicht die der Tat, sondern seine übrigen Verdienste; in dem Hinweis auf Spartas Bedarf an solchen Soldaten wird aber gleichzeitig in die *Zukunft* geblickt: Offenbar erwartet Agesilaos, daß sich nach einem Verzeihen das Verhältnis zwischen Sphodrias und dem Staat positiv gestalten wird. Tatsächlich zeigen Vater und Sohn ihre Dankbarkeit in der Schlacht bei

---

[3] Agesilaos spricht 5.4.30 von seinem ἀδικεῖν, hält es 5.4.32 für ἀδύνατον, daß Sphodrias nicht im Unrecht sei, was das vorsichtige δυνατὸν in der ersten Bitte des Archidamos, 5.4.30, zurückweist; Archidamos stellt das Unrecht 5.4.31 in Rechnung: εἰ ἠδίκηκέ τι; Sphodrias Freunde wagen deshalb nicht für ihn zu bitten.

[4] Noch kurz vorher ist der Harmost, der Theben im Stich gelassen hat, statt die Hilfe aus Sparta abzuwarten, hingerichtet worden (5.4.13).

[5] Auch hierin treffen *Oeing-Hanhoff*s Thesen für die Antike nicht zu, wenn er behauptet (S. 74): "Verzeihung hat ihren Ort (...) nicht im Staat, nicht in der Sphäre des Rechtes, sondern im persönlichen Bereich, in der die Rechtsordnung überbietenden Liebe." Im Griechischen kann etwa der im Rahmen der Gesetzesauslegung mögliche Freispruch als συγγνώμη bezeichnet werden (s. Abschnitt B I); συγγνώμη ist freilich kein juristischer Fachbegriff. – Die Möglichkeit einzelner Personen, durch ihre persönliche Entscheidung im Namen des ganzen Staates συγγνώμη zu gewähren, ist immer wieder sehr groß, besonders im römischen Bereich (s. Abschnitt C I).

Leuktra durch einen Heldentod; dadurch ist das Vorgehen des Agesilaos erzählerisch gerechtfertigt.[6]

Es sei an dieser Stelle vorausgeschickt, daß im Griechischen immer wieder — gerade in politischen Fragen — zwei *Erziehungstheorien* entgegengesetzten Sinnes geltend gemacht werden, die eine für, die andere gegen συγγνώμη: Für συγγνώμη wird argumentiert, die dem Täter erwiesene Großmut, das in der Verzeihung ausgesprochene Vertrauen, werde sein Ehrgefühl anstacheln, sich des in ihn gesetzten Vertrauens würdig zu erweisen; diese Erziehungstheorie rechnet also mit einer Bestärkung der (noch vorhandenen) positiven sozialen Motivation des Täters. Bei negativer Wendung wird vorgebracht, der Täter werde im Falle der Verzeihung gerade die Möglichkeit haben und sie auch nutzen, von neuem den zu schädigen, der ihm verziehen hat. Hier herrscht anscheinend die Vorstellung, συγγνώμη stelle eine Verstärkung des sozial negativen Potentials dar. Die beiden Erziehungstheorien werden im Griechischen nicht in Verbindung gebracht — wer das eine Argument verwendet, ist nicht daran interessiert, die Möglichkeit des anderen in den Blick geraten zu lassen —, aber die moderne Pädagogik hätte keine Mühe, bekannte Erziehungsvorstellungen wiederzuentdecken.

Auf politischer Ebene ist die Begründung für συγγνώμη mit dem Blick auf die Vergangenheit und Zukunft des Sphodrias abgeschlossen. Die Hauptperspektive der Erzählung ist jedoch nicht auf Sphodrias ausgerichtet, sondern auf die Entwicklung zwischen den agierenden Personen, einerseits zwischen den beiden Söhnen, andererseits zwischen Archidamos und seinem Vater. Hier kommen andere Aspekte von συγγνώμη zur Geltung, einerseits ausdrücklich durch handelnde Personen, andererseits durch den Erzählduktus.

Die erste (erzählerische) Begründung ist freilich gerade keine Begründung: Agesilaos "hat" für seinen Sohn συγγνώμη. Dies braucht zwar

---

[6] Das Kapitel *X.* HG 5.4 steht insgesamt unter einem kritischen Vorzeichen vonseiten des Autors: Sparta werde von den Göttern dafür bestraft, daß es den Städten das Versprechen der Autonomie nicht gehalten habe (5.4.1). Das zeigt sich am Verlust von Theben. Agesilaos ist aber kein Exponent für das falsche Verhalten der Spartaner: Er hält sich vom Heereszug nach Theben zunächst zurück, da er nicht als Unterstützer der Tyrannen erscheinen will (5.4.13). Auch die Sphodrias-Episode scheint nicht als Menetekel für Spartas Position eingefügt zu sein, vielmehr als Vermittlung nach Athen hin (s. u.).
Möglicherweise weist *Underhill* S. xxxi zu Recht auf ein Auseinanderbrechen der Komposition der "Hellenika" von 5.2.1 an hin. Nicht zutreffend scheint mir seine Deutung der Sphodrias-Episode (S. xxxiii), sie diene als Beweis für "the weak side of Agesilaus´ character".

nicht mehr zu bedeuten, als daß er ihm die widerrechtliche Intervention nicht übel nimmt — doch erst nach dieser Intervention macht er sich die Mühe, eine Nichtbestrafung zu begründen. Deshalb ist eher anzunehmen, daß er der Begnadigung schon bei der ersten Bitte seines Sohnes positiv gegenübersteht, was seinen Grund wohl vor allem darin hat, daß der Sohn (gegen seine sonstige Gewohnheit) eine Bitte ausspricht. Soweit es nur an Agesilaos läge, könnte die συγγνώμη auch für Sphodrias gelten.

Bei der Untersuchung von συγγνώμη begegnet immer wieder dieses nicht näher begründete, spontane Verzeihen, das seinen Grund am ehesten darin findet, daß die Bitte um sie ausgesprochen wird. Im allgemeinen ist es der Verursacher der Schädigung (der "Schuldige") selbst, der bittet, wodurch auch ein Bekenntnis zur Schädigung und zur Verantwortung für sie impliziert ist; in diesem Fall, in dem die Bitte von Sphodrias über Kleonymos und Archidamos an Agesilaos weitergegeben wird, wirkt offenbar schon die Suggestion der Bitte.[7]

Die zweite Begründung ist in Archidamos' zweiter Äußerung seinem Vater gegenüber enthalten:[8] Wenn Sphodrias nicht im Unrecht wäre, wäre ein Reden von συγγνώμη gar nicht nötig, sondern Agesilaos würde ihn - gerechterweise - freilassen (ἀπελύσας 5.4.31); wo aber von συγγνώμη die Rede ist, muß sie notwendig gegen den Gesichtspunkt der Gerechtigkeit — der gleichen Bestrafung für gleiches Vergehen ohne Ansehen der Person — verstoßen; darum soll sie Sphodrias "um unsretwillen" erhalten. Wo Verzeihung gewährt wird, ist diese zuallererst ein Akt des Verzeihenden und nicht diktiert von den Bedingungen der zu verzeihenden Tat. Ein so deutliches Votum für die Unabhängigkeit der συγγνώμη von der vorausgehenden Tat wird man im Griechischen nicht wiederfinden;[9] es entspricht aber in seiner Tendenz zahlreichen Verwendungen, bei denen συγγνώμη von der Großzügigkeit des Verzeihenden und nicht von den Bedingungen der Tat her gedacht wird. Bei dieser Auffassung ist der Blick vor allem auf die *Gegenwart des Verzeihenden* gerichtet.

Plutarchos führt die Tradition der Sphodrias-Episode fort, hat aber gerade für diese Seite keinen Sinn: In der Nacherzählung der Episode *Plu.* Ages. 25 wird der Ausspruch weggelassen; der mehrfach (*Plu.* 191b: reg. et imp. apophth., *Plu.* 209e: apophth. Lacon., *Plu.* 807f: praec. ger. reip., *Plu.* Ages. 13.5[10]) zitierte Brief des

---

[7] Leitmotiv des Bittens: 5.4.26 δεηθέντι, ἐδεῖτο, 27 δεομένου, δέομαι, 28 δεομένῳ, 29 ἐδεήθη, 30 δεηθῆναι, δέομαι.

[8] Es wird eigens hervorgehoben, daß man nicht sagen kann, woher Archidamos der Gedanke kam: Dies suggeriert göttliche Eingebung.

[9] Vergleichbares am ehesten bei Libanios, siehe C III 4.

[10] *Gray* S. 61 mit Anm. 3 auf S. 203 verweist irrtümlich auf *Plu.* Ages. 23.4.

Agesilaos "Wenn Nikias nicht im Unrecht ist, laß ihn frei (ἄφες); wenn er im
Unrecht ist, laß ihn mir zuliebe frei (ἐμοὶ ἄφες); auf alle Fälle laß ihn frei!" ist
gerade nicht vergleichbar, da das "mir zuliebe" der Fürbitte nicht dem "um
unsretwillen" (ἡμῶν ἕνεκεν) der Verzeihenden entspricht (folgerichtig wird auch
παραιτέομαι gebraucht, vgl. Exkurs in Kapitel B I); der Blick ist zwar nicht auf
die Vergangenheit des Täters gerichtet, aber auch nicht auf den Wert des Ver-
zeihensaktes; vielmehr liest Plutarchos aus beiden Geschichten – sie werden *Plu.*
191b in einen Zusammenhang gestellt –, daß Agesilaos in Freundschaftsangelegen-
heiten nicht so νόμιμος war wie sonst und das λίαν δίκαιον zurückstellte – so
Plu. 209e: apophth. Lacon. – Stichworte, die sich in den Rahmen der ἐπιείκεια-
Theorie fügen (s. B III Exkurs).

Agesilaos greift dieses Argument auf, legt aber den Akzent auf den
zukünftigen Aspekt: "Wenn dies also gut für uns sein wird", "uns Ehre
bringt".[11] Der Sohn faßt die Worte seines Vaters begreiflicherweise als
eine abschlägige Antwort auf. Welches "Gut" Agesilaos im Auge hat,
wird nicht gesagt; es kann das künftige Verhalten des Sphodrias (eventuell auch das seines Sohnes und seiner Freunde) sein, gerade im Staats-
interesse; es kann auch die eigene Tugend sein, die sich durch die Großmut des Verzeihens beweist. Der Erzählduktus legt noch eine weitere Erklärung nahe: daß Agesilaos auf die integrierende Kraft der συγγνώμη
baut, die auch im Verhältnis zwischen ihm und seinem Sohn sowie zwischen den beiden Söhnen Ordnung stiftet. Nur so ist es der Erzähl-
ökonomie nach berechtigt, daß so viel Raum nicht vom gedanklichen Fort-
schritt, sondern von den psychischen Vorgängen eingenommen wird.

Das Verhältnis zwischen Archidamos und seinem Geliebten wird ausgesprochen
gefühlsbetont geschildert.[12] Dagegen werden für Sphodrias selbst keine Gefühls-
regungen festgehalten,[13] so daß sich die Verzeihung des Agesilaos dem Duktus
der Erzählung nach durch den Tod des Kleonymos lohnt und rechtfertigt, nicht
durch die Reaktion dessen, der die συγγνώμη erlangt hat. Daß der Leser auf
eine Begnadigung des Sphodrias hofft, beruht wohl *zuallererst* auf der emotionalen

---

[11] So übersetzt *Straßburger* S. 417; der Bezug auf die Ehre läßt sich auf 5.4.33
ὅσα καλὰ ἐν τῇ Σπάρτῃ sowie οὐ κατῄσχυνεν stützen.

[12] Zum Beispiel: Archidamos sieht Kleonymos weinen, stellt sich zu ihm und
weint ebenfalls, daraufhin erst erfährt er von Kleonymos' Bitte (5.4.27); er wagt
auch nicht, Kleonymos wiederzusehen, obwohl er das sehr wünscht (5.4.29). Von
Kleonymos wird umgekehrt seine Freude und glühende Dankbarkeit geschildert
(5.4.33).

[13] Sphodrias' Gefühle spielen weder bei der Bitte noch beim Freispruch eine
Rolle; sein Tod bei Leuktra wird im Fünften Buch nicht einmal erwähnt (erst *X*.
HG 6.4.14).

Bindung der jungen Liebenden.[14] Die Erzählung schließt mit dem Blick auf Archidamos und Kleonymos und der tragischen Pointe des Versprechens: Kleonymos macht sein Versprechen in glanzvollster Weise wahr, aber diese Ehre kann er dem Archidamos nur machen, indem er ihm gleichzeitig den größten Schmerz bereitet.

Der Erzählduktus widerspricht schließlich die Vermutung nicht, daß das sehr befangene Verhältnis des Archidamos zu seinem Vater durch dessen Verhalten in ein besseres Lot kommt.[15]

Die von Xenophon im voraus festgestellte Empörung vieler Zeitgenossen gibt der Erzählung freilich eine dunkle Folie; die Ereignisse um Sphodrias führen schließlich zum erneuten Ausbruch des Krieges zwischen Athen und Sparta;[16] Xenophon, als Spartanerfreund um die Verbindung zu Athen bemüht,[17] läßt das auslösende Ereignis in positivem Licht erscheinen; wie *X. Cyr.* 3.1.40 versucht er wohl, ein Stück Versöhnung durch eine exemplarische Geschichte über συγγνώμη zu erreichen.

Wie im einzelnen griechische Begründungen für Verzeihen aussehen, die nicht vom Täter und seiner vergangenen Tat, sondern von der Gegenwart des Verzeihenden oder der Zukunft beider Beteiligten her argumentieren, wird im Teil B deutlich werden. An dieser Stelle kam es darauf an, paradigmatisch aufzuzeigen, daß von einer Einengung auf "Ent-schuldigen" im Sinne *Oeing-Hanhoffs* nicht die Rede sein kann.

3. Eine Gnome des Pittakos?

Daß am Anfang des überlieferten συγγνώμη-Gebrauchs nicht allein die Berücksichtigung der Vergangenheit des Täters steht, läßt sich noch durch einen anderen Beleg bestätigen, der eventuell der allerfrüheste Beleg für συγγνώμη ist, wenn man ihn tatsächlich für das hält, wofür er

---

[14] Beim Hinweis von *Hatzfeld* Bd. 2, S. 103 Anm. 1 auf die antike Überzeugung vom erzieherischen Wert des homoerotischen Verhältnisses (die Liebe seines Sohnes ist auch bei Plutarchos das Hauptmotiv für Agesilaos) ist zu beachten, daß Xenophon dieses im allgemeinen nicht so hoch schätzt.

[15] Man betrachte die Ausführlichkeit, mit der Archidamos' Scheu geschildert wird, seinen Vater um etwas zu bitten, dessen Verzögerung einer Antwort wie auch das Abwarten und Beobachten, das der Vater zeigt, und die Bezugnahme auf den Gesichtspunkt des "wir" (dessen Bezugskreis offen gelassen wird).

Auch *Gray* S. 61 beobachtet den inneren Kampf, den es Archidamos kostet, seinen Vater anzusprechen; dies sei im Verhältnis der Generationen in Sparta begründet (mit Belegen). Insgesamt wird *Grays* Deutung (S. 59-62) der Erzählung allerdings nicht gerecht, wenn sie nur die Liebesgeschichte der jungen Männer wahrnimmt.

[16] *Gray* S. 59 und 62.

[17] *Gaiser* S. 89.

ausgegeben wird, nämlich für einen Ausspruch des Pittakos. Die Historizität der Überlieferung über die Sieben Weisen ist freilich insgesamt Zweifeln ausgesetzt, doch wird man vermutlich selten so weit gehen, überhaupt nicht mit einer schon recht frühen volkstümlichen Überlieferung von γνῶμαι zu rechnen, auch wenn die Zuschreibung an bestimmte historische Persönlichkeiten fragwürdig sein mag.[18]

Pittakos' Charakter wird in der Überlieferung sehr widersprüchlich dargestellt,[19] und der Spruch wird in den verschiedenen Quellen fünfmal verschieden wiedergegeben — all dies spricht gegen die Historizität dieses Ausspruchs. Auf der anderen Seite werden Pittakos und Alkaios bei der Zitierung zweimal miteinander verbunden — dies ist ein Anhaltspunkt dafür, daß man doch einen frühen Ursprung vermuten könnte.[20]

> *D. L.* 1.76 Pittakos: συγγνώμη μετανοίας κρείσσων
> oder Alkaios: συγγνώμη τιμωρίας κρείσσων.

> *D. S.* 9.12.3 Pittakos: συγγνώμη τιμωρίας αἱρετωτέρα.

> *D. S.* 31.3 "einige der alten Weisen": συγγνώμη τιμωρίας αἱρετωτέρα.

> *Stob.* 3.19.14 Pittakos: συγγνώμη τιμωρίας ἀμείνων.

> *Clem. Alex.* 2.150.17 "einer der Weisen bei den Griechen": συγγνώμη τιμωρίας κρείσσων.

> *Jul. Or.* 2.50c. "(...) weil du den Pittakos lobst, der τὴν συγγνώμην τῆς τιμωρίας προυτίθει (...)."

> *Lib. Ep.* 75.4.4 ohne Zuschreibung an einen anderen Autor: ἡ συγγνώμη τῆς τιμωρίας Ἑλληνικώτερον. (Bei Libanios ist Ἑλληνικός ein Lob.[21]) Als Reflex auf den Pittakosspruch darf diese Verwendung gelten.

Die spätere Antike nahm an, Pittakos habe geäußert, Verzeihung sei besser als Bestrafung (oder Rache); von Diodoros Sikelos, Diogenes Laertios und Stobaios wurde das Bedürfnis nach anekdotischer Einkleidung empfunden, am zugespitztesten in der Fassung *D. S.* 9.12.3, Pittakos habe seinem alten Feind Alkaios seine scharfen Gedichte (die ja tatsächlich bezeugt sind) verziehen und ihn freigelassen.

---

[18] Radikale Bezweiflung durch *Fehling* (passim), insbesondere *D. L.* 1.76 ist laut Fehling sicher unecht (S.10 Anm. 3); *Fehling* S. 9 Anm. 1 werden die Standardwerke aufgeführt, die von einer Entstehung des Kanons im sechsten oder frühen fünften Jahrhundert (in der Regel aus mündlichen Quellen) ausgehen; sein eigenes Urteil (S. 8): "Produktion von Geschichte im vierten Jahrhundert".

[19] *Snell Sieben Weise* S. 20-23, 34f., 56f., 62f.

[20] Man vergleiche das Πιττάκειον, das Simonides polemisch zitiert: *Pl.* Prt. 339c3-5 (= *PMG* 542: Simonides 37.11 [4 D.]). Auch Alkaios könnte Pittakos bei Gelegenheit polemisch an sein eigenes Wort erinnert haben; als Alkaios-Fragment habe ich den Spruch allerdings nicht gefunden. Zur historischen Auseinandersetzung des Alkaios mit Pittakos siehe *PLG* Alkaios Z 24 und D 12 und *D. L.* 1.81 (vgl. *Snell Sieben Weise* S. 20-23).

[21] *Lib.* Ep. 823.3.3 gilt es für einen Griechen als besonders wichtig, nicht ἀσυγγνώμων zu erscheinen.

Wo immer der Spruch als Gnome – also ohne anekdotische Verkleidung – angewandt wurde, fiel kein Blick auf die Tat, die verziehen werden konnte, ob sie wohl dieser Verzeihung würdig war. Denn daß für den Verzeihung genießenden Täter dies günstiger abläuft als Rache oder Strafe, ist trivial; die Gnome hält die Erkenntnis fest, daß auch für den Verzeihenden dies Verzeihen mehr Gewinn bringt als die Vergeltung. Die Fassung, in der συγγνώμη und μετάνοια gegenübergestellt werden, erläutert dies, ist aber nur verständlich, wenn die Fassung mit τιμωρία vorausgesetzt werden kann: "Es ist besser auf Vergeltung zu verzichten, als diese Handlung später (wenn sie nicht mehr rückgängig zu machen ist) zu bereuen."[22]

Die Vermeidung späterer Reue – "besser jetzt etwas zu milde als später Gewissensbisse" – ist für die volkstümliche Überlieferung von den sieben Weisen nicht zu pragmatisch gedacht, wenn man etwa an ἐγγύα· πάρα δ᾽ ἄτα denkt (Cheilon, siehe *Snell Sieben Weise* S. 12). Die schwankende Verwendung des Komparativs – "besser"? "vorteilhafter"? "der Wahl näherliegend"? – läßt aber auch eine unbedingte Deutung zu: "Verzeihen ist [schlechthin] etwas Besseres als Rache/Strafe." Auch andere Sentenzen der Sieben Weisen bezeugen, daß die Adelsethik, die dazu verpflichtet, gegen eine Minderung der τιμή alles in der Macht Stehende zu unternehmen,[23] durch eine Ethik abgelöst wurde, in der die τιμωρία auf Fälle schwerer Schädigung eingeschränkt wurde, während man das Hinnehmen geringerer Kränkungen zu einer positiven Eigenschaft ummünzte. Der markanteste Ausspruch hierzu ist das Wort des Cheilon *Stob.* 3.1.172.3: Ἀδικούμενος διαλλάσσου· ὑβριζόμενος τιμωροῦ.[24] συγγνώμη könnte hier ein Teil eines Prozesses sein, der die Goldene Regel (die auch für Pittakos überliefert wird: *Stob.* 3.1.172) erst ermöglicht hat; die Beziehung zum ἐπιεικές wird später noch behandelt (B III Exkurs).

Wenn συγγνώμη hier einen Erkenntnisvorgang bezeichnet, so jedenfalls nicht die Einsicht in die Motivation des Täters, sondern in den Wert der Handlung "Verzeihen". Auch für diesen — in der Datierung zweifelhaften — Beleg trifft *Oeing-Hanhoffs* Bedeutungseinschränkung also nicht zu.

4. Parallel- und Gegenbegriffe

συγγνώμη, so war am Anfang dieses Kapitels dargelegt worden, kann den verschiedensten "Taten" gelten, vom geringfügigsten Anlaß bis zum

---

[22] Würde nicht das Substantiv, sondern das Verb συγγιγνώσκω benutzt, so ließe sich natürlich überlegen, ob etwas ganz anderes als "verzeihen" zu verstehen ist, z. B. "(Rechtzeitige) Erkenntnis ist besser als (spätere) Reue". Aber συγγνώμη wird im Griechischen kaum je so angewendet, daß eine Übersetzung mit "Verzeihen" völlig falsch wäre, s. A II 2.

[23] Vgl. zur Einschränkung dieser Ethik durch ἔλεος allerdings A V 1.

[24] Weitere vergleichbare γνῶμαι führt *Schmidt* S. 311f. an. – Ob sich im Spruch des Cheilon (Ἀδικούμενος διαλλάσσου ...) Rechtsterminologie verbirgt, erwägt *Dihle Goldene Regel* S. 42. Daß ὕβρις συγγνώμη ausschließt, ist ein Standardmotiv, s. B I u. ö.

Kapitalverbrechen; der Begriff ist auch nicht dadurch eingeengt, daß bei der Beschreibung des Vorgangs der Blick nur auf den Täter und seine vergangene Tat gerichtet wäre. Ferner umfaßt das Wort eine große Bandbreite zwischen dem rein intellektuellen "erkennen" und einem dem Mitleid benachbarten Vorgang mit deutlichem emotionalen Anteil.

Dieses weite Spektrum des griechischen Verzeihensbegriffes wird auch deutlich, wenn man die Begriffe aufführt, mit denen συγγνώμη parallelisiert oder denen sie gegenübergestellt wird.[25] Von ihnen kann man sich aber auch Hinweise auf Schwerpunkte des Begriffes erhoffen.

Bei der für das Verzeihen typischen Rollenverteilung war von der (vergangenen) Tat die Rede, die Gegenstand des Verzeihens ist: Wo verziehen wird, muß ein Vergehen irgendwelcher Art vorliegen; es muß etwas geben, *was* verziehen wird. Ob Unrecht, ἀδικία, ein Gegenstand der συγγνώμη wird, hängt vom Einzelfall ab (ἀδικία kann ein Gegenbegriff sein; ἀνομία, κακουργέω, κακία, κάκη sind meist Bezeichnungen für Handlungen, die keine συγγνώμη genießen); eine Tat, die selbst ὕβρις ist oder durch ὕβρις oder βία begangen wurde, erlangt in der Regel keine Verzeihung — dies sind also Gegenbegriffe; ἁμάρτημα als "bloßer Fehler" ist manchmal das, was für der συγγνώμη wert erachtet wird; dies ändert sich grundlegend, wenn jüdisch-christlich das Wort für "Sünde" gebraucht wird. In der Verfehlung besteht die "Schuld" des Täters, dem verziehen werden soll: er muß αἴτιος sein. Damit ist er der Straftat überführt, der Bestrafung verfallen: ἔνοχος.

Der Vorgang des Verzeihens (im unabgeschwächten Sinn) besteht darin, daß auf eine mögliche Vergeltung verzichtet wird. Natürliche Gegenbegriffe zu συγγνώμη sind deshalb τιμωρία, die Strafe oder Rache, und δίκη oder κόλασις, die Strafe. In anderen Fällen steht eine Bestrafung nicht zur Debatte; eine Handlung, die keine συγγνώμη verdient, kann dann Tadel (μέμφομαι, ψόγος) und Zorn (ὀργίζομαι, ὀργή) auf sich ziehen. Zu den affektiven Sanktionen, auf die durch den Vorgang der συγγνώμη verzichtet wird, gehört auch das Grollen, das jemand durch den Akt der συγγνώμη aufgibt: χαλεπαίνω, ἀγανακτέω.

Unter τιμωρία wird in vielen Belegen die vom Gericht auferlegte Buße verstanden. Mit dem Bereich des Gerichts ist ein für den griechischen Verzeihensbegriff zentraler Ort betreten. Gerade im juristischen Bereich gibt es einige (mehr oder minder terminologisch gebrauchte) Parallel-

---

[25] Auf diese Begriffe wird in den folgenden Kapiteln immer wieder in den Belegen hingewiesen werden; manche werden sogar in einem Exkurs vorgestellt; deshalb werden an dieser Stelle keine Belegstellen angeführt. Die Terminologie der jüdischen und christlichen Texte wird in Kapitel C II 1 vorgestellt.

begriffe zu συγγιγνώσκω, die das Entlassen aus der Verpflichtung ebenso
wie die Aussetzung der Strafe, der der andere verfallen ist, ausdrücken:
ἀφίημι, ἀπολύω, διαλύομαι. Aus dem Bereich des Gerichts stammt auch
der Parallelbegriff zu συγγνώμην αἰτέω, ἀπολογέομαι. Dieser *kann* "um
Entschuldigung bitten" heißen, kann aber auch "sich rechtfertigen" bedeuten; entscheidend ist, daß eine Begründung zur Entlastung gegeben wird,
eben eine Verteidigung, ἀπολογία; unter welche Kategorie deren Argumente fallen, ist mit dem Wort ἀπολογέομαι noch nicht entschieden.

Vor Gericht erwartet man eher eine Rechtfertigung als eine Bitte um
Verzeihung; mit dem Bereich des Gesetzmäßigen steht συγγνώμη oftmals
in Spannung. Dennoch hat der Vorgang seinen spezifischen Platz im
Gerichtsverfahren: Der Zusammenhang mit dem Wort ἐπιεικής bzw.
ἐπιείκεια — ein Wort, das für die ethische Beurteilung, speziell aber
auch in der Rechtstheorie verwandt wird — wird noch näher erläutert; es
kann auch die Rede davon sein, daß es δίκαιον oder ἄξιον sei, συγγνώμη
zu gewähren.

Manchen Begriffen sieht man ihre juristische Herkunft nicht gleich an.
Zum Beispiel ist διαλλαγή — neben καταλλαγή vor allem in späterer
Zeit ein Parallelbegriff — zunächst ein juristischer Begriff.[26]

Ein anderer Bereich, dem Parallel- und Gegenbegriffe entnommen
sind, ist der der Politik (manche Wörter haben gleichzeitig politische und
juristische Bedeutung). In der politischen Sprache haben der Gegenbegriff
μνησικακέω und der später gebildete Parallelbegriff ἀμνηστία ihren
festen Platz. μνησικακέω findet sich als fester Terminus in der Ver-
tragssprache, wird aber auch im privaten Kontext für "grollen, nachtragen" gebraucht.[27] Semantisch schließt an μνησικακέω die Wendung οὐ
μὴ μνησθῶ an, die jedoch speziell im jüdisch-christlichen Bereich verwendet wird, dessen Terminologie in Kapitel C II 1 vorgestellt wird.
ἀμνηστία wird in römischer Zeit gebildet,[28] als die politische Verwendung eine wesentlich größere Bedeutung erhält, was sich auch an neuen
(oder ebenfalls häufiger als bisher verwendeten) Begriffen zeigt, z. B.
διαλύω, ἄδεια; die politische Amnestie wird auch als "Rettung" verstanden: σῴζω. Auch die Parallelisierung mit dem Verb ἱκετεύω weist
zum Teil in den politischen Bereich, zum Teil aber auch, und dies wohl
ursprünglich, auf das Sakralrecht.

---

[26] *Lipsius* S. 222f.

[27] Zu μνησικακέω s. *Schmidt* II S. 316-318; *Waldstein* S. 70 μνησικακέω als
"Sicherstellung vor Verfolgung", S. 28 Anm. 28, vgl. S. 31 Anm. 59: parallel zu
ἀμνηστία.

[28] Dazu Kapitel B II 4.

Sind Gericht und Politik Bereiche, die offenbar besonders produktiv Metaphern für den ethischen Vorgang des Verzeihens bieten, so läßt sich umgekehrt auch der Einfluß von der Ethik auf die Politik festellen. Neigung zu συγγνώμη gehört immer wieder zu positiv bewerteten Charaktereigenschaften. Wer sie zeigt, den zeichnet Freundlichkeit, Sanftheit aus: Er ist πρᾷος, ἥμερος; ihn zeichnet ἐπιείκεια aus — dieser Begriff kann immer als rein ethische Qualifizierung gebraucht werden, nimmt aber insbesondere den speziellen Sinn der Billigkeit vor Gericht an. Mit der positiven Charakterisierung φιλάνθρωπος — zunächst ausschließlich eine Eigenschaft von Göttern — ist in späterer Zeit oft genuin politischer Boden betreten: Die φιλανθρωπία gehört zu den ausgeprägten Herrschertugenden, φιλάνθρωπα nannten die ptolemäischen Herrscher ihre Amnestieerlasse.[29]

Die Parallelisierung von συγγνώμη und Mitleid — sie wird noch näher zu untersuchen sein — findet sich im juristischen und politischen Bereich, nimmt dort aber kaum terminologische Bedeutung an, sondern bleibt ethischer Begriff: ἐποικτίρω, οἶκτος, συναλγέω.

Für den intellektuellen Gehalt von συγγιγνώσκω spricht die Entgegensetzung von θαυμάζω, θαυμαστόν, θαῦμα: was verzeihlich ist, ist kein Anlaß des (mißbilligenden, mißtrauischen) Staunens, sondern verständlich, ja selbstverständlich. συγγνώμη wird auch ausdrücklich als etwas Natürliches, Selbstverständliches bezeichnet: εἰκός.

Die Parallel- und Oppositionsbegriffe waren angeführt worden, um das weite Spektrum des Begriffes συγγνώμη zu belegen. Neben dem weiten Anwendungsbereich wurden aber auch bestimmte Schwerpunkte ersichtlich, die dem Begriff Struktur geben: Juristische und politische Parallelbegriffe verweisen auf eine starke Beispielhaftigkeit dieser Bereiche; Charaktereigenschaften, denen die Neigung zu συγγνώμη zugeordnet werden, lassen die (auch in der Xenophon-Episode deutliche) Werthaftigkeit des Vorgangs erkennen.

---

[29] *Adam* S. 36: "Der Sinngehalt der φιλανθρωπία, die ursprünglich die Menschenfreundlichkeit der Götter bezeichnete, wandelt sich zu Beginn der hellenistischen Zeit zu einem juristisch gefärbten Begriff. (...) Auch die Bezeichnung der königlichen Gnadenerlasse, sogar der Amnestien, als τὸ φιλάνθρωπον oder τὰ φιλάνθρωπα widerspricht nicht dem Umstand, daß die φιλανθρωπία des Königs doch verbunden mit der δικαιοσύνη erscheint. Sie stellt eine Verbindung von Gerechtigkeit und Wohlwollen dar, entspricht also der humanen Rechtsprechung." Die Literatur zur φιλανθρωπία ist recht ausgedehnt, siehe besonders *Hunger*; unter der hier zitierten Literatur *Schubart* S. 100ff., *Waldstein* S. 34ff.

A V Die Frage nach einem religiösen Ursprung

Im vorigen Kapitel wurde ein erster Blick auf das Spektrum der *Begründungen* für griechisches Verzeihen geworfen; daneben kommt es aber auch vor, daß συγγνώμη *ohne* jegliche ausdrückliche oder erschließbare Begründung erbeten und gewährt werden kann, also auch ohne daß dabei etwas "erkannt" wird. Man kann dort am ehesten annehmen, daß die Motivation zum Verzeihen dem gegenwärtigen Wert des Aktes Verzeihen für den Verzeihenden entspringt, wie dies in der Sphodrias-Episode formuliert wird. Dies könnte aber auch die Stelle sein, an der alte religiöse Verhaltensmuster für συγγνώμη wirksam werden; denn für göttliches Verzeihen dürfte zunächst wohl nicht maßgebend sein, ob der Gott "versteht", welche Motive den Menschen zu seiner Tat bewegt haben.

Fragt man in der griechischen Literatur nach religiösem Ursprung eines Phänomens, so wird man nicht an der epischen Dichtung vorbeigehen. In dieser aber ist, wie im Kapitel A II 1 dargelegt, der Wortstamm συγγνώμη nicht belegt, obwohl er zur Verfügung gestanden haben muß. Hängt gerade das Fehlen des Wortes mit dem religiösen Hintergrund zusammen? Eine Antwort soll versucht werden, indem nach dem Vorgang des Verzeihens in der epischen Dichtung gefragt wird; anschließend werden die frühesten Belege für den Wortstamm συγγνώμη im Umgang mit Göttern untersucht.

1. Verzeihen der Sache nach in der epischen Dichtung

Zur Zeit der epischen Dichtung muß das Wort συγγιγνώσκω (oder eine ältere Bildung) gebräuchlich gewesen sein; warum wurde es in "Ilias" und "Odyssee" nicht verwendet? Es ist immer problematisch, das Ausbleiben eines Phänomens zu interpretieren; andererseits ist es wünschenswert, durch ein Gegenbild eines anderen Verzeihensbegriffes das Spezifische des Wortes συγγνώμη beleuchten oder ein soziales System ohne Verzeihen gegenüberstellen zu können. Doch bei einem solchen Versuch mit der epischen Dichtung entsteht ein Unbehagen besonderer Art: Die

Vokabel "Verzeihen" scheint dem Geschehen der Epen seltsam unangemessen, obwohl gerade von einem einhelligen Gesetz der Vergeltung
nicht die Rede sein kann.

Verzeiht Achilleus Hektor die Tötung des Patroklos, als er Hektors Leichnam
herausgibt, oder verzeiht Priamos, als er darum bittet, Achilleus die Tötung so
vieler Söhne? Davon läßt sich nicht sprechen, obwohl im Gespräch zwischen
beiden eine Gemeinsamkeit hergestellt wird, hinter der der Gegensatz der
Positionen zurücktritt – eine ähnliche Gemeinsamkeit kann in Klassischer Zeit
im Vollzug von Verzeihung erreicht werden (man denke an das im Einleitungs-
abschnitt vorgestellte Xenophon-Beispiel).

Für das 24. Buch der "Ilias" wird man von Versöhnlichkeit sprechen, in
anderen Zusammenhängen von Mitleid und Erbarmen; insofern ist das Fehlen von
συγγνώμη nicht darauf zurückzuführen, daß in der homerischen Gesellschaft
kein anderer Standpunkt denkbar wäre als der der Wahrung des eigenen Rechts
und der sich nach Kraft und Macht messenden τιμή – eine Abmilderung dieses
Anspruchs wird sogar vom Menschen gefordert.[1] Eine versöhnliche Haltung kann
sich auch als Schweigen zeigen: etwa wenn Hektor Helenas Selbstanklage (*Hom.*
Il. 6.344-58) taktvoll übergeht (*Hom.* Il. 6.360-68).[2] Verzeihung allerdings hat
Helena nicht erbeten und Hektor nicht gewährt.

Dennoch kann man gerade von einigen Vorgängen am Rande schlecht
behaupten, sie schilderten keine Verzeihung, selbst wenn eine spezifische
Terminologie nicht auszumachen ist. Allerdings mit einem Unterschied:
Die bisher vorgestellten Belege für συγγνώμη (und in aller Regel auch
die, die in dieser Untersuchung noch vorzustellen sind) gehen davon aus,
daß ein begangenes Unrecht allein mit Worten bereinigt wird – so wird
man dies im Epos nirgends finden: Überall wird man mit der Versöhnung
eine materielle Entschädigung verbunden sehen, so auch in den Haupt-
konflikten der "Ilias", sowohl in der Auseinandersetzung zwischen Achilleus und Agamemnon als auch in der zwischen Achilleus und Priamos.[3]

Das verwundert nicht, weiß man doch, wie stark das Prinzip der fast
materiell verstandenen τιμή das Geschehen bestimmt. Ein Unrecht stellt
im archaischen Sinn gerade eine Ehr-Minderung dar, die gewissermaßen
aufgefüllt werden muß – verständlich auch, daß συγ-γιγνώσκω nicht
gewählt wurde, um diesen Vorgang zu schildern. Aber auch die Worte
spielen eine wichtige Rolle:

---

[1] *Burkert Mitleidsbegriff* S. 94: "(...) zum Menschsein gehört das ἐλεεῖν, mit
νηλεής wird das Un-menschliche gefaßt und verworfen (...)", vgl. S. 134: "(...) bei
Homer ist (...) eine Welt der Ordnung geschaut, in der, neben der Manneskraft
auch die Milde, neben dem Heldenmut an seinem Ort das Mitleid Raum hat, ja
ihm als notwendige Ergänzung innerlich zugehört."

[2] Nach *Kannicht Homer.*

[3] *Hom.* Il. 19.140, *Hom.* Il. 24.579.

Hom. Il. 23.566-613. (Ich erlaube mir, für diese und die folgende Stelle die Paraphrasen zu veröffentlichen, die mir Prof. Gaiser kurz vor seinem Tode schrieb, um mich vom Verzeihen der Sache nach bei Homeros zu überzeugen. Die Anführungszeichen beziehen sich also nicht auf den Homerischen Text.) "Der junge Antilochos hat Menelaos beim Wagenrennen auf nicht ganz faire Weise überholt und so um den zweiten Preis gebracht. Der klagt ihn nun sehr zornig und bekümmert in der Versammlung an, will aber seine Machtstellung nicht ausnutzen und sich mit einem Eid zufrieden geben. Darauf entschuldigt sich Antilochos mit seiner Jugend, gibt den Preis zurück und verspricht noch weiteres als Wiedergutmachung. Dadurch wird – wie es in einem schönen Gleichnis heißt – Menelaos der Mut erwärmt, wie sich der Tau um die Ähren legt. Und er läßt sich von dem Bittenden bereden, überläßt ihm sogar den Preis, der von Rechts wegen ihm gehörte."

Menelaos schildert sein Verhalten als von Antilochos' Geste hervorgerufen: Er werde ihm nachgeben (V. 602 ὑπείξομαι), sich vom Bittenden überreden lassen (V. 609 λισσομένῳ ἐπιπείσομαι), wie ihn sonst so leicht kein Achaier überredet hätte (V. 606 παρέπεισεν).[4] An Antilochos würdigt er dessen sonst untadeliges Benehmen, stellt seine Jugend in Rechnung, auch die Verdienste seines Vaters und Bruders. Er selbst möchte nicht als ὑπερφίαλος und ἀπηνής (V. 611) erscheinen.

Die Bedeutung des Bittens ist hier stark hervorgehoben; im Vordergrund steht nicht das Geschehen, das "verziehen" werden soll, sondern das, was sich zwischen den Beteiligten abspielt: Der Gekränkte legt zunächst das ganze Gewicht seiner Person in die Waagschale, als es um die Anklage geht, in der übrigens eindringlich die Frage nach der Freiwilligkeit gestellt wird (V. 565 ἑκών); nach der Entschuldigung des Antilochos ist das Kräfteverhältnis auffallend verändert: Menelaos ist eher in der Defensive, er "weicht" den Bitten, ist auf sein eigenes Image bedacht. Der Gesichtspunkt der τιμή ist dadurch nicht überwunden, setzt aber seine Dynamik in andere Richtung frei: Menelaos gewinnt seine τιμή dadurch zurück, daß er das Entgegenkommen des Antilochos durch seine eigene Großmut noch überbietet.

Bei Szenen wie dieser scheint mir der Vergleich zwischen dem heroischen Verhaltenskodex und dem ethnologisch beobachteten Prinzip des "Potlatch" fruchtbar: Das Rivalitätsprinzip, das sich in der Regel im Kampf entfaltet, kann umschlagen in den Wettstreit sich überbietender Geschenke und Gegengeschenke bis hin zur materiellen Verausgabung. In unserem Beispiel werden die materiellen Gaben nicht gesteigert; doch die Umpolung der Aggressivität (hier vorher im Wettkampf) in sich gegenseitig überbietendes Entgegenkommen ließe sich auf dem Hintergrund des "Potlatch" sinnvoll reflektieren, nur daß dies in diesem Zusammenhang etwas zu weit führte. Verwiesen sei deshalb nur auf *Mauss* S. 77-118 und *Bataille* S. 17f. und 97ff., zu Homeros *Finley Odysseus* S. 61ff., 145 u. ö.

---

[4] παραπείθω erinnert an παραιτέομαι (dazu B I Exkurs): Auch hier werden Aggressionen zur Seite hin, an ihrem Zielpunkt vorbei, abgelenkt.

Trotz des Hintergrundes der heroischen Ethik stimmen die Gründe, die
für dieses Verzeihen angeführt werden, mit Gründen überein, die sich in
dieser Untersuchung als Standardgründe für συγγνώμη erweisen werden:
Für den "Täter" sprechen seine Jugend, seine Familie und seine bisherigen Verdienste; der "Verzeihende" glaubt sich auch diese Haltung
seiner eigenen Person gegenüber schuldig zu sein.

In einem Beispiel aus der "Odysseia" spielen die Begründungen keine
so große Rolle; dagegen wird das Wort-Geschehen eigentümlich betont.
Wie im ersten Beleg gibt die Betrachtung der vergangenen Kränkung
nicht den Ausschlag zum Verzeihen.

> *Hom. Od.* 8.396-415.[5] "Der junge Euryalos hat Odysseus geschmäht, der
> daraufhin sehr zornig wird. Alkinoos renkt dies wieder ein. Er ehrt den
> Fremden mit großen Gaben und fordert auch Euryalos auf, ihn mit Worten
> zu versöhnen und einer Gabe, da er nicht nach Gebühr gesprochen. Der
> gibt ihm ein kostbares Schwert und sagt dazu, wenn er ein böses Wort
> gesprochen habe, so mögen es die Winde forttragen. Odysseus nimmt die
> Gabe an und wünscht Euryalos: 'Möge dir künftig niemals ein Verlangen
> nach diesem Schwert kommen, das du mir gabst, als du mich mit Worten
> versöhntest.' "
>
> Sowohl Alkinoos als auch Odysseus bezeichnen das Geschehen mit
> ἀρέσασθαι, "günstig stimmen, zu gefallen suchen", eine Vokabel, die in
> religiösem Kontext steht, mit dem seltsamen Zusatz ἐπέεσσιν, wie um zu
> betonen, daß die versöhnende Kraft bei den Worten lag, nicht bei dem
> trotzdem überreichten Geschenk.

Von diesen beiden Episoden aus erleichtert sich der Zugang zur
Allegorie der ΛΙΤΑΙ im neunten Buch der "Ilias". Auch hier ist Verzeihung nicht ohne einen Einfluß der Gabe denkbar, auch hier spielt aber
die Tatsache, daß gebeten wird, die entscheidende Rolle. Wenn der Vorgang an Motive erinnert, die später im Griechischen eine Rolle spielen,
so jedenfalls nicht dadurch, daß die vergangenen Motive des Täters im
Mittelpunkt stünden.

> Auch hier wird der Verzeihensvorgang positiv mit Vokabeln bezeichnet, die in
> den anderen Belegen vorkamen, ἀρέσκομαι und πείθω: *Hom.* Il. 9.112 ἀρεσσά-
> μενοι πεπίθωμεν, *Hom.* Il. 9.120 ἐθέλω ἀρέσαι, *Hom.* Il. 19.179 ἀρεσάσθω, *Hom.* Il.
> 19.183 ἀπαρέσασθαι. Diese Vokabeln nehmen wie dort auf das Vorgefallene
> keinen Bezug. Die Bitten um Verzeihung sind negativ bestimmt als Bitten, vom
> Groll abzulassen (*Hom.* Il. 9.260 + 261 + 299). In Phoinix' Rede wird ein un-
> spezifisches Wort durch einen Zusatz zur Umschreibung für "um Verzeihung
> bitten": παρατρωπῶσ' ... λισσόμενοι (Il. 9.500); auch die "Wandelbarkeit" ist in
> diesem Kontext Versöhnbarkeit (στρεπτοί Il. 9.497).

---

[5] Paraphrase von Konrad Gaiser (s. o. zu *Hom.* Il. 23.566-613).

Gewiß hat man es hier nicht rein mit einem für Agamemnon erbetenen Verzeihen zu tun. Von Agamemnon wird die Bitte, die Phoinix' Rede erwarten läßt, tatsächlich nicht ausgesprochen, was sich auf Agamemnons Charakter zurückführen läßt; als Achilleus wieder in den Kampf zieht, tut er es nicht um Agamemnons willen; auch die Gesandtschaft hat sich zu einem guten Teil auf das Mitleid berufen, das Achilleus mit seinen Kampfgenossen haben sollte; sie hat nicht versucht, Agamemnons Vergehen zu begründen oder zu rechtfertigen.

Hom. Il. 9.112. Nestor schlägt nach seiner Kritik an Agamemnon vor: " '(...) aber auch jetzt noch wollen wir beraten, wie wir ihn wohl zu unseren Gunsten umstimmen (ἀρεσσάμενοι πεπίθωμεν) mit erfreulichen Geschenken und sanften Worten.' " Agamemnon gibt unumwunden seine Verblendung zu. bekundet seinen Willen zur Versöhnung (*Hom.* Il. 9.120 ἂψ ἐθέλω ἀρέσαι).

Hom. Il. 19.179 - 183. Aus Odysseus' Rede vor Achilleus' Wiedereintritt in den Kampf. " '(...) Und dir selbst soll der Mut im Geiste besänftigt (ἵλαος) sein. Aber dann soll er [Agamemnon] dich mit einem Mahl in der Hütte günstig stimmen (ἀρεσάσθω), einem fetten. daß dir an dem, was rechtens ist, kein Mangel sei. Atride, du aber wirst dann auch bei einem anderen gerechter erscheinen. Denn keineswegs ist es zu verargen, daß ein König einen Mann wieder günstig stimmt (ἀπαρέσασθαι), wenn er als erster beschwerlich wurde.' "

Die Λιταί der Allegorie sind nicht Bitten, wie man einen Reichen und Mächtigen um Gunst bittet, einen Freund um Hilfe, einen Feind um Schonung, sondern solche, die hinter der Ἄτη herlaufen, um Schaden hinterher wieder zu heilen (V. 507 ἐξακέονται ὀπίσσω); ἄτη hat ja auch Agamemnon zu seiner Schädigung geführt (*Hom.* Il. 19.88). Länger als mit dem Wort Ἄτη wird aber auf dem Vorgefallenen nicht verweilt; der Blick liegt auf dem jetzigen Gewähren oder Verweigern der Bitte:

Hom. Il. 9.502ff. Allegorie der Λιταί in Phoinix' Rede. "(...) Und es sind ja auch die Bitten des Zeus Töchter, des großen, lahm und runzelig und abirrenden Auges, die denn auch hinter der Ate laufen in ihrer Sorge. Sie aber, Ate, ist stark und schnell, deshalb läuft sie allen weit voraus, und sie kommt auch zuerst an in jedem Land, schadend den Menschen; jene aber schaffen hernach Heilung. Und wer sie scheut, des Zeus Töchter, wenn sie ihm nahen, dem schaffen sie stets großen Nutzen und hören auf sein Gebet; wer aber sich weigert und hartnäckig sich versagt – da laufen diese denn zu Zeus. dem Kroniden. und flehen (λίσσονται), ihm möge Ate mitfolgen, daß er durch Schaden büßen muß. Aber, Achilleus, auf und laß du des Zeus Töchtern Ehre folgen; jene aber beugt fürwahr anderen Edlen den Sinn."

Agamemnons Gaben spielen für Phoinix eine große Rolle (V. 515-19), daneben die Tatsache. daß die gesandten Achaier bitten (*Hom.* Il. 9.520 λίσσεσθαι). Die Meleagros-Geschichte wird im Anschluß als Beispiel für die Beeinflußbarkeit von Heroen durch Gaben und Worte (V. 526) erzählt. In der Erzählung wird zwar die Entstehung des Krieges wie auch des Grolls dargelegt, beim Bitten aber (V. 574 λίσσοντο, V. 581 λιτάνευε, V. 583 γουνούμενος, V. 585 ἐλίσσονθ', V. 591 λίσσετ') spielen die vergangenen Begründungen keine Rolle mehr, sondern (wo überhaupt eine Begründung angeführt wird) die jetzige Bedrängnis der Kalydonier

(V. 591-94). Entscheidend ist natürlich das warnende Beispiel, daß die verspätete Gewährung der Bitte den Genuß der Geschenke verhindert.

Bemerkenswert ist, daß die Bitten, die der Ate nachfolgen, dann, wenn sie nicht gewährt werden, sich in Bitten um neuerliche Ate verwandeln, die ihrerseits nunmehr den verweigerten Bitten folgt. Die angebotene Versöhnung ist eine Möglichkeit, den Kreislauf der Ate zu durchbrechen; die zweite Ate des Meleagros wird an diesem Punkt denn auch nur kurz angedeutet. – Entmythologisiert findet sich ein verwandter Gedanke in der Gerichtsrhetorik der Klassischen Zeit: Wer früher vor Gericht keine συγγνώμη gewährt habe, dürfe nun, da er selbst vor Gericht steht, auch keine erhalten. Gerade diese Parallele zeigt den Abstand zwischen den Homerischen Vorstellungen und dem Klassischen Gebrauch von συγγνώμη.

Betont man die Seite des allegorischen Sprechens, daß nämlich hier in der Personifikation der zwischenmenschliche Vorgang der Versöhnung durch Bitten dargestellt wird, so kann man schließen: Es ist keine Aufarbeitung der Vergangenheit erforderlich, es geht um das jetzige Besänftigen und Freundlichstimmen, das im Verhaltenskodex freilich einen solchen Rang einnimmt, daß es nicht ungestraft unterbleibt. Nimmt man dagegen die Göttlichkeit der Λιταί so ernst, wie man die der Ate zweifellos nehmen muß, so ist dies Bitten um Verzeihung offenbar ein göttlich legitimiertes Prinzip, das vielleicht auch seine Ausrichtung auf die Gegenwart der religiösen Praxis verdankt. Darauf deutet die Einleitung zur Allegorie selbst:

> *Hom.* Il. 9.500. Aus dem Beginn von Phoinix' Rede:[6] " '(...) Aber, Achilleus, bezähme deinen großen Zorn; auch ziemt es sich keineswegs für dich, ein unbarmherziges (νηλεὲς) Herz zu haben; und nachgiebig (στρεπτοὶ) sind doch auch die Götter selbst, deren Kraft doch noch größer ist und ihre Ehre und Gewalt. Doch auch sie lassen sich ja mit erfreuenden Opfern und Gelübden, mit Trankopfer und Fettdampf umstimmen von den Menschen, die da bitten (παρατρωπῶσ' ... λισσόμενοι), wenn einer sich irgend vergangen und verfehlt hat. (...)' "

Auch beim Verzeihen ist bei Homeros das göttliche Beispiel für den zwischenmenschlichen Vorgang maßgebend: die Menschen sollen sich ebenso umstimmen lassen wie die Götter im Kult; da auch die Götter sich versöhnen lassen, dürfen die Menschen nicht unablässig bei ihrem Groll bleiben.[7]

---

[6] In diesem Fall schließe ich meine Übersetzung an Konrad Gaisers Worte an (vgl. o.).

[7] *Burkert Religion* S. 499 mit Anm. 63 führt das Verb ἀρέσασθαι an für den menschlichen Versuch, den "'Gefallen' der Götter" zu finden, und ἱλάσκεσθαι, sie "heiter zu stimmen" (vgl. ἵλαος Hom. Il. 19.178); S. 126 über die Gebete (λιταί), die oft mit Bittgang, ἱκεσία verbunden werden.

Auch Antilochos wird zu seiner Bitte bewogen, weil er sowohl den Groll Nestors als auch eine Stellung als ἀλιτρός gegenüber den Göttern fürchtet (*Hom.* Il. 23.595).

Daß die "Ilias" auch von Verzeihensvorgängen handelt, ist auch Meinung antiker Philologen und Schriftsteller.

Die Scholien zur "Ilias" und andere antike Reflexe auf ihren Stoff gebrauchen verschiedentlich die Vokabel συγγνώμη. Man möchte sich in dieser Frage allerdings nicht blindlings ihrem Urteil anvertrauen, finden sich hier doch auch ganz andere Bezugsebenen als die Handlung: Nach der Bedeutung des Dargestellten wird nicht überall gefragt; auf dem Prüfstand kann ebenso das poetische Vorgehen des Dichters (*D. Chr.* 11.149 συγγιγνώσκειν ἄξιον) stehen wie der ethische Wert des Verhaltens einer handelnden Person. *Sch. Hom.* Il. 13.203c wird etwa für den Inhalt von Poseidons Ermahnung συγγνωστὸν gebraucht: εὖ δὲ καὶ τῆς ἀκμῆς ὑπομιμνῃσκει ἐπὶ δειλίᾳ συγγνώμην οὐ φερομένης; das Adverb εὖ rechtfertigt Poseidon und damit die Gestaltung des Dichters. Dieser wird indirekt auch dadurch gerechtfertigt, daß mit der Paraphrase die Wertung verbunden ist, der Griechenart entspreche es, die drohende Schande in den Vordergrund zu stellen statt Furcht einzuflößen. Auch wenn *Sch. Hom.* Il. 2.485-6a (συγγιγνώσκειν τοῖς ἐνδεέστερον λεγομένοις) eine Captatio benevolentiae diagnostiziert wird, spürt man ein Rechtfertigungsbestreben für die ἐνδεέστερον λεγόμενα.

Die Notwendigkeit, das Verhalten der handelnden Personen und damit den Dichter in seiner Gegenstandswahl zu rechtfertigen, wird auch an folgenden Stellen gesehen: *Sch. Hom.* Il. 15.705d (συγγνώμης ἄν τις ἠξίωσεν) für Unfähigkeit im Kampf, *Sch. Hom.* Il. 17.27-8 (συγγνωστὸς) für Selbstlob, *Sch. Hom.* Il. 19.126 (συγγνωστὸς) für Achilleus' Schleifen Hektors; *Sch. Hom.* Il. 21.65-66 (συγγνώμην ἔχοι) wird Lykaons Flehen gerechtfertigt, *Sch. Hom.* Il. 21.120 (συγγνωστὸν) aber auch bis zu einem gewissen Grade Achilleus' Wüten.

Es bleibt allerdings noch ein Gutteil der Belege dafür, daß die Rede einer fiktiven Person als Bitte um oder Gewähren von Verzeihen gedeutet wird. Im Zusammenhang der hier interpretierten Stellen wird fast überall einmal der Wortstamm συγγνώμη verwendet: *Sch. Hom.* Il. 9.158b, *Sch. Hom.* Il. 19.91c *Sch. Hom.* Il. 23.589; *Sch. Hom.* Il. 23.605 mit deutlicher Wertung: δείκνυσιν ὡς σκαιοῦ μὲν τὸ μὴ συγγνῶναι καθάπαξ ἁμαρτάνοντι, ἀσθενοῦς δὲ τὸ πολλάκις. Auch bei *Lib.* Decl. 5.42 (εἰς συγγνώμην καταφεύγετε, συγγνώμην αἰτεῖν) · 50 (αἰτεῖ συγγνώμην) faßt Achilleus die Gesandtschaft als Bitte um Verzeihung auf und grenzt (in einer rhetorischen Figur, die noch öfter begegnen wird) Agamemnons (noch verzeihliche) Worte von seiner unverzeihlichen Tat ab (*Lib.* Decl. 5.83 εἶχεν ἂν συγγνώμην). Die Scholien weisen auf weitere versöhnliche Züge in der Rede des Patroklos hin: wie schonend er an den Abschied von Peleus erinnert (*Sch. Hom.* Il. 9.259 ὄνομα ... συγγνώμης ἀξιούμενον) und mit seiner eigenen Biographie auf den Groll des Achilleus anspielt (*Sch. Hom.* Il. 9.449a συγγνώμης ἠξίωται); schließlich in der Darstellung der Meleagros-Geschichte (*Sch. Hom.* Il. 9.553-4 συγγιγνώσκει).

Als Verzeihen wird ferner aufgefaßt: Agamemnons Reden vom Streit mit Achilleus (*Sch. Hom.* Il. 2.376 συγγνώμονες), Diomedes in der Reaktion auf die Ermahnung des Odysseus und die stolze Antwort des Kapaneus (*Sch. Hom.* Il. 4.412b συγγιγνώσκει τῷ καιρῷ T / διὰ τὸν καιρὸν BCE[3,4]), die Haltung des

Herolds gegenüber den an der Entführung Helenas unschuldigen Troern (*Sch. Hom.* Il. 7.390-1 συγγνωμονεῖν), Dolons Beschwichtigung von Odysseus und Diomedes (*Sch. Hom.* Il. 10.394 ἵνα ... συγγνῶσιν). In den Reden des Patroklos werden zweimal Entschuldigungen wahrgenommen: *Sch. Hom.* Il. 11.654 συγγνώμην ἑαυτῷ ποριζόμενος, *Sch. Hom.* Il. 16.33 προαιτησάμενος ... συγγνώμην. Eine Entschuldigung des Menelaos für Agamemnon wird *Ath.* Deipn. 5.4 (συνεγνωμόνει) für den Vers *Hom.* Il. 2.408 erwogen, diese Möglichkeit aber als lächerlich angesehen. Mit der Vokabel werden auch Eingeständnisse bezeichnet, die sich in bestimmten Reden finden, so in der Ermahnung des Odysseus zum Kampf *Sch. Hom.* Il. 2.291d · 292a (τῇ συγγνώμη 2mal).

Auch die Reaktion von Göttern kommt zur Sprache, zum einen ihre Unversöhnlichkeit: *Sch. Hom.* Il. 7.450 (οὐ νέμει συγγνώμην) und *Sch. Hom.* Il. 9.537c (ἀσύγγνωστον, bezogen auf die Meleagros-Geschichte, das fehlende Opfer für Artemis). In den geschilderten Göttergesprächen werden aber mehr versöhnliche Züge entdeckt: *Sch. Hom.* Il. 15.166-7b (σύγγνωμον), *Sch. Hom.* Il. 14.249c (συγγνώμην ἔχειν), *Sch. Hom.* Il. 18.356b (p. 504.72) (συγγινώσκειν) bezogen auf Zeus' Rede an Hera *Hom.* Il. 8.407, wo οὐδὲ χολοῦμαι gebraucht wird.

Nach dem durch das göttliche Vorbild und göttliche Gebote geprägten Vorgang des Verzeihens im Homerischen Epos wird man für συγγνώμη im religiösen Kontext, gerade in Gebeten, eine Verwendung erwarten, die nicht — wie in *Gaisers* Beispiel — das Augenmerk auf die vergangene Tat richtet, sondern von einem Akt ausgeht, der entweder gänzlich undeterminiert bleibt oder die gegenwärtige Barmherzigkeit und Milde des verzeihenden Gottes betont. Dafür gibt es tatsächlich in den frühen Belegen nicht wenig Beispiele. Aber läßt sich ein religiös bestimmter Begriff von συγγνώμη erkennen? Läßt sich eine solche Vorbildhaftigkeit des göttlichen Verzeihens — eine religiöse Motivation, wie sie für jüdisch-christliche Texte vielfach bestimmend ist — für συγγνώμη nachweisen?

2. Das Gebet der Danae bei Simonides

Tatsächlich findet sich der früheste gesicherte Beleg für συγγιγνώσκω in einem Gebetstext: im Chorlied des Simonides, das die Gefühlswelt der mit ihrem Kind in der Kiste auf dem Meer ausgesetzten Danae schildert. Innerhalb der Simonides-Vita ist allerdings eine Datierung sehr unbestimmt, möglich etwa zwischen 520 und 476 v. Chr.

PMG 543: Simonides 38.27 (13 D.).[8] Die bei Dionysios von Halikarnassos überlieferten Verse schildern zunächst die Situation der Danae (V. 1-7), der Rest besteht in den Worten der Danae. Diese richtet Danae zunächst an den schlafenden Perseus: Sie klagt über ihre bedrohte Lage; die Schilderung der

---

[8] Der Text wurde korrigiert nach *Führer*.

erzbeschlagenen Kiste und der von Meer und Sturm andringenden Gefahren wird abgesetzt von der Gestalt des sorglos schlafenden Kindes (V. 7-20). Der letzte Teil ihrer Worte wendet sich zu Aufforderungsformen; eine Art Wiegenlied für das Kind wandelt sich zum Gebet (V. 21-27): "'(...) Ich sage: Schlaf, Kindchen, es schlafe das Meer, es schlafe das unermeßliche Unglück. Eine Änderung des Beschlusses möge kommen, Vater Zeus, von dir; wenn ich aber ein dreistes Wort bete oder außerhalb des Rechtes, verzeih' mir (σύγγνωθί μοι)!'"

Danaes Bitte um Verzeihung will ein Vergehen, das sie eventuell durch ihre Worte begangen hat, schnell und umfassend zurückziehen, neutralisieren, unwirksam machen; dazu bedient sie sich einer höflichen Formel, die keine Implikation über den erbetenen Vorgang enthält.[9]

Diese Auffassung läßt sich einmal aus der privaten Atmosphäre und Innenperspektive der Danae begründen, die im Gedicht vorherrscht.[10] Christ hebt hervor, wie sehr Simonides "die ganze Szene aus der heroischen Sphäre herausgehoben" hat; der schlafende kleine Perseus ist "einfach Kind", das "mit den zärtlichen Augen der Mutter gesehen wird" und sich noch nicht als das Götterkind erweist, das seine Mutter später retten wird (Christ). Der Ausschnitt, den der erhaltene Text zeigt, ist betont unheroisch, privat, intim gewählt: "Er zeigt das Wunder nicht als Umschlag und von außen, sondern als einen Zustand von den zunächst Betroffenen aus" (Fränkel). Das schließt nicht aus, daß dieser Ausschnitt seine eigene Dramatik hat, indem er die Situation wählt, in der alles unentschieden ist (Bowra); aber dies ist eine Dramatik der Innenperspektive der das Ereignis Erlebenden. Möglicherweise wurde anschließend die Rettung durch die Fischer von Seriphos erzählt (Wilamowitz), der erhaltene Abschnitt beschränkt sich auf eine Entwicklung in Danaes Worten (Bowra), die nicht von der Erwartung naher Rettung bestimmt ist. – Dionysios von Halikarnassos führt das Gedicht gerade wegen seiner ohne metrische Abteilung nicht von Prosa zu unterscheidenden Diktion an (*D. H.* Comp. 26.233): Auch sie trägt zur Privatheit der Szene bei.

Zum einen unterstützt also die zu beobachtende private, unheroische Atmosphäre die Annahme, daß mit der Bitte um Verzeihung eine menschlich-geläufige Formel verwandt wird. Zum anderen ist der Gedankengang in Danaes Worten zu verfolgen. Wilamowitz' Deutung ist für die Beobachtung hilfreich, gerade weil man bestimmte Implikationen nicht mehr teilen wird: weder seine Ausschmückung, Danae würde sich am liebsten an die Brust eines heldenhaften Sohnes lehnen, noch die Annahme, mit der Anrede Ζεῦ πάτερ steuere sie auf die Schlußfolgerung zu: "rette deinen sohn, du bist es uns schuldig". Dies setzte voraus, daß der Monolog, den Danae vor dem sie nicht hörenden Säugling spricht, noch Unausgesprochenes enthielte.

---

[9] Dies gegen *Cancrini* S. 73 Anm. 47, die hier ebenso "comprenderlo" wie "perdonarlo" versteht; dies soll auch für *A.* Suppl. 215 · 216 gelten, wo aber auch eine andere Auffassung näher liegt (s. u.).

[10] Für das Verständnis des Simonides-Fragment wurden benutzt: *Christ* S. 34-39, *Wilamowitz* S. 144-150, bes. 147-49, *Fränkel* S. 359-361, *Bowra* S. 337-40.

Richtig ist, daß Danaes Worte zweimal den Gedankengang abbrechen und neu ansetzen, und zwar immer dort, wo der Duktus des Gedankens auf eine Konfrontation mit dem Gegenüber hinzielt: Am Anfang ist der "Gegensatz zwischen der unbewußten Ruhe des Kindes und dem Wüten der Elemente" (Christ) beherrschend, er führt auf den rhetorisch geprägten Höhepunkt (V. 18-20): "Wenn dir aber furchtbar wäre, was doch furchtbar ist, liehest du wohl auch meinen Worten dein zartes Ohr." Verfolgte sie den Gedanken weiter, so müßte sie wünschen, das Kind möge auch Wellen und Sturm hören (eine Vorstellung, die der liebevollen Fürsorge widerspräche), oder gar dem Kind einen Vorwurf aus seiner Ungerührtheit von den Leiden der Mutter machen. Danaes Worte setzen darum gerade wieder beim Wunsch "Schlaf, Kindchen" ein, den sie in kühner Metaphorik (Wilamowitz) auf Meer und Unglück erweitert, womit sie, nach der Verengung des Horizonts auf das Kind, wieder den anfänglichen ihres ganzen Leidens erreicht (V. 7 πόνον - V. 22 κακόν), nun aber nicht mehr in reiner Klage, sondern im Gebet um eine Änderung des Geschicks durch Zeus.

Doch auch dieser Gedanke würde, weiter verfolgt, auf eine Konfrontation mit Zeus hinauslaufen: Als Urheber von Danaes Geschick ist er für sie und seinen Sohn verantwortlich. Im Unterschied zu Wilamowitz' Deutung scheint mir charakteristisch für die Danae des Simonides, daß sie diese Schlußfolgerung nicht etwa verschweigt, sondern erst gar nicht denkt; erst dies heißt, mit der auch von Wilamowitz festgestellten Demut der Danae Ernst machen. Danae bittet also nicht um Verzeihung wegen ihres unausgesprochenen Aufbegehrens, sondern ahnt die Konfrontation und löscht darum mit ihrer Bitte σύγγνωθι die eventuell (ὅττι V. 25) in ihrem ausgesprochenen Anliegen enthaltene Dreistigkeit vorsichtshalber wieder aus.

Im Gedicht des Simonides wird also συγγιγνώσκω vom zwischenmenschlichen Vorgang her gedacht, obwohl der Gott darum gebeten wird; geläufige Konventionen sind bereits vorausgesetzt.

3. συγγνώμη in anderen Gebeten

Das Wort συγγιγνώσκω bietet offensichtlich eine klar umrissene Bedeutung, die die Wirkung der möglicherweise zu gewagten Worte "neutralisiert". Nichts spricht dafür, daß ein neues Wort für einen ungewohnten Sachverhalt angewendet wird — abgesehen davon, daß die im literaturgeschichtlichen Sinn empfindsame Innenperspektive eine Neuerung der archaischen Lyrik darstellt. Auch wird man nicht annehmen, Danae verlange von Zeus, er solle sich in ihre Lage versetzen — dies wäre eine Forderung, die sie selbst zu denken sich scheuen würde. Allerdings ist ein solches Gebet im Griechischen nicht undenkbar:

A. Suppl. 215 · 216. Es handelt sich um den einzigen Beleg[11] für den Stamm von συγγνώμη bei Aischylos und einen der ganz wenigen für das

---

[11] Nach *Edinger*.

Medium von συγγιγνώσκω (s. A II 3). – Unter den Götterbildern auf dem Platz wird Apollon als "Flüchtling vom Himmel" (V. 214) angesprochen; er war in der Lage der Hiketiden. "Chor: Da er dies Schicksal kennt, möge er mit den Sterblichen mitfühlen (συγγνοίη).[12] Danaos: Er möge denn mitfühlen (συγγνοῖτο) und ‹uns› gnädig an die Seite treten." "Mitgefühl" ist übrigens eine Behelfsübersetzung (vgl. A III Anm. 18). – Als vergleichbar läßt sich *S.* *Ant.* 66 heranziehen, wo Ismene mit dem nachsichtigen Verständnis der Toten(götter?) rechnet (τοὺς ὑπὸ χθονὸς / ξύγγνοιαν ἴσχειν).

Obwohl manchmal auch die Annahme des fremden Standpunkts gemeint sein kann, wenn Götter um συγγνώμη gebeten werden, ist dies doch einige Male deutlich nicht der Fall.

Hdt. 6.86.3 erzählt Leotychidas zur Warnung der Athener vom Spartaner Glaukos, der beim Orakel von Delphi anfragte, ob es recht sei, daß er ein hinterlegtes Pfand einbehalte. Das Orakel verneinte in drohender Form; Glaukos bat daraufhin um Verzeihung: συγγνώμην τὸν θεὸν παραιτέετο αὐτῷ ἴσχειν τῶν ῥηθέντων. Pythia erwidert, den Gott versuchen und die Sache tun sei dasselbe. Obwohl Glaukos nun das anvertraute Pfand zurückzahlte, wurde sein Haus, wie angedroht, ausgelöscht.

Glaukos kann keine besondere Situation geltend machen, in die sich der Gott hineinversetzen könnte; er hat vielmehr das Bestreben, seine Anfrage wieder rückgängig zu machen (etwa: "ich wollte ja nur einmal fragen"). Das Orakel sieht weiterhin seine Gesinnung als die eines Täters an.

E. Ion 1440. Kreusa redet Ion an: "O Kind, du Licht, das für die Mutter schöner ist als das der Sonne – denn der Gott wird verzeihen (συγγνώσεται γὰρ ὁ θεός) (...)." Die Formulierung könnte die τιμή des Sonnengottes verkürzen; aber Kreusa hält sie offenbar für nicht sehr problematisch (Futur Indikativ). Allerdings wird auch auf die Rolle derjenigen hingewiesen, der verziehen werden soll ("für die Mutter").

Insbesondere reiht sich hier die unkomplizierte Art ein, in der in der Komödie Götter um Verzeihung gebeten werden; nicht überall ohne jegliche Begründung, aber jedenfalls ohne erkennbaren Einfluß spezifisch religiöser Sprechformen:

Ar. V. 368. Philokleon beschließt, mit den Zähnen das Netz durchzunagen, das ihn im Haus festhält. Ἡ δέ μοι Δίκτυννα συγγνώμην ἔχοι τοῦ δικτύου. – Der Scherz bezieht sich auf die kretische Personifikation der Artemis, Diktynna, deren Name auf das Netz (δίκτυον) bezogen wird.

Ar. Pax 668. Trygaios zur Friedensgöttin: ἡμάρτομεν ταῦτ'· ἀλλὰ συγγνώμην ἔχε· (...). Er begründet dies damit, daß der Verstand der Athener "ganz in den Häuten" (auf Kleons Seite) gesteckt habe.

Ar. Nu. 1479. Strepsiades bittet Hermes, ihn nicht ganz zu vernichten,

---

[12] Während *LSJ* den Beleg für "excuse, pardon" anführen, ist offensichtlich hier gerade vom Gott gefordert, sich in die Lage der Sterblichen zu versetzen; die vom Chor mitgemeinte Handlungskonsequenz – παρασταίη – wird von Danaos ausdrücklich genannt.

sondern seiner Unverschämtheit zu verzeihen (συγγνώμην ἔχε ἐμοῦ παρανοήσαντος ἀδολεσχίᾳ).

Keine Begründung wird in folgenden späteren Belegen für συγγνώμη mitüberliefert: *Men.* Fr. 266: Ἀδράστεια καὶ / θεὰ σκυθρωπὲ Νέμεσι, συγγιγνώσκετε (es ist wohl nicht nach *Men.* Fr. 264 die Begründung gemeint, daß bei einem Opfer den Göttern am wenigsten zugebilligt wird). *PCG* Bd. 7: Theopompos 60 ist von der συγγνώμη die Rede, die Eileithyia dafür hat, daß sie von den Frauen ständig geschlagen wird; vgl. *Sch. Theocr.* 2.66: Bei Menandros riefen die gebärenden Frauen die Artemis an, sie möge ihnen verzeihen (ἀξιοῦσθαι συγγνώμης), daß sie ihre Jungfräulichkeit verloren haben.

Ein spezifischer Verzeihensbegriff für den religiösen Bereich ist also nicht festzustellen. Aber auch wenn die Vorstellung vom zwischenmenschlichen Vorgang auf das göttliche Verzeihen übertragen wird, liegt der Gedanke nicht fern, daß sich gerade Götter durch Verzeihen auszeichnen,[13] wie es im Griechischen der Klassischen Zeit belegt ist: Göttliches Allwissen, Großmut, der große Abstand zum Sterblichen, der für "Herab-lassung" keinen großen Aufwand verlangt, der Überfluß an τιμή, die vom Sterblichen kaum zu mindern ist, erleichtern dem Gotte, was den Menschen einiges an seelischer Kraft kostet. Gerade der Hauptbeleg für die Götter als die schlechthin Verzeihenden zielt bezeichnenderweise jedoch nicht auf göttliches, sondern — durch sarkastische Überzeichnung — auf menschliches Verzeihen, das offenbar dem Sprecher, auf den eine Begründung für dieses göttliche Verzeihen zutreffen dürfte, verweigert wird.

TrGF Euripides 645. Das Fragment stammt aus dem "Polyidos", dessen Handlung von *Hyginus* fab. 136 wiedergegeben wird. Es paßt recht gut zu der Situation, in der Polyidos den ins Honigfaß gefallenen Sohn gefunden hat und nun auch noch lebendig machen soll. "Zum Verzeihen geneigt (συγγνώμονας) scheinen wahrhaftig die Götter zu sein, wenn einer mit einem Eid dem Tode zu entkommen sucht oder dem Gefängnis oder der schlimmen Gewalt der Feinde oder wer mit mörderischen Kindern das Haus teilt. Wirklich, sie sind also unverständiger als die Sterblichen — oder sie ziehen die Milde (τἀπιεικῆ) dem Recht (δίκης) vor". Zum Gegensatz zwischen ἐπιεικές und δίκη s. B III Exkurs.

Allerdings gibt es einen (späten) inschriftlichen Beleg für "zum Verzeihen neigende" Götter, nämlich auf einem Altar in Epidauros:

IG 4[2] (1).432 [IV] Ἀπόλλωνι / καὶ / Ἀσκληπιῶι / συγγνώμοσιν / ὁ ἱερεὺς / Ἑλικὼν (...). συγγνώμοσιν wird in der Textausgabe durch

---

[13] Vgl. das Zitat aus dem Grimmschen Wörterbuch bei *Oeing-Hanhoff* S. 79 mit Anm. 21 auf S. 81: "Was ist göttlicher als Verzeihen".

"*indulgentibus potius quam concordibus*" erläutert; wahrscheinlich liegt ein kultisches ἁμάρτημα vor.

Weitere Belege für göttliches Verzeihen aus der Klassischen Zeit: *Th.* 4.98.6. (zitiert in Kapitel B II 4), *Pl.* Phlb. 65e7, *Pl.* Smp. 183b6, *X.* Mem. 2.2.14, ablehnend *Pl.* Lg. 906d1, *Pl.* Lg. 921a3 (zu diesen Belegen s. B III 2).

Nicht nur, wenn Götter um συγγνώμη gebeten werden, sondern auch im zwischenmenschlichen Sprechen ist übrigens oft unwahrscheinlich, daß unter συγγνώμη die Einsicht in Lage und Beweggründe des anderen verstanden wird. Einige dieser Belege deuten darauf hin, daß unter συγγνώμη in diesem Fall ein in sich geschlossener Begriff verstanden wird, etwa mit der Bedeutung "freundliche Haltung, Parteinahme, zugeneigte Einstellung, Solidarität". (Dafür folgen an dieser Stelle noch drei Beispiele, weiteres Material findet sich im Teil B.)

> *Hdt.* 1.116. Der Rinderhirt, der Kyros wider den Befehl aufgezogen hat, sucht bei seinem Bericht zuletzt Zuflucht bei λιταί (man denke an die Λιταί bei Homeros, siehe A V 1) und bittet um συγγνώμη; seine Geschichte enthält zwar eine gewisse Rechtfertigung, aber da er sich aufs Bitten verlegt, wirkt auch συγγνώμη nicht intellektuell bestimmt.
>
> *S.* El. 400. Chrysothemis könnte sich für die vom Vater erhoffte συγγνώμη auf ihre Zwangslage berufen wie Ismene in der "Antigone" (*S.* Ant. 66), aber Elektra faßt den (in der Stichomythie nicht näher ausgeführten) Gedanken als Feigheit auf, nicht als Argument; Chrysothemis meint wohl etwa: "Der Vater wird in dieser Angelegenheit eher auf unserer Seite sein als auf seine Rache bestehen."
>
> *E.* Andr. 840. Die Amme verheißt Hermione: συγγνώσεταί σοι τήνδ' ἁμαρτίαν πόσις. Es handelt sich um einen in iambischen Trimetern gehaltenen, also gewissermaßen prosaischen Einwurf in die lyrischen Verse der von Verzweiflung und Selbstmordabsicht durchdrungenen Hermione, die auf diesen wie auf die anderen Einwürfe der Amme nicht eingeht. Als die Amme V. 866ff. ausführlicher zu Wort kommt, zeigt sich, daß sie nicht mit Verständnis des Neoptolemos für Hermiones Mordversuch rechnet, sondern auf deren Vorrang als der rechtmäßigen Gattin setzt. Auch Neoptolemos, meint die Amme, "wird auf deiner Seite stehen".

Die religiöse Sprache scheidet also als Herkunftsort oder Grundmodell für das durch συγγνώμη ausgedrückte Verzeihen aus; das Reden von συγγνώμη muß aus der Alltagssprache in das Gebet übernommen worden sein. Es bestätigt die Annahme eines bereits indoeuropäisch vorgeprägten Wortes für "Verzeihen", wenn gerade die religiöse Sprache keine archaischere Verwendung, sondern eine schon abgeschliffene zeigt.

Im Materialteil soll dagegen gezeigt werden, daß die Verwendung von συγγνώμη zum Bereich des Gerichtswesens und zur Gerichtsrhetorik eine so starke Affinität besitzt, daß man die Herkunft der prägenden Vorstellung dorther annehmen kann, auch wenn das Wort selbst nicht zum juristischen Terminus wurde. Auch die Gesetzgebung über den φόνος, zu der besondere Nähe besteht, ist, anders als im Judentum, durch das Fehlen einer Vorstellung von religiöser Befleckung gekennzeichnet.[14]

Fragt man nach einer religiösen Beziehung von συγγνώμη, so ergibt sich diese an einem anderen Punkt, nämlich dort, wo *Gaiser* angesetzt hatte: Im Griechischen wird oft verziehen, weil der andere "menschlich gefehlt", also eine Tat begangen hat, die aus seiner Konstitution als Mensch entspringt, sei er in menschlicher "Unkenntnis" befangen oder menschlicher Leidenschaft unterlegen gewesen. Was alles zum Gegenstand von συγγνώμη wird, kann als Kompendium dessen verstanden werden, was den Menschen nach griechischer Auffassung zum Menschen macht — wenn man von seiner grundsätzlichen Unvollkommenheit und Unzulänglichkeit ausgeht. Der Mensch als defizitäres Wesen: hier ist man nicht weit vom delphischen γνῶθι σαυτόν entfernt; hier könnte man mit größerem Recht religiösen Hintergrund sehen, wie dies in der etymologisierenden Deutung des Isidoros von Pelusion geschieht.[15]

Faßbar wird dieser Bezug allerdings nicht in den frühesten Belegen; für eine Herkunft des Begriffs kommt er nicht in Frage. Der Leser kann vielmehr im Materialteil der Untersuchung verfolgen, wie sich vom Hellenismus an das Motiv einer grundsätzlichen Solidarität zwischen Menschen kraft ihres Menschseins in den συγγνώμη-Belegen verstärkt. Theologische Deutungen für diese Solidarität sind nicht allzu häufig, auch sie finden sich eher in den späteren Belegen.

---

[14] *Gagarin* S. 17f. (dies gelte auch für das Homerische Epos). Anders *Parker*, siehe etwa S. 128-30.

[15] Der Beleg *Isid. Pel.* ep. 5.111 wird in Kapitel C II 6 zitiert. Daß "menschliche" Verfehlungen verziehen werden sollen, ist eine Standardbegründung, die bereits in *Gaiser*s Xenophon-Beleg eine wichtige Rolle spielte (s. A I); ein anderes Beispiel: *Th.* 3.40.1; ein ausdrücklicher Gegensatz zu den Göttern, die keiner συγγνώμη bedürfen, wird *Lib. Or.* 15.23 hergestellt (siehe C III 4).

B συγγνώμη in der Klassischen Zeit

B I Rhetorik

In diesem Kapitel werden Zeugnisse aus (eigenständig überlieferten) Reden und der theoretischen Rhetorik vorgestellt. Im Vordergrund stehen Reden, die vor *Gericht* gehalten wurden; die meisten Reden der Klassischen Zeit setzen die Situation des Gerichts oder einer agonistischen Entscheidung vor einem gedachten oder tatsächlichen Tribunal voraus. Für politische Reden in Werken der Geschichtsschreibung sei auf das betreffende Kapitel (B II) verwiesen; rhetorische Elemente finden sich natürlich auch im Drama (B II) und in philosophischer Prosa (B III). – Da sich in den einzelnen Belegen verschiedene Aspekte treffen, ist eine Vorstellung in lockerer Anordnung mit Querverweisen nicht zu vermeiden.

1. Das Kriterium der Unfreiwilligkeit

Im Deutschen steht der Begriff des Verzeihens nur in sehr entferntem Zusammenhang mit der Sphäre des Gerichts, so daß der Leser wohl erstaunt ist, diese an vorrangiger Stelle der Untersuchung von συγγνώμη vorgestellt zu finden. Vor Gericht sollen Schuldige verurteilt und im Gesetz vorgesehene Strafen zuerkannt werden; der Unschuldige soll freigesprochen werden, nicht Verzeihung erlangen. Daß ähnliche Argumentationsmuster für mildernde Umstände vor Gericht benutzt werden, wie man sie auch im Alltag verwendet, um sich zu entschuldigen, um Verzeihung zu erlangen, fällt im Deutschen nicht so stark auf, da verschiedene Wörter benutzt werden. Im Griechischen kann συγγνώμη für beides eintreten, und der Zusammenhang ist tiefer verankert als im Deutschen.

Insbesondere verrät ein immer wieder genanntes Kriterium für συγγνώμη seine Herkunft aus dem juristischen Bereich: Nach diesem ist

eine Handlung dann verzeihlich, wenn sie "unfreiwillig" (ἄκων)[1] begangen
wurde, also nicht vorsätzlich, nicht aus dem Antrieb, die Schädigung zu
bewirken, die daraus entstand; fast gleichbedeutend ist es, wenn die
Handlung als verzeihlich gilt, weil sie "in Unwissen" (ἐν ἀγνοίᾳ, ἀγνοήσας) begangen wurde. Diese unfreiwilligen und daher verzeihlichen Taten
werden vor allem abgegrenzt von den "freiwillig" (ἑκών) begangenen,
also vorsätzlichen und daher nicht zu verzeihenden, sondern zu bestrafenden Vergehen; es grenzt aber auch ein Bereich von Taten an, die
ebenfalls freiwillig sind, aber nicht mit dem Gesetz in Konflikt geraten,
sondern ihm entsprechen, vielleicht sogar eine Auszeichnung verdienen.
συγγνώμη ist also einem Zwischenbereich zugeordnet, dem der Taten, die
weder völlig vor dem Gesetz gerechtfertigt werden können noch gänzlich
die im Gesetz vorgesehene Bestrafung verdienen; Kriterium dieses von
den normalen (gesetzlichen) Bestimmungen ausgegrenzten Bereiches ist
die Unfreiwilligkeit. In anderen Zusammenhängen wird diese Dreiteilung
wieder begegnen in der Abgrenzung von Lobenswertem, Verzeihlichem
und Tadelnswertem; sie bricht eine starre Zweiteilung zwischen Gut und
Böse, Unschuldig und Schuldig:

Handlung	freiwillig	unfreiwillig	freiwillig
ethisches Urteil	Lob	Verzeihen, Mitleid	Tadel

Im juristischen Bereich gibt es für das dreiteilige Schema ein früh zu
datierendes Vorbild, die Regelung der Blutgerichtsbarkeit in der Drakontischen Gesetzgebung (621/20 v. Chr.):[2] Nach dieser werden nämlich
Tötungsfälle in Athen vor drei verschiedenen Gerichtshöfen verhandelt,
die vorsätzliche Tötung (φόνος ἐκ προνοίας oder ἑκούσιος) auf dem Areopag, die unvorsätzliche (φόνος ἀκούσιος) im Palladion, die nicht rechts-
widrige (φόνος δίκαιος) im Delphinion.[3]

---

[1] Im Einzelfall empfehlen sich für ἄκων und entsprechend für ἑκών andere
Übersetzungen, z. B. "(nicht) aus freien Stücken", "(nicht) aus eigenem Antrieb",
"(nicht) von sich aus", "(nicht) vorsätzlich", "(nicht) mit Absicht"; für den terminologischen Gebrauch empfiehlt sich aber eine feste Übersetzung mit einem ebenfalls terminologischen Gebrauch, eben "(un)freiwillig".

[2] Das Gesetz (Datierung nach *Stroud* S. 67; "um 624" nach *RE* 5 [2] Sp. 1648 unter Verweis auf *Arist. Ath.* 4.1) wurde in der Reform von 409/8 v. Chr. mit gewissen Änderungen übernommen (*Latte* S. 383, *Heitsch* S. 12-20). Die Inschrift, auf der
dies damals veröffentlicht wurde, ist bruchstückhaft erhalten. Die Editionen *IG* I²
115, *SIG* 111 sind überholt durch *Strouds* neuen Text (S. 5/6). – Zu den Bestimmungen über Straflosigkeit zur Zeit der Redner s. *MacDowell Homicide* S. 73-81.

[3] Angaben über die Gerichtshöfe nach *Latte* S. 384; die Bezeichnung φόνος
δίκαιος ist nach *Lipsius* S. 614 A. 50 nur in nichtjuristischer Sprache üblich, vgl.
Gagarin Homicide S. 3 Anm. 8.

Für die *unvorsätzliche Tötung* sieht das Gesetz Verbannung vor:

> *Stroud* S. 5 Zeile 11. καὶ ἐὰμ μὲ ᾿χ [π]ρονοί[α]ς [χ]τ[ένει τίς τινα, φεύγ]ε[ν· (...).
>
> *Heitsch* S. 12: "Auf vorsätzliche Tötung setzt Drakons Gesetz Tod oder lebenslängliche Verbannung, auf unvorsätzliche aber Verbannung mit der Möglichkeit, daß die Angehörigen des Opfers sich mit dem Täter – nach Zahlung eines Wergeldes? – versöhnen und ihm so die Rückkehr ermöglichen."

Die hier gegebene Darstellung orientiert sich nicht an der These von *Gagarin Homicide* (S. 111-24), daß im ursprünglichen Drakontischen Gesetz in der Bestrafung vorsätzlicher und unvorsätzlicher Tötung kein entscheidender Unterschied gemacht wurde. Für beides war nach Gagarin die Verbannung als Strafe vorgesehen; eine Todesstrafe hingegen sei nicht staatlich vollzogen, sondern nur die Tötung durch die Angehörigen des Getöteten an bestimmten Plätzen, besonders in Attika (falls der Verurteilte aus dem Exil zurückkam) für straflos erklärt worden, eine Folge der Atimie des Mörders oder Totschlägers. Erst im 5. Jahrhundert seien vorsätzliche und unvorsätzliche Tötung in der Bestrafung differenziert worden (S. 124). Die unvorsätzliche Tötung sei auch erst in einem Zusatz zum Drakontischen Gesetz an den Areopag verwiesen worden (S. 125ff., besonders 136). Gagarin zieht die Schlußfolgerung: "(...) the dichotomy between intentional and unintentional homicide was not so important for the Greeks (...) as for us" (S. 144).

Falls diese Thesen stimmen, müßte man das juristische Vorbild der Argumentationsmuster für συγγνώμη auf das 5. Jahrhundert herabdatieren; bis ins 7. Jahrhundert hinauf reichte dann nur die juristische Verwendung des Terminus μὲ ᾿χ [π]ρονοί[ας]. Die Diskussion um die Freiwilligkeit von Handlungen im 4. Jahrhundert hätte dann eine relativ höhere Aktualität. Dennoch fragt man sich, warum im Drakontischen Gesetz derart genaue Fallbestimmungen für die unvorsätzliche Tötung getroffen wurden, wenn im Verfahren und in der Bestrafung kein Unterschied der vorsätzlichen gegenüber gemacht wurde; hätte es bei einer solchen Anlage des Gesetzes nicht genügt, die Fälle des sogenannten φόνος δίκαιος auszugrenzen? Wegen dieses Bedenkens wird hier nicht Gagarins Darstellung zugrundegelegt.

Demosthenes führt aus dem Drakontischen Gesetz zwei Bestimmungen über straffreie Tötung an: einen Sportunfall (φόνος ἀκούσιος) und die Tötung des μοιχός bei Entdeckung *in flagranti* (φόνος δίκαιος):

> *D. 23.53.* "Gesetz: Wenn jemand bei Wettkämpfen unfreiwillig (ἄκων) tötet oder wenn er unterwegs angegriffen wird oder im Krieg, ohne ⟨den Gegner⟩ zu kennen (ἀγνοήσας), oder wenn er ⟨den tötet, den er⟩ bei der Ehefrau ⟨in flagranti ertappt⟩ oder bei der Mutter oder bei der Schwester oder bei der Tochter oder bei der Nebenfrau, die er zur Zeugung freier Kinder hat, so soll derjenige, der aus diesen Gründen getötet hat, nicht verbannt werden." (Eine ähnliche Liste von Fällen *Arist.* Ath. 57.3.)

In der inschriftlichen Überlieferung ist diese Bestimmung *Stroud* S. 5 Zeile 33-38 zu rekonstruieren, in *Strouds* Übersetzung (S. 7): "(...) (Line 33) ... one who is the aggressor ... (Line 34) ... slays the aggressor ... (Line 35) ... the Ephetai bring in the verdict ... (Line 36) ... he is a free man ⟨(ἐλεύθε[ρ]ος ἔι)⟩. And if a man immediately defends himself against someone who is unjustly and forcibly carrying away his property and kills him, the dead man shall receive no recompense..." Nach *Strouds* Kommentar zur Stelle (S. 56f., hier S. 57) stand vielleicht in Zeile 38 die Regelung für die Tötung des μοιχός. Schon *Latte* S. 388 hatte für die Bestimmung ein hohes Alter erschlossen.

Dieser gesetzlich vorgesehene Freispruch hat eigentlich nichts mit Verzeihen zu tun: Verzeihen bedeutet Verzicht auf eine Bestrafung, zu der der Verzeihende Gelegenheit hat; die Gesetzesbestimmung gibt ihm diese Gelegenheit aber nicht. Dennoch faßt Demosthenes den gesetzlich vorgeschriebenen Freispruch als συγγνώμη auf: In der Rede gegen Aristokrates resümiert er die Gesetzesregelung sowohl mit dem deutlich juristischen Terminus ἀφίημί τινα als auch mit dem nicht-juristischen συγγνώμης τυγχάνω.

> *D.* 23.55. Aristokrates hat den Antrag gestellt, den Mörder des Charidemos in jedem Fall auszuliefern (vgl. *Blass* III [1] S. 294). Demosthenes unterstreicht die Rechtswidrigkeit des Antrags durch die emphatische Bekräftigung des oben zitierten Gesetzes (*D.* 23.53): "Wiederum heißt es wenn im Krieg unwissentlich', auch der solle gereinigt sein. Richtig! wenn ich nämlich einen getötet hätte, weil ich ihn für einen der Feinde hielt, so ist es gerecht (δίκαιος), daß ich keiner Strafe unterzogen werde, sondern Verzeihung erlange (συγγνώμης τυχεῖν). 'Oder', heißt es, 'bei der Mutter oder bei der Schwester oder bei der Tochter oder bei der Nebenfrau, die er zur Zeugung von freien Kindern hat', auch den, der ⟨jemanden⟩ bei einer von diesen ⟨ertappt und⟩ tötet, macht ⟨das Gesetz⟩ straffrei, und das ist die allerrichtigste Regelung, ihr Athener, daß es diesen freispricht (ἀφιείς)."

Daß auch ein gesetzlich festgelegter Freispruch als συγγνώμη verstanden wird, ist ein Extremfall;[4] meist ergibt sich eine stärkere Verbindung zum φόνος ἀκούσιος, der gänzlich vom Kriterium der Unfreiwilligkeit, des mangelnden Vorsatzes her beurteilt wird.[5] συγγνώμη nimmt eine Mittelstellung zwischen Lob und Tadel ein, so wie der φόνος

---

[4] Man sollte annehmen, daß vor Gericht auch eine Strafmilderung (d. h. die Entscheidung für den Strafantrag des Angeklagten) als συγγνώμη bezeichnet wurde. Tatsächlich fehlt hierfür ein deutliches Indiz; *Isoc.* 15.160 (ἢ συγγνώμης ἔτυχον ἢ μικροῖς ἐζημιώθησαν, unten B I 3 aufgeführt) spricht sogar dagegen. Vielleicht ist mit συγγνώμη τις Strafmilderung gemeint (z. B. *Antipho* 4.1.6, s. u.).

συγγνώμη wird erst spät und nur ausnahmsweise in legislativen Texten und juristischen Kommentaren gebraucht (vgl. C III 1): *OGI* 116.3 [II. a.], *PGnom* 63 [II p.], *Dig.* 27.1.13.7: Modestinus.

[5] Im Gesetzestext ist μὴ ἐκ προνοίας das Äquivalent zu ἄκων, s. *Stroud* S. 5 Zeile 11 + 17; zum Unterschied in diesem Fall *Condanari-Michler* S. 59f., s. a. 48f. *Heitsch* S. 16f. wägt das Alter beider Termini ab, *Gagarin Homicide* S. 31 diskutiert einen Bedeutungsunterschied.

ἀκούσιος mit einer Strafe belegt ist, die zwischen Todesstrafe und Freispruch liegt. Darum werden vielfach ähnliche Argumentationsmuster verwendet, wo es um die Gewährung von συγγνώμη geht, wie vor Gericht. Die oben angeführte Dreiteilung von lobenswerten, verzeihlichen und tadelnswerten Handlungen entspricht also der Fallunterscheidung in der Blutsgerichtbarkeit:[6]

Juristisches Modell	φόνος δίκαιος	φόνος ἀκούσιος	φόνος ἑκούσιος
Das Urteil heißt	Freispruch	befristete Verbannung	Tod / Verbannung
Handlung	freiwillig	unfreiwillig	freiwillig
ethisches Urteil	Lob	Verzeihen, Mitleid	Tadel

Nicht nur die Verwendung des Kriteriums der Unfreiwilligkeit ist für συγγνώμη an eine bestimmte historische Entwicklungsstufe gebunden; ehe ein Wort für Verzeihen überhaupt mit juristischen Kategorien verbunden werden kann, muß das Rechtswesen eine bestimmte Entwicklung durchgemacht haben: Der Staat muß das Monopol der Vergeltung so weit an sich gezogen haben, daß er dem einzelnen Angeklagten auch einen Nachlaß in der τιμωρία gewähren kann.[7]

Dabei traten religiöse Bestimmungen weitgehend zurück, so wurde die Verwendung säkularer Wörter wie συγγνώμη und ἀφίημι möglich.

Daß bei der "Verstaatlichung" der Todesstrafe religiöse Skrupel zu überwinden waren, beweist die Existenz des λίθος ἀναιδείας auf dem Areopag (*Paus.* 1.28.5). Nach von Erffas Deutung (*Erffa* S. 105f.) hat αἰδέομαι hier die Bedeutung "vor dem Letzten zurückschrecken" – die Richter sollten jedoch gegebenenfalls ohne religiöse Scheu die Todesstrafe verhängen. Diese Terminologie findet sich noch im Drakontischen Gesetz: αἰδέσασθαι (auch im *D.* 43.57 zitierten Gesetz). Der Widerspruch zwischen religiös bestimmter und neutraler Terminologie ist auch im Euripideischen "Hippolytos" zu beobachten (s. B II 1).

Im Gebrauch von συγγνώμη zeigen sich die juristischen Reminiszenzen ohne spezifisch religiöse Prägung.

Wie συγγιγνώσκω vorher gebraucht wurde, wenn es ein aus dem Indoeuropäischen ererbtes Wort ist, wurde bereits überlegt (A II 1 und 2, A III). Wo das Wort auch im religiösen Kontext gebraucht wird, scheint eine Übertragung vom menschlichen auf den göttlichen Vorgang stattzufinden (A V). Im Zusammenhang mit der philosophischen συγγνώμη-Debatte – sie ergibt sich aus ethischer, nicht ontologischer Fragestellung – ist wiederum auf die Rechtsentwicklung zurückzukommen (B III 4). Umgekehrt legte es sich nahe, in der Rechtssphäre

---

[6] Strafen nach *Latte* S. 389.

[7] Vgl. die Rechtsentwicklung im Falle der Tötung. *Latte* S. 380ff.

von συγγνώμη zu sprechen, da im gerichtlichen Verfahren eine Berufungs-
möglichkeit weitgehend fehlte (s. B I 3).

Für die Vorbildfunktion eines (säkularen) juristischen Modelles spricht
auch die folgende Erwägung: Durch nichts läßt sich besser erklären, daß
im Zusammenhang mit συγγνώμη das Argument des Unwissens und der
Unfreiwilligkeit gleichrangig und die Formulierungen nahezu gleichbedeutend verwendet werden wie etwa in *Gaisers* Beleg vom getöteten
Weisheitslehrer (*X.* Cyr. 3.1.38, siehe A I). Warum der Weisheitslehrer
beim Vater ἄγνοια, das Fehlen von Information, vermutet, wo es sich doch
um φθόνος, also einen positiven affektiven Antrieb zum Tun, handelt, ist
modernem Verständnis nicht ohne weiteres verständlich, dem durch Platon
geschulten Leser freilich vertraut; doch Platons grundsätzliches Fragen
nach dem Wissen und Nichtwissen in der Philosophie setzt diese Gleichsetzung schon voraus. Daß ἄγνοια auf so vielerlei Bewußtseinstrübung
angewendet werden kann, ist nach dem juristischen Vorbild plausibel: Im
Gesetz ist bei ἀγνοήσας (*D.* 23.53) offenbar daran gedacht, daß der
Tötende "nicht erkannt hat", wen er vor sich hatte; auch in Griechenland
mag es nicht so selten vorgekommen sein, daß man im Krieg einen Mitbürger tötete im Glauben, es handele sich um einen Kriegsgegner. Das
Gesetz stellte diese wortwörtliche Verkennung an die Seite der affektiven
Beeinflussungen und subsumierte beide Fälle unter dem Begriff des φόνος
ἀκούσιος. Nachdem diese Kategorie einmal geschaffen war, wurde begreiflicherweise in der Debatte um den Freiwilligkeitsbegriff mit einem
sehr weiten Begriff von Unwissen operiert, bis zu dem Sokratischen Satz
"Keiner tut wissentlich oder freiwillig Unrecht" und seinen Folgen.

Während der Freiwilligkeitsbegriff in der Philosophie problematisiert
wird, wird das Schema "συγγνώμη wird für unfreiwillige Handlungen
gewährt" in der Rhetorik ungebrochen verwendet. Dies ist hier zunächst
zu dokumentieren; die Verwendung in Gerichtsreden spricht am deutlichsten dafür, daß die Zuordnung συγγνώμη – ἀκούσιον dem Durchschnitts-
griechen geläufig und plausibel war; denn vor Gericht kam es darauf an,
die hörenden Richter *ad hoc* zu überzeugen und zu einer konkreten
Reaktion zu bewegen; zitierte Maximen mußten vertraut und un-
bezweifelbar wirken, sonst ließen sie sich nicht erfolgversprechend zur
Argumentation im anliegenden Rechtsfall verwenden.

Am deutlichsten verwendet Antiphon die Zuordnung; da er nur von
ἁμαρτήματα spricht, deckt seine Definition gerade die beiden Sparten
"Verzeihung" und "Tadel" in der aufgeführten Dreiteilung ab.

> *Antipho* 5.92. Der Redner warnt die Richter davor, ihn leichtfertig zum
> Tode zu verurteilen; in einer eingehend bedachten Angelegenheit sei eine
> Fehlentscheidung nicht nur ἁμάρτημα, sondern ἀσέβημα. "Weiter aber

genießen die unfreiwilligen Verfehlungen Nachsicht, die freiwilligen nicht (ἔπειτα δὲ τὰ μὲν ἀκούσια τῶν ἁμαρτημάτων ἔχει συγγνώμην, τὰ δὲ ἑκούσια οὐκ ἔχει). Denn die unfreiwillige Verfehlung, meine Herren, unterliegt dem Zufall, die freiwillige der Absicht (γνώμης). Wie könnte wohl etwas eher freiwillig sein, als wenn einer Dinge, über die er eine Beratung abhält, unverzüglich ausführt? Und die gleiche Gewalt übt doch aus, wer mit der Hand einen unrechtmäßig umbringt und wer es mit dem Stimmstein tut."

Antipho 4.1.6. Bei einem Streit sind ein junger Mann und ein alter handgemein geworden: der ältere ist an einem Schlag gestorben. Der Redner bekämpft die Behauptung des jungen Mannes, der ältere Mann habe mit dem Streit angefangen. "Denn wenn er den Mann unfreiwillig (ἄκων) getötet hätte, wäre er wert, eine gewisse Nachsicht zu erhalten (ἄξιος ἦν συγγνώμης τυχεῖν τινος); da er aber aus Frevelmut und Unbeherrschtheit (ὕβρει δὲ καὶ ἀκολασίᾳ) sich im Rausch gegen einen alten Mann verging, ihn schlug und würgte, bis er ihm das Leben geraubt hatte, so ist er als Mörder des Mordes schuldig (ἔνοχος), und es ist gerecht, daß (δίκαιός ἐστιν) die Auflagen des Gesetzes (τὰ νόμιμα), mit denen solche Leute bestraft werden, ohne Ausnahme an ihm vollzogen werden, da er alle Rechte der Älteren verletzt hat."

In Isokrates' "Plataikos" wird von συγγνώμη erzählt, die, wie hervorgehoben wird, gewährt wurde, obwohl die Taten ἑκούσι(α) ἀδικήματ(α) waren; damit wird die jetzige Unnachsichtigkeit kontrastiert.

Isoc. 14.30. Die geforderte Unterstützung der Plataier läßt sich auch durch das Verhalten Thebens in den Perserkriegen und bei der Zerstörung von Plataiai (373 oder 371 v. Chr.) begründen. "Und nachdem sie [die Thebaner] sich vor kurzem so gegen die Stadt verhalten hatten und vor langer Zeit sich als Verräter ganz Griechenlands erwiesen hatten, wurden sie selbst für Unrechtstaten, die so freiwillig und in solchem Ausmaß begangen worden waren, mit Nachsicht bedacht (αὐτοὶ μὲν ὑπὲρ οὕτως ἑκουσίων καὶ μεγάλων ἀδικημάτων συγγνώμης τυχεῖν ἠξιώθησαν), glauben aber, mit uns dürfe man keine Nachsicht haben (οὐδεμίαν ἔχειν οἴονται δεῖν συγγνώμην), sondern sie wagen es, wo sie doch Thebaner sind, andere der Spartanerfreundlichkeit zu zeihen, sie, von denen alle wissen, daß sie sich die meiste Zeit den Spartanern zur Verfügung gestellt und bereitwilliger für deren Herrschaft als für ihre eigene Rettung Krieg geführt haben."

Gegensatz zur unfreiwilligen Tat ist die vorsätzliche (ἐκ προνοίας), als Anschlag geplante; Demosthenes verwendet das Wort ἐπιβουλεύω:[8]

D. 24.49. Androtion hat zugunsten seiner Freunde ein Gesetz durchgebracht, das den Staatsschuldnern Aufschub einräumte und die Haft ersparte.[9] "Nun hast du aber dadurch, daß du heimlich, schnell und gesetzwidrig mit

---

[8] Zu ἐπιβουλή ist der Rechtsterminus βουλεύω zu vergleichen (*Heitsch* S. 17f.).

[9] *Blass* III (1) S. 280.

diesem Gesetz in die Gesetze eingefallen bist,[10] statt es zu erlassen, all dein
Anrecht auf Verzeihung (σαυτοῦ τὴν συγγνώμην) verspielt; denn wer sich
unfreiwillig verfehlt hat, dem läßt man Verzeihung zuteil werden (τοῖς γὰρ
ἄκουσιν ἁμαρτοῦσιν μέτεστι συγγνώμης), nicht denen, die einen Anschlag geplant haben, wozu du dich nun entschlossen hast, wie deine Tat
zeigt."

> *Lys.* 31.10. (Auch hier heißt es δι' ἐπιβουλήν. Das Stichwort des Un-
> glücks wird noch aufgenommen [B I 4]) Philon wird vorgeworfen, daß er
> während des Bürgerkrieges zu keiner der Parteien hielt, sondern in Oropos
> wohnte.[11] "Alle freilich, die durch ihr eigenes Unglück (συμφορᾶς) an den
> Kämpfen, die damals der Stadt drohten, nicht teilhatten, verdienen eine
> gewisse Nachsicht (συγγνώμης τινὸς ἄξιοι); denn niemand geschieht nach
> seinem Willen ein Unglück; diejenigen aber, die dies aus eigenem Vorsatz
> (γνώμῃ) taten, sind keinerlei Nachsicht wert (οὐδεμιᾶς συγγνώμης ἄξιοί
> εἰσιν); denn sie taten es nicht aus Unglück, sondern in böser Absicht (δι'
> ἐπιβουλήν). Es besteht aber bei allen Menschen ein gewisser gerechter
> Grundsatz (τι ἔθος δίκαιον), daß sie denen am meisten zürnen, die am
> ehesten imstande sind, das Unrecht nicht zu begehen, mit den Armen aber
> oder den körperlich Schwachen Nachsicht zu haben (συγγνώμην ἔχειν),
> weil sie glauben, daß sich diese unfreiwillig (ἄκοντας) verfehlt haben."

> Auch *Hyp.* 5.26 (unten zitiert) ist von ἐπι[βουλεῦσαι] die Rede. *Lycurg.*
> 148 wird die der verzeihlichen entgegengesetzte vorsätzliche Tat als κατὰ
> προαίρεσιν bezeichnet. *D.* 24.200 mit προῃρημένος; *D.* 21.66 mit ἐκ
> προαιρέσεως wird in Abschnitt B I 5 zitiert (zu diesem Begriff s. a. B V 1).

Demosthenes verbindet die Unfreiwilligkeit mit der Unerfahrenheit;
D. 58.24 wird das negative Gegenbild − d. h. der Prozeßgegner − durch
Geldgier und habituelle Schlechtigkeit bestimmt.

> *D.* 58.24. "Ich höre aber auch, ihr Herren Richter, daß die Älteren es für
> richtig halten, daß es für niemanden Nachsicht gibt (μηδενὶ μηδεμίαν
> συγγνώμην ὑπάρχειν), der die Gesetze übertritt; wenn es sie geben müsse,
> dann nicht mit denen, die immer schlecht sind, oder denen, die aus Geldgier
> die Gesetze hinter sich lassen − denn dies wäre unnatürlich (οὐ ... εἰκός) −,
> sondern denen, die wegen ihrer zurückgezogenen Lebensweise (ἀπραγμο-
> σύνῃ) unfreiwillig (ἄκοντες) etwas vom Vorgeschriebenen übertreten."

Auch *D.* 24.67 steht der Unerfahrenheit (*D.* 24.67 δι' ἀπειρίαν), die
verziehen werden könnte, die Geldgier gegenüber; weitere Motive zum
Verzeihen werden heraufbeschworen, um für den Gegner zurückgewiesen
werden zu können; selbst das Einbringen eines ungerechten Gesetzes
könnte dem Timokrates verziehen werden, wenn er es für Unglückliche
oder Verwandte getan hätte − doch Timokrates ist den Nutznießern sei-

---

[10] Die Assoziation zur Heeresinvasion ist wohl beabsichtigt: ἐμβαλεῖν.
[11] *Blass* I S. 482.

nes Gesetzes nur durch finanzielle Wahlverwandtschaft verbunden, und
diese ist unverzeihlich:

> *D.* 24.67. "Und wirklich ist ihm nicht einmal das möglich, daß er bekennt,
> seine Tat sei ein Unrecht, aber darum bittet, daß ihm verziehen werde
> (συγγνώμης τυχεῖν ἀξιοῦν); denn nicht unfreiwillig (ἄκων) und auch
> nicht zugunsten Unglücklicher oder für seine Verwandten scheint er das
> Gesetz erlassen zu haben, sondern freiwillig (ἑκὼν) zugunsten von Leuten,
> die euch großes Unrecht getan haben und mit ihm auch überhaupt nicht
> verwandt waren, es sei denn, er sagte, er habe diejenigen, die ihn gedungen
> haben, für ihm verwandt gehalten."

Unerfahrenheit könnte der ἄγνοια in einem recht konkreten Sinne zugeordnet werden; doch taucht das Stichwort ἄγνοια *D.* 21.38 auch selbst
auf;[12] da es hier mit weiteren Einzelmotiven verbunden ist, die συγγνώμη
begründen können, soll es mit diesen betrachtet werden.

2. Einzelne Motive für und gegen Verzeihen

> *D.* 21.38. Es wird gegen die von Meidias zu erwartenden Einwände argu-
> mentiert; dabei wird auch dargelegt, daß die von ihm vielleicht heran-
> gezogenen Parallelfälle, in denen Beamte mißhandelt wurden, ohne daß dies
> geahndet wurde, nicht vergleichbar sind (οὐδ᾽ ὁμοίαν οὖσαν τούτῳ κἀκεί-
> νοις συγγνώμην εὑρήσομεν). Der eine konnte Trunkenheit (μέθην),
> Verliebtheit (ἔρωτα), Unkenntnis (ἄγνοιαν) durch nächtliches Dunkel für
> sich in Anspruch nehmen, der andere Zorn (ὀργῇ) und aufbrausendes
> Temperament (τρόπου προπετείᾳ): sie mißhandelten die Beamten nicht aus
> bestehender Feindschaft oder Vermessenheit (ὕβρει), was Meidias vorsätzlich
> (προῃρημένως) getan hat.

In diesem Beleg taucht die Unkenntnis in einer Reihe mit einzelnen
Motiven wie Trunkenheit, Verliebtheit, Zorn auf, die für sich genommen
συγγνώμη begründen könnten, wenn sie als Tatmotive erkannt und anerkannt würden. Sie werden hier der durch den Vorsatz des Täters be-
gründeten Unverzeihlichkeit entgegengesetzt.

> Auch an anderen Stellen gibt es Aufzählungen solcher Standardmotive, so
> *Anaximenes* Rh. 7.14 (B I 4 zitiert) ἔρως ὀργὴ μέθη φιλοτιμία und *Rh.* 4.687f.:
> Sopatros, Scholion zu Hermog. Stat. 6.47 μέθην, ἔρωτα, ἔλεον, ἄγνοιαν, φόβον,
> ὀργὴν und *Syrian. in Hermog.* 148.13ff. (= *Rh.* 4.699) (ebenda zitiert) ὀργὴν,
> ἔρωτα, λύπην, φόβον, ὕπνον, χειμῶνα, νόσον, ἀνάγκην.

Wo solche Motive im Zusammenhang mit συγγνώμη genannt werden,
ohne daß sich ein direkter Verweis auf das Kriterium der Unfreiwilligkeit
findet, wird man fragen müssen, ob sie als Entschuldigung gelten, weil sie
situationsbedingte Beeinträchtigungen sind, die Unfreiwilligkeit bewirken,

---

[12] Vgl. *D.* 23.55 ἀγνοήσας, oben zitiert.

oder ob sie auch unter Absehen von diesem systematischen Gesichtspunkt Motive zum Verzeihen sind. Da das Wort συγγνώμη älter zu sein scheint als seine literarische Bezeugung und als die juristische Freiwilligkeitsdebatte, nehme ich an, daß die Einzelmotive zunächst für sich allein συγγνώμη begründen konnten und später unter den Gesichtspunkt der Unfreiwilligkeit oder Unwissenheit subsumiert wurden. Diese Einzelmotive sollen hier etwas breiter belegt werden.

Die *Trunkenheit* wird, wie zitiert, *D.* 21.38 als verzeihlich aufgeführt, *Antipho* 4.1.6 den Hinderungsgründen zugezählt, was eine Ausnahme darstellt.

Dies wird – außerhalb des Bereichs Rhetorik – durch *Arist. Pol.* 1274b21 bestätigt, der als Ausnahme hervorhebt, Pittakos habe Leute, die sich im Rausch vergehen, gerade härter bestraft und nicht die (übliche) συγγνώμη gegen sie geübt. In der rhetorischen Theorie wird *Arist. Rh.* 1402b10 diese Gesetzgebung als Gegenargument gegen die Behauptung empfohlen, τοῖς μεθύουσι δεῖ συγγνώμην ἔχειν, ἀγνοοῦντες γὰρ ἁμαρτάνουσιν.

Das Tatmotiv *Liebe* taucht in anderen Gattungen äußerst häufig als Verzeihensmotiv auf; im Zusammenhang der Gerichtsrhetorik sei auf *Lys.* 3.4 (ἐνθυμῆσαι) verwiesen.

Informationsmangel als Tatmotiv gilt (ohne Verweis auf die Unfreiwilligkeit) als Entschuldigungsgrund *D.* 45.7 (μηδὲν εἰδὼς) und *D.* 59.83 (ἐξαπατηθέντι). Zum Irrtumseinwand (ἐπλανήθη) *PFlor.* 61.15 siehe B I 4.

Handeln im *Zorn* gilt *D.* 21.38 als Grund zum Verzeihen, während es *Lys.* 10.30 mit Berufung auf den Gesetzgeber Verzeihung ausschließen soll; *Lys.* 18.19 wird eine Rache aus frischem Groll (μνησικακεῖν νεωστὶ κατεληλυθόσιν) für verzeihenswerter (πλείων συγγνώμη) gehalten als eine nach langer Zeit.[13]

Die dem Meidias vorgeworfene *ὕβρις* dagegen gilt überall als Verzeihung ausschließend: so *Antipho* 4.1.6 (ὕβρει, oben zitiert), *Lys.* 10.26 (ὑβρίζοντι) und *D.* 21.148 (ὑβριστὴν).[14]

---

[13] Zur Rolle der verflossenen Zeit beim Verzeihen s. *Schmidt* II S. 315ff.

[14] *Latte* S. 282f. zu ὕβρις: "Das Wort bezeichnet in ältester Zeit, ehe es aus dem Geist der griechischen Adelszeit sein besonderes Gepräge erhielt, jede Art von Gewalttat, Raub und Totschlag sogut wie Körperverletzung und tätliche Beleidigung. Aber der juristische Begriff ist viel enger: Der Wortlaut des Gesetzes (...) beschränkt das Vergehen auf körperliche Mißhandlung, worunter anscheinend auch geschlechtlicher Mißbrauch gerechnet wird. Dazu kommt möglicherweise noch Freiheitsberaubung (...). Wesentliches, obgleich nirgends festgelegtes Merkmal der attischen [ὕβρις] ist die Überschreitung der eigenen Rechtssphäre, nicht die Verletzung einer fremden (...)." Näher zum Gesetz gegen Hybris *Gagarin Hybris* und *MacDowell Hybris*; gegen einen Gegensatz zwischen religiösem und gesetzlichem Hybris-Begriff *Fisher*.

Was das *Verzeihen ausschließt*, wird oftmals recht ungenau charakterisiert:

Dem Gegner wird vorgeworfen, er habe Schreckliches getan (*D.* 19.257 δεινά), die Tat sei roh, schrecklich und überdimensional (*D.* 21.88 ὠμόν, δεινόν, ὑπερφυές); so große Untaten verdienen kein Verzeihen (*Lys.* 1.3 τῶν τοιούτων ἔργων, *Lys.* 28.2 ἐπὶ τοῖς τοιούτοις). Insgesamt ist der Täter schlecht (*D.* 21.148 πονηρὸν), gewalttätig (*D.* 21.148 βίαιον) und hat einen schlechten Charakter (*D.* 51.15 τῶν τρόπων ἁμαρτήματα; auch *Anaximenes Rh.* 36.26 empfiehlt die Behauptung, die Tat zeuge von schlechtem Charakter: κακοηθέστερον; vgl. *D.* 20.140 – zitiert –: φύσεως κακίας). Schließlich wird in einer Demosthenes abgesprochenen[15] Rede unterstellt, daß diejenigen, die sich des Rechtsverfahrens der Diamartyrie bedienten, Feinde aller Menschen seien und deshalb bei den Richtern kein Verständnis fänden (*D.* 44.59 τυγχάνειν ... συγγνώμης).

Solche Einwände lassen sich unter einem Gesichtspunkt zusammenfassen: *Die Tat ist zu groß und zu schlimm*, um συγγνώμη zu verdienen, was auch das Tatmotiv gewesen sein mag.[16] Geringfügige und verzeihliche Handlungen dagegen stehen nahe beieinander (so *Arist. Rh.* 1373a37).

Aber auch bestimmte Tatmotive schließen Verzeihen *per se* aus. Zorn kann so gesehen werden, wie oben gezeigt wurde. In Verbindung mit der Unerfahrenheit tauchte *Lys.* 11.9 schon das Tatmotiv *Geldgier* auf (*D.* 58.24); es spielt bei Demosthenes öfter eine Rolle:

D. 19.182 ἐπὶ χρήμασιν, *D.* 24.200 πράττων ἐπ᾿ ἀργυρίῳ, *D.* 37.53 τοῦ πλείονος, *D.* 58.24 ἐπ᾿ ἀργυρίῳ, *D.* 51.11 αἰσχροκερδία.

Dem von Leptines eingeführten Gesetz über die Aufhebung der Befreiung von den Liturgien[17] wird vorgeworfen, es diene der Befriedigung der *Mißgunst* (φθόνος):

D. 20.140. "Warum? Weil ganz und gar allen die Mißgunst ein Zeichen für Schlechtigkeit der Natur ist und man keinen Grund (πρόφασιν) angeben kann, aus dem derjenige, der an ihm leidet, Nachsicht erlangen (τύχοι συγγνώμης) könnte."

Bestechlichkeit wird mehrfach als unverzeihlich angesehen (*Din.* 1.60, *Din.* 2.15).

Von den Tatmotiven, die umgekehrt ein Motiv abgeben, die Tat zu verzeihen, ist die *Hilfe für Verwandte* schon begegnet (*D.* 24.67). Dies hat

---

[15] Nach *Blass* III (1) S. 572.

[16] Sehr entschieden – freilich ohne den Gebrauch von συγγνώμη – verlangt Lysias, sich gegen ein großes Übel zu wehren, mag es so unfreiwillig sein wie nur möglich (*Lys.* 13.52).

[17] Zur Rede siehe *Blass* III (1) S. 264ff.

offenbar seinen Niederschlag in einem Sprichwort gefunden (*D.* 19.238): συγγνώμη ἀδελφῷ βοηθεῖν.[18] *D.* 19.290 wird dem Gegner zur Last gelegt, daß er sich für einen Verwandten vor Gericht nicht eingesetzt hat.

Gern benutzte Begründung für Verzeihen ist auch das *Alter*: das Jugendalter vor allem für unbedachte, übereilte Handlungen (*Lys.* 24.17, etwas anders *Isoc.* 10.7), das Greisenalter für Schwäche und Vergeßlichkeit (s. u. B I 7 zur Captatio benevolentiae). Körperliche *Schwäche* und *Armut* (*Lys.* 31.10 + 12, oben zitiert) begründen ebenfalls συγγνώμη.

Wie im Drakontischen Gesetz stehen bei den Tatmotiven, die συγγνώμη für die Tat begründen, innere und äußere Anlässe nebeneinander, ebenso (positiv) zu einer Tat antreibende Kräfte wie Hemmnisse, die (negativ) den Widerstand gegen eine Tat brechen. Für den äußeren Druck steht das Stichwort ἀνάγκη,[19] im folgenden Beispiel mit Bedürftigkeit verbunden.

> *D.* 45.67. "Und tatsächlich, Athener, ist es würdiger, zum Zorn gegen die zu neigen, die mit gutem Auskommen schlecht sind als mit Bedürftigkeit (ἐνδείας). Für die einen trägt nämlich die Notwendigkeit des Bedürfnisses eine gewisse Entschuldigung bei bei den Menschen, die sie einschätzen, bei (ἡ τῆς χρείας ἀνάγκη φέρει τινὰ συγγνώμην); die aber aus Überfluß heraus, wie dieser, schlecht sind, dürften keinen gerechten Grund (πρόφασιν) anzugeben haben (...).
>
> Das Wort ἀνάγκη wird noch häufig im Zusammenhang mit συγγνώμη begegnen; unter anderem wird etwas wie Befehlsnotstand anerkannt (*Lys.* 12.29 wird er Eratosthenes abgesprochen, da dieser selbst zu den Befehlshabern gehörte). Selbsthilfe (*D.* 21.31) und die Rettung der eigenen Person (*Lys.* 12.31) wird Entschuldbarkeit eingeräumt, jedoch nur bei ausreichend schwerem Anlaß (*D.* 21.88).

Die Breite der Begründungen sollte an dieser Stelle in einem kurzen Streifzug dokumentiert werden (daher wurden vor allem Beispiele angeführt, die sonst keine Erwähnung finden). Es sei hier noch darauf aufmerksam gemacht, daß immer wieder ein *Grundsatz der Verhältnismäßigkeit* in die Beurteilung einfließt: Der Druck zum Handeln (oder das Hemmnis gegen die entgegengesetzte Handlungsweise) muß stark genug sein, um die Tat oder Unterlassung zu rechtfertigen. Selbsthilfe muß

---

[18] Auch *Vince* S. 397 übersetzt für die Loeb Classical Library in der Art eines Sprichworts: "(...) it is no sin to help your kin". – Auch in einer auf Papyrus überlieferten Redeübung nach der Leptines-Rede scheint das Verwandtenmotiv verwendet worden zu sein (*BKT VII* 7.56 [III a.] συγγνωσ[τόν]).

[19] Die Bewertung der ἀνάγκη läßt sich durch *PMG* 542.29/30: Simonides begründen: ἀνάγκαι δ' οὐδὲ θεοὶ μάχονται. Allerdings können hier die Standardmotive für συγγνώμη nicht vollständig auch durch Belege ohne das Wort selbst belegt werden.

einen schwerwiegenden Anlaß, Zorn einen frischen Grund haben, die Tat darf insgesamt die Grenze zur Hybris nicht überschreiten. In philosophischer Betrachtung sind dies Bestimmungen für den Begriff der Freiwilligkeit, wie sich an Aristoteles deutlich zeigen wird; innerhalb der erhaltenen Reden bleibt der Bezug auf den Freiwilligkeitsbegriff, wie gesagt, oft undeutlich.

3. Die Gerichtspraxis und ihre Bewertung

In der Gerichtsrhetorik werden einzelne Motive für συγγνώμη und insbesondere das übergeordnete Kriterium der Unwissenheit oder Unfreiwilligkeit angeführt, die auch in anderen Gattungen verwendet werden; für eine herausragende Rolle der Gerichtssituation spricht bisher die Verknüpfung mit den Drakontischen Gesetzesbestimmungen. Daß von συγγνώμη vor attischen Gerichten nicht nur dann und wann gesprochen wurde, sondern Gerichtsentscheidungen, die als συγγνώμη bezeichnet wurden, im vierten Jahrhundert v. Chr. als geradezu typisch angesehen wurden, erkennt man an einem Topos der Gerichtsrede und dann auch anderer Arten von Reden, daß nämlich *von Athener Gerichten zuviel συγγνώμη gewährt* werde.

An diesem Punkt ist in Erinnerung zu rufen: Gerichtsreden sind Gebrauchstexte, die darauf abzielen, *ad hoc* eine bestimmte praktische Wirkung zu erreichen, z. B. die Verurteilung des Prozeßgegners. Was über den unmittelbaren Prozeßgegenstand hinaus geäußert wird, muß nicht bewiesen werden, sondern soll im Augenblick einleuchten. Wenn behauptet wird, vor Gericht gebe es zuviel συγγνώμη, so kann dies zwar übertrieben sein, muß jedoch plausibel gewirkt haben und setzt daher eine gewisse Tendenz der Rechtsprechung voraus.

Mehrfach wird die Meinung vertreten, es habe früher, etwa zur Zeit der Perserkriege, noch keine oder weniger συγγνώμη vor Gericht gegeben.

> D. 9.37. Was die Griechen befähigte, die Perser zu überwinden, war keine besondere Finesse, sondern die damals herrschende Unbestechlichkeit; dazu gehörte auch, "daß man jedem, der sich ihrer [der Bestechung] schuldig machte, die härteste Strafe auferlegte, daß es keinerlei Abbitte oder Verzeihung gab (παραίτησις οὐδεμί᾽ ἦν οὐδὲ συγγνώμη)". Der letzte Satz ist allerdings nur in den Vulgata-Handschriften überliefert.

Die genannte παραίτησις (die Appellation, das Bitten) dürfte sich auf die in Verteidigungsreden (vom Gegner erwartete) Bitte um Verzeihung und Mitleid beziehen; daneben gab es die παραγγελία, die Aufbietung von Fürsprechern (*D.* 19.283), die den Prozeßverlauf zugunsten des Angeklagten beeinflußte. Dabei scheint es sich um eine "Stimmungsmache" über den eigentlichen Prozeß hinaus zu handeln.[20] Demosthenes zitiert zustimmend den Timarchos, der seinerzeit gesagt hat,

(*D.* 19.283) ὡς οὐδέν ἐστ' ὄφελος πόλεως ἥτις μὴ νεῦρ' ἐπὶ τοὺς ἀδικοῦντας ἔχει, οὐδὲ πολιτείας ἐν ᾗ συγγνώμη καὶ παραγγελία τῶν νόμων μεῖζον ἰσχύει.

Die Stelle, an der Demosthenes – mit Sympathie – ältere Leute zitiert, die bei Gesetzesübertretung überhaupt keine συγγνώμη walten lassen wollen, wurde schon vorgestellt (*D.* 58.24).

Isokrates streicht bei Gelegenheit die Überlegenheit der Solonisch-Kleisthenischen Verfassung heraus, in der der Rat jeden Bürger beobachtete, ihn ermahnte, ihm drohte und ihn bestrafte:

Isoc. 7.47. "Sie wußten nämlich, daß es zwei ⟨staatliche Verhaltens-⟩ Weisen gibt, von denen die eine zum Unrecht aufstachelt und die andere die Schlechtigkeit zum Stillstand bringen kann: In den Staaten, bei denen überhaupt keine Überwachung solcher Leute stattfindet und keine genauen Untersuchungen sind, in denen verderben auch die gemäßigteren Naturen, wo es aber weder den Verbrechern ziemlich leicht ist, verborgen zu bleiben, noch den Überführten, Nachsicht zu erlangen (συγγνώμης τυχεῖν), dort wird die schlechte Wesensart ausgerottet."

In derselben Rede hebt Isokrates auch hervor, daß unter Solon und Kleisthenes diejenigen keine Nachsicht erhielten (*Isoc.* 7.27 μηδεμιᾶς συγγνώ μης τυγχάνειν), die ihre Ämter schlecht verwaltet hatten.

Bei der Behandlung von *X.* HG 5.4.30 + 31 war eine Erziehungstheorie vorgestellt worden, die für συγγνώμη sprach; hier haben wir es mit dem negativen Gegenstück zu tun: Nicht-Bestrafung bestätigt nur den Übeltäter in seinem Unrecht und läßt Nachahmung der Gesetzesübertretung als lohnend erscheinen. Im politischen Bereich werden beide Erziehungstheorien wieder begegnen (s. A IV 2, ferner Ende dieses Kapitels, B II und C I).

Gegenüber dieser "guten alten Zeit" zeichnen manche Redner von der Rechtsprechung ihrer eigenen Zeit ein düsteres Bild:

D. 9.39. In der Gegenwart herrschen "Neid, wenn jemand etwas empfangen hat, Gelächter, wenn er dies eingesteht, Verzeihung für diejenigen, die überführt werden (συγγνώμη τοῖς ἐλεγχομένοις), Haß, wenn dies einer jemandem vorwirft, und alles übrige, was mit Bestechung zusammenhängt."

Din. 1.55. "Der Rat, meine Herren, bemüht sich um das von euch Angeordnete und offenbart das bei euch verübte Unrecht, wie *ihr* – und zürnt mir darum nicht – es manchmal nicht zu verfolgen gewohnt seid, weil ihr der Nachsicht (συγγνώμῃ) mehr ⟨Gewicht⟩ zumeßt als der Gerechtigkeit."

Isoc. 15.160. In der Gegenwart müsse man sich für seinen Reichtum ent-

---

[20] *LSJ* s. v. παραγγελία II. 1. Vgl. insbesondere *D.* 19.1: σπουδὴ καὶ παραγγελία.

schuldigen (ἀπολογίαν δεῖ παρασκευάζεσθαι), während die Gegner immer συγγνώμη erlangten oder gering bestraft würden.

Ganz beiläufig kann Lysias die Behauptung aufstellen, auch offenkundiges Unrecht genieße συγγνώμη; Sprechabsicht ist hier aber nicht der Ausschluß des Verzeihens für den Gegner, darum wird diese συγγνώμη hier ganz anders bewertet:

> *Lys.* 9.22 "Wenn ihr nun die Gerechtigkeit am höchsten schätzt und erwägt, daß ihr auch für das offenkundige Unrecht Verständnis aufbringt (συγγνώμην ποιεῖσθε), so laßt es nicht geschehen, daß die Leute, die keinerlei Unrecht begangen haben, durch die Feindschaft, die gegen sie herrscht, in das größte Unglück geraten."

Demosthenes warnt seine Mitbürger vor Ungerechtigkeiten, die der offiziell vertretenen politischen Tendenz gerade zuwiderlaufen:

> *D.* 21.183. "Keinesfalls ertragt selbst gegen euch selbst ein solches Beispiel, Athener, daß gerade ihr weder Erbarmen habt noch von der Strafe befreit (οὔτ᾽ ἐλεήσετ᾽ οὔτ᾽ ἀφήσετε), sondern tötet oder mit Atimie bestraft, wenn ihr einen Gemäßigten oder einen von der Volkspartei bei einem Unrecht ertappt, daß ihr aber Nachsicht zeigt (συγγνώμην ἕξετε), wenn ein Reicher sich vergeht."

In derselben Rede wird jedoch Meidias vorgeworfen, daß er dem Straton die Möglichkeit der συγγνώμη vereitelte; wie bei Lysias wird beiläufig behauptet, auch offenkundiges Unrecht genieße συγγνώμη, wieder ohne großen Tadel von seiten des Redners:

> *D.* 21.90. Für Meidias stand nur ein Prozeß auf dem Spiel, in dem er zehn Minen verlieren konnte, und das auch nur, wenn er wirklich schuldig war; doch damit Meidias diesem Prozeß entgehe, "(...) muß einer der Athener seine Ehrenrechte verlieren und darf weder Verzeihen noch Redemöglichkeit noch Billigkeit erlangen (μήτε συγγνώμης μήτε λόγου μήτε ἐπιεικείας μηδεμιᾶς τυχεῖν), was doch auch denen bereitsteht, die tatsächlich Unrecht begehen."

> Auf ἐπιείκεια ist noch einzugehen (B III Exkurs).

Man sieht, wie sehr die Bewertung von συγγνώμη von der jeweiligen Wirkungsabsicht abhängt: Die behauptete Neigung der Athener Gerichte zur συγγνώμη wird als warnendes Beispiel hingestellt, wenn diese Reaktion im Augenblick verhindert werden soll, sie wird akzeptiert, wenn sie einen Analogieschluß ermöglicht, sie wird vehement gefordert, wenn man sie dem Gegner absprechen kann, im folgenden Beispiel zusammen mit ἔλεος:

> *D.* 22.57. Zu Androtions harter Steuereintreibung: "Viele glauben wohl, eine solche Härte sei notwendig. Aber nicht sagen dies die Gesetze, auch nicht die Gewohnheitsrechte, die ihr beachten müßt; sondern es ist Mitleid statthaft, Verzeihung (ἔνεστ᾽ ἔλεος, συγγνώμη), alles, was den Freien

zukommt. An alledem hat dieser natürlich keinen Anteil nach seiner Natur und auch seiner Erziehung (...)."

Auf die hier verwendete Argumentation mit ἔλεος ist noch einzugehen (B I 6).

Berechtigter Hintergrund dieses Gerechtigkeits-Einwandes ist die Tatsache, daß dem Anspruch des Gerichts nach im Prozeß Gesetze Anwendung finden und das Recht des Opfers vertreten, nicht συγγνώμη erteilt werden sollte (vgl. B I 1). Aber auch die Argumentation *für* συγγνώμη spricht immer wieder davon, daß συγγνώμη "zu Recht" erteilt werde; in den aufgeführten Belegen wurde und wird auf die Stichworte δίκαιον und ἄξιον hingewiesen, so *D.* 23.55, *Lys.* 31.10, siehe auch *Din.* 1.17 (s. a. A IV 4).

Tatsächlich läßt sich einiges für die Berechtigung der συγγνώμη vor attischen Gerichten anführen. Das griechische Gerichtswesen der Klassischen Zeit kannte, im Gegensatz etwa zum Mittelalter, keine institutionalisierte "Gnade"[21] — dazu fehlte bereits die Figur des Alleinherrschers. Ferner kannten die Griechen nur in bestimmten Fällen eine höhere Instanz, bei der Berufung eingelegt werden konnte.[22] Schließlich gab es keine gesetzlich legitimierte Berücksichtigung von Billigkeitsgründen. War für einen bestimmten Tatbestand ein Strafmaß festgesetzt, so konnte es nicht abgemildert werden; um mildernden Umständen Rechnung zu tragen, mußten die Richter den Angeklagten freisprechen (in schätzbaren Prozessen konnten sie sich seinem Strafantrag anschließen). Die Texte geben zu erkennen, daß dies vorkam, auch wenn eine Billigkeits-Argumentation im modernen Sinn nicht üblich war (s. dazu Abschnitt B III 4 zum ἐπιεικές bei Aristoteles).

---

[21] Das Wort χάρις, das später für Paulus so wichtig wird, taucht in den Belegen aus Klassischer Zeit selten parallel zu συγγνώμη auf; als Tendenz eines normalen Gerichtsurteils *Lys.* 14.40, *Din.* 1.17.

Allgemein zu Gnade und Billigkeit siehe *Fuhrmann Alleinherrschaft* S. 274-80.

[22] Nur bestimmte Rechtsfälle ließen eine δίκη ψευδομαρτυρίων zu (*Lipsius* S. 955ff.); allerdings wurden die meisten Privatklagen zunächst vor einem Schiedsrichter verhandelt, wonach jede der Parteien an den Gerichtshof appellieren konnte (*Lipsius* S. 954); gegen dessen Urteil aber gab es in der Regel keine Berufung. S. a. bei *Lipsius* im Register s. v. Appellation: Sie war nur möglich gegen die Entscheidung eines Schiedsrichters, gegen Dokimasie von Beamten (S. 271), Epheben (S. 283) und Bürgern (S. 415, 629) und in zwischenstaatlichen Prozessen (S. 368).

Waldstein S. 21 nimmt allerdings an, Begnadigung sei in jeder antiker Rechtsordnung bekannt gewesen; S. 22: in griechischen Republiken hatte auf jeden Fall die Volksversammlung das Recht der Begnadigung (nach Busolt).

4. συγγνώμη in der theoretischen Rhetorik

In den bisher angeführten Belegen wurde zumeist negativ argumentiert, nämlich begründet, warum dem Prozeßgegner auf keinen Fall συγγνώμη zuteil werden dürfe. Die zuletzt vorgestellte Kritik an zu weit gehender συγγνώμη vor Gericht dient deutlich diesem Zweck.

Tatsächlich wird in den erhaltenen Reden nirgends in der Sache des Prozesses um Verzeihung gebeten — von zwei durch bruchstückhafte Überlieferung unsicheren Ausnahmen abgesehen.

> *Hyp.* 5.26. Der Redner ist hier der Kläger;[23] er macht wahrscheinlich, daß er der Heimtücke (ἐπι[βουλεῦσαι] der Hetäre Antigona zum Opfer fiel. "Deshalb, ihr Herren Richter, solltet ihr wohl mit Recht mit mir Verständnis haben ([συγγνώ]μην ἔχοιτ'), daß ich betrogen worden bin [Lücke von 10-11 Buchstaben] und Unglück hatte (ἀτυχῆσαι), als ich einem solchen Menschen in die Hände geriet (...)." Er wirbt offenbar um Verständnis dafür, daß er überhaupt in diesen Handel geriet; die Hauptsache des Prozesses ist nicht betroffen.

> *PFlor.* 61.15 [I p.] In diesem ägyptischen Beleg aus römischer Zeit läßt sich wahrscheinlich machen, daß Phibion der Angeklagte ist;[24] er hat von seinem Vater einen Schuldschein geerbt und den Sohn des Schuldners und die Frauen von dessen Familie widerrechtlich in private Schuldhaft genommen. Sein Anwalt bringt gleich zu Anfang eine Bitte um Verzeihung an: "Da er deiner Wohltat bedarf, tritt er dir zuerst und am allerdringlichsten mit der Bitte um Verzeihung entgegen (συ[γ]γνώμην αἰτούμενος), da er sich über das Gesuch täuschte (ἐπλανήθη). Denn er mußte bei dir ein Gesuch einreichen, wie auch du es wünschtest. Wir bitten nun, daß er nicht ausgepeitscht werde."

Das Auffällige an diesem Prozeß ist, daß die Frage der Auspeitschung daraufhin völlig übergangen wird.[25] Wie der Prozeß ausgeht, ist nicht völlig klar; nach Wenger[26] "fährt der Statthalter C. Septimius Severus den Gläubiger (...) mit den Worten an (II. 59f.): Ἄξιος μ[ὲ]ν ἧς μαστιγωθῆναι διὰ σεαυτοῦ [κ]ατασχὼν ἄνθρωπον εὐσχήμονα καὶ γυναῖκας· aber der

---

[23] Zum Rechtsfall siehe *Simonetos* S. 476f.

[24] Zum Rechtsfall siehe *Mitteis Urkunden* S. 485, der offen läßt, ob Phibion angeklagt ist; da aber Phibion offenbar zur Selbsthilfe neigt, halte ich für unwahrscheinlich, daß er den Rest der Schuld gerichtlich einzuklagen versucht.

[25] *Wiese* S. 53: "Wir haben hier ebenso wie in der vorausgegangen Urkunde [PThead. 18.5] einen Fall beachtlicher Irrtumseinwendung; denn der Präfekt erläßt dem Phibion nicht nur die angedrohte Maßregel, vielmehr geht das Verfahren nahtlos über zu der Frage der schuldrechtlichen Ansprüche zwischen Phibion und Achilleus, und — darauf kommt es entscheidend an — an die in der Privathaft liegende unzulässige Vollstreckungsmaßnahme knüpfen sich wegen der durchgreifenden Irrtumseinwendung keine ungünstigen Rechtsfolgen (...)." Vielleicht liegen aber doch sehr besondere individuelle Umstände des Prozesses vor.

[26] *Wenger* S. 832 Anm. 1112.

Gläubiger hatte wohl einen guten Bekanntenkreis, so daß der Statthalter davon absieht: χαρίζομαι δέ σε τοῖς ὄχλοις καὶ φιλανθρωϲπό]τερϲό]ς σοι ἔσομαι· (...)." Der Herausgeber der Ausgabe, Vitelli, sieht sich durch den Schluß (s. zu *PFlor.* 61.61) an die Äußerung des Pilatus (*NT* Mc. 15.15 und Parallelen) erinnert, *Waldstein* S. 17 Anm. 13 rechnet mit einer Begnadigung wie am Paschafest. Dies läßt sich durch Belege bei *Bauer/Aland* s. v. χαρίζομαι stützen ("Der Geschenkte entgeht durch Überlassung an solche, die ihn frei zu sehen wünschen, dem Tode od. längerer Haft"). Mitteis[27] sieht darin "ein selten lebensvolles Bild von der Vollgewalt der römischen Statthalter": "dem Gläubiger mit der Peitsche drohen, ihn dann dem Volk' zu schenken und endlich seinen Schuldschein einfach vernichten zu lassen – in ganzen Bänden kann man das Imperium nicht so deutlich schildern."

Daß nur ausnahmsweise in der Prozeßsache um Verzeihung gebeten wird, könnte ein Zufall der Überlieferung sein: Es sind mehr Anklage- als Verteidigungsreden erhalten. Doch könnte man erwarten, in den Verteidigungsreden des Lysias einmal den Angeklagten um Verzeihung bitten zu hören, wie die Anklagereden dies so oft voraussetzen. Dagegen spricht aber, daß die Bitte um συγγνώμη ein Schuldbekenntnis impliziert:

> *Lys.* 3.19. Narratio. "Und die anderen, die ⟨mich⟩ mit ihm in Trunkenheit mißhandelt hatten, baten mich, sobald sie mich danach sahen, um Verzeihen (ἐδέοντο ... συγγνώμην ἔχειν), nicht als ob ihnen Unrecht geschehen sei, sondern als ob sie Schlimmes getan hätten."

Die Ausführungen der theoretischen Rhetorik, vor allem der sogenannten Stasislehre, machen klar, daß nur für eine der allerschwächsten Rechtspositionen empfohlen wurde, um συγγνώμη zu bitten; solche Reden konnten aber vermutlich rhetorisch nicht so brillant sein, daß man sich um ihre Verbreitung besonders gekümmert hätte: So läßt sich der Ausfall der Überlieferung erklären.

Die Stasislehre ist in der späteren Antike, vom zweiten Jahrhundert n. Chr. an, am besten faßbar: bei Hermogenes von Tarsos[28] und dessen Kommentatoren; sie geht im wesentlichen auf einen Theoretiker des zweiten Jahrhunderts v. Chr. zurück, auf Hermagoras.[29] Auch dieser stellte freilich nicht als erster den Zusammenhang zwischen der Rechtslage und der Anlage der Gerichtsrede her: Im συγγνώμη-Material tritt besonders aufschlußreich die im Corpus Aristotelicum überlieferte, Anaximenes zugewiesene[30] "Rhetorik an Alexander" hervor; hier finden sich

---

[27] *Mitteis Urkunden* S. 485.

[28] Etwa 160 bis vor 230 n. Chr. nach *RE* VIII (1) Sp. 869.

[29] Um 150 v. Chr. nach *RE* VIII (1)· Sp. 692.

[30] So durch den Herausgeber der neuesten Textausgabe, M. Fuhrmann (s. Bibliographie *Anaximenes Rh.*); zur Gliederung und Charakteristik des Werkes s. *Fuhrmann Rhetorik* S. 28f.

einerseits praktische Anweisungen, die im Material der erhaltenen Reden "befolgt" sind, andererseits schon das Grundmodell der verschiedenen Rechtslagen.

In der Stasislehre wird generell der Faustkampf als Muster für den Prozeß genommen.[31] Die Verteidigungsrede wird analog zur Verteidigung des Sportlers dargestellt, geordnet nach der (abnehmenden) Stärke der "Kampfstellung" (*status*/στάσις). Die Theorie zeichnet gewissermaßen den Rückzug eines Angeklagten[32] nach, der zuerst noch behaupten konnte, er habe nicht getan, was ihm vorgeworfen werde (*status coniecturae/* στοχασμός), dann, er habe etwas anderes getan, als man ihm vorwerfe (*status finitionis/*ὅρος), schließlich, er habe es getan, doch sei es anders zu bewerten (*status qualitatis/*ποιότης). Daneben gibt es noch einen vierten *status*, in dem die Verantwortung auf jemanden oder etwas anderes übertragen wird (*status translationis/*μετάληψις). Für diesen vierten, von Hermagoras geprägten[33] *status* gibt es allerdings Ansatzpunkte in allen drei vorangehenden *status*.[34] Im dritten Status wird unter anderen auch *venia*/συγγνώμη als eine der letzten und damit schwächsten Verteidigungspositionen eingeordnet.

Den schwächer werdenden Rechtslagen der Verteidigung entsprechen stärker werdende der Anklage, so daß das Modell der Stasislehre auch für die Anklagerede verwendet werden kann; auf dikanische Rhetorik bleibt die Theorie allerdings weitgehend beschränkt.

Auch Anaximenes zeichnet den Rückzug des Angeklagten nach:

> *Anaximenes Rh.* 4.7 · 9. Überblick über die Arten von Reden. In der Verteidigungsrede muß man beweisen, daß man es nicht getan hat, daß es gesetzmäßig war, oder muß es als bloßen Fehler oder Unglück darstellen: "Wenn aber dies nicht bewiesen werden kann, muß man versuchen, die Handlungen auf einen Fehler (ἁμάρτημα) oder Unglück (ἀτύχημα)[35]

---

[31] Die allgemeinen Ausführungen zur Stasislehre stützen sich hauptsächlich auf *Lausberg* § 79-138; nach diesem auch die lateinischen Bezeichnungen. Für Beispiele sei auf *Fuhrmann Rhetorik* S. 103-9 verwiesen.

[32] *Lausberg* § 91.

[33] *RE* VIII (1) Sp. 693.

[34] *Lausberg* § 197. Siehe etwa die Diskussion, ob es sich bei *D.* 22.17 um μετάστασις oder συγγνώμη handelt, in den Scholien *Sch. D.* 22.17. 53c · f.

[35] Anaximenes benutzt ἁμαρτία / ἁμάρτημα stets als "bloßen Fehler" im Unterschied zu ἀδίκημα: diesen Sprachgebrauch teilt er mit Aristoteles, der ἁμάρτημα ebenfalls als Mittelding zwischen ἀδίκημα und ἀτύχημα betrachtet (*Arist. EN* 1135b18, *Arist. Rh.* 1374b7). Es gibt auch andere Autoren, die ἁμάρτημα so gebrauchen (siehe *LSJ* s. v.; wichtig für Antiphon, s. *Condanari–Michler* S. 55), im hier gesammelten Material etwa *Din.* 1.60, aber öfter Gegenbelege (*Vorsokr.*

zurückzuführen, zu zeigen, daß nur kleine Schäden aus ihnen entstanden sind, und Verzeihung zu erlangen (συγγνώμης τυχεῖν). Unrecht, Fehler und Unglück grenze folgendermaßen voneinander ab: Etwas Schlechtes aus Vorsatz (ἐκ προνοίας) zu tun, definiere als Unrecht (ἀδίκημα) und sage, es sei unabdingbar, dafür die größte Strafe (τιμωρίαν) zu vollziehen; das Schädliche aus Unwissenheit (δι' ἄγνοιαν) zu tun, muß man sagen, sei Fehler; wenn man aber nicht durch sich selbst, sondern durch andere Leute oder durch Zufall (διὰ τύχην) nicht vollenden kann, was man gut geplant hatte (τῶν βουλευθέντων καλῶς), erkläre dies zum Unglück und sage, Unrecht zu tun, sei schlechten Menschen eigen, Fehler zu machen und in seinen Handlungen Unglück zu haben, sei nicht nur der eigenen Person eigen, sondern sei eine Gemeinsamkeit (κοινὸν) ebenso der Richtenden wie aller anderen Menschen. Fordere dazu auf, Nachsicht zu üben (συγγνώμην ἔχειν), wenn du gezwungen bist, etwas zuzugeben von den Beschuldigungen dieser Art, indem du das Fehlermachen und Pechhaben den Hörern als etwas Gemeinsames darstellst."

An späterer Stelle wird das Vorgehen in der Verteidigungsrede noch einmal ähnlich empfohlen:

> *Anaximenes Rh.* 36.35 · 36. "Wenn wir aber eingestehen müssen, das getan zu haben, was uns vorgeworfen wird, werden wir versuchen, vom Gerechten und Gesetzmäßigen ausgehend, zu zeigen, daß unsere Sache eher zu den gesetzmäßigen und gerechten Handlungen gehöre; wenn auch dies nicht angeht, müssen ⟨wir⟩ versuchen, unsere Zuflucht zu bloßem Fehler oder Unglück zu nehmen (εἰς ἁμάρτημα ἢ ἀτύχημα καταφεύγοντας), geringe Schäden nachzuweisen und Verzeihung zu erlangen (συγγνώμης τυγχάνειν), indem wir aufzeigen, einen Fehler zu machen, sei allen Menschen gemeinsam, Unrecht zu begehen aber sei den Schlechten eigen. Und sage, daß es billig, gerecht und nützlich (ἐπιεικὲς καὶ δίκαιον καὶ συμφέρον) sei, mit Fehlern Nachsicht zu haben (συγγνώμην ἔχειν ταῖς ἁμαρτίαις); denn kein Mensch wisse, ob ihm etwas Derartiges widerfahre. Und zeige auf, daß auch der Gegner, wenn er in etwas gefehlt hat, um Nachsicht gebeten hat (συγγνώμης τυχεῖν ἀξιώσαντα)."

> Für die zuletzt genannte Empfehlung sei auf den oben zitierten Beleg *Isoc.* 14.30 verwiesen.

Für die Anklagerede gibt Anaximenes entsprechende Ratschläge, wie die Position des Angeklagten möglichst ungünstig dargestellt werden

---

82B11.19: Gorgias, Helena, *Antipho* 5.92, *Lys.* 14.2: Hier hat auch ἁμάρτημα die Bedeutung "Unrecht, Straftat, Verbrechen"). Zur Entwicklung der Verwendung von ἁμαρτία s. *Bremer* S. 24-60.

Wieweit diese Ausdrücke Rechtstermini sind, ist für Nicht-Juristen schwer zu beurteilen. *Taubenschlag* S. 7f. definiert etwa eine Unterscheidung des ptolemäischen Rechtes zwischen ἀγνόημα und ἁμάρτημα (s. dazu auch *Condanari-Michler* S. 66-70, *Bremer* S. 59f.), die der von Aristoteles und Anaximenes nicht entspricht, die aber vielleicht ebenfalls durch eine nicht mehr greifbare (vgl. *LSJ*) juristische Terminologie angeregt ist.

kann; auch die verschiedenen Rechtslagen des Anklägers werden nach
absteigender Stärke geordnet:

> *Anaximenes Rh.* 4.5 · 6. Man muß u. a. beachten, ob das Gesetz die Strafe
> festlegt – dann muß nur der Tatbestand bewiesen werden – oder den Rich-
> tern das Strafmaß freistellt. "Wenn aber die Richter das Strafmaß festlegen,
> ⟨ist es notwendig, zuerst die Anklage [als Tatbestand] herauszustreichen,⟩[36]
> ⟨und⟩ es sind die unrechten Taten des Gegners zu vermehren, und vor
> allem ist zu zeigen, daß er freiwillig (ἑκών) und planvoll (ἐκ προνοίας),
> ⟨und zwar⟩ nicht nach dem ersten besten Plan, sondern mit genauester
> Vorbereitung das Unrecht beging. Wenn du dies nicht tun kannst, aber
> annimmst, der Gegner werde aufzuweisen suchen, daß er sich ⟨nur⟩ in ge-
> wisser Weise verfehlte (ἥμαρτε) oder daß er dies in guter Absicht (διανο-
> ηθεὶς καλῶς) tat und nur bei der Ausführung Unglück hatte, so ist zu
> verhindern, daß er den Zuhörern von Nachsicht spricht (περιαιρετέον τὴν
> συγγνώμην λέγοντα τοῖς ἀκούουσιν), ⟨mit der Bemerkung⟩, es sei nicht
> erlaubt, daß die, die etwas getan hätten, behaupteten, sie hätten nur einen
> Fehler gemacht, sondern sie müßten sich in acht nehmen, bevor sie handel-
> ten (...). (...) Die Ankläger nun müssen mit diesen ⟨Argumenten⟩ die Nach-
> sicht (συγγνώμη) zu verhindern suchen und, wie vorher gesagt ist, durch
> die vielen Anreicherungen die Taten der Gegner als Ursache vieler Übel
> erweisen."

Diese Belege zeigen das Prinzip, wie Rechtslagen unterteilt werden,
und welchen nachgeordneten Stellenwert συγγνώμη in der Stärke der
Rechtslage einnimmt. Für die inhaltliche Bestimmung der συγγνώμη greift
die Entgegensetzung zur planvoll, auf eigenen Antrieb vollbrachten
"freiwilligen" Tat auf Bekanntes zurück. Deutlicher als bisher tritt heraus, daß es immer wieder auf die Grenzziehung zwischen dem noch Verzeihlichen (bei Anaximenes ἁμάρτημα) und dem nicht mehr Verzeihlichen, sondern zu Bestrafenden (ἀδίκημα) ankommt. Der Verteidiger
versucht, seine Tat in den Bereich des Verzeihlichen zu rücken, der
Kläger, sie aus diesem auszugrenzen. Neu für die inhaltliche Bestimmung
ist die Begründung der zu gewährenden συγγνώμη durch das κοινόν: Verzeihlich ist hier, was allen Menschen, weil sie Menschen sind, wider-
fahren kann – eine andere, wenn auch nicht widersprechende Art, den
Bereich des Verzeihlichen zu definieren, als durch das Kriterium der
Unfreiwilligkeit. Neu ist auch das Nebeneinander von Unglück und bloßem
Fehler; diese Unterscheidung zweier nicht-strafbarer Arten von Vergehen
führt meines Erachtens auf die typische Verbindung von συγγνώμη und
ἔλεος, die im Abschnitt B I 6 behandelt wird.

Daß zu verzeihen ist, was allen Menschen gemeinsam ist, wird in den
erhaltenen Reden sonst nicht ausdrücklich behauptet, findet jedoch seine

---

[36] Diese Ergänzung nach der vom Herausgeber angegebenen, die folgenden von
der Verfasserin.

Parallelen in anderen Gattungen. Bei Anaximenes wird es auch an folgender Stelle herausgearbeitet, hier in Verbindung mit den "Standardmotiven" ἔρως ὀργὴ μέθη φιλοτιμία (vgl. Abschnitt B I 2):

> *Anaximenes Rh.* 7.14. Wenn man die Tat zugeben muß, muß man zeigen, daß fast alle Leute dasselbe tun. "Wenn es nicht möglich ist, dies zu zeigen, muß man seine Zuflucht bei den Unglücksfällen oder den bloßen Fehlern suchen und versuchen, Nachsicht zu erlangen (συγγνώμης ... τυγχάνειν), indem man heranzieht, was alle Menschen gemeinsam erfahren, wodurch wir zeitweilig den Verstand verlieren: Das sind Liebe, Zorn Trunkenheit, Eifersucht und was ähnlich geartet ist."

Da die Begründung von συγγνώμη durch das κοινόν in der Rhetorik sonst nicht so klar hervortritt, seien hier die Belege aus Aristoteles' "Rhetorik" angeführt, die auf dieses Kriterium abgestimmt sind. Bei Aristoteles findet sich συγγνώμη nirgends im Mittelpunkt des Interesses, aber immer wieder zur Überprüfung und Veranschaulichung anderer Begriffe: ein Zeichen, wie fest verankert der Begriff in der Alltagssprache war.

> *Arist. Rh.* 1373 a 28. Fragestellung: Was für Unrecht wird im allgemeinen begangen? "Und ⟨man tut⟩ Unrecht, das alle oder viele zu tun gewohnt sind; denn man rechnet darauf, Nachsicht zu genießen (συγγνώμης τεύξεσθαι)."
>
> *Arist. Rh.* 1384 b 3. Man schämt sich vor denen, die etwas sehen und immer in der Nähe sein werden, mehr als vor anderen. "Und vor denen, die nicht in derselben Sache schuldig sind; denn natürlich scheint es diesen nicht richtig. Und vor denen, die nicht zur Nachsicht neigen (συγγνωμονικούς), mehr als vor denen, die sich selbst zu verfehlen scheinen; denn was man selbst tut, darüber, sagt man, zürnt man seinem Nachbarn nicht; so daß man offenbar übelnimmt, was man nicht tut."

Die ideale Voraussetzung für συγγνώμη ist nach diesen Belegen, daß der, der verzeihen soll, dasselbe getan hat wie der, dem er verzeihen soll; bei Anaximenes wird auch das mit eingeschlossen, was der Verzeihende nur begehen könnte: "denn kein Mensch wisse, ob ihm etwas Derartiges widerfahre" (*Anaximenes Rh.* 36.36). Sobald evident ist, daß jemand anderes dasselbe, was auch er getan hat, am anderen bestrafen müßte, ist die Berufung auf das Kriterium "Diese Tat ist unfreiwillig begangen worden" nicht mehr nötig. Umgekehrt enthält der Satz "Eine Tat ist verzeihlich, wenn sie unfreiwillig begangen wurde" wohl die Implikation, daß es unter Menschen solche Taten gibt, die dem freien Willen entzogen sind. Insofern handelt es sich nicht um gänzlich voneinander verschiedene Kriterien; bei Anaximenes werden sie z. B. komplementär eingesetzt (der Verteidiger führt an, die Tat sei ein κοινόν, der Kläger versucht zu beweisen, sie sei vorsätzlich begangen).

Anaximenes hält sich so nahe an die Praxis, daß er noch mehrmals das "Rezept" zu dem liefert, was sich an erhaltenen Reden ablesen läßt, nämlich für die Captatio benevolentiae (B I 7) und für das Geltend-Machen des Gerechtigkeitsaspektes (B I 6).

An dieser Stelle soll die Ausarbeitung der Stasislehre weiterverfolgt werden, auch wenn man sich zeitlich damit von den Belegen der Klassischen Gerichtsrhetorik weit entfernt; die Stasislehre ist einer der seltenen Orte, an denen im Griechischen versucht wurde, συγγνώμη zu definieren; auch wenn diese Definition aus bestimmten Gründen verzeichnet ist, sind die dabei auftretenden Schwierigkeiten doch charakteristisch für den Begriff.

Die für συγγνώμη interessanten Zeugnisse für Hermagoras' Lehre sind meistenteils lateinisch überliefert; bei C. Iulius Victor wird das griechische Wort als Terminus technicus verwendet.

> *Hermagoras* 31.2 + 31. Es geht hier um die *antithesis* − sie gehört mit zum *status qualitatis*[37] −, bei der die Tat nicht aus sich selbst heraus, sondern durch Heranziehung entfernterer Tatsachen in günstigerem Licht dargestellt wird. "Eine *antithesis* entsteht auf vier Arten, entweder κατ᾿ ἀντέγκλημα oder κατ᾿ ἀντίστασιν oder κατὰ μετάστασιν oder κατὰ συγγνώμην. (...) κατὰ συγγνώμην ist es, wenn wir sowohl die Tat eingestehen, daß sie beabsichtigt war, als auch einräumen, daß sie eine Schuld sei, und sie auf jemand anderen nicht übertragen können und keinerlei günstigen Umstand aus ihr zu erweisen suchen, sondern alles aufgeben und um Verzeihung bitten (*veniam precamur*), sei es aus Unwissenheit, Notwendigkeit oder Zufall (*aut ignorantia aut necessitate aut casu*), wie es die Rede des Marcus Tullius für Ligarius ist. Wenn einem alles mangelt, bleibt die *deprecatio* übrig, in der wir bekannt haben, die Tat in sowohl niederträchtiger als auch freiwilliger Weise (*sponte*) begangen zu haben, und nichts anderes als Bitten äußern. Dieses Vorgehen nützt bei niedrigeren Richtern nichts, wenn es allein steht; denn was richten bei ihm Bitten aus, der sie verurteilen muß, wenn sie bekannt werden?"

Bei Iulius Victor stellt die *deprecatio* eine noch schwächere Position dar, als er für συγγνώμη angibt, da sich im Lateinischen *venia* noch in *purgatio*, die verhältnismäßig stärkeren, und *deprecatio*, die allerschwächsten Entschuldigungsgründe, untergliedert;[38] für συγγνώμη wird hier noch eine Begründung angenommen, nämlich "aus Unwissenheit, Notwendigkeit oder Zufall".

Von diesen ist die Unwissenheit bereits bekannt, die Notwendigkeit (ἀνάγκη) ebenfalls (*D.* 45.67; *D.* 2.29 − ἀφίημι − werden ironisch αἱ ἀνάγκαι genannt), der Zufall wurde bei Antipho 5.92 mit Unfreiwilligkeit verbunden und verweist auf den Bereich des ἀτύχημα bei Anaximenes (*Anaximenes* 4.7 διὰ τύχην).

In einem anderen für Hermagoras angeführten Zeugnis ist die Entschuldigung durch den Affekt das Typische für συγγνώμη:

---

[37] *Lausberg* § 177.

[38] *Lausberg* § 186; eine ähnliche Unterscheidung ist für das griechische Vorbild anzunehmen (*Volkmann* S. 78).

Hermagoras 26.5 (= *Rh.* 7.308): Incert. Auct. schol. min. in Hermog. Stat.
"˙Wenn aber in Affekten˙: Der Angeklagte wird nämlich einen Affekt
vorschützen, was für συγγνώμη typisch ist (πάθος γὰρ προβαλεῖται ὁ
φεύγων, ὅπερ συγγνώμης οἰκεῖον)."

In einem kurzem Abriß der Stasislehre unbestimmter Datierung[39] wird
die συγγνωμονικὴ στάσις an das Kriterium der Unfreiwilligkeit gebunden;
hier wird die Möglichkeit einer Übertragung auf eine andere Person eingeschlossen:

Rh. 8.397: Kyros περὶ διαφορᾶς στάσεως 17f. "Συγγνώμη. Ἐὰν ἀδίκημα μὲν ᾖ γεγονὸς ὁμολογούμενον, λέγῃ δὲ ὁ φεύγων ἄκων αὐτὸ
πεποιηκέναι, ἢ μεταφέρῃ εἰς πρόσωπον, μὴ δυνάμενον δὲ εὐθύνας
δοῦναι τῆς αἰτίας, συγγνωμονικὴν ποιεῖ τὴν στάσιν."

Innerhalb der ἀντίθεσις ist im allgemeinen die stärkste Verteidigungs-
position der Gegenvorwurf, der an den Ankläger gerichtet wird
(ἀντέγκλημα);[40] danach kann man den Anspruch erheben, daß die Tat
gute Folgen hatte (ἀντίστασις),[41] oder die Schuld auf einen anderen ab-
wälzen (μετάστασις);[42] zuletzt bleibt die συγγνώμη übrig, bei der die
Schuld anerkannt und auf schwächere Entschuldigungsgründe ausgewichen
wird.[43]

Diese Reihenfolge ist nicht die einzige, die vorgeschlagen wird: *Volkmann* stellt in einer Tabelle die verschiedenen Reihenfolgen dar, in der
die vier Unterbegriffe der ἀντίθεσις bei den verschiedenen Theoretikern
auftauchen: sechs Kombinationen sind vertreten.[44] Der erfolgreichste
Systematiker der Stasislehre, Hermogenes aus Tarsos, vertritt zum Beispiel die Reihenfolge ἀντίστασις — ἀντέγκλημα — μετάστασις —
συγγνώμη:

Hermog. Stat. 2.13. "Wenn man eingesteht, etwas, ⟨und zwar⟩ als Unrecht,
getan zu haben, ist wiederum der Oberbegriff ἀντίθεσις, wir wollen ihn wie
folgt untergliedern: entweder nimmt nämlich der Angeklagte für sich selbst
das Geschehene an, oder er überträgt es auf etwas außerhalb; und wenn er
es für sich selbst übernimmt, macht er eine ἀντίστασις (...)." Es folgen die

---

[39] Zu Kyros *RE* Bd. XII, Sp. 190 (Kyros 12): "Griechischer Rhetor unbestimmter
Zeit (...)."

[40] *Lausberg* § 179.

[41] *Lausberg* § 181.

[42] *Lausberg* § 183.

[43] *Lausberg* § 186.

[44] *Volkmann* S. 42; die für Hermogenes angegebene Reihenfolge stimmt allerdings nicht mit der im folgenden Beleg (*Hermog.* Stat. 2.13) überein; die Zahl von
sechs Kombinationen stimmt vielleicht nicht; verändert wird die Reihenfolge
jedenfalls.

Erklärungen für ἀντίστασις und ἀντέγκλημα. "(...) wenn er aber auf etwas anderes überträgt, ist wiederum zu unterscheiden: entweder überträgt er den Vorwurf auf eine Sache oder Person, die zur Rechenschaft gezogen werden kann, wobei er eingesteht, etwas als Unrecht getan zu haben, und eine μετάστασις macht, oder auf etwas, das nicht rechenschaftspflichtig werden kann, sondern der Rechenschaft gänzlich entzogen ist, und macht συγ-γνώμη." Es folgt ein Beispiel für μετάστασις. "(...) ein Beispiel aber für συγγνώμη sind die zehn Strategen, die wegen des Sturms die Leichen nicht aufsammelten und verurteilt wurden."

Unterschiedlich sind allerdings nicht nur die Reihenfolgen, die meistens eine Bewertung der Stärke der verschiedenen Rechtslagen darstellen, die Definition selbst ist umstritten: Hermogenes selbst definiert συγγνώμη als Übertragung auf eine Instanz, die nicht zur Rechenschaft gezogen werden kann; er kennt aber auch andere Einteilungen:

> *Hermog.* Stat. 6.47 · 48. "Ferner unterscheiden manche die συγγνώμη nicht danach von der μετάστασις, ob man zur Rechenschaft ziehen kann oder nicht, sondern haben einfach behauptet, das, was alles Unrecht auf etwas von außen Kommendes schiebe, gehöre zur μετάστασις, sei es Sturm, sei es Folter, sei es etwas anderes von solcher Art; sie definierten aber, nur das, was eine die eigenen Seele betreffende Leidenschaft sei, gehöre zur συγγνώμη, zum Beispiel Mitleid, Schlaf oder dergleichen. Und vielleicht ist das nicht schlecht; es unterscheidet sich nämlich in nichts als der Benennung von der συγγνώμη, die man auch unter den μετάστασις-Fällen wohl oft sinnvoll verwendet; und wiederum bei den Fällen von συγγνώμη, bei denen Einigkeit herrscht, wird umgekehrt auch ⟨der Begriff⟩ μετά-στασις verwendet. Dies halte ich aber nicht für Kategorien eines Systematikers, sondern es ist jemandem angemessen, der sich auf den richtigen Augenblick versteht und die Gedanken in die richtige Reihenfolge bringt."

Beide Bestimmungen wenden das Wort συγγνώμη auf Fälle an, die nicht freiwillig begangen wurden: die des Hermogenes auf die von nicht-menschlichen Instanzen veranlaßten Vergehen, die der zitierten "anderen" auf die Affekte. Beide Bestimmungen sind für die griechische Verwendung von συγγνώμη zu eng; sie rühren offenbar daher, daß der Begriff neben anderen Begriffen für einen bestimmten Bereich schwacher Rechts-positionen benutzt wurde und man nun verschiedentlich versuchte, diesen Begriffen einen fest umrissenen Gehalt zu geben. Für die Festlegung als Terminus technicus eignen sich ἀντίστασις und μετάστασις gut: Sie sind als Wörter schon außerhalb der Rhetorik geprägt, aber nicht sehr oft und nicht in sehr weitem Bedeutungsspektrum verwendet.[45] ἀντέγκλημα ist nach seinen Wortbestandteilen bereits für seine juristische Bedeutung festgelegt. Nur συγγνώμη als viel und vieldeutig gebrauchtes Wort der

---

[45] Siehe *LSJ* sub vocibus.

Alltagssprache eignet sich nicht gut dazu, daß man ihm ein bestimmtes Feld des Bedeutungsbereichs *per definitionem* zuweist. Im folgenden Text, in dem der Scholiast Sopatros[46] im vierten Jahrhundert n. Chr. Hermogenes' Sätze kommentiert, gibt es ein Indiz dafür, daß die Neudefinition von συγγνώμη immer wieder durch den alltäglichen Gebrauch angestoßen wurde: "es ist klar, daß Folter ein Grund zur συγγνώμη ist" — offenbar ergaben sich immer wieder Rückfragen: was ist mit dem und dem Fall, gehört der nicht auch zur συγγνώμη?

> *Rh.* 4.687f.: Sopatros, Scholion zu *Hermog.* Stat. 6.47. "Man muß wissen, daß sie die συγγνώμη als letzten aller Kunstgriffe der ἀντίθεσις einordneten; wenn wir nämlich in den anderen ἀντίθεσις-Kunstgriffen um eine Verteidigung verlegen sind, ich meine natürlich in der ἀντίστασις und im ἀντέγκλημα, dann nehmen wir unsere Zuflucht schließlich zur συγγνώμη; συγγνώμη tritt aber ein, wenn der Angeklagte wie in den anderen Fällen der ἀντίθεσις eingesteht, das Unrecht begangen zu haben, aber behauptet, es unfreiwillig (ἄκων) getan zu haben, indem er die Ursache auf die Affekte zurückführt, auf Trunkenheit, Liebe, Mitleid, Unwissenheit, Schrecken, Zorn (ἐπὶ μέθην, ἔρωτα, ἔλεον, ἄγνοιαν, φόβον, ὀργὴν) und überhaupt die Dinge, denen Lust und Schmerz folgen; es ergibt sich συγγνώμη aber auch, wenn wir auf Altersschwäche, auf einen Herrscher oder dergleichen ⟨die Schuld⟩ zurückführen. Manche sagen, darauf beruhe der Unterschied der μετάστασις von der συγγνώμη, auf der Möglichkeit, zur Rechenschaft zu ziehen oder nicht: Die Schuld auf eine Sache oder Person, die zur Rechenschaft gezogen werden könnte, zurückzuführen, gehöre zur μετάστασις, auf ⟨eine Instanz⟩, die nicht der Rechenschaft unterliege, gehöre zur συγγνώμη; manche aber sagen auch, daß zur μετάστασις sowohl das gehöre, was ⟨die Schuld⟩ auf etwas zur Rechenschaft Ziehbares schiebe, wie das, das sie auf etwas nicht zur Rechenschaft Ziehbares schiebe, ⟨das⟩ aber, ⟨das die Schuld⟩ auf einen Affekt ⟨schiebe⟩, gehöre zur συγγνώμη. Man muß freilich wissen, daß die anderen solche Dinge wie Folter und Sturm zur συγγνώμη zählen: Es werde dort seelisches Erleben ausgelöst, die Furcht. Minukianos aber ordnet dies der μετάστασις zu, da es auch zu den äußeren Einflüssen gehöre; es scheinen nun die anderen mit dem Meister der Kunst [Hermogenes] in diesem Punkt übereinzustimmen; denn es ist klar, daß die Folter ⟨ein Grund für⟩ συγγνώμη ist, dadurch, daß sie nicht zur Rechenschaft gezogen werden kann. Minukianos stellt sich freilich auch in diesem Punkt entgegen. Und vielleicht ist das nicht schlecht.' Zu untersuchen ist, warum er überhaupt den Wortsinn jener übernimmt und selbst einen anderen einführt. Denn wenn er ihn nicht übernimmt, warum widersprach er nicht ausdrücklich? Wenn er widerspricht, aber den Irrtum nicht bereinigt, entgeht er einem nicht: entweder ⟨dem Vorwurf der⟩ Unwissenheit oder ⟨dem der⟩ Mißgunst; aber wir sagen, daß seine Zustimmung etwas Begründetes enthält: (...) Er (...) unterschied συγγνώμη von der μετάστασις, je nachdem ob zur Rechenschaft gezogen wird; sie, darunter auch Minukianos, ⟨unterschieden⟩, ob das Äußere das Unrecht bewirke oder man ⟨die Schuld⟩ auf einen Seelenzustand zurückführe, was dasselbe ist wie rechenschafts-

---

[46] *RE* III A 1 Sp. 1002f.

fähig und rechenschaftsunfähig. Denn seelische Dinge können nicht zur Rechenschaft gezogen werden; da also auch Sturm und Folter, obwohl von außen ⟨kommend⟩, dennoch die Seele in Angst und Schrecken versetzen, schien deshalb Minukianos mit Hermogenes nicht übereinzustimmen. Hermogenes nämlich sagt, daß von außen kommt, was zur μετάστασις gehört, Minukianos sagt, daß dies dadurch, daß es ein seelisches Erleben auslöse, zur συγγνώμη gehöre. - Manche haben sich aber auch gefragt, weshalb der Meister sage, συγγνώμη unterscheide sich in nichts als der Benennung von der μετάστασις (...)."

Es sei darauf verzichtet, dieser Diskussion bis ins letzte Detail zu folgen. Aus den aufgeführten Belegen lassen sich folgende Definitionen herauslesen: (1) συγγνώμη wird generell für Taten erbeten, die unfreiwillig begangen wurden - diese Definition[47] entspricht weit verbreitetem Sprachgebrauch, ist aber für den Zweck, den Bereich der ἀντίθεσις zu gliedern, zu weit. (2) συγγνώμη gilt Taten mit inneren Veranlassungen, nämlich Affekten;[48] wo ein äußerer Anlaß vorliegt, spricht man nicht von συγγνώμη, obwohl diese Unterscheidung die Schwierigkeit birgt, daß auch äußerer Druck Affekte hervorruft. (3) συγγνώμη wird auf Fälle mit äußerer Veranlassung angewendet, wenn die Instanz, die die Schädigung verursacht, selbst nicht zur Rechenschaft gezogen (vor Gericht gestellt) werden kann, wie z. B. der Sturm bei den Arginusen.[49]

Besonders daß συγγνώμη in der griechischen Alltagssprache sowohl auf die Veranlassung durch Affekte wie durch äußeren, selbst nicht zur Rechenschaft ziehbaren Zwang (im Deutschen pflegt man von "höherer Gewalt" zu sprechen) gestützt werden kann, macht den Begriff für die Feineinteilung der Stasislehre wenig brauchbar. (Es sei daran erinnert, daß auch das Gesetz über den φόνος ἀκούσιος Affekt und äußere Veranlassung wie Nichterkennen im Krieg nebeneinanderstellt.)

Dieses Dilemma hätte gelöst werden können, indem der Begriff συγγνώμη gänzlich gemieden oder als Oberbegriff für die anderen Termini benutzt worden wäre. Tatsächlich werden für zwei Theoretiker, Hermagoras minor[50] und Lollianos, einen Vertreter der Zweiten Sophistik,[51] Lösungen bezeugt, die darauf hinzielen. Beim jüngeren Hermagoras scheint nur eine Umkehrung der Reihenfolge vorgenommen zu sein, doch zeigt sich in dieser ein Blickwinkel und Zugriff, der sich von dem der Stasislehre wesentlich unterscheidet:

---

[47] Sie wird verwendet *Rh.* 4.687f., auch *Rh.* 5.173.23ff., vgl. *Anaximenes Rh.* 4.5.

[48] *Hermog. Stat.* 6.47 ἴδιον τῆς ψυχῆς - τι τῶν ἔξωθεν; auch *Rh.* 4.687f.

[49] *Hermog. Stat.* 2.13 ὑπεύθυνον - ἀνυπεύθυνον, auch *Rh.* 4.687f.

[50] Wohl um 150 n. Chr. nach *RE* VIII (1) Sp. 696 (Hermagoras 7).

[51] Tod etwa 155-160 n. Chr. nach *RE* Bd. 13 Sp. 1374 (Lollianos 15).

Rh. 5.173.23ff. (vgl. *Hermagoras* 64.9 + 12): "Hermagoras [minor] aber
kehrte die Reihenfolge um und arbeitete zuerst die συγγνώμη aus, wofür
er den Grund anführte, daß einzig in dieser στάσις der Redner eingestehe,
Unrecht getan zu haben. Es sei also nötig, wenn ⟨das Unrecht⟩ als Unrecht
eingestanden werde, zuerst seine Zuflucht zur συγγνώμη zu nehmen und
als zweites zur ἀντίστασις als zu der, die auf Wohltaten Anspruch macht;
dann auf die μετάστασις, die die Schuld auf einen andern schiebt, und
schließlich auf das ἀντέγκλημα, das unverschämt ist; denn bei einem Übel,
von dem man eingestanden hat, ⟨daß es ein Übel sei,⟩ zu sagen, es sei gerecht, es zu erleiden, ist schwierig und nicht geeignet, den Hörer zu überzeugen. Lollianos aber machte weder in der Anordnung noch in der Benennung einen Unterschied, sondern nannte die antithetische Stasis eine einzige."

Hermagoras minor ordnet nicht nach der Stärke der Rechtsposition,
sondern nach der inneren Stimmigkeit der Argumentation. Wenn man
zugibt, das, was man getan habe, sei ein Unrecht, so ist es am stimmig-
sten, sich aufs Bitten zu verlegen; unter der Voraussetzung, daß der
Angeklagte ein Unrecht begangen hat, sind weitere Entschuldigungsgründe
unstimmig; Hermagoras ordnet sie ihrer Erträglichkeit nach bis hinunter
zum ἀντέγκλημα, das er für eine Unverschämtheit ansieht. – Was Hermagoras unter συγγνώμη genau versteht, wird nicht gesagt; eine Begründung durch Affekt oder äußeren Zwang dürfte nicht ausgeschlossen
sein, doch sieht er offenbar das reine Bitten als Hauptcharakteristikum
an – geleitet von einem Wortverständnis, das sich im Griechischen belegen läßt, auch wenn die Gerichtsrhetorik zu Begründungen durch das
Tatmotiv neigt.

Für Lollianos wird dagegen die Eliminierung des Begriffes συγγνώμη
bezeugt.

Bei der Ausarbeitung der Stasislehre legten die meisten Theoretiker
Wert auf minutiöse Definition. Für die hier vorgenommene Untersuchung
scheint ihr Verdienst eher darin zu liegen, daß ihre widerstreitenden
Definitionen zeigen, daß συγγνώμη sich so eng nicht definieren läßt, daß
aber bestimmte Kriterien für sie typisch sind.

In diesem Sinne sind auch die konkreten Beispiele interessant, die den
Kommentatoren einfallen:

Rh. 4.397: Porphyrius in Hermog. Stat. "(...) mit συγγνώμη hängt alles zusammen (συγγνωμονικά), was in Unkenntnis oder im Rausch (ὑπ' ἀγνοίας
ἢ μέθης) ergriffen wird, zum Beispiel wenn ein reicher junger Mann beim
Symposion geschworen hat, er werde Alleinherrscher werden; er wird nämlich sagen, daß niemand in Rausch und Trunkenheit sein Wort auf die
Goldwaage lege, und vom Alter her, es sei Sache junger Leute, mit der
Tyrannis zu drohen und dergleichen zu prahlen (...)."

Syrian. in Hermog. 148.13ff = *Rh.* 4.699:. "Eigentümlich für συγγνώμη ist,
die Schuld überhaupt auf ein Wort, eine Person oder eine Sache zu über-

tragen, die nicht der Rechenschaft unterliegt; ein Wort, das nicht zur Rechenschaft gezogen werden kann, ist ein Orakel, zum Beispiel wenn jemand nach
dem Orakel über den Halys dem Kroisos geraten hat, gegen die Perser Krieg
zu beginnen, und nach der Niederlage vor Gericht gestellt wird, denn er
wird die Schuld auf das Orakel schieben, das nicht zur Rechenschaft gezogen werden kann; auf eine Person, die nicht der Rechenschaft unterliegt:
einen Tyrannen oder Feinde; auf eine Sache, die nicht der Rechenschaft
unterliegt: Zorn, Liebe, Trauer, Furcht, Schlaf, Sturm, Notwendigkeit (ὀργὴν,
ἔρωτα, λύπην, φόβον, ὕπνον, χειμῶνα, νόσον, ἀνάγκην) und dergleichen;
denn die Dinge, auf die man die Schuld schieben wird, besiegen entweder
auf seelische, körperliche oder äußere Weise die menschliche Natur.*

Nicht erst mit dem letzten Beleg haben wir den zeitlichen Rahmen
dieser Untersuchung überschritten;[52] es ist auffällig, daß gerade der
späteste Beleg einen so archaischen, aber aus der Schullektüre natürlich
gut bekannten Fall wie das Orakel an Kroisos mit einbezieht. Dies belegt, wie weit die theoretische Rhetorik sich von ihrer praktischen Anwendung entfernt hat; wie sehr sie, mit anderen Bildungsinhalten verquickt, Teil der Schulausbildung geworden ist. Auch die Anfälligkeit
junger Männer für Alleinherschafts-Träume scheint mehr ein Thema von
Schulaufsätzen als ein aktuelles politisches Problem gewesen zu sein.
Vom Libanios-Schüler Aphthonios ist jedenfalls ein προγύμνασμα "All-
gemeinplatz über den Tyrannen" erhalten, in dem auch die Verzeihlichkeit dieses Vergehens behandelt wird (*Aphthonios* 17.23).

5. Die Figur des Verzeihlichen und des Unverzeihlichen

Die Zeugnisse der theoretischen Rhetorik lassen begreifen, daß es in
Gerichtsreden weniger dem Angeklagten darum zu tun ist, um συγγνώμη
zu bitten, als dem Kläger, sie für den Gegner auszuschließen. Im Grunde
enthält bereits die Behauptung, der Gegner werde um sie bitten — wie im
oben zitierten Beleg *D.* 24.67 —, die Unterstellung, der Gegner befinde
sich in sonst auswegloser Rechtsposition.

Charakteristisch für die Gerichtssituation — wenn auch nicht ausschließlich für sie — ist die Bindung von συγγνώμη an das Kriterium der
Unfreiwilligkeit der Tat oder andere Standardmotive, die sie veranlaßten.
Charakteristisch sind aber auch bestimmte Rede- und Argumentationsformen. Die Abwehr von συγγνώμη für den Gegner wird häufig in einer
Redeform nahegelegt, die ich "Figur des Verzeihlichen und des Unverzeihlichen" nenne. Alles spricht dafür, daß sie ihren "Sitz im Leben" in

---

[52] Freilich ist die Zuweisung des Hermogenes-Kommentars an den Neu-
platoniker Syrianos des 5. Jh. n. Chr. fraglich, *RE* IV A2 Sp. 1732.

der Situation des Anklägers vor Gericht hat, auch wenn ihr frühester
Beleg, *X*. Ath. 2.20, keine juristische Anklagerede ist.

> *D.* 19.182. "Wenn Aischines als Privatmann daherschwätzte und dabei
> schlimm danebengriff, legt es doch nicht auf die Goldwaage, laßt es gut
> sein, seid nachsichtig (συγγνώμην ἔχετε); wenn er euch aber als Gesandter
> in einem wesentlichen Punkte für Bestechung betrogen hat, laßt ihn nicht
> straflos (ἀφῆτε), ertragt es auch nicht, daß er für das, was er sprach, keine
> Rechenschaft ablegen muß!"

Wenn ein Privatmann sich in seinen Reden verfehlt, ist dies nicht jedem gleichgültig — sonst gäbe es keine Beleidigungsklagen. Der Redner
gibt sich aber großzügig genug, um Verzeihen zu fordern für den Fall,
daß Aischines als Privatmann dahergeredet hätte. Doch wie der Fall
liege, handele es sich nicht nur um Aischines' verfehlte Worte — er habe
als Gesandter geredet und dabei der Stadt großen Schaden zugefügt:
Dieser Umstand mache sein Vergehen zu einem unverzeihlichen.

Die gleiche Figur wird im folgenden Beleg in einen weiten syn-
taktischen Bogen gespannt:

> *D.* 21.118. Zum Zusammenhang *Blass* III (1) S. 334f.: "Weiterhin hat Mei-
> dias (...) es versucht, die Schuld an Nikodemos' Ermordung, wegen deren De-
> mosthenes' Freund Aristarchos flüchtig wurde, auf Demosthenes selbst zu
> bringen (...). Wiederum den Aristarchos selbst behandelte er bald als Freund,
> bald zeigte er ihn als Missethäter an."
>
> "Wenn er [Meidias] dies sagte, weil er überzeugt war, daß Aristarchos et-
> was von den Dingen getan habe, deretwegen er unglücklich geworden ist,
> und weil er den Worten der Ankläger vertraute, so war dies [seine Belastung
> des A.] zwar auch so nicht notwendig — denn eine angemessene Bestrafung
> ist es unter Freunden, wenn sie etwas Schlimmes getan zu haben scheinen,
> daß sie in Zukunft nicht mehr in den Genuß der Freundschaft kommen,
> doch sich zu rächen und vor Gericht zu gehen, das überläßt man den
> Opfern und den Feinden —, doch sei dies noch verziehen (ἔστω τούτῳ γε
> συγγνώμη)! Wenn es sich aber herausstellt, daß er ⟨mit Aristarchos⟩
> redete[53] und sein Hausgenosse wurde, als ob der andere nichts getan hätte,
> dann aber dies sagte und die Beschuldigung vorbrachte, um *mich* in einen
> Gerichtsstreit hineinzuziehen, wie ist er nicht zehnmal, nein, zehntausendmal
> wert, zugrundezugehen?"

Auch hier ist der Redner bereit, viel zu verzeihen: Wenn Meidias aus
Überzeugung seinen Freund ins Unglück gestürzt hätte, würde Demosthenes zu συγγνώμη auffordern, obwohl er deutlich darauf hinweist, wie
unangemessen die Anklage einem Freund gegenüber gewesen wäre; da
aber die ganze Angelegenheit seines Erachtens eingefädelt war, um dem
Demosthenes zu schaden, ist jedes Maß der Strafwürdigkeit weit über-

---

[53] Nach der Konjektur von H. Stephanus (ἁλῶν κοινωνήσας statt λαλῶν)
müßte es heißen "an seinem Tische speiste".

schritten. Die Figur hat für den Redner also zwei Vorteile: Einerseits stellt er sich selbst als großzügig dar, andererseits werden die den Gegner belastenden Momente in ihrer ganzen Breite herausgestellt; denn zu dem, was sich bei großzügiger Handhabung noch als verzeihlich bewerten ließe, kommt das, was Verzeihen auf jeden Fall ausschließt. Die Verzeihung, von der die Rede ist, bleibt dadurch Fiktion.

Im folgenden Beleg ist das, was noch verziehen werden könnte, nämlich ein Handeln des Meidias aus Ehrgeiz, nicht so schwerwiegend.[54] Die Begründung für die Unverzeihlichkeit benutzt das Freiwilligkeitskriterium: Meidias hat ἐκ προαιρέσεως Demosthenes öffentlich und bei Ausübung seines Amtes geohrfeigt; dazu kommt seine offene Feindschaft und die Anmaßung gegenüber den Gesetzen:

> *D.* 21.66. "Wenn einer dies und anderes dieser Art, Athener, als Chorege tut, weil ihn der Ehrgeiz verführt, so hat dies Milderungsgründe für sich (ἔχει τινὰ συγγνώμην); doch daß einer aus Feindschaft losgeht, mit Vorsatz, vor allen Leuten, und unter Beweis stellen will, daß seine persönliche Macht stärker ist als die Gesetze, das, beim Herakles, ist schwerwiegend und nicht rechtmäßig und dient auch nicht eurem Nutzen."

Die grammatische Struktur entspricht der Denkfigur hier sehr genau: Die Bedingung, die zur Verzeihung führen könnte, wird im Konditionalsatz angeführt, der Hauptsatz versichert die Verzeihlichkeit; der "unverzeihliche" Tatbestand folgt in einem neuen Nebensatz im Indikativ; im zugehörigen Hauptsatz wird die Folgerung der Unverzeihlichkeit gezogen; dies kann statt im Aussagesatz auch in eine rhetorische Frage gekleidet werden, wie im oben angeführten Beleg *D.* 21.118.

In abgewandelter Form findet sich die Redefigur auch in einem einzeln überlieferten Proömium (hier wird ausnahmsweise kein Gegner charakterisisert, sondern das eigene Sprechen begründet):

> *D.* Prooem. 34.3. "Es wäre zwar verzeihlich (συγγνώμη), wenn derjenige, der nicht zu Wort gekommen ist, überzeugt wäre, daß er besser erwogen hat, als ihr euren Beschluß gefaßt habt; daß er aber, nachdem ihr zugehört und geurteilt habt, noch unverschämt ist und sich nicht eurer Meinung zuneigt und kein Zugeständnis macht, dürfte einen weiteren, nicht gerechtfertigten Hochmut zu zeigen scheinen."

Auch von Lysias wird das Schema verwendet:

> *Lys.* 10.2. Theomnestos hat in einem Prozeß gegen den Redner behauptet, dieser habe seinen eigenen Vater umgebracht. "Ich für meine Person würde nun wohl, wenn der mich beschuldigt hätte, *seinen* ⟨Vater⟩ umgebracht zu

---

[54] *Anaximenes* Rh. 7.14 (oben zitiert) zählt φιλοτιμία zu den (Standard-)Tatmotiven, die Verzeihen begründen. *D.* 45.25 wäre ein rechtschaffener und ehrliebender (χρήσιμος καὶ φιλότιμος) Gegner den Freispruch (ἀφεῖναι) wert.

haben. ihm verzeihen (συγγνώμην ἂν εἶχον αὐτῷ τῶν εἰρημένων) – den habe ich für schlecht und minderwertig gehalten –, und auch wenn ich etwas anderes Unaussprechliches vorgeworfen bekommen hätte, hätte ich keinen Prozeß gegen ihn angestrengt – denn ich halte es gar nicht für das Benehmen eines freien Mannes und viel zu prozeßsüchtig, wenn man wegen übler Nachrede vor Gericht geht –, jetzt aber erscheint es mir schändlich, soweit es um meinen Vater geht (...)."

Erkennbar ist das Schema auch *Lys.* 18.20.

Lys. 10.2 zeigt, daß der Konditionalsatz typisch für die Figur ist, daß jedoch die grammatische Struktur nicht völlig festgelegt ist. Das Denk- und Argumentationsmuster tritt jedoch deutlich hervor.

"Unverzeihlich" kann im Einzelfall jegliche Tat erscheinen, die gerade zur Verhandlung ansteht. Zur Begründung muß nicht Freiwilligkeit der Handlung behauptet, sondern kann auch ein Einzelmotiv genannt werden, das συγγνώμη ausschließt. Im Gegensatz zu den immer wiederkehrenden Motiven für Taten, die verziehen werden können oder sollen — Liebe, Eifersucht, Zorn, Trunkenheit — findet man meist ganz auf den Spezial- fall eingeengte Tatmotive, wo es um das Unverzeihliche geht; die Sicherheit, mit der behauptet wird, der bestimmte, jetzt zutreffende Fall sei unverzeihlich, versucht allerdings den Eindruck zu erwecken, es handele sich gerade um keinen Spezialfall, sondern eine allgemeingültige Regel. Die Figur hat argumentativen Charakter, aber mit deutlich mani- pulierendem Einschlag.

6. συγγνώμη und ἔλεος

Die "Figur des Verzeihlichen und des Unverzeihlichen" dient dazu, συγγνώμη für den Gegner zu verhindern. Häufig wird aber nicht nur συγγνώμη, sondern auch ἔλεος für den Gegner auszuschließen versucht. Blass[55] benutzt sogar den Ausdruck ἐλέου ἐκβολή als feststehenden Terminus für einen bestimmten Teil der Rede.

Die Zusammenstellung von συγγνώμη und ἔλεος dürfte zunächst ver- wundern. Zwar läßt sich Mitleid auch einem Delinquenten zuwenden, doch haben die psychischen Vorgänge nicht viel miteinander zu tun: ἔλεος ist ein affektiver Impuls beim Mitansehen fremden Leides, συγγνώμη wird gerade vor Gericht am liebsten rational begründet. Allerdings kann

---

[55] Z. B. *Blass* III (1) S. 334. – *Dover Morality* S. 195 beobachtet, daß neben dem Handeln ohne bösen Willen (vgl. jedoch Kapitel B V 4) des Täters ("without malicious intent") und der Neigung des Verzeihenden zur Großmut ("magnanimity") Mitleid ("compassion") ein Hauptmotiv des griechischen Verzei- hens war.

auch ἔλεος zwar immer unbegründet erbeten werden, wird aber auch gerne begründet, wenn dies möglich ist,[56] und συγγνώμη kann auch unbegründet gewährt und erbeten werden (s. Abschnitt A V).

Gemeinsam ist συγγνώμη und ἔλεος vor allem das Ergebnis: Derjenige, der die Macht hätte, gegen den ehemaligen Schädiger Aggression zu richten, verzichtet darauf (in Abschnitt A IV 1 wurde dargestellt, daß in der Gegenwart der Verzeihende die überlegene, aktive, entscheidende Rolle einnimmt, auch wenn diese früher beim Täter lag). Dem Angeklagten kann es gleichgültig sein, ob er aus Mitleid oder Einsicht in seine Tatmotive freigesprochen wird. Für den Kläger ist es umgekehrt gleich gefährlich, wenn der Gegner freigesprochen (oder geringer bestraft) wird, weil die Richter seine Vergehen für verzeihlich halten oder weil sie Erbarmen mit dem vor ihnen Stehenden haben. Dennoch deutet die Parallelisierung von συγγνώμη und ἔλεος nicht auf ein Verständnis von Verzeihung, bei dem es überhaupt nicht auf den mentalen Vorgang ankäme, sondern nur auf den emotionalen oder auf das Ergebnis. Vielmehr wurde offenbar eine Doppelstrategie verfolgt, wie ja auch vom Angeklagten. Dieser brachte eine möglichst rationale Verteidigung vor, versuchte aber auch, die Richter emotional zu beeinflussen: Daß das attische Recht den Auftritt weinender Frauen und Kinder vor Gericht zuließ und es vorkam, daß überführte Verbrecher freigesprochen wurden, damit den Familien der Ernährer nicht genommen werde, ist bekannt.[57]

Anaximenes' Unterscheidung von ἀτύχημα und ἁμάρτημα gibt einen Hinweis, wie das gemeinsame Terrain zwischen συγγνώμη und ἔλεος aufgeteilt werden kann: Beim ἁμάρτημα ist συγγνώμη am Platze, da die Milderungsgründe zwar vom Vorwurf des geplanten Vergehens entlasten, aber nicht ganz der Verantwortung entheben; ἔλεος dagegen gilt dem gänzlich unverschuldeten Mißlingen. Eine solche Auffassung läßt sich (außer durch *Lys.* 31.10 + 11, oben zitiert) durch eine Stelle stützen, an der zwar nicht ausdrücklich von ἔλεος die Rede ist, aber neben den Zuordnungen ἑκών — τιμωρία und ἄκων — συγγνώμη eine dritte Kategorie auftaucht, für die συνάχθεσθαι beansprucht wird:

> *D.* 18.274 "(...) wie bist du nicht im Unrecht und tust Schlimmes, wenn du diesen nun vorwirfst, was du damals durch nichts Besseres zu ersetzen wußtest? Bei den übrigen Menschen sehe ich jedenfalls derartige Angelegenheiten wohl aufgeteilt und geordnet. Einer tut freiwillig Unrecht — Zorn und Strafe auf diesen! Einer hat sich unfreiwillig verfehlt — Verzeihung

---

[56] Material bei *Burkert Mitleidsbegriff* S. 81ff., vgl. S. 71 und 129; ein Beispiel für viele: Lykaons Bitte an Achilleus *Hom.* II. 21.74-96 (*Burkert Mitleidsbegriff* S. 96).

[57] *Lipsius* S. 920 mit Anm. 72; Belegstellen *Dover Morality* S. 196.

(συγγνώμην) statt Strafe für diesen! Einer hat sich, ohne Unrecht zu tun
oder sich zu verfehlen, für das allen gut Scheinende zur Verfügung gestellt
und – mit allen anderen – die Sache nicht gut durchgebracht: Einen solchen
zu schmähen und zu beschimpfen, ist nicht recht (δίκαιον), sondern man
muß ihm sein Mitleid ausdrücken."

Verzeihung ist nur dort zu gewähren, wo es zur Zeit der Handlung überhaupt
einen anderen Standpunkt gab; wo sich der Täter zur Ausführung der allgemeinen
Meinung zur Verfügung stellte, sind die Nichttäter von der Tat gar nicht so weit
entfernt, daß sie συγγνώμη haben könnten; die "Last" wird im Akt des Mitleids
eine gemeinsame (συν-άχθεσθαι – in philosophischen Belegen wird mehrfach das
Stichwort κοινόν fallen).

Der Grad der Freiwilligkeit der Handlung und damit der Verantwortlichkeit des Täters unterscheidet sich bei Mitleid und Verzeihen, doch
der Übergang ist fließend (*Lys.* 31.10, B I 1 zitiert, und *Isoc.* 16.12 wird
das Unglück als Begründung für συγγνώμη gebraucht); der Kläger tut gut
daran, sowohl ἔλεος wie συγγνώμη für den Gegner auszuschließen. Er
muß allerdings mit der Tatsache fertigwerden, daß die Haltung des
Mitleids und Verzeihens dem Richter eher als Verdienst angerechnet
wird (diese Bewertung etwa *D.* 23.42, *Din.* 1.57 + 59). Demosthenes
verwendet dies einmal geschickt, um auf die ἐλέου ἐκβολή hinzuleiten:

> *D.* 25.81. "Was bleibt nun ⟨noch⟩, Athener? Was, beim Zeus, allen ge-
> meinsam ist, die miteinander streiten, von eurer aller Natur her, und keiner
> von denen, über die geurteilt wird, bringt dies selbst für sich herbei, sondern
> jeder von euch bringt es von Haus aus mit: Mitleid, Verzeihen, Menschen-
> liebe (ἔλεον, συγγνώμην, φιλανθρωπίαν). Aber es ist weder heilig noch
> recht, an diesen diesem Schandbuben Anteil zu gewähren."

Er kann nämlich anführen, daß der Gegner, als er selbst Richter war,
συγγνώμη und ἔλεος nicht hat walten lassen; Aristogeiton erwies sich als
unrührbar durch den Auftritt von Frauen und Kindern:

> *D.* 25.83. "Welche Verzeihung oder welches Erbarmen haben die Opfer von
> Sykophanten von dem hier erlangt (τίνος ... συγγνώμης ἤ ποίων ἐλέων ...
> τετυχήκασιν), denen der den Tod zuerkannt hat in diesen Gerichtsstätten
> hier, und dies, bevor er den ersten Gesetzesentwurf einbringen konnte?"

> *D.* 25.84. "Aber dessen bittere Schärfe, Blutrünstigkeit und Roheit war
> vorhanden und ließ sich erproben. Nicht wenn er Kinder, nicht wenn er
> Mütter einiger Verurteilter, alte Frauen, danebenstehen sah, hatte dieser
> Mitleid. Und dir dann Verzeihung (συγγνώμη)? Woher, oder: von wem? Oder
> deinen eigenen Kindern Erbarmen (ἔλεος)? Weit gefehlt."

Auch φιλανθρωπία wird in Verbindung mit συγγνώμη noch öfter begegnen (z. B. *D.* 21.148, *D.* 23.131, *Aristid. Rh.* 16.18 + 23, unten zitiert),
wenn es darum geht, Verzeihen aus der Gegenwart des Verzeihenden zu
begründen und als dessen Tugend hinzustellen. συγγνώμη wird hier positiv bewertet; gerade deshalb, weil der Gegner sie nicht an den Tag ge-

legt hat, darf er jetzt nicht in ihren Genuß kommen, so auch im folgenden:

> *D.* 21.100. "Wenn ein Armer, der nichts Unrechtes getan hat, dem äußersten Unglück anheimfiel, was dieser hier auf unrechte Weise veranlaßt hat, dann werdet ihr seinen Zorn gegen ihn nicht einmal teilen? Keinesfalls ⟨darf dies so sein⟩! Denn keiner ist berechtigt, Mitleid zu erlangen von denen, die sich über keinen erbarmen, oder Verzeihung von denen, die nicht zum Verzeihen bereit sind (οὐδεὶς γάρ ἐστι δίκαιος τυγχάνειν ἐλέου τῶν μηδέν᾽ ἐλεούντων, οὐδὲ συγγνώμης τῶν ἀσυγγνωμόνων)." Vgl. auch *D.* 21.105.

> *D.* 19.281. Wenn es nach Aischines ginge, müßte man Epikrates, Thrasybulos, selbst Harmodios und die größten Heroen vertreiben. Demosthenes fragt seine Zuhörer, ob sie ertrügen, "(...) daß alle diese die Strafe nach dem Gesetz abgeleistet haben und weder Verzeihensgründe noch Mitleid (μήτε συγγνώμην μήτ᾽ ἔλεον) noch weinende Kinder, die mit ihnen, den Wohltätern des Staates, dieselben Namen führten, noch irgendetwas anderes genützt hat?" Dagegengestellt wird der eventuelle Freispruch für Aischines.

Vor allem wird vergangene Mitleidlosigkeit angeführt, aber auch in die Zukunft verlegte Gedankenspiele können angestellt werden:

> *D.* 21.209. "Erwägt, ihr Herren Richter, wenn diese − was nicht geschehen möge − Herren im Staate würden mit Meidias und Leuten wie ihm und einer von euch vielen Demokraten sich gegen einen von diesen etwas zuschulden kommen ließe − nicht so schlimm wie Meidias gegen mich, sondern in irgendetwas anderem − und vor Gericht gezogen würde, das von diesen gebildet würde, welche Verzeihung (συγγνώμης) oder welche Verteidigungsmöglichkeit, glaubt ihr, würde er wohl erlangen?"

> An dieser Stelle wird nicht ἔλεος, sondern λόγος erwähnt, doch das Argumentationsmuster ist das gleiche wie *D.* 19.283. Auch *Lys.* 13.53 (s. a. *Adkins* S. 309) wird es ohne das Wort ἔλεος benutzt. Immer wieder werden verschiedene Rechtsfälle miteinander verglichen, so *D.* 19.133, *Lys.* 12.29, *Lys.* 14.11, *Lys.* 28.3, *Lys.* 29.5.

Was hier gegen Mitleid mit dem Mitleidslosen, Verständnis mit dem Verständnislosen geltend gemacht wird, entspricht der Goldenen Regel; speziell vor Gericht muß das Prinzip gelten, daß gleiche Tatbestände auch gleich behandelt werden. Dieser Grundsatz wird ferner dann verletzt, wenn der jetzt Angeklagte geringer bestraft wird als andere, deren Fälle gleich lagen. Daher wird im Zusammenhang mit der Verhinderung des Mitleids immer wieder davor gewarnt, die Gesetze außer Kraft zu setzen:

> *Lys.* 14.40 "(...) daher ist es jetzt nötig, daß ihr diesen für einen Erbfeind der Stadt haltet und verurteilt und weder Mitleid noch Nachsicht noch irgendeine Gnade (μήτε ἔλεον μήτε συγγνώμην μήτε χάριν μηδεμίαν) wichtiger nehmt als die bestehenden Gesetze und die Eide, die ihr beschworen habt."

Die Gerechtigkeit steht in Gefahr, außer Kraft gesetzt zu werden:

> *Hyp.* 4.7. "Wenn du aber glaubst, du könntest dich mit den Tänzchen und
> Mätzchen, die du gewöhnlich vor Gericht treibst, aus dem Prozeß retten, bist
> du ein Einfaltspinsel, oder daß bei diesen irgendein Verständnis oder Mitleid
> auf Kosten der Gerechtigkeit (συγγνώμην ἢ ἔλεον τι παρὰ τὸ δίκαιον)
> herrsche. Weit gefehlt."

> Dieselbe Kombination wird *Lys.* 10.26 (gleichlautend *Lys.* 11.9) angebracht.
> Auch *Anaximenes* Rh. 36.27 · 28 empfiehlt übrigens den Hinweis, der Ge-
> setzgeber habe mit niemandem Nachsicht (ohne ἔλεος).

Die für die Gerichtssituation typische Gerechtigkeitsfrage fehlt *Lys.*
12.79, wo dieser Gesichtspunkt wegen der Kriegsmetaphorik nicht er-
wünscht sein kann:

> *Lys.* 12.79. "Über Theramenes freilich habe ich genug zur Anklage vorge-
> bracht; es kommt aber für euch der Augenblick, in dem in eurem Urteil
> keine Nachsicht und kein Mitleid (συγγνώμην καὶ ἔλεον) sein darf,
> sondern ihr an Eratosthenes und seinen Mit-Machthabern die Strafe voll-
> ziehen müßt, und es darf nicht sein, daß ihr im Kampf stärker seid als die
> ⟨äußeren⟩ Feinde, bei der Abstimmung aber dann schwächer als die ⟨inne-
> ren⟩ Feinde."

Auch diese Argumentation spricht dem ἔλεος die Berechtigung nicht
grundsätzlich ab, auch wenn ἔλεος bei einem Konflikt mit dem Gesetz
nicht den Vorrang erhalten darf. In dem hier gesammelten Material wird
ἔλεος nirgends gänzlich abgewertet,[58] aber συγγνώμη ist an einigen
Stellen sehr grundsätzlicher Kritik ausgesetzt.

7. Captatio benevolentiae und Prunkfigur

In der Sache des Prozesses wird nicht um Verzeihung gebeten —
bezogen auf den Vorgang des Sprechens geschieht das hingegen häufig:
in der rhetorischen Figur der Captatio benevolentiae. Der psychologische
Vorgang, den die Captatio benevolentiae bewirken soll, ist in der
Rhetorik-Theorie genau erkannt worden:

> *Anaximenes* Rh. 18.9. "Wenn aber die Menge lärmt, mache nicht den
> Richtern, sondern dir selbst Vorwürfe; denn wenn du jene tadelst, bewirkst

---

[58] *Burkert, Mitleidsbegriff* S. 149-153 ("Ausblick") zeichnet sowohl für die
griechische Literatur von der Klassischen Zeit an als auch besonders für die
Redner (S. 152) das Bild einer Bewertung des Mitleids, die ebenso ambivalent ist
wie die des Verzeihens.

Immerhin relativiert wird das Mitleid *D.* 21.99 (ἐξαιτήσεται, nicht συγγνώμη):
Das Mitleid, das man Meidias wegen seiner auftretenden weinenden Kinder
eventuell gewähren wird, ist weniger notwendig als das Mitleid für seine Opfer.

du Zorn, wenn du aber dir selbst Vorwürfe machst und sagst, du habest beim Sprechen einen Fehler gemacht, wird das bewirken, daß du Nachsicht erlangst (συγγνώμης ... τυχεῖν). Man muß aber auch die Richter bitten, die Rede wohlwollend zu hören (...)."

In der kritischen Situation, daß im Publikum Unruhe aufkommt, ist es nicht ratsam, seinem Ärger über den Lärm Luft zu machen, da die Unruhe noch größer werden kann, wenn das Publikum erzürnt wird; klüger ist es, die Schuld auf sich zu nehmen: Die Selbstverkleinerung, die in der Bitte um Verzeihung liegt, daß man sich selbst demütigt, sich mehr Schuld auflädt, als man hat, wird das Publikum besänftigen. Die psychologischen Voraussetzungen sind aus Aristoteles "Rhetorik" abzulesen:

> *Arist. Rh.* 1380a28. Man ist sanft gestimmt u. a. "(...) gegen die, die bitten und sich entschuldigen (τοῖς δεομένοις καὶ παραιτουμένοις); denn sie sind recht demütig." Demütigen gegenüber, so ist kurz vorher (1380a22ff.) ausgeführt worden, ist man ebenfalls sanft gestimmt: "(...) sie scheinen nämlich einzugestehen, daß sie schwächer sind, und wer das tut, fürchtet sich, und wer sich fürchtet, achtet niemanden gering; daß aber der Zorn sich legt gegenüber denen, die sich demütigen, zeigen auch die Hunde, die die Sitzenden nicht beißen."

Auch Aristoteles empfiehlt die Captatio benevolentiae,

> (*Arist Rh.* 1415a3) "(...) wenn die Rede von etwas Ungewöhnlichem, etwas Ärgerlichem oder etwas von vielen Durchgehechelten ist, so daß man Nachsicht hat (συγγνώμην ἔχειν) (...)."

Kritisch ist die Situation aber auch am Beginn einer Rede und an Übergängen von einem Teil der Rede zum anderen, so daß Selbstverkleinerung angeraten scheint (außerdem hat sie wie die Figur des Verzeihlichen und des Unverzeihlichen den Effekt, daß eine solche Entschuldigung ausführlich begründet werden darf). Weil es ratsam ist, am Anfang einer Rede Kontakt mit dem Publikum aufzunehmen, findet sich in den überlieferten (also im Normalfall sorgfältig ausgearbeiteten) Reden eine Captatio benevolentiae meist im Proömium.

In einem allgemeinen Zusammenhang — es geht um gerechte und ungerechte Bitten — verknüpft Anaximenes wie im oben zitierten Fall die Bitte um Nachsicht mit der Bitte um Wohlwollen:

> *Anaximenes Rh.* 19.1. "Gerecht ist es nun zu bitten, den Worten aufmerksam und mit Wohlwollen zu folgen, gerecht ist aber auch die Bitte, nach den Gesetzen Hilfen zu geben und mit Unglücksfällen Nachsicht zu üben (τοῖς ἀτυχήμασι συγγνώμην ἔχειν)."

> Eine kombinierte Bitte um Nachsicht und Wohlwollen (συγγνώμην τε ἔχειν καὶ μετ' εὐνοίας ἀκροᾶσθαι) findet sich *Is.* 6.2; untypisch ist hier allerdings, daß nicht genau gesagt wird, wofür Nachsicht erbeten wird; gemeint ist wohl die Tatsache, daß der Sprecher für Phanostratos und

Chairestratos im Prozeß eintritt (Fürsprecher mußten sich gegen den Verdacht wehren, sie würden für ihren Beistand bezahlt)[59].

Meist wird deutlich gesagt, wofür Nachsicht erbeten wird: etwa, daß sich der Inhalt verschiedener Reden überschneidet (*Din.* 1.2 συγγνώμην ἔχειν); bei Isaios finden wir die Entschuldigung wieder, die aus Platons "Apologie des Sokrates" (*Pl.* Ap. 17d) bekannt ist: Der Redner sei ungeübt im Reden.

> *Is.* 10.1. "Wir befinden uns aber nicht in gleicher Lage, meine Herren. Die einen sind groß im Reden und können sich vorbereiten, so daß sie auch für andere oftmals vor euch Prozesse geführt haben; ich aber habe keineswegs für jemand anderen, aber auch nicht einmal für mich selbst in einem eigenen Prozeß geredet, so daß ich von euch viel Nachsicht bekommen (συγγνώμης τυχεῖν) muß."

Das, wofür der Sprecher um Verzeihung − oder eher Verständnis − bittet, sollte eine Selbstverständlichkeit sein:

> Verzeihung wird dafür erbeten, daß der Redner als erster redet (*D.* 4.1 συγγνώμης τυγχάνειν), daß er als Kläger den Prozeß anstrengt (*D.* 40.4 συγγνώμην ἔχειν, *D.* 45.83 ebenso, *D.* 59.1 συγγνώμην ἔχετε) − wenn die Gründe dafür so triftig sind, wie der Redner im selben Atemzug versichert (so *D.* 45.83, etwas schwächer *D.* 40.4), bedürfte es nicht dieser Bitte, sondern der überzeugenden Darstellung dieser Gründe; selbst für einen gerechten Zorn gegen den Angeklagten müßte sich ein Verständnis der Richter aus der Darstellung entwickeln und nicht extra erbeten werden (*D.* 54.2 συγγνώμην ἕξετε). Diesem Gedanken trägt *D.* 53.3 (συγγνώμην εἴχετε) Rechnung; hier wird nur indirekt um συγγνώμη gebeten: Wenn der Redner genug Zeit hätte, alle Umstände darzulegen, hätten seine Zuhörer − so gibt er vor zu wissen − noch mehr Verständnis dafür, daß er seinem Gegner zürnt.
>
> Dafür, daß ein junger Mann spricht (*Is.* Fr. 5.2 συγγνώμην ἔχειν), wird ebenso um Verständnis geworben, wie daß der Sprecher alt ist (*Isoc.* 15.9 συγγνώμην ἔχειν); wenn eine Rede ein gewichtiges Hauptthema hat (*Isoc.* 12.38 πολλῆς συγγνώμης τεύξεσθαι, ebenso *Isoc.* 15.9) oder ein besonders neuartiges (*Isoc.* 15.179 ἔχειν συγγνώμην), ist eine solche Captatio benevolentiae ebenso gut anzubringen, wie wenn sich der Redner einem Seitenthema zuwendet (*Lys.* 19.56 συγγνώμην ἔχετε). *Lys.* 2.1 wird Verzeihung nicht erbeten, aber indirekt herausgefordert (συγγνώμης τυγχάνειν), ebenso in einem isoliert überlieferten Demosthenes-Proömium durch den Hinweis, falls ein Athener bei dieser Gelegenheit zum ersten Male das Wort ergriffe, fände er gerechtermaßen Verständnis (*D.* Prooem. 24.1 δοκεῖ δικαίως συγγνώμης τυχεῖν).

Geschickt geht Isokrates vor, um eine Abschweifung zu entschuldigen: Er kann hierbei sowohl (wie *Isoc.* 15.9) mit seinem hohen Alter kokettieren als auch darauf hinweisen, daß die Abschweifung aus innerer Folgerichtigkeit resultierte:

---

[59] *Lipsius* S. 908.

Isoc. 12.88. "Aber ich weiß nicht, wohin ich geraten bin; denn weil ich immer glaubte, zum vorher Gesagten noch hinzusetzen zu müssen, was daran anschließt, bin ich gänzlich von meinem vorgesetzten Thema abgekommen. Es bleibt also nichts übrig, als daß ich meinem Alter Nachsicht erbitte (αἰτησάμενον ... συγγνώμην) für seine Vergeßlichkeit und Weitschweifigkeit, die Menschen gewöhnlich unterläuft, wenn sie so alt geworden sind, und dann zu dem Punkt zurückkehre, von dem ich in diese Abschweifung geraten bin."

Am ehesten besteht ein tatsächlicher Grund, dem Unwillen des Hörers oder Lesers vorzubeugen, in Demosthenes' "Erotikos", in dem der Sprecher das Publikum auffordern muß, sich den Jüngling selbst anzuschauen, da ihm die rechten Worte zur Beschreibung fehlen (*D.* 61.10 συγγνώμης τύχω). Im ἐπιδεικτικὸν γένος könnte der Leser den Anspruch erheben, ein anschauliches Bild des Gepriesenen zu bekommen. Doch da er mit einer detaillierten Begründung entschädigt wird, warum ein dem Original gleichendes Bild nicht zu entwerfen ist, darf man auch hier an der Notwendigkeit der Bitte um συγγνώμη zweifeln.

In den Büchern des Aristeides (2. Jahrhundert n. Chr.) über Rhetorik wird dieses breite Spektrum von Entschuldigungsgründen als Nachsicht für den Inhalt der Rede zusammengefaßt:

Aristid. Rh. 54.14. Es gibt κόλασις κατὰ γνῶσιν, σχῆμα und λέξιν. "Der Diktion nach aber, wenn man die umgangssprachliche Redewendung für die Sache statt des Fachterminus gebraucht und wenn man ⟨sonst⟩ weniger Übertreibungen gebraucht und sich ⟨dann⟩ einmal gezwungen sieht, eine übliche Hyperbel zu gebrauchen, und sich deshalb entschuldigt (συγγνώμην ... αἰτῆσαι)."

Ähnlich *Aristid.* Rh. 62.11. Entschuldigungen (παραιτήσεσι χρῆται) für den Gebrauch bestimmter Wortfiguren sieht Aristeides ebenfalls vor (*Aristid.* Rh. 54.14).

Gedacht ist offenbar an Fälle wie die folgenden:

Aeschin. 1.37. "Ich bitte euch aber, Athener, Nachsicht zu haben (συγγνώμην [μοι] ἔχειν), wenn ich, gezwungen, über Tätigkeiten zu sprechen, die von vornherein nicht gut sind, von diesem aber ausgeführt, mich dazu hinreißen lasse, ein Wort zu gebrauchen, das den Taten des Timarchos ähnlich ist."

Aeschin. 2.88. "Könntet ihr mir wohl verzeihen (δοίητ᾽ ἄν μοι συγγνώμην), Athener, wenn ich ihn [Kersobleptes] einen Strichjungen (κίναιδον) genannt habe, und daß er seinen Körper nicht rein gehalten hat und nicht einmal den Ursprung seiner Stimme, und ich dann zeige, daß der übrige Teil der Anklage ⟨gegen mich⟩, der Kersobleptes betrifft, nachweislich falsch ist?"

Der Redner braucht hier nicht darauf zu verzichten, bestimmte Bezeichnungen zu verwenden, er kann zudem anläßlich seiner Entschuldigung darauf hinweisen, daß es die Taten des Gegners sind, die ihn zu einer solchen Sprache zwingen. Mit der Entschuldigung wird schließlich auch verdeckt, daß die genannten Schandtaten mit der Prozeßsache überhaupt nichts zu tun haben.[60]

Schon in der Antike ist das Mißverhältnis zwischen dem Anlaß der Captatio benevolentiae und ihrem sprachlichen Gewicht glossiert worden, nämlich in einem Diktum des Marcus Cato:[61]

> *Plu.* Cat. Ma. 12.6. "So machte er einen Scherz über Albinus, der ein Geschichtswerk auf griechisch geschrieben hatte und ⟨dafür⟩ um Verzeihung bat (συγγνώμην αἰτούμενον): Er sagte, man müßte ihm verzeihen (δοτέον εἶναι τὴν συγγνώμην), wenn er das Werk, durch einen Beschluß der Amphiktyonen gezwungen, auf sich genommen hätte." Der gleiche Ausspruch *Plu.* 199e und, ausführlicher, *Plb.* 39.1 (συγγνώμην ἔχειν [dreimal]).

> Bei Polybios wird der Ausspruch noch fortgeführt: Der Historiker wird verglichen mit einem Sportler, der sich zu Wettkämpfen anmeldet, sich dann aber bei den Zuschauern entschuldigt, er könne weder Anstrengung noch Schläge ertragen. In der Fassung bei Plutarchos enthält schon der Hinweis auf den Amphiktyonenrat, der zu dieser Zeit zur Bedeutungslosigkeit herabgesunken war (*Flacelière/Chambry* z. St.), die Pointe: 'Wer sich unnötigen (hier anachronistischen) Anforderungen stellt, hat nicht auch noch das Recht zur Captatio benevolentiae'; denn nur ein Beschluß des Amphiktyonenrats, und dieser auch nur in der Zeit, in der dieser zu bestimmen hatte, könnte einen römischer Autor nötigen, ein Geschichtswerk griechisch abzufassen.

Die Captatio benevolentiae ist für denjenigen, der nach dem Wesen des griechischen Verzeihens fragt, unergiebig (allenfalls ein Beleg für die Geläufigkeit, mit der von συγγνώμη gesprochen wurde): Das, wofür Verzeihung erbeten wird, ist nicht der Rede wert, und eine Begründung wird zwar sehr gern gegeben, dabei aber nur selten auf die typischen Motive für συγγνώμη verwiesen. Dennoch handelt es sich nicht um bedeutungslose Sätze: Sie erfüllen ihre Funktion als Selbsterniedrigung vor dem Publikum, als Geste der Rücksicht auf den Zuhörer; daß er eine Leistung beim Zuhören vollbringt, wird dadurch anerkannt. Daß das Reden von συγγνώμη zum Transport von Argumenten benutzt wird, wirft

---

[60] Vgl. *Blass* III (2) S. 205: "Soweit ist nun wesentlich noch nichts widerlegt (...)."

[61] Es richtet sich allerdings nicht gegen einen Redner, sondern gegen den Geschichtsschreiber A. Postumius Albinus (zu diesem *RE* Bd. 22 (1) Sp. 902-08, speziell 907, die Fragmente seines Geschichtswerks *FGrHist* 812F1), nimmt also auf die *literarische* Verwendung Bezug, für die sich auch genügend Beispiele finden.

In der Plutarchischen Vita wird das Apophthegma verwendet, um die Verehrung des Älteren Cato für die Griechen zu bestreiten, die auch heute in der Forschung umstritten ist (siehe *Scardigli* S. 45). Über die Stellung zum Griechentum verrät der Ausspruch wohl keine Ablehnung, aber deutliche Distanz; er paßt zu dem Cato, der sich einerseits für die historischen Verdienste der Griechen interessiert (*Plu.* Cat. Ma. 12.5), andererseits mit den zeitgenössischen Griechen per Dolmetscher verkehrt (*Plu.* Cat. Ma. 12.7).

ein Licht auf den intellektuellen Gehalt des Wortes, wie im Abschnitt B V 3 dargelegt wird.

Zur "demütigen" Figur der Captatio benevolentiae gibt es auch ein "stolzes" Gegenstück. Aristeides macht darauf in seinen Ausführungen über die "wuchtige" Darstellungsart, den Prunk (βαρύτης)[62] aufmerksam:

Aristid. Rh. 16.18 · 23. "Wo du aber im Übermaß beweisen kannst, daß du selbst nicht schuldig bist, dort mußt ⟨du⟩ mit Kühnheit eine derartige Prunkfigur verwenden, daß du dich selbst ausnimmst von Nachsicht oder Menschenfreundlichkeit (ἀφαιρεῖν σεαυτὸν συγγνώμης ἢ φιλανθρωπίας) von seiten der Richter, wenn du zum Beispiel sagst [= *D.* 18.10]: 'Haltet nicht meine Stimme aus, auch wenn ich alle meine Politik aufs allerbeste getrieben habe, sondern steht auf und verurteilt ⟨mich⟩ schon ⟨jetzt⟩'; Prunk entsteht auch hier. Und bei einem Freund entsteht ein ebensolcher Prunk, wenn du ihn von Nachsicht oder Menschenfreundlichkeit (ἢ συγγνώμης ἢ φιλανθρωπίας) der Richter ausnimmst. Prunk entsteht auch, wenn du etwas Unsinniges auf dich selbst herabwünscht wie [= *D.* 8.49, *D.* 10.25]: 'Und doch möchte ich lieber sterben als das gesagt haben.'"

Ein Beispiel bietet *Lys.* 3.4. "Ich fordere aber, hoher Rat, wenn ich im Unrecht bin, keinerlei Verzeihung zu erhalten (μηδεμιᾶς συγγνώμης τυγχάνειν) (...)."

Isokrates bietet in seiner Antidosis-Rede, einer Mischung von Gerichts- und Prunkrede,[63] ein Beispiel, wie diese "wuchtige" Art, sich selbst vom Verzeihen auszuschließen, noch überboten werden kann:

Isoc. 15.51. "Ich will aber für mich auch einen strengeren Maßstab aufstellen als für die anderen und eine Rede halten, die kühner ist, als es zu meinem Alter paßt; ich fordere, daß ich, falls ich schädliche Reden führe, nicht nur keinerlei Nachsicht von euch genieße (μηδεμιᾶς συγγνώμης τυγχάνειν), sondern, daß ich, wenn ich nicht rede, wie es kein anderer ⟨kann⟩, die größte Strafe auferlegt bekomme."

Von συγγνώμη schließt sich Isokrates auch *Isoc.* 4.14 aus (μηδεμίαν μοι συγγνώμην ἔχειν), schwächer *Isoc.* 12.271; *Isoc.* 4.13 schildert er im Kontrast die normale Captatio benevolentiae; er betont *Isoc.* 12.271, daß er nicht um Nachsicht bitten wolle: οὐ συγγνώμης τυχεῖν; eine ähnliche Absetzung von der Captatio benevolentiae *Antipho* 5.5, doch nicht ganz so anspruchsvoll. Für *Herodes Atticus* Pol. 3 wäre es unverzeihlich (οὐδεμίαν ὁρῶ συγγνώμην), eine Rede nicht zu halten.

In diesem Zusammenhang wird auch das Verb παραιτέομαι gebraucht.

Aischines führt *Aeschin.* 1.122 eine Rede vor, die ein guter Mann halten dürfte, nicht aber sein Gegner Timarchos: Darin werden die Athener aufgefordert, den so Auftretenden schon dann zu bestrafen, wenn sie überhaupt

---

[62] Die Übersetzung mit "Prunk" lehnt sich an die "Prunkrede" (ἐπιδεικτικὸν γένος) an; für das Wort allein wäre vielleicht eher von "Wucht" oder "Auftrumpfen" zu sprechen.

[63] *Blass* II S. 309.

nur einen solchen Verdacht fassen könnten; er selbst sei jedenfalls nicht
gekommen, um Gnade zu bitten: οὐδ᾽ οὕτως ἥκω παραιτησόμενος ὑμᾶς
(...). In ebenfalls fingierter Situation hält der Palamedes des Gorgias die
Fürbitte von Freunden, παραίτησις, für unnötig (*Vorsokr.* 82 B 11a: Gorgias,
Palamedes). Um Gnade zu bitten, weist auch Andokides zurück (*And.* 1.32,
vergleichbar *And.* 1.30): ἀποκτείνατέ με· οὐ παραιτοῦμαι.

Exkurs: παραιτέομαι

Im Zusammenhang der Rhetorik wird die Aufmerksamkeit auf das Verb
παραιτέομαι und seine Stammverwandten παραίτησις, παραιτητός, ἀπαραίτητος gelenkt. Eine besondere Nähe zur Gerichtssphäre scheint zwar
gegeben; aber besonders ἀπαραίτητος verbindet sich gern mit Götterna-
men, so daß die Frage nach religiöser oder juristischer Herkunft ein
Vexierspiel zu werden droht. Doch läßt sich die Priorität wohl zugunsten
des juristischen Bereichs entscheiden. Daneben müßte gerade παραιτέομαι
im alltäglichen Gebrauch eine Rolle gespielt haben, also dann, wenn
Sklaven oder Kinder baten, nicht bestraft zu werden; aber diese Alltagssprache läßt sich wie üblich schwer fassen (die Äußerungen des Plutarchos und vereinzelter anderer Zeugen zu diesen Fragen sind nicht ausführlich genug).

Das Verb παραιτέομαι hat die verschiedensten Bedeutungen, auch
negative wie "sich etwas verbitten".[64]

> So *M. Ant.* 1.12; *Vorsokr.* 68B190: Demokritos "vermeiden", *Epicur.* [4] (= Ep.
> 3) 125 "sich verwahren gegen", *Rh.* 1.103 "geschieden werden" (Ehe), *J.* AJ
> 7.175. *NT* Lc. 14.18 · 19 und *J.* AJ 16.62 "eine Einladung ausschlagen"

Die Hauptbedeutung ist "bitten, erbitten", und zwar ursprünglich "an
etwas vorbei bitten", also die Aggression aus ihrer ersten Richtung
ablenken, oft auch in dem Sinne, daß für jemanden Fürbitte eingelegt
wird. Es ist die modernere Form der λιταί (vgl. zu *Hom.* Il. 9.502ff.
Kapitel A V 1).

> *Hdt.* 1.24 und oft, *Th.* 5.63.3, *And.* 1.21, *And.* 3.21 (hier etwa "j-n für einen
> anderen bitten"), *Pl.* Cri. 107a4 und öfter, *J.* BJ 1.506, *Lib.* Or. 20.29, *Test.* Lev.
> 5.6 · 7, *Test.* Dan. 6.2

In der Gerichtssituation findet sich auch die Spezialbedeutung "sich
aufs Bitten verlegen, um Gnade bitten, etwas abbitten", insbesondere in
der Negation wie in der oben behandelten Prunkfigur.

---

[64] Da die Belege meist nach dem Vorkommen von συγγνώμη aufgenommen
wurden, können im folgenden kleine Ungenauigkeiten in den Stellenangaben vorkommen.

And. 1.30, *And.* 3.21, *Aeschin.* 1.122, *Aeschin.* 2.19, *Aeschin.* 3.198, *LXX* 3 Ma 6.27 *App.* BC 5.177, *D. Chr.* 46.1, *Lib.* Or. 46.10, *Plb.* 22.5.6, *Clem. Alex.* 3.187.17

Verneint: *And.* 1.32, *E.* Heracl. 1026, *E.* Rh. 832, *J.* Vit. 141

Wenn um συγγνώμη gebeten wird, so verbinden sich die συγγνώμη-Verbindungen, vor allem συγγνώμην ἔχω, oft mit παραιτέομαι.

Dies weiß auch das attizistische Lexikon des Oros (*Oros* Nr. 19; daneben παραιτοῦμαί σε μὴ χαλεπαίνειν), es beruft sich auf *Men.* Fr. 693 und *Xen.* Mem. 2.2.14. Der früheste Beleg *Hdt.* 6.86.3. Weitere Belege: *X.* Mem. 2.2.14, *Epicur.* [6] (= Sent. Vat.) 62, *Aristaenet.* 1.22.31f., *D. Chr.* 36.14, *D. H.* 1.58.4, *J.* AJ 1.48 + 165, *Lib.* Prog. 8.4.1, *Luc.* Demon. 50, *Luc.* Herm. 34, *Plb.* 39.1.7 + 8, *Plu.* Nic. 5.2

Vielleicht ist *Hyp.* 2.44.27 (παραιτέομαι ε) durch ἔχειν συγγνώμην zu ergänzen.

Aus den beiden zuletzt genannten Verbindungen erklärt sich, daß παραιτέομαι auch allein "sich entschuldigen, um Verzeihung bitten" heißen kann.

Pl. Criti. 106c1 (parallel zu συγγνώμην αἰτούμενος), *Lib.* Decl. 27.22 (parallel zu συγγνῶναι), *D. Chr.* 11.63 (addiert zu συγγνώμην ἔχειν ἐκέλευε), *Arist.* Rh. 1380a28, *X.* An. 6.6.29, *Aristid.* Rh. 54.14, *M. Ant.* 1.16 (vermutlich), *D. Chr.* 75.3, *J.* AJ 1.48 (mit μὴ χαλεπαίνειν) + 165 (Gegensatz zu ὑβρίσαι), *J.* AJ 15.31 + 37, *J.* Vit. 352 ("j-s Verhalten entschuldigen"), *Lib.* Decl. 19.37, *Luc.* Par. 2 (im Scholion erklärt durch ἀπολύειν), *Philostr.* 2.104.17: VS 2.20.3, *Plb.* 21.41.5, *Plb.* 39.1.5 + 6, *Plu.* 489d, *Plu.* Brut. 26.8, *Plu.* Demetr. 36.7

παραιτητός "entschuldbar" *Ph.* 5.184.5 (parallel zu συγγνωστός) + 13 (ebenso), *Iamb.* in Nic. 28.13

ἀπαραίτητος "unentschuldbar" *Plb.* 30.4.14, *Plb.* 33.10.5

Entsprechend wird παραίτησις für "Bitte um Verzeihung, Entschuldigung", auch "Entschuldigungsgrund, Ausflucht" verwendet.

Parallel mit συγγνώμη: *D.* 9.37, *Pl.* Criti. 107a6, *Pl. Criti.* 108b3, *D. H.* 10.6.2, *D. H.* 10.33.3, *D. Chr.* 52.6 (παραιτήσεως ... ἐδεήθη parallel zu ἀπολογουμένους), *Ph.* 5.17.11, *Ph.* 5.135.1, *Plb.* 39.1.5, *Plu.* 489d, *Athan.* MPG 26.652C4: Theognostos, *Lib.* Decl. 5.42, *Lib.* Decl. 10.17, *Lib.* Or. 11. 8, *Lib.* Prog. 9.1.2

Weitere Belege: *Th.* 1.73.3, *Rh.* 1.358, *D. H.* 8.50.3 (parallel zu ἱκετίας und λιτὰς), *J.* AJ 8.278, *Ph.* 2.10.3 (parallel zu ἱλασμὸς), *Philostr.* 2.124.18: VS 2.31.1

(Der Hinweis von *Ernesti* auf προπαραίτησις s. v. Deprecatio: "(...) παραίτησις illa videtur esse, quam προπαραίτησιν vel συγγνώμην Graeci Rhetores dixerunt (...)" wurde im hier gesammelten Material nicht verifiziert.)

Prunkfigur: *Vorsokr.* 82B11a33: Gorgias, Palamedes, *Aristid.* Rh. 54.14, *Aristid.* Rh. 77.10, *Rh.* 1.358

Im Zusammenhang mit Göttern (s. u.): *Epicur.* [4] (= Ep. 3) 134

Derjenige, der sich von dieser Bitte um Verzeihung nicht beeinflussen läßt, wird ἀπαραίτητος genannt; dies betrifft in vielen Belegen Richter, dann auch Recht, Gesetze, Strafen, gegen die kein solches Bitten hilft ("unerbittlich", in weiterem Sinne "streng"). Gegenbegriff ist παραιτητός.

Richter: *Hyp.* 1.14.27, *Din.* 1.23, *Ält. Apol.*: Athenag. leg. 31.10, *Lib.* Prog. 7.4.20

Der stoische Weise (in juristischem Zusammenhang): *SVF* III 162.35f. (parallel zu συγγνώμην ἔχειν und ἐπιεικῇ)

Ankläger: *Hephaest. Astr.* I 295.13 (= II 53.10 = II 317.12)

Herrscher: *D. C.* 55.16.5, *Philostr.* 2.17.17: VS 1.10.3, *Ält. Apol.* Athenag. leg. 31.1

Gesetz: *J.* AJ 4.262, *J.* Ap. 2.215

Strafe: *Sammelb. 1* 5250.6 (überliefert: ἀπαραιτήτων δικ), *D. S.* 17.14.2, *D. S.* 18.22.4, *D. S.* 5.79.1, *D. S.* 16.61.1, *D. H.* 6.20.1, *J.* AJ 1.23, *J.* Ap. 2.262 *Ast. Soph.* 184.16, *OGI* 669.40 [1], *Ph.* 5.162.1, *Plb.* 1.78.14

ἀνάγκη: *Ält. Apol.* Aristid. apol. 4.2

Unglück: *Clem. Alex.* 1.249.17

"streng" *Lib.* Decl. 48.2

"unerbittlich" für menschliche Eigenschaften und Aktivitäten:

Anklage: *Plb.* 12.7.6, *Plb.* 12.11.3, *Plb.* 12.12.6

Zorn: *D. S.* 16.45.3, *D. S.* 19.44.2, *J.* BJ 7.239; δυσπαραίτητος "schwer versöhnbar" *Plb.* 30.31.17

Haß: *D. S.* 13.23.5 *D. S.* 13.28.3

Roheit: *D. S.* 13.29.5

Mühen: *Luc.* Merc. Cond. 22

Amt: *POxy* 904.9 [V p.]

Schwert (σίδηρος): *Iamb.* VP 68 · 225

Abgeleitete Bedeutungen: *Rh.* 3.605 "ungehemmt, willkürlich"; "unverzeihlicher" Vorwurf: *Him.* Or. 5.10 (ἀπαραίτητος parallel zu ἀσύγγνωστος), *Plb.* 12.11.3; "unbezwingliche" Gründe: *Hsch. Hieros.* 7.7.23; "unausweichliche" Gegenwart *LB* Io. 206.2; "unversöhnliches" Zerwürfnis *Philostr.* 2.110.14: VS 2.25.2.

Wenn Georgios Pachymeres wie *Rh.* 1.559 Ares, so auch *Rh.* 1.71 Paris einen κολαστὴς ἀπαραίτητος nennt, ist die Ironie deutlich. Bezeichnend auch die Adverb-Kombination ὠμῶς καὶ ἀπαραιτήτως im Zusatz zur "Pathologie" bei Thukydides: *Th.* 3.84.1.

Diese Eigenschaft wird auch göttlichen Wesen zugesprochen; hierbei wird aber eher an "abstrakte" Gottheiten ("Personifikationen") gedacht als an die persönlich gedachten Götter, es sei denn, es handele sich (vor allem bei Platon) um allgemeine Kritik an einem Götterbild, nach dem diese durch Opfer dem Übeltäter Strafe erlassen; dies spricht dafür, daß es sich bei παραιτέομαι um keinen ursprünglich religiösen Begriff handelt, zumal das Verb παραιτέομαι kaum in religiösem Kontext gebraucht wird (anders wohl die personifizierten Λιταί bei Homer, s. A V 1).

Götterkritik vor allem bei *Pl. Lg.* 906d1 (parallel zu συγγνώμων), *Pl. Lg.* 905d4 + 8, auch *Clem. Alex.* 3.11.28. Dieser Kritik stellt Epikuros – *Epicur.* [4] (= Ep. 3) 134 – entgegen, daß der Glaube des Mythos an die Erbittlichkeit der Götter immer noch besser wäre als der an die unerbittliche Notwendigkeit.

Lycurg. 2 ist neben ἀπαραιτήτους θεοὺς der Zusatz μὴ παρέχοντας συγγνώμην als Glosse getilgt worden. *Schol Pl. Lg.* 901d1: Proklos erklärt παραιτητούς u. a. durch συγγνώμονας (im Zusammenhang mit Platons Götterkritik).

Gott, Götter: *Pl. Lg.* 906d1 (parallel zu συγγνώμων), *Pl. Lg.* 905d4 + 8, *Phld.* D. 1.17.8, *Phld.* D. 1.18.23, *Simp.* in Epict. 106.48, *Clem. Alex.* 2.346.24

Abstrakta: Dike: *TrGF 2* Adespoton 495, *D.* 25.11, *Sammelb.* 5250.6 (2. Jh. v. Chr.) (?)

Notwendigkeit: *Epicur.* [4] (= Ep. 3) 134, *Ält. Apol.* Arist. apol. 4.2, *Eus. Is.* 242.9

Schicksal: *Lys.* 2.78, *Rh.* 1.585 ("wie ein unerbittlicher Tyrann")

Unglück: *D. S.* 13.22.5, *D. S.* 16.45.2

Tod: *T. Abrah.* RL 1.3

8. Weitere Aspekte

Wenn vor Gericht von συγγνώμη die Rede ist, steht meistens die Vergangenheit des Täters, die Motivation seiner Tat, im Mittelpunkt. Daneben ist die Gegenwart des Verzeihenden von Interesse, wobei oft der Begriff ἔλεος neben συγγνώμη rückt: Der Redner geht von der Meinung aus (oder muß sich doch mit ihr auseinandersetzen), daß Verzeihen wie Mitleid zu einem positiven Charakterbild beitragen.

Andere Zeitaspekte spielen in der Rhetorik keine so große Rolle, sind aber vertreten. So wird behauptet, Angeklagten würde oft wegen ihrer Vorfahren verziehen (*Lys.* 30.1 + 27, *And.* 1.141): Dies entspricht einem Blick auf die Vergangenheit, aber nicht auf die des Täters selbst.

Bei politischen Entscheidungen spielt oft die für die Zukunft erwartete Wirkung des Verzeihens die Hauptrolle bei der Entscheidung. Für συγγνώμη spricht die Erwartung, der Täter werde Dankbarkeit zeigen (positive Erziehungstheorie), gegen sie die Befürchtung, er werde erst recht die Gelegenheit zu weiterer Schädigung nützen (negative Erziehungstheorie). In der Gerichtsrhetorik wird das Argument meist negativ verwendet; so führt Aischines einen Fall zur Warnung an (*Aeschin.* 3.89).

Auch die oben (B I 3) vorgestellten Belege für eine *laudatio temporis acti* gehen von der Voraussetzung aus, daß Straflosigkeit zu neuen Untaten ermutige (besonders *Isoc.* 7.47). Dieses Denkmuster war offenbar so verbreitet, daß es im Einzelfall nicht der Begründung bedurfte, warum der gerade Angeklagte sich bei Freispruch nicht bessern werde (*Din.* 2.3, *Lys.* 14.2, ein Beispiel aus der Spätantike: *Aphthonius* 17.23).

Auch die Wirkung auf bisher Unbeteiligte, die beim Freispruch zur Nachahmung neigen könnten, wird bedacht; umgekehrt soll die Bestrafung eine günstige Wirkung ausüben (*Lys.* 14.13, *D.* 56.48; entfernt vergleichbar *Lys.* 25.35).

Aus dem Zukunftsaspekt entstehen auch recht verwickelte Argumente: "Zweck" eines vergangenen Handelns war es, in der Gegenwart keine συγγνώμη zu erhalten (*D.* 19.257, bereits angeführt) oder für einen Übeltäter auszuschließen (*D.* 27.45).

Eine religiöse Begründung findet sich in der Rhetorik nicht besonders häufig, selbst wenn bei bestimmten Vergehen Verzeihung ausgeschlossen wird (vgl. die "Sünde wider den Heiligen Geist").

> Der Begriff συγγνώμη wird in diesem Zusammenhang nicht gebraucht. Mit dem Verb ἀφίημι verbindet sich die Warnung an die Richter, ihrem Schwur (*D.* 19.70) oder ihrem Gebet (*D.* 19.71) gemäß zu handeln und nicht etwa den Angeklagten freizusprechen; *D.* 24.122 wird dem Gegner vorgeworfen, er habe Leute von der Gefängnisstrafe befreit, die Eigentum der Stadt unterschlagen und Eigentum der Götter aus Heiligtümern geraubt hätten. Die Verwendung von ἀφίημι in diesem Zusammenhang spricht für eine religiöse Konnotation dieses Wortes (vgl. B II 1 zu *E.* Hipp. 1450). *Antipho* 2.1.2 wird argumentiert, der Mord beflecke (μιαινομένης) die ganze Stadt, solange er nicht gerichtlich verfolgt werde.

B II Tragödie, Komödie, Geschichtsschreibung

In diesem Kapitel werden drei Gattungen zusammengefaßt, aus denen schon in den Eingangskapiteln zitiert wurde, vor allem die Belege, die auf das erkennende Element von συγγιγνώσκω verweisen. Da bereits durch die Belege aus der Rhetorik deutlich geworden ist, was typisches griechisches Verzeihen ist, kann an dieser Stelle unter den Belegen für die Bedeutung "Verzeihen" Nachlese gehalten werden.

1. Tragödie

In der Rhetorik wird man durch den Gebrauch des Wortes συγγνώμη in vielen Fällen an das tatsächliche Thema der Reden herangeführt (wenn man einmal von der Captatio benevolentiae absieht). In der Tragödie ist dies in viel geringerem Umfang der Fall; συγγνώμη bewirkt nirgends eine Wende im Verlauf der Haupthandlung.

Dies ist nicht ganz unerklärlich. Konstitutiv für den Handlungsverlauf ist die Katastrophe am Schluß; diese könnte in manchen Fällen durch eine Verzeihung unter den handelnden Personen ausgeschlossen werden. Verzeihen setzt auch eine Flexibilität des Wertungsmaßstabs voraus, die den vielfach nach starren archaischen Verhaltensmustern agierenden Personen nicht eigen ist. Doch zwingend ist dieser Ausschluß nicht: In den Handlungsverlauf könnte Verzeihen als retardierendes Moment eingegliedert werden; es könnte öfter um συγγνώμη *gebeten* werden (die Personen in der Tragödie tun einander genug an, um dazu Anlaß zu geben). Die Tragödie soll nach Aristoteles ἔλεος hervorrufen; demnach könnte auch die verwandte συγγνώμη beschworen werden. In der Thematik der Tragödie ist der freie Wille ein beherrschendes Problem: Die Menschen sind hier oft schuldig (αἴτιος), insofern sie das Geschehen ausgelöst haben; daß sie aber wiederum (modern gesprochen) "unschuldig" sind, da sie unfreiwillig (ἄκων) gehandelt haben, ist ein Hauptproblem im Umgang mit den überlieferten Tragödienstoffen.

Für Aischylos und Sophokles ist ein überwiegend unschuldig zugrundegehender Held noch erträglich: Für Aischylos ergibt sich ein Ausgleich im Verlauf längerer Zeit, u. U. mehrerer Generationen, wie sie in der Trilogie überspannt werden können,[1] wobei in der "Orestie" zuletzt (durch eine gerichtliche Entscheidung) der Teufelskreis durchbrochen wird; Sophokles wahrt seinen Helden die Selbstbehauptung im Untergang, insofern der Held im undurchschaubaren Wirken eines unbeeinflußbaren Götterwillens immerhin sich selbst treu zu bleiben vermag.[2]

Euripides, am meisten von den drei Tragikern bestrebt, aktuelle Probleme, von der Sophistik angeregte Diskussionsthemen in der Tragödie zu verarbeiten, gerät am stärksten mit der überlieferten Tragödienstruktur in Konflikt. Auch bei ihm muß sich die Theodizeefrage zuspitzen, oder es muß umgekehrt der tragische Ausgang geändert werden — beides ist überliefert. Bei untragischem Ausgang könnte Verzeihen eine strukturell bedeutsame Rolle spielen — vielleicht ist es ein Zufall der Überlieferung, daß wir dafür kein Beispiel haben.[3] Auch in Tragödien mit tragischem Ausgang und Freiwilligkeitsproblematik taucht συγγνώμη nicht so oft und vor allem nicht an so wesentlichen Stellen auf, wie man erwarten könnte.[4] Daß hingegen Tragödien mit sehr archaischem Handlungsmuster mit dem Begriff nicht arbeiten, ist verständlich.

Allerdings ist auch der Grund für diese Nebenrolle in Betracht zu

---

[1] Man denke an "Oresteia". "Sieben gegen Theben". ähnlich verhielt es sich vielleicht im "Prometheus".

[2] Vgl. Patzer, referiert in Kapitel A III 2 Anm. 3.

[3] Allerdings liegt etwa in der Euripideischen "Iphigenie bei den Tauriern" eine solche Lösung äußerst fern — nichts kann dies deutlicher machen als ein Vergleich mit der Goetheschen "Iphigenie". Denken ließe sich hingegen an antike Dramen, deren guter Ausgang durch einen Einstellungswandel bewirkt wird, etwa "Die Eumeniden", "Philoktetes" oder "Ion".

[4] An manchen Stellen zeigen nur die Scholien, daß die Verbindung zu συγγνώμη gegeben ist, während das Wort im Text nicht auftaucht:

Sch. A. Pr. 34 erklärt die δυσπαραίτητοι φρένες des Zeus u. a. mit ἀσυγγνωμόνητος, und εἰς συγγνώμην δύσκολος.

Sch. S. Tr. 727. "Gegen die, die sich ungewollt (ἀκουσίως, der vorgefundene Text lautete, anders als jetzt, μὴ 'ξ ἑκουσίου) verfehlt haben, ist der aufkommende Zorn abgekühlt, sanft und zum Verzeihen geneigt (συγγνωστὴ), wie du es von Herakles mit Recht erlangen kannst; denn du hast dich ungewollt (ἄκουσα) verfehlt."

Sch. S. OC 86 erklärt ἀγνώμονες mit ἐναντιογνώμονες, ἀσύγγνωστοι.

Übrigens auch in der Komödie: Sch. Ar. Tzetzes Ra. 696 benutzt in der Paraphrase αἰτουμένοις συγγνῶναι τὴν συμφοράν, und Sch. Ar. Tzetzes Ra. 699 erklärt παρεῖναι mit ἀφεῖναι, συγχωρῆσαι, συγγνῶναι; entfernter zum Komödiengeschehen: Sch. Ar. Tzetzes Nu. 842 · 1415.

ziehen, daß συγγνώμη der tragischen Diktion der Haupthelden (auf der
hohen, "eigentlich" tragischen Ebene) nicht ganz entspricht, wie dies im
Kapitel A II 2 anläßlich der Beobachtung erwogen wurde, wie oft
συγγνώμη in der Rede von Dienern, des Chores oder in einer Rede zu
Dienern oder zum Chor gebraucht wird. Aber auch die Wörter δι-,
καταλλάττω, ἀρέσκομαι, ἀφίημι, ἐξαιτέομαι, διαλύομαι führen nicht
wesentlich näher an den "tragischen Kern" heran — eine gewisse Reserve
gegen die Sache der zwischenmenschlich verstandenen Verzeihung muß
konstatiert werden.

Mit den συγγνώμη-Belegen bleibt man weitgehend außerhalb des
Problemkerns der erhaltenen Tragödien. Dies zeigt sich besonders
deutlich an Euripides' "Hippolytos", in dem das Problem des freien
Willens ausdrückliches Thema ist und συγγνώμη/συγγιγνώσκω immerhin dreimal verwendet wird. Der "Hippolytos" ist auch deshalb interessant, weil hier die früheste Reaktion auf Sokrates belegt ist, der für
den philosophischen Gebrauch des Wortes entscheidenden Einfluß aus-
geübt hat.[5]

> *E.* Hipp. 117. Der Diener will, im Gegensatz zu Hippolytos, zu Kypris
> beten. "Denn man muß verzeihen, wenn (χρὴ ... συγγνώμην ἔχειν, εἰ)
> einer durch seine Jugend ein stürmisches Herz hat und Nichtiges
> daherschwätzt. Meine nicht, du müßtest auf diesen hören! die Götter müssen
> besonnener sein als die Sterblichen."

> *E.* Hipp. 615. Die Amme hat Hippolytos Phaidras Liebe offenbart, die
> dieser scharf ablehnt und öffentlich bekannt zu machen droht. Amme:
> "Verzeih', es ist natürlich, daß Menschen sich verfehlen. Kind (σύγγνωθ'
> ἁμαρτεῖν εἰκὸς ἀνθρώπους, τέκνον)!"

Mit den Argumenten der Diener werden συγγνώμη-Begründungen
aufgeführt, wie sie aus den (späteren) rhetorischen Belegen hier bereits
bekannt sind: Jugend und Liebe sind Standard-Motive für Verzeihung, und
die Nähe des Verzeihlichen zum "Natürlichen", "Menschlichen" des
(bloßen) "Fehler-Machens" ist ebenfalls vertraut. Für den Verlauf der
Haupthandlung bewirken die Äußerungen, wie so oft die von Dienern,
nichts. Als "Sprachrohr" des Dichters könnte nur der alte Diener
gelten;[6] die Amme kann mit ihrem Wort die Katastrophe nicht mehr
aufhalten, die sie selbst herbeigeführt hat.

Ein drittes Mal taucht συγγνώμη in der Rede der Artemis auf:

> *E.* Hipp. 1326. Artemis zu Theseus, auf dessen δέσποιν' ὀλοίμην hin:

---

[5] *Lesky* S. 324f. Anm. 63 (nach Snell).

[6] Man vergleiche die ähnliche Funktion der Greise Kadmos und Teiresias in
den "Bakchen".

"Furchtbares hast du getan, aber dennoch ist es noch möglich, auch dir, dafür Verzeihung zu erlangen (ἔτ' ἔστι καί σοι τῶνδε συγγνώμης τυχεῖν)." Aphrodite mußte ihren Zorn auskosten, dem durfte sich kein anderer Gott entgegenstellen; Theseus' Fehler wird dadurch aufgehoben, daß er nichts von der Intrige wußte (V. 1334f.); τὴν δὲ σὴν ἁμαρτίαν / τὸ μὴ εἰδέναι μὲν πρῶτον ἐκλύει κάκης (der zweite Grund ist kein prinzipiell verschiedener: daß Phaidras Tod eine Aufklärung verhinderte).

Bei der wirklichen Versöhnung am Schluß des Stückes wird συγγνώμη jedoch nicht gebraucht.

Die Aufforderung zur Versöhnung zwischen Theseus und Hippolytos geht von Artemis aus (*E.* Hipp. 1435; vgl. 1443); doch Lesky[7] weist auf die Dissonanz in den Worten der Götter hin, die sich aus dem äußerst kritischen Götterbild gerade dieses Stücks ergebe. Die Versöhnung sei trotz Artemis Veranlassung als zwischenmenschliches Ereignis ausgestaltet.[8]

Grundlegend für das Drama ist der Gegensatz zwischen der archaisch zwangsläufigen Wirksamkeit des Fluches, der "automatisch" wirkt, und dem "modernen", "humanen" Verzicht auf den Fluch durch das Opfer. Vielleicht gerade im Blick auf diesen Gegensatz wird die Versöhnung, die Verzeihung des Hippolytos für seinen Vater, nicht mit der Vokabel συγγνώμη ausgedrückt, sondern mit (negativ beschreibenden) Vokabeln des Entlassens, Freilassens vom kultischen Bann:

V. 1442 λύω ... νεῖκος, V. 1449 ἐλευθερῶ φόνου, Theseus V. 1450 ἀφίης αἵματος μ' ἐλεύθερον. Das tatsächliche Ereignis der Verzeihung wird durch die negativen Vokabeln umschrieben (wie vielfach auch beim jüdisch-christlichen Verzeihen; negativ übrigens auch V. 1435 μὴ στυγεῖν, V. 1449 οὐ⟨κ ἐκλιπὼν τὴν χεῖρα⟩), während die von der Göttin genannte συγγνώμη nur Theseus' Weiterleben meinte.

Nicht tief mit der Haupthandlung verquickt ist die Verwendung von

---

[7] *Lesky* S. 322.

[8] Eine Form des Hippolytos-Mythos, in dem dieser seinem Vater nicht verzeiht, kennt übrigens *Paus.* 2.27.4 (οὐκ ἠξίου νέμειν τῷ πατρὶ συγγνώμην, ὑπεριδὼν τὰς δεήσεις) – wollte man daran die Frage knüpfen, ob Verzeihen nicht in den Mythos gehörte, so müßte man gegen diesen Beleg wiederum *Apollod.* 2.150 halten: Dort ist von Verzeihen für einen Totschlag des Herakles die Rede, und zwar mit dem Kriterium der Unfreiwilligkeit (ἀκουσίως γεγενημένου τοῦ συμβεβη-κότος συνεγνωμόνει). Zudem scheint die Pausanias-Fassung vom Interesse bestimmt, die Überlieferung von "Hippolytos in Italien" zu begründen.

συγγνώμη auch in Euripides' "Medeia", obwohl die Tragödie in starkem Maße vor die Frage stellt, warum die Titelheldin so unversöhnlich ist;[9] immerhin ordnen sich die συγγνώμη-Belege der Hauptthematik ein:

> *E. Med.* 491. Medeia könnte Iason verzeihen, daß er eine neue Ehe eingeht, wenn die Ehe mit ihr, Medeia, kinderlos geblieben wäre. Sieht man den Hintergrund der rhetorischen "Figur des Verzeihlichen und des Unverzeihlichen", hört man deutlich, daß die Unverzeihlichkeit von Iasons Handeln herausgestrichen werden soll, wenn Medeia in ihrer Rede an den παγκάκιστος von dieser fiktiven συγγνώμη spricht.

> *E. Med.* 870. Medeia bittet Iason um Verzeihung für ihre herben Worte (αἰτοῦμαί σε τῶν εἰρημένων συγγνώμον' εἶναι); es sei natürlich (εἰκός), daß er ihre Wutausbrüche ertrage, da sie beide einander viel Gutes erwiesen hätten. Es handelt sich um Medeias Trugrede (dazu *E. Med.* 896 διαλλάττομαι, trügerische διαλλαγαγή auch *E. Hel.* 1235).

> *E. Med.* 703. Aigeus versteht Medeias Trauer (συγγνωστά, A III 4 zitiert).

> *E. Med.* 814. Medeia räumt dem Chor ein, es sei verständlich, daß er in seiner Lage vom Kindermord abrate, da er nicht so Schlimmes erlebt habe (συγγνώμη, A III 4 zitiert).

Freilich läßt sich auch ein Gegenbeleg finden, in dem συγγνώμη, gebunden an das Kriterium der Unfreiwilligkeit, verbunden mit Mitleid, auf ein Hauptproblem des Stückes hinweist:

> *S. Ph.* 1319. Neoptolemos hat Philoktetes den Bogen zurückgebracht gegen den Widerstand des Odysseus. Er legt dann aber dar, daß Philoktetes aus eigenem Willen – θέλων, V. 1343 – mit nach Troia kommen sollte, da er nur so selbst geheilt werden könne. In der Einleitung dieser Rede fällt folgende Äußerung, die sich auf Philoktetes' Unzugänglichkeit für Ratschläge bezieht: "Menschen müssen notwendig die von den Göttern auferlegten Schicksalsschläge ertragen; die aber, die in selbstgewählter Not (ἑκουσίοις βλάβαις) bleiben, wie du, mit denen Nachsicht zu haben, ist nicht gerecht, auch nicht, ⟨solch⟩ einen zu bejammern (τούτοις οὔτε συγγνώμην ἔχειν / δίκαιόν ἐστιν οὔτ' ἐποικτίρειν τινά)."

> Auch das Kalkül der "gerechten" Verzeihung ist bereits bekannt (A IV 4 / B I 3).

---

[9] Es handelt sich um eine Tragödie, die das tragische Handlungsmuster beibehalten und doch das Tun der Heldin verständlich machen will. Auch angesichts der gewiß nicht einfachen Deutungsprobleme (etwa des Wortes βουλεύματα V. 1079) scheint mir ausgemacht, daß Euripides Medeia zu rechtfertigen sucht und den Mord an ihren Kindern als eine sie selbst mitvernichtende Handlung darstellt, zu der sie als tragische Heldin jedoch ebensowenig eine alternative Handlungsmöglichkeit hat wie Aias oder Antigone. Euripides war damit allerdings weder bei seinen Zeitgenossen sehr erfolgreich – das Stück siegte nicht – noch vielfach später: Die späteren Bearbeitungen des Stückes lassen sich als Antworten auf unbeantwortete Fragen nach der Motivation bei Euripides verstehen und somit als Kritik an deren Plausibilität (s. dazu *Friedrich*).

Neoptolemos erträgt nicht, daß Philoktetes durch Zwang und Täuschung nach Troia gebracht wird. Eine Entscheidung des Philoktetes, die dessen eigener Rettung zuwiderläuft, könnte aber auch er nicht akzeptieren. συγγνώμη bezeichnet hier, wie es schon in der Rhetorik begegnete, die Grenze zwischen dem noch Tolerablen und dem keineswegs mehr Akzeptierbaren (sogar der Bereich, dem Mitleid gilt, wird ausgegrenzt). Ähnlich dient συγγνώμη zur Bezeichnung der Unbedingtheit des ethischen Maßstabs:

> *E.* Ph. 994 · 995. Menoikeus hat den Vater getäuscht, der ihn vor dem Opfer für die Stadt bewahren wollte, um sich ungestört als Opfer darbringen zu können. "Ihr Frauen, wie gut habe ich dem Vater die Furcht vertrieben, mit Diebsworten, um zu bekommen, was ich will: *Er* will mich herausschaffen, die Stadt ihres Glücks berauben und mich der Feigheit preisgeben. Und freilich ist es beim alten Mann verzeihlich (συγγνωστά), meine ⟨Lage⟩ aber enthält keinen Entschuldigungsgrund (συγγνώμην ἔχει), ein Verräter der Stadt zu werden, die mich geboren hat."
>
> Auf die Bindung von συγγνώμη an die Rolle des Betroffenen wurde bereits hingewiesen. Interessant ist, daß der Verrat an der Vaterstadt als unverzeihlich gilt (dies ist zu den im folgenden aufgeführten "Einzelmotiven" zu zählen).

Läßt sich auch der Stellenwert der συγγνώμη innerhalb der Tragödie schwer bestimmen, so sind die Begründungsmuster vielfach die aus der Rhetorik bekannten. Gut vertreten sind die Einzelmotive, die eine Tat verzeihlich machen:

> Bereits einer der frühesten Belege führt den Zwang als Begründung an: *S.* Ant. 66: Ismene will die Unterirdischen bitten, Verständnis zu haben (σύγγνοιαν ἴσχειν), daß sie gezwungen ist (βιάζομαι), das Begräbnis zu unterlassen. Zwang liefert auch *S.* El. 257[10] (βία ... ἀναγκάζει) die Begründung; auch die Abwendung von Verderben wird anerkannt: *TrGF* 4 Sophokles 352 (ὄλεθρον δεινὸν); *TrGF* Euripides 645 wurde in A V 3 zitiert (Götter verzeihen, wenn jemand "mit einem Eid dem Tode zu entkommen sucht oder dem Gefängnis oder der schlimmen Gewalt der Feinde oder wer mit mörderischen Kindern das Haus teilt"); Götterfügung wird für das Verzeihen angeführt: *E.* Tr. 1043, *S.* Tr. 1265; entschuldigend wirkt auch ein schweres Schicksal (*S.* Tr. 328).
>
> Weitere Standardmotive: Liebe *E.* Tr. 950 (als göttliche Macht), Jugend: neben *E.* Hipp. 117 noch *E.* Supp. 251).
>
> Als ausschließend von συγγνώμη gilt auch in der Tragödie Hybris: Herakles wäre eine offene Rache von Zeus verziehen worden, die ὕβρις aber ist "auch den Göttern nicht lieb" (*S.* Tr. 279).

Die zuletzt zitierte Stelle erinnert an die "Figur des Verzeihlichen

---

[10] Eine Entschuldigung scheint vorzuliegen (gegen *Cancrini* S. 72, die "Comprendetemi" versteht).

und des Unverzeihlichen", die auch *E.* Med. 491, wie bemerkt, durchscheint und am klarsten in Klytaimestras Rede *E.* El. 1026 gebraucht
wird:

> *E.* El. 1026. "Mich gab Tyndareos deinem Vater, nicht damit ich sterbe
> oder was ich zur Welt brächte. Jener brachte mein Kind mit dem Vorwand
> der Ehe mit Achilleus aus dem Haus weg nach Aulis, wo er auf dem
> Scheiterhaufen den weißen Nacken Iphigenies durchschnitt. Und wenn er die
> Einnahme der Stadt verhindert hätte oder dem Haus Nutzen gebracht und
> auch die anderen Kinder gerettet und daher für viele die eine getötet hätte,
> es wäre verzeihlich (συγγνῶστ᾽ ἂν ἦν) (...)." Doch zugunsten Helenas, der
> Ehebrecherin, läßt sich dies nicht geltend machen.

Daß Odysseus im "Aias" des Sophokles die Worte des Aias für
verzeihlich hält, nachdem dieser selbst schlimm gereizt wurde (*S.* Aj.
1322), fügt sich in den Grundsatz der Verhältnismäßigkeit, der mehrmals
in Zusammenhang mit συγγνώμη gebracht wurde; daß das weibliche
Geschlecht mehr zum Klagen geneigt sei, wie *E.* HF 534 für συγγνώμη
angeführt wird, hängt vermutlich mit der Nähe des Verzeihlichen mit
dem Natürlichen (φύσει εἰκός) zu bringen, auch wenn dieses Stichwort
nicht fällt.

> Ausdrücklich heißt es πέφυκας *E.* El. 1105 zur Begründung für die
> Vorliebe Elektras für den Vater, mit der Klytaimestra offenbar Elektras
> Vorwürfe "verzeihen" kann in dem Augenblick, da ihre Stimmung zur Reue
> umschlägt.
>
> Auch zwei Entschuldigungen für Formulierungen (hier nicht an Götter,
> sondern Menschen gerichtet), überraschen nicht: *E.* El. 348 σύγγνωτε τοῖς
> εἰρημένοις, *E.* Hel. 82 σύγγνωθι δ᾽ ἡμῖν τοῖς λελεγμένοις, γύναι.[11]

Ungewöhnlicher sind zwei Belege, die συγγνώμη im Spannungsfeld des
Kräfteverhältnisses darstellen: Der Schwächere ist entweder zu ihr
gezwungen oder bewirkt nichts, wenn er sie zurückhält.

> *E.* Or. 661. Orestes fordert von Menelaos sein Leben für den Einsatz, den
> sein Vater für Menelaos gebracht hat; das soll einander aufwiegen, der Tod
> Iphigenies braucht nicht vergolten zu werden durch den Hermiones. In
> seiner Lage müsse Orestes mehr ertragen und Nachsicht haben (συγγνώμην
> ἔχειν). – Das ironische Sprechen bedingt natürlich, daß es eine recht fiktive
> Verzeihung ist.
>
> *TGrF* Euripides 297.3. "Wie eingewachsen ist allen Menschen die
> Schlechtigkeit! Denn wer den größten Lohn erhält, läßt sich zum Verbrecher
> machen; ihm verzeiht man zwar nicht (τῷδε συγγνώμη μὲν οὔ), doch je
> größer sein Lohn – für entsprechend größere Dreistigkeit –, desto leichter
> wird er auch die Rede der Tadelnden ertragen."

---

[11] Ungewöhnlich sind beide Konstruktionen (s. A II 3), im ersten Beleg der
Dativ der Sache, besonders aber der doppelte Dativ im zweiten Beleg, ein σχῆμα
καθ᾽ ὅλον καὶ κατὰ μέρος (*Kannicht Helena* Bd. 2 S. 41, wie bereits zitiert).

2. Komödie

Wenn Verzeihen der Struktur der Tragödie eher widerspricht, so fügt es
sich der der Alten Komödie ein; auch hier sind freilich die Belege nicht
allzu zahlreich: Auch der Alten Komödie ist dieses Motiv nicht notwendig, sondern eines von vielen Mitteln, um eine witzige Replik an-
zubringen; die rasch und ohne Scham vorgetragene Bitte um Verzeihung
hilft, einen Handlungsstrang abzuschließen und einen neuen anzuknüpfen.

> Schon in Kapitel A III 4 (und A V 3) wurden solche witzigen Repliken
> angeführt (*Ar.* Ach. 578, *Ar.* V. 959). Zu ergänzen ist folgendes Beispiel:
>
> *Ar.* Eq. 1299. Zweite Parabase. Wo Kleonymos sich eingenistet hat, soll
> man gebetet haben: "'Geh, o Herr, ⟨wir fassen dich flehend⟩ an den Knien,
> geh' hinaus und habe Nachsicht mit der Tafel (σύγγνωϑι τῇ τραπέζῃ)!"
>
> Ein Handlungsstrang wird abgeschlossen, wenn Strepsiades in den
> "Wolken" seinen sophistischen Irrweg bereut und auf Hermes' Rat die
> "Denkerei" anzündet (*Ar.* Nu. 1479 συγγνώμην ἔχε); rasch mit der Vergangen-
> heit klaren Tisch zu machen, ist auch *Ar.* Pax 668 die Funktion von συγ-
> γνώμην ἔχε; *Ar.* V. 1001 wird so (ξύγγνωτέ μοι) der Hundeprozeß ab-
> geschlossen, kurz vor der Parabase. Zur Reibungslosigkeit trägt allerdings im
> "Frieden" das Schuldbekenntnis (ἡμάρτομεν ταῦτ') und die Angabe des
> "mildernden Umstands" (die sich in weiteren Belegen bei Aristophanes findet:
> *Ar.* Nu. 138 · 1479, *Ar.* V. 1001) bei. Der unkomplizierte Umgang der Komödie
> mit dem Verzeihen wird gerade durch die (wenigstens teilweise) Erfüllung
> des Schemas "Schuldbekenntnis – Bitte um Verzeihung – Begründung mit ehe-
> maliger Handlungsbeeinträchtigung" ermöglicht.

Die Bitte um Verzeihen löst nirgends (allenfalls Aristophanes'
"Frieden" ausgenommen) den eigentlichen Knoten der Handlung, dies ist
erst in der Neuen Komödie der Fall, in der die Konflikte hauptsächlich
privater Natur sind und ein höherer Wert auf die Konsistenz der
Charaktere gelegt wird – beim Vorrang der (revueartigen) Handlung vor
den Charakteren bei Aristophanes braucht es diese Begründung einer
Sinnesänderung nicht.

Ein Beispiel für die "Figur des Verzeihlichen und des Unverzeihlichen"
gehört nicht zu den rhetorisch geschliffensten:

> *Ar.* Th. 418. Anklagerede gegen Euripides: Durch dessen negative
> Frauengestalten seien die Männer mißtrauisch geworden. "(...) Ferner ver-
> siegeln sie seinetwegen schon die Frauengemächer, sperren uns mit Riegeln
> ein und halten sich Molosserdoggen, um die Hausfreunde abzuschrecken. Und
> das ist freilich noch zu verzeihen (ξυγγνώσϑ'); allein, daß wir früher selbst
> den Haushalt verwalteten und heimlich Mehl, Öl und Wein nehmen konnten,
> das ist auch nicht mehr möglich."
>
> Der Kritik an Euripides wird die Spitze abgebrochen: Da die Frauen sich
> in der Behinderung ihrer Genäschigkeit stärker getroffen fühlen als in der
> des Ehebruchs, hält sich der Schaden, den er anrichtet, in Grenzen.

Reizvoller ist die Steigerung vom "noch Verzeihlichen", noch nicht so Schlimmen, zum Absurden in folgendem Fragment der Mittleren Komödie:

CAF 2.60: Antiphanes 124 (= *Ath.* Deipn. 10.70). "Ich habe früher geglaubt: Wer sagt, man solle γρῖφοι [dunkle Sprüche] zum Trank sagen, der schwätzt nur daher, ohne klar zu reden; und wenn jemand aufgibt, der Reihe nach zu antworten, was doch nichts bringt, wenn man's bringt, mußte ich lachen, weil ich dachte, der Mann schwätzt dummes Zeug (...). Jetzt aber habe ich erkannt, daß ich recht hatte: denn wir zehn Männer hier bringen ⟨angeblich⟩ einen Festbeitrag, doch keiner trägt die Kosten. Ganz klar bringen wir, was nichts bringt, das ist's, und der γρῖφος wies in dieselbe Richtung. Und dies läßt sich ja wohl noch entschuldigen (κἄστι συγ-γνώμην ἔχον); aber was sie alles für Entschuldigungen fabrizieren bei der Sache, daß sie doch die Zeche nicht bezahlen: ganz wie der Philippos! Ja, ich hatte die Sache getroffen wie nur wer, beim Zeus!"

Aus der Alten Komödie wurde ein Gutteil der Belege bereits zitiert, um zu demonstrieren, daß die Bitte um Verzeihung (vor allem die an Götter gerichtete, A V 3) keiner Begründung bedarf.

Aus späterer Zeit sind noch *CAF* 3.459: Adespota 281 (σύγγνωθί μοι an den Vater gerichtet) und *Men.* Fr. 693 (Ἀδράστεια καὶ θεὰ σκυθρωπὲ Νέμεσι, συγγιγνώσκετε) zu nennen, für die jedenfalls keine Begründung mitüberliefert wird.

Dies ändert sich in der Mittleren und Neuen Komödie, die hier im chronologischen Vorgriff gegenübergestellt werden soll. Unter den Standardmotiven ist natürlich die Liebe vertreten:

CGFP 257.70: Adespoton. Das Stück hat nach der im Textapparat angeführten Meinung von Sandbach eine ähnliche Handlung wie der "Dis exapatumenos" des Menandros, daß nämlich ein junger Mann für den abwesenden Freund um dessen Geliebte wirbt, was ihm als eigennützig ausgelegt wird. Nikeratos: "Phaidimos, Lieber, du hast die Sache zur unglücklichen Seite hin gedeutet; ich merke es nämlich so ziemlich aus den ⟨Punkten⟩, die du als Verdacht gegen mich hast; deshalb, weil du liebst, übe ich doch eine gewisse Nachsicht (συγγνώμην τινὰ ... δίδωμι) mit dir, obwohl du mich verkennst (ἀγνοούμενος)."

Zum Verzeihen gehört also im Normalfall gegenseitiges Erkennen; unabdingbar ist jedenfalls das "Merken" des Verzeihenden: Hier ist die die intellektuelle Komponente deutlich ausgeprägt.

Aber auch andere bereits bekannte Motive des Verzeihens werden angewendet; im folgenden Beleg, der bereits für den Gegensatz zur unverzeihlichen ὕβρις angeführt wurde (B I 2), wird Trunkenheit genannt.

PCG Bd. 7: Philippides 27. Es spricht ein Vater: "Du kannst ⟨jetzt⟩ nicht sagen: 'Ich war betrunken, Vater', oder: 'Ich beging einen Fehler (ἥμαρτον)' und wie früher ⟨meine⟩ Verzeihung erlangen († ὥστε πρὸς σέ με † [Konjektur *CAF* 3.309 ὡς τὸ πρόσθε] συγγνώμης τυχεῖν). Denn wer gegen den Schwachen Gewalt anwendet, der mißhandelt (ὑβρίζειν), wie es scheint, der macht nicht nur einen Fehler."

Armut ist ein Grund zu verzeihen, selbst den mißgönnten Erwerb von Reichtum:

> PCG Bd. 7: Timokles 4 (= *Ath.* Deipn. 8.27). "A: Demosthenes hat 50 Talente. B: Glücklich ⟨ist er⟩ – wenn er niemandem was abgibt. A: Und Moirokles hat viel Gold bekommen. B: Ein Schwachkopf, wer's gegeben, glücklich, der's bekommen. A: Auch Demon hat was bekommen und Kallisthenes. B: Sie waren arm, so verzeihe ich's (ὥστε συγγνώμην ἔχω)."

Das selbst erlittene Unrecht entschuldigt auch hier, was sonst nicht entschuldigt wird, aber "Unrecht" und Gegenstand des Verzeihens sind komisch verzerrt gezeichnet:

> CAF 2.350: Alexis 146 (= *Ath.* Deipn. 13.7). In der Klage über die Ehefrauen sind die Männer für ihren Groll (χολῆς) entschuldigt (συγγνώμην ἔχουσ'), "da ihnen Unrecht geschieht, die Frauen aber tun das Unrecht und machen die Vorwürfe noch dazu." Zu beachten ist das Moment der Steigerung, das hier, wie so oft, an συγγνώμη geknüpft wird.

Auch in der Neuen Komödie gibt es die Bitte, eine Formulierung zu entschuldigen:

> Men. Phasm. 41. Der Hauslehrer erklärt die "Erscheinung", die der junge Herr gesehen hat, durch Nichtstun. "(...) Und kurz gesagt: Du hast gar keine Schwierigkeit, und es ist deine Krankheit, was du beschreibst – ein recht vulgäres Sprichwort drängt sich mir auf, junger Herr, verzeih' (συγγνώμην ἔχε): Du weißt nicht, wo du hinkacken sollst vor lauter Gutem, daß du's nur weißt."

Auch in der Komödie ist das "Verzeihliche" das "Verständliche" und "Nachfühlbare", so *Men.* Aspis 164 die Trauer um den Tod des Bruders.

Belege für Verzeihung, die den Knoten der Handlung löst, sind durch die Überlieferungslage seltener, als sie vorgekommen sein muß, wenn man von der lateinischen Komödiendichtung her urteilt.

> Beispiele aus der lateinischen Komödie sind: Plautus, Aulularia IV 10; Plautus, Bacchides V 2; Plautus, Miles gloriosus IV 6; Plautus, Mostellaria V 2; Plautus, Poenulus V 6; Plautus, Trinummus II 2; Plautus, Truculentus V 3; Terentius, Adelphoe III 4, IV 5, Terentius, Eunuchos V 2; Terentius, Heautontimorumenos IV 1, V 1, V 5; Terentius, Phormio V 9.

Im Griechischen wird einmal an einem Wendepunkt der Handlung ausgesprochen, daß zumindest die Gemeinsamkeit der Verfehlung Verzeihung hätte garantieren müssen (genaugenommen ist der Verzeihende der Schuldigere):

> Men. Epit. 577. Onesimos schildert, wie Charisios gelauscht hat, als Smikrines seiner Tochter zuredete, sich von ihrem Mann zu trennen. Er war tief betroffen, wie gut seine Frau von ihm sprach; inzwischen weiß er

nämlich, daß er selbst ein Kind bei einer Vergewaltigung gezeugt hat. "'Ich Frevler', rief er nämlich oft aus, gerad' das gleiche hab' ich selbst getan, bin Vater eines unehelichen Kindes und bracht' nicht auf, gewährte nicht Verzeihung (οὐχ ἔσχον οὐδ᾽ ἔδωκα συγγνώμης μέρος), als sie selbst dasselbe Unglück traf, ich mitleidsloser Barbar!'"

Auch die "Perikeiromene" endet mit Verzeihung und Versöhnung, die sich hier durch guten Ausgang und den stattgehabten Lernprozeß begründen lassen:

> *Men.* Pk. 445. "Pataikos: Künftig vergiß, daß du Soldat bist, damit du ja nicht ein einziges Mal mehr etwas Übereiltes tust in Raserei. – Polemon: Bei Apollon, wo ich jetzt beinahe zugrundeging, soll ich wieder etwas Übereiltes tun? Ich werde auch nicht ein Wort des Tadels gegen Glykera sagen; versöhne dich, Liebste, nur mit mir (διαλλάγηθι)! – Glykera: Jetzt ist uns dein Zornesrausch ja zum Anfang der guten Dinge geworden. Polemon: Du hast recht. Glykera: Deshalb hast du meine Verzeihung (συγγνώμης τετύχηκα[ς])." (Schon am Beginn der Szene, V. 428, συνδιαλλαχθήσομαι.)
>
> In den "Epitrepontes" wird am Schluß die Auflösung mit Versöhnung und dem Aufgeben der Vorwürfe bezeichnet (*Men.* Epit. 751 διαλλαγάς, 754 τῶν ἐγκλημάτων ἀφίεσο τούτων).

Mette[12] rechnet auch für den von ihm rekonstruierten "Heautontimorumenos" des Menandros mit der Lösung der Handlung durch πρᾳότης und συγγνώμη.

Das Stichwort πρᾳότης führt auf die immer wieder strittige Frage der Bewertung von συγγνώμη; schon bei Aristophanes findet sich συγγνώμη dieser und der φιλία zugeordnet:

> *Ar.* Pax 997. Aus Trygaios' Gebet an die Friedensgöttin: "Fülle [w.: mische] uns Griechen wieder von Grund auf den Geist mit dem Saft der Freundschaft und mit einer gewissen freundlicheren Nachsicht (συγγνώμη τινὶ πρᾳοτέρᾳ)!"

3. Herodotos

Geschichte entwickelt sich bei Herodotos eher durch tragisch unlösbare Konflikte weiter als durch versöhnliche Einigung; daher spielt bei ihm συγγνώμη als "Verzeihen" eine geringe Rolle.

> Zum Beispiel wird in der Atys-Geschichte Verzeihen nur im Gespräch zwischen Kroisos und Atys erwähnt, im Sinne einer höflichen Floskel.

---

[12] *Mette* S. 404 über das Motiv der zwei Väter, "von denen der eine vor Beginn des Stückes sich als χαλεπός gezeigt hat und nunmehr zur πρᾳότης neigt, der andere in seiner περιεργία alles besser weiß, dann selber sich als χαλεπός gebärdet und dann doch zur συγγνώμη sich bereitfinden muß".

Kroisos Verzeihen für die Tötung des Sohnes, als Mitleidsakt aufgefaßt, hält Adrastos nicht vom Selbstmord ab (vgl. A II). Typisch sind Geschichten, in denen eine Verzeihung gar nicht in Betracht gezogen wird: So stellt die Frau des Kandaules Gyges einzig vor die Wahl, Kandaules zu töten oder selbst zu sterben (*Hdt.* 1.11); Gyges bittet [um Verzeihung]: ἱϰέτευε; die Königin reagiert verweigernd: οὐ ἐμετίετο ὁ Γύγης οὐδὲ οἱ ἦν ἀπαλλαγὴ οὐδεμία, 1.11). Der Sohn des Periandros läßt sich nicht dazu bewegen, seinem Vater den Mord an seiner Mutter zu verzeihen (*Hdt.* 3.50-53); sein Verhalten wird ebenfalls mit verneinten Verben beschrieben: 3.50 οὔτε προσεῖπε ... τε οὔ τι προσδιελέγετο, 3.52 ἄλλο ... οὐδὲν ἀμείβεται, 3.53 ἔφη οὐδαμὰ ἥξειν. Wenn die Kommunikation zum Stillstand kommt, nehmen die Handlungen öfter gerade davon ihren Ausgang oder Fortgang: Die Herrschaft über die Lyder geht von den Herakliden auf das Geschlecht des Gyges über; Periandros rächt sich an den Kerkyräern (übrigens handelt Periandros generell mit Härte gemäß dem Rat des Thrasybulos, *Hdt.* 5.92.[).

Jenseits dieser archaischen Handlungsschemata vertritt Herodotos allerdings auch eine "moderne" Perspektive; ein Beispiel aus der Periandros-Geschichte wird in B III im Exkurs zu ἐπιειϰής angeführt.

Herodotos' Gebrauch von συγγινώσϰω wurde in Abschnitt A II 3 für die Bedeutungen "erkennen, sich bewußt werden", "eingestehen, einräumen, bekennen", "übereinstimmen, sich einigen" angeführt. Bei einigen Belegen entstand auch Zweifel, ob sie mit einer dieser Bedeutungen oder mit "verzeihen" übersetzt werden sollten; doch war schon darauf hingewiesen worden, daß sich nicht jeder Aspekt von Verzeihen vom Wortstamm συγγνώμη fernhalten läßt.

> *Hdt.* 1.155. Im Bestreben, die Versklavung aller Lyder zu verhindern, rät Kroisos dem Kyros, nur den Aufrührer Paktyas zu bestrafen, die Lyder dagegen durch Kultur zu verweichlichen; in diesem Gedankengang äußert er: (...) Λυδοῖσι δὲ συγγνώμην ἔχων τάδε αὐτοῖσι ἐπίταξον (...).

> Für συγγνώμη "Verzeihen" vgl. auch die in A III 3 und 4 aufgeführten Belege: *Hdt.* 1.39, *Hdt.* 1.116, *Hdt.* 6.86.3.

An einer Stelle wird, wie in anderen Gattungen, das (noch) Verzeihliche dem Verwunderlichen gegenübergestellt; was die Bedeutung angeht, rückt hier συγγνώμη wieder stark zum Erkenntnisaspekt: Das Verzeihliche ist das Verständliche, im Gegensatz dazu steht das, was nicht als natürlich, selbstverständlich dem Verstehen entgegenkommt, eben zu — oft befremdetem, Anstoß nehmendem — Staunen Anlaß gibt. Im folgenden Beleg wird vor dem Hintergrund der Rhetorik-Belege überdies deutlich, daß als Denkfigur die Figur des Verzeihlichen und des Unverzeihlichen durchscheint.

> *Hdt.* 9.58. Mardonios fragt nach dem Abzug der Griechen bei Plataiai Thorax von Larisa und dessen Brüder, was sie nun von den angeblich so tapferen Lakedaimoniern hielten. "Euch [den Brüdern], die ihr die Perser

bisher nicht kanntet, verzieh ich, daß ihr die lobtet, von denen ihr wenigstens etwas wußtet (καὶ ὑμῖν μὲν ἐοῦσι Περσέων ἀπείροισι πολλὴ ἔκ γε ἐμοῦ ἐγίνετο συγγνώμη), über Artabazos aber muß ich mich umso mehr sehr wundern (θῶμα) (...)."

Einmal wird bei Herodotos ein Standard-Motiv für das Verzeihen angeführt: als Xerxes sich für die harten Worte gegen seinen Onkel im Kriegsrat mit seiner Jugend entschuldigt (*Hdt.* 7.13 συγγνώμην μοι ἔχετε).

4. Thukydides

Thukydides verwendet die Formen ξυγγνώμη und ξυγγιγνώσκω vielfach in einem Sinn, der vor allem den Wortbestandteil -γιγνώσκω beachtet (siehe A III 2 und 3). Doch die Bemühung, die Bedeutung "Verzeihung" von ξυγγνώμη gänzlich fernzuhalten,[13] ist nicht angebracht; denn in bestimmten Fällen hängen entscheidende Handlungskonsequenzen an der Gewährung von ξυγγνώμη, auch erweist sich Thukydides als vertraut mit den "modernen" Argumentationsformen, die συγγνώμη im Sinne von "Verzeihen" benutzen, und zeigt ihren demagogischen Gebrauch.[14]

Dies gilt vor allem für die Reden, die bei der Diskussion der Bestrafung Mytilenes gehalten werden. Hier ergreift nämlich der erste Redner alle Möglichkeiten zur Verhinderung der συγγνώμη; eine große Anzahl der verbreiteten Begründungen für συγγνώμη wird dabei sozusagen aufgebraucht; dem Verteidiger der Mytilener, der in Wahrheit für ihre Begnadigung, also für συγγνώμη, spricht, bleibt nur ein Ausweichen auf das Nützlichkeitskalkül übrig, das für συγγνώμη ebenfalls zur Verfügung steht:

> *Th.* 3.39.2. Zur Bestrafung von Mytilene soll die ganze erwachsene Bevölkerung hingerichtet werden. Nachdem ein Schiff mit diesem Beschluß ausgefahren ist, schlägt die Stimmung in Athen um. Kleon redet für die härteste Bestrafung. Er wirft den Athenern vor, sie fällten ihre Entscheidungen, als gehe es nur um die Schönheit der Worte im Theater. "(...) Von alledem versuche ich euch abzubringen und will daher aufzeigen, daß die Mytilener euch Unrecht zugefügt haben wie keine einzelne Stadt sonst. Ich für meine Person nämlich kann für die, die nicht imstande sind, eure Herrschaft zu ertragen (μὴ δυνατοὶ φέρειν), oder die, von den Feinden gezwungen (ἀναγκασθέντες), abfielen, Verzeihung aufbringen (ξυγγνώμην ἔχω) (...)." Die Mytilener hingegen besaßen in Kleons Sicht

---

[13] *Stein* S. 32 gegen *Meyer Erkennen* S. 22, vgl. A III 2 (Anm. 12).

[14] Das Substantiv ξυγγνώμη wird bei Thukydides nur in wörtlicher Rede gebraucht.

eine gut befestigte Insel, auf der sie nur die Feinde Athens fürchten
mußten, die sie mit Hilfe ihrer Schiffe abwehren konnten; sie lebten nach
eigenen Gesetzen und wurden von den Athenern in Ehren gehalten. Daß sie
abfielen, war Heimtücke (ἐπεβούλευσαν) und eher Aufruhr als Abfall:

> *Th.* 3.40.1. Aus Kleons Rede: "'Keine Hoffnung dürfen wir also befördern,
> keine, die sich beim Reden als zuverlässig darstellen läßt, und keine, die
> sich für Geld erwerben läßt, daß sie Verzeihung erlangen werden in dem
> Sinne, daß sie eine menschliche Verfehlung begangen hätten (ὡς
> ξυγγνώμην ἁμαρτεῖν ἀνθρωπίνως λήψονται). Denn sie haben nicht
> unwissentlich Schaden zugefügt, sondern wissentlich Heimtücke gebraucht;
> verzeihlich ist aber ⟨nur⟩ das Unfreiwillige (ἄκοντες μὲν γὰρ οὐκ ἔβλα-
> ψαν, εἰδότες δὲ ἐπεβούλευσαν· σύγγνωμον δ' ἐστὶ τὸ ἀκούσιον). Ich
> für meine Person habe schon damals wie auch jetzt verfochten, ihr solltet
> euch nicht gegen das vorher Beschlossene umstimmen lassen und nicht die
> drei Hauptfehler beim Herrschen begehen: es euch jammern zu lassen, euch
> an schönen Worten zu berauschen und euch in eurer Milde zu sonnen
> (οἴκτῳ καὶ ἡδονῇ λόγων καὶ ἐπιεικείᾳ).
>
> Denn Mitleid (ἔλεος) wird gerechterweise (δίκαιος) den Gleichgestellten
> gegeben im Gegenzug ⟨zu deren Mitleid⟩ und nicht denen, die ⟨uns⟩ erstens
> nicht wieder Mitleid zeigen werden (ἀντοικτιοῦντας), zweitens mit
> Notwendigkeit immer feindlich gegenüberstehen (...), und die Milde
> (ἐπιείκεια) wird besser denen gegeben, die sich künftig immer einordnen
> werden, als denen, die gleichgestellt sind und nichtsdestoweniger immer
> Feinde bleiben. (...)'"

Kleon bindet συγγνώμη an das bekannte Freiwilligkeitskriterium: Sie wird für
das ἀκούσιον gegeben, nicht für das, was wissentlich und heimtückisch, mit der
Absicht zu schaden begangen wurde. Er beginnt, wie ein Redner vor Gericht, mit
der συγγνώμη, zu der er bereit wäre, nur daß sie – wie in der Gerichtsrhetorik
– genau hier nicht gegeben werden kann; Gründe zum Verzeihen wären für ihn
innerer ("nicht fähig zu ertragen") und äußerer Druck ("von den Feinden").
Zusammen mit συγγνώμη werden charakteristischerweise auch ἔλεος und
ἐπιείκεια (zu dieser s. B III Exkurs) abgelehnt. Auch für ἔλεος und ἐπιείκεια
werden Regeln aufgestellt, die den Eindruck verhindern sollen, der Redner sei
überhaupt nicht zu Mitleid und Milde bereit, die aber ebenfalls auf den
konkreten Fall nicht zutreffen. (Dem kritischen Leser fällt übrigens auf, daß
Kleons Bedingungen nur im seltensten Fall erfüllt sein werden: Auch für ἔλεος
ist ein Machtgefälle typisch, auch Mitleid wird in der Regel nicht den im
Augenblick Gleichgestellten gegeben.) Die Reue (μεταγνῶναι) wird hier tatsächlich abgewertet.[15]

Diodotos, der der Sache nach für συγγνώμη redet, vertritt hingegen
den Anspruch, er rate zu keiner, auch keiner berechtigten, Nachsicht, die
dem Nutzen der Stadt widerspreche:

> *Th.* 3.44.2. "(...) Und wenn ich denn beweise, daß sie [die Mytilener] sehr
> großes Unrecht tun (ἀδικοῦντας), werde ich deshalb nicht auffordern, sie
> auch zu töten, wenn es nicht nützlich (ξυμφέρον) ist; und wenn sie auch

---

[15] Vgl. B V die Auseinandersetzung mit *Oeing-Hanhoff*.

etwas haben, was zum Verzeihen aufruft – es mag auf sich beruhen (ἤν τε καὶ ἔχοντές τι ξυγγνώμης – εἶεν),[16] wenn es für die Stadt nicht gut erscheint.'"

Diodotos wendet sich – unter dem Gesichtspunkt des Nutzens – gegen Kleons These, hohe Strafen hätten abschreckende Wirkung. Am Schluß seiner Rede (*Th.* 3.48.1) betont er, er rede οἶκτος und ἐπιείκεια nicht das Wort. Beiläufig flicht er einmal (*Th.* 3.46.5) ein, die Mytilener hätten εἰκότως einen Aufstand zur Erlangung der Autonomie gemacht.

Auf wessen Seite Thukydides steht, läßt sich vor dem Hintergrund des Melierdialogs mit einiger Wahrscheinlichkeit vermuten. Charakteristisch ist die Vertauschung der Standpunkte: Von ξυγγνώμη spricht, wer nicht zu ihr bereit ist – dies eine Folge des Argumentationsmusters der ἐλέου ἐκβολή.

Die Konstellation, die Diodotos kaum eine andere Argumentation übrigläßt,[17] führt zu einem im Griechischen, soweit ich sehe, einmaligen Gebrauch von συγγνώμη: Es wird der Fall konstruiert, daß die Athener συγγνώμη für die Mytilener haben und sie dennoch töten; die Handlungskonsequenz ist also nicht mit der inneren Haltung von συγγνώμη mitverstanden. (Die Formulierung vermeidet allerdings, die Distanz zwischen Einstellung und Handlung klar heraustreten zu lassen.) In Kleons Rede hingegen wird auch die fiktive συγγνώμη mit praktischer Konsequenz verbunden gedacht und hängt weitgehend davon ab, ob ein fremder Standpunkt geteilt werden kann. Die Begründung für diese ξυγγνώμη entspricht den aus den Gerichtsreden bekannten Topoi.

Die politische Auseinandersetzung um die Behandlung des besiegten Gegners spiegelt sich mehrfach in der Geschichtsschreibung. Timaios gestaltete bei der Darstellung der Katastrophe der Sizilischen Expedition ein Redepaar um die Schonung der Athener, das ähnliche Positionen wiederholt. Es ist bei Diodoros Sikelos überliefert.[18]

D. S. 13.22.4. Der Redner für die Schonung, Nikolaos, hebt wie Diodotos den machtpolitischen Nutzen der συγγνώμη hervor: "Was rede ich von Dingen, die geographisch und zeitlich weit entfernt sind? Denn in unserer

---

[16] Nach vielen Konjekturversuchen – siehe *Grant* – scheint es den Versuch wert, den überlieferten Text ohne Veränderung zu verstehen; auch ἔχοντες läßt sich vielleicht halten.

[17] Dazu genauer *Winnington-Ingram* S. 77-79.

[18] Diodoros stützt sich hier auf Ephoros, der im Referat des Philistos Timaios mitzitiert, siehe dazu *FGrHist* Teil IIb, Kommentar zu 556F51-56 und *Theiler* S. 351 Anm. 1. *Theiler* weist besonders anhand des Reflexes bei Sallustius nach, daß die Reden Ephoros entnommen sein müssen; sie seien frühestens 325 v. Chr. geschrieben (*Theiler* S. 353 Anm. 3). – Diodoros' sonstige Verwendung von συγγνώμη wird in Kapitel C I mit der zeitgenössischen römischen Geschichtsschreibung behandelt, auch wenn er für die griechische Geschichte von früheren griechischen Autoren abhängig ist; ohnehin sind hier durchgehende Traditionen zu beobachten.

eigenen Stadt ist Gelon vor nicht langer Zeit von einem Privatmann zum Herrscher über ganz Sizilien geworden, weil die Städte sich aus freien Stücken in seine Gewalt begeben haben; dazu lud nämlich die Milde (ἐπιείκεια) des Mannes alle Menschen ein, worin sie die Verzeihung für diejenigen, deren Pläne fehlgeschlagen waren (τὴν εἰς τοὺς ἠτυχηκότας συγγνώμην – corr. Reiske ex γνώμην – προσλαβοῦσα), unterstützte."

Setzte sich Kleon gegen das Argument zu Wehr, die Gegner müßten für einen menschlichen Fehler Verzeihung erlangen, so warnt Nikolaos die Sieger davor, sich "tiergleich und menschlichem Unglück gegenüber unerweichlich (ἀπαραιτήτους)" zu zeigen. An dieser Stelle ist die Verbindung zum delphischen γνῶθι σαυτόν deutlich herauszuspüren.

D. S. 13.31.3 · 13.32.3. Aus der Rede des Spartaners Gylippos gegen die Schonung der Athener. "Wenn wir aber denen, die Unrecht tun, verzeihen (συγγνώμην δώσομεν), wo es ihnen nicht zukommt, wenn sie die Schuld auf die Ratgeber [vor allem Alkibiades] schieben, werden wir den Schlechten ihre Verteidigung leicht machen. (...) denn es ist nicht gerecht, daß die Feinde, solange sie siegen, das eroberte Volk wie Sklaven behandeln, daß sie aber, wenn sie besiegt sind, Verzeihung erhalten (συγγνώμης τυγχάνειν), als ob sie kein Unrecht getan hätten. Und daß sie Rechenschaft ablegen, wird man ihnen erlassen (ἀφεθήσονται), und sie werden in wohlgesetzter Rede unserer Freundschaft gedenken, solange es ihnen nützlich ist." Die Argumentation wird unterstützt durch einen Hinweis auf die Vorsätzlichkeit (13.31.5 δι᾽ ... προαίρεσιν), auch auf ἄγνοιαν kommt der Redner zu sprechen.

Wie bei der Beurteilung eines Einzelnen galt auch für ein Volk die Fähigkeit zu συγγνώμη als positive Eigenschaft. Für diese Wertschätzung läßt sich auch ein Beispiel aus der politischen Rede im "Menexenos" heranziehen.

Pl. Mx. 244b1 · 5. Auch in der bürgerkriegsartigen Auseinandersetzung der Athener mit der Partei vom Piräus 403 v. Chr. schloß Athen auf vorbildliche Weise Frieden. "Aber auch die Toten auf beiden Seiten in diesem Krieg muß man in Erinnerung rufen und durch Opfer und Gebete versöhnen (διαλλάττειν), (...) da auch wir versöhnt sind (διηλλάγμεθα). Sie sind ja nicht durch Bosheit oder Feindschaft aneinandergeraten, sondern aus Unglück (δυστυχία). Das bezeugen wir Lebenden selbst: Denn wir, die wir demselben Geschlecht angehören wie sie, verzeihen einander (συγγνώμην ἀλλήλοις ἔχομεν), was wir ⟨einander⟩ angetan und ⟨voneinander⟩ erlitten haben. Als danach völliger Frieden eingekehrt war, hielt die Stadt Ruhe, wobei sie den Nicht-Griechen verzieh (συγγιγνώσκουσα), daß sie sich nicht schlecht gewehrt hatten, als sie von ihr schlecht behandelt worden waren, den Griechen aber grollte (ἀγανάκτουσα), weil sie sich erinnerte, was für einen Dank sie dafür abgestattet hatten, daß sie von ihr gut behandelt worden waren, indem sie mit den Nicht-Griechen gemeinsame Sache machten (...)."

Die Versöhnung der Parteien in den Vorgängen von 403 v. Chr. wurde in römischer Zeit zum Prototyp der politischen Amnestie, die vielleicht

auch gerade aus diesem Grunde einen griechischen Namen erhielt.[19] Die
Beziehung zu den anderen Griechen dagegen bleibt ohne Klärung und
dadurch auch ohne συγγνώμη.

Einige Belege für ξυγγνώμη ἐστί bei Thukydides sind in Kapitel A III 4
schon für die Bedeutung "es ist verständlich, verzeihlich" vorgestellt
worden. Obwohl die Bedeutung "Verzeihen" hier abgeschwächt wird,
finden sich doch Standard-Begründungen: Im folgenden Beleg werden
etwa die Topoi Unfreiwilligkeit und Zwang als Kriterium genannt, Taten
aus Hybris und ohne Not oder Unglück entgegengesetzt. Wie in der Rede
des Diodotos anklang, ist das Verzeihliche auch das Natürliche, Begreif-
liche (εἰκός) — dies ist bei Thukydides mehrfach zu beobachten, und nicht
nur bei ihm. Auch der Gegensatz zum Tadeln (*Th.* 4.61.5, zitiert in Abschnitt A III 4) ist für das Verzeihen typisch (vgl. A IV 4). Auffällig ist
die Einbeziehung des göttlichen ξύγγνωμον.

> *Th.* 4.98.6. Nach der Schlacht bei Delion ist es den Athenern um die
> Herausgabe ihrer Toten zu tun, die Boioter beschuldigen sie, das Heiligtum
> dort entweiht, insbesondere das heilige Wasser profaniert zu haben. Der
> Herold der Athener verweist darauf, daß auch Heiligtümer in einem Krieg
> an den Sieger fallen, der die alten Bräuche fortsetzen müsse. "Das Wasser
> hätten sie aus Not (ἐν τῇ ἀνάγκῃ) angetastet, die sie selbst nicht aus
> Mutwillen (ὕβρει) herbeigeführt hätten, sondern jene seien zuerst in ihr
> Land eingedrungen, und als sie sie abwehrten, seien sie gezwungen gewesen,
> ⟨das Wasser⟩ zu benutzen. Alles aber, was durch Krieg und anderen
> Schrecken erzwungen werde, sei natürlicherweise etwas Verzeihliches (εἰκὸς
> εἶναι ... ξύγγνωμόν τι γίγνεσθαι), auch der Gott verzeihe es (καὶ πρὸς
> τοῦ θεοῦ). Die Altäre seien ja auch eine Zufluchtsstätte bei unvorsätzlichen
> (ἀκουσίων) Verfehlungen,[20] und von ungesetzlichem Handeln (παρα-
> νομίαν) spreche man bei schlechten Taten, die nicht aus einer Not heraus
> (ἀνάγκη) ⟨begangen würden⟩, und nicht bei denen, die wegen ihres Un-
> glückes (ἀπὸ τῶν ξυμφορῶν) sich vergingen."
>
> Auch *Th.* 1.32.5 wird die typische Begründung von ξυγγνώμη durch
> Notwendigkeit (ἀνάγκη) und Irrtum (δόξα) gegeben.

Wenn die Belege für "es ist verzeihlich" im Sinne von "es ist

---

[19] *Waldstein* S. 27f.: Der Terminus ἀμνήστεια wurde erst spät für Begnadigung
verwendet, und zwar zur Bezeichnung römischer Vorgänge (*D. H., J., SIG* 588.9
[198 v. Chr.] u. a. Belege), am berühmtesten war im römischen Bereich die
Amnestie von 403 v. Chr. in Athen (S. 25). Der damals geschlossene Vertrag
verwendete μὴ μνησικακήσειν (*And.* 1.90: Ius iurandum). Die Bezeichnungen bei
Xenophon sind: *X.* HG 2.4.38 διήλλαξαν, εἰρήνην μὲν ἔχειν, 2.4.43 συν-
αλλαγῆναι, μὴ μνησικακήσειν. Zur Terminologie siehe *Loening Reconciliation
Agreement* S. 20f.

[20] Man denke an das Palladion, das gerade als Asylstätte zum Gerichtsort für
den φόνος ἀκούσιος wurde (*Latte* S. 384; s. B I 1).

verständlich" auch von einem engeren Begriff des Verzeihens wegführen, so zeichnen sie sich doch wie dieser durch die Abwägung von Verhaltensweisen aus und gehen dabei von der Vorstellung der Verhältnismäßigkeit aus: Auf bestimmten Druck hin mit Gegendruck zu antworten, ist verzeihlich, was es ohne einen solchen Druck nicht wäre. Ein derartiges Handlungsmodell steht auch im Hintergrund der Kleon-Rede: Der Druck vonseiten der Feinde oder durch die Herrschaft Athens könnte so groß sein, daß ein Abfall verzeihlich wäre; da er als nicht so groß dargestellt wird, kann auch Unverzeihlichkeit behauptet werden. Dieses Handlungsmodell wird bei Aristoteles sehr deutlich formuliert.

Aus der Rhetorik kennen wir bereits Beispiele, daß für das um Verzeihung gebeten wird, was selbstverständlich sein sollte. Bei ironischem Gebrauch kann in der Bitte um das Überflüssige ein Hinweis auf die eigentliche Intention verborgen sein. Dies ist vor allem bei Platon zu beobachten, läßt sich aber auch bei Thukydides belegen.

> *Th.* 7.15.2 Nach der Schilderung der verzweifelten Lage des athenischen Heeres auf Sizilien bittet Nikias um seine Amtsablösung, da er an einer Nierenkrankheit leide. Er bittet dafür um Verzeihung (ἀξιῶ δ' ὑμῶν συγγνώμης τυγχάνειν), mit Hinweis auf seine früheren Erfolge. Nach seiner vorangehenden Kritik an den Athenern, die lieber geschönte Nachrichten bekommen als rechtzeitig die nötigen Schritte zum Erfolg unternehmen, lenkt diese Bitte den Blick darauf, daß sich Nikias unter den gegebenen Voraussetzungen vergeblich aufgerieben hat.

In der Geschichtsschreibung der Klassischen Zeit wird zurückhaltender Gebrauch vom Wortstamm συγγνώμη gemacht, verglichen mit den griechischen Historikern der römischen Zeit (C I). Bestimmte Elemente, die im römischen Kulturkreis sehr ausgeprägt sind, sind allerdings auch in den Thukydides-Belegen schon wahrzunehmen: Der Begriff von συγγνώμη hängt bei Kleon und Diodotos, Nikolaos und Gylippos direkt von der Wirkungsabsicht ab; in rhetorischer Tradition werden teils Gründe angeführt, die für oder gegen die Berechtigung von συγγνώμη sprechen, teils wird jede Begründung hinter den Nützlichkeitsaspekt zurückgestellt. Kleon spielt auch auf die Erziehungstheorie an, die gegen συγγνώμη ins Feld geführt werden kann (vgl. A IV 2, B I 3).

B III Philosophie

1. Der Satz des Sokrates

Die Belege aus Rhetorik, Drama und Geschichtsschreibung legen den Schluß nahe, daß συγγνώμη ein in der Alltagssprache fest eingebürgertes Wort war; diese συγγνώμη wurde an das Kriterium der Unfreiwilligkeit gebunden und geriet dadurch in die Diskussion um diesen im 5. und 4. Jahrhundert virulenten Begriff; andererseits stand das Wort συγγνώμη nicht im Mittelpunkt der Auseinandersetzung, wohl weil die üblichen Gegenstände der συγγνώμη — Taten aus Liebe, Eifersucht, Zorn, Unwissen — vor allem durch Gewohnheit festgelegt waren.

Auch in der Philosophie bleibt der Umgang mit dem Wort prekär: συγγνώμη wird nicht recht "philosophiefähig", so wie es nicht "genuin tragisch" wirkt, obgleich es in philosophischen Texten noch häufiger gebraucht wird als in der Tragödie.

Wie die Verwendung in der Philosophie zeigt, gab es zwei Ansatzpunkte der Kritik: Unbefriedigend war einerseits, daß im juristischen Bereich die Differenzierung ungenügend ausgebildet war — gerade Platon und Aristoteles sind Begriffsentwicklungen zuzuschreiben, die die Gesetzgebung erst wesentlich später verwirklicht hat: An dieser Stelle wird der Geltungsbereich von συγγνώμη noch erweitert. Auf der anderen Seite setzt eine radikale Kritik am Begriff der Unfreiwilligkeit an, durch die auch der Begriff der συγγνώμη grundsätzlich suspekt wird. Diese Zielrichtung ist die frühere in der philosophischen Diskussion; sie geht aus vom Satz des Sokrates: "Keiner begeht freiwillig (oder: wissentlich) ein Unrecht."[1]

An welches Problem dieser Satz anknüpft, zeigt der Kontext, in dem er etwa im pseudoplatonischen Dialog "Kleitophon" genannt wird (ohne Verwendung von συγγνώμη):[2]

---

[1] Zur Historizität dieses Ausspruchs siehe *Müller Kurzdialoge* S. 168f.

[2] Andere Formulierungen (vgl. *Müller Kurzdialoge* S. 169 Anm. 1): *Pl.* Prt. 358, *Pl.* Gorg. 488a, *Pl.* Ap. 25e-26a, *Pl.* Men. 78a, *Pl.* R. 413a · 589c.

Pl. Clit. 407de. Kleitophon gibt kritisch die Meinung des Sokrates und seiner Anhänger wieder, die den Leuten folgendes vorhalten: "῾Und *ihr* sagt, die Ungerechten seien nicht aus mangelnder Erziehung (ἀπαιδευσίαν) und nicht aus Unwissenheit (ἄγνοιαν), sondern aus eigenem Antrieb (ἑκόντας) ungerecht, wiederum aber wagt ihr zu sagen, die Ungerechtigkeit sei schlecht und gottverhaßt; wie könnte nun einer wohl gerade das freiwillig (ἑκών) wählen, was so schlecht ist? Wenn er, sagt ihr, den Begierden erliegt (ἥττων ... ἦ). Dann ist doch dies [wie die Unwissenheit]³ etwas Unfreiwilliges (ἀκούσιον), wenn doch das Überwinden freiwillig (ἑκούσιον) geschieht? Daher erfordert es die Folgerichtigkeit auf jeden Fall, daß das Unrechttun unfreiwillig (ἀκούσιον) ist, und es ist nötig, daß jedermann mehr Sorge als bislang dafür aufwendet, sowohl im privaten Bereich als auch im öffentlichen in allen Städten."

Der hier referierte Sokrates nimmt Anstoß an der allgemein-griechischen Auffassung, nach der es einen Mittelbereich gibt zwischen freiwilligem rechtem Tun und freiwilligem Unrechttun, das unfreiwillige Unrechttun (das συγγνώμη verdient). Diese allgemeine Auffassung macht nicht Ernst damit, daß das Gute tatsächlich gut und damit der gegebene Gegenstand der Wahl (προαίρεσις, s. B V 4) ist. Man unterscheidet in ihr nach gewissen nicht genau festgelegten Kriterien freiwilliges und unfreiwilliges Unrechttun, ohne zuallererst die Frage zu stellen, wie es zu einer solchen Wahl des Falschen kommen kann und durch welche Erziehung und Staatsverfassung ihr zu steuern ist: Diese laxe Begriffs-verwendung führt nach Meinung der Sokratiker gerade zu den unhaltbaren Zuständen der attischen Demokratie. Gegen diese politischen Verhältnis-se — die auch im "Kleitophon"-Zitat anklingen — formuliert Sokrates sein Paradox: "Keiner begeht freiwillig Unrecht."

Dieser Satz ist insofern ein Paradox, als er nicht direkt in eine Handlungsmaxime umgesetzt werden kann.⁴ Es soll nicht die Schlußfolgerung befördert werden, es sei, da alles Unrecht unfreiwillig geschehe, auch alles Unrecht verzeihlich oder unabänderlich. Diese Antwort resignierte gegenüber dem wirklich geschehenden Unrecht, sähe keine Möglichkeit der Besserung durch eine gute Staatsverfassung, keine Möglichkeit, Verbrechen durch Erziehung zu verhüten, hätte jegliches Interesse am sozia-

---

³ Nach *Slings* S. 326.

⁴ Daß der Satz als Paradoxon (vom "Socratic paradox" spricht auch *Adkins* S. 305) formuliert ist, um durch den Widerspruch Prozesse in Gang zu bringen, läßt sich aus dem zitierten Ausschnitt noch gut ablesen: Aus dem vorletzten Satz ließe sich auch leicht die Folgerung ableiten, alles Unrecht werde ebenso freiwillig begangen wie gute Handlungen. Zielpunkt der These wäre in jedem Fall die private und öffentliche Erziehung, die gegen die offensichtliche Verderbnis der Sitten ankommen könnte: in jedem Fall wäre für συγγνώμη unfreiwillig begangener Taten wenig Platz mehr.

len Miteinander verloren: Es handelte sich um eine Haltung, die dem ethischen Interesse des Sokrates und besonders auch Platons genau entgegengesetzt wäre. Der hedonistische Gebrauch, der sich vom Satz des Sokrates jedoch machen läßt, wird möglicherweise für eine Gruppierung der Aristippos-Schule, die Anhänger des Hegesiakos von Kyrene, überliefert:

> *D. L. 2. 95.* "Sie [die ʽΗγησιακοί] sagten, alle Fehler verdienten Verzeihung (ἔλεγον τὰ ἁμαρτήματα συγγνώμης τυγχάνειν); denn man verfehle sich nicht freiwillig (ἑκόντα), sondern von einer gewissen Widerfahrnis gezwungen (τινι πάθει κατηναγκασμένον)."

> Diese Nachricht steht ganz isoliert, es wird nicht deutlich, ob hier mit ἁμαρτήματα (wie bei Aristoteles und Anaximenes) die "bloßen Fehler" im Gegensatz zu wirklichen Verfehlungen gemeint sind und ob der Satz als eigenständige These oder als Abmilderung einer rigiden Ablehnung von συγγνώμη formuliert wurde. Immerhin ist in der Aristippos-Schule am ehesten denkbar, daß συγγνώμη rundum gerechtfertigt wurde.

Der Ansatz einer "rundum verzeihenden" Haltung findet sich bei Plotinos; aber auch er mit seinem hauptsächlichen Interesse am Transzendenten verfolgt ihn nicht weiter.

> *Plot.* III 2.17.14 · 15. Der Weltplan bewirkt, daß einige die Rolle der Bösen, einige die der Guten spielen. Der Tod ist das Wechseln der Schauspielerrolle. Wie im Drama ergänzen sich die widerstreitenden Elemente zur Einheit, zur Harmonie. "So gibt es nun die Guten und die Bösen, wie es auch die gegensätzlichen ⟨Bewegungen⟩ beim Berufstänzer gibt, und wir werden auch den einen Teil seiner ⟨Bewegungen⟩ edel, den anderen unedel nennen, und es ist ⟨alles zusammen⟩ richtig so. Freilich gibt es dann keine Bösen mehr. Nun, das Vorhandensein des Bösen wird nicht aufgehoben, nur ⟨die Vorstellung⟩, daß sie es von sich aus sind. Auch wird vielleicht den Bösen verziehen (συγγνώμη) – wenn nicht der Weltplan auch Verzeihen und Nicht-Verzeihen bewirkt (τὸ τῆς συγγνώμης); der Weltplan bewirkt aber, daß ⟨man⟩ nicht einmal zum Verzeihen geneigt (συγγνώμων) ist gegenüber denen, die so sind."

> Diese Lösung der Theodizee-Frage entspricht dem Satz des Sokrates, wenn man ihn wörtlich versteht: Alles Unrechttun ist unfreiwillig und somit im Grunde verzeihlich. Aber auch das Tun des Guten und selbst das Verzeihen ist unfreiwillig, da alles sich nach der Regie des Weltplans vollzieht. Der will es, daß das Böse nicht verziehen wird, aus keinem näher begründeten Umstand, als daß dies der Harmonie des Ganzen diene. So kann man wiederum sagen, daß in diesem Modell nichts verziehen werden darf, weil das Gleichgewicht zwischen Gut und Böse (d. h. zwischen dem, was gut oder böse erscheint) zerstört würde. Wie man sieht, entzieht sich der Entwurf ethischen Schlußfolgerungen. Das sokratische Erbe ist hier unwirksam geworden.

Für den Sokrates-Schüler Platon ist συγγνώμη hingegen immer wieder grundsätzlich suspekt; ihre ethische Wirkung kann nur demoralisierend sein, befestigt die bestehende Ungerechtigkeit; so heißt es in der "Politeia":

> *Pl. R. 391e5.* Begründung, weshalb Dichtern verboten werden soll, Götter-

söhnen Frevelhaftes anzudichten: "Und fürwahr, den Hörenden wäre es schädlich; denn jeder wird Nachsicht mit sich haben dafür, daß er schlecht ist (ἑαυτῷ συγγνώμην ἕξει κακῷ ὄντι), überzeugt, daß auch 'der Götter Nahverwandte (...)' dergleichen tun und zu tun pflegten (...)."

Noch radikaler in den "Nomoi":

Pl. Lg. 731d7. "Von allen Übeln das größte ist den meisten Menschen in den Seelen festgewachsen, wogegen jeder, da er sich selbst gegenüber nachsichtig ist (αὑτῷ συγγνώμην ἔχων), überhaupt keine Abhilfe ersinnt; dies ist aber, was sie nennen: 'Jeder ist sich selbst der Nächste' und daß es so recht ist, daß es so sein müsse. In Wahrheit aber entsteht durch die zu große Selbstliebe für jeden immer wieder Grund zu allen Verfehlungen."

Die dezidierte Ablehnung von συγγνώμη ist jedoch nicht der einzige Anlaß, daß das Wort bei Platon gebraucht wird. Es wird vielmehr frei für einen vielgestaltigen, oft spielerischen Gebrauch, der im folgenden illustriert werden soll.

2. Platon

Im Dialog "Hippias minor" wird Verzeihen direkt mit der Problematik der Freiwilligkeit verknüpft. συγγνώμη kommt zum ersten Mal dort vor, wo sich das Gespräch seinem eigentlichen Gegenstand zuwendet, ferner am Anfang und am Ende der Gesprächskrise; der zweite "Durchgang" mit seinem offenen Schluß führt nicht wieder auf das Stichwort.

Pl. Hp. Min. 364d5. Hippias sichert Sokrates großzügigst Nachsicht zu (συγγνώμην τ' ἔχοιμι), als dieser um die Gunst bittet, für sein schwerfälliges Verstehen nicht verlacht zu werden: Zu Hippias' Beruf gehöre es, freundlich auf Fragen einzugehen.

Hippias' Zusicherung von συγγνώμη ist ebenso floskelhaft wie die Bitte um sie in der Captatio benevolentiae; denn später – in der Gesprächskrise – kann er die versprochene Nachsicht nur mühsam gewähren: Die lange Rede des Sokrates 372b-373a mit der Unterstützung des Eudikos 373b überdeckt eine tiefe Verärgerung des Hippias nach seinem Einwand von 372a, wie sein Vorwurf 373b4/5 zeigt: "Sokrates stiftet aber ⟨auch⟩ immer Verwirrung mit seinen Worten und benimmt sich, als wenn er auf Beleidigung aus wäre."

Folgender Einwand des Hippias löst die Gesprächskrise aus:

Pl. Hp. Min. 372a2. "Und wie, Sokrates, dürften die vorsätzlich (ἑκόντες) Unrecht Tuenden und vorsätzlich (ἑκόντες) Nachstellenden und Übeltäter wohl irgend besser sein als die, die es unfreiwillig tun (τῶν ἀκόντων), bei denen, wie es scheint, viele Gründe vorliegen, daß man ihnen verzeiht (οἷς πολλὴ δοκεῖ συγγνώμη εἶναι), wenn einer aus Unwissen (μὴ εἰδώς) Unrecht tut, die Unwahrheit sagt oder etwas anderes Schlechtes tut? Und die Gesetze sind doch wohl viel härter mit den vorsätzlichen (ἑκοῦσι) Übeltätern als mit den unvorsätzlichen (ἄκουσιν)."

Hippias zitiert das typische griechische Kriterium für Verzeihen; doch der Einwand ist nicht das, worauf Sokrates hinauswill. Eben weil bisher der Begriff ἀκούσιος nur in sehr äußerlichem Sinn angewandt wird, ist er für die philosophische Erörterung schlecht zu gebrauchen. Andererseits hat Hippias recht, sich gegen das "Ergebnis" des bisherigen Gesprächs zu wehren. Daß Sokrates den Beweis dahin führen konnte, die freiwilligen Lügner seien besser als die unfreiwilligen, beruht — wie Friedländer[5] darlegt — darauf, daß Hippias und Sokrates unter ψευδής Verschiedenes verstehen. Während Hippias darunter das böswillige Täuschen versteht, das angewendet wird, um einem anderen zu schaden, verwendet es Sokrates nur für die Fähigkeit, Handlungen zielgerecht nach ihren Zwecken zu gestalten, wobei er bewußt die Frage umgeht, ob sich der Gute ein schädliches Ergebnis (etwa ein Arzt die Schädigung eines Patienten) willentlich zum Ziel setzen kann — ob nicht der Vorsatz einer solchen Schädigung überhaupt nur unfreiwillig entstehen kann. Insofern hat Hippias mit dem Gedanken an συγγνώμη einen Einfall, der weiterhelfen könnte; sein Verfahren, συγγνώμη als Indizienbeweis zur Widerlegung einer Behauptung zu benutzen, findet sich bei Aristoteles wieder. Im Dialog wird diese Spur lediglich ironisch dazu benutzt, für die Fortsetzung des Gespräches zu sorgen:

> *Pl.* Hp. Min. 373b8 · 9. "Sokrates: 'Mein bester Hippias, wahrhaftig tue ich dies nicht freiwillig (ἑκών) — denn dann wäre ich weise und fähig gemäß deinem eigenen Wort —, sondern unfreiwillig (ἄκων), darum verzeih' mir (συγγνώμην ἔχε); denn du sagst doch wiederum, wer unfreiwillig (ἄκων) Unrecht tue, dem müsse verziehen werden (συγγνώμην ἔχειν).'"

Friedländer bemerkt dazu:

> *Friedländer II* S. 130. "Der Schalk bringt allerdings den Hippias sehr willentlich in Verwirrung. Nur wenn man mit Hippias Bösartigkeit darein sieht, ist sie nicht gewollt, weil sie denn nach Sokrates' Grundsatz gar nicht gewollt sein kann."

Die Verwirrung, die Sokrates stiftet, kann zur besseren Erkenntnis dienen, sie schadet dem nicht, der ihr zeitweise erliegt; derartige Verwirrung stiftet Sokrates allerdings freiwillig. Sein angebliches unfreiwilliges Schädigen ist in Wirklichkeit freiwilliges Rechttun.

Im "Hippias Minor" begegnen bereits mehrere Verwendungsweisen von συγγνώμη: als Nachsicht für die dem Einzelnen notwendige Sprechweise und Gesprächsführung, die erst das Gespräch ermöglicht — zur Artikulation der landläufigen Bestimmung, unfreiwilliges Schädigen sei zu verzeihen, freiwilliges Übeltun nicht — im ironischen Spiel mit diesem land-

---

[5] *Friedländer II* S. 128.

läufigen Verständnis, wodurch auf ein vertieftes Verständnis von Wissen und Willen hingewiesen wird.

Für die landläufige Verknüpfung von συγγνώμη und ἑκών/ἀκούσιος läßt sich auch die Lysias-Rede im "Phaidros" anführen:

> Pl. Phdr. 233c4. Der nicht verliebte Liebhaber verfalle nicht aus kleinen Anlässen in Feindschaft gegen den Umworbenen, sondern gerate bei großen nur langsam in Zorn, verzeihe die ungewollten (συγγνώμην ἔχων) und suche die bewußt begangenen zu verscheuchen.

> Das pädagogische Moment der erotischen Beziehung, das in der Lysias-Rede postuliert wird, entspricht auch Platons Intention, nicht jedoch das konventionelle Dulden der herkömmlichen Verfehlungen ohne grundsätzlichen Anspruch der Besserung.

Das Wort συγγνώμη wird im Munde des Sokrates in Platons Dialogen oft zur *ironischen Waffe*:

> Pl. Euthd. 286e10. Sokrates prüft die Möglichkeit der Lüge: gibt es auch falsche Meinung, Unwissenheit? Euthydemos wendet ein: "'Wie könnte man fordern, was es nicht gibt? Und du willst es fordern?' 'Weil ich dieses Kluge und Stimmige nicht ganz begreife', sagte ich, 'sondern etwas schwerfällig einsehe. Vielleicht werde ich nun etwas recht Lästiges fragen, aber verzeih (συγγίγνωσκε)! Sieh aber (...)'" Sokrates' "lästige Frage", ob auch niemand im Handeln einen Fehler mache, ermöglicht die Widerlegung der Behauptung, Dionysiodoros könne Lehrer der Tugend sein.

Sokrates' Bitten um Verzeihen können dem kundigen Platon-Leser als Signal dafür gelten, daß Sokrates den anderen "hereinlegen" wird:

> So, wenn er verspricht, Euthydemos und Dionysiodoros als Götter anzusprechen und sie für alles bisher Gesagte um Verzeihung zu bitten, falls sie wirklich ἀρετή lehren könnten (*Pl.* Euthd. 273e7 συγγνώμην δεόμενος ἔχειν); wenn Sokrates sich mit seiner ungebildeten Art (ὑπὸ ἀπαιδευσίας) für seine "falschen", nämlich zu ausführlichen, Antworten entschuldigt (*Pl.* Euthd. 296a4 συγγίγνωσκέ μοι) – er wird mit gutem Grund immer wieder Zusätze zu seinen Antworten machen. *Pl.* Euthd. 301d4 zeigt Sokrates' Bitte um Verzeihung (συγγνώμην μοι ἔχε), daß er schon verstanden hat, zu welchem Zugeständnis ihn sein Gesprächspartner mit seinen Fragen bringen will.

Wie schon in der Gerichtsrhetorik beobachtet, wird eine Entschuldigung gerne genutzt, um die eigene Meinung in besonders deutlicher Form zu artikulieren:

> Dadurch kann Sokrates begründen, warum er die nächste Umgebung Athens so wenig kennt (*Pl.* Phdr. 230d3 συγγίγνωσκέ μοι); der Athener in den "Nomoi" entschuldigt sich dafür, daß in seiner Darstellung die Menschen schlecht abschneiden – wenn dies tatsächlich unter göttlicher Eingebung geschah, kann durch die Bitte um Verzeihung nicht viel zurückgenommen werden (*Pl.* Lg. 804b7 σύγγνωθί μοι). Die Bitte um Verzeihung dient *Pl.* Prt. 354e5 der Begründung für das ausführliche Reden: Die Schwierigkeit,

mit dem Begriff der anderen, nämlich "den Lüsten unterliegen", fertigzuwerden, stellt eine Kritik an diesem Sprachgebrauch dar.

Auch *Pl.* Grg. 465e4 läßt sich mit der Forderung von συγγνώμη Kritik am Gesprächspartner verbinden. Sokrates: "Vielleicht freilich habe ich nun etwas Dummes getan, daß ich dich nicht lange Reden halten ließ und doch selbst meine Rede lang ausgespannt habe. Es ist nun recht, mir zu verzeihen (ἄξιον ... ἐμοὶ συγγνώμην ἔχειν); als ich nämlich kurz redete, verstandest du mich nicht und konntest die Antwort nicht gebrauchen, die ich dir gegeben habe, sondern verlangtest eine breitere Darstellung."

Auch die Bitte um συγγνώμη, die in der Captatio benevolentiae ausgesprochen wird, hat bei sokratischer Verwendung kritische Intention:

Pl. Ap. 17d4. Sokrates ist nicht vertraut mit der Sprache vor Gericht, da er sein ganzes Leben nicht vor Gericht stand. "Gerade wie ihr nun, wenn es sich tatsächlich so träfe, daß ich ein Fremder wäre, doch wohl nachsichtig mit mir wäret (συνεγιγνώσκετε ... ἄν μοι), wenn ich in jener Sprache und der Art redete, in denen ich erzogen wäre, so bitte ich euch denn auch dies zu Recht (δίκαιον), wie mir jedenfalls scheint, daß ihr die Art des Ausdrucks beiseite laßt (...), aber genau dies betrachtet und darauf achtet, ob ich Gerechtes sage oder nicht (...)."

Die Machart dieser Captatio benevolentiae weist durchaus Vertrautes auf. Der Sprecher kann durch sie günstige Momente herausstellen, etwa daß er noch nie in seinem Leben vor Gericht stand (vgl. *Is.* 10.1 in B I 7). Mit der Bitte um Nachsicht ist gleichzeitig ein größerer Anspruch verbunden: daß die Apologie des Sokrates durch ihren Wahrheitsgehalt ausgleicht, was ihr an rednerischem Schmuck (angeblich) abgeht. Insofern erinnert sie an die Prunkfigur (s. B I 7).

Tatsächlich kann von einer Selbstverkleinerung, Selbstdemütigung des Sprechers nicht die Rede sein. impliziert doch die Bitte um Aufmerksamkeit für den Wahrheitsgehalt der Rede, daß auf diesen normalerweise weder Redner noch Zuhörer Wert legen. Der Bildbereich, aus dem das Gleichnis genommen ist, ist für diesen verdeckten Vorwurf höchst beredt: Mit der Sprache der Wahrheit ist Sokrates ein Fremder in seiner eigenen Stadt; man versteht ihn nicht, so wie er umgekehrt sich selbst aus den Augen verliert, wenn seine Ankläger von ihm sprechen (17a).

Nach Meinung des Autors ist nicht Sokrates in der falschen Sprache aufgezogen worden, sondern seine Mitwelt hat versäumt, sich von ihm in der Sprache der Wahrheit erziehen zu lassen. Hätte sie lieber "mit ihm gemeinsam Erkenntnis gewonnen"! — vielleicht will hier συγγιγνώσκω nach seiner Wortbildung verstanden sein.

Festzuhalten ist, wie deutlich bei dieser ironischen Verwendung die Ungleichgewichtigkeit der Rollen hervortritt, die bei Verzeihen gegeben ist: Der Verzeihende ist an sich der Überlegene; wenn derjenige, der um Verzeihen bittet, gerade dadurch seinen höheren Anspruch durchsetzen kann, wirkt seine Überlegenheit umso größer. In einer Reihe von Belegen

signalisiert συγγνώμη einerseits die Überlegenheit des Sokrates (und
seiner Gesprächspartner); diese wird andererseits von einem gewissen
Bedauern für die in der Erkenntnis nicht so weit Fortgeschrittenen begleitet, das bald eher ironisch-kritisch, bald tatsächlich mitleidig wirkt.
Der Gegensatz zwischen dem Philosophen und "den Vielen" (vgl. *Voigtländer*, speziell zur Herablassung von συγγιγνώσκειν S. 384) wird befestigt.

> *Pl. R.* 426d7. Es geht hier um das Treiben der falschen Staatsmänner, die
> dem Volke nach dem Munde reden und handeln. Adeimantos will die Bürger,
> die sich so leiten lassen, nicht loben. Sokrates daraufhin: "Wie aber die-
> jenigen, die solchen Staaten dienen wollen und dazu ihren Dienst anbieten?
> Bewunderst du sie nicht für ihre Tapferkeit und Bereitschaft? – Gewiß, sag-
> te er, außer diejenigen, die von ihnen getäuscht sind und glauben, der
> Wahrheit nach Politiker zu sein, weil sie von der großen Menge gelobt wer-
> den. – Wie kannst du das sagen? Siehst du den Männern, sagte ich, das
> nicht nach (οὐ συγγιγνώσκεις)? Oder glaubst du, es sei einem Manne
> möglich, der nicht zu messen versteht, wenn viele andere sagen, er sei vier
> Ellen groß, daß er dies von sich selbst nicht glaubt? – Nein, sagte er, das
> nicht."

> Die Doppelbödigkeit dieser Nachsicht wird dadurch verstärkt, daß das im
> Bildbereich verwendete Wort τετράπηχυς, wie die Parallele *Ar. Ra.* 1014
> ausweist, schon die Konnotation von "aufrecht, gediegen" hat, auf die der
> Vergleich zielt (ähnlich dem Wort τετράγωνος, *Pl. Prt.* 339b2: Simonides).

> Gerade in diesem Beleg ist das Freiwilligkeitsproblem nicht schwer zu
> entdecken: In einem solchen Staat haben die Staatsmänner keine andere
> Wahl, als dem Volk nach dem Munde zu reden und zu handeln. Andererseits
> muß ein Staat nicht in solcher Verfassung sein, und wer hindert den
> Politiker wirklich, seinen eigenen Maßstab an sich zu legen?

> *Pl. R.* 537e7. Es geht hier um die Auswahl der Auserwählten. "Siehst du
> nicht, sagte ich, das jetzt entstehende Übel für die Dialektik, wie groß es
> wird? – Welches, fragte er. – Mit Gesetzwidrigkeit wohl, sagte ich, ist sie an-
> gefüllt. - Ja, freilich, sagte er. – Glaubst du nun nicht, daß sie etwas Wunder-
> liches (θαυμαστόν) erleben, und hast du nicht Nachsicht für sie (oder: kannst
> du es ihnen nicht nachfühlen, vgl. unten: καὶ οὐ συγγιγνώσκεις)?" Dies
> wird durch das Gleichnis vom untergeschobenen Kind erläutert. Das Argu-
> ment wird *Pl. R.* 539a6 (συγγνώμης ἄξιον) wieder aufgenommen.

> *Pl. Lg.* 966c5. Beschaffenheit der Wächter. "Gehört nicht zum Schönsten,
> über die Götter Bescheid zu wissen – was wir mit Eifer erörtert haben: wie
> sie sind und über wie große Macht sie offenbar gebieten –, soweit es
> möglich ist, daß der Mensch dies erkennt, und es zwar der großen Menge
> im Staat zu verzeihen (συγγιγνώσκειν), daß sie nur der Stimme der
> Gesetze nachfolgt, den am Wächteramt Teilhabenden aber nicht einmal ⟨das
> Amt⟩ zu übergeben ist, wenn einer nicht alle Mühe darein setzt, den ganzen
> Glauben zu erfassen, den es über Götter gibt?" – Ähnliche Distanz zur
> großen Menge wird *Arist.* Protr. B 103 ausgedrückt (s. u.).

> *Pl. Phdr.* 269b5. Sokrates hat an der Parallele des Arztes, Musikers usw.
> angedeutet, daß die Rhetoriker nichts weiter lehren als Vorkenntnisse; er
> malt aus, wie Adrastos und Perikles auf einen solchen Anspruch, wie ihn

die Rhetoriklehrer erheben, reagieren würden, nicht mit einem ungezogenen Wort wie Sokrates und Phaidros, sondern: "'Phaidros und Sokrates, man darf nicht zürnen, sondern muß verzeihen (οὐ χρὴ χαλεπαίνειν, ἀλλὰ συγγιγνώσκειν), wenn einige, die sich nicht auf Begriffe verstehen, unfähig wurden, zu bestimmen, was die Rhetorik überhaupt ist, aber gerade weil ihnen dies widerfuhr, glaubten, mit den für die Kunst notwendigen Vorkenntnissen, die sie besaßen, die Rhetorik ⟨selbst⟩ gefunden zu haben, und wenn sie diese nun andere lehren, glauben, ihnen endgültig die Rhetorik beigebracht zu haben (...).'"

Auch *Pl. R.* 366c5 ist πολλήν που συγγνώμην ἔχει Ausdruck der wissenden Überlegenheit.

An dieser Stelle sei auch ein schönes (sehr spätes) Beispiel aus platonischer Tradition angeführt, hier mit dem Gegensatz συγγνώμη – θαυμαστόν: *Hierocl.* in CA 12.7. Lemma: ψεῦδος δ' ἥνπερ τι λέγηται / πράως εἶχε. "In keiner Weise nun, besagt die Rede, ist es verwunderlich (θαυμαστόν), wenn ein Mensch, der vom Wahren weder etwas erfahren noch gefunden hat, zu einem so hohen Grad von Unvernunft kommt, daß er sich auf einen Standpunkt versteift, der der Wahrheit gerade entgegengesetzt ist. Im Gegenteil wäre es verwunderlich, wenn einer, ohne es erfahren oder suchen zu wollen, von selbst der Wahrheit begegnete, wie wenn ein Gott aus der Tragödie vor ihm auftauchte. Man muß also voller Nachsicht (συγγνωμονικῶς) zuhören, wenn ⟨andere⟩ die Unwahrheit sagen, und durch eine Probe (πείρᾳ) erfahren, von welchen Übeln wir ⟨selbst⟩ befreit wurden, wir, denen durch die Gemeinsamkeit (κοινωνίᾳ), daß wir mit ihnen verwandt waren, dieselben Niederlagen widerfuhren, die wir uns aber durch die Hilfe des Wissens in die andere Richtung entwickelten."

Gegen die Dichter, die selbst den Anspruch auf Überlegenheit erheben, wird hingegen Sarkasmus gewendet:

Pl. R. 568b6 • 9. Wenn aus dem Staat der "Politeia" die Dichter wegen ihrer tyrannenfreundlichen Dichtung ausgeschlossen werden, so setzt Sokrates voraus, sie würden ob ihrer Weisheit diese Begründung akzeptieren (συγγιγνώσκουσιν ἡμῖν); darauf erfolgt die Antwort: "Ich glaube (...), sie verzeihen (συγγιγνώσκουσιν), soweit unter ihnen wirklich fein gebildete Leute sind (...)" – das heißt so viel, daß die besseren Dichter ihrer eigenen Ausweisung zustimmen müssen, auf die weniger gebildeten wird man in jedem Fall verzichten können.

Neben dem ironischen Gebrauch findet sich bei Platon allerdings auch ein unbefangenes Erbitten und Gewähren von Verzeihung, dem man schwerlich einen stark kritischen Sinn unterlegen kann, besonders zwischen Lehrer und Schüler, wo der Abstand zwischen Wissendem und weniger Wissendem ein eher zufälliger ist. So findet sich im "Kritias" ein ausgedehntes Spiel mit der Captatio benevolentiae.

Pl. Criti. 106c1ff. Kritias beruft sich darauf, daß auch Timaios um Nachsicht gebeten habe (er hat in Wahrheit nur die Götter um Beistand angefleht, *Pl. Ti.* 27b-d, aber erklärt, er könne nur wahrscheinliche, keine

genauen Aussagen machen, *Pl.* Ti. 29cd, was an eine Captatio benevolentiae
erinnert); für sich selbst fordert Kritias noch größere Nachsicht (106c1
συγγνώμην αἰτούμενος, 106c2 παραιτοῦμαι, 107a1 ⟨συγγνώμης⟩ τυχεῖν,
107a6 πλείονος συγγνώμης δεῖται), entschuldigt sich aber wiederum auch
für diese Forderung (107a2 παραίτησιν, 107a4 παραιτεῖσθαι) und schließt
eine ausführliche Begründung an (107a6 πλείονος συγγνώμης δεῖται,
108a1 τὸ τῆς συγγνώμης οὐκ ἔλαττον), die sich auf die besondere
Schwierigkeit seines Gegenstandes beruft.

Sokrates gewährt das Verlangte ohne weiteres, ironisiert aber diesen
typischen Redenbeginn dadurch, daß er auch Hermokrates schon im voraus
Nachsicht zusichert (108b1 παραιτήσεται, 108b3 ὡς ὑπαρχούσης αὐτῷ
συγγνώμης): Dieser solle einen anderen Anfang für seine Rede finden;
ferner dadurch, daß er den Redner wissen läßt, dieser werde besonderer
Nachsicht bedürfen (108b5 τῆς συγγνώμης δεήσει ... παμπόλλης), da die
Erwartungen des Publikums durch das Vorausgegangene hochgespannt seien.
Da eine Captatio benevolentiae um das bittet, was selbstverständlich ist
(worum zu bitten aber doch eine Höflichkeitsgeste dem Hörer gegenüber
darstellt), wird sie *ad absurdum* geführt, wenn die scheinhafte Voraussetzung,
es müsse darum gebeten werden, vom Zuhörer bestätigt wird.

Innerhalb der philosophischen Debatte redet Sokrates unbeschwert von
συγγνώμη:

> *Pl.* R. 472a2. "Ganz plötzlich, sagte ich, hast du gleichsam einen Überfall
> auf meine Rede gemacht und verzeihst mir nicht (οὐ συγγιγνώσκεις),
> wenn ich zögere."

> Im philosophischen Gespräch findet sich solch unbefangenes Reden von
> Verzeihung ferner *Pl.* Phlb. 23e1, *Pl.* R. 472a2 + 5, *Pl.* Sph. 241e7, *Pl.* Tht.
> 197a7.

Bei diesem nicht problematisierten Gebrauch kann man an Höflichkeits-
formen denken und mit "Verzeihen" oder "Nachsicht" übersetzen; manchmal liegt die Übersetzung "Nachfühlen, Mitgefühl, Verständnis" näher.
Das intellektuelle Moment wird wahrgenommen, wie die Parallelisierung
von γνωσομένοις und συγγνωσομένοις zeigt:

> *Pl.* Smp. 218a1. Den vom Liebeswahnsinn Geschlagenen geht es laut
> Alkibiades wie denen, die von einer Schlange gebissen sind: "'(...) Man sagt,
> daß jemand, dem dies widerfahren sei, darüber, wie es gewesen sei, nicht
> sprechen wolle, außer zu denen, die ⟨selbst⟩ gebissen sind, da diese als
> einzige sich darauf verstehen und verzeihen würden (γνωσομένοις καὶ
> συγγνωσομένοις), wenn ⟨der Gebissene⟩ sich herausgenommen habe, alles
> ⟨mögliche⟩ zu tun und zu sagen (...).'"

> *Pl.* Smp. 218b4 führt Alkibiades dies fort: Leute wie Phaidros, Agathon
> und Eryximachos dürften zuhören, da sie der philosophischen μανία und
> βακχεία ergeben sind: συγγνώσεσθε γὰρ τοῖς τότε πραχθεῖσι καὶ τοῖς
> νῦν λεγομένοις.

> Sicherer Beleg für "es ist verständlich": *Pl.* Phdr. 236a3 wird darauf

hingewiesen, daß über ein Thema wie den Eros nicht lauter Neues gesagt werden kann (συγγνωστέα λέγοντι).

Ähnlich sogar συγγνώμην ἔχω:

> *Pl.* Phd. 88c8. Phaidon beschreibt die im Gefängnis entstandene Ratlosigkeit. Sein jetziger Gesprächspartner kommentiert: Νὴ τοὺς θεούς, ὦ Φαίδων, συγγνώμην γε ἔχω ὑμῖν – "ich kann's euch genau nachfühlen". Denn auch in ihm steigen beim Hören Zweifel auf, was er denken soll.

Im Spätwerk Platons setzt sich das Schwanken in der Bewertung von συγγνώμη fort. Hier finden sich einerseits die stärksten Verdikte – zwei wurden in Abschnitt B III 1 bereits zitiert –, andererseits wird συγγνώμη aus pragmatischen Gründen gerechtfertigt.

> Zu den Verdikten ist die Satire auf den demokratischen Staat *Pl.* R. 558b1 zu zählen: seine Nachsicht (συγγνώμη) und sein "Aber-auch-gar-nicht-kleinlich-Sein" (οὐδ᾽ ὁπώστιουν σμικρολογία).
>
> Unter dem Stichwort παραίτησις wurde bereits die Diskussion in den "Nomoi" erwähnt, ob Götter durch Opfer zum Verzeihen bewegt werden können (*Sch. Pl.* Lg. 901d1 gibt παραιτητοὺς durch συγγνώμονας wieder). *Pl.* Lg. 906d1 wird der Glaube an verzeihende Götter – ὡς εἰσὶν συγγνώμονες ἀεὶ θεοὶ τοῖς τῶν ἀνθρώπων ἀδίκοις καὶ ἀδικοῦσιν – streng zurückgewiesen: Das wäre, als ob Hunde sich von Wölfen Anteil am Geraubten geben ließen. *Pl.* Lg. 921a3 wird die negative Auswirkung dieses Glaubens, ὡς οἰκεῖον συγγνώμονα εἶναι θεόν (vgl. *TrGF* Euripides 645, oben zitiert), auf die Handwerker ausgemalt.

Dem steht zweimal das unbekümmerte Zitat der auf *Hes.* Fr. 124 zurückgehenden[6] Meinung gegenüber, die Götter verziehen Meineid in Liebesdingen.

> *Pl.* Phlb. 65c7 wird dies von Protarchos immerhin damit begründet, daß "die Lüste wie Kinder auch nicht den allergeringsten Verstand besitzen", *Pl.* Smp. 183b6 wird es von Pausanias angeführt.

Bei den starken Voten gegen συγγνώμη ist es auffällig, daß dennoch denen, die unter den Bestimmungen der "Nomoi" stehen, in verschiedener Hinsicht συγγνώμη abverlangt wird.

> *Pl.* Lg. 925e8 · 926a1. Im Zusammenhang der Erbbestimmungen. "Es sei freilich für den Gesetzgeber und den Gesetzesempfänger fast wie ein gemeinsamer Vorspruch gesagt, der die, die unter die Bestimmungen fallen, bittet, für den Gesetzgeber Verständnis zu haben (συγγνώμην δεόμενον ἔχειν), daß der, der sich um das Allgemeine kümmert, wohl niemals auch die einzelnen unglücklichen Konstellationen in seinen Regelungen berücksichtigen könnte. Verständnis (συγγνώμη) wiederum auch für die von

---

[6] *Dover Symposium* zu *Pl.* Smp. 183b5-7; Hesiodos nennt dort den ὅρκον ἀποίνιμον.

der Gesetzgebung Betroffenen, daß sie aus begreiflichen Gründen die Anordnungen des Gesetzgebers manchmal nicht einhalten können, die er ohne Kenntnis ⟨des Einzelfalls⟩ anordnet." Für diesen Fall werden Schiedsrichter vorgesehen.

Diese Stelle ist besonders interessant, weil sie die Differenz zu Aristoteles markiert: Wo dieser durch das ἐπιεικές auch der richterlichen συγγνώμη den Weg bereitet, wird συγγνώμη hier vor allem denen abverlangt, die mit dem Gesetz leben müssen (zu einer allerdings verwandten Stelle bei Aristoteles s. u. S. 173f.).

So wird auch *Pl.* Lg. 924d2 vom Bürger verlangt, sein ganzes Leben seine Eltern mit größter Ehrerbietung zu behandeln und ihre Zornausbrüche geduldig über sich ergehen zu lassen, dabei jedoch für das Verständnis geworben (συγγνώμην ... ἐχέτω): Der Vater sei natürlich sehr getroffen, wenn er meine, sein Sohn tue Unrecht – eine kleine Hilfe für das gesetzmäßig Auferlegte. (Übrigens spielt das Verzeihen mehrfach eine Rolle in Texten, die auf den Generationskonflikt eingehen, z. B. *X.* Mem. 2.2.14, *LXX* Si. 3.13, s. auch unten *Epicur.* [6] 62, vgl. *Arist.* EN 1149b4, *Iamb.* VP 38.)

Noch aufschlußreicher ist, daß der συγγνώμη im Gesetz ein Platz eingeräumt wird:

Pl. Lg. 863d4. So taucht das Stichwort im Zusammenhang der grundlegenden Erörterung auf, wie sich Freiwilligkeit und Gerechtigkeit zueinander verhalten. Die dritte Art der Verfehlungen ist die aus Unwissenheit; besonders wenn diese mit dem Dünkel des Bescheidwissens verbunden ist, führt sie zu den größten Vergehen. Doch nur wenn der in dieser Weise Unwissende auch wirklich fähig ist, solchen Schaden anzurichten, soll er streng bestraft werden, während für den Schwachen Gesetze voller συγγνώμη gelten: aller Gesinnungsethik zum Trotz, offenbar wegen des geringen Schadens, den derartige Verfehlungen der Schwäche anrichten.

Ferner kennt der Platon der "Nomoi" Gesetze über den ἀκούσιος φόνος und schreibt die gleiche Behandlung vor, wenn der Erschlagene noch vor seinem Tod auf die Strafverfolgung verzichtet hat.

Dabei werden in erster Linie die – spezifisch juristischen – Vokabeln ἀφίημί τινά τινος (*Pl.* Lg. 869a5 + b1 + e1) und ἄφεσις (*Pl.* Lg. 869d7) verwandt. In diesem Zusammenhang wird aber auch vom Angehörigen eines Getöteten gefordert, dem Mörder zu verzeihen, wenn dieser willig (ἑκὼν) alle Vorschriften erfüllt (*Pl.* Lg. 866a4 συγγνώμην ἐχέτω).

Die Weiterentwicklung des Begriffes φόνος ἀκούσιος ist es unter anderem, die Platon einen Platz in der Rechtsgeschichte schafft:

Lipsius S. 601. "Insbesondere steht seit Drakon die Scheidung zwischen den drei Arten von Tötungen fest, denen eine Dreizahl von Gerichtshöfen entsprach: die vorsätzliche (φόνος ἐκ προνοίας oder ἑκούσιος), die unvorsätzliche (φόνος ἀκούσιος) und die gesetzlich erlaubte Tötung (φόνος δίκαιος). Eine Mittelstufe zwischen den beiden ersteren Arten hat nicht die attische Rechtspraxis, sondern nur die platonische Theorie in der

im Zorn vollbrachten Tötung erkannt und auch bei dieser wieder verschiedene Grade der Strafwürdigkeit unterschieden, je nachdem die Tat
sofort in leidenschaftlicher Aufwallung und ohne Vorbedacht oder erst später
in der Absicht, für eine Kränkung Rache zu nehmen, verübt ist." (Mit
Verweis auf *Pl.* Lg. 866dff.)

> *Lipsius* S. 619. "Namentlich die fahrlässige Tötung und der Totschlag im Af-
> fekt bleiben unberücksichtigt. Nur den letzteren hat Platon (...) bei seiner kri-
> minalrechtlichen Theorie bedacht." Vgl. die Übersichtstafeln *Knoch* S. 162-65.

Grundsätzlich bleibt Platon bei der sokratischen Kritik: Das σύγγνωμον
ist nur denkbar als *Abweichung* vom vollkommenen Gesetz. Allerdings
kann ein Staat nicht ohne soziale Spannungen bleiben, wenn er die Macht
ausschließlich nach Verdienst zuteilt; Platon akzeptiert daher als Not-
behelf Gesetze nach dem Muster der athenischen Los-Demokratie, die er
der Tendenz des ἐπιεικές und σύγγνωμον zurechnet. Unter ἐπιεικές
versteht er aber im (bewußten?) Gegensatz zu Aristoteles *nicht* eine auf
den Einzelfall abgestimmte Abänderung der Gesetze in der Rechtsprechung, die "verzeihende" Gerichtsurteile zur Folge hat (s. u. B III 4)
und ebenfalls sozialen Spannungen entgegenwirken könnte.

> *Pl.* Lg. 757e1. Es ist leicht, jedem die gleiche Portion zuzuteilen, aber die
> Gerechtigkeit, um die es in diesem Staat geht, besteht darin, jedem im
> Verhältnis zu seinen Anlagen (und Verdiensten) zu geben. "Notwendig ⟨wird
> es⟩ freilich gerade ⟨sein⟩, daß das ganze Staatswesen auch diese ⟨Gleichheit⟩,
> die ⟨fälschlich⟩ denselben Namen trägt, zusätzlich anwendet, wenn es nicht
> auch an innenpolitischen Unruhen leiden soll – denn das Billige (ἐπιεικές)
> und Nachsichtige (σύγγνωμον) sind Verletzungen des Vollkommenen und
> Genauen gegen das richtige Gesetz (παρὰ δίκην τὴν ὀρθήν ἐστιν παρα-
> τεθραυμένον), wenn sie gewährt werden – deshalb besteht auch Notwendig-
> keit, die Gleichheit des Loses zusätzlich anzuwenden wegen der Unzufrieden-
> heit der großen Menge, wobei man dann auch Gott und Glück in Gebeten
> anrufen wird, daß sie das Los zur größten Gerechtigkeit hin lenken."

Erinnert man sich an das in Kapitel B I vorgestellte Alltags-Schema
lobenswerter, verzeihlicher und tadelnswerter Handlungen, so findet man
bei Platon zwar den mittleren Bereich, den des Verzeihens, der grundsätzlichen Bestimmung nach freigeräumt, tatsächlich jedoch freigeworden
für verschiedene Verwendungen:

Handlung	freiwilliges Guttun	unfreiwilliges Übeltun	freiwilliges Übeltun
Platons Beurteilung	zu belohnen	im Prinzip nicht existent	zu bestrafen
Platons Verwendung		Ironische Nachsicht Freundlichkeit unter Philosophen Pragmatisches Zugeständnis	

Hat das Wort, im ganzen gesehen, keine günstige Bewertung, so findet sich die Sache des Verzeihens doch, in anderem Wortmaterial, innerhalb des Mythos im "Phaidon" in hohem Rang:

> *Pl.* Phd. 113e-114b. Schicksal der Seelen nach dem Tode: Wer etwas Unheilbares begangen hat, bleibt ewig im Tartaros. "Die aber, die überführt werden, zwar heilbare, aber große Vergehen begangen zu haben, indem sie zum Beispiel im Zorn (ὑπ᾽ ὀργῆς) gegen Vater oder Mutter gewalttätig geworden sind und in Reue (μεταμέλον αὐτοῖς) den Rest ihres Lebens verbracht haben oder auf eine andere, ähnliche Art Mörder geworden sind, die müssen zwar in den Tartaros stürzen, wenn sie aber hineingestürzt und ein Jahr dort geblieben sind, wirft die Welle sie hinaus: die ⟨gewöhnlichen⟩ Mörder in den Kokytos, die Vater- und Muttermörder in den Pyriphlegethon; wenn sie in den Acherusischen See gespült werden, schreien und rufen sie dort: die einen die, die sie getötet haben, die anderen die, die sie mißhandelt haben, und haben sie sie herbeigerufen, flehen und bitten sie, sie in den See hinaussteigen zu lassen und aufzunehmen, und wenn sie sie dazu bringen, steigen sie hinaus und sind vom Übel befreit, wenn nicht, werden sie wieder in den Tartaros gespült und von dort wieder in die Flüsse, und sie hören nicht eher auf, dies zu erleiden, als daß sie diejenigen überzeugen, denen sie Unrecht getan haben; denn diese Strafe ist ihnen von den Richtern auferlegt worden."

Die Urteilsfindung in dieser Unterwelt gleicht dem attischen Prozeßgang entscheidend: Als unheilbar werden φόνοι ἄδικοι (*Pl.* Phd. 113e) bezeichnet – der Begriff wurde wohl als Gegensatz zum φόνος δίκαιος der Gerichtsrhetorik gebildet und dürfte den φόνοι ἐκ προνοίας oder ἑκούσιοι entsprechen. Dazwischen ist im Gesetz der Bereich der φόνοι ἀκούσιοι angesiedelt – in der Unterweltsvision des "Phaidon" wird das Strafmaß bei Mißhandlung der Eltern im Zornes-Affekt und ensprechenden (Affekt-) Tötungen den Opfern anheimgestellt; die Täter müssen ihre Opfer überreden oder überzeugen, wie vor Gericht der Angeklagte von der Unfreiwilligkeit seiner Handlung überzeugen muß, um freizukommen. Im Gegensatz zum attischen Gericht ist aber die Abwägung über Buße oder endgültige Verurteilung nicht der Beeinflußbarkeit der Richter überlassen, die von der begangenen Tat keinen Schaden hatten, sondern den Opfern selbst. Der Vorwurf gegen die attischen Gerichte, es werde zuviel συγγνώμη gewährt, läßt sich gegen diesen Modus wohl kaum erheben. Zugleich ist den bestehenden religiösen Vorstellungen Rechnung getragen: Der Bereich der Wirksamkeit des Fluches und der elterlichen Ἐρινύες wird gesondert behandelt.

3. Xenophon

Xenophon ist im Einleitungsteil ausführlich zu Wort gekommen. Daß er, offenbar aufgrund seiner eigenen Erfahrung, ein tiefes Verständnis für den Vorgang des Verzeihens hatte, hat sich bereits gezeigt. Als Sokratiker stand er wiederum auch vor dem Problem, das Kriterium der unfreiwilligen Tat vor dem Satz des Sokrates zu rechtfertigen. Sieht man

die zumindest inkonsequente Art, mit der Platon mit diesem Problem
umgeht, so gereicht die individuelle Lösung, die Xenophon dafür fand,
ihm nicht zur Unehre.

Noch einmal sei ein größerer Zusammenhang bei Xenophon ausführlicher betrachtet, ein Teil der Pantheia-Geschichte — zwar kein philosophischer Text, aber verstehbar als Text eines Sokratikers. Das Frei-
willigkeitsproblem wird hier mit dem Liebes-Thema verquickt, es ist also
ein klassischer Grund für συγγνώμη gegeben, die im Verlauf der Episode
auch verwirklicht wird.

X. Cyr. 5.1.13. Die Araspashandlung ist in die Geschichte der schönen
Pantheia eingebettet, die ihren Zielpunkt in der Selbstverbrennung der
Pantheia beim Tode ihres Mannes im Feld hat. Kyros verpflichtet den Mann
der Pantheia dadurch, daß er den Pantheia bedrängenden Araspas aus deren
Nähe entfernt; auch für Araspas bedeutet Kyros′ Verhalten eine Erleichterung. Der Ausgang entscheidet auch über eine Debatte über Freiwilligkeit zwischen Kyros und Araspas, in der zweimal der Wortstamm συγγνώμη
vorkommt.

5.1.2-4. Voraussetzungen; Araspas schildert die erste Begegnung mit
Pantheia, die ihm großen Eindruck gemacht hat. Ob Pantheia wirklich die
schönste Frau Asiens sei, solle Kyros selbst bei Augenschein entscheiden.

§ 8. Kyros wehrt ab: wenn er sich jetzt von Araspas überreden lasse,
werde ihn bald die Schönheit der Frau selbst überreden, wiederzukommen,
obwohl er keine Zeit dafür habe.

§ 9-11. Einwand des Araspas: Glaube Kyros wirklich, die Schönheit könne
einen Menschen μὴ βουλόμενον zwingen, gegen das Beste zu handeln?
Dann müßte sie ja auf alle Menschen die gleiche Wirkung ausüben, so wie
das Feuer alles gleichmäßig anbrenne; bei der Schönheit sei aber die
Wirkung individuell, sie müsse also etwas Freiwilliges (ἐθελούσιον) sein. Darum sei es ja auch möglich, daß das Gesetz Inzest-Liebe verbiete; dagegen
könne kein Gesetz verbieten, daß die Menschen ohne Nahrung hungerten,
ohne Getränk dürsteten usw.: πεφύκασι γὰρ ὑπὸ τούτων κρατεῖσθαι.
Liebe müsse also etwas Freiwilliges sein, das man sich passend (καθ′
ἑαυτόν) wähle wie Kleider und Schuhe.

§ 12. Gegeneinwand des Kyros: Warum könne man dann die Liebe nicht
zum Aufhören bringen, sondern es ließen sich viele regelrecht versklaven?

§ 13-15. Araspas: Das komme vor, beweise aber die Schlechtigkeit der
Betreffenden, ebenso wie der Widerspruch, daß sie sich den Tod wünschten,
aber keine Anstalten dazu machten. Es handele sich ebenso um Schlechtigkeit wie bei denen, die sich nicht enthalten könnten zu stehlen: Ihnen
verzeihe (συγγιγνώσκεις) Kyros ja auch nicht, sondern bestrafe sie
(κολάζεις). Stehlen sei kein ἀναγκαῖον; gute Menschen begehrten zwar
materielle Güter und Frauen, könnten sich ihrer aber enthalten, wie es sich
auch Araspas vornimmt.

§ 16-17. Kyros warnt Araspas: Er habe Pantheia noch nicht lange gesehen;
so brenne auch das Feuer erst nach einer gewissen Zeit, und die Guten
faßten es freiwillig (ἑκὼν εἶναι) nicht an. Araspas will aber nicht nach

Kyros' Ratschlag Pantheias Anblick meiden, sondern gerade im Umgang mit ihr seine Standhaftigkeit beweisen.

§ 18. Araspas verliebt sich beim täglichen Umgang in Pantheia – καὶ ἴσως οὐδὲν θαυμαστὸν ἔπασχε.

X. Cyr. 6.1.37. § 31-35. Araspas bedrängt Pantheia selbst, sie müsse sich ihm freiwillig (ἑκοῦσα) oder gegen ihren Willen (ἄκουσα) ergeben; er versucht Gewalt anzuwenden. Dies verbietet ihm Kyros, läßt ihm aber freie Hand, falls er sie überreden könne. Artabazos, der dies ausrichten soll, macht Araspas heftige Vorwürfe.

§ 36-41. Kyros behandelt Araspas mit größter Freundlichkeit; er konstatiert, Menschen und Götter unterlägen dem Eros (ἡττᾶσθαι), bekennt sich schuldig, Araspas in der unlösbaren Situation (ἀμάχῳ πράγματι) alleingelassen zu haben. Araspas nennt ihn πρᾷός τε καὶ συγγνώμων τῶν ἀνθρωπίνων ἁμαρτημάτων. Araspas deutet sich die Sache so, daß er zwei Seelen habe, denn eine einzige könne nicht einmal das Gute, dann wieder das Schlechte wollen; jetzt, unter Kyros Einfluß, habe die gute Seele die Oberhand. Kyros schickt Araspas mit einer Mission fort, was Pantheias Dankbarkeit hervorruft.

Bei Xenophon gibt es, anders als bei Platon, ein ἔρωτος ἡττᾶσθαι, das in der Natur des Menschen liegt und darum nicht verwunderlich, sondern verzeihlich (eben aus der menschlichen Natur verständlich) ist: Darin schließt sich auch Xenophon der allgemeingriechischen Auffassung an. Dennoch gibt es ein moralisches Korrektiv; die Anerkennung der menschlichen Schwäche bedeutet keinen Freibrief für jegliches Verhalten. Die verzeihliche erotische Entflammbarkeit ist dem Willen nicht so weit entzogen wie Hungern und Frieren: Der Kluge kann den Anfang verhindern, wenn er auch später machtlos ist. Stärker noch als dieses Korrektiv der Vernunft wirkt im Zusammenhang der "Kyropädie" das freundschaftliche Verstehen des Herrschers Kyros, der seiner Verantwortung gerecht wird und für den entstandenen Konflikt einen Ausweg findet, der sich für ihn selbst wiederum durch erhöhte Treue der Verbündeten belohnt.

X. Cyr. 7.5.50 wird συγγιγνώσκω für die Nachsicht gebraucht, die wiederum Kyros' Zeitmangel bei seinen Freunden findet.

Die Stellen bei Xenophon, die noch nicht behandelt sind, sind weniger ergiebig.

συγγιγνώσκω wird verwendet, um nicht tolerierbare Verhaltensweisen auszugrenzen: Lügen (*X. Cyr.* 3.1.9) und Prahlen (*X. Mem.* 1.7.4). Nicht gewährte Nachsicht beruht *X. HG* 6.2.13 auf nicht einsehbarem, mißverständlichem Verhalten. Die Götter können darum gebeten werden, gegen einen nachsichtig zu sein (*X. Mem.* 2.2.14 συγγνώμονας).

4. Aristoteles

Der Satz des Sokrates, mit dem sich auch Aristoteles auseinandersetzen muß, steht in innerem Zusammenhang zum Stichwort συγγνώμη. Aufschlußreich ist die Art, wie das Wort in die Diskussion des Satzes des Sokrates einbezogen wird:

Arist. EN 1146a2 · 3. Wie kann einer die richtigen Meinungen haben und trotzdem unbeherrscht sein? Die Behauptung des Sokrates, es gebe keine Unbeherrschtheit, sondern nur Unwissenheit, widerspricht den Phänomenen. Der Unbeherrschte erhält seine falsche Meinung erst, wenn er schon im Affekt ist, er wird in seiner ἐπιστήμη von den Lüsten überwältigt. Einige geben nun zu, daß die ἐπιστήμη das Stärkste sei, sagen aber, der Unbeherrschte werde in seiner δόξα überwältigt, nicht in der ἐπιστήμη. Dies wird folgendermaßen widerlegt: "Wenn es sich indessen um Meinung und nicht um Wissen handelt und wenn nicht eine starke Überzeugung entgegenwirkt, sonden eine mäßige, wie bei den Zweifelnden, dann herrscht Nachsicht (συγγνώμη) für den, der nicht bei ihnen bleiben kann gegenüber den starken Begierden; doch gegenüber der Schlechtigkeit herrscht keine Nachsicht (οὐ συγγνώμη) und für keine andere der tadelnswerten Eigenschaften."

In den "Magna Moralia" wird in dieser Weise gegen denselben Einwand argumentiert:

Arist. MM 1201a2 · 4. "Aber ist ⟨vielleicht⟩ zwar nicht Wissen, doch Vermutung ⟨im Unbeherrschten unterlegen⟩? Aber wenn der Unbeherrschte eine Vermutung hat, dürfte er nicht zu tadeln (ψεκτός) sein. Wenn er nämlich etwas Schlechtes tut, weil er nicht sicher weiß, sondern vermutet, dürfte man ihm Nachsicht zubilligen (συγγνώμην ἄν τις ἀποδοίη), daß er sich der Lust zuneigt und das Schlechte tut, nicht genau wissend, daß es schlecht ist, sondern nur in der Vermutung. Denn die, für die wir Nachsicht haben (συγγνώμην ἔχομεν), die tadeln wir (ψέγομεν) nicht; so daß der Unbeherrschte, gerade wenn er Vermutung hat, nicht zu tadeln sein wird; er ist aber zu tadeln." Auflösung der Aporie: der Unbeherrschte hat zwar Wissen, aber er läßt es nicht wirksam werden.

συγγνώμη wird als Indikator verwandt; es ist kein Begriff, der selbst geklärt werden müßte, sondern der aufgrund seiner Selbstverständlichkeit als Indiz herangezogen werden kann: Wäre Unbeherrschtheit eine Überwältigung der δόξα, ließe sich ableiten, sie sei verzeihlich. Da sie aber als nicht verzeihlich, sondern als zu tadeln gilt, besteht sie ebensowenig in der Überwältigung der δόξα wie in der der ἐπιστήμη.

Wenn Unbeherrschtheit verzeihlich wäre, müßte eine bestimmte Verhältnismäßigkeit gewahrt sein, wie sie auch in einigen Belegen aus der Rhetorik gefordert wird: Auf der einen Seite stünde eine schwache Überzeugung (δόξα), die nur einer zweifelnden Haltung gleichkäme und deshalb nicht gegenwirken könnte, wenn auf der anderen Seite starke Begierden stünden.

Aristoteles geht also davon aus, daß es Handlungen und Haltungen gibt, die verzeihlich sind; es gibt, gegen den Einwand des Sokrates, einen Platz für συγγνώμη: Sie wird an das Kriterium der Unfreiwilligkeit gebunden.

> *Arist.* EN 1109b32. "Da es sich beim Gutsein um Umgang mit Erfahrung (πάθη) und um Tun handelt und für die freiwilligen Handlungen (ἑκουσίοις) Lob und Tadel aufkommen, für die unfreiwilligen aber Verzeihung (συγγνώμης), manchmal aber sogar Mitleid (ἐλέου), ist es vielleicht notwendig, das Freiwillige und das Unfreiwillige zu bestimmen, für diejenigen, die über Gutsein forschen, nützlich aber auch für die Gesetzgeber, die Bußen und Strafen bestimmen."

Es handelt sich um die Einteilung ethisch beurteilbarer Handlungen, die in Kapitel B I vorgestellt wurde; der Zusammenhang zur Gesetzgebung wird ausdrücklich hergestellt.

Handlung	freiwillig	unfreiwillig	freiwillig
ethisches Urteil	Lob	Verzeihen, Mitleid	Tadel

(Zum Zusammenhang zwischen συγγνώμη und Mitleid siehe B I 6.)

Während für die ἑκούσια Lob und Tadel gegeben werden, entsteht συγγνώμη für ἀκούσια, jedoch nicht in jedem Fall:

> *Arist.* EN 1136a5 + 6 + 7 + 9. "Von den unfreiwillig begangenen Handlungen sind die einen verzeihlich, die andern nicht verzeihlich (τῶν δ' ἀκουσίων τὰ μὲν συγγνωμονικὰ τὰ δ' οὐ συγγνωμονικά). Verzeihlich (συγγνωμονικά) ist, was man nicht nur in Unwissenheit, sondern auch aus Unwissenheit (δι' ἄγνοιαν) tut; was man aber nicht aus Unwissenheit tut, sondern in Unwissenheit, die nicht eine physische oder menschliche Widerfahrnis ist, ist nicht verzeihlich (οὐ συγγνωμονικά).

Was verzeihlich sein soll, muß nicht nur in Unwissenheit geschehen sein, sondern in dieser Unwissenheit auch seinen Grund haben.[7] Wenn man an die Drakontischen Gesetze denkt, könnte man etwa folgendes Beispiel konstruieren: Ein Krieger, der seinen Mitbürger getötet hat, weil er ihn für einen Feind hielt, verdient nur dann einen Freispruch, wenn er ihn, hätte er ihn erkannt, auf keinen Fall getötet hätte; möglicherweise ist es ihm aber nur zupaß gekommen, daß er seinen Erzfeind im Kriegsgetümmel verwechselt hat.[8]

---

[7] Vgl. *Condanari-Michler* S. 61.

[8] Zur Kommentierung von *Arist.* EN 1143a21 konstruiert übrigens *Eustr.* in EN 373.15 ein ähnliches Beispiel aus der Tötungs-Gesetzgebung, das des Vatermörders, der seinen Vater mit einem Dieb verwechselt hat (ohne Differenzierung des Freiwilligkeitsbegriffes).

Die Unterscheidung ist wesentlich, da angesichts ihrer bestimmte Entgegensetzungen zwischen modernem (oder: christlichem) und griechischem Verzeihen nicht möglich sind (s. u. B V 4). Aristoteles schafft hier nötige Klarheit, ohne sich dem griechischen Sprachgebrauch für συγγνώμη entgegenzustellen; ob allerdings ein Grieche eine Handlung wirklich als ἄκων bezeichnet hätte, die der Täter durch einen Zufall "unfreiwillig" beging, aber auch gewählt hätte, wenn sein freier Wille nicht eingeschränkt gewesen wäre, darf fraglich erscheinen.

Freiwilligen Handlungen wird Lob oder Tadel gespendet, für bestimmte unfreiwillige gibt es συγγνώμη (oder ἔλεος). Manchmal ist der Übergang vom Lob oder vom Tadel zur Verzeihung fließend, da nicht genau zwischen Freiwilligkeit und Unfreiwilligkeit unterschieden werden kann. Aristoteles wendet hier ein Modell der Verhältnismäßigkeit an:

> *Arist.* EN 1110a24. Was ist freiwillig, was unfreiwillig? Handlungen, die normalerweise niemand wählen würde, sind, bezogen auf einen bestimmten Zeitpunkt, doch auch freiwillig, etwa wenn man im Sturm Wertsachen über Bord wirft oder einem Tyrannen in Schlechtem gehorcht, um Verwandte, die in seiner Macht sind, zu retten. "Bei derartigen Handlungen wird man manchmal gelobt, wenn man etwas Schändliches oder Schmerzliches aushält für große und schöne Dinge; wenn aber umgekehrt, wird man getadelt; denn das Schimpfliche auszuhalten, ohne daß dies der Preis für ein Edles oder Angemessenes ist, zeigt einen niedrigen Charakter. In manchen Fällen wird zwar kein Lob gegeben, aber Verzeihung (συγγνώμη) gewährt, wenn einer aus solchen Gründen tut, was er nicht soll, im Hinblick auf Dinge, die die menschliche Natur übersteigen und die niemand aushalten würde. Zu einigem darf man sich vielleicht nicht zwingen lassen, sondern soll lieber sterben und das Schlimmste aushalten; denn auch die Gründe, die den Alkmaion des Euripides zum Muttermord gezwungen haben, sind lächerlich."

Wie *Arist.* EN 1136a5ff. werden bestimmte Fälle von der συγγνώμη ausgenommen, in diesem Fall die Tat des Euripideischen Alkmaion.

> Weshalb der Muttermord des Alkmaion Aristoteles als unverzeihlich gilt, ist schwer verständlich. *Stewart* führt in seinem Kommentar z. St. die Scholien an; die Begründung im ersten klingt tatsächlich lächerlich: er werde den Vater betrüben; im zweiten, das immerhin ein Zitat (*TrGF* Euripides 68) anführen kann, bedroht dagegen Unfruchtbarkeit der Erde und Kinderlosigkeit das Land, wenn Alkmaion die Muter nicht tötet; außerdem wird auf Eriphyles Intrigen verwiesen, die Bestrafung verdienen – im Licht der Aischyleischen "Orestie" scheint dies kein zu geringer Beweggrund für Alkmaion.[9] *Ramsauer* verweist freilich auf die Haltung des Chores A. Eu.

---

[9] *Bremer* S. 16f. Anm. 10 erklärt Aristoteles' Ablehnung dadurch, daß Alkmaion dem moralischen Druck nicht widerstanden habe: "Simple moral pressure exercised by people (...) do not make a valid case of compulsion (...)." (Vgl. *Bremer* S. 123 Anm. 10.) In diesem Fall hätte Aristoteles aber die angedrohten objektiven Folgen nicht berücksichtigt.

427: ποῦ γὰρ τοσοῦτο κέντρον ὡς μητροκτονεῖν; Auch Aristoteles war offenbar der Ansicht, daß in Alkmaions Fall die für συγγνώμη notwendige Verhältnismäßigkeit zwischen den zur Tat antreibenden und von ihr abhaltenden Gründen nicht gegeben war.

Eine Handlung, die verziehen werden soll, muß aus hinreichenden Gründen begangen werden: Alkmaion begeht den Muttermord, um negative Folgen zu vermeiden, die ihn träfen, wenn er den Mord unterließe; in den Belegen *Arist.* EN 1146a2 + 3 und *Arist.* MM 1201a2 + 4 wird dagegen angenommen, die Handlung, die Verzeihung finden soll, sei begangen, um eine Lust zu gewinnen oder eine Begierde zu stillen. Die negative Folge, die vermieden, oder die positive, die erlangt werden soll, muß in einer bestimmten Proportion stehen zu der Handlung, die aus diesem Grunde in Kauf genommen wird. Wird die Proportion nicht gewahrt, so ist die Handlung entweder zu tadeln, weil die Gründe nicht schwerwiegend genug sind, um die Handlung zu rechtfertigen, oder sie wird umgekehrt gelobt, weil der erreichte Zweck einen größeren Wert darstellt als die Vermeidung der Handlung ("für große und schöne Dinge"). Wie *Arist.* EN 1146a2 + 3 und in einigen Belegen aus der Gerichtsrhetorik wird hier ein bestimmtes Handlungsmodell vorausgesetzt. Auch das Motiv, daß bestimmte Handlungen zu schlimm sind, um verziehen zu werden — in diesem Fall gibt es kein sie aufwiegendes Handlungsziel, durch das die Proportion gewahrt würde —, ist bereits aus der Rhetorik bekannt.

Diese Elemente werden auch in der "Eudemischen Ethik" mit dem Wort συγγνώμη verknüpft, wenn dieses auch erst am Schluß, wie beiläufig, angefügt wird. Auch in dieser Schrift kommt es nicht darauf an, das Wesen der συγγνώμη zu bestimmen, das Wort wird vielmehr herangezogen, um bei anderen Bestimmungen hilfreich zu sein.

> *Arist.* EE 1225a21. Unfreiwillige Handlungen sind gewaltsam und gezwungen. Gezwungen ist nicht alles, was man gegen seinen Wunsch tut, um schlimme Folgen zu vermeiden. "Was davon nämlich in jemandes Macht steht, daß es nicht eintritt oder eintritt, und[10] was er tut, obwohl er es nicht wünscht, tut er freiwillig (ἑκών) und nicht durch Gewalt (βίᾳ) ⟨gezwungen⟩; was davon aber nicht bei ihm steht, dazu wird er irgendwie gezwungen, freilich nicht einfach so, weil er nicht dieses selbe bejaht, was er tut, sondern es nur um eines bestimmten Zweckes willen tut, denn auch in diesen Dingen gibt es noch einen gewissen Unterschied. Wenn man nämlich jemanden tötet, damit er einen nicht beim Blinder-Mann-Spielen erwische,[11] so wäre es lächerlich, zu sagen, man tue es unter Einfluß von Gewalt und gezwungen (ἀναγκαζόμενος), sondern es muß ein größeres Übel und schmerzlicher sein, das man erfahren würde, wenn man nicht

---

[10] καί, Bonitz' andere Konjektur für δεῖ; im *textus receptus* ἀεί.

[11] Übersetzung nach *Dirlmeiers* Kommentar z. St.

handelte. Auf diese Weise handelt er gezwungen und unter dem Einfluß von Gewalt oder nicht naturgemäß (οὐ φύσει), wenn er etwas Schlechtes eines Guten wegen oder zur Vermeidung eines größeren Übels begeht, und wirklich nicht freiwillig (ἄχων γε); denn dies steht nicht bei ihm. Deshalb bezeichnen auch viele die Liebe als unfreiwillig und manche Arten von Zornaufwallungen und natürliche Vorgänge, weil sie stark sind und über die natürliche Kraft gehen; und wir haben Nachsicht (συγγνώμην ἔχομεν), da es angeboren ist, daß die Natur sich ihr Recht mit Gewalt nimmt." Im folgenden wird ausgeführt: Unfreiwillig sind eher Handlungen zur Vermeidung eines Schmerzes als zur Erzielung einer Lust, weil die fragliche Verantwortlichkeit von der Fähigkeit der Natur, etwas zu ertragen, abhängt.

Hier werden etwas andere Akzente gesetzt als in der "Nikomachischen Ethik" (ob dies auf der Verschiedenheit der Autorschaft beruht, braucht hier nicht geklärt zu werden): So ist dort von "Gewalt" nicht die Rede, diese ist aber aus anderen Gattungen als Verhinderung der Freiwilligkeit wohlbekannt; ebenso bezeichnet das Motiv Liebe (ἔρως), das durch das Stichwort συγγνώμη heraufbeschworen wird, den Fall, bei dem ein Grieche in der Regel sofort einsieht, daß "die Natur sich ihr Recht nimmt". (In der "Nikomachischen Ethik" wird hingegen abgelehnt, daß Handlungen zur Gewinnung von Lust als ἀκούσια gelten können: *Arist. EN* 1110b.) Die Anschaulichkeit des drastischen Beispiels kommt dem Leser entgegen. Zwischen der Vermeidung negativer und der Erlangung positiver Folgen unterscheidet der Autor der "Eudemischen Ethik": Zunächst führt er nur das Übel an, das größer und schmerzlicher sein muß als die Handlung selbst, durch die es vermieden wird, dann auch die Möglichkeit, daß das Schlechte um eines Guten willen begangen wird; der Vermeidung eines Schmerzes wird allerdings der Vorrang eingeräumt.

In den zitierten Belegen nimmt die Natur die Rolle der Gegenspielerin des freien Willens ein; sie bewirkt die schwache Disposition des Menschen und den starken Einfluß der Affekte.

Nicht verzeihlich ist nach *Arist. EN* 1136a5-9 eine Handlung in Unwissenheit, "die nicht eine physische oder menschliche Widerfahrnis ist"; verzeihlich nach *Arist. EN* 1110a24 eine Handlung "im Hinblick auf Dinge, die die menschliche Natur übersteigen und die niemand aushalten würde". In der "Eudemischen Ethik" sind es Liebe, Zorn und die (anderen) "natürlichen Dinge" (τὰ φυσικά), die so viel stärker sind als die (menschliche) Natur, daß die durch sie veranlaßten Handlungen verziehen werden müssen; es ist angeboren (also natürlich), daß die Natur durch Gewalt überlegen ist: ὡς πεφυκότα βιάζεσθαι τὴν φύσιν.

Bei Aristoteles erscheint also συγγνώμη als Korrektiv für die Schwäche der menschlichen Natur. Von hier aus läßt sich die Verbindung zum Motiv des ἀνθρώπινον sowie zu den im Kapitel B I 4 zitierten Belegen aus der Aristotelischen "Rhetorik" ziehen, die bei συγγνώμη vor allem an das denkt, was Menschen als Gemeinsamkeit verbindet (vor allem *Arist.* Rh. 1384b3; auch *Arist. EN* 1149b4 κοιναί, s. u.).

Gegenbegriff zum Natürlichen und darum Verzeihlichen ist — Belege

dafür begegneten schon in anderen Gattungen — auch in diesem Handlungsmodell das "Verwundernswerte":

> *Arist.* EN 1150b8. "Wer versagt, wo die meisten widerstehen, ist weichlich
> und verwöhnt; so auch bei der Enthaltsamkeit: Nicht ist es verwunderlich,
> wenn einer von starken und überwältigenden Begierden oder Schmerzen be-
> siegt wird, sondern es ist verzeihlich (συγγνωμονικὸν), ⟨zumindest⟩ wenn
> er sich entgegenstemmt, so wie der Philoktetes des Theodektes, der von der
> Viper gestochen war, oder der Kerkyon in der ʿAlopeʿ des Karkinos, auch
> wie diejenigen, die versuchen, unbändiges Gelächter zu unterdrücken, und
> dabei herausplatzen, wie es dem Xenophantos passierte; sondern wenn einer
> unterliegt und sich nicht beherrschen kann, wo die meisten Widerstand
> leisten können, ⟨allerdings⟩ nicht wegen einer Erbanlage oder durch eine
> Krankheit, wie im skythischen Königsgeschlecht die Schwächlichkeit an-
> gelegt ist und wie das weibliche Geschlecht im Vergleich zum männlichen
> veranlagt ist."

Zu den "natürlichen" Antrieben gehört der auch *Arist.* EE 1225a21
genannte Zorn — als Einzelmotiv zur Verzeihung bereits gut bekannt.

> *Arist.* EN 1149b4. "Derjenige, der von ungezügeltem Zorn ist, steht
> nämlich irgendwie unter der Macht der Vernunft, der von ⟨ungezügelter⟩
> Begierde nicht einmal unter der des Verstandes. Noch dazu kann es eher
> verziehen werden (μᾶλλον συγγνώμη), den natürlichen Antrieben zu
> folgen, und zwar der Art von Begierden, wie sie allen gemeinsam sind und
> soweit sie gemeinsam sind; der Zorn und die Entrüstung entsprechen mehr
> der Natur als die Begierden nach dem Übermaß und dem nicht Not-
> wendigen, wie zum Beispiel der sich verteidigte, der den Vater zu schlagen
> pflegte: ʿAuch der ⟨schlug⟩ ja den seinenʿ, sagte er, ʿund jener den vor ihmʿ,
> und zeigte auf seinen kleinen Sohn mit den Worten: ʿUnd dieser wird mich
> schlagen, wenn er ein erwachsener Mann ist; denn das liegt bei uns in der
> Familie.ʿ" Es folgt ein weiteres groteskes Beispiel.

Daß man seinen eigenen Vater schlägt, ist für Griechen kein κοινόν,
sondern gehört eher zum "Übermaß und nicht Notwendigen"; innerhalb der
Familie, in der das Schlagen "Erbanlage" ist, wird die Abnormität jedoch
relativiert; aufgrund der familiären Gemeinsamkeit kann der solchermaßen
Verklagte auf mildernde Umstände plädieren.[12] Auch in einem zweiten
Beispiel — "nur bis zur Schwelle schleifen" — wird sowohl das Normalmaß
überschritten als auch eine groteske neue Normalität eingeführt, die wiederum Verzeihung begründen kann: Nach dem Grundsatz, daß der Mensch
von Natur aus ein politisches Wesen sei, wird hier auch der Maßstab für die
Natürlichkeit des Zorns im sozialen Kontext festgelegt.

Dort, wo Aristoteles das Übermaß des Zorns bespricht, merkt er an, daß
die Neigung zur Rache "menschlicher" sei (*Arist.* EN 1126a30). Doch diejenigen, die zum Übermaß des Zorns neigen, fallen sich selbst und ihren
Mitmenschen zur Last, weil sie sich nicht ohne Rache oder Bestrafung
versöhnen (διαλλαττόμενοι 1126a28, vgl. 1126a20 δυσδιάλυτοι). Dagegen
gibt es die Haltung der Freundlichkeit (πραότης), die zwischen Zorn und

---

[12] S. *Dirlmeier EN* z. St.

Zornesmangel liegt, aber mehr der Zornlosigkeit zuneigt; denn der Freund-liche ist nicht auf Rache oder Strafe aus, sondern neigt zum Verzeihen: οὐ γάρ τιμωρικὸς ὁ πρᾶος, ἀλλὰ μᾶλλον συγγνωμονικός (1126a3). Er verzeiht also gerade keinen Fehler, der ihm mit dem anderen gemeinsam wäre (gegen *Arist.* Rh. 1384b3).

Aristoteles ermöglicht also durch seine differenzierte Bestimmung der Freiwilligkeit eine positive Einordnung der συγγνώμη. Besonders hohen Stellenwert erlangt diese durch ihre Bindung an das ἐπιεικές, die gleich-zeitig den juristischen Bezug deutlich hervortreten läßt.

> *Arist.* EN 1143a19 · 21 · 22 · 23. "Das sogenannte Verständnis (γνώμη), von dem wir ausgehen, wenn wir sagen, Leute seien nachsichtig (συγγνώμονας) oder hätten Verständnis (γνώμην), besteht in der Fähigkeit, sich in der richtigen Weise für das Billige zu entscheiden (ἡ τοῦ ἐπιεικοῦς ἐστι κρίσις ὀρθή). Ein Indiz (σημεῖον) dafür ist: Von demjenigen, der billig urteilt, sagen wir, er sei in besonderem Maße zur Nachsicht geneigt (τὸν γὰρ ἐπιεικῆ μάλιστά φαμεν εἶναι συγγνωμονικόν), und es ist billig, in einigen Dingen Verständnis zu haben (ἔχειν ... συγγνώμην). Die Nachsicht (συγγνώμη) aber ist die richtige Einsicht, die sich für das Billige entscheidet (γνώμη ἐστὶ κριτικὴ τοῦ ἐπιεικοῦς ὀρθή); richtige ⟨Ent-scheidung⟩ aber ist die für das wahrhaft ⟨Billige⟩."

Für συγγνώμη wird hier ausnahmsweise eine Definition gegeben, doch die Definition ergibt sich erst aus dem Interesse am Begriff γνώμη. Diese γνώμη erscheint hier unter unter den verschiedenen Arten der Klugheit (sie werden 1143a26 noch einmal aufgezählt: γνώμη, σύνεσις, φρόνησις, νοῦς) als diejenige, die sich speziell dem Mitmenschen zu-wendet, was den anderen Arten freilich nicht abgesprochen wird (1143a31f., s. u.). Gegenstand der γνώμη ist das ἐπιεικές, das bereits definiert worden ist (*Arist.* EN 1137ab).

> Daß συγγνώμη in diesem Zusammenhang verwendet wird, läßt sich so erklären: Auf der einen Seite ist der Zusammenhang zwischen συγγνώμη und γνώμη etymologisch evident, man kann jemanden nur dann συγγνώμων nennen, wenn er γνώμη besitzt (γνώμη, καθ' ἣν συγγνώμονας ... φαμεν); auf der anderen Seite besteht ein Zusammenhang im Wortgebrauch zwischen ἐπιεικής und συγγνωμονικός: Mit dem letztgenannten Attribut wird am ehesten jemand belegt, der als ἐπιεικής gilt. Aus diesen beiden Aspekten läßt sich der Nachweis erbringen, daß das ἐπιεικές der Gegenstand der γνώμη ist; συγγνώμη dient als σημεῖον, daß diese Verbindung richtig ist.

Erst nachdem συγγνώμη als feststehende dritte Größe herangezogen ist, wird sie auch selbst definiert; die Beweisführung kehrt allerdings in sich selbst zurück, wenn γνώμη und συγγνώμη sich wechselseitig er-läutern müssen; diese Verlegenheit rührt daher, daß Aristoteles sich hier von einem Sprachgebrauch her, den er schon vorfindet (φαμεν), der Sache nähert; dies kann für die Untersuchung der συγγνώμη aber nur willkommen sein. Dadurch wird einerseits der intellektuelle Gehalt klar, der aus συγγνώμη herausgehört wurde — sie stellt eine Spielart von Erkenntnis und intellektueller Leistung dar, die zur richtigen Entscheidung führt (κρίσις ὀρθή) —, andererseits der spezielle Aspekt des Wortbestandteils γνώμη, daß hier eine Klugheit bezeichnet wird, die sich mit Verständnis, Einfühlungsvermögen und entsprechender Nachsicht dem Mitmenschen zuwendet.

> *Stewart* (Bd. 2 S. 88) paraphrasiert συγγνώμη in seinem Kommentar entsprechend: "Συγγνώμη means properly 'thinking or feeling with others' (...). The συγγνώμων is the man of social sympathy, who enters into the thoughts and feelings of others, and especially is ready to make allowance for their difficulties in his formal or informal verdicts — who, in short, gives judgment (γνώμη) in their favour (συν) when a rigid interpretation of the law would warrant an unfavourable judgment."

> So sehr die Charakterisierung von συγγνώμη — gerade ihr Bezug zum juristischen Bereich — den Ergebnissen meiner Untersuchung entgegenkommt, so scheint die Deutung von συν- als "zu jemandes Gunsten" doch sprachlich nicht haltbar. Es wurde dargelegt, daß eine genetische Erklärung (die wegen der indoeuropäischen Herkunft nur als Deutung für das Begriffsverständnis dienen kann) einen Umweg wählen müßte: "erkennen, was der andere auch erkennt" — "erkennen, was γνώμη des anderen ist, nämlich den Standpunkt, den er aufgrund seiner Rolle und Situation einnimmt oder früher eingenommen hat" — "die Tatmotive des anderen erkennen"[13]

Zweitens wird durch die Definition der Zusammenhang zwischen συγγνώμη und ἐπιεικές deutlich. Tatsächlich lassen sich die Ausführungen zum ἐπιεικές als eine Theorie auch der συγγνώμη lesen, nur daß sie ganz auf die juristische Betrachtungsweise zugeschnitten sind. Auch die Berechtigung des ἐπιεικές, der Billigkeit,[14] muß erst etabliert werden,

---

[13] Allerdings interpretiert auch Eustratios (11./12. Jh.) in seinem Kommentar zur "Nikomachischen Ethik" die Wortbildung mit συν- (*Eustr.* in EN 371.7ff., hier 374.1-7): συγγνώμη sei Sache des σὺν αὐτῷ γινώσκοντος, ebenso wie bei den Wörtern συμπάθεια und συγχώρησις: ὡς αὐτῷ τῷ πταίσαντι πάσχοντός τι τοῦ κρίνοντος καὶ χωροῦντος σὺν αὐτῷ (...).

[14] Auch die Übersetzung von ἐπιεικές, wie von ἑκών, kann nur behelfsmäßig sein; gewählt wurde hier, wo sich keine grobe Mißverständlichkeit ergab, die terminologische Bezeichnung "billig/Billigkeit", obwohl sie in heutigem Deutsch antiquiert ist. Ebenso antiquiert ist aber "glimpflich" und besonders "Glimpflichkeit"; Dirlmeiers "gütig im Gerechten" und "Güte-in-der-Gerechtigkeit" (*Dirlmeier* passim) ist eine sinnvolle Prägung, doch so unvertraut, daß Dirlmeier sie selbst immer in Anführungszeichen setzt. Auch er erinnert an eine ältere Sprachschicht im Deutschen, an Luthers "Gelindigkeit" (*Dirlmeier* S. 432). In heutigem Sprachgebrauch wäre vermutlich von "fair" und "Fairneß" die Rede, wenn ein entsprechendes Gerichtsurteil besprochen würde; das Lehnwort entspricht ἐπιεικές

wie sich daran zeigt, daß Aristoteles seine Darstellung mit einer Aporie beginnt:

Arist. EN 1137a31. "Über die Billigkeit (ἐπιεικείας) und das Billige (τοῦ ἐπιεικοῦς), wie sich die Billigkeit zur Gerechtigkeit verhält und das Billige zum Gerechten, ist folgendes zu sagen. Weder erscheinen sie nämlich einfach als dasselbe noch als verschiedenen Gattungen angehörig, wenn man es genau betrachtet; und manchmal loben wir das Billige und den Mann, der von dieser Art ist, so daß wir es mit unserem Lob an die Stelle des Guten überhaupt setzen: Damit zeigen wir an, daß wir etwas für desto besser halten, je billiger es ist; in anderen Fällen, wenn man sich vom Wort leiten läßt, erscheint es als unsinnig, wenn das Billige gegenüber einer Sache, die gerecht ist, das Lob auf sich zieht; denn entweder ist das Gerechte gut, oder das Billige ist nicht gerecht – wenn es etwas anderes ist; oder es ist, wenn sie beide gut sein sollen, dasselbe."

Doch Aristoteles löst die Aporie schnell auf: Das ἐπιεικές ist besser als ein bestimmtes δίκαιον, ohne daß es deshalb einer anderen Kategorie angehört.

Arist. EN 1137b11-19. "Die Aporie beruht darauf, daß das Billige zwar gerecht ist, nicht jedoch gerecht nach dem Buchstaben des Gesetzes (κατὰ νόμον), sondern eine Korrektur des gesetzlich Gerechten (νομίμου δικαίου). Die Ursache liegt darin, daß jedes Gesetz allgemein (καθόλου)[15] gilt, man für einige Fälle jedoch nicht allgemeine Bestimmungen treffen kann. In diesen Fällen muß also eine allgemeine Bestimmung getroffen werden, obwohl sie nicht richtig sein kann: Das Gesetz erfaßt, was in der Regel der Fall ist, und ist sich auch darüber im klaren, wie fehlerhaft diese Annahme ist. Und es ist nichtsdestoweniger im Recht (ὀρθός); denn der Fehler liegt nicht im Gesetz und nicht beim Gesetzgeber, sondern in der Natur der Sache. Die Grundlage von ⟨menschlichen⟩ Handlungen ist nämlich von vornherein von dieser Beschaffenheit."

Grund zur Ablehnung des ἐπιεικές wie der συγγνώμη ist immer wieder der Widerspruch zum Begriff der Gerechtigkeit. Vor Gericht werden die Richter beschworen, durch συγγνώμη nicht das Gesetz zu beeinträchtigen. Platon hat strikt geurteilt, ἐπιεικές und σύγγνωμον seien Verletzungen des Vollkommenen und Genauen gegen das richtige Gesetz (*Pl.* Lg. 757e1). Dem steht die Anwendung im Alltag und die Hochschätzung des ἐπιεικής (wie auch des συγγνώμων) gegenüber. Wenn Aristoteles dem ἐπιεικές nun einen Platz als "bessere Gerechtigkeit" sichert, so beruft er sich dabei auf die Lücken des Gesetzes:

---

insofern, als es über die Billigkeit hinaus angemessenes Verhalten, Anständigkeit (auch "anständig" wird für ἐπιεικές verwendet) allgemein bezeichnet; allerdings wäre man sehr verwundert, der Fairneß die Gerechtigkeit als Gegensatz gegenübergestellt zu sehen.

[15] Vgl. τῶν κοινῶν ἐπιμελούμενος *Pl.* Lg. 925 (Stelle oben zitiert).

> *Arist.* EN 1137b26. "Wenn der Gesetzgeber nun eine Bestimmung allgemein
> formuliert, es geschieht aber etwas abseits davon (ἐπὶ τούτου), was dem
> Allgemeinen widerspricht, dann ist es richtig, wo der Gesetzgeber etwas aus-
> läßt und einen Fehler machte, indem er generell sprach, das Fehlende zu ver-
> bessern, was auch der Gesetzgeber selbst gesagt hätte, wäre er dort dabei-
> gewesen, und als Gesetz erlassen hätte, wenn er es gewußt hätte. Daher ist
> ⟨das Billige⟩ gerecht und besser als eine bestimmte Gerechtigkeit, nicht als
> die Gerechtigkeit schlechthin, sondern als ihr Fehler, der durch die All-
> gemeinheit ⟨der Gesetze⟩ entsteht. Und darin besteht die Natur des Billigen
> (τοῦ ἐπιεικοῦς), in der Berichtigung (ἐπανόρθωμα) des Gesetzes, wo es
> Lücken läßt, weil es in allgemeinem Sinn spricht."

Der folgende Abschnitt (*Arist.* EN 1137b27-34) bestätigt deutlich, daß
bestimmte Einzelentscheidungen in Prozessen die Gesetzesregelungen
ergänzen. Daß es sich bei diesen Entscheidungen für das ἐπιεικές auch
wirklich um Entscheidungen zugunsten des Angeklagten handelt, zeigt der
Schluß der Passage:

> *Arist.* EN 1137b34 · 1183a2 · 3. "Danach ist aber auch klar, von welcher
> Art der Billige (ἐπιεικής) ist; denn wer sich gern für solche Dinge
> entscheidet [nämlich für die Ausfüllung dessen, was der Gesetzgeber offen
> gelassen hat] und wer es nicht zum Schaden anderer übermäßig genau mit
> dem Recht nimmt, sondern seine Ansprüche gering hält [d. h. zur geringeren
> Strafe bereit ist] (ὁ μὴ ἀκριβοδίκαιος ἐπὶ τὸ χεῖρον ἀλλ᾽ ἐλαττωτικός),
> auch wo er das Gesetz zu Hilfe nehmen könnte, der ist billig (ἐπιεικής),
> und dieses Verhalten ist die Billigkeit, die eine bestimmte Art von Gerechtig-
> keit darstellt und keine andere Einstellung ist."

Sieht man einmal von der Einschränkung auf die Gerichtssituation ab,
so hat man in Aristoteles' Ausführungen über das ἐπιεικές eine re-
flektierte, differenzierte Ortsbestimmung dessen, was auch συγγνώμη ist:
nicht in jedem Falle das Gerechte, aber dort, wo sie angemessen ist,
nicht nur gerecht, sondern einer gesetzhaften Gerechtigkeit überlegen.

Die Verbindung zwischen συγγνώμη und ἐπιεικές wird allerdings in
der "Nikomachischen Ethik" erst an der zitierten Stelle über γνώμη hergestellt.[16] Im Zusammenhang mit dieser gibt es noch ein weiteres Indiz
für die Verwandtschaft von συγγνώμη und ἐπιεικές: Im Resümee über die

---

[16] An dieser Stelle wird nicht von allen Übersetzern der Zusammenhang mit
der Billigkeit verdeutlicht, z. B. *Dirlmeier*: "taktvolle Güte". Eine moderne
Übersetzung, die ihn herstellt, ist die von *Rieckher*; hergestellt wird er auch von
Eustratios (vgl. Anm. 13); *Eustr.* in EN 373.21 (zu *Arist.* EN 1143a21): Der ἐπιεικής
zeichne sich dadurch aus, daß er διὰ τὸ καθόλου κεῖσθαι τοὺς νόμους
manchmal die allgemeinen Bestimmungen des Gesetzes abmildere (ἐλαττοῦν), was
ein Zeichen von γνώμη und συγγνώμη sei. – Darüber hinaus ist die
Verbindung berechtigt, da συγγνώμη und ἐπιεικής auch sonst verbunden
werden, oft auch mit der Bedeutung "Billigkeit" für ἐπιεικές. Natürlich muß die
Aussage bei Aristoteles nicht auf die Gerichtssphäre beschränkt bleiben.

verschiedenen Arten der Klugheit wird γνώμη als Fähigkeit, im Einzelfall zu entscheiden, bestimmt[17] — das ἐπιεικές springt entsprechend dort ein, wo das καθόλου festgelegte Gesetz im Unrecht ist.[18]

> *Arist.* EN 1143a31. "Es zielen aber alle Haltungen mit gutem Grund auf dasselbe ab; wir reden nämlich von Verständnis, Verstand, Bedachtsamkeit und Vernunft (γνώμην καὶ σύνεσιν καὶ φρόνησιν καὶ νοῦν), indem wir denselben Menschen zuschreiben, sie hätten Einsicht, ja selbst Vernunft, seien bedachtsam und verständig. Denn alle diese Kräfte beziehen sich auf das Letzte und Einzelne (καθ᾽ ἕκαστον). Und in dem, worin sich der Bedachtsame als fähig zur richtigen Entscheidung erweist, erweist es sich auch der Verständige, der Einsichtige oder Verständnisvolle (εὐγνώμων ἢ συγγνώμων); denn die Billigkeit (τὰ γὰρ ἐπιεικῆ)<, die die beiden letzten Eigenschaften voraussetzt,> ist allen Guten gemeinsam in ihrem Verhalten dem Nächsten gegenüber."

> Für 1143a30 gibt Bywaters Apparat an: "εὐγνώμων ἢ fort. secludendum". Für 1143a19 gibt es nämlich die Lesart συγγνώμονας : εὐγνώμονας. Offenbar wurde als Adjektiv zu γνώμη zunächst εὐγνώμων erwartet; Folge davon könnte ein Zusatz 1143a30 gewesen sein. Daß im hier zitierten Abschnitt jedoch wirklich von συγγνώμη gesprochen wird, ist vor allem durch συγγνωμονικόν 1143a21'/22 gesichert, denn εὐγνωμονικός ist nicht belegt (s. *LSJ*). Diese Sicherung ist für die Untersuchung der συγγνώμη glücklich, denn in den "Magna Moralia" wird εὐγνωμοσύνη fast bedeutungsgleich mit der ἐπιείκεια im juristischen Sinne definiert (*Arist.* MM 1198b34-1199a3). Daß die Verwechselungsmöglichkeit besteht, zeigt vielleicht nur, wie stark auch συγγνώμη intellektuell ausgerichtet ist, denn εὐγνωμοσύνη darf als direkte Ableitung von γνώμη bezeichnet werden.

Im Einzelfall wirksam sind aber auch συγγνώμη und (hier, wie schon im aufgeführten Beleg *Arist.* EN 1109b32, mit συγγνώμη verbunden) ἔλεος. Aristoteles differenziert auch hier seinen Begriff von Unfreiwilligkeit in Auseinandersetzung mit dem Satz des Sokrates.

> *Arist.* EN 1111a2. "Es ist nun jeder Schlechte unwissend über das, was zu tun und was zu lassen ist, und durch diesen Fehler werden Menschen ungerecht und überhaupt schlecht. Der Begriff des Unfreiwilligen soll aber nicht benutzt werden, wenn einer das Zuträgliche nicht kennt; denn die Unwissenheit bei der Entscheidung (προαιρέσει) ist nicht Ursache für die Unfreiwilligkeit, sondern für die Schlechtigkeit <der Handlung>; und es ist auch nicht <Unwissenheit> im allgemeinen – für diese wird man getadelt –, sondern über den Einzelfall, <d. h.> über den Verlauf und über den Gegenstand des Handelns; in diesem Bereich entscheidet es sich nämlich, ob man Mitgefühl und Nachsicht (καὶ ἔλεος καὶ συγγνώμη) findet; denn wer etwas davon [von den Einzelfaktoren] nicht weiß, handelt unfreiwillig."

---

[17] καθ᾽ ἕκαστον 1143a29. καθ᾽ ἕκαστα 1143a32.

[18] *Arist.* EN 1137b14 · 20, vgl. *Arist.* Top. 141a16 καθόλου zu ἐπιείκεια; *Arist.* EN 1137b22 · 25 ἁπλῶς im gleichen Sinn, ebenso in den unten zitierten Belegen aus der "Rhetorik".

Nicht nur in der "Nikomachischen Ethik", sondern auch in der "Rhetorik" wird man auf einen Zusammenhang zwischen συγγνώμη und ἐπιεικές gelenkt. Die Theorie des ἐπιεικές wird dort mit der Lehre von geschriebenem und ungeschriebenem Gesetz verbunden (*Arist.* Rh. 1374b4 συγγνώμην ἔχειν, b11 συγγιγνώσκειν). Diese Belege werden aber am sinnvollsten innerhalb eines kurzen Abrisses der Begriffsgeschichte des Wortes ἐπιεικής betrachtet, die mit ihren Belegen noch weiter zurückführt, als man für συγγνώμη gelangt.

Exkurs: ἐπιεικής

Das Wort ἐπιεικής, an das Aristoteles die Bestimmung von συγγνώμη bindet, führt tiefer in die Geschichte des Problemkreises Verzeihen hinein; es hat, wie συγγνώμη, eine Rolle bei der Differenzierung des Gerechtigkeitsbegriffs gespielt, ist aber früher belegt als συγγνώμη. Die genaue Wortgeschichte ist der Monographie von *d'Agostino* zu entnehmen; doch muß an dieser Stelle auf die Parallelen zu συγγνώμη eingegangen werden.

Bei Aristoteles selbst ist die Bedeutung "billig" ein Spezialfall. In der "Nikomachischen Ethik" benutzt Aristoteles das Wort meist in der Bedeutung "anständig" als Synonym zu "gut" (ähnlich auch σπουδαῖος). ἐπιείκεια entsprechend für "das Gute"; an ἀγαθός scheint ἐπιεικής jedoch nicht ganz heranzureichen (*Arist.* EN 1128b21 · 27 · 29 · 30 · 33, *Arist.* EN 1152a17).

Albrecht Dihle geht auf den Begriff in seiner Monographie über die "Goldene Regel" im Zusammenhang der "Graduellen Überwindung des Vergeltungsdenkens" ein. Er weist auf die frühe Verwendung als Beiwort zu "Vergeltung" hin: *Hom.* Il. 12.382 ἐπιεικέ' ἀμοιβήν, hier noch ohne jeden Aspekt der Billigkeit; er nimmt an, daß die "Erweichung und Modifizierung des starren Vergeltungsprinzips sich gerade daraus ergibt, daß man gerechte, angemessene und d. h. die besonderen Umstände berücksichtigende Vergeltung im Einzelfall üben will".[19] Darin sieht er eine Entwicklung aristokratischer Ethik:

Dihle Goldene Regel S. 46. "Während das Augenmerk in der älteren Zeit gerade darauf liegt, daß die den Adligen auszeichnende τιμή keine

---

[19] *Dihle Goldene Regel* S. 46ff., hier 47. Vgl. auch *Schmidt* Bd. 1 S. 318 zur Vermittlung des Begriffes zwischen Norm und Normabweichung: "Von uns wird 'anständig', von den Griechen ἐπιεικής sowohl derjenige genannt, der dem pünktlich nachlebt was die geltende Sitte erheischt, als derjenige, dessen sittliches Gefühl so sicher und fein ist, dass er, gewissermaassen [sic] aus dem Geiste der anerkannten Forderungen heraus frei schaffend, besonders Anderen gegenüber auch da das Richtigste und Beste trifft, wo ein minder aufmerksames oder selbstloses Verhalten keiner Verpflichtung entgegen sein würde."

Minderung erfahre und jede versuchte oder vollzogene Beeinträchtigung mit
schneller und vollständiger Vergeltung bereinigt werde, liegt hier der Akzent
auf der Überlegenheit des 'hochgemuten' Mannes, der durch irgendeine
Kränkung nicht gefährdet werden kann (...). Von dieser Position aus führt
der Weg zum ἀνὴρ ἐπιεικής, σπουδαῖος, σοφός der spätklassischen und
hellenistischen Zeit, der die Norm seines Handelns in sich trägt und auf die
Belohnung durch seine Umwelt nicht mehr angewiesen ist."

Seit Mitte des 5. Jahrhunderts sei ἐπιεικής "ein zentraler Begriff
urbaner Ethik"; von da an sei er bei Dichtern, Historikern, Rednern und
Philosophen häufig verwendet, "um sowohl einen Vorgang als auch das
Wesen einer Person positiv zu kennzeichnen".[20] Als Vorläufer der
ἐπιεικές-Verwendung *Arist.* EN 1137 betrachtet Dihle *Hdt.* 3.53.4 und
eine Stelle aus dem "Epitaphios" des Gorgias.

> *Hdt.* 3.53.4. Periandros schickt seine Tochter zu seinem jüngeren Sohn,
> damit diese ihn zur Übernahme der Herrschaft bewege. "'Bruder, willst du,
> daß die Herrschaft an andere fällt und das Haus des Vaters lieber zerstört
> wird, als daß du selbst kommst und beide übernimmst? Komm nach Hause,
> höre auf, dich selbst zu bestrafen! Ehrliebe ist ein unheilvoller Besitz;
> versuche nicht, Übel durch Übel zu heilen. Viele ziehen das eher Billige
> dem ⟨ausschließlich⟩ Gerechten vor (πολλοὶ τῶν δικαίων τὰ ἐπιεικέ-
> στερα προτιθεῖσι). Und viele haben schon das mütterliche Erbteil gesucht
> und dabei das väterliche verschleudert. Alleinherrschaft ist eine gefährliche
> Angelegenheit, viele streben nach ihr; ⟨der Vater⟩ aber ist schon Greis und
> hochbetagt: Laß' anderen nicht die Güter, die dir zustehen.'"

Die Geschichte des Zerwürfnisses zwischen Periandros und seinem
Sohn ist geprägt von archaisch wirkender Unbeugsamkeit und Starre des
Ehrbegriffes; sie ist eine der Geschichten, in denen es für Verzeihen
keinen Raum gibt (s. o. B II 3). Der Nebenfigur wird jedoch gleich ein
Bündel begütigender Sätze in den Mund gelegt, die der waltenden Tragik
entgegenwirken könnten; diese entsprechen der zeitgenössischen Perspektive des Herodotos.

> *Vorsokr.* 82B6: Gorgias, Epitaphios. Daß die Gefallenen von göttlicher
> Arete waren und mit den Menschen nur die Sterblichkeit teilten, begründet
> Gorgias so: "(...) oftmals zogen sie ja die milde Billigkeit dem schroffen
> Recht vor (πολλὰ μὲν δὴ τὸ πρᾶον ἐπιεικές τοῦ αὐθάδους δικαίου
> προκρίνοντες), oftmals auch der peinlichen Genauigkeit des Gesetzes die
> Richtigkeit der Redeweise, denn dies hielten sie für das göttlichste und
> allgemeinste (κοινότατον) Gesetz, das Notwendige im notwendigen Augen-
> blick zu sagen oder zu verschweigen, zu tun oder zu lassen (...)."

> Bei Gorgias ist wie bei Aristoteles das *allgemeine* Gesetz dasjenige, das
> zur Anwendung des (dem Spezialfall gerecht werdenden) ἐπιεικές auf-
> fordert.

---

[20] *Dihle Goldene Regel* S. 46f. Aus Klassischer Zeit werden Belege bei
Sophokles (s. u. *TrGF 4* 770), Thukydides und Isokrates angeführt.

Entscheidend ist die Entgegensetzung von ἐπιειχές und δίχαιον. Rudolf Hirzel behandelt das ἐπιειχές im Zusammenhang mit den ἄγραφοι νόμοι, unter die Aristoteles es zum ersten Mal eingereiht habe.[21] Auch Hirzel datiert das Erstarken der ἐπιείχεια ins 5. Jahrhundert,[22] ebenso wie er das des ἄγραφος νόμος auf dem Hintergrund der Sophistik sieht:[23] Vor einer Relativitätstheorie, wie sie Prodikos vertrat, habe auch das starre Recht dahinschmelzen, sich individuellen Personen und Verhältnissen anpassen müssen; von da an beginne man vom höchsten strengen Recht zu sprechen, das ohne Rücksicht geübt werde; dieses bekomme etwas Unheimliches, mit Unterweltsgöttern und Nemesis Verbundenes.[24]

> *TrGF 4* 770: Sophokles. "Zu welchem Gotte wirst du kommen, ⟨wenn du⟩ † zum Eros † ⟨kommst⟩, der weder Milde noch Gnade kennt und nur eine liebt: die starre [prosaisch: undifferenzierte, w.: einfach ⟨angewandte⟩] Dike (τὴν ἁπλῶς δίχην)."
>
> Schwierig an diesem Fragment ist die Nennung des Eros (vgl. Apparat z. St.). *Hirzel Agraphos Nomos* S. 57 Anm. 5 bezieht die Worte auf Hades. – In diesem Zusammenhang verwundert es auch nicht, daß *TrGF 2* Adespota 495 die Δίχη als μόνη (...) ἀπαραίτητος ἀνθρώποις bezeichnet wird.
>
> *Antipho* 2.2.13. Schluß der Rede. "Wenn ich aber von einem Lebenden angeklagt würde, würde ich nicht nur für mich eine Verteidigung vorbringen, sondern diesen selbst und die, die diesem beistehen und von mir einen Vorteil zu erreichen suchen in dem, worin mir ein Vorwurf gemacht wird, ihres Unrechts überführen. Dies lasse ich nun bleiben eher aus Neigung zur Billigkeit als weil ich es für gerecht halte (ἐπιειχέστερον ἢ δικαιότερον) (...)."

In der "Rhetorik" entfaltet Aristoteles seine Lehre vom ἐπιειχές gerade im Rahmen dieser Diskussion um geschriebenes und ungeschriebenes Gesetz.

---

[21] *Hirzel Agraphos Nomos* S. 60f. *Ostwald* kommt allerdings zu dem Ergebnis, daß von einem einheitlichen Begriff eines ἄγραφος νόμος im Klassischen Griechenland nicht gesprochen werden könne; die Gemeinsamkeit der Verwendung beschränke sich auf den Gegensatz zum geschriebenen Gesetz.

[22] *Hirzel Themis* S. 279.

[23] *Hirzel Agraphos Nomos* S. 56f. Für συγγνώμη fanden sich keine Hinweise, daß der Begriff von den Sophisten besonders geprägt worden wäre (nur für den Platonischen Hippias ist die Verwendung belegt).

[24] *Hirzel Agraphos Nomos* S. 57 mit Verweis auf das im folgenden zitierte Fragment. Im Lateinischen fand diese Anschauung ihre Ausprägung im Satz *summum ius summa iniuria*, den *Stroux* mit Kant für den "Sinnspruch der Billigkeit" hält (S. 1), für den er allerdings kein direktes griechisches Vorbild anführen kann (S. 15-20); er verbindet ihn aber mit den auch hier zitierten Belegen von Gorgias und Aristoteles. Zur differenzierten Beurteilung dieser Auffassung des lateinischen Spruches s. *Fuhrmann Summum ius*.

Arist. Rh. 1374a26. Zur Frage nach dem Verhältnis von Billigkeit und Gerechtigkeit. "Was billig ist (τὸ ... ἐπιεικὲς), scheint gerecht zu sein; billig aber ist das Gerechte über das geschriebene Gesetz hinaus." Dies ergebe sich teils gegen den Willen der Gesetzgeber, wenn sie etwas übersehen hätten, teils nicht gegen ihren Willen, wo sie καθόλου bestimmen müßten.

Auch in der "Rhetorik" bekommt das ἐπιεικές seinen Platz bei den Lücken des Gesetzes im Spezialfall zugewiesen. Gedacht ist aber, wie die Charakterisierung zeigt, auch hier an Entscheidungen zugunsten des Angeklagten; ἐπιεικής und συγγνώμη ergeben eine natürliche Verbindung.

Arist. Rh. 1374b4 - 11. "Wenn nun der Fall unbestimmt ist, es aber nötig ist, ein Gesetz zu erlassen, so besteht Notwendigkeit, undifferenziert (ἁπλῶς) zu sprechen, so daß auch wohl der, der einen Fingerring trägt und die Hand erhebt oder zuschlägt, nach dem geschriebenen Gesetz schuldig ist und Unrecht tut, in Wahrheit aber kein Unrecht begeht, und dies macht die Billigkeit (τὸ ἐπιεικὲς) aus. Wenn aber das Billige das ist, was dargelegt ist, ist es klar, von welcher Art das Billige und das nicht Billige ist (τὰ ἐπιεικῆ καὶ οὐκ ἐπιεικῆ) und welcher Art die Menschen, die unbillig sind; denn auch ⟨die Fälle⟩, bei denen man Nachsicht haben muß (ἐφ᾽ οἷς ... δεῖ συγγνώμην ἔχειν), die sind ⟨Fälle für⟩ die Billigkeit (ἐπιεικῆ ταῦτα), und wenn man die bloßen Fehler (ἁμαρτήματα) und die unrechten Handlungen (ἀδικήματα) nicht mit gleichen Strafen belegt und auch nicht die bloßen Fehler und Unglücksfälle (ἀτυχήματα)." Es folgt die Definition dieser Begriffe.[25] "Und es ist billig (ἐπιεικές), für menschliche Unzulänglichkeiten Verzeihung zu gewähren (συγγινώσκειν). Und nicht auf das Gesetz, sondern auf den Gesetzgeber, und ⟨zwar⟩ nicht auf das Wort, sondern die Intention des Gesetzgebers zu blicken, und nicht auf die Tat, sondern auf den Vorsatz (προαίρεσιν), und nicht auf das Detail, sondern auf das Ganze, und nicht, wie einer jetzt ist, sondern wie er immer war oder im großen und ganzen.[26] Und eher zu erwähnen, was man Gutes als Böses erfahren hat, und Gutes eher, was man erfahren als was man getan hat. Und es auszuhalten, daß einem Unrecht getan wird. Und eher durch ein Wort als durch eine Tat eine Entscheidung herbeiführen zu wollen. Und lieber zum Schiedsgericht als zum Gericht gehen zu wollen; denn der Schiedsrichter sieht das Billige (τὸ ἐπιεικὲς), der Richter aber das Gesetz; und deshalb wurde der Schiedsrichter erfunden, damit das Billige wirksam sei. Soviel zur Erörterung der Billigkeit."

Arist. Rh. 1375a29 - 31. "Denn es ist klar, daß man, wenn das geschriebene ⟨Gesetz⟩ der Sache entgegensteht, das allgemeine anwenden muß und die billigeren und gerechteren ⟨ungeschriebenen Gesetze⟩ (ἐπιεικεστέροις καὶ δικαιοτέροις). Und daß das 'nach bestem Wissen und Ge-

---

[25] Zur Terminologie vgl. das B I 4 Anm. 36 zu Anaximenes Bemerkte.

[26] Die Beurteilung des ganzen Lebens auch in der Sphodrias-Episode *X.* 5.4.30 - 31, s. A IV 2.

wissen˙ [der – von Aristoteles ungenau zitierte – Richtereid²⁷] das bedeutet,
daß man nicht einzig die geschriebenen Gesetze anwendet. Und daß das
Billige (ἐπιειϰὲς) ewig besteht und sich niemals wandelt, und auch nicht das
gemeinsame ⟨Gesetz⟩ – denn es entspricht der Natur –, die geschriebenen
aber vielfach, weshalb das in der ˙Antigone˙ des Sophokles gesagt ist (...)."

Obwohl der Gegenstand von συγγνώμη das Einzelne, die dem Individuellen angemessene (milde) Beurteilung des Spezialfalls ist, ist doch
das ungeschriebene Gesetz, das zu συγγνώμη aufruft, gerade ein allgemeines, eben weil es der menschlichen Natur entspringt und Rechnung
trägt.²⁸

Aristoteles scheint sich hier auf juristische Einrichtungen zu berufen,
in denen ἐπιείϰεια bereits ihren festen Stand hat. Rechtsgeschichtlich
trifft dies hingegen nicht ganz zu, vielmehr nimmt Aristoteles ein Vor-
reiterrolle ein.

Meyer-Laurin weist nach, daß auch in Prozessen, in denen das Billigkeits-
argument nach heutigem Verständnis durchschlagend gewesen wäre, eine
noch so gewundene Argumentation auf der Grundlage eines Gesetzeswortlauts
dem Billigkeitshinweis vorgezogen wurde (S. 3-24). Auch Schiedsrichter konnten eine beiden Parteien gerecht werdende, vom Gesetz aber abweichende
Entscheidung nur dann fällen, wenn beide Parteien sie dazu ermächtigten
(S. 41-45). Ein Einfluß der philosophischen Billigkeitslehre auf das positive
Recht sei nicht ersichtlich; wo Billigkeitsargumente im heutigen Sinne in
den Gerichtsreden vorgebracht würden, handele es sich um ἔντεχνοι πίστεις,
mit denen die formal nicht zu widerlegende Beweisführung des Gegners
durch "logische" Schlußfolgerungen erschüttert werden sollten.

Meyer-Laurin sieht allerdings auch, wie oft in der Überlieferung der
Vorwurf erhoben wird, es werde willkürlich geurteilt, rechnet aber damit,
daß es sich um politische Prozesse kurz nach den verhandelten Ereignissen
handele; dort sei die Entscheidung aber nicht zugunsten der Angeklagten
gefallen (S. 28-34). Dem sind die Belege entgegenzuhalten, in denen den
Gerichtsentscheidungen zuviel συγγνώμη, der παραίτησις zuviel Einfluß
zugeschrieben wird. Man muß folgern, daß die ἔντεχνοι πίστεις die Richter
bei der Beurteilung der Beweisführung stärker beeinflußten, als der Rich-
tereid dies eigentlich zuließ (vielleicht auch weniger bei der Entscheidung
zwischen "Schuldig" und "Nichtschuldig" als bei der Bemessung des
Strafmaßes, vgl. *Aeschin.* 3.198).

Auch bei den συγγνώμη-Belegen entstand freilich der begründete
Eindruck, daß die Abwehr von συγγνώμη mehr Raum einnahm als die Bitte

---

²⁷ Eigentlich γνώμῃ τῇ διϰαιοτάτῃ nach *D.* 20.118, siehe *Meyer-Laurin*
S. 28ff.

²⁸ *Hirzel Agraphos Nomos* S. 8f. leitet aus späteren Autoren ab, daß das ἐπι-
ειϰές auch bei Aristoteles "Ausfluss eines natürlichen, allen Menschen gemeinsamen Rechtsgefühls" sei und daher ewig gelte.

um sie in Verteidigungsreden; doch muß es eine Diskussion um die Gerichts-praxis gegeben haben, sonst hätten sich die Ankläger mit ihrer Warnung lächerlich gemacht. Aristoteles, der in der "Nikomachischen Ethik" nicht in erster Linie an juristischen Begriffen interessiert ist, knüpft die Erörterung des ἐπιειχές an die Situation vor Gericht; dies deutet darauf hin, daß die Diskussion aus diesem Bereich stammte — aber wohl eher aus den Ge-sprächen über laufende Prozesse und aus Vorgängen "hinter den Kulissen" als aus der offiziellen Terminologie.

Das ἐπιειχές als "Billigkeit" erfährt in der "Rhetorik" allerdings auch eine pessimistische Beurteilung ihrer Wirkung:

> *Arist.* Rh. 1373a18. Wem tut man Unrecht? "Ferner ⟨denen⟩, gegen die man ⟨sich vergehen und doch⟩ Billigkeit erwarten kann (πρὸς οὓς ἔστιν ἐπιειχείας τυχεῖν)."

> *Arist.* Rh. 1372b19. Wer tut Unrecht? "Auch die, denen es möglich ist, Billigkeit zu erlangen (τοῦ ἐπιειχοῦς τυχεῖν)."

> Die Wendungen entsprechen dem συγγνώμης τυγχάνειν.

Wenn Aristoteles eine Verbindung zwischen ἐπιειχές und συγγνώμη zieht, so steht er damit nicht allein.

> Zu erinnern ist an *Pl.* Lg. 757e1 (ἐπιειχὲς und σύγγνωμον werden zusammen abgewertet, s. o. B III 2), *D.* 21.90 (Parallelisierung von συγγνώμη, λόγος und ἐπιείχεια, s. o. B I 2 zitiert, *Th.* 3.44.2 (Argumentation gegen συγγνώμη und ἐπιείχεια, s. o. B II 4); *Th.* 3.40.3 rücken ἔλεος und ἐπιείχεια zusammen; *Th.* 1.76.4 wird die maßvolle Ausübung der Herrschaft mit ἐπιειχές bezeichnet, ähnlich *Th.* 4.19.2 ein über Erwarten maßvoller Friedensschluß (διαλύεσθαι, πρὸς τὸ ἐπιειχές, ξυναλλαγῆ, verbunden mit τὰ μέτρια).

Wenn ἐπιείχεια auch im Zusammenhang eines Privatprozesses ge-braucht werden kann, so ist doch noch häufiger (wie an den genannten Stellen bei Thukydides) die politische Amnestie gemeint. Dies gewinnt besondere Bedeutung dort, wo die beiden Wörter unter den Einfluß des römischen Denkens geraten.

> Hier wird ἐπιείχεια als Übersetzung für *clementia* gebraucht: Caesar erhält einen Tempel zusammen mit der Ἐπιείχεια (*App.* BC 2.443; Caesars Milde wird auch *App.* BC 2.602 mit ἐπιείχεια bezeichnet). Für politische Amnestie werden ἐπιείχεια und συγγνώμη nebeneinander gebraucht: *D. C.* 41.63.4, *D. C.* 45.21.1 (beidemale dazu φιλανθρωπία), *D. C.* 57.1.2, *D. C.* 66.8.6, *D. S.* 11.26.1, *D. S.* 13.22.4, *D. S.* 17.76.2, *D. S.* 19.86.3, *J.* AJ 19.334. Diese ἐπιείχεια ist ausgesprochen eine Tugend des Herrschers und des militäri-schen Siegers (ohne συγγνώμη auch *Plb.* 5.10.1 — mit φιλανθρωπία –, *D. S.* 1.54.2, *D. S.* 1.60.4, *NT* Act. 24.4, *NT* 1Pt. 2.18, vgl. für einen Bischof *NT* 1Tm. 3.3, *Aristeas* 290, *Athan.* 141.16 · 142.20: apol. sec.; Constantinus an die Alexandriner, *Athan.* 145.7: apol. sec.: Alexandros von Thessalonike an Athanasios, *Athan.* MPG 25.612.33 — mit μαχροθυμία –, als Titel ἡ σὴ ἐπιείχεια *Athan.* 238.9 · 16: de syn.: Schreiben der Synode von Rimini an Constantius). Der Unterschied besteht darin, daß ἐπιείχεια die Charakter-

eigenschaft ist, die den konkreten Akt der συγγνώμη bewirkt (*D . S.* 19.100.1, *J. AJ* 15.48).[29] Vgl. auch *IK* 1.65 [III p.] und dort angegebene Parallelen.

Daneben bleibt ἐπιείκεια auch persönliche Tugend; wenn συγγνώμη nicht im selben Zusammenhang auftaucht, kann man nicht sicher sein, ob speziell Verzeihensbereitschaft oder allgemeine Milde oder Güte gemeint ist. Trotz der sehr konkreten Bedeutungen "Billigkeit" und "politische Amnestie", die ἐπιείκεια haben kann, bleibt der Begriff insgesamt recht unspezifisch.

> Mit συγγνώμη: *Plu.* 260d, *D. Chr.* 32.18 (ἐπιείκεια in den höheren Staatsämtern, *Lib. Decl.* 48.55 (mit φιλανθρωπία), *Lib. Ep.* 75.4.4

> Ohne συγγνώμη: *Ast. Soph.* 24.5, *Luc.* Phal. I 2 (das zugehörige *Sch. Luc.* 1.15 erklärt μέτριον u. a. mit συγγνωμονικόν und ὁ τὸ ἦθος ἐπιεικής), *NT* Phil. 4.5, *NT* Tt. 3.2, *NT* Jac. 3.17, *Aristeas* 263

Hauptsächlich im jüdisch-christlichen Bereich wird ἐπιείκεια zur Eigenschaft Gottes, wohl abgeleitet von der Herrschertugend:

> Schon bei Gorgias macht die Bevorzugung des ἐπιεικές gottgleich (s. o.). Spätere Belege: *LXX* Sap. 2.19, *LXX* Sap. 12.18, *LXX* Bar. 2.27, *LXX* Dn. 3.42, *Hexapla* Dn. (Thd.) 3.42, *LXX* 2Mcc. 2.22, *LXX* 2Mcc. 10.4, *LXX* 3Mcc. 3.15, *Ph.* 5.214.16, *NT* 2Cor. 10.1, *Aristeas* 188 + 192 + 207 (parallel zum menschlichen ἐπιεικέστερον) + 211

Vereinzelt wird ἐπιείκεια auch mit Demut (*Aristeas* 263, *Apost. Väter* 1Clem. 13.1) und Frömmigkeit (*Athan.* 90.7: apol. sec.; Schreiben der Synode von Alexandrien, *Ast. Soph.* 101.19) verbunden.

Wie bei συγγνώμη ergibt sich beim ἐπιεικές der Eindruck, die Wortverwendung habe entscheidende Impulse aus der juristischen Diskussion gewonnen; diese Prägung ist bei dem älteren Wort auch früher nachzuweisen. Allerdings darf man, wie gesagt, die Aristotelische Theorie nicht mit der Realität der attischen Rechtsprechung gleichsetzen.

Fortsetzung: Aristoteles

Dort, wo Aristoteles συγγνώμη nicht im Zusammenhang mit dem ἐπιεικές verwendet, ist ihre Bewertung uneinheitlich, wenn auch nirgends so ablehnend wie bei Platon.

---

[29] Vgl. dagegen *Adam* S. 37-39: Die Autorin beschäftigt sich mit dem Verhältnis zwischen ἐπιείκεια und Gerechtigkeit; S. 37 mit Anm. 72 zur Entwicklung des Sprachgebrauchs in der römischen Kaiserzeit. Die These Weidauers, daß sich *clementia* und ἐπιείκεια im *ignoscere* (συγγνώμην ἔχειν) äußerten, lehnt sie für Hellenismus und Seneca ab (S. 38); συγγνώμη "kann als milderndes Element hinzutreten, wenn die ἐπιείκεια handelt, kennzeichnet aber nicht grundsätzlich deren Äußerungen" (S. 38 Anm. 73).

Positiv bewertet wird die Eigenschaft συγγνωμονικός an Peisistratos (*Arist.* Ath. 16.2), interessanterweise zusammen mit seinen Darlehen an mittellose Bürger genannt.[30] (Dies erinnert daran, daß im jüdisch-christlichen Bereich der Zusammenhang zwischen Vergeben/Verzeihen und dem Erlaß finanzieller Schulden überaus stark ausgeprägt ist, weshalb auch die Vokabeln ἀφίημι und ὀφείλημα dort eine große Rolle spielen, ein Zusammenhang, der im Klassischen Griechisch nicht auffällt.)

Formelhaft wird συγγνώμην (...) ἔχειν am Schluß der "Sophistikoi elenchoi" in einer Captatio benevolentiae gebraucht, die die Verdienste der Darstellung herausstreicht (*Arist.* SE 184b7). Nicht negativ wird wohl συγγνωμονικός *Arist.* EN 1126a3 gesehen, wo diese Eigenschaft als Gegensatz zu τιμωρικός den πρᾶος kennzeichnet, obwohl diesem ein gewisser Mangel an Zorn vorgeworfen wird.

In der "Politik" erscheint συγγνώμη jedoch einmal gerade nicht als eine Form der Gerechtigkeit, sondern als zweitrangiger Wert, dem Richtigen nachgeordnet: *Arist.* Pol. 1270a10. In Sparta ist es mit der Gesetzgebung für die Frauen und damit mit der ganzen Verfassung schlecht bestellt. Die Ausschweifung der Frauen beruht auf der Lebensweise der Spartaner: dem kriegerischen Leben und der Trennung der Familien. "Ursache dieser Geschehnisse sind also diese ⟨Verhältnisse⟩, so daß es klar ist, daß sie auch an diesem Fehler schuld sind; wir betrachten aber nicht das, wem man verzeihen muß oder nicht (συγγνώμην ἔχειν ἢ μὴ ἔχειν), sondern was richtig ist, was nicht."

Darstellungsziel der "Politik" ist der beste Staat; wenn sich ein nachsichtiges Verstehen der Mängel bestehender Staaten aufdrängt, kann dies die Darstellung nur beeinträchtigen. Wie *Susemihl* (z. St.) bemerkt, verstellt sich Aristoteles durch diese Zielsetzung Erkenntnismöglichkeiten: Er erkennt zwar, daß Verfassungen nicht nur von der Weisheit der Gesetzgeber abhängen, sondern auch von den historischen Bedingungen; er sei aber entfernt von historischer Kritik, vom Bemühen um Verstehen des Historischen; die theoretische Fragestellung führe zur Gleichbehandlung fiktiver Staatsmodelle wie Platons und vorhandener Verfassungen wie der des Lykurgos.

Ferner wird in einem Fragment des "Protreptikos" συγγνώμη in deutlicher Herablassung der großen Menge zugesprochen, die sich die hohen Ziele des Wissenden nicht zu eigen machen kann — hier ist man am stärksten an Platons Gebrauch erinnert:[31]

Arist. Protr. B 103 (= Iamb. Protr. 46.26). "Außerdem, wie es beim Vermögen nicht derselbe Besitz ist, der den Menschen zum Leben dient und der zum glücklichen Leben führt, so, glaube ich, brauchen wir beim Denken nicht denselben ⟨Besitz⟩, um nur zu leben und um gut zu leben. Bei der großen Menge ist nun sehr verzeihlich (συγγνώμη), daß sie das tut – denn sie beten darum, glücklich zu sein, sind aber auch zufrieden, wenn sie nur

---

[30] Zur Bedeutung von προεδάνειζε siehe den Kommentar von *Rhodes* z. St., in dem auch Wyses Deutung als "lend without interest" aufgeführt wird.

[31] Abgesehen von der Parallele, daß auch *Arist.* Pol. 1321a34 die Beherrschten für die Herrschenden Nachsicht aufbringen sollen.

leben können; wer aber glaubt, man müsse das Leben nicht nur auf jede Art ertragen, bei dem wäre es schon lächerlich, wenn er nicht jede Mühe ertrüge und allen Eifer aufwendete, um dieses Denken zu erwerben, mit dem er [w.: das] die Wahrheit erkennen wird."

Insgesamt ergibt sich jedoch für das Corpus Aristotelicum eine sehr positive Einschätzung.

Wenn Aristoteles referiert, daß für etwas Nachsicht herrsche (συγγνώμη ἐστίν), so wird keine Kritik an der als allgemein vorausgesetzten Haltung laut. *Arist.* EE 1225a21 und *Arist.* MM 1201a4 bezieht sich der Autor durch den Gebrauch der ersten Person Plural sogar ausdrücklich in den Kreis der Verzeihenden ein. Auch in der "Politik" wird συγγνώμη nicht durchweg abgewertet: Daß Pittakos Trunkenheit nicht als Milderungsgrund wertete, wird als Ausnahme konstatiert (*Arist.* Pol. 1274b21).

Insbesondere in der pseudoaristotelischen Schrift "De virtutibus et vitiis" ist συγγνώμη mit ἐπιείκεια und χρηστότης in einen Tugendkatalog eingereiht:

Arist. VV 1251b33. "Insgesamt gehört es zum Gutsein, eine Disposition in der Seele zu schaffen, die gut ist, sich ruhiger und geordneter Bewegungen bedient und in allen Teilen eine Harmonie bildet; deshalb scheint auch die Disposition einer guten Seele das Vorbild einer guten Staatsverfassung zu sein. Zum Gutsein gehört aber auch, denen, die es verdienen, Gutes zu tun, die Guten zu lieben und die Schlechten zu hassen, weder zu Strafe noch zu Rache zu schnell zu greifen (κολαστικὸν ... τιμωρητικόν), sondern gnädig, wohlgesinnt und zum Verzeihen geneigt zu sein (ἵλεων καὶ εὐμενικὸν καὶ συγγνωμονικόν). Es folgt aber dem Gutsein Freundlichkeit (χρηστότης), Billigkeit (ἐπιείκεια), Vernünftigkeit (εὐγνωμοσύνη), feste Hoffnung nach, dazu noch dergleichen, wie die Familie, die Freunde, die Kameraden, die Fremden, die Menschen, das Schöne zu lieben, was alles zu den Eigenschaften gehört, die man loben muß."

Die Beispiele für συγγνώμη als Teil eines Tugendkatalogs lassen sich mehren, z. B. *M. Ant.* 1.15.

5. Weitere philosophische Tradition

Der *Peripatos* bleibt bei Aristoteles' Einbeziehung der allgemein-griechischen Auffassung von συγγνώμη.[32]

Alexandros von Aphrodisias verteidigt, wie Aristoteles vorgehend, mit dem Indiz des sich ereignenden συγγιγνώσκειν seine Theorie von der Entscheidungsfreiheit des Menschen.

---

[32] Die späten Kommentare der "Nikomachischen Ethik", in denen die Stellen mit συγγνώμη paraphrasiert und interpretiert werden, können hier außer Betracht bleiben.

Alex. Aph. Fat. 189.13 · 17. Die Gegner des Alexandros "(...) könnten wohl ihren Ehrgeiz in der Beredsamkeit aufgeben und sollten eingestehen, daß das, was bei uns steht, frei, dem eigenen Willen anheimgestellt und stärker ist als die Entscheidung für das Entgegengesetzte und seine Ausführung; ‹denn es gibt eine Regel,› die bei den Menschen ringsum für gerecht gehalten wird, von Privatleuten ebenso wie von Gesetzgebern. Diese besteht darin, daß diejenigen verdienen, daß ihnen verziehen wird (συγγιγνώσκειν ... ἀξίους εἶναι), die etwas dergleichen unfreiwillig (ἀκουσίως) tun, weil die Strafe nicht für die vollzogene Tat festgelegt ist, sondern für die Art der Handlung; dies wird niemand sonst, aber auch sie selbst nicht, für unrechtmäßig halten. Und doch, warum sind im Vergleich zu denen, die sich aus Unwissen (δι' ἄγνοιαν) verfehlen oder aufgrund von Gewalt (βίᾳ), wohl diejenigen weniger der Verzeihung wert (συγγνώμης ἄξιοι), die zwar wissen, was sie tun, aber in sich nicht die Möglichkeit haben, etwas anderes zu tun, als was sie tun, da ihre Verhältnisse so sind, wie sie auf jeden Fall und notwendig für sie beschaffen sein müssen, weil [nach Meinung der Gegner] ihre Natur von dieser Art ist und weil jedes nach seiner ihm eigenen Natur handelt gemäß Schicksal, so wie das Schwere, wenn man es in der Höhe losläßt, nach unten fallen und das, was um sich wirbelt, wenn es losgelassen wird, von seinem Platz geschleudert werden muß?"

Entsprechend begründet er die Ansicht, daß Strafen nur für die sinnvoll sind, die sich vergehen, wo sie Möglichkeit der Entscheidung haben, damit, daß in den anderen Fällen alle Menschen Verzeihung gewähren (*Alex. Aphr.* Fat. 190.4 συγγνώμην διδόντες, 190.7 συγγνώμης ‹ἄξιοι›, 190.12 συγγνώμην δοῖέν, 190.17 συνεγίγνωσκον ἄν). Die Gegner, die gleichzeitig die Gültigkeit von Schicksal und Gut-Böse postulieren, werden freilich einer ironischen συγγνώμη gewürdigt (*Alex. Aphr.* Fat. 207.22 συγγιγνώσκειν αὐτοῖς ἄξιον), da sie sich κατ' ἀνάγκην in Widersprüche verwickeln.

Auch im nicht Alexandros von Aphrodisias selbst zugesprochenen[33] 4. Buch der Ἠθικὰ προβλήματα wird die συγγνώμη, die für unfreiwillige Taten gewährt wird, als Indiz (μαρτυρεῖ, πίστις) dafür verwendet, daß auch der, der in eine schlechte ἕξις gerät, am Anfang noch wußte, daß die schlechten Handlungen nicht gut und nützlich seien (*Alex Aphr.* Quaest. 130.5 · 6 · 9).[34]

Auch bei Theophrastos scheint συγγνώμη ihren gerechtfertigten Platz im menschlichen Miteinander zu haben; genaue Vergleiche lassen sich nicht anstellen, da die Gattungen nicht vergleichbar sind: Für Theophrastos ist συγγνώμη nur in den "Charakteren" überliefert; hier erscheint mangelnde oder falsch gebrauchte συγγνώμη als unangenehmer Charakterzug.

---

[33] *RE* Bd. I (2) Sp. 1454 nennt nur Buch I bei den echten selbständigen Schriften.

[34] Der Gedanke, daß man hekusisch in ἄγνοια gerät, indem man ein liederliches Leben führt, stammt von Aristoteles, *Kraus* S. 58f.

Thphr. Char. 15.6. Zum αὐθάδης, dem aus Selbstbezogenheit schroffen Menschen,[35] gehört es, daß er nicht verzeiht (ἔχειν συγγνώμην), wenn man ihn unabsichtlich (ἀκουσίως) beschmutzt, stößt oder auf den Fuß tritt.

Thphr. Char. 1.2. "Die εἰρωνεία dürfte wohl – um sie im Umriß zu erfassen – eine Verstellung hin zum Schlechteren in Worten und Taten sein, der εἴρων aber so geartet, daß er bereit ist, zu seinen Feinden hinzugehen und ⟨mit ihnen⟩ zu sprechen, statt sie zu meiden (οὐ μισεῖν), und Anwesende lobt, denen er heimlich nachgestellt hat, und mit diesen trauert, wenn sie im Prozeß ⟨gegen ihn⟩ verloren haben, und denen sein Verständnis versichert (συγγνώμην ... ἔχειν), die über ihn Schlechtes sagen, und für das, was gegen ihn gesagt wird." (In der Epitome: καὶ συγγνώμης ἀξιοῦν τοὺς κακῶς αὐτὸν λέγοντας.)

Im berühmten Charakterbild (Übersetzung und Deutung im Anschluß an *Gaiser Rez. Steinmetz* S. 27f.) verwundert zunächst, daß Verzeihen als negative Haltung erscheint. Allerdings sind am Anfang mehrere Einzelzüge uneindeutig; erst in der Zusammenschau ergibt sich ihre Gemeinsamkeit: Der εἴρων will sich nicht festlegen, geht Verantwortung aus dem Weg und nimmt dafür in Kauf, daß er einen unangenehmen Eindruck macht. So, wie man beim ersten Hören denken könnte, er sei vielleicht gewinnsüchtig, jedenfalls heuchlerisch und intrigant, da er freundlich mit seinen Prozeßgegnern spricht, so könnte man den Satz mit συγγνώμη auch im Sinne einer Schroffheit verstehen: Werden dem εἴρων Vorwürfe anderer (Pluralformen!) hinterbracht, gebe er ihnen recht ("ich bin ganz ihrer Meinung"). Tatsächlich geht seine Schroffheit aber nur so weit, daß er sich nicht zum Gegenstand der Vorwürfe äußert; er wird sich nicht so weit festlegen, daß er dazu Stellung nimmt, sondern "nimmt es nicht übel", was man über ihn redet, und reagiert damit anders, als sein Gegenüber es erwartete: Das macht dieses Verzeihen unangenehm. – Das Bild des εἴρων richtet sich nicht an Sokrates aus (*Thphr.* Char. Bd. 2 S. 42, vgl. *Gaiser Rez. Steinmetz* S. 27.Anm. 3).

In der *epikureischen* Schule muß generell ein Klima der Nachsicht geherrscht haben; man benutzte die Redensart ἐχέτω δὲ συγγνώμην καὶ τοῦτο.[36] Wir lernen die Stellungnahme des Epikuros zu verschiedenen Themen kennen, darunter dem des Generationenkonflikts und dem der Sklavenbehandlung (dazu siehe auch C III 3).

Epikuros (*Epicur.* [6] [= Sent. Vat.] 62) verlangt, anders als Platon, von den Kindern nur dann, ihre Eltern bei Zorn um Verzeihung zu bitten (παραιτεῖσθαι συγγνώμης τυχεῖν), wenn es sich um die Pflicht (τὸ δέον) handelt.

---

[35] Das Wort αὐθάδης erscheint nicht von ungefähr in diesem Zusammenhang: *Vorsokr.* 82B6: Gorgias, Epitaphios (oben zitiert) wird es im Gegensatz zu ἐπιεικής verwendet; *Pl.* Plt. 294c1 vergleicht das Gesetz mit einem selbstherrlichen Menschen – αὐθάδης –, der "niemanden tun läßt, was gegen seine eigene Ordnung geht, und keinen eine Rückfrage stellen läßt, auch wenn jemandem etwas Besseres einfällt, das gegen das Wort steht, das er selbst erlassen hat".

[36] Dies folgert *Westman* S. 194 aus der Zitatformel ὡς λέγουσιν *Plu.* 1118e: Adversus Colotem cap. 20.

Er verlangt vom Philosophen eine milde Haltung gegenüber anständigen Sklaven: ἐλεήσειν μέντοι καὶ συγγνώμην τινὶ ἕξειν τῶν σπουδαίων (*Epicur.* [1] [= Vita Epicuri] 118.7 = *D. L.* 10.118). In dem durch Philodemos erhaltenen Brief (Zuschreibung nach *Jensen*) warnt er den Philosophen vor Hochmut, gerade auch gegenüber Dienern. Da diese ihn in den Ruf des Hochmuts bringen können, empfiehlt er, sich schnell bei ihnen zu entschuldigen (*Phld.* Vit. 10.7 [συγγ]νώμην αἰτεῖ[σ]θαι).

Der Epikureer Philodemos hatte Nachsicht dafür, daß sich Speusippos durch ausschweifenden Lebenswandel seine Krankheit zugezogen hatte (*Phld.* Acad. Ind. 6.38a [εῖχε δὲ τὰ ἄρθρα δι᾽] ἃ ϱυγγνῶμεν παραλυθέντα).

In der Ablehnung von συγγνώμη und im ironischen Gebrauch wird Platonische Tradition von den *Stoikern* fortgesetzt. Die Ablehnung wird mit noch größerer Rigorosität ausgesprochen; wie bei Sokrates wohl aus der Einsicht, daß das Böse durch keine Verzeihung aufhört, böse zu sein.

SVF III 162.35 + 36 + 38: Zenon und andere Stoiker. "Sie sagen aber, daß ⟨der Weise⟩ nicht einmal ⟨irgend jemandem⟩ verzeihen ⟨dürfe⟩ (συγγνώμην ἔχειν); ⟨denn es liege auf derselben Linie, zu verzeihen (συγγνώμην τε ἔχειν)⟩ und zu glauben, der, der das Vergehen begangen habe, habe sich nicht gegen sich selbst vergangen, da jeder sich durch seine eigene Schlechtigkeit verfehle; deshalb müsse man auch sagen, man dürfe denen, die sich verfehlen, nicht verzeihen (συγγνώμην ἔχειν). Und sie sagen, der gute Mensch sei nicht milde (ἐπιεικῇ), denn wer milde sei, sei Bitten zugänglich (παραιτητικόν), wo es um eine gerechte Bestrafung gehe, und es liege auf derselben Linie, milde zu sein, zu argwöhnen, die vom Gesetz angeordneten Strafen seien zu hart für die Unrechttuenden, und zu glauben, der Gesetzgeber verteile die Strafen gegen die Rechtmäßigkeit (ἀξίαν)."

SVF III 163.3 (= *D. L.* 7.123): Zenon. "Und sie seien nicht barmherzig (ἐλεήμονας) und verziehen niemendem (συγγνώμην ... ἔχειν); denn sie verzichteten nicht auf die vom Gesetz auferlegten Strafen, da gerade das Nachgeben (παριέναι) und das Mitleid (ἔλεος) und selbst die Billigkeit (ἐπιείκεια) eine Schwäche[37] der Seele gegenüber Bestrafungen (κολάσεις) sei, die sich als Freundlichkeit (χρηστότητα) ausgebe; und man dürfe nicht glauben, daß die Bestrafungen zu hart seien."

Vgl. auch *SVF* III 110.12ff.: Seneca.

Betrachtet man die Texte genauer, sieht man, daß nicht συγγνώμη schlechthin abgelehnt wird, sondern nur συγγνώμη vor Gericht, und zwar unter Berufung auf die Gültigkeit des Gesetzes;[38] wie dies schon bei Platon begegnete und punktuell in der Gerichtsrhetorik. Im persönlichen Umgang dagegen schätzte die Stoa die Eigenschaft συγγνωμονικός; bei Epiktetos geschieht das unter direkter Berufung auf Sokrates:

Epict. 2.22.36. Wer einen Freund will, muß zuerst in sich die Meinungen

---

[37] Nach Konjektur v. Arnim: ἀδυναμία.

[38] So auch *Bonhöffer* S. 103-05.

ausmerzen, die die Freundschaft zerstören können. "Und so wird er zuerst
sich selbst nicht schmähen, nicht bekämpfen, nicht wankelmütig sein, nicht
sich selbst foltern; dann wird er auch einem anderen, der ihm ähnlich ist,
sich ganz als er selbst [39] zeigen, dem, der ihm nicht ähnlich ist, gegenüber
aber freundlich, sanft, nachsichtig (ἀνεκτικός, πρᾷος, ... ἥμερος, συγγνωμονικός) wie gegenüber einem Unwissenden, wie einem gegenüber, der
in den größten Dingen fehlgeht; er ist niemandem böse (χαλεπός), da er ja
das Wort Platons genau kennt: Jede Seele läßt sich der Wahrheit nur unfreiwillig (ἄκουσα) berauben."

> *M. Ant.* 1.15 gehört τὸ συγγνωμονικόν zu den Eigenschaften des
> Stoikers Claudius Maximus, die zu einem "Tugendkatalog" zusammengestellt
> werden.

Bei Epiktetos wird das Verhalten gegenüber dem Freund differenziert,
je nachdem dieser dem Stoiker ähnlich ist oder nicht; συγγνωμονικός
muß er gegen den ihm unähnlichen Freund sein: In συγγνώμη schwingt
also eine gewisse Herablassung mit, die nicht zum ersten Mal begegnet.
In den stoischen Belegen für συγγνώμη läßt sich mehrmals eine
Spannung erkennen: Auf der einen Seite steht ein starkes Selbstbewußtsein aufgrund der Überzeugtheit von der stoischen Lehre und
verbindet sich mit der vehementen Kritik am Freiwilligkeitsbegriff der
großen Masse; auf der anderen Seite wird die Überlegenheit durch
Selbstkritik kontrolliert:

> *M. Ant.* 7.26. "Wenn sich jemand gegen dich vergangen hat, so erwäge
> sofort, was er für gut oder schlecht hielt, als er sich verging, denn wenn du
> dies siehst, wirst du ihn bemitleiden (ἐλεήσεις) und dich weder wundern
> (θαυμάσεις) noch zornig sein (ὀργασθήσῃ). Denn freilich hältst auch du
> noch dasselbe für ein Gut wie er⟨, wenn du zornig wirst,⟩ oder etwas
> anderes, was dem ähnlich ist; also muß man verzeihen (συγγιγνώσκειν).
> Wenn du aber nicht mehr dergleichen für Güter oder Übel hältst, wirst du
> gegen den, der von der Sache die falsche Ansicht hat, noch leichter Wohl-
> wollen hegen."

Ähnlich nutzt Epiktetos folgende gut sokratische Kritik am allgemeinen Freiwilligkeitsbegriff (und der mit den Standardmotiven Liebe
und Eifersucht verbundenen συγγνώμη) nicht so sehr, um die Unvollkommenheit der Nicht-Stoiker zu betonen, als vielmehr, um mit der
Unzulänglichkeit seiner eigenen Schüler ins Gericht zu gehen:

> *Epict.* 2.21.7. Die Leute geben die Fehler, die ihre Unverständigkeit
> beweisen, besonders ungern zu. "Bei den meisten Fehlern werden sie
> demgemäß am ehesten dazu getrieben, sie zu bekennen, weil sie sich
> einbilden, es sei in ihnen etwas Unfreiwilliges (τι ... ἀκούσιον), wie in der
> Feigheit und dem Mitleid. Und wenn jemand bekennt, er sei irgendwo
> unbeherrscht, so setzt er 'Liebe' hinzu, auf daß ihm verziehen werde

---

[39] Nach Konjektur Meibom.

(συγγνωσθῆναι), da er unfreiwillig handle. Sie bilden sich aber nie ein, Ungerechtigkeit wäre unfreiwillig. Es stecke auch etwas vom Unfreiwilligen, meinen sie, in der Eifersucht (ζηλοτύπῳ); deshalb legen sie auch darüber ⟨gern⟩ ein Geständnis ab." Epiktetos empfiehlt einem Hochmut gegenüber solchen Leuten mit Selbstkritik zu begegnen. μή που καὶ αὐτὸς εἷς εἰμι ἐκείνων;

Das Beispiel des Sokrates fordert zur Duldsamkeit auf:

> *Epict.* 1.29.64 · 65. "Was nun? Müssen wir dies allen verkünden? – Nein, sondern wir müssen uns auf die Laien einstellen und sagen: 'Dieser rät, was er für sich selbst für gut hält, auch mir; ich sehe es ihm nach (συγ-γιγνώσκω).' Denn auch Sokrates sah es dem Wärter nach (συνεγίγνωσκεν), als er [Sokrates] das Gift trinken sollte, und sagt: 'Wie ehrwürdig er uns beweint hat!' [*Pl.* Phd. 116d]" Auch Sokrates' Verhalten im Gefängnis den Frauen gegenüber wird angeführt.

Wenn der Philosoph den Bornierten um Nachsicht bittet, so entsteht dabei freilich, wie bei Platon, eine ironische oder gar sarkastische Distanz:

> *Epict.* 1.22.21. Nicht die Werte selbst, sondern ihre Anwendung ist das Strittige. Wenn man das Gute in den Bereich der προαιρετικά versetzt, wird man ausgelacht. Ein reicher alter Mann rät einem, von den Philosophen Logik zu lernen; was das Gute sei, wisse er besser als die Philosophen. "Mensch, was machst du mir denn für Vorhaltungen, wenn ich es weiß? Was soll ich diesem – Sklaven sagen? Wenn ich stumm bleibe, wird er platzen. Daher muß ich sagen: 'Habe Nachsicht mit mir wie mit einem Verliebten (σύγγνωθί); ich bin nicht bei mir, ich bin verrückt (οὐκ εἰμὶ ἐμαυτοῦ, μαίνομαι)."

> *M. Ant.* 11.16 wird die philosophische Betätigung mit dem Satz παντὶ γὰρ συγγνώμη τὸ ἴδιον ἀγαθὸν ζητοῦντι verteidigt (vgl. A III 4). *Epict.* 4.1.6 ist davon die Rede, ein zweimaliger Konsul werde die These verzeihen (συγγνώσεται), kein Schlechter lebe, wie er wolle, wenn man ihm versichere, er sei nicht gemeint.

Daß der Stoiker lieber selbst um Verzeihung bittet als sich aus seiner αὐτάρκεια bringen läßt, kann extreme Formen annehmen:

> *Stob.* 3.19.16: Musonios. Der wahre Philosoph läßt sich durch Schläge und dergleichen nicht beleidigen, erhebt darum auch keine Beleidigungsklage. Ein positives Beispiel: "Als die Frau des guten Phokion von jemandem in ausfallender Weise in den Schmutz gezogen worden war, war er so weit davon entfernt, dem Beleidiger Vorwürfe zu machen, daß er, als der Betreffende aus Furcht kam und Phokion um Verzeihung bat (συγγνώμην ἔχειν ἠξίου), indem er vorbrachte, er habe nicht gewußt, daß es dessen Frau sei, gegen die er sich im Ton vergriffen habe, seinerseits sagte: 'Aber meiner Frau ist nichts von deiner Seite widerfahren, doch vielleicht einer anderen; so brauchst du dich bei mir nicht zu entschuldigen (ἀπολογεῖσθαι).' (...) Denn es ist ja doch wohl eher tierisch als menschlich, wenn man sieht, daß jemand den wiederbeißt, der ihn gebissen, und dem wieder Unrecht tut, der damit angefangen hat, ebenso wie es nicht einmal überschlagen werden kann, daß die meisten Verfehlungen durch Unwissenheit und Ungebildetheit

(ὑπ' ἀγνοίας τε καὶ ἀμαθίας) bei den Menschen begangen werden, womit der sofort aufhört, der durch Belehrung umgestimmt worden ist; hingegen Verfehlungen nicht ungebärdig zu erleiden und Kränkungen nicht ungezogen aufzunehmen, sondern etwas zu besitzen, was zur Hoffnung berechtigt, zeugt für einen kultivierten und menschenfreundlichen Charakter (ἡμέρου τρόπου καὶ φιλανθρώπου). Um wieviel besser wirkt der Philosoph, wenn er sich so verhält, daß er selbst um Verzeihung bittet (συγγνώμης ἀξιοῦν), wenn ihn jemand beleidigt, als wenn er sich öffentlich wehrt, indem er vor Gericht geht und Anklage erhebt und die Wahrheit verunziert, indem er seinen Worten zuwiderhandelt?"

Die Möglichkeit, das Wort συγγνώμη für Abgrenzungen und Abstufungen zu benutzen, die in der rhetorischen *"Figur des Verzeihlichen und des Unverzeihlichen"* am ausgeprägtesten ausgeformt ist, wird in Schriften verschiedener philosophischer Richtungen verwendet:

> Die von Aristoteles übernommene Abstufung *Iamb*. Protr. 46.26 (= *Arist*. Protr. B 103) wurde bereits zitiert.
>
> *Epict*. 4.1.147. Obwohl das Argument der Unfreiwilligkeit der Liebe eigentlich abgelehnt wird, muß der aus Liebe sich Verfehlende glimpflicher beurteilt werden als der Erbschleicher: "Und tatsächlich könnte man denjenigen, der von der Liebe gezwungen wird, etwas zu tun, gegen das, was ⟨ihm gut⟩ scheint, und während er das Bessere sieht, ⟨aber⟩ nicht die Kraft hat, ihm zu folgen, noch eher für der Verzeihung wert (συγγνώμης ἄξιον) halten, da er ja von einer gewissen gewaltsamen und auf eine Art göttlichen Gewalt gehalten wird." Es folgt die Gegenüberstellung des Erbschleichers.
>
> *Max. Tyr.* 33.3a. "Daß die große Menge die Lust besingt, kann ich ertragen; ungebildet ist ja ihre Seele und vertrieben vom Geist: Man muß sie bemitleiden für das, was ihr widerfährt, ihr ihre Unwissenheit verzeihen (ἐλεεινὴ μὲν τοῦ πάθους, σύγγνωστος [sic] δὲ τῆς ἀγνοίας); Epikuros aber kann ich aufgrund seines Namens nicht ertragen und ⟨seine⟩ anmaßende (ὑβριζούσης) Philosophie nicht dulden. Denn ich dulde auch nicht, daß ein Feldherr die Schlachtordnung verläßt (...)."

Bei bestimmten Themen wird συγγνώμη von verschiedenen Autoren zur Abgrenzung benutzt, auch für verschiedene Positionen, so beim *Verhältnis zum Tod*:

> *Iamb*. Protr. 99.21. "Deshalb, weil die Philosophie bewirkt, daß sich dem Guten alles fügt, und ⟨ihn⟩ von den Leidenschaften und dem äußeren Nutzwert befreit, mag sie wohl die allernützlichste ⟨Kunst⟩ zum glücklichen Leben sein. – Und was die Liebe zum Leben angeht, könnte man sich wohl so überzeugen, daß, wenn es für den Menschen möglich wäre, ohne Alter zu sein und die restliche Zeit ohne Tod ⟨weiterzuleben⟩, es sei denn, er würde von einem andern getötet, es dann sehr verzeihlich wäre (συγγνώμη ἂν πολλή), wenn jemand vorsichtig mit seinem Leben umginge; da aber, je länger das Leben währt, es ein umso schlimmeres Alter gibt, das den Menschen übel bekommt, und nicht die Unsterblichkeit, da muß schon die Unwissenheit (ἀμαθία) groß sein und ebenso die Gewöhnung an schlechte Reden und Begierden, wenn man groß Aufhebens darum macht (...)."

Das Motiv, daß ein bestimmtes verfehltes Verhalten nur dann Sinn hätte, wenn die Lebenszeit unbegrenzt wäre, ist kein spezifisch philosophisches: *AP* 11.389: Lukillios wird es verwendet, um vor dem Anhäufen von Schätzen zu warnen.

Phld. Mort. 20.3. "Er [der Weise] wird sich keineswegs betrüben, wenn er aus dem Sein herausgenommen wird, so als ob er keine Empfindung des Verfalls hätte. Der Unverständige hingegen wird keinen nennenswerten Gewinn hinzugewinnen, selbst wenn er die Lebenszeit des Tithonos durchlebte, noch etwas Befremdlicheres ⟨erleben⟩, wenn er auf dem schnellsten Wege dorthin kommt, sofort oder ⟨ein wenig⟩ langsamer, selbst wenn wir ihn nicht beraten. Aber dieser Teil der Geburtswehen ist bald durchgestanden und läßt sich verzeihen (συγγνωστόν ἐστιν); aber zu glauben, daß die Bösen sich noch über etwas freuen werden, ist unverzeihlich dumm (μάταιον ἀσυγγνώστως ἐστίν).

Das Thema Tod wird auch *Phld.* Mort 28.21. berührt: Danach gilt der Wunsch, dem Leben ein Ende zu machen, sei es im Kriege oder auf andere Weise, um Schmerzlosigkeit zu erlangen, als verzeihlich (συν[γ]νώμ[η]).

Mehrmals wird das Thema des Götterverzeihens angesprochen; zweimal handelt es sich jedoch um periphere philosophische Tradition und ebenfalls periphere Thesen.

D. L. 4.56. Diogenes Laertios verspottet Bion, der früher die Götter leugnete und jetzt durch eine Krankheit abergläubisch wurde: "(...) er bewirtete nicht nur auf dem Herd, auf Tisch und auf Altären mit Fettgeruch, mit Fett und Räucherwerk die Götternasen und sagte nicht nur: 'Gesündigt hab' ich, verzeiht (σύγγνωτε) meinen früheren ⟨Worten⟩', sondern er hält auch brav den Hals dem alten Weibe zur Besprechung hin (...)."

Stob. 4.23.61a: Pseudo-Phintys. In der der Pythagoreerin untergeschobenen Schrift über die Besonnenheit der Frau wird auch behauptet, die Götter seien im Falle von Ehebruch zu keinerlei Verzeihung bereit (ἀσυγγνωμόνητον γίνεται), ohne daß dies begründet wird. Kurz vorher ist dieses Vergehen ebenso unbegründet ἀσυγγνωμονέστατον (*Stob.* 4.23.61) genannt worden. (Die Begründung war griechischen Lesern aber wohl klar: Die Strafen für die Ehefrau sind bei Ehebruch vor allem gesellschaftlicher Natur, aber sie ist vom Besuch der Heiligtümer ausgeschlossen: *Lipsius* S. 433; kultische Strafen für Ehebrecherinnen werden *RAC* Bd. 4 Sp. 671 aufgeführt, daneben auch ein ähnlich strenger Ausspruch der Pythagoreerin Theano: *D. L.* 8.43.)

Iamb. VP 38 wird verheißen, die Götter würden denen verzeihen (συγγνώμην ... ἔχειν), die ihren Eltern die höchsten Ehren erwiesen, da die Eltern auch lehrten, die Götter zu verehren.

B IV Fachwissenschaftliche Literatur

Als Beispiel für fachwissenschaftliche Literatur wird in diesem Kapitel der Gebrauch von συγγνώμη in medizinischer Fachliteratur vorgestellt. Es muß vorausgeschickt werden, daß sich im Corpus Hippocraticum nur ein einziger Beleg für συγγνώμη findet, an der auch von Galenos zitierten Stelle *Hp. Fract.* 31.7, bei Galenos hingegen sehr oft. Daß die nachchristlichen Belege aus den Schriften dieses Autors schon in diesem Teil der Untersuchung vorgestellt werden, ist damit zu begründen, daß die hier zu beobachtende Verwendung von συγγνώμη der von Anfang an gestellten Frage nach dem intellektuellen Gehalt des Vorgangs einen wesentlichen Aspekt hinzufügt.

Den Belegen aus der medizinischen Fachliteratur wandte sich die Aufmerksamkeit ursprünglich aus dem Grunde zu, daß Hinweise auf ein spezifisch medizinisches Konzept von συγγνώμη oder gar terminologische Verwendung höchst aufschlußreich wären; für das Begriffspaar φόβος καὶ ἔλεος konnte man ja eine Verbindung ziehen.[1] Die Belege für συγγνώμη weisen jedoch auf keine spezifische Terminologie hin; sie bringen keine neuen Verwendungsweisen, geben aber ein eindrucksvolles Zeugnis von der Flexibilität und der teils polemischen, teils argumentativen Kraft der "Figur des Verzeihlichen und des Unverzeihlichen", der sie zum großen Teil zuzuordnen sind; ein Element der Abstufung und Abgrenzung enthalten fast alle.

> Ausnahmen sind zwei Captationes benevolentiae: *Gal.* CMG 4.2 de san. 347 und die etwas unklare Bemerkung in der Widmung der Schrift περὶ πυρετῶν: *Alex. Aphr.* Febr. 1.6. Das Wort συγγνώμη taucht ferner noch einmal *Gal.* 8.689.18: de diff. puls. III auf, um das Wort σκληρός zu erläutern: Gesetz und Richter würden so genannt, die kein Verzeihen kennten.

Besonders typisch ist die Anwendung in der Auseinandersetzung mit konkurrierenden Ärzten und medizinischen Schulen. Mit der rhetorischen

---

[1] S. *Flashar.*

Figur wird abgrenzt, inwieweit die gegnerische Lehrmeinung trotz ihrer Unrichtigkeit noch plausibel und inwieweit sie gänzlich abzulehnen ist. Dominierender Verzeihensgrund ist — wie es bei der Auseinandersetzung mit wissenschaftlichen Lehren kaum anders sein kann — Unwissenheit, Täuschung, Irrtum. Andere Standardmotive und immer wieder gebrauchte Gegenbegriffe werden mit der Denkfigur verbunden, an erster Stelle der Gegenbegriff des Tadels:

> *Gal.* CMG 4.1.2 de plac. 4.4.1. Chrysippos wird des Widerspruchs überführt. "Wenn jemand bei einer Gelegenheit extemporiert, ist es ja auch bei dem besser, wenn er seine Bezeichnungen in abgegrenzter und klarer Form gebraucht, seine Irrtümer (σφάλματα) werden aber dennoch Verzeihung finden (ἕξει συγγνώμην); wenn aber jemand eine wissenschaftlich und theoretisch fundierte Abhandlung zu schreiben ankündigt und dann eine bestimmte Bewegung als der Vernunft nicht gehorchend bezeichnet, uns aber auffordert, sie als rational anzuerkennen oder daß sie zwar die Vernunft ausschließt, aber nichts anderes sei als Vernunft und Urteil − ich weiß nicht, ob das nicht den größten Tadel (μεγίστης μέμψεως) verdient (...)."

> *Gal.* CMG 4.1.2 de plac. 5.7.43 werden unter Rückbezug auf diese Stelle das Verzeihliche und das Unverzeihliche direkt gegenübergestellt: "Aber etwas nicht zu wissen, ist verzeihlich (συγγνωστόν), wie ich auch früher sagte; nicht verzeihlich (οὐ συγγνωστὸν) aber ist es (...)." Abgelehnt wird hier die Begründung eines grundlegenden Lehrsatzes durch ein Dramenwort.

> *Gal.* CMG 4.2 de san. 210. "Wenn er [Theon] nun genau die Bedingung herausgefunden hätte, unter der er das warme Wasser loben kann, aber eingestehen müßte, daß er den Grund dafür nicht wisse, so müßte man ihm natürlich verzeihen (συγγνωστὸς ἂν ἦν εἰκότως); da er aber einfach so behauptete, die 'Warmwaschung' − denn so nennt er sie auch − passe zum Training im Hochleistungssport, aber viele Arten körperlicher Verfassung bei einem solchen Training auftreten können, sollte man ihn wohl tadeln (μέμψαιτ' ἄν τις), daß er nicht bei allen der Reihe nach genaue Angaben macht."

Nach *Gal.* CMG 9.2 Prorrh. 778 müßte der Autor eine bestimmte Lesart (ein Satzteil wird zum nächsten Satz gezogen) offen tadeln (ἐμεμψάμην), wenn es sich nicht bei Hippokrates öfter Themaabschweifungen gäbe; so könne er die Leseweise nachsehen (συγγιγνώσκω), die allerdings einfältig sei. (Zur philologischen Problematik auch *Gal.* 9.892.10: de dieb. decr. II, wo eingeräumt wird, daß der Versuch, ein Problem durch den Zusatz einer Bezeichnung zu lösen, "verständlich" − συγγνωστὸν − ist, insgesamt den Auslegern jedoch vorgeworfen wird, sie suchten das Klare unklar zu machen; das Wort μέμφομαι taucht hier allerdings nicht auf.)

Nach *Gal.* 9.97.8: de caus. puls. II ist zu tadeln, daß manche Ärzte seltene Fälle ἑκόντες verschweigen, deren Ursachen sie nicht angeben können, wenn man ihnen auch im übrigen verzeihen könne (συγγνώμην νείμας). − *Gal.* CMG 10.2.1 Epid. 3.507: Dem Lykos sind seine offensichtlichen Fehler (ἁμαρτάνων φαίνηται) vielleicht zu verzeihen (οὐκ ἄν τις ... συγγνοίη). außer daß man ihm vorwerfen kann, daß er Erklärungen schreibt, ohne den Vorgang beurteilen zu können. − *Gal.* UP 505.16 + 18: Kritiker an der

Ärzteschaft sind einerseits zu tadeln, andererseits kann man ihnen verzeihen (συγγνώσῃ); beides wird begründet.

Im folgenden Beleg fallen mehrere der bekannten Stichworte: δυστυχίᾳ συναλγοῦντες – συγγνώμην νέμειν – τὴν προαίρεσιν μεμφομένους, ἑκόντες ἐξαπατᾶν – ἄκοντες σφαλῆναι; auch die Plausibilität (εὔλογον) wird angesprochen; zum schlechthin Unverzeihlichen wird hier das gänzlich Unverständige (τοσαύτην ἄνοιαν).

> *Gal.* CMG 4.2 de sucis 753. Galenos berichtet von Ärzten, die ihm die Richtigkeit der Hippokratischen Thesen bestätigt haben. "Es ist nun berechtigt (εὔλογον), daß wir mit diesen viel Nachsicht haben (συγγνώμην νέμειν), da wir die Zugehörigkeit zu ihrer medizinischen Schule (προαίρεσιν) nicht tadeln können, sondern ihren Schmerz über ihr Unglück teilen müssen, daß sie, noch ehe sie die Lehren beurteilen konnten, Lehrern in die Hände gerieten, die nicht gut waren. Hassenswert (ἄξιοι μίσους) aber sind die Erst⟨genannt⟩en, die aus Ehrsucht (φιλοτιμίαν) ein der Wahrheit nicht entsprechendes Lehrgebäude aufgestellt haben. Denn sie versuchen offensichtlich freiwillig, ihre Nächsten zu täuschen, und irren nicht unfreiwillig, da kein Mensch zu solchem Unverstand gelangt, daß er nicht weiß, was für ein großes Übel es ist, die Flüssigkeiten im Körper mit Giften zu behandeln."

Weitere Belege für das Stichwort des (bloßen) Irrtums:

> Der bloße Irrtum (*Gal.* 11.395.14: de simp. med. temp. ac. fac. I) oder eine falsche Annahme bei einem schwierigen Fall (*Gal.* CMG 9.2 Prorrh. 615 · 616) wäre verzeihlich; im konkreten Fall trifft aber kein solcher Milderungsgrund zu. Daß sie sich täuschen (ἐσφαλμένοις), wird auch den Hippokrateern verziehen (*Gal.* CMG 10.2.1 Epid. 3.507). Ähnlich *Gal.* UP 578.15, wo es den Anatomen, und *Gal.* CMG 4.1.2 de plac. 1.7.16, wo es dem Praxagoras verziehen wird, wenn ihnen ein schwer wahrzunehmendes Detail entging. (Dieser Beleg bezeugt auch den Gedanken der Verhältnismäßigkeit, s. u.)

Die wahrscheinliche Lehrmeinung ist verzeihlich:

> *Gal.* Cris. 618.4. Bei bestimmten gravierenden Krankheiten wird ein Arzt höchstwahrscheinlich (μέγιστα εἰκὸς) am ersten oder allenfalls zweiten Tag eine Fehldiagnose stellen. "Wenn er sich nun vielleicht ein- oder zweimal in einer derartigen Sache täuscht (σφαλείη), so muß man ihm verzeihen (συγγνωστός); wenn er aber keinerlei Vorhersage über den künftigen Höhepunkt der Krankheit für möglich hält, dann versteht sich der aber auch nicht ein bißchen auf die ärztliche Kunst."

> *Gal.* CMG 9.1 Hipp. de victu 478. "Man muß diesen [Erasistratos und seiner Schule] nun eher verzeihen (συγγνωστέον; Lesarten übrigens γνωστέον und συγχωρετέον), da sie Wahrscheinliches (εἰκότα) äußern", Thessalos und seine Anhänger stellten jedoch Behauptungen über Hippokrates' Ernährung von Kranken auf, ohne seine Werke zu kennen.

> (Vgl. *Gal.* CMG 4.2 alim. fac. 472 ἀπεικός).

Auch der bekannte Grundsatz der Verhältnismäßigkeit ist aus medizinischen Belegen abzulesen: Irrtum oder Unwissenheit, die bei dem einen aufgrund seiner mangelnden medizinischen Ausbildung verzeihlich sind, sind es beim geschulten Arzt nicht.

> Philosophen, die in der Ecke sitzen, mag man einen Irrtum (ἁμαρτάνειν) bei der Bestimmung einer δυσκρασία verzeihen, bei erfahrenen Ärzten ist Voreingenommenheit (φιλονεικία) unverzeihlich (ἀσύγγνωστος Gal. 8.167.9 · 10). Der Grundsatz der Verhältnismäßigkeit tritt Gal. CMG 4.2 alim. fac. 472 noch deutlicher hervor: Wenn sich Laien täuschen (σφάλλεσθαι), ist dies nicht ungewöhnlich, Ärzten wird man nicht verzeihen (συγγνοίη), wenn sie einen Großteil der anwendbaren Gesichtspunkte unbestimmt lassen. – Vergleichbar ist Gal. CMG 10.3 Adv. Lyc. 218 (συγγνωστός): Sokrates' Gesprächspartner im Platonischen "Philebos" konnte keine Unterscheidung von "Lust" und "Lust" kennen, da dies damals kein Buch lehrte; nun aber sollte Lykos als griechischer Arzt dieses Buch auch kennen.

Umgekehrt dient der Irrtum oder die Nachlässigkeit einer Autorität als Entschuldigungsgrund für weniger berühmte Ärzte.

> Gal. CMG 10.1 Epid. 1.228: Der Mehrzahl der Ärzte muß man verzeihen (συγγνοίη), wenn sie zwischen Bezeichnung und Bezeichnetem nicht unterscheidet, da auch Agathinos in seiner Darstellung des "halb-dreitägigen Fiebers" das Bezeichnete aus der Bezeichnung zu erschließen sucht. – Gal. 12.445.14: de comp. med. sec. loc. I: Was sich Archigenes nicht scheute zu schreiben, wird man dem Kriton verzeihen (συγγνώη).

> Vgl. auch Gal. 8.600.15: de diff. puls. II: Die Anzahl der Pulsarten beschränke sich nicht auf drei, doch müsse man denen verzeihen (συγγνώμη), die dies vertreten: "Denn womit sollte man ⟨sonst⟩ diejenigen niederringen, die die Sache gänzlich verfehlt haben?" – Gal. Protr. 7.13: Ein Versagen ist unverzeihlicher (ἀσυγγνωστότερον) für den Abkömmling einer berühmten Arztfamilie.

Gegensatz zum Menschlichen und daher Verzeihlichen kann neben dem Tadelnswerten das Verwunderliche sein:

> Gal. CMG 4.1.2 de plac. 4.3.6. "Aber nicht das ist verwunderlich (θαυμαστόν), wenn Chrysippos vielen widerspricht, wie auch nicht, daß er die Wahrheit verfehlt – denn man muß ihm verzeihen (συγγνώμη), da er Mensch ist und sich ⟨darum zwangsläufig⟩ irrt (ἀπέσφαλται) –, sondern daß er einerseits überhaupt keinen Versuch machte, die ⟨Theorien⟩ der Alten zu widerlegen, andererseits aber sich selbst widerspricht (...)."

Fast immer geht es um die Abgrenzung des noch, wenn auch mit Abstrichen, Akzeptablen.

> Gal. 8.681.13: de diff. puls. III. Wer die Bezeichnung στρυφνόν vom Feuchten auf den Tastsinn überträgt, dem ist zu verzeihen (μέτεστι συγγνώμης), aber wer eine Metapher nochmals auf ein anderes Gebiet überträgt, überschreitet die poetische Lizenz.

> Plu. 131c: De tuenda san. 17. Plutarchos rät von kalten Bädern nach

sportlichen Übungen ab, da sie die Poren verstopfen und die Feuchtigkeit im Körper zurückhalten. "Das warme Baden aber hat viele Entschuldigungsgründe für sich (δίδωσι πολλὴν συγγνώμην)." Seine günstigen Wirkungen sind jedoch auch durch eine Salbung am Feuer zu ersetzen.

Meist wird nur die Abgrenzung zur negativen Seite hin benötigt, aber es kann auch die ganze Skala vertreten sein, die sich auf die Abstufung Lob − Verzeihung − Tadel zurückführen läßt.

> *Gal.* 8.637. 4 · 5 · 8: de diff. puls. III. "Die Tatsache, daß wir in unseren Angelegenheiten uneins sind, wird zum einen Teil vielleicht notwendig (ἀναγκαῖον) erscheinen, zum anderen begründet (εὔλογον), zu einem dritten wohl auch verzeihlich (συγγνώμης[2] ἄξιον)." Dem werden in der folgenden Ausführung Haarspaltereien über Bezeichnungen gegenübergestellt, die weder notwendig noch begründet noch verzeihenswert (συγγνωστός, συγγνώμης ἄξιον) scheinen.

Neben dem Standardmotiv des Unwissens ist nur ein weiteres vertreten, das des Zwangs.

> *Hp.* Fract. 31.7, zitiert *Gal.* 18 (2).584.3: in Hipp. de fract. III. Ärzten, die durch den Mangel an Binden gezwungen sind (ἀναγκάζονται), frisch Verwundete mit ungereinigter Wolle zu verbinden, muß man unbedingt verzeihen (πλείστη συγγνώμη), da es kaum besseres Material als Binden gibt.

Überaus deutlich wird bei diesen Belegen, daß der Gebrauch des Wortes συγγνώμη nicht vom Gedanken an den Vorgang des Verzeihens bestimmt wird: Der Verzeihende kann hier kaum eine Schädigung geltend machen als den Verstoß gegen die Wahrheit. Der Gebrauch von συγγνώμη bewirkt in der fachwissenschaftlichen Sprache sicher eine gewisse Emotionalisierung der Ausdrucksweise (wie auch der von συναλγέω *Gal.* CMG 4.2 de sucis 753) und läßt die Darstellung lebendiger wirken. Mehr als συναλγέω kommt aber συγγιγνώσκω der intellektuellen Ausrichtung dieser Textgattung entgegen, da für den Griechen das "Verzeihliche" eben auch das "Verständliche" ist. An dieser Stelle soll darum eine Zwischenbilanz, auch zum intellektuellen Gehalt des Wortes, gezogen werden.

---

[2] Im Druck versehentlich συγνώμης.

B V Zur Frage
nach einem spezifisch griechischen Verzeihensbegriff

Bisher ist der Gebrauch von συγγνώμη in der Klassischen Zeit der griechischen Literatur dokumentiert worden zum Teil bereits über die Klassische Zeit hinaus. Für die nachklassische Zeit empfiehlt sich ein etwas pauschaleres Vorgehen, da die Motive im heidnisch-griechischen Bereich in hohem Maße den ererbten Mustern entsprechen. Umgekehrt treten mit dem römischen Begnadigungsrecht und dem jüdisch-christlichen Verzeihensbegriff so anders bestimmte Vorstellungskomplexe ins Blickfeld, daß eine umfassende Darstellung den Rahmen dieser Arbeit sprengen müßte; auch hier muß also exemplarisch vorgegangen werden.

Bevor dieser weitere Horizont in den Blick genommen wird, lohnt sich eine Diskussion übergreifender, kontrovers behandelter Themen, da die Auswertung des vorgestellten Materials Antworten auf bestimmte Fragen ermöglicht, die nicht nur für den Verzeihensbegriff von Bedeutung sind. Im Lichte besonders der Belege aus der jüdisch-christlichem Literatur werden diese Antworten allerdings noch deutlichere Konturen erhalten.

1. Das Willensproblem

In der griechischen Alltagssprache wie in der Philosophie ist die Unfreiwilligkeit einer Handlung das Hauptmotiv für συγγνώμη; auch wo diese Begründungsweise abgelehnt wird, wird sie als allererste mit dem Wort assoziiert. Die dafür zentralen Vokabeln ἑκών, ἑκούσιος, ἄκων, ἀκούσιος wurden bisher mit "(un)freiwillig" übersetzt.

Spätestens an dieser Stelle ist es notwendig, die Berechtigung der Übersetzung mit dem Bestandteil "Willen" zu reflektieren, wird doch die Existenz eines Willensbegriffes im Altgriechischen von namhafter Seite bestritten, nämlich von Albrecht Dihle in seiner Monographie "Die Vorstellung vom Willen in der Antike".[1] Die Griechen haben nach Dihle

---

[1] *Dihle Vorstellung vom Willen*: Die deutsche Fassung wurde 1985 veröffent-

keinen Willensbegriff entwickelt, "der den Handlungsimpuls ohne Rücksicht auf seinen möglichen Ursprung in der verstandesmäßigen Überlegung oder der emotionalen Verfassung"[2] bezeichnet.

Entsprechend ist Dihle hauptsächlich bemüht, aufzuzeigen, wie defizient der griechische Willensbegriff blieb, wie er Willensphänomene entweder (dies hauptsächlich) auf intellektuelle Leistungen oder aber auf irrationale Handlungsimpulse verschob und welche Gelegenheiten, einen angemessenen Willensbegriff auszubilden, verpaßt wurden. Auch das voluntaristische Potential, das durch die jüdische und christliche Literatur geboten wurde, sei nicht dazu genutzt worden. Erst Augustinus, gestützt auf günstigere Bedingungen des Wortgebrauchs in der lateinischen Sprache, habe den für die mittelalterliche und neuzeitliche Philosophie maßgebenden Willensbegriff entwickelt, der "tiefe Spuren in allen europäischen Sprachen hinterließ" (S. 79).

Dihle weist ausführlich nach, wie genau griechische Dichtung psychologisch beobachtet und differenziert, solange sich diese Beobachtungen so darstellen lassen, daß "der Antrieb zum Handeln unmittelbar aus Überlegung und Erkenntnis oder ebenso unmittelbar aus der Emotion" (S. 37) kommt.[3] Er geht vor allem den Begriffen und Phänomenen nach, bei denen sich eine Vermischung beider Deutungen feststellen läßt, so dem μένος (S. 44-46), so dem Phänomen Zorn (S. 42f. und 69).

Das, was Dihle sucht, findet er im Griechischen nicht ausgebildet: Es wäre eine dritte Größe, die dem intellektuellen oder emotionalen Vorgang vorgeordnet wäre (vgl. *Kirwan*, unten zitierte Kritik). Die jüdische und damit auch die christliche Anthropologie waren hingegen durch die theologische Konzeption des Alten Testaments, noch bevor eine begriffliche Klärung erreicht war, vor das Problem gestellt, daß in biblischen Erzählungen und Geboten Willensentscheidungen nicht von intellektueller Einsichtigkeit oder emotionalem Antrieb abhängig gemacht wurden, sondern vom Gehorsam unter den Willen Gottes, der sich nicht dadurch als göttlich erwies, daß er vom menschlichen Verstand hätte nachvollzogen werden können, sondern dadurch, daß er von Gott persönlich kundgetan wurde.[4] Paradigma des Gehorsams ist Abraham, der "ohne das geringste Zögern bereit ⟨ist⟩, seinen einzigen Sohn, den alleinigen Träger der an ihn ergangenen Verheißung, zu opfern, und zwar aus keinem anderen Grund als dem, daß ihm Jahwe es befohlen hat" (S. 24f.).

Trotz Dihles beeindruckender Darstellung meine ich, daß man die Gewichte verlagern kann und sollte. Versucht man, sich den behaupteten

---

licht; die englische Originalausgabe (*Dihle Theory of Will* mit ausführlicherem Anmerkungsteil) von 1982 wurde hier benutzt; die Auseinandersetzung kann sich aber auf Dihles eigene deutsche Übersetzung stützen.

[2] *Dihle Vorstellung vom Willen* S. 31.

[3] *Dihle Vorstellung vom Willen* S. 31-78: "Menschliches Handeln aus der Sicht der Griechen", besonders S. 38-44: "Die zweigeteilte Psychologie".

[4] *Dihle Vorstellung vom Willen* S. 24-30: "Gehorsam und Einsicht".

Mangel der griechischen Begrifflichkeit an der Darstellung von Verzeihen zu verdeutlichen, so wird man in jedem Falle irritiert sein.

Wie die Diskussion um den Begriff ἑκών zeigt, waren die Griechen an
den Vorbedingungen einer Handlung, an der Frage, wieweit ein Mensch
überhaupt imstande ist, unter bestimmten Bedingungen zu seiner eigenen
Intention zu finden, geradezu leidenschaftlich interessiert. Die Beeinträchtigung, der die Findung und Ausführung der Intention ausgesetzt
ist, wird in einem breiten Spektrum erfaßt und dieses einer Kategori-
sierung unterzogen, so daß in der Folge auch eine gewisse Schematisierung
droht: Man behauptet immer wieder mit großer Selbstsicherheit, das
Kriterium zu kennen, das sicher entscheidet, ob verziehen werden kann
oder nicht, während ein Vergleich ergibt, daß der Einsatz des Kriteriums
(besonders in rhetorischer Verwendung) von durchaus willkürlichen Maßstäben bestimmt sein kann. Gerade in dieser Schematisierung zeigt sich
jedoch alles andere als eine Vernachlässigung der Kategorie des Willens.

συγγνώμη folgt in diesem Bereich der Vorgabe der Wortbildung aus
-γιγνώσκω: Verzeihen heißt, die ehemalige Willensbeeinträchtigung des
Täters erkennen und in der Konsequenz keine ausreichende Handhabe für
Sanktionen zu sehen, darum auf sie zu verzichten. Dies ist die Seite, die
man als griechischen "ethischen Intellektualismus" zu bezeichnen gewohnt
ist. Allerdings stimmt schon hier gegen Dihles These skeptisch, daß unter
den Motiven, die für die Willensbeeinträchtigung anerkannt werden,
emotionale und intellektuelle, positive und negative Beeinflussung gleichberechtigt Geltung haben: Bei den Tätermotiven werden die Phänomene
nicht entweder zur intellektuellen oder zur Affektseite hin verschoben.
(Nur in der Stasislehre wird zum Teil, aus den dargelegten Gründen,
der Bereich der Tätermotive auf die affektive Beeinträchtigung eingeschränkt.)

Aber dies ist nur der Willensbegriff im Bereich der Tatmotive. Für
den Vorgang des Verzeihens selbst könnte man auf den ersten Blick —
wie *Oeing-Hanhoff* (vgl. Kapitel A I) — behaupten, daß das Willens-
problem zur Seite des Intellekts hin verschoben ist: Der Verzeihende
habe nach griechischem Verständnis, sobald er einmal die Willensbeeinträchtigung des Täter bei der Tat erkenne, gar keine andere Wahl
als zu verzeihen, weil eben der andere "ent-schuldigt" sei. Die betont
argumentative Verwendung von συγγνώμη bestärkt diesen Eindruck, doch
als Generalaussage über συγγνώμη läßt er sich nicht halten: Im Griechischen wird nicht nur aus Einsicht in die Tätermotive verziehen, sondern
auch deshalb, weil dieses Verzeihen für "gut" gilt. Der συγγνώμων
verzeiht, weil er verzeihen *will*; das heißt: es ist eine bestimmte Haltung
vorhanden, die schon eine Entscheidung für Verzeihen darstellt, noch

bevor sich in der konkreten Situation die Frage nach den Bedingungen der konkreten Verzeihung stellt — diese Ausprägung kann meines Erachtens den von Dihle aufgeführten Gehorsams-Vorentscheidungen in gewissem Maße an die Seite gestellt werden.

Auch συγγνώμη gehört also wohl zu den von Dihle vorgestellten Phänomenen, die nicht eindeutig auf entweder intellektuelle oder emotionale Vorgänge zurückgeführt werden, weder beim Verzeihenden noch bei seinem Gegenüber. Freilich wird der Begriff συγγνώμη nicht dazu genutzt, genau zu entscheiden, ob jemand verzeiht, weil er verzeihen will oder weil er den zu verzeihenden Tatbestand besser verstanden hat als bisher. Unter συγγνώμη werden beide Arten subsumiert, ohne dadurch einen distinkten Begriff zu ergeben, der dann voluntaristisch bestimmt wäre, wie ihn Dihle vermutlich auch für das Verzeihen fordern würde. Aber die "Beschuldigung", die Griechen hätten ethische Phänomene einseitig entweder auf die Seite des Intellekts oder aber des Affekts verschoben, kann man für συγγνώμη nicht aufrechterhalten.

Übrigens ergibt sich beim Fragen nach den kulturellen Unterschieden zwischen anthropologischen Vorstellungen der Griechen und moderner Völker immer wieder die Frage, wie man die griechische Addition von intellektuellen und affektiven Vokabeln zu deuten hat, z. B. νόος und θυμός Hom. Il. 4.309: Soll durch sie eine nicht in *einem* Begriff gefaßte Einheit bezeichnet werden, oder handelt es sich um den Beweis, daß Intellekt und Emotion scharf getrennt werden? Von dieser Trennung hängt entscheidend die Deutung des griechischen Personbegriffs ab. Für deutliche Trennung von θυμός und νοός plädiert *Snell Entdeckung* S. 19 · 21ff. Dagegen argumentiert *Burkert Mitleidsbegriff* S. 108ff., speziell S. 109 mit Anm. 4 in Bezug auf θυμός und νοός (unter Berufung auf Fränkel; entspricht in der 2. Auflage *Fränkel* S. 85), für die Ganzheit des griechischen Personbegriffs.

Dihle Vorstellung vom Willen S. 38 belegt irritierenderweise seinen Satz "Es gibt zwischen Trieb und Handlung oder Überlegung und Handlung keinen Willen, den man als selbständigen Faktor isolieren und moralisch bewerten könnte" auch mit dieser Kombination: "Das Wort *noos* (...) steht allein (Od. 1.3) oder zusammen mit *thymos* (Il. 4.309) auch als Ausdruck für die Lebensweise oder Lebenshaltung eines Menschen, seine moralische Physiognomie'. *Noos* kann diese Funktion übernehmen, weil die intellektuelle Komponente im Urteil über menschliches Wesen das meiste Gewicht hat, *thymos*, weil sich dieser irrationale, vom Intellekt freigesetzte Faktor unmittelbar in den Handlungen zeigt (...)." Auch wirkt das Beispiel *E.* Ba. 997f. (in V. 997: ἀδίκῳ γνώμᾳ παρανόμῳ τ' ὀργᾷ), das *Dihle Vorstellung vom Willen* S. 39 für die "zweigeteilte Psychologie" angeführt wird und belegen soll, daß "die rationalen von den irrationalen Faktoren scharf geschieden" worden seien, eher wie eine Verquickung beider zu einer (wenn auch ungenannten) Einheit der intellektuellen und emotionalen Verfehlung und stellt darum keinen Beleg gegen die Möglichkeit eines "bösen" Willens (dazu unten) im Griechischen dar.

Was hier von der Warte des Begriffs συγγνώμη gegen Dihles These

eingewandt wird, ist dem Buch auch insgesamt entgegengehalten worden: Dihle verlange einen dem Intellekt und dem Affekt vorgeordneten Begriff, für den kein Bedarf bestehe.

> *Kirwan* S. 336. "This suggests that D⟨ihle⟩ is looking for a general conception of intention, common to cases where an intention issues from consideration of reasons pro and con, and cases where it does not. (...) when he writes that the Greek tradition, from Homer onwards, incorporated a 'twofold psychology that explains human behaviour on the basis of the interaction of rational and irrational forces and has no room for the concept of will' (⟨*Dihle Theory of Will*⟩ p. 27), the underlying criticism is not, I think, that the Greek failed to unify two kinds of intentional behaviour, but that they failed to make room for a third kind, which is motivated neither by calculation of pros and cons nor by the goadings of emotion. (...) it seems, that this third kind is exemplified especially by a man's choice whether to obey or disobey commandments (notably divine ones [...]), or his choice of allegiance, or more generally his choice of criteria by which to make other choices." Die Frage: "Is such a conception of will an important explanatory tool (...)?", ist, so scheint es Kirwan, nicht so deutlich zu bejahen, wie Dihle es tut. Auch Kirwan fürchtet freilich, mit diesem Urteil Dihles Buch nicht gerecht zu werden ("perhaps a sign that I failed in the end to understand it", *Kirwan* S. 336).

Auch die äußerst rühmende Rezension von Sokolowski kommt zu dem Schluß, daß der zugrundegelegte Willensbegriff selbst Resultat einer bestimmten historischen Epoche ist:

> *Sokolowski* S. 626. "Dihle uses a Kantian-like concept of the will as the adequate description of the concept of the root of human action. He sees the development of the concept of a power of will as the gradual discovery of this 'true' dimension of human being. But I would argue that the special context of biblical revelation, both Jewish and Christian, raises an issue that *seems* to call for a volitional faculty, but that this appearance is really part of the perspective generated by the new religious context and new religious understanding. The faculty of the will is not a normal phenomenon in human action. In other words, the Greek understanding of reason as the root of human action has more to it than Dihle allows. It is not an insufficient, preliminary human self-understanding."

2. Zur Frage eines Kulturvergleichs

Wenn es auch nicht zulässig erscheint, einen Graben zwischen griechischem und modernem Willensbegriff zu ziehen (ebenso wie zwischen den Verzeihensbegriffen), so läßt sich doch fragen, ob Dihle nicht ein entscheidender Hinweis für die Bestimmung der verschiedenen *Schwerpunkte* griechischer und jüdisch-christlicher Auffassung zu danken ist. Die geschichtliche Entwicklung des Verzeihensbegriffes muß dann nicht in einem plötzlichen Einbruch von Neuem, noch nicht Dagewesenem, nicht Gedachtem faßbar werden,[5] sondern kann als Verschiebung zu neuer Motivation und neuen Begründungen verstanden werden.[6]

Die Vergleichsfälle jüdischer Gehorsamsproblematik und rationaler griechischer Psychologie überzeugen als Paradigmen für das den Kulturen Typische, wenn auch nicht als Belege für einen vollständigen Bruch der Konzeption. So läßt sich, wie gesagt, auch das Verzeihensproblem auf eine Gehorsamsproblematik zurückführen: Im Neuen Testament wird man der von keiner Bedingung eingeschränkten Aufforderung begegnen, dem Nächsten zu verzeihen (s. Kapitel C II 3). Diese Aufforderung ist ursprünglich durch nichts anderes begründet, als daß sie dem Willen Gottes und seinem schon vollzogenen Vergeben entspricht, auch wenn die positiven zwischenmenschlichen Folgen zu übersehen sind.

Für die Frage nach dem Abzielen biblischer Sätze auf ihren sozialen Nutzen kann man den Streit um das – dem Verzeihensgebot übergeordnete – Gebot der Feindesliebe in der Bergpredigt heranziehen, wie er in der Neuen Zürcher Zeitung ausgetragen wurde: Wo *Lapide* eine Anweisung sieht, aus dem Feind einen Freund zu machen ("Entfeindungsliebe"),[7] beharrt *Weder* darauf, daß der Text von einer solchen Finalität absieht und, einzig nach dem Maßstab der Gottesherrschaft, die Aufhebung jeder Begrenzung des Liebesgebotes fordert. Verwandte Finalitätsprobleme werden in Kapitel C II 3 behandelt; auch dort spielt der Horizont der βασιλεία τοῦ θεοῦ eine entscheidende Rolle.

Vergleichbar ist mit dieser Verzeihensvorstellung eher das Verzeihen der Sache nach bei Homeros, da sich hier ein religiöser Hintergrund erschließen läßt, viel schwerer der vom Zwischenmenschlichen her gedachte Begriff συγγνώμη. Freilich wird auch die Gnome, Verzeihen sei besser als Rache (s. o. A IV 3), an keinerlei einschränkende Bedingung geknüpft. Aber auch diese "unbedingte" συγγνώμη wird doch empfohlen als die "eher zu wählende" (αἱρετωτέρα), die "stärkere" (κρείττων) Möglichkeit, die vor "nachträglichem Bedauern" (μετανοίας) schützt.

---

[5] Für die Konstanz ethischer Motive bieten die Arteiten von Betz (*Betz Ethical Writing* und *Betz Theological Writing*) reiches Material, das den Gemeinsamkeiten zwischen den Schriften des Plutarchos und biblischer und frühchristlicher Schriften gewidmet ist.

[6] Dihles Ausführungen über den Begriff Demut (*RAC* Bd. 3 Sp. 735-778) überzeugen dadurch, daß sowohl die Gemeinsamkeit in ethischen Anforderungen und im Vokabular zur Geltung kommen als auch die entscheidend andere Motivation durch die neue Anthropologie.

[7] Methodisch ähnlich ist die "Biologie der 10 Gebote", die Zweckmäßigkeit der Zehn Gebote nach Maßstäben aus der Verhaltensforschung, von *Wickler* dargestellt worden; siehe besonders S. 212-16 zum Gebot der Nächstenliebe.

Nicht anders verhält es sich mit der Gehorsamsproblematik bei den Sprichwörtern συγγνώμη πρωτοπείρῳ (*CPG* Ap. 15.83) und συγγνώμη ἀδελφῷ βοηθεῖν (*D.* 19.238): Das Verzeihen empfiehlt sich jeweils aus "vernünftigen" Gründen im Spezialfall und wird nicht durch eine bedingungslose Maxime gefordert.

Was läßt sich darüber hinaus zu einer Typik, einer Bezeichnung von Tendenzen und Schwerpunkten der verschiedenen Kulturen, vom Blickwinkel der συγγνώμη-Untersuchung beitragen?

3. Der intellektuelle Gehalt des Begriffes

Der erste Aspekt dieser Tendenzbestimmung wurde schon genannt und bestimmte diese Untersuchung gerade in den Einleitungskapiteln stark: Es ist Frage nach dem *intellektuellen Gehalt* des griechischen Verzeihens. Zurückgewiesen werden muß die Behauptung, συγγνώμη bestehe in jedem Fall und ausschließlich im Verstehen der Tatmotive. Aber daß diese Art eine für den Griechen sehr typische Art des Verzeihens ist, legt meines Erachtens gerade der Befund nahe, daß συγγνώμη so gern in argumentativen Zusammenhängen benutzt wird, wo es nicht um einen wahrnehmbaren Akt des Verzeihens, sondern um das Abwägen akzeptabler und nicht akzeptierbarer Meinungen geht wie zum Beispiel in der medizinischen Fachliteratur. Umgekehrt wird man auch dem modernen Verzeihen wohl kaum einen intellektuellen Gehalt abstreiten. Ein Verzeihen, bei dem überhaupt nichts "verstanden" wird, wird auch der Leser in seinem Lebensumfeld erst suchen müssen; zum "Verstehens-Typ" gehören jedenfalls alle Entschuldigungen nach dem Muster "Entschuldige bitte, ich hatte nämlich..."

Das "*typisch* (zum Beispiel) deutsche" Verzeihen ist diese Art jedoch nicht; mindestens ebenso häufig entschuldigt man sich nach dem Muster: "Verzeih', ich hab' es nicht böse gemeint" oder nach dem Muster: "Es tut mir leid, entschuldige". Beide Muster sind nicht "typisch griechische" Begründungsmuster, die letztgenannte ist in dieser Form im Klassischen Griechisch nicht einmal überliefert; doch ist es heikel, von der Nicht-Existenz einer solchen Begründung im Griechischen zu sprechen. Das zuletzt genannte Muster rührt an die Frage nach der Bedeutung der Reue für griechisches Verzeihen, die *Oeing-Hanhoff* aufwarf. Sie soll im übernächsten Unterkapitel unter Rückgriff auf Aristoteles' "Nikomachische Ethik" behandelt werden; an dieser Stelle sei nach der Bedeutung der guten oder bösen Absicht ("ich habe es nicht böse gemeint") für συγγνώμη gefragt.

4. Freier/unfreier und guter/böser Wille

Ein tendenzieller Unterschied zwischen antikem griechischem und jüdisch-christlich geprägtem modernem Willensbegriff kann meines Erachtens darin erfaßt werden, daß die Griechen eher von freiem oder unfreiem Willen sprachen als von gutem oder bösem. Daß für die Griechen auch die Vorstellung einer Vorentscheidung für "böses", aggressives, sozial schädliches Verhalten denkbar war, zeigen in unseren Belegen Vokabeln wie κακόνοια und ἐπιβουλή (Xenophons Weisheitslehrer etwa — *X.* Cyr. 3.1.38 — versichert dem Sohn, der Vater handele nicht κακονοίᾳ τῇ σῇ; Demosthenes will für den Prozeßgegner συγγνώμη ausschließen, der ἐπιβουλεύσας gehandelt hat — *D.* 24.49), und trotz seines intellektuellen Grundwortes ist etwa κακόνοια kein bloßer Verstandesvorgang. Aber zum Vorwurf wird im Griechischen nicht leicht gemacht, daß jemand etwas Böses tun wollte, dann hinging und die Tat nach dieser Absicht ausführte — dieses Konzept wird vorausgesetzt, wenn von böser Absicht die Rede ist —, sondern viel eher, daß er von (mindestens) zwei Handlungsmöglichkeiten die schlechtere "vor" der anderen "wählte" (wie das Wort προαίρεσις besagt) und die bessere "verfehlte" (ἥμαρτε).[8] Diese Vorstellung setzt die Einheit von innerem Vorgang und Konsequenz voraus, die für das Griechische tatsächlich typisch ist (s. u.).

Dirlmeier S. 327 lehnt für den Begriff προαίρεσις die Übersetzung "Wille", "Willenswahl" ab; προαιρεῖσθαι definiert er so: "auf Grund von Überlegung einem Ding vor einem anderen den Vorzug geben (so Ar⟨istoteles⟩ selbst EN 1112a17)". Dirlmeier zitiert allerdings dazu Bruno Snell (Entdeckung des Geistes, bei *Dirlmeier* S. 249 der Ausgabe von 1955, hier aber nach der vierten Auflage wiedergegeben: *Snell Entdeckung* S. 172), der im Griechischen sogar einen klareren Willensbegriff verwirklicht sieht: "Sokratisch ist es, wenn Aristoteles sagt, daß am Anfang des Handelns die *Prohairesis* (Nic. Eth. 1139a31) steht, die ʹWahlʹ. Der Wille stellt sich so sehr viel klarer, eindeutiger dar als uns, da er auf den einen Punkt der Wahl zwischen zwei Möglichkeiten konzentriert ist. Das Moralische ist danach nicht der Gute Wille, sondern die Wahl des Guten." – Für *Dihle* (*Vorstellung vom Willen* S. 68) spiegelt sich im Begriff προαίρεσις freilich ebenfalls die Reduktion der Willensentscheidung auf den (durch Gewöhnung habituell gewordenen) intellektuellen Vorgang.

Allerdings sind die praktischen Auswirkungen im Fall des Verzeihens nicht sehr groß: Es wird im Griechischen nicht entscheidend mehr oder

---

[8] Vgl. *Condanari-Michler* S. 57 (mit Verweis auf Hey): Der juristische Begriff ἁμαρτία habe "nichts mit der Frage guten oder schlechten Willens zu tun". Schulbeispiel sei die Tötung durch den Speerwurf aus "Versehen".

weniger verziehen[9] als bei einem Verzeihen, das auf der Vorstellung des guten Willens beruht. Wo der moderne Mensch sich in keinem bösen Willen oder in guter Absicht verfehlte und darum Verzeihung erhält, war der Grieche in der Regel in Unwissenheit über die richtige Voraussetzung oder durch Affekt gehindert, das Gute vorzuziehen. Nur Extremfälle müßten anders entschieden werden, werden aber eher durch Zusatzregelungen einer ähnlichen Lösung zugeführt. Einige Bestimmungen bei Aristoteles lassen sich als Antwort auf diese Probleme verstehen.

Einmal darf es dem Täter nicht gerade zupaß gekommen sein, daß er nicht frei handeln konnte; hätte er in freier Entscheidung ebenso gehandelt, so wird auch im Griechischen die Tat nicht dem freien Willen zugeordnet, so wie sie dem guten Willen ganz gewiß nicht zugeschrieben wird. Aristoteles bestimmt daher, es müsse nicht nur "in Unwissen", sondern auch "aus Unwissen" gehandelt werden (*Arist.* EN 1136a6f.).

Zum andern, auch darauf macht Aristoteles aufmerksam (*Arist.* EN 1110a23-29), sind nicht alle Handlungen verzeihlich, die nicht freiwillig begangen wurden: Es gibt Handlungen, die unter keinen Umständen, es sei denn schwerer Krankheit, begangen werden dürfen; in diesem Fall muß auch dem äußersten Druck standgehalten werden. Taten dieses Charakters wird man einem guten Willen von vornherein nicht zuschreiben; Aristoteles verhindert aber durch diese Grenzbestimmung, daß das Kriterium der Behinderung des freien Willens als Freibrief für jedwede Verfehlung benutzt werden kann, und er steht damit nicht völlig allein.

Auch Texte, die Aristoteles' Reflexionsgrad nicht erreichen, zeigen in der Anwendung des Verzeihensbegriffes keinen großen Unterschied: Wenn der Verdacht besteht, der andere habe sich die Beeinträchtigung seines Willens gewissermaßen gern gefallen lassen, um zu tun, wonach es ihn drängte, so kann und wird ihm Verzeihen verweigert werden, sei es ohne Begründung, sei es unter Hinweis auf ἐπιβουλή oder ἔχθρα. Und Handlungen, die zu schlimm sind, um verziehen zu werden, gelten dem Griechen als ὕβρις.

So heißt es *PCG* Bd. 7: Philippides 27 (s. o.), für die vom angesprochenen Sohn ausgeübte Gewalt könne der Vater nicht mehr um Verzeihung gebeten

---

[9] Vergleicht man ausschließlich die Verwendung der Lexeme συγγνώμη und "verzeihen" (und deren Ableitungen), so wird συγγνώμη auf ein größeres Spektrum angewandt: sowohl auf gewichtigere Fälle, in denen im Deutschen "vegeben" und "amnestieren" eintreten dürften, als auch geringfügigere, die zur Übersetzung mit Wörtern wie "Nachsicht", "Entschuldigung" oder "verständlich", "akzeptabel" führen. Kein grundsätzlicher Unterschied des Vorkommens der Handlung namens "Verzeihung" bzw. συγγνώμη ergibt sich jedoch — dies ist hier gemeint —, wenn man die Fälle vergleicht, für die "verzeihen" bei großzügigerem Verständnis eine akzeptable Bezeichnung darstellt.

werden, da es sich um Hybris handele; dabei ist offenbar der mildernde Umstand der μέθη gegeben.

5. Die Rolle der Reue

Oeing-Hanhoff[10] war davon ausgegangen ist, daß im Griechischen von Reue — bezeichnet durch μεταμέλεια und μετάνοια — nur in pejorativem Sinne gesprochen worden sei; als Grund für συγγνώμη sei sie nicht verwendet. Bei Aristoteles wird jedoch Verzeihen mit Reue verknüpft, wenn auch recht versteckt. Wie dargestellt wurde, sind diejenigen unfreiwilligen Handlungen verzeihlich, die δι' ἄγνοιαν ausgeführt werden; bei der Bestimmung der Freiwilligkeit heißt es aber:

> *Arist. EN* 1110b19. "Was aus Unwissenheit (δι' ἄγνοιαν) geschieht, ist alles nicht-freiwillig; unfreiwillig aber ⟨nur⟩ das, was nachher Mißbehagen und Bedauern auslöst (τὸ ἐπίλυπον καὶ ἐν μεταμελείᾳ);[11] denn wer etwas aus Unwissenheit getan hat und gegen die Tat keinen Widerwillen empfindet, handelt zwar nicht-freiwillig, da er nicht wußte, was er tat, aber wiederum auch nicht unfreiwillig, da kein Bedauern aufkam. Wenn jemand aus Unwissenheit handelt, handelt er unfreiwillig, falls er die Sache nachträglich bedauert, und wer nachträglich nicht bedauert, soll, da er anders ist, ein nicht-freiwillig ⟨Handelnd⟩er sein (...)."

Sicher wird Verzeihen nicht von der Voraussetzung abhängig gemacht, daß der andere Reue zeigt; man kann auch nicht herauslesen, es werde verziehen, *weil* der andere μεταμέλεια empfinde. Diese gehört vielmehr zum Begriff des Unfreiwilligen, das seinerseits Grund und Voraussetzung zum Verzeihen ist: *Ohne daß* der andere seine Tat bedauert, kann nicht verziehen werden. Eine schlechte Tat, die der Täter nicht selbst, aus der Befangenheit der Unwissenheit befreit, als schlechte Tat erkennt und darum "selbstverständlich" bedauert, ist nicht mehr unfreiwillig zu nennen, denn der Täter hätte sie wohl auch freiwillig, ohne die Unwissenheit, begangen, mithin ist er schlecht, verdient Tadel.

> In der aristotelischen Tradition wird dies noch einmal ganz deutlich *Alex. Aphr.* Quaest. 130:11 · 12 (das dem Satz unmittelbar Vorausgehende wurde bereits Kapitel B III 5 erwähnt): "Ein glaubwürdiges Zeugnis (πίστις) aber dafür, daß manche Verbrecher sich weder durch Zwang noch durch Unkenntnis des Besseren verfehlen, ist auch, daß sie weder bedauern noch ihre Verfehlungen bereuen (μεταγινώσκειν); denn wenn Verfehlungen un-

---

[10] *Oeing-Hanhoff* S. 71.

[11] Übersetzung nach *Dirlmeier* S. 325; Dirlmeier weist mit Recht darauf hin, daß eine Übersetzung wie "Trauer und Reue" eine falsche Nuance, eine dem klassischen Griechisch fremde Gemütsverfassung hineinbrächte.

freiwilig sind. bereiten sie später Trauer (ἐπίλυπα) und Reue (ἐν μετα-
μελείᾳ)."

Oeing-Hanhoff ist freilich zùzugeben, daß der Begriff Reue bei den
Griechen in nicht sehr hohem Ansehen stand: Als besser galt es, erst
keine Verfehlung zu begehen.

> *Dihle Vorstellung vom Willen* S. 106: "Reue war in der griechischen
> Moralphilosophie niemals besonders hoch bewertet worden. Man betrachtete
> sie dort als notwendige, unausweichliche Konsequenz jeglicher Handlung, die
> nicht durch ein richtiges Verstandesurteil zustandegekommen war, allenfalls
> als notwendige Voraussetzung des moralischen Aufstiegs (Lykon fr. 23
> Wehrli und Epikur fr. 522 Usener). Der stoische Weise ist *per definitionem*
> reuelos (Stoicorum Veterorum Fragmenta 3.565 [= *SVF* III 149.31-38])."
> Ähnlich *Dihle Vorstellung vom Willen* S. 41 zu μετανοῶ und μετα-
> γιγνώσκω.

> *Fink* S. 79: "In dem Hinterher-Einsehen (μετάνοια) und dem
> Zu-spät-Bedenken (μεταμέλεια) sah der Grieche wohl etwas Unwürdiges,
> und das in beiden Wörtern enthaltene Motiv des "Anders-als-vorher-Denkens"
> (vgl. μεταγιγνώσκειν) erschien ihm als etwas Unstetes und Verbogenes,
> gegen das er sich innerlich zur Wehr setzte."

Dennoch kann von einer rigorosen Abwertung der Reue nicht die Rede
sein.

> *Fink* S. 80-82 legt dar. daß die Regung der Reue von den Griechen
> durchaus empfunden. aber nicht ausgesprochen wurde. Gegen die abfällige
> Bewertung hätten sich schon früh Stimmen erhoben, zuerst *Vorsokr.* 68B43:
> Demokritos (μεταμέλεια ἐπ᾽ αἰσχροῖσιν ἔργμασι βίου σωτηρίη). Auch
> Aristoteles˙ Forderung. der Weise solle reuelos leben (*Arist.* EN 1166a13 - 29,
> 1150a21f.) beweise die lebhafte Auseinandersetzung über die Natur der
> μεταμέλεια.

> Auch die zitierte Unterweltsvision *Pl.* Phd. 113d6ff. rechnet damit. daß der
> Täter den Rest seines Lebens in Reue (1141 μεταμέλον) verbracht hat. Zur
> Unverächtlichkeit der μεταμέλεια siehe auch etwa *Call.* 114.6, sogar in
> stoischer Tradition: *Ceb.* 10.4ff.

> Für den römischen Reuebegriff stellt *Koch* S. 40 stellt fest: "Μετάνοια –
> paenitentia ist die notwendige Folge eines bestimmten Fehlers. Nicht sie ist
> also abzulehnen, sondern das, was ihr vorausgegangen ist. Der wahrhaft
> Weise kommt nicht in diese Lage. Wenn der Fehler aber einmal gemacht ist,
> ist sie als richtig und notwendig anzuerkennen."

6. Einheit von innerem Vorgang und Konsequenz

Man wird eine spezifisch griechische Eigenheit bei der in dieser Weise
gerechtfertigten Reue im Gegensatz zum christlichen Reue-Begriff
heraushören: Zwischen dem inneren Vorgang (der Auflösung der Unwissenheit, dem Schwinden des Affekts) und dem Bedauern der Tat wird

kein Widerspruch und kein Verzug erwartet; darum wird auch kein eigener psychischer Vorgang der Willensentscheidung angenommen. Wenn
man vom "ethischen Intellektualismus" der Griechen spricht, so sollte
man das Kennzeichen dafür nicht so sehr im Intellektuellen, im mentalen
Vorgang, sehen, sondern in dieser Einheit von innerem Vorgang und
Konsequenz. Auch sie ist längst beobachtet worden.

> Speziell zum Wort γνώμη *Dihle Vorstellung vom Willen* S. 40 (mit
> Belegen): "Die Wortgruppe, zu der *gnomä* gehört, hatte von jeher zwei
> Konnotationen: Rechte Einsicht in einen Sachverhalt und Entscheidung für
> ein Handeln entsprechend dieser Einsicht." (Mit Belegen.)

> Zu *Th.* 3.44.2 wurde bemerkt, daß sich der Widerspruch zwischen "inne-
> rer" συγγνώμη und Handlungskonsequenz nur aus der speziellen Argumen-
> tationsnot dieser Situation ergibt und unauffällig bleibt, zu *Th.* 7.73.2, daß
> die Konsequenz nur aus äußeren Gründen unterbleibt. Allerdings unterliegt
> die politische Verwendung des Ausdrucks – zumindest im römischen Bereich –
> besonders leicht einer Trennung von Gesinnung und Handlung, siehe Kapitel
> C I 4.

Nicht daß es ein ausschließlich intellektueller Vorgang ist, der seine
unmittelbare Konsequenz nach sich zieht, ist das spezifisch Griechische,
sondern daß der innere Vorgang die äußere Konsequenz mit großer
Selbstverständlichkeit nach sich zieht. (Damit ist natürlich nicht
ausgeschlossen, daß der Entscheidung längeres Schwanken vorausgeht wie
in vielen Szenen der "Ilias".) Am deutlichsten ist dies freilich bei
Verstehensvorgängen, die in modernen Sprachen vielfach unabhängig von
ihrer Handlungskonsequenz gesehen werden. So kann man auch sagen:
Der Täter hat nach griechischem Verständnis seine schlechte Tat noch
gar nicht "verstanden", wenn er sie als schlechte nicht auch bedauert;
einmal erkannt, muß sie Mißbehagen erwecken.

> Kierkegaard verlebendigt den sokratisch geprägten, in der griechischen
> Kultur begründeten "intellektuellen kategorischen Imperativ" in der
> "Krankheit zum Tode" (Zweiter Abschnitt, Kapitel 2; *Kierkegaard* S. 125f.)
> folgendermaßen: "Die griechische Intellektualität war zu glücklich, zu naiv,
> zu ästhetisch, zu ironisch, zu witzig – zu sündig, um das in ihrem Kopfe
> erfassen zu können, daß einer mit seinem Wissen es unterlassen könnte, das
> Gute zu tun, oder mit seinem Wissen, mit dem Wissen um das Rechte, das
> Unrechte zu tun [sic (Satzbau)]. (...)

> Es ist gleichzeitig zum Lachen und zum Weinen, sowohl alle diese
> Versicherungen, das Höchste verstanden und begriffen zu haben, als auch
> die Virtuosität, mit der viele in abstracto es darzustellen wissen, in einem
> gewissen Sinne ganz richtig – es ist gleichzeitig zum Lachen und zum
> Weinen, wenn man so sieht, daß all dieses Wissen und Verstehen gar keine
> Macht über das Leben ausübt, so daß dieses nicht entfernt ausdrückt, was
> sie verstanden haben, sondern eher das Gegenteil davon. Man ruft
> unwillkürlich beim Anblick dieser ebenso traurigen wie lächerlichen Welt

aus: wie in aller Welt es doch möglich ist, daß sie es verstanden haben, ist es auch wahr, daß sie es verstanden haben? Hier antwortet jener alte Ironiker und Ethiker [Sokrates]: Oh, mein Lieber, glaube das alles nicht; sie haben es nicht verstanden, denn hätten sie es in Wahrheit verstanden, so drückte ihr Leben es auch aus, so täten sie, was sie verstanden haben."

Der griechische Begriff des Verstehens umfaßt mehr als die intellektuelle Einsicht, er impliziert auch die Konsequenz in der Einstellung und im Handeln. Von einer Einschränkung der Ethik auf das Nur-Intellektuelle kann man darum nicht sprechen. Nur so kann man sich auch klarmachen, was "miteinander erkannt" wird, wenn verzeihen συγγιγνώσκω heißt: Indem der Verzeihende sein Bewußtsein mit dem des Täters in eine gemeinsame Perspektive bringt, erkennt er mit den mildernden Umständen zugleich das Bedauern, das die Tat inzwischen beim Täter ausgelöst haben muß; sonst hätte dieser "nichts verstanden" und könnte auch keine συγ- γνώμη erfahren.

Typisch für den griechischen Verzeihensbegriff im Gegensatz zum christlich geprägten ist also die Prävalenz des freien/unfreien vor dem guten/bösen Willen, die im Hintergrund verbleibende Rolle der Reue und die zwingende Verbindung zwischen dem (in weitem Sinne verstandenen) mentalen Vorgang und seiner Ausführung.

Das Neue des christlichen Begriffes hingegen — so wird in Kapitel C II deutlich werden — besteht zunächst in der neuen Motivation zu verzeihen, die dem unbegründeten griechischen Verzeihen nahesteht, aber durch den religiösen Bezug eine neue Verbindlichkeit erhält. Im römischen Bereich (siehe Kapitel C I) lockert sich der Zusammenhang zwischen innerer Einstellung und Handlung. Trotzdem werden weiter Begründungen für das Verzeihen angegeben, die in einer Traditionslinie mit den bisher vorgestellten Begründungen stehen; auch die ausgebildeten rhetorischen Formen werden weiter fortgesetzt. Neben diese Traditionslinie treten Begründungen wie Reue und guter Wille, die der jüdisch-christlichen Konzeption näher stehen (in den biblischen Schriften allerdings keineswegs alleiniges Kriterium sind), doch bestimmen sie nur den kleineren Teil der Belege und werden auch mit den "typisch griechischen" Kriterien verbunden.

C Kulturvergleich in der späteren Antike

C I Römische Geschichtsschreibung in griechischer Sprache

1. συγγνώμη als politisches Instrument

Von gewährter oder nicht gewährter συγγνώμη ist dort, wo dieses Wort bei griechisch schreibenden Geschichtsschreibern auf römische Historie angewandt wird, fast ausschließlich in politischem Sinn die Rede, und zwar in dreierlei Anwendung: von seiten eines Politikers für einen anderen; von seiten eines Volkes für ein anderes, militärisch besiegtes; von seiten eines politischen Befehlshabers für eine Gruppierung von Soldaten.[1] Für diese drei Anwendungen finden sich im griechischen Bereich Vorbilder;[2] im römischen Kulturbereich nimmt allerdings die Dichte der Belege erheblich zu.

---

[1] Für die Übersetzung liegen bei diesem politischen Bezug also Begriffe wie Amnestie und Begnadigung nahe. Im Zusammenhang mit συγγνώμη werden denn auch Wörter wie ἀμνηστία, χάρις, σωτηρία, μνησικακέω gebraucht. (Über die späte Bildung des von den Römern übernommenen Wortes Amnestie s. B II 4.) Eine Zusammenstellung von griechischen (und lateinischen) Zitaten, die die Vielfalt des Vokabulars für (die Bitte um) Verzeihen erkennen läßt, bei *Koch* S. 124f. Anm. 203.

[2] Unter den bisher vorgestellten συγγνώμη-Belegen bei Historikern handeln *X.* HG 5.4.31 (Agesilaos), *X.* HG 6.2.13 (Timotheos) und *X.* Cyr. 3.1.9 (der Armenierkönig) vom physischen und politischen Überleben eines Politikers; *Hdt.* 1.155 (Lyder) und *Th.* 3.39.2 + 40.1 + 44.2 (Mytilener) geht es um das Schicksal eines ganzen Volkes, *D. S.* 13.31.3 und 13.32.3 um das des athenischen Heeres, *Pl.* Mx. 244b1 um die Aussöhnung zweier Volksgruppen. *X.* An. 6.6.29 wird für Soldaten συγγνώμη erbeten. Wenn in römischer Zeit Universalgeschichte geschrieben wird, verwendet man das Wort auch für andere Ereignisse der griechischen Geschichte.

Auf Belege bei Diodoros wird hier im zeitgenössischen Rahmen der römischen Geschichtsschreibung hingewiesen, auch wo er von griechischen Historikern abhängig ist, da eben die Motive nicht völlig neu sind.

Wie beim Gericht hat man mit dem politischen Bereich einen Grenzbereich dessen betreten, was man modern unter Verzeihen versteht. Tatsächlich gewinnt man von dem hier verwendeten συγγνώμη-Begriff schon auf den ersten Blick einen ganz ungewohnten Eindruck: Die Erteilung oder Verweigerung von συγγνώμη ist allein von ihrem machtpolitischen Nutzen abhängig. Auf den zweiten Blick bemerkt man, daß in bestimmtem Rahmen ein Interessenausgleich zwischen Überlegenem und Unterlegenen stattfindet. Und schließlich wird man gewahr, daß die typischen Elemente und Motive auch in der griechischen Kultur durchaus vorkamen, hier aber einen neuen Schwerpunkt erhalten haben.

Mit Macht wird in der römischen Politik anders umgegangen als in Klassischer Zeit. Eine viel größere Rolle spielt das "Recht", sowohl das juristisch kodifizierte als auch der Maßstab des Rechtmäßigen. Krieg wird zur "Schuld" (auf nichtrömischer Seite), im Friedensschluß wird ein Vertrag geschlossen, der die "Schuld" bestraft, für die Zukunft aber eine feste Rechtslage schafft. Daraus ergeben sich stabile Machtverhältnisse, in denen die Überlegenheit der Römer aufrechterhalten wird. Dies spiegelt sich auch im Gebrauch des Wortes συγγνώμη bzw. *clementia*.

Voraussetzung für römische *clementia* ist immer — wie Fuhrmann herausstellt — ein Verhältnis absoluter Über- und Unterordnung (eine typische Machtverteilung ließ sich auch beim Gebrauch von συγγνώμη feststellen);[3] die *clementia* für den politischen Gegner gibt es daher erst in nachrepublikanischer Zeit. Caesar gilt als der erste, der Mitbürgern *clementia* gewährte; diese Erscheinung geht damit einher, daß nun auch der innenpolitische Feind *hostis* genannt wird.[4] Für die Ausübung der *clementia* und Erteilung von συγγνώμη ist Caesar eine der markanten Gestalten; das Programm findet sich in Ciceros Reden der Jahre 46 und 45 v. Chr. und unterliegt seitdem einer zunehmenden Institutionalisierung; *clementia* wird zu einem Surrogat der Bürgerfreiheit.[5]

In der griechischsprachigen Geschichtsschreibung sind die Belege für die Zeit des Prinzipats besonders sprechend; doch setzen sich auch strukturelle Zusammenhänge fort, die sich unter ptolemäischer Herrschaft herausgebildet haben,[6] zum Teil sogar noch älter sind.

---

[3] *Fuhrmann Alleinherrschaft* S. 312; vgl. Kapitel A IV 1 zur Rollenverteilung.

[4] *Fuhrmann Alleinherrschaft* S. 313 mit Anm. 105.

[5] *Fuhrmann Alleinherrschaft* S. 313f.; s. a. *Adam* S. 56-62 ("Principat und *libertas*").

[6] *Adam* untersucht den "Einfluß hellenistischer Fürstenspiegel auf den Versuch einer rechtlichen Fundierung des Principats durch Seneca" (Untertitel). Zum hellenistischen Herrscherideal ist besonders *Schubart* zu vergleichen. Der für das ptolemäische Herrscherideal wichtige Begriff der φιλανθρωπία taucht auch im

Über die machtpolitische Ausrichtung der Erteilung von συγγνώμη (an welche der drei genannten Gruppen auch immer) bestand in der Antike kein Zweifel.

D. C. 38.11.6. Cicero versucht Caesar durch heftige Angriffe zu ebensolchen Gegenangriffen zu bewegen, dieser geht darauf nicht ein. Überhaupt achtet Caesar darauf, nicht als rachsüchtig zu gelten; wenn er Rache übt, tut er dies heimlich und überraschend. Ihm ist weniger um die Rache zu tun als darum, schädliche Folgen zu verhindern. "Und aus diesem Grund verzieh (συνεγίγνωσκε) er vielen, auch von denen, die ihm schweren Schaden zugefügt hatten, oder rächte sich nur geringfügig, weil er glaubte, sie würden ihm nicht mehr schaden; viele aber bestrafte er auch zur Sicherheit über Gebühr (...).“

App. BC 2.634. Vergleich Caesar – Alexandros. "So streitsüchtig beide gegen ihre Widersacher waren, so schnell waren sie zur Versöhnung (δια-λύσεις) bereit und zu Verzeihung für die Besiegten geneigt (συγγνώμονες), ja sogar über die Verzeihung (συγγνώμη) hinaus ihre Wohltäter; denn sie hatten nichts anderes im Sinn, als die Übermacht zu gewinnen.“

Die Gewährung von συγγνώμη setzt Macht voraus und kann diese Macht daher auch demonstrieren. Die Bitte um συγγνώμη bestätigt den Gebetenen in seiner Überlegenheit und kommt einer Kapitulation gleich. (Eine spätere Schädigung ist dadurch freilich nicht völlig ausgeschlossen.)

D. H. 6.73.2 stellt Lucius Iunius ("Brutus") die Möglichkeiten gegenüber: Wenn die aus Rom ausgezogenen Bürger Unrecht tun, wollen sie weder Straffreiheit noch Amnestie (οὔτ᾽ ἀδείας οὔτ᾽ ἀμνηστίας), wenn ihnen aber von seiten der Regierung Unrecht getan wird, bedarf vielmehr diese der Nachsicht und Amnestie (συγγνώμης δεῖσθαι καὶ ἀμνηστίας). Dieser Anspruch verdeutlicht, wie sehr das Kräfteverhältnis zu diesem Zeitpunkt im Gleichgewicht steht.

Nach Caesars Sieg über Pompeius suchen die Illyrer nicht nur συγγνώμη, sondern auch φιλία zu erreichen: *App.* Illyr. 37 ᾔτουν τε συγγνώμην τῶν γεγονότων καὶ ἐς φιλίαν ἑαυτοὺς καὶ συμμαχίαν ἐδίδοσαν. Nur ihre Unterwerfung jedoch wird angenommen (φίλους μὲν οὐ θήσεσθαι ..., συγγνώσεσθαι δέ, εἰ φόρους ὑποσταῖεν καὶ ὅμηρα δοῖεν). – Nachdem sich die Dalmatier den Römern ergeben haben (σφᾶς παρέδωσαν σὺν ἱκετηρίᾳ), tun es auch die Derbaner: *App.* Illyr. 82 συγγνώμην ᾔτουν σὺν ἱκετηρίᾳ καὶ ὁμήρους ἔδοσαν καὶ τοὺς ... φόρους ὑπέστησαν ἀποδώσειν.

D. S. 11.26.1 Gelons triumphaler Einzug mit afrikanischen Kriegsgefangenen in Syrakus führt dazu, daß sofort viele vorher feindliche Städte und Herrscher Gesandte schicken und um συγγνώμη bitten (αἰτούμενοι συγγνώμην).

---

römischen Bereich auf. *Waldstein* kommt (S. 210) zu dem Ergebnis, daß das römische (juristische) Begnadigungsrecht eigenständig und nicht von griechischen Vorbildern abhängig war; am ehesten kämen als Vorbild die φιλάνθρωπα in Betracht.

Cassius nach dem Sieg Caesars bei Pharsalos: *App.* BC 2.370 (συγγνώμην ἤτει); Pompeianer: *App.* BC 5.514 (συγγνῶναι σφίσι παρεκάλουν, συγγνώμην αἰτοῦντες); Vientaner vor Romulus: *D. H.* 2.55.5 (συγγνώμην τῶν ἁμαρτημάτων ἀξιούσης λαβεῖν); die Bewohner von Veji im Senat: *D. H.* 9.36.2 (συγγνώμην ... τυχεῖν ἠξίουν); im außerrömischen Bereich *D. S.* 15.91.6 (ἠξίουν τυχεῖν συγγνώμης), *D. S.* 17.4.6 (ἀξιοῦντες συγγνώμην ἔχειν), *D. S.* 17.73.6 (ἀξιοῦντες αὐτοῖς δοῦναι συγγνώμην), *D. S.* 17.76.8 (δεόμενοι τυχεῖν συγγνώμης).

Diese Kapitulation kann denn auch mit Sanktionen beantwortet statt angenommen werden:

> *D. H.* 6.20.1 eine ausführliche Diskussion um das Verhalten gegenüber den Latinern: Während Titus Lartius dafür plädiert, die Feinde nicht zum äußersten zu treiben (Stichworte εὐμενῶς καὶ μετρίως, εὐεργεσία), räumt Servilius Sulpicius zwar Straflosigkeit (ἄδειαν) und Freiheit ein wegen der Verwandtschaft — er sieht auch eine Entschuldigung durch ἀνάγκη und erfahrenen Betrug (συγγνώμης τινὸς αὐτοῖς δεῖν) —, will ihnen aber Tribut und Kolonisation auferlegen. S. a. *D. H.* 2.55.5 (zitiert).

> Die Begnadigung — *App.* BC 4.160 (συγγνώμην οὐκ ἐδέξατο) Aufhebung der Proskription — kann auch ihrerseits zurückgewiesen werden: Dies weist auf ihren Vertragscharakter.

Daher ist die Bitte oft die Voraussetzung für συγγνώμη und wird in der Darstellung hervorgehoben:

> *App.* BC 2.373. Nach seiner unerwartet glücklichen Hellespontüberquerung "verzieh er [Caesar] allen, die Gesandtschaften schickten (συνεγίγνωσκε πρεσβευομένοις) und ihn darum baten (...)."

> *D. C.:* Zonaras 9.4.9. "(...) denen, die sich zu ihrem Fehler bekannten, verzieh er [Marcellus] (τοῖς ... γνωσιμαχοῦσι συγγνώμην ἔνεμε), die, die Widerstand leisteten, behandelte er hart, und er nahm viele Städte ein, teils mit Gewalt, teils durch Verrat."

> *D. C.:* Zonaras 9.6.8 · 9. Mehrere vorher von den Römern abgefallene Bürgerschaften erheben Vorwürfe gegen Flaccus und Marcellus, die bei der Niederschlagung dieser Aufstände beteiligt waren. "Die Syrakusaner aber führten bei der Verhandlung eine gemäßigtere Sprache, sie verlegten sich nämlich nicht auf eine Anklage des Marcellus, sondern aufs Bitten und auf eine Rechtfertigung (ἱκετείαν ... καὶ ἀπολογίαν): sie seien nicht aus freien Stücken (μὴ ἑκόντες) von den Römern abgefallen, und sie baten um Verzeihung (συγγνώμης τυχεῖν ἀξιοῦντες). Und bei diesen Worten warfen sie sich auf die Erde und wehklagten. Und als die Entscheidung fiel, lautete sie, Marcellus habe kein Unrecht getan, die Syrakusaner verdienten freilich einen gewissen Gnadenerweis (φιλανθρωπίας), nicht ihrer Taten wegen, sondern wie sie gesprochen und gefleht hätten. (...) Und die Syrakusaner erlangten so eine gewisse Verzeihung (συγγνώμης τινὸς ἔτυχον); die Kampanier hingegen führten aus Ungeschliffenheit eine kühnere Anklage und wurden auch bestraft (...)."

> Vgl. auch *D. C.:* Exc. 68.21.2 (ἀπελογήσατο συγγνώμης τε ἔτυχεν), wo der Sohn des Bittenden "die glänzendste Bitte (ἱκέτευμα)" darstellt; *D. H.*

8.57.1 (συγγνώμης ἄξιον), *App.* Iber. 303 (αὐτοῖς δεομένοις συνεγίγνωσκεν).

Die Bitte um συγγνώμη ist das formale Eingeständnis der Niederlage
und erkennt dem Sieger das Recht zu, die Bedingungen für die Zukunft
zu stellen: Dies macht die Bitte im römischen Bereich so wichtig. Auch
wenn die griechischen Quellen dies so deutlich nicht erkennen lassen,
war mit der *Bitte* auch oft das *Schuldbekenntnis* als Bedingung eines
Friedensschlusses verbunden; auch dieses befestigt für den neu zu
schaffenden Rechtszustand die Voraussetzung, daß nur von römischer
Seite Reparationsleistungen gefordert werden können.

Nach *Koch* S. 28 wird das Bekenntnis der Schuld von römischer Seite
ausdrücklich gefordert, während dies bei Polybios noch eine unter mehreren
anderen Möglichkeiten ist. Für Rom stellt es "die eindeutigste Form der Unterwerfung unter die tatsächliche und rechtliche Überlegenheit Roms" dar. Einen
religiösen Ursprung brauche man nicht anzunehmen, da im genuin römischen
Kult das Schuldbekenntnis keinen Platz habe.

Hier läßt sich ein Kriterium fassen, das die römische Verwendung des
Wortes vom griechischen Verzeihensbegriff trennt: Der Überlegene kann
die Erteilung von συγγνώμη von der Bitte des Unterlegenen um sie und
seinem Schuldbekenntnis abhängig machen, während im Griechischen
zwar oft Bitte und Eingeständnis genannt und als wichtiger Bestandteil
registriert werden, aber doch nicht als Bedingung gelten.

Im Gegensatz zum christlichen Verzeihensbegriff, bei dem auf das
Bekenntnis auch größeres (wenn auch nicht das hauptsächliche) Augen-
merk liegt, verlangt der Römer jedoch nichts, "was mit der moralischen
Haltung der menschlichen Persönlichkeit überhaupt zu tun hat" (*Koch*
S. 30).

Der juristische, völkerrechtliche Charakter der Bitte um συγγνώμη
und ihrer Gewährung bleibt in der Geschichtsschreibung allerdings eher
verdeckt. Meist ist von keiner Gegenleistung des Unterlegenen die Rede,
sie kann bei Niederlagen ganzer Völker jedoch wohl vorausgesetzt
werden.

Der geforderte zukünftige Gehorsam wird *D. S.* 40.2 (s. u.) genannt, *App.*
Iber. 199 (συγγνώμην ἔδωκεν) ist die Rede von Geiseln und dreißig
Talenten Silber, *App.* Mith. 491 (συνεγίνωσκε) verbindet Tigranes seine
Unterwerfung mit Kniefall, der Zahlung von 6000 Talenten und einer
weiteren Zahlung an jeden Soldaten des Pompeius. Auch *App.* Illyr. 28
(συγγνώσεσθαι) die Bedingung der Gold- und Silberabgabe, *App.* Illyr. 37 +
82 (zitiert) Tribut und Geiseln.

Bestimmte Anzeichen sprechen auch für quasi juristische Rechte des
Unterlegenen.

Als Verhaltensmöglichkeiten des unterlegenen Gegners führt *Koch* S. 26 eine Palette auf, die – ohne ausdrücklichen Verweis – sehr an die Positionen der Stasislehre erinnert. Anders als vor Gericht hat nach *Koch* S. 29 (man darf ergänzen: mehr oder minder[7]) freiwilliges Nachgeben am ehesten Erfolgschancen, Kampf nie.

Da auch politische Anhängerschaft als ein Rechtsverhältnis gesehen wird, kann dem unterlegenen Gegner angerechnet werden, daß er mit dem jetzigen Sieger bisher nicht in diesem Rechtsverhältnis stand: Er hat "noch keine Wohltaten empfangen".

> *D. C.* 41.62.4. Nach der endgültigen Niederlage des Pompeius retten sich seine überlebenden Soldaten oder ergeben sich Caesar. "Die Truppen in Reih´ und Glied ließ er in seine Legionen einschreiben, ohne ihnen etwas nachzutragen (μνησικακήσας); die Senatoren und Ritter aber, die er schon früher gefangengenommen und begnadigt hatte (ἠλεήκει), ließ er töten, außer denjenigen, die seine Freunde losbaten – denn diesen hatte er erlaubt, daß jeder einen einzigen retten könne –, die übrigen aber, die damals ganz am Anfang gegen ihn Krieg geführt hatten, ließ er frei (ἀφῆκεν) mit der Begründung: ´Sie haben mir kein Unrecht getan, als sie die Sache ihres Freundes Pompeius vorantrieben und von mir noch keine Wohltat empfangen hatten.´ Dasselbe vollzog er auch an den Fürsten und den Völkerschaften, die sich gegen ihn erhoben hatten; denn ihnen allen verzieh er (συνέγνω), in der Erkenntnis, daß er nur den einen oder anderen kenne, sie von jenen aber vorher viele Wohltaten empfangen hatten." Er tadelt sogar diejenigen, die Pompeius im Stich gelassen haben: Auf diese könne auch er selbst sich nicht verlassen.

Wie die Gewährung von συγγνώμη wird übrigens auch die Bitte um sie taktisch eingesetzt (*D. H.* 4.38.1 ἠξίου συγγνώμονα γενέσθαι).

2. Juristische Parallelen

An dieser Stelle, da der juristische Charakter der συγγνώμη berührt wird, lohnt sich ein Seitenblick auf die Ergebnisse der Forschung über römisches Begnadigungsrecht. Die politische Anwendung läuft nämlich parallel zu einer Rechtsentwicklung, die früh auf Festlegung drängt.[8]

---

[7] Freiwilligkeit wird *D. C.* Exc. 73.17.6 gefordert (der Kontext ist nicht überliefert): "Besonnenen Männern steht es an, weder mit Krieg zu beginnen noch vor ihm zurückzuschrecken, wenn er gegen sie erklärt wird, sondern demjenigen, der aus freien Stücken Vernunft annimmt, zu verzeihen (ἐθελοντὶ σωφρονήσαντι συγγνώμην ... ποιεῖσθαι), auch wenn er sich vorher vergangen hat." Da aber die Bitte um συγγνώμη den Charakter einer Kapitulation hat, ist es mit der Spontaneität nicht weit her.

[8] Vgl. *Waldstein* S. 23 zu ἀμνηστία: Diese sei eine "vertragliche Verständigung vom Charakter eines Vergleiches", könne aber auch einseitig vonseiten der Staatsgewalt oder der siegreichen Partei erteilt werden. – Übrigens wird die Ge-

Koch kommt für die Bedeutung der lateinischen Begriffe *culpa* – *paenitentia* – *venia* (mit Einschluß von Texten mit συγγνώμη) zu folgendem Ergebnis (*Koch* S. 38): "Die Vergebung ist also ein Erlassen oder meist ein Mildern der Strafe, d. h. ihre Umwandlung aus einer zwangsweise vollstreckten Vergeltung in eine vom Begnadigten bereitwillig geleistete Ausgleichung des gestörten Rechtszustandes, wobei gerade diese Bereitschaft in Zusammenhang mit der Anerkennung des römischen Rechtsanspruches ein Abwenden des Gegners von seiner schuldhaften Haltung ausdrückt, damit die rechtlichen Beziehungen faktisch neuerdings in Ordnung bringt und so die Aussöhnung ermöglicht. Von einer Beseitigung der Schuld als solcher allerdings lesen wir nichts."

Waldstein geht den rechtlichen Voraussetzungen der Begnadigungen bei den Römern nach; er kann nachweisen, daß die Begriffe *venia* – *abolitio* – *indulgentia* teilweise als Rechtstermini für feste Formen der Begnadigung verwendet wurden. Für das römische Recht gilt stärker als für das griechische (vgl. B III 4), daß "mildernde Umstände oder (...) Schuldausschließungs- oder Strafaufhebungsgründe (...) schon früh im Strafrecht Berücksichtigung fanden" (*Waldstein* S. 207), die Straffreiheit in solchen Fällen aber "nicht rechtsnotwendig und unmittelbar eintrat, sondern daß es eines Aktes der Begnadigung bedurfte, auf den der vermeintliche oder wirkliche Täter keinen rechtlichen Anspruch hatte" (*Waldstein* S. 208).

Interessant sind die zwei Schichten des Gebrauches von *venia*, zumindest für die republikanische Zeit; sie verweisen auf ein Nebeneinander von begründeter und unbegründeter Begnadigung, das sich auch an συγγνώμη erkennen läßt:

> *Waldstein* S. 77. "In der einen wird mit *venia* eine Nachsicht bei Vorliegen mildernder Umstände oder von Schuldausschließungs- oder Strafaufhebungsgründen im modernen Sinne bezeichnet. Diese *venia* wird als auf der *aequitas* beruhend aufgefaßt. In der anderen dagegen bedeutet *venia* eine Begnadigung unabhängig von der Schuldfrage. In diesem Sinne wird *venia* für Einzelbegnadigung nach erhobener Anklage – vor dem Urteil – und für eine Begnadigung, die einer Gruppe individuell nicht bestimmter Personen vor der Anklageerhebung gewährt werden soll, verwendet." In der Prinzipatszeit bezeichne Seneca die erste Spielart als *clementia* und schränke *venia* als *poenae meritae remissio* auf den zweiten Fall ein; die Verwendung sei allerdings auch bei ihm nicht konsequent.

Auch der juridische Charakter der politischen συγγνώμη bedeutet also nicht, daß ihre Erteilung nicht von der konkreten Situation und den persönlichen Voraussetzungen des jeweils Entscheidungsbefugten abhängig wäre.

Koch S. 29 betont, daß es von Roms Seite kein starres Schema gab, sondern politische Rücksichten und persönliche Neigungen den Ausschlag gaben.

---

währung von συγγνώμη *App.* BC 4.63 (συγγνόντων) als etwas so Normales angesehen, daß sie nicht der Auflistung bedarf; auch dies paßt zum Vertragscharakter: Es ist eine normale Art des Friedensschlusses nach militärischen Auseinandersetzungen.

3. Rolle der Erziehungstheorien

Wenn συγγνώμη einerseits als Rechtseinrichtung zu einer Institutionalisierung und Regelmäßigkeit tendierte, andererseits aber von individuellen Voraussetzungen abhing, welche Gesichtspunkte bestimmten dann ihre
Handhabung? Daß συγγνώμη in taktischer Ausrichtung zur Befestigung
der eigenen Macht erteilt werden kann, beruht darauf, daß der Verzeihende sich bestimmte Wirkungen verspricht. Aktuell sind daher Modelle für die Beeinflussung künftigen Verhaltens anderer Menschen, wie
sie aus dem Griechischen als Erziehungstheorien bekannt sind. In der positiven Ausrichtung setzt dieses Modell voraus, derjenige, der einmal
συγγνώμη erhalten habe, werde aus Dankbarkeit für die erwiesene Großzügigkeit und durch die Anstachelung seines eigenen Ehrgefühls (ferner
aus der Erfahrung der überlegenen Macht der anderen Seite) in Zukunft
dieselbe Verfehlung nicht wieder begehen, sondern eher den Schaden
durch erhöhte Loyalität ausgleichen (vgl. Kapitel A IV 2).[9]

> Im Plädoyer für seinen Sohn – also einer rhetorisch geprägten Situation –
> vor dem Diktator Lucius Papirius Cursor formuliert Rullus diese Theorie: *D.
> C.* 36.3. "Die bedachtsame Menschenfreundlichkeit (φιλανθρωπίαι) bewirkt
> ganz das Gegenteil davon [von den wirkungslosen oder kontraproduktiven
> Strafen]; denn durch Verzeihung zur rechten Zeit (ἐγκαίρου συγγνώμης)
> ändern sich zum einen ⟨die Täter⟩ selbst oftmals, zumal dann, wenn sie aus
> Kühnheit und nicht aus Schlechtigkeit, aus Ehrgeiz und nicht aus Bosheit
> etwas getan haben – denn eine wohlbegründete Menschenfreundlichkeit ist
> fähig, edles Denken in den Dienst zu bringen und zur Besonnenheit zu
> führen –, und zum anderen formt man andere um, die ⟨das gleiche tun⟩
> wollen und die Rettung sehen; denn jeder läßt sich lieber überzeugen als
> zwingen und will lieber freiwillig dem Gesetz gehorchen als durch Zwang,
> weil er sich um das Selbsterwählte wie um etwas Eigenes bemüht, das
> Angeordnete aber wie Sklaverei von sich stößt."

> *D. C.* 41.28.3. Caesar legt seinen Soldaten in Placentia seine Einstellung
> dar (die logisch übrigens nicht ganz schlüssig ist, insofern behauptet wird,
> die Anführer hätten das Nicht-Bemerken als Verzeihen auffassen sollen):
> "'(...) Und freilich wußte *ich* schon früher genau, was für Leute sie [die
> Schuldigen an der Meuterei] sind (...), dennoch stellte ich mich, als ob ich
> nichts wisse, weil ich meinte, sie würden sich bessern, wenn sie glaubten,
> ihre Verfehlungen seien unentdeckt, damit sie nicht, wenn sie noch mehr
> ⟨Vergehen⟩ anhäuften, auch für das bestraft würden, das ihnen verziehen
> worden war (συνεγνώσθησαν). (...)'" Jetzt müßten sie bestraft werden.

> Auch Livia behauptet in ihrer Rede vor Augustus, daß Begnadigte aus

---

[9] Zum Stellenwert s. *Koch* S. 31: "Bewährung ist manchmal, aber nicht häufig
die Voraussetzung für eine Milderung der römischen Maßnahmen." (Mit Belegen
aus Livius und Polybios.)

Scham und Verehrung (αἰδοῦνται καὶ σέβουσιν) nicht leicht ein Unrecht tun (*D. C.* 55.16.5, s. u.). Sie begründet dies mit einem ärztlichen Modell (*D. C.* 55.17.3): "Und ein freundliches (ἤπιος) Wort, das einem gesagt wird, besänftigt alle seine Wildheit, wie ein anderes, scharfes auch den Entspannten aufbringt; und Verzeihen, das gewährt wird (συγγνώμη δοθεῖσα), macht auch den sehr heftigen Menschen gelöst, ganz wie die Rache (τιμωρία) auch den äußerst Sanften (πρᾶον) in Groll versetzt (χαλεπαίνει)." Wirkung der συγγνώμη durch Scham in dieser Rede noch einmal *D. C.* 55.21.3 (οἱ δὲ συγγνώμης τυχόντες καὶ μετανοοῦσιν αἰσχυνόμενοι αὖθίς τι τοὺς εὐεργέτας ἀδικῆσαι).

Ein Plädoyer, das ähnlich viele Motive vereinigt, die für συγγνώμη sprechen, ebenfalls von einer Mutter vor ihrem Sohn gehalten (Venturia vor Coriolanus), ebenfalls in politischer Ausrichtung (Frieden zwischen Volskern und Rom), schildert auch Dionysios von Halikarnassos *D. H.* 8.50.4; dies ist auf dem Gegensatz zwischen Göttern und Menschen aufgebaut: Die Götter, selbst zum Verzeihen geneigt (συγγνώμονες, εὐδιάλλακτοι, ἐξιλάσαντο), haben dieses Gesetz den Menschen auferlegt. Dabei werden die Stichworte des Bittens (ἱκεσίας καὶ λιτάς) und der Reue (μετανοοῦσα) berührt.

Die Wirkung von συγγνώμη wird folgendermaßen beschrieben:

App. BC 2.262. Pompeius hofft nach einem erfolgreichen Gefecht auf Überläufer aus dem geschwächten Heer Caesars, vor allem der Anführer, die wegen ihrer Feigheit bei der Verteidigung des Lagers fürchten müssen. "Diese aber lenkte ein Gott, sich eines anderen zu besinnen (ἐπὶ μετάνοιαν), und sie schämten sich ihrer Verfehlung, und da Caesar ihnen nur glimpflichen Tadel aussprach und Verzeihung gewährte (ἐπιμεμφομένου τε πρᾴως συγγνώμην διδόντος), wurden sie noch unwilliger über sich selbst und forderten in einer gänzlich überraschenden Wendung auf, man solle nach erstammtem Brauch das Los unter ihnen werfen und den zehnten Teil töten. Als Caesar sich aber nicht dazu bewegen ließ, schämten sie sich noch mehr und erkannten, wie wenig er das Unrecht verdient habe, das sie ihm angetan hätten." – Die vorteilhafte machtpolitische Wirkung der συγγνώμη des Gelon hält *D. S.* 13.22.4 (in Kapitel B II 4 zitiert) fest.

Wenn trotz erhaltener Verzeihung das gleiche Vergehen wiederholt wird, hat sich die positive Erziehungstheorie nicht bewahrheitet; daraus erklärt sich die — schon im Griechischen vertretene — Maxime, nur das erste Mal zu verzeihen. Besonders deutlich ist die Strenge der römischen Haltung dort, wo sie mit dem Vertrauen des Vercingetorix auf eine ihm persönlich geltende verzeihende Haltung kontrastiert wird.

D. C. 40.41.1.[10] "Vercingetorix nun hätte zwar fliehen können – denn er war weder gefangen noch verwundet worden –, er hoffte aber, weil er einmal mit Caesar Freundschaft geschlossen hatte, er werde von ihm Verzeihung erlangen (συγγνώμης ... τεύξεσθαι); darum kam er zu ihm,

---

[10] *Kraner/Dittenberger/Meusel* S. 44f. (zu Caes. b. g. 7.89.4) halten diese Schilderung für historisch unglaubwürdig.

ohne sich vorher anzumelden, und ließ sich plötzlich vor Caesar blicken, der auf dem Richterstuhl saß, so daß einige erschraken, vor allem, weil er überaus groß war und sich in den Waffen schrecklich ausnahm; als nun Ruhe eingetreten war, sprach er nichts, sondern fiel aufs Knie, faltete die Hände und flehte (ἐδεῖτο). Dies flößte zwar den anderen Erbarmen (οἶκτος) ein, in der Erinnerung an sein früheres Schicksal und der Erschütterung durch seinen jetzigen Anblick; Caesar aber machte ihm gerade das, worauf er am stärksten seine Hoffnung auf Rettung baute, zum Vorwurf – er legte dar, daß die Gegnerschaft nach der Freundschaft sein Unrecht nur noch größer mache –, und deshalb erbarmte er (ἠλέησεν) sich seiner in diesem Moment nicht, sondern ließ ihn gleich in Fesseln legen, schickte ihn danach auch auf den Triumphzug und ließ ihn töten."

D. C. 45.21.1. Cicero macht Antonius zum Vorwurf, daß er sich nicht gebessert hat, nachdem man anfangs seine Feindseligkeit übersehen habe (δυνηθεὶς ἂν ἴσως συγγνώμης ἐφ᾿ οἷς τὸ πρῶτον ἥμαρτε τυχεῖν), jetzt könne er unmöglich mehr durch ἐπιείκεια und φιλανθρωπία zur Besinnung gebracht werden.

Wiederholtes Vergehen ist unverzeihlich: *Plb.* 1.78.14: Hamilkar verbindet seine Begnadigung der Gefangenen (συγγνώμην ... ἔχειν) mit einer Drohung (ἀπαραιτήτου ... τιμωρίας), falls sie wieder gegen Karthago die Waffen erhöben. *App.* Lib. 416 (πολλάκις συγγνώμης καὶ συνθηκῶν τυχόντες παρεσπονδήσατε), *D. C.* 43.36.3 (in der Einschätzung der Anhänger des Pompeius, unten erwähnt), ferner *D. C.* 41.62.4, *D. C.* 44.46.6 (beide Belege in diesem Kapitel zitiert).

In einem negativ ausgerichteten Modell steht – auch hier – die Befürchtung entgegen, der Schädiger werde durch συγγνώμη die Möglichkeit zu wiederholter Schädigung erhalten und ausnutzen; die erhaltene συγγνώμη werde ihm nicht als Stachel zur Wiedergutmachung dienen, sondern eher als Bestärkung in seinem schädlichen Verhalten.

D. S. 19.100.1. "Demetrios kam zurück und meldete die Geschehnisse im einzelnen. Antigonos tadelte ihn daraufhin wegen seiner Übereinkunft mit den Nabatäern; er sagte, Demetrios habe die Barbaren viel dreister gemacht, indem er sie unbestraft gelassen habe; sie würden nämlich den Eindruck haben, begnadigt zu sein nicht aus Milde (τετευχέναι συγγνώμης οὐ δι᾿ ἐπιείκειαν), sondern aus Unfähigkeit, die Oberhand zu gewinnen (...)."

Erinnert sei an die Rede des Spartaners Gylippos nach der Katastrophe der Sizilischen Expedition bei Ephoros, *D. S.* 13.31.3 + 13.32.3 (siehe B II 4). Vgl. *D. C.* 71.30.2, s. u.

Abwägung des Ruhmes gegen den Eindruck der Schwäche *D. C.* 58.5.4 ἀρετὴν τὸ συγγνῶναί τῳ φέρει. – An Marcus Aurelius wird die Weigerung, die Machenschaften seiner Gegner zur Kenntnis zu nehmen, als positive Eigenschaft gerühmt (χρηστός, εὐσεβής), hierbei aber auf die Gefahr einer schlechten Wirkung auf andere (in der Überlieferung bei Joann. Antioch. einer späteren Verfehlung der Begnadigten) hingewiesen (*D. C.:* Xiph./Exc. Val. 71.30.2 οὐχ ἡ προσδοκία τῶν ὁμοίων ἐκ τῆς ... συγγνώμης).

Natürlich gibt es Erfahrungen, die diese Theorie stützen.

D. S. 26.22. "Indibeles, der Keltiberer, habe von Scipio Verzeihung erlangt (συγγνώμης τυχὼν), aber als er einen geeigneten Zeitpunkt gefunden habe, habe er wieder Krieg entfacht. Denn so verkennen diejenigen, die die Schlechten gut behandeln – abgesehen davon, daß sie ihre Gunst wegwerfen –, daß sie ihre eigenen Feinde oft zu Ruhm und Ansehen bringen."

App. Mith. 548 Kommentar des Historikers: οὕτως ἀχάριστον ἡ πονηρία, συγγνώμης τυγχάνουσα.

Wer συγγνώμη gewährt, geht dieses Risiko ein, daß er nicht nur auf Vergeltung erlittenen Schadens verzichtet, sondern weiterer Schädigung gerade den Raum eröffnet. Daher gilt trotz der klar erkannten macht-politischen Ausrichtung, wie vielfach in der griechischen Kultur, die Nei-gung zu συγγνώμη in erster Linie als Zeichen der persönlichen Qualität des Verzeihenden; sie taucht als Bestandteil von Tugendkatalogen auf, besonders für die positiven Eigenschaften von Herrschern und Amts-inhabern.[11]

R. gest. div. Aug. 1.21. Im Monumentum Ancyranum weist Augustus selbstbewußt ebenso auf seine Milde wie auf das mit ihr verbundene Risiko hin: "Die Völker, denen man ohne Gefahr Verzeihung gewähren konnte, habe ich eher geschont als exekutiert (Τ]ὰ ἔθνη, οἷς ἀσφαλὲς ἦν συν[γνώμην ἔχειν, ἔσωσα μ]ᾶλ[λον] ἢ ἐξέκοψα)."[12]

D. C. 41.62.4 · 63.2. Caesars Verhalten nach dem Sieg über Pompeius (συγγνώμην ἔνειμε, συγγνώμης ἀξιοῦντι; zur Situation s. o. *D. C.* 41.62.1 · 4) wird als φιλανθρωπία und ἀρετή gerühmt. Beim Vergleich zwischen Caesar und Sulla sticht Caesar durch seine Milde hervor (*D. C.* 43.50.1 τὰς ... αἰτίας ἀφεῖναι, ἄδειαν ... δοῦναι), seinen Ruhm verdanke er nicht allein seiner Tapferkeit, sondern sehr stark auch seiner Freundlichkeit (χρηστότητι). Eine sehr lobende Darstellung auch *D. C.* 42.33.3 von Caesars Reaktion auf den Aufstand des Dolabella (ἐφείσατο, συνέγνω), entspre-chend negativ vorher Dolabellas Charakterisierung (*D. C.* 42.43.2, unten erwähnt). Antonius verweilt in seiner Leichenrede auf Caesar auf dessen Milde (*D. C.* 44.46.6 σώζειν, φιλανθρωπία, διετήρει, ἠλέητο, ἀφείς, ἐν τοῖς πρώτοις ἁμαρτήμασι συγγιγνώσκειν, ἀκατάλλακτον ὀργήν, χρηστότητος, ἐφιλανθρωπεύσαντό); als einzige Ausnahme wird wieder-holte Verschwörung (ἐπιβουλεύοντάς) genannt.

An Antonius wird hervorgehoben, daß er Bestechungen von Konsuln nicht zur Kenntnis nimmt, um diese weder bestrafen noch ihnen verzeihen zu müssen (*D. C.* 55.5.3 οὔτε ... κολάσαι τινὰς οὔτ᾽ αὖ συγγνῶναι ἐλεγχθεῖσιν); ein Herrscherideal mit Schwerpunkt auf der Milde wird in

---

[11] Den Umstand, daß συγγνώμη dort fast immer einen positiven Wert darstellt, wo sie aus der Perspektive des Verzeihenden betrachtet wird, kann man auch umgekehrt deuten: Nur wo für συγγνώμη geworben wird, ist es rhetorisch tunlich, diese Perspektive geltend zu machen.

[12] Im lateinischen Text v[eniam ...] ... peperci, nach *Waldstein* S. 78f. ein ver-hältnismäßig früher inschriftlicher Beleg für *venia* im Sinn von Begnadigung; Par-allelen aus Suetonius werden angeführt.

einer Rede der Livia vor Augustus gezeichnet (*D. C.* 55.16.5 φιλανθρωπία - ὠμότητι, συγγνώμονας, ἐλεηθέντες, ἀπαραιτήτοις ὀργαῖς χρωμένους).

Dion rühmt sich (*D. C.* 43.32c): σὺ μὲν καὶ τοῖς φίλοις τι πλημμελήσασιν ἐπεξέρχῃ, ἐγὼ δὲ καὶ τοῖς ἐχθροῖς συγγιγνώσκω. - Ptolemaios wird gerühmt dafür, daß er ἐπιεικὴς καὶ συγγνωμονικός, ἔτι δ' εὐεργετικὸς sei (*D. S.* 19.86.3); dies habe ihn aber auch am weitesten vorangebracht (ηὔξησε). Scipio verbürgt seinen guten Ruf dafür, daß er Pharmeas Begnadigung erwirkt: "ἐγγυῶμαί σοί", φησιν, "εἰ πιστὸς ἐγὼ καὶ ἀξιόχρεως, καὶ σωτηρίαν καὶ συγγνώμην παρὰ 'Ρωμαίων καὶ χάριν ἔσεσθαι" (*App.* Lib. 506). *D. S.* 40.2: Pompeius hält den Juden vor, welche schwere Bestrafung sie verdient hätten; doch aus "angestammter Milde (ἐπιείκειαν) der Römer" wolle er sie begnadigen (συγγνώμης αὐτοὺς ἠξίωσεν).

Dem Risiko bei Erteilung von συγγνώμη steht aber ein anderes Risiko bei ihrer häufigen Verweigerung gegenüber: Ein Gegner, der alle Hoffnung auf sie aufgegeben hat, wird alle seine Kräfte in den Kampf setzen. Dies gilt besonders für aufständische Völker.

App. BC 3.314. Eine von Caesar in Syrien zurückgelassene Legion hat einen mit Caesar verwandten Befehlshaber ermordet, der sich Ausschweifungen und Frechheiten hatte zuschulden kommen lassen. "Und sofort stellten sich Reue und Furcht vor Caesar ein. Sie schwuren einander also , sie würden, wenn ihnen nicht Verzeihung und ein Vertrauensbeweis (συγγνώμη καὶ πίστις γένοιτο) zuteil würden, bis zum Tode den Kampf weiterführen, zwangen den Bassus zur Teilnahme, gewannen schließlich noch eine andere Legion und hielten gemeinsame Übungen ab."

D. C.: Zonaras 9.6.5. "Sie aber [die Bewohner von Capua] befanden sich in der allerschwächsten Lage; doch da sie die Hoffnung aufgegeben hatten, sie könnten von den Römern Verzeihung erlangen (ὡς οὐ τευξόμενοι συγγνώμης παρὰ 'Ρωμαίων), leisteten sie Widerstand und schickten eine Botschaft an Hannibal, in der sie baten, er möge ihnen zu Hilfe kommen."

D. C.: Zonaras 9.29.9. "Dann ließ Hasdrubal alle Überläufer von den Römern töten, damit die Karthager die Hoffnung aufgäben, Verzeihung zu erhalten (ἀπόγνωσιν συγγνώμης σχόντες) und bereitwilliger Widerstand leisteten." *App.* Lib. 561 mißlingt Hasdrubal diese Taktik (τὴν συγγνώμην σφῶν ἀφῃρημένον ἐμίσουν).

Siehe auch *D. C.* 42.13.4 (δι' ἀπόγνωσιν τῆς παρ' αὐτοῦ συγγνώμης), *D. C.* 42.32.2 (ἀπογνοὺς συγγνώμης τινὸς ... τεύξεσθαι), *D. C.* 43.36.3 (τῇ ἀπογνώσει τῆς σωτηρίας, οὔτε τινὰ ἐλπίδα συγγνώμης ἡττηθέντες εἶχον), *D. C.* 51.8.5 (Furcht des Octavianus, Antonius und Kleopatra könnten die Hoffnung auf Begnadigung aufgeben: ἀπογνόντες συγγνώμης ... τεύξεσθαι).

Überhaupt spricht vielfach der praktische Nutzen für eine Haltung, die συγγνώμη einschließt.

Die ("bedingte", s. u.) Begnadigung kann als Belohnung einer Auslieferung erteilt werden: Hannibal befürchtet, daß ihn die Iberer oder Brettier aus

diesem Grund ausliefern könnten (*App.* Lib. 205 μὴ ἐς συγγνώμην
... προσαγάγωσιν).

D. H. 10.33.3. Ein strenges innenpolitisches Vorgehen bei der Truppen-
aushebung (οὔτε παραίτησιν οὔτε συγγνώμην οὐδενὶ διδόντες οὐδεμίαν) trotz "Krankheit" des Staates bestraft sich durch innere Unruhen. Ein
ähnlicher Tadel des Geschichtsschreibers *D. S.* 3.13.3 für die Schinderei in
den ägyptischen Goldbergwerken (οὐ ... τυγχάνει συγγνώμης οὐδ᾽
ἀνέσεως).

Geht es um die Behandlung von Soldaten des politischen Gegners, ist
das Risiko der künftigen Schädigung besonders gering, der Nutzen der
(Wieder-)Eingliederung in das eigene Heer evident. Daher wird oft dem
"kleinen Mann" verziehen, wo gegen den mächtigen Gegner alle Mittel
eingesetzt werden.

Das Heer des Brutus erlangte nach dessen Tode συγγνώμη bei Octavianus und Antonius: *App.* BC 4.568 (συγγνώμης ἔτυχον). Ferner *App.* BC
5.67 (συγγνώμης ... ἀξιωθέντες), *D. C.* 41.62.4 (s. o.), nichtrömisch *D. S.*
17.76.2 (συγγνώμης ἀξιωθέντες).

4. Anwendung von Verzeihenskriterien

Man erkennt, daß sich in dieser Gesellschaft ein labiles Gleichgewicht
herausgebildet hat, in der die Interessen verschiedener Gruppierungen in
gewissem Maße vermittelt werden. Die Instanz, die συγγνώμη erteilen
oder verweigern kann, tritt natürlich besonders deutlich hervor, zumal
wenn es sich um einen einzelnen Politiker handelt — in dieser Geschichtsschreibung herrscht ja großes Interesse an der Persönlichkeit des großen
Einzelnen. Es wird jedoch auch deutlich, daß die Entscheidung des Einzelnen für oder gegen συγγνώμη seiner Wahl nicht völlig anheimgestellt
ist. Allerdings schränkt ein Interessenausgleich nie das von Fuhrmann her-
ausgestellte Verhältnis absoluter Über- und Unterordnung ein, gegenüber
außenpolitischen Instanzen nicht die Machtstellung Roms.

Eine Politik, die zwischen den Risiken der Erteilung und Nicht-
Erteilung von συγγνώμη abzuwägen hat, muß vermeiden, berechenbar zu
sein: Wer sich sicher ist, συγγνώμη zu erhalten, wird leichter Wider-
stand leisten und wahrscheinlich nicht die dem Verzeihenden günstige
Entwicklung machen, die sich die positive Erziehungstheorie verspricht.
Römische Politik arbeitet daher mit Vorliebe mit Überraschungen, auch
Wort- und Vertragsbruch.

Papirius Cursor gewährt die Verzeihung für Rullus bewußt möglichst spät,
zu einem unerwarteten Zeitpunkt (*D. C.* 36.6 ἐξ ἀδοκήτου αὐτοῦ συγγνούς), um "die jungen Leute zur Vernunft zu bringen (ἐπιστρέψαι)". –
Ein Überraschungsmoment wird auch *D. C.* 38.11.6 genannt (zitiert).

Ein krasser Wortbruch *D. C.*: Zonaras 9.10.5. Bei einer Krankheit des Scipio entsteht eine Meuterei unter etwa 8000 iberischen Soldaten, dies führt zu einem iberischen Aufstand. "Als Scipio dies erfuhr, schickte er Botschaft an das aufrührerische Lager, in der er ihnen verzieh (συγγνωμονῶν), daß sie aus Mangel an Lebensmitteln Aufruhr entfacht hätten, und sie bat, deshalb nichts zu befürchten, aber auch diejenigen lobte, die die Führung über sie übernommen hätten, damit ihnen nichts Schlimmes widerfahre und sie auch nichts Schlimmes täten wegen des herrschaftslosen Zustands. Als die Soldaten erfuhren, daß Scipio solches schreibe, daß er darüberstehe und ihnen nicht zürne, setzten sie den Aufruhr nicht mehr fort." Als Scipio wieder gesund ist, läßt er die Anführer zu sich kommen, überwältigt sie in kleineren Gruppen, bestraft einige von ihnen durch Kreuzigung. Seine Worte: "'Alle seid ihr des Todes würdig, ich werde euch allerdings nicht alle töten lassen, sondern nur wenige, die ich auch schon gefangengenommen habe, werde ich bestrafen, die anderen lasse ich frei (ἀφίημι).'" Vgl. *Koch* S. 12, wo betont wird, daß moralische Maßstäbe nur angelegt werden, wo Roms Interessen beeinträchtigt sind.

Bei der Zielsetzung der Unberechenbarkeit und Undurchschaubarkeit wird, anders als im Griechischen, die Einheit von innerer Einstellung und äußerer Handlung verlassen (vgl. Kapitel B V 6 und B II 4 zu *Th.* 3.44.2).

Wie von Caesar (*D. C.* 38.11.6, *App.* BC 2.634, s. o.), so wird auch von Tiberius wird ein sehr unberechenbares Bild gezeichnet: *D. C.* 57.1.2. "(...) er zeigte Zorn bei den Gelegenheiten, die ihn am wenigsten aufbrachten, und schien milde (ἐπιεικὴς) bei denen, über die er den meisten Ärger hegte (ἠγανάκτει), und so bemitleidete (ἠλέει) er die, die er hart bestrafte, und grollte denen, denen er verziehen hatte (ἐχαλέπαινεν οἷς συνεγίγνωσκε) (...)."

Zur Unberechenbarkeit gehört auch die bewußte Ungleichbehandlung Schuldiger — auch hierin manifestiert sich der Grundsatz *divide et impera*. Tendenziell werden eher die Verantwortlichen und mit selbständiger Entscheidungsbefugnis Ausgestatteten bestraft als ihre Untergebenen, aber oft herrscht grundsätzliche Unklarheit über die Konsequenzen einer Handlung.

D. C. 41.62.4. In diesem bereits zitierten Beleg werden die Truppen des Pompeius in Caesars Legionen eingeschrieben, die schon einmal begnadigten Senatoren und Ritter mit gewissen Ausnahmen getötet, die übrigen Anhänger des Pompeius und fremdstämmigen Aufständischen aber amnestiert. Entsprechend auch *D. C.* 41.63.2.

App. Iber. 291: Von Servilianus heißt es lapidar, daß er von den zurückeroberten Städten "einige plünderte und anderen Gnade gewährte (συνεγίγνωσκεν)". Einzig die zu Caesars Ermordung Verschworenen werden von Antonius nicht begnadigt: *App.* BC 5.28 (συγγνώμης, ἀπέλυε, ἀδιάλλακτος). — *App.* Annib. 252 (συνέγνω) besondere Behandlung der Brattier, der treuesten Verbündeten Hannibals, *App.* Mith. 152 (συνέγνω): nur Anführer werden bestraft, *App.* BC 1.438 (συγγνώμην ἔδωκεν): unterschiedliche Behandlung Römer – Nichtrömer, *App.* BC 5.203 (συνέγνω): unterschiedliche Behandlung Senat – sonstige Bewohner, *D. S.* 19.76.5 (τυχοῦσαι συγγνώμης): Hier töten sich die Anführer des Samniteraufstands, bevor sie bestraft werden.

Aus der Tendenz zur Unberechenbarkeit der Politik erklärt sich auch eine typische Verschiebung des Schwerpunkts, die sich beim Begriff συγγνώμη zeigt: Daß συγγνώμη erteilt oder verweigert wird, ist in einem Großteil der Belege mit keinerlei Begründung verbunden.

Gewährung: *App.* BC 1.438 (συγγνῶναι, συνεγίνωσκε), *App.* BC 2.416 (συνεγίνωσκε), *App.* BC 4.242 (συγγιγνώσκων ἁπάσαις), *App.* BC 5.527 (συγγνώμην ... ἐδίδου), *D. C.* 49.34.5 (συγγιγνώσκειν), *D. C.*: Zonaras/Exc. 60.33.3c (συγγνώμης ... τυχών), *D. C.* 51.16.4 (συνέγνω)

Verweigerung: *App.* Celt. 12.3 (συγγνώμην), *App.* Lib. 131 (ἐδέοντο συγγνώμης τυχεῖν), *App.* BC 4.43 (οὐδεμίαν ὑπολογισάμενοι πρόφασιν ἢ συγγνώμην), *D. C.* 8.10.5 (οὐ ... συγγνώμης ἔτυχον), *D. C.* 39.4.4 (οὐδεὶς ἔτι συγγνώμης ἔτυχεν), *D. C.* 57.21.7 (συγγνώμης τευξομένου)

Auch die Bitte muß – wie in Griechenland – nicht begründet werden: *App.* Iber. 204 (ᾔτουν συγγνώμην), *D. S.* 15.6.3 (παρακαλούντων συγγνώμην δοῦναι τῷ Φιλοξένῳ), *D. S.* 15.12.5[13] (συγγνώμην ἠξίου δοῦναι), *Plb.* 23.16.5 (δεόμενοι τυχεῖν συγγνώμης). Bei Polybios stellt Lucius Valerius Flaccus der den Aitolern nicht mehr möglichen Rechtfertigung (δικαιολογίαν) die Bitte um συγγνώμη (δεῖσθαι συγγνώμης τυχεῖν) gegenüber (*Plb.* 20.9.9).

Genauso unberechenbar können Begründungen genannt werden, und zwar nicht nur die ins System passenden Begründungen mit dem Vorteil für den Verzeihenden, sondern auch die aus dem Griechischen wohlbekannten Begründungen mit Blick auf den Täter und seine vergangene Tat. Unter dem Einfluß römischer Denkweise ergibt sich also kein völlig neuer Begriff von συγγνώμη, aber einer mit anderem Schwerpunkt.

D. C. 36.17. "Verzeihung wird sowohl von Göttern wie von Menschen denen gewährt, die etwas *Unfreiwilliges* [Hervorhebung von der Verfasserin] getan haben (συγγνώμη ... δίδοται)." Auch *D. C.* 9.6.8 + 9 (zitiert), *D. C.* 49.12.5 (συγγνώμης ἔτυχον), *D. H.* 1.58.3 (ἅπαν δὲ σύγγνωμον τὸ ἀκούσιον), *D. S.* 13.27.3 (τοῖς ἀκουσίως ἐξαμαρτάνοντας προσῆκον ἂν εἴη συγγνώμης ἀξιοῦν, charakteristischerweise in einer Rede), *D. S.* 13.33.2 (οὔτε ἀγνοίᾳ δοὺς οὔτε ἄλλῃ περιστάσει συγγνώμην).

Motiv der *Unwissenheit D. C.* 61.9.4 (συγγνώμην αἰτούμενος): Erst die Bitte um συγγνώμη beweist Nero, daß derjenige, der ihn im Dunkel schlug, wußte, wen er vor sich hatte, und läßt ihn auf Strafe beharren. – Bei Diodoros Sikelos werden Verfehlungen gerne als ἀγνοηθέντα oder ἠγνοημένα bezeichnet, z. B. *D. S.* 11.45.5 (unten erwähnt) oder *D. S.* 17.73.6 (oben erwähnt). – Motiv der Unwissenheit – in Gegenüberstellung zur *Vorsätzlichkeit* – in der Kritik am Historiker Timaios: *Plb.* 12.7.6 (συγγνώμην

---

[13] Bei *McDougall* fälschlich 5.12.5.

ἐξακολουθεῖν, κατ' ἄγνοιαν – κατὰ προαίρεσιν), *Plb.* 12.12.5 + 6 (συγ-γνώμην διδόναι, ἐπιδέχεσθαι συγγνώμην, ebenfalls κατ' ἄγνοιαν – κατὰ προαίρεσιν). Vgl. auch *Plb.* 15.19.3 (συγγνώμην ἔχειν).

Motiv der *Notwendigkeit* (hier Zwangslage) *D. C.* 41.8.2 (συγγνώμην τῆς ἀνάγκης ποιούμενοι).

An συγγιγνώσκειν als Verständnis für die besondere *Lage* oder *Rolle* des anderen erinnert der Spott der Alexandriner über Vespasianus *D. C.* 61.9.4: "συγγιγνώσκομεν αὐτῷ; denn er versteht nicht, Kaiser zu sein." Auch *D. S.* 13.28.3 (δότε … μοι … συγγνώμην).

ἀνάγκη: *D. C.* 46.17.6 (συγγνώμης … ἔτυχε), *D. H.* 1.58.3 (zitiert) + 4 (παρατούμενοι συγγνώμονας ἡμῖν γενέσθαι, ἠναγκασμένοι), *D. H.* 6.20.1 (zitiert)

D. C. 57.31: Marcellus gewähre nach *menschlichen* Gesichtspunkten συγγνώμη (συγγνώμην κατὰ τὸ ἀνθρώπινον ἔνεμε). Auch *D. H.* 8.50.4 (zitiert), *Plb.* 4.147 (αἰτεῖσθαι δὲ συγγνώμην, ἀνθρωπίνως), vgl. *D. S.* 13.22.4 (B II 4 zitiert).

App. BC 5.177 spricht Lucius von der *"gerechten"* Verzeihung, die aber auch dem Verzeihenden nützen soll (συγγνώμην δικαίαν τε καὶ … συμφέρουσαν). *Plb.* 4.30.2 werden die Gründe aufgezählt, aus denen man den Akarnanen ein zögerndes Eingreifen in den Krieg hätte verzeihen müssen (τούτοις δίκαιον ἦν συγγνώμην ἔχειν).

Caesar erteilt den Athenern συγγνώμη wegen ihrer *Vorfahren:* *App.* BC 2.368 (συγγνώμην ἐπεδίδου), Servilius Sulpicius den Latinern wegen ihrer *Verwandtschaft:* *D. H.* 6.20.1 (zitiert). Als Begründung der Bitte *Plb.* 22.5.3 (συγγνώμην δοθῆναι). Philippos erhält sie vom Senat um seines Sohnes Demetrius willen, der früher als Geisel in Rom war (*App.* Mac. 9.6 συγγιγνώσκεν + 7 συγγνώμης).

Die schlimmsten Vergehen werden *von συγγνώμη* ausgenommen:[14] *App.* BC 3.238 (συνέγνω). Keine Nachsicht sollen z. B. βαρύτης und ὑπερηφανία erhalten: *D. H.* 10.6.2 (παραίτησιν ἢ συγγνώμην οὐδεμίαν ἐπιδέχεται); ὕβρις schließt davon aus (*App.* Lib. 230 συγγνώμης ἄξιοι, ὑβρίσαντες); unverzeihlich ist es auch, den Kampf für Frauen und Kinder aufzugeben, ebenso wie Vatermord (οὐδαμῶς συγχωρητέον), während es manchmal verzeihlich sei, den Soldgeber zu verlassen (*Plb.* 11.28.7 συγγνώμην δοτέον im Zusammenhang einer Rede).

Was man kritisiert hat, selbst zu begehen, ist unverzeihlich: *Plb.* 12.11.3 (συγγνώμην δοτέον, ἀπαραίτητος ἐπιτιμητὴς – ἀπαραιτήτου … κατηγορίας). Nach ähnlichem Maßstab behandelt ein Gesetzgeber *D. S.* 13.33.2 (zitiert) sich selbst mit der ihm eigenen Unnachsichtigkeit.

Wenn eine Begründung angegeben wird, kann es sich auch um den Sinneswandel handeln, der bei dem Gegner eingetreten ist; auf diese Änderung baut ja die positive Erziehungstheorie. Dieses Motiv entspricht der *Reue* als Kriterium des Verzeihens; es tritt aber auch im römischen Bereich nicht sehr in den Vordergrund.

---

[14] *Koch* S. 39 über die Taten, die bei den Römern als unverzeihlich galten.

App. Mith. 220. Sulla erlegt dem Vermittler Archelaos für Mithridates Friedensbedingungen auf: "Dafür wäre es gerecht, wenn wir uns gegen ihn unversöhnlich zeigten (ἄσπειστα γενέσθαι), um deinetwegen aber verspreche ich, daß er von den Römern Verzeihung erlangen wird (συγγνώμης αὐτὸν τεύξεσθαι), wenn er tatsächlich Reue zeigt (μεταγινώσκῃ)." (Sulla verbirgt dabei seinen eigenen Wunsch nach einem Friedensschluß.)

Ferner *D. H.* 8.50.4 (zitiert), *D. S.* 11.45.5 (τοῦ δὲ Παυσανίου φήσαντος μεταμελεῖσθαι καὶ συγγνώμην αἰτουμένου τοῖς ἀγνοηθεῖσιν).

Nach *Waldstein* S. 208f. kommt es im römischen Bereich häufig vor (seit früher Zeit bis zum Ende des Prinzipats), daß eine Zusicherung von Straffreiheit an die Bedingung einer bestimmten tätigen Reue gebunden wird, selbst wenn die literarischen Belege nicht zahlreich seien (sogenannte "bedingte Begnadigung").

Koch S. 29 weist darauf hin, daß die Anführung ausgleichender Verdienste nur dann Erfolg habe, wenn sie dem Vergehen nachfolgt oder wenn die Schuld auf einen kleinen Teil des Volkes geschoben werden könne.

Für Begnadigungen im römischen Weltreich ergibt sich also ein Nebeneinander von ideologischen und realpolitischen Motivationen, wie dies Koch herausgestellt hat:

Koch S. 38f.: "Auf der einen Seite stehen die Gedanken aus dem Bereich der Ideologie, nämlich die Berufung auf die eigene Milde, auf die eigene Mäßigung. Dies befindet sich im Einklang mit dem Bewußtsein einer weltpolitischen Sendung. Auf der anderen Seite aber stehen die nüchternen Erwägungen der Realpolitik, nämlich die, daß eine milde Behandlung des Gegners im Interesse der römischen Herrschaft selbst oder auch einzelner Römer liegt, sei es nun im prinzipiellen Sinn oder sei es, daß die Lage im Einzelfall eine solche Rücksicht erfordert."

5. Die Frage nach einem religiösen Hintergrund

Gemeinsam mit dem griechischen Verzeihensbegriff ist dem römischen, daß ein religiöser Hintergrund nur sehr schwach auszumachen ist; wo man ihn sehen kann, zeigt auch er einen deutlich anderen Schwerpunkt.

So legt *Koch* S. 8 dar, daß die politischen Vergehen hauptsächlich durch einen rechtlichen Maßstab bestimmt werden. Allerdings werde der Rechtsbruch auch als Vergehen gegen die Götter gewertet – hier wird also ein religiöser Hintergrund sichtbar. Die Frage nach einem moralischen Maßstab ergebe sich ausschließlich dort, wo Roms Interessen berührt seien (*Koch* S. 12). Religiös gerechtfertigt wird dieser doppelte Maßstab mit der Berufung Roms zur Weltherrschaft; die Auflehnung gegen Rom gilt immer als Selbstüberhebung (*Koch* S. 13): Hier lassen sich Verbindungslinien zum Hybris-Gedanken ziehen.

Wenn Rom zur Weltherrschaft berufen ist, kann es natürlich auch religiös begründet werden, daß (zur Erhaltung der Herrschaft) συγγνώμη erteilt wird.

So erscheint συγγνώμη im Werk des Dionysios von Halikarnassos als von den Göttern gestiftetes Gesetz (*D. H.* 8.50.4, zitiert); wenn selbst die Götter zum Verzeihen bereit sind (συγγνώμονες), müssen es die Menschen erst recht sein. (Göttliche im Kontrast zur menschlichen συγγνώμη auch *D. H.* 1.58.4, zitiert.)

Diese Begründung der συγγνώμη trifft sachlich keine andere Ebene, als wenn συγγνώμων in Katalogen von Herrschertugenden auftaucht.

Eine singuläre religiöse Begründung findet sich bei Polybios durch den τύχη-Glauben. Wer selber keine συγγνώμη erteilt hat, kann gezwungen sein, sie zu erbitten. Dies läßt sich viel eher an griechische Vorstellungen anknüpfen; Polybios verbindet auch mit der Behandlung römischer Geschichte untypisch viele typisch griechische Deutungen.[15]

> *Plb.* 1.35.3. "Im Ergebnis zu diesem Zeitpunkt dürfte jemand, der den Dingen die richtige Deutung gibt, vieles finden, was sich so abgespielt hat, daß es zum Gewinn für das Leben der Menschen dienen kann. Denn daß der Tyche nicht zu trauen ist, vor allem, wenn es einem gut geht, schien aufs deutlichste auf in den Ereignissen um Marcus: Denn der, der kurz vorher noch den Geschlagenen kein Mitleid und keine Verzeihung (οὐ διδοὺς ἔλεον οὐδὲ συγγνώμην) gewährt hatte, wurde selbst vor sie geführt, um sie fußfällig um die eigene Rettung (σωτηρίας) zu bitten."
>
> Nach *Plb.* 8.35.1 muß entsprechend das Urteil der Nachwelt zwischen Tadel und Nachsicht schwanken (ἐπιτιμίαν ἢ συγγνώμην ἔχειν), wenn sich ein solcher Umschwung ereignet; Polybios erteilt dann für konkrete Fälle beides (*Plb.* 8.35.2 συγγνώμην δοτέον), rät zu möglichst abgesichertem Vorgehen (*Plb.* 8.35.6 συγγνώμης μὴ διαμαρτάνωμεν) und führt ein Beispiel an, in dem keine Vorsicht versäumt worden war: Dieses rief Mitleid (ἔλεος) und Nachsicht hervor (συγγνώμην ἀπειργάσατο). (Zum Verhältnis von συγγνώμη und ἔλεος siehe Kapitel B I 6.)

Die Begründungen, die für συγγνώμη im römischen Bereich genannt werden, fallen also insgesamt nicht aus dem Rahmen dessen, was aus dem Griechischen geläufig ist. Allenfalls die tätige Reue ist ein neues (d. h. neuartig betontes) Kriterium, und zwar eines, das auch bei der Frage nach einem spezifisch christlichen Verzeihensbegriff wesentlich ist; doch sind die Belege hierfür nicht sehr zahlreich. Worin sich wirklich der Unterschied zum Griechischen zeigt, das ist die Instrumentalisierung, der συγγνώμη unterliegt. Falls Kriterien angewandt werden, sind sie dem Machtinteresse zugeordnet: Bitte um συγγνώμη als formelle Kapitulation, Schuldbekenntnis, Vertragsleistungen, als Bedingung gestellte "tätige Reue". Die Kriterien, die als typisch griechisch gelten dürfen —

---

[15] *Koch* S. 1f. zur Distanz des Polybios zum römischen Denken; S. 28 die Ergänzung, daß in der Zeit zwischen Polybios und Livius die römische Ideologie noch weiter befestigt wurde (mit Berufung auf Hellmann).

Auch nach *Lib.* Or. 1.64 (in Kapitel C III 4 zitiert) braucht der Verzeihende vielleicht selbst einmal συγγνώμη.

Unwissenheit, Unfreiwilligkeit und andere Standardmotive — treten nur dort in Erscheinung, wo die Machtinteressen nicht berührt sind, können dann aber sehr ähnliche Formen wie im Griechischen annehmen.

So ließen sich auch ähnliche Belege für die Mittelstellung von συγγνώμη in der Werteskala beibringen: *Plb.* 11.4.7 (ἔσχε συγγνώμην) findet sich etwa eine "Figur des Verzeihlichen und des Unverzeihlichen". *D. H.* 11.12.1 (συγγνώμης ἄξια) eine Abwägung zwischen Lob und Tadel. *App.* Mac. 9.7 (zitiert) eine Steigerung von συγγνώμη zum Dank.

Wie beim Vergleich mit dem jüdisch-christlichen Vergebungsbegriff (Kapitel B V, C II) muß davor gewarnt werden, Abgründe zu sehen, wo es um die Verschiebung von Schwerpunkten geht; doch hebt sich die Verwendung von συγγνώμη deutlich vom Gebrauch im Klassischen Griechisch ab. Es ergibt sich das Bild eines deutlich umreißbaren Verhaltenssystems, das zwar bestimmte — gezielte — Unvorhersehbarkeiten enthält, aber in seiner Ausrichtung auf den machtpolitischen Nutzen Roms eine Durchsichtigkeit aufweist, die für den griechischen Verzeihensbegriff nicht zu finden war.

Nur von Polybios aus läßt sich eine Verbindung zu der griechischen συγγνώμη ziehen, die aus Solidarität zwischen fehlbaren, unvollkommenen, der Macht des Göttlichen unterworfenen Menschen gewährt wird, doch die Vorstellung ist nicht typisch. Beim Vergleich mit der jüdisch-christlichen Kultur wird sich die Frage nach dem religiösen Hintergrund erneut stellen.

C II Verzeihen und Vergeben
in jüdischen und christlichen griechischen Texten

Auf der Suche nach dem griechischen Begriff des Verzeihens vertraute sich diese Untersuchung der Geschichte des Wortes συγγνώμη an. Im Bereich der römischen Kultur wurde der Strom der Belege eher breiter als schwächer. Dieser Strom versiegt fast gänzlich, wenn man sich Septuaginta und Neuem Testament zuwendet. Hier begegnet man einem in vieler Hinsicht gänzlich anderen Verzeihensbegriff, so daß es plausibel erscheint: Die anders geprägte Vokabel συγγνώμη konnte hierfür nicht den angemessenen Ausdruck darstellen. Aus diesem Grunde scheint sie auch in der frühchristlichen Literatur gemieden zu sein. Doch bei Philon und Flavius Josephus ist von solcher Zurückhaltung nichts zu bemerken, und bei einer Anzahl von Kirchenvätern begegnet man dem Strom wieder in alter Mächtigkeit.

Handelt es sich doch um eine Vertauschbarkeit des Vokabulars? Hat eine Synthese stattgefunden? War der griechische Begriff des Verzeihens letztlich erfolgreicher als der jüdisch-christliche? Eine Antwort auf diese Frage zu versuchen, heißt fast eine neue Untersuchung mit anderem methodischen Ansatz zu beginnen: Es gilt, den Begriff des Verzeihens in seinem sehr vielfältigen Vokabular in Septuaginta und Neuem Testament herauszuarbeiten und daran die Verwendung von συγγνώμη wenigstens bei ausgewählten Autoren zu messen. Obwohl das besondere Interesse auf den zwischenmenschlichen Vorgang gelenkt ist, wenn man vom Wort συγγνώμη ausgeht, muß hier nach den Vorstellungen von göttlichem Vergeben gefragt werden, um ein Bild vom zwischenmenschlichen Verzeihen zu gewinnen. Eine Sichtung *aller* biblischen Vokabeln für Vergeben und Verzeihen bei *allen* Kirchenvätern der ersten christlichen Jahrhunderte ist freilich hier nicht möglich.

Die ausgewerteten Autoren umfassen für den jüdischen Bereich Philon und Josephus, daneben kleine Schriften des hellenistischen Judentums, nämlich "Joseph und Aseneth" und den Aristeas-Brief. (Als jüdisch werden hier vereinfachend die Autoren bezeichnet, die sich nicht außerdem als Christen verstanden. Der Vereinfachung dient auch die Bezeichnung der hebräischen Bibel als "Altes Testament".) Für den christlichen Bereich werden die frühchristlichen Schriften (also neutestamentliche Apokryphen, Apologeten, Apostolische Väter) vorgestellt, in denen συγγνώμη äußerst selten vorkommt, von den Kirchenvätern zwei: Athanasios von Alexandrien und Gregorios von Nyssa, deren differenzierter Umgang mit heidnischen und biblischen Traditionen Aufschluß über die Frage nach einer Hellenisierung der jüdisch-christlichen Literatur gibt. Die weiteren Belege für συγγνώμη wurden aus folgenden christlichen Autoren ausgewählt: Origenes, Eusebios, Asterios dem Sophisten,[1] frühen *Lukas-Katenen*, Hesychios von Jerusalem, Clemens von Alexandrien, Johannes Chrysostomos. Schließlich wird das Zeugnis der christlichen Papyri vorgestellt.

1. Biblische Terminologie

Die biblische Vorstellung von Vergebung nimmt ihren Ausgang von der Situation des Kultes. Krankheit, Katastrophen, Unglück jeder Art wird auf eine "Schuld" Gott gegenüber zurückgeführt; die Menschen versuchen, durch kultische Mittel eine Heilung oder Wiederkehr des Glücks zu erreichen. Ursprünglichstes Mittel ist das Opfer, das sich aber in eine Bitte um "Vergebung der Sünden" transformieren kann.

Diese sehr allgemeinen Sätze sind zu präzisieren nach den Ausführungen von *Thyen* Kap. I, etwa dadurch, daß im jüdischen Bereich nicht jedes Leid Indikator von offenbarer oder verborgener Sünde ist, sondern der konkrete Anlaß von Gott offenbart wird.

Entsprechend weist sich das Vokabular als religiöse Sprache aus; nicht zufällig gibt es Berührungen mit dem Wortschatz des Homerischen Epos, nämlich im Wort ἱλάσκομαι.[2] Auch der Sinngehalt ist vergleichbar mit Homerischen Vorstellungen: Das Vorbild des göttlichen für das menschliche Vergeben, auch die Affinität des Vergebens zum Mitleid (im biblischen Sprachgebrauch allerdings eher "Barmherzigkeit") hat ihre Parallele.

Auch für zwischenmenschliches Verzeihen wird eine Fülle von Wörtern und Metaphern benutzt, die bestimmte Aspekte des göttlichen Handelns erfassen, aber den eigentlichen Vorgang mehr umkreisen, vielfach negativ ausgrenzend. Auch der menschliche Vorgang wird also nie unabhängig von der Beziehung der Beteiligten zu Gott gesehen, sondern ist Nachahmung seines Handelns und Restitution der Beziehung zu ihm, folgt dem Vorbild seiner Vergebung. Schon daraus wird einsichtig, daß ein Konzept, Ver-

---

[1] Die unter dem Namen des Johannes Chrysostomos überlieferten Homilien wurden vom Herausgeber Marcel Richard Asterios dem Sophisten zugeschrieben (s. *Ast. Soph.*), diesem von Wolfram Kinzig jedoch wieder abgesprochen – dazu zuletzt *Ritter Arius* S. 168-71. Die Authentizität ist hier wie üblich nicht entscheidend.

[2] *Hom. Il.* 1.100 · 147 · 386 · 472; es wird (nach *LSJ* s. v.) bei Homeros stets für Götter verwendet; nur *Hom. Il.* 19.178 findet sich ἵλαος für Achilleus. – Zu (ἐξ)ἱλάσκομαι *Breytenbach* S. 84-100, *Hill* S. 23-48.

zeihen sei die Einsicht in die Motive, durch die der andere bei seiner schädlichen Handlung gehindert wurde, nach seinem freien Willen gut zu handeln oder die schlechte Handlung zu unterlassen, wie es sich vielfach mit dem Wort συγγνώμη verbindet, nicht maßgebend sein kann.

Während συγγνώμη oft Bezug auf den Vorgang nimmt, der zwischen Gegenwart und Zukunft vermittelt — so wenig dies auch eine bloße "Erkenntnis" ist —, tritt hier bereits im Vokabular teils eine starke Negation des Vergangenen, teils eine starke Affirmation der Zukunft in Erscheinung. Es dominiert die Negation der Vergangenheit: (1) Der Vergebende läßt etwas los, das er bereits in Händen hat, er gibt speziell den juristischen Anspruch auf, den er hat. An diese Vorstellung knüpfen ἀφίημι, πάρεσις, ἀνίημι, ἀπολύω an. (2) Es wird etwas Negatives entfernt: in καθαρίζω, ἀπολούω eine Verunreinigung, bei ἰάομαι eine Krankheit (aber s. u.), bei αἴρω, ἀφαιρέω ist das Objekt nicht festgelegt. (3) Es wird etwas zugedeckt (καλύπτω) oder nicht wahrgenommen (οὐ μὴ μιμνήσκω, παραβιβάζω, den Willen zur Nichtwahrnehmung weniger betonend παροράω). Stärker ist die positive Charakterisierung in folgenden Bezeichnungen: (4) Es wird in prägnantem Sinne etwas angenommen, von dem dies also nicht selbstverständlich ist (δέχομαι, ἀπολαμβάνω). (5) Einige Vokabeln betonen die Seite der Zukunft: daß der Vergebende "gnädig", "wohlgesinnt" wird: ἵλεως γίνομαι, ἐξιλάσκομαι; damit kann man "Versöhnung" (καταλλαγή) und das meist nicht religiös bestimmte "Schenken" in Beziehung bringen (χαρίζομαι). (6) Die Zukunft des vor Strafe Bewahrten steht in σῴζω als eine heile vor Augen; diesen Aspekt hat auch das schon aufgeführte ἰάομαι.

Die Betonung der negativen Aspekte des Vorgangs ist eine Funktion religiöser Sprache, der ein Wort wie ἄφεσις als geeigneter erscheinen läßt als συγγνώμη. Der religiöse Bezug (der Vorstellungen wie des Vokabulars) bedeutet jedoch nicht eine besondere Unverbindlichkeit im praktischen Leben. Im Gegenteil enthält der jüdische Vergebungsbegriff ein sozialpolitisches Konzept, das im Christentum weiterlebt. Auch dieser Aspekt ist im Vokabular verankert; dies gilt zumindest für den Stamm ἀφίημι. Während die Untersuchung des Begriffes συγγνώμη zur Beschäftigung mit gerichtlichen Argumentationsformen führt, ist für das Verständnis des biblischen ἄφεσις eine Klärung der ökonomischen Vorstellungen erforderlich, die den Hintergrund eschatologischer Verheißung bilden (s. u. C II 3). Die Bedeutungsverschiebung für den Stamm ἀφίημι, für den bisher keine religiöse Bedeutung üblich war,[3] vom rechtlichen auf

---

[3] E. Hipp. 1450 war das Verb in kultisch-religiösem Sinn gebraucht worden, doch in der Umschreibung: ἀφίης αἵματος μ᾽ ἐλεύθερον.

den kultrechtlichen Bereich[4] bedeutet dadurch einen entscheidenden Wandel.

Das Wort ἀφίημι hat auch im klassischen Griechisch einen sehr handgreiflichen Sinn: Man läßt (in der Regel bewußt) etwas los, auf das man einen Anspruch hätte, sei es eine Vertragsleistung, die einem zustünde, sei es ein Vorwurf, den man zu erheben berechtigt wäre (der vor Gericht ebenfalls in den materiellen Wert einer Entschädigung umgesetzt werden könnte).[5] Als juristischer Terminus technicus kann ἀφίημι den Freispruch vor Gericht meinen, wofür die Vokabel συγγνώμη, wie in B I gezeigt, eintreten kann, ohne daß diese Terminus technicus wird. In festen Verbindungen taucht ἀφίημι aber noch häufiger terminologisch auf, um die Lösung eines Vertrages zu bezeichnen, übrigens unabhängig davon, ob der Vertrag in einer beidseitigen Vereinbarung oder einseitig, z. B. aus Großzügigkeit des Gläubigers, gelöst wird.

2. Alttestamentlicher Vergebungsbegriff

Entsprechend der oben skizzierten kultischen Grundsituation wird die Vorstellung von göttlicher Sündenvergebung dadurch geprägt, daß Sünde vor allem als kultische Verunreinigung verstanden und durch kultische Reinigung in einem Tieropfer gesühnt wird.[6]

Das Strafrecht Israels beruht darauf, daß Verfehlungen gegen Menschen auch und in erster Linie Versündigungen gegen Gott sind (z. B. *LXX* Lv. cap. 18); die Strafen für vorsätzliche Verfehlungen werden mit der Schmähung des Herren begründet, die sie bedeuten (*LXX* Nm. 15.30f.). Für versehentliche Verfehlungen (im Griechischen wird ἀκούσιόν benutzt) erwirkt der Priester mit dem vorgeschriebenen Sündopfer die Vergebung (*LXX* Nm. 15.25 ἐξιλάσεται, ἀφεθήσεται, gleiche Vokabeln V. 26 + 28), so daß an dieser Frage kein Widerspruch zwischen Recht und Gerechtigkeit aufbrechen mußte; ein menschlicher Eingriff in das Sakralrecht unter dem Gesichtspunkt der Freiwilligkeit erübrigte sich. Mit dem vorgeschriebenen Tieropfer ist die Sünde aus der Welt: καὶ ἐξιλάσεται περὶ αὐτῶν ὁ ἱερεύς, καὶ ἀφεθήσεται αὐτοῖς ἡ ἁμαρτία ist die wiederkehrende Formel (*LXX* Lv. 4.20, ähnlich 4.26 + 31 + 35 +, 5.6 + 10 + 13 + 16 + 18, 6.7, 19.22, *LXX* Nm. 15.25, vgl. 15.26 + 28). Die gleiche Behandlung versehentlicher Ver-

---

[4] *EWNT* Bd. 1 Sp. 438, *ThBNT* Bd. 3 S. 1263.

[5] In der Friedenskundgebung des Königs Ptolemaios VIII. Euergetes vom Jahr 118v. wird mit ἀφίημι ein besonders weit gehendes Aufgeben strafrechtlicher Ansprüche ausgedrückt (*PTeb* 5.2 [II a.] [ά]φιᾶσει τοὺς ὑ[πὸ] τὴ[ν βασιλήαν π]άντας ἀγνοημάτων ἁμαρτημ[ά]ʇων [ἐ]νκλημάτων καταγνωσμάτων αἰτι[ι]ᾶν πασῶν (mit Ausnahme des vorsätzlichen Mordes und des Tempelraubes). Zu diesem Erlaß u. a. *Waldstein* S. 38ff.

[6] Im folgenden werden ohne Anspruch auf Vollständigkeit der Belege (außer für συγγνώμη und Verwandtes) und historische Herleitung wichtige Aspekte aufgeführt. Für einen historisch differenzierteren Überblick zum alttestamentlichen Vergebungsbegriff siehe etwa *ThBNT* Bd. 3 S. 1263f.

fehlungen zeigt sich im Ritus des Sündenbocks (*LXX* Lv. 16.26). Wie lebendig die Vorstellung der durch kultisches Opfer bewirkten Sündenvergebung geblieben ist, zeigen im Neuen Testament die Einsetzungsworte des Abendmahls *NT* Mt. 26.28 an, die Christi Opfertod als Vergießen des Bundesblutes deuten:[7] (...) τὸ αἷμά μου τῆς διαθήκης τὸ περὶ πολλῶν ἐκχυννόμενον εἰς ἄφεσιν ἁμαρτιῶν und der Hebräerbrief (*NT* Hbr. 9.22): χωρὶς αἱματεκχυσίας οὐ γίνεται ἄφεσις.

Obwohl im griechischen Strafrecht keine Auffassung von Schuld als religiösem Vergehen sichtbar wird[8] (es ist sogar problematisch, die Übersetzung "Schuld" zu verwenden), sind die Berührungen mit dem Drakontischen Gesetz über den ἀκούσιος φόνος erstaunlich: auch hier "Unfreiwilligkeit (ἀκούσιόν), "Nichtwissen" (*LXX* Lv. 5.3 ἔλαθεν αὐτόν, μετὰ τοῦτο δὲ γνῷ, ähnlich *LXX* Lv. 5.4) und der Gebrauch der Vokabel ἀφίημι wie in Demosthenes' Referat (*D.* 23.55), nur daß in der Septuaginta die Passiv-Form verwendet wird — die Sünde wird vergeben, nicht der Mensch freigesprochen. Es kann aber auch auf andere, spezifisch theologisch verwendete Vokabeln zurückgegriffen werden: Man vergleiche *LXX* Lv. 10.17 ἀπολαμβάνω mit *Hexapla* (Al.) Lv. 10.17 ἀναδέχομαι und ἐξιλάσκομαι.

Aus der Erfahrung erfolglosen Opfers und erfolglosen Gebetes entspringt die Vorstellung unvergebbarer Sünde.

In Kains[9] Rede (*LXX* Gn. 4.13 Μείζων ἡ αἰτία μου τοῦ ἀφεθῆναί με) ist sie durch einen Übersetzungsfehler eingedrungen,[10] auch *Hexapla* (Sm.) Ex. 23.21 steht sie offenbar an textlich schwieriger Stelle (vgl. *LXX* Ex. 23.21). *LXX* Is. 22.14 soll die Sünde wenigstens bis zum Tode nicht vergeben werden; überall im Alten Testament finden sich Strafen an einzelnen bis zu ihrem Tode (z. B. wird Sauls Bitte um Vergebung seines Ungehorsams *LXX* 1Rg. 15.25 nicht erfüllt, auch Moses Fürbitte für das Volk bei der Anbetung des Goldenen Kalbes nicht, s. nächster Absatz). Athanasius bezeichnet übrigens die Anbetung des Goldenen Kalbes als ἀσύγγνωστα (*Athan.* MPG 26.661.25); es ist das klassische Beispiel für den Abfall des Volkes Israel von seinem Gott; mit diesem Ereignis haben auch die rabbinischen Ausleger große Schwierigkeiten.[11] Vgl. zur nicht verzeihbaren Sünde auch *LXX* Sap. 13.8 (unten aufgeführt).

---

[7] *EWNT* Bd. 3 Sp. 439.

[8] Vgl. (wie bereits in Kapitel A V 3 Anm. 34, aufgeführt) *Gagarin* S. 17f.

[9] Maßgebend für die Schreibung biblischer Eigennamen: *Ökumenisches Verzeichnis*.

[10] Philon bereitet dies eine solche Schwierigkeit, daß er ἀφεθῆναι als "Verlassenwerden" deutet (ἄφεσις *Ph.* 1.291.7). Dagegen rechnet Clemens von Alexandrien damit, daß Kain mit seiner Bewahrung vor dem Tod Verzeihung erhält (*Clem. Alex.* 2.150.13 τὴν ἐπὶ τῷ Κάιν συγγνώμην). Eine Gedankenverbindung zu Enoch führt Clemens zu den hochinteressanten Sätzen (*Clem. Alex.* 2.150.14 · 15) ὅτι συγγνώμη μετάνοιαν πέφυκε γεννᾶν und ἡ συγγνώμη δὲ οὐ κατὰ ἄφεσιν, ἀλλὰ κατὰ ἴασιν συνίσταται, die jedoch gänzlich unerläutert bleiben.

[11] Siehe *Smolar/Aberbach*: zur patristischen Literatur S. 98-101; zur rabbinischen Lösung des Problems S. 113: "(...) the golden calf had really been

Doch fühlt sich der Mensch Gottes Entscheidungen nicht ausgesetzt, ohne seinen Standpunkt zur Geltung bringen zu können.

Abraham verhandelt mit Gott über das Schicksal der Stadt Sodom (*LXX* Gn. 18.24 οὐκ ἀνήσεις ...; – 18.26 ἀνήσω), ja, er handelt die Anzahl der Gerechten, um derentwillen die Stadt dem Untergang entgehen soll, beharrlich herab. – Mose versucht (allerdings vergeblich), Gott zur Vergebung der Anbetung des Goldenen Kalbes durch ein Ultimatum zu zwingen: Seinen, Moses, Namen, solle Gott aus seinem Buch streichen, wenn er dem Volk nicht vergebe (*LXX* Ex. 32.32 ἀφεῖς, ἄφες). – Ijob rechtet mit Gott, was diesem denn die Sünde eines Menschen anhaben könne und warum Gott Ijobs Sünden nicht längst vergeben und vergessen habe (*LXX* Jb. 7.21): καὶ διὰ τί οὐκ ἐποιήσω τῆς ἀνομίας μου λήθην / καὶ καθαρισμὸν τῆς ἁμαρτίας μου;

Viele Psalmen setzen voraus, daß der Mensch mit seinem Verhalten auf Gott Einfluß nehmen kann: so diejenigen, in denen um Vergebung gebeten wird (*LXX* Ps. 18.13 καθάρισόν με), in denen der Sänger seine Erniedrigung betont (*LXX* Ps. 24.18 ἰδὲ τὴν ταπείνωσίν μου καὶ τὸν κόπον μου / καὶ ἄφες πάσας τὰς ἁμαρτίας μου) oder in denen die heilende Wirkung des *Schuldbekenntnisses* geschildert wird:

Die Seligpreisung *LXX* Ps. 31.1 Μακάριοι ὧν ἀφέθησαν αἱ ἀνομίαι / καὶ ὧν ἐπεκαλύφθησαν αἱ ἁμαρτίαι spiegelt offensichtlich die Erfahrung der in Vers 5 geschilderten Schulderkenntnis und des Bekennens vor Gott: τὴν ἁμαρτίαν μου ἐγνώρισα / καὶ τὴν ἀνομίαν μου οὐκ ἐκάλυψα.

So auch *LXX* 2Rg 12.13: Auf Davids Bekenntnis Ἡμάρτηκα τῷ κυρίῳ hin spricht Nathan ihm Gottes Vergebung zu (Καὶ κύριος παρεβίβασεν τὸ ἁμάρτημά σου).

Neben das Tieropfer treten *Umkehr und Buße*, für die Vergebung verheißen wird.

LXX 2Par. 7.14 ἐὰν (...) ἀποστρέψωσιν ἀπὸ τῶν ὁδῶν αὐτῶν τῶν πονηρῶν (...), ἵλεως ἔσομαι (...) καὶ ἰάσομαι (...).

LXX Is. 55.7. "Es verlasse der Gottlose seine Wege und der Gesetzesbrecher seine ⟨bösen⟩ Pläne und kehre zurück (ἐπιστραφήτω) zum Herrn, und er wird Erbarmen finden (ἐλεεθήσεται), weil er ⟨der Herr⟩ reichlich eure Sünden vergeben wird (ἀφήσει)." In der *Hexapla* heißt es hier (Sm.) πολὺς γάρ ἐστιν ἀφιέναι.

In einem Begriff von Vergebung, der von der kultischen Erfahrung her bestimmt ist, bleibt es immer Gott, dessen Wille über die Vergebung entscheidet; wenn er vergibt, so ist die Vergebung eine Tat seines *Erbarmens*. Da aber auch positive Erfahrungen gemacht und als Offenbarung Gottes verstanden wurden, beruft sich der Beter auf Gottes Namen (*LXX*

---

designed by Providence to encourage sinners to repent, since the forgiveness accorded to ancient Israel could serve as a precedent to other sinners who might otherwise abandon all hope."

Ps. 24.11 ἕνεκα τοῦ ὀνόματός σου, κύριε, καὶ ἱλάσῃ τῇ ἁμαρτίᾳ μου) und seine Selbstdefinition:

> LXX Nm. 14.17-19. "Und nun werde deine Kraft erhöht, Herr, in der Weise, wie du sprachest: Der Herr ist langmütig, erbarmungsvoll und wahrhaftig, er nimmt hinweg (ἀφαιρῶν) Gesetzlosigkeit und Unrecht und Sünde (...). Vergib (ἄφες) diesem Volk die Sünde nach deinem großen Erbarmen, wie du ihnen gnädig gewesen bist von Ägypten an bis jetzt."

Besonders in den Psalmen wird immer wieder das Erbarmen Gottes beschworen, das schon früher seine Vergebung bewirkt hat und auch jetzt bewirken soll, indem er dieses Versprechens eingedenk ist (μνήσθητι LXX Ps. 24.6) und darum der Sünde "keinesfalls gedenkt":

> LXX Ps. 24.7 μὴ μνησθῇς · 11 ἱλάσῃ; LXX Ps. 84.3 ἀφῆκας, ἐκάλυψας; Hexapla (Sm.) Ps. 85.5 ἀφίων – an dieser Stelle wird in der LXX ἐπιεικὴς gebraucht –, Hexapla (Sm.) Ps. 102.3 τὸν ἀφίεντα, vgl. LXX Sir. 2.11 οἰκτίρμων καὶ ἐλεήμων neben ἀφίησιν und σώζει.

> In der Tradition der Barmherzigkeit Gottes (ἔλεος) wird noch im Neuen Testament (mit Bezug auf Formulierungen des Alten) Jesu Leben, Verkündigung und Tod gesehen, so NT Lc. 1.50 · 58 · 72 · 78, Rm. 9,23, Rm. 11,30 · 31.

Gerade im Zusammenhang mit eschatologischen Prophezeiungen wird nicht nur das Richtertum Gottes betont, sondern Gott verheißt auch die *endgültige Vergebung*; besonders an diese Vorstellungen schließt das Neue Testament an.

> LXX Jr. 38.33-34 (aufgenommen NT Hbr. 10.16). "Dies ist der Bund, den ich mit dem Haus Israel nach jenen Tagen schließen will, spricht der Herr: Als Geber werde ich geben meine Gesetze in ihren Geist, und in ihre Herzen werde ich sie schreiben; und ich werde ihr Gott sein, und sie werden mein Volk sein; und sie werden nicht mehr lehren, ein jeder seinen Mitbürger und ein jeder seinen Bruder mit den Worten: Erkenne den Herren; denn alle werden mich kennen, groß und klein, weil ich ihnen ihr Unrecht vergebe und ihrer Sünden gewiß nicht mehr gedenke (οὐ μὴ μνησθῶ)."

Im Lichte dieser Prophezeiung ist es auch Erbarmen Gottes, daß er die schon verfallene *Strafe* des Gerichts *aussetzt* und die verbleibende Zeit Gelegenheit zur Umkehr gibt.

> LXX Is. 54.7 (...) χρόνον μικρὸν κατέλιπόν σε καὶ μετὰ ἐλέους μεγάλου ἐλεήσω σε (...).

> Der "Verzug" des richtenden Gottes wird NT Lc. 13.6-9 in einem der Gleichnisse vom Feigenbaum verdeutlicht: Der Feigenbaum, der keine Frucht bringt, *kann* zwar ausgerissen werden, aber diese Konsequenz ist noch aufgeschoben.

Die Gewißheit und die Kriterien des göttlichen Vergebens sind jedenfalls nicht vorauszusagen. Vielleicht erklärt das auch die sprachliche Zurückhaltung, daß von *zwischenmenschlichem Verzeihen* im Alten Testament verhältnismäßig selten die Rede ist. Dennoch läßt sich erkennen, daß der menschliche Vorgang vom göttlichen her gesehen wird: Wo in den ersten Büchern der Septuaginta um Vergebung gebeten wird, ist der, der gebeten wird, in besonderer Weise mit Gott verbunden, wird aus Ehrerbietung geradezu an dessen Stelle gesetzt. Vergebung ist, wie auch die Einwände gegen Jesus im Neuen Testament zeigen,[12] Privileg Gottes und seiner Auserwählten.

> *LXX* Gn. 50.17. Am Ende der Josefsgeschichte, als Isaak begraben ist, fürchten die Brüder Josefs Vergeltung (Vers 15 μνησικακήσῃ) und behaupten daher, ihr Vater habe ihnen aufgetragen, Josef um Verzeihung zu bitten (῎Αφες; im Schutze dieser Behauptung bitten sie auch in eigenem Namen um Vergebung (δέξαι). Sie unterwerfen sich Josef in aller Form ("Siehe, wir sind deine Knechte"). Josef weist die Unterwerfung zurück; die Pointe in seiner Antwort im Hebräischen ("Bin ich denn an Gottes Statt?") wird zwar in der griechischen Übersetzung abgeschwächt ("Ich gehöre Gott an"), aber seine weiteren Worte machen auch hier klar: Der in Josefs Geschichte Handelnde ist Gott; da dieser sie zum guten wenden wollte, muß auch der böse Plan der Brüder zum guten ausschlagen, und Josef hat ebensowenig etwas zu verzeihen, wie es ihm ansteht, das Urteil zu fällen. – Bei Philon hingegen wird das Verhalten Josefs mit seiner Zusage und geschwisterlichen Liebe begründet (*Ph.* 4.11.7: De Iosepho; das Vokabular meidet hier den religiösen Bezug großenteils: μνησικακία, καταλλαγῶν, ἀμνηστίαν, ἀπαλλαγὴν τῆς κολάσεως ἐχαριζόμην).
>
> Wenn Abigajil David bittet, ihr die Verfehlung zu vergeben, daß sie Nabals Weigerung, Davids Leute zu verpflegen, nicht verhindern konnte (*LXX* 1Rg. 25.28 ἆρον), so ist dies Teil einer sehr bedachten Rede, in der David durch äußerste Demut besänftigt werden soll, also auf jeden Fall eine Geste großer Höflichkeit; aber ohne daß Abigajil selbst davon überzeugt wäre, daß David "des Herren Kriege führt", wäre ihr Auftritt vor ihm wohl nicht zu erklären. Die gleiche Demut oder Höflichkeit aus dem Munde Judits (*LXX* Jdt. 11.5 Δέξαι) hat Schein-Charakter.

Für einen Vergebungsbegriff, der nie nur das Verhältnis zwischen Menschen betrifft, sondern immer auch das zwischen Gott und diesen Menschen, ist auch die Konstellation typisch, daß ein Mensch um Vergebung gebeten wird, weil er Abgesandter Gottes ist und mit dem Betroffenen Gott um Vergebung bitten soll.

> So Mose und Aaron von Pharao nach der Heuschreckenplage (*LXX* Ex. 10.17 προσδέξασθε [...] καὶ προσεύχεσθε) und Samuel von Saul, nachdem dieser den Bann an den Amalekitern nicht vollständig hat vollstrecken lassen (*LXX* 1Rg. 15.25 ἆρον [...] καὶ ἀνάστρεψον).

Mit allen aufgeführten Bitten um menschliches Vergeben wird kein bestimmtes Motiv direkt verbunden, das die Bitte verstärken könnte.

---

[12] *NT* Mc. 2.7, *NT* Mt. 9.3, *NT* Lc. 7.49.

Zwar enthalten die Reden zum Teil solche Elemente (Abigajils Unwissenheit, Sauls promptes Geständnis), aber diese werden parataktisch neben die Bitte gestellt, nicht kausal mit ihr verknüpft. Das Konzept tritt deutlich zutage, wenn man Josephus' Darstellung danebenstellt; bei ihm wird kausal argumentiert: Abigajil bittet "deshalb" um Verzeihung, weil sie die Gesandten nicht gesehen habe (*J. AJ* 6.303 μὴ μνημονεύειν, ἀπελογεῖτο, συγγίγνωσχέ μοι), Saul bittet darum, "denn er werde sich künftig vor Versündigung hüten (*J. AJ* 6.151 συγγίγνωσχε χαὶ πρᾷος ἴσθι)". Nicht zufällig kann Josephus bei seinem rationaleren Verzeihenskonzept auch συγγιγνώσχω benutzen.

Auch der Mensch, der in der Septuaginta die Vergebung gewährt, geht dabei auf die Gründe nicht ein und spricht die Verzeihung nicht als solche an, sondern ihre objektiven Folgen:

Zum Beispiel bittet Schimi David nach der Niederwerfung von Absaloms Aufstand um Verzeihung (*LXX* 2Rg. 19.20 Μὴ διαλογισάσθω χαὶ [...] μὴ μνησθῇς), "weil (ὅτι)" er sein Unrecht erkannt habe. Abischais Einwand gegen diese Begnadigung weist David scharf zurecht, bescheidet Schimi, er werde nicht sterben, begründet sein Verhalten mit seinem neuen Herrschaftsantritt. (In der Darstellung bei Josephus *J. AJ* 7.264 herrscht eine ähnliche Zurückhaltung: In Schimis Rede kommt zwar συγγνῶναι vor; David solle in Rechnung stellen – λογίσασθαι –, daß Schimi seine Verfehlungen bereut habe: μετανοήσας; in Davids Antwort aber ist nur davon die Rede, daß er allen die Bestrafung erlasse: ἀφιέναι τὰς χολάσεις *J. AJ* 7.266.)

Wie schon bei Homeros beobachtet wurde, handelt es sich auch hier um eine Geisteshaltung, in der sich viele "Verzeihens"-Vorgänge dadurch auszeichnen, daß im Gespräch oder Bericht nicht auf sie eingegangen wird. Auch zwischen Menschen wird so "Sünde bedeckt" (vgl. χαλύπτω). Die gleichen Vorgänge werden bei Josephus mit Vokabeln des Verzeihens beschrieben.

Man vergleiche etwa die Begnadigung Merib-Baals (bzw. Mefi-Boschets) *LXX* 2Rg. 19.25-31, die dessen Rechtfertigung und Davids Entscheidung des dadurch entstehenden Rechtskonflikts mit dem ungetreuen Knecht Ziba enthält, mit *J. AJ* 7.271, wo Davids Verhalten mit χαρίσασθαι und συγγιγνώσχειν bezeichnet wird.

Oder man sehe, wie bei Josephus in der Davidsgeschichte die in der Septuaginta in ihrem Verlauf und Ergebnissen beschriebenen Vorgänge ausgedrückt werden: *J. AJ* 6.208 Saul – David συγγνώμην ἂν (...) εἰχότως εὕροιτο, begründet durch die Verdienste des übrigen Lebens (also wie *X. HG* 5.432), *J. AJ* 6.219 Saul – Michal συγγνῶναι (Begründung: χατ' ἀνάγχην), *J. AJ* 7.193 David – Abischalom διαλλάξῃ, συγγνώμης, χαροιχτείρας, συγγνώμην αἰτουμένου, ἀμνηστίαν; dazu gehört *J. AJ* 7.198, wo Davids Empörung darüber geschildert wird, daß Abischalom die erhaltene συγγνώμη nicht in Erinnerung behalten habe; hier wird also die verbreitete Erziehungstheorie (der negativen Ausformung) herangezogen.

Man wird zu dem Urteil kommen, daß für die geringe Anzahl der Belege für zwischenmenschliches Vergeben einerseits der objektivierende

Erzählstil verantwortlich ist, andererseits die Scheu, einem Menschen ein Verhalten zuzuschreiben, das Gott eigen ist, das aber anders als mit den für Gottes Vergeben typischen Vokabeln nicht zu beschreiben ist. Ein grundsätzlicher Widerspruch zwischen dem Geschichtsbild und dem Vorgang des Verzeihens wie bei Herodotos ist nicht zu konstatieren.

Die Septuaginta ist kein nach Entstehungszeit und Vorlage einheitliches Werk; die Übersetzung aus dem Hebräischen und die Entstehung der Apokryphen erstreckte sich über Jahrhunderte.[13] In den später entstandenen Teilen kommt der Wortstamm von συγγνώμη ein paarmal vor, teils in einer Weise, die nur für eine bewußte Reserve in der vorangegangenen Zeit spricht, teils auch einen Wandel der Vorstellung vom menschlichen Verzeihen ankündigend.

Im Vierten Makkabäerbuch tauchen συγγνωμονέω und συγγιγνώσκω in polemischem Gebrauch auf. An beiden Stellen findet eine Auseinandersetzung mit der — wie sich in dieser Untersuchung deutlich gezeigt hat — heidnischen[14] Vorstellung statt, gerade Gott sei derjenige, der sich durch Verzeihen auszeichne, besonders wenn eine Zwangslage herrsche, in diesem Fall: wenn Juden zum Verzehr von Schweine- und Opferfleisch gezwungen würden und deshalb dem göttlichen Gebot zuwiderhandelten, um ihr Leben zu retten.

> Dem Argument des Heiden Antiochus (*LXX* 4Mcc. 5.13 συγγνωμονήσειεν ἄν) wird entgegengehalten, kein Zwang (V. 16 ἀνάγκην) sei zwingender als das göttliche Gebot. Den jüdischen Jünglingen, die für die Eßvorschriften in den Tod gehen, wird bescheinigt, daß ihnen auch nicht ein Gedanke an eine solche Entschuldigung (*LXX* 4Mcc. 8.22 συγγνώσεται δὲ ἡμῶν καὶ ἡ θεία δίκη δι᾽ ἀνάγκην τὸν βασιλέα φοβηθεῖσιν) kam.
>
> Die Argumentation geht recht genau auf die säkulare griechische Auffassung ein: Selbst das göttliche Gesetz (bezeichnenderweise nicht nur als νόμος, sondern auch als δίκη benannt, dem alten Gegenbegriff zur ἐπιείκεια) würde verzeihen, da es seiner Intention nach (ἑκουσίως *LXX* 4Mcc. 8.25) nicht auf den Tod der Betroffenen aus sei.

Ein solch genaues Eingehen auf die möglichen Gegenargumente deutet darauf hin, daß die markierte Gegenposition nicht nur von der heidnischen Seite, sondern auch von bestimmten Kreisen innerhalb Israels vertreten wurde: ein Zeichen der Hellenisierung des Judentums. Der Verfasser markiert seine Abwehr auch dadurch, daß er die typisch heidnische und betont alltägliche Vokabel verwendet.

In anderen Apokryphen zeigt sich die Hellenisierung zwar nicht in der Denkweise, aber im Akzeptabel-Werden der vorher gemiedenen Vokabel.

---

[13] *RE* II Sp. 1588f.

[14] Vor allem *TrGF* Euripides 645.

Das Sirachbuch hat im Prolog eine echte Captatio benevolentiae (*LXX* SirP. 18 συγγνώμην ἔχειν) und legt das Gebot der Elternehrung mit συγγνώμην ἔχε aus: *LXX* Sir. 3.12-13. "Kind, nimm dich deines Vaters im Alter an / und bereite ihm im Leben keinen Kummer; auch wenn ihm der Verstand schwindet, habe Nachsicht / und füge ihm keine Schmach zu in aller deiner Kraft."[15]

Das Weisheitsbuch verwendet συγγνωστός auch für den religiösen Bereich: *LXX* Sap. 6.6 ὁ γὰρ ἐλάχιστος συγγνωστός ἐστιν ἐλέους (...) und *LXX* Sap. 13.8: Auch die, die Gott kennen, sich aber im Anschauen seiner Geschöpfe verlieren, sind nicht συγγνωστοί – eine Steigerung gegenüber der zuerst milderen Kritik V. 6 ἀλλ᾽ ὅμως ἐπὶ τούτοις μέμψις ἐστιν ὀλίγη. Mit dem Wortstamm wird in bekannter Weise ausgegrenzt.

Beim letztgenannten Beleg scheint die Terminologie wiederum auf die Auseinandersetzung mit dem Heidentum ausgerichtet zu sein.

Eindeutig pagane Argumentation findet sich hier allerdings höchstens in der Captatio benevolentiae; die Begründung für zwischenmenschliches Verzeihen liegt in den anderen Belegen nicht in der zu verzeihenden Tat, sondern im Vorbild des vergebenden Gottes. Gewandelt hat sich von den ersten Septuaginta-Büchern her nur die Vorsicht, mit der dort vom menschlichen Vergeben gesprochen worden war: Hier ist es zum Gebot geworden.

LXX Sir. 28.2-7 – allerdings wird der Stamm von συγγνώμη nicht verwendet. "Vergib (ἄφες) deinem Nächsten ein Unrecht, und es werden, wenn du gebunden bist, deine Verfehlungen vergeben werden (λυθήσονται). Ein Mensch behält gegen den anderen Menschen seinen Zorn, und beim Herrn sucht er Heilung; gegen einen Menschen, der ihm gleich ist, hat er kein Mitleid (ἔλεος) und bittet doch für seine Sünde; er selbst ist Fleisch und behält seinen Zorn – wer wird seine Sünden vergeben (ἐξιλάσεται)? Bedenke das Ende und höre auf zu hassen, ⟨dies bringt⟩ Verderben und Tod; bleibe bei den Geboten. Gedenke der Gebote und drohe nicht deinem Nächsten, und ⟨bedenke⟩ den Bund mit dem Höchsten und verzeih die Unwissenheit (πάριδε ἄγνοιαν)."

In diesem Abschnitt wird göttliches und menschliches Vergeben

---

[15] Neben solch theologisch determinierter συγγνώμη kennt das Sirachbuch eine Versöhnung (διαλλαγή), die offenbar gänzlich säkular gedacht wird: Das Wort taucht zweimal in Priamelformeln auf, in denen einer Kette von Vergehen, nach denen es noch möglich sei, eine Freundschaft zu heilen, das Vergehen gegenübergestellt wird, das die Freundschaft zerstört (*LXX* Sir. 22.22 und 27.21). Hier wird ethisch argumentiert im Sinne der Weisheitsliteratur, ohne eine Voraussetzung außerhalb des menschlichen Bereichs. διαλλαγή und verwandte Ableitungen werden in der Bibel gerne für zwischenmenschliche Vorgänge verwendet (so *LXX* 1Rg. 29.4, 1Esr. 4.31, Jdc. 19.3; außerhalb der Bibel etwa *Callinicus* v. Hyp. 75.27), und wie außerhalb der Bibel kann man hier oft nicht sicher sein, ob es sich um Verzeihen oder eine andere Beilegung eines Konflikts handelt. Ausführlich zu δι- und καταλλάσσω *Breytenbach* S. 45-104.

parataktisch nebeneinandergestellt, genauer gesagt: es besteht entweder ein Widerspruch zwischen menschlichem Nicht-Vergeben und erbetener göttlicher Vergebung in der Zukunft oder eine Parallelität zwischen dem jetzt und für die Zukunft im Imperativ geforderten menschlichen und dem futurisch in Aussicht gestellten göttlichen Vergeben. Ähnlich wie einmal bei Gregorios von Nyssa (s. u.) gleicht die Denkfigur dem Motiv in der heidnischen Gerichtsrhetorik: "kein Mitleid mit den Mitleidslosen"; die Motivation zu diesem Appell entspringt dagegen der von Gott erwarteten Vergebung. Wie (gar nicht viel später) im Neuen Testament erhebt sich dabei die Frage, ob Menschen vergeben sollen, weil — oder damit ihnen Gott vergeben wird. Im Kontext des Neuen Testaments läßt sich diese Frage eingehender untersuchen.

3. Neutestamentlicher Vergebungsbegriff

Das Gebot, dem Nächsten seine Verfehlung zu verzeihen, erhält im Neuen Testament noch eine grundsätzlichere Form als im Alten. Erhalten bleibt das Charakteristikum, daß menschliches Verzeihen von der göttlichen Sündenvergebung her gedacht wird; nach wie vor ist die göttliche Aktion der menschlichen vorgeordnet und wird der menschliche Vorgang nicht psychologisch gedeutet, nicht zur Erlangung der göttlichen Vergebung instrumentalisiert und nicht von der Erfüllung bestimmter Kriterien abhängig gemacht (jedenfalls der Tendenz der Verkündigung Jesu nach). Die Vorstellung der Sündenvergebung selbst aber wird, im Anschluß an die Heilungs-Vorstellung und eschatologische Traditionen, in einem solchen Maße aktualisiert, daß auch das menschliche Verzeihensgebot eine neue Dynamik erhält. Die Anknüpfung an bestimmte sozialpolitische Konzepte des Alten Testaments verhindert, daß die neue religiöse Erfahrung in soziale Unverbindlichkeit führt.

Das Gebot zwischenmenschlichen Vergebens wird in Paulinischen Briefen folgendermaßen formuliert:

> *NT* Eph. 4.32. "Vergebt einander [w.: werdet (...) solche, die einander vergeben] (χαριζόμενοι ἑαυτοῖς), wie auch Gott euch in Christus vergeben hat."[16]

---

[16] Zur Übersetzung: χαρίζομαι wird ähnlich *NT* Col. 3.13 benutzt, für göttliches Vergeben *NT* Col. 2.13 und *J. AJ* 6.144. Im *EWNT* s. v. wird für diese Stelle erwogen, daß nicht von Schuld die Rede sei, sondern "seid freundlich"; da dies aber schon durch χρηστοί ausgedrückt wird und die Parallele zu Christi Verhalten dadurch nicht deutlicher wird, nehme ich an, daß hier ausnahmsweise die Bezeichnung für den menschlichen Vorgang auf den göttlichen übertragen wurde. So auch *Bauer/Aland* s. v. 2.

Ähnlich wie *LXX* Sir. 28.2-7 wird menschliches und göttliches Vergeben syntaktisch parallelisiert (zwar nicht durch Parataxe, aber durch einen Vergleichssatz); Gottes Vergebung ist hier jedoch eine im Christusgeschehen bereits vollzogene. Hier ist die Frage entschieden, "ob Menschen vergeben sollen, weil — oder damit ihnen Gott vergibt": Er hat vergeben; die menschliche Vergebung wird offenbar gefordert, weil die Erfahrung der Zuwendung Gottes vorausgeht; das "wie" ist in ein "weil" aufzulösen.[17] Eine Nachahmung Gottes (vgl. *NT* Eph. 5.1) wird als möglich angesehen (freilich ohne daß sie an dieser Stelle erläutert wird). Diese Deutung scheint der jesuanischen Tradition, auf der sie gründet, am besten zu entsprechen, wie im folgenden dargelegt werden soll.[18]

Daß das zitierte "wie" als "weil" zu verstehen ist, ist nämlich nicht an allen vergleichbaren Stellen des Neuen Testaments offensichtlich; es zeigt sich aber deutlich im Gleichnis vom Schalksknecht.

> *NT* Mt. 18.23-35. Der Knecht, der dem König eine ungeheuerlich große Summe schuldet, bekommt sie von diesem auf seine Bitte (V. 26 μακροθύμησον) hin erlassen (V. 27 ἀφῆκεν αὐτῷ), ohne daß dies an eine Bedingung oder Voraussetzung geknüpft wird; erst als er aufgrund dieser Erfahrung des Schuld(en)erlasses dem Mitknecht die viel kleinere Schuld nicht erläßt, zieht der König seinen Gnadenerweis zurück.
>
> Für die Terminologie ist wieder einmal bezeichnend, daß der in der Bibel fehlende Hinweis auf συγγνώμη von anderen Schriftstellern unbefangen gegeben wird, in diesem Fall *Chrys.* ep. ex. 10.16 συγγνώμης οὐδεμιᾶς οὐδὲ ἀπολογίας ἀπέλαθεν neben συγχώρησιν, ἄφεσιν, ἡ τοῦ θεοῦ φιλανθρωπία.

Konstitutiv für das Gleichnis ist einerseits das Angebot umfassender, bedingungloser Vergebung von seiten Gottes. Dieses schließt an die eschatologischen Verheißungen des Alten Testaments (s. o.) an; die von Jesus verkündete Basileia Gottes ist Manifestation dieses eschatologischen Gottes.

> Zur theologischen Deutung des Gleichnisses halte ich die Ausführungen von *Merklein* (S. 237-42) für sehr wichtig. Merklein macht (wie auch Kommentare

---

[17] Hier wird die Haupttendenz anders gesehen als bei *Arendt* S. 234: "Nach dem Evangelium soll der Mensch nicht vergeben, weil Gott vergibt und er gleichermaßen handeln müsse, sondern umgekehrt (...)."

[18] Auch im Neuen Testament könnte man verschiedene Begriffe von Vergebung einfach nebeneinanderstellen. Stärker als bei der Septuaginta soll hier eine bestimmte Linie besonders herausgearbeitet werden, nämlich die rekonstruierte Tendenz der historischen Jesus-Predigt und der frühchristlichen Gemeinden, allerdings mit Hinweisen auf andere Tendenzen im Neuen Testament. Die "ursprüngliche" Tendenz ist für den Vergleich mit dem Verzeihensbegriff συγγνώμη besonders fruchtbar, da sie einer Hellenisierung am wenigsten unterworfen war.

zum Matthäus-Evangelium) auf die riesige Schuldsumme des unbarmherzigen Knechts aufmerksam: 10 000 Talente sind selbst für den Satrapen einer Provinz enorme Summe. (Nach einem mündlichen Hinweis von Martin Leutzsch läßt sich allerdings aus zeitgenössischen Dokumenten die Behauptung der Kommentare widerlegen, daß sie alle Realität überstiege.) Für den Hörer des Gleichnisses ist der Erlaß einer solchen Riesensumme wesentlich ungewöhnlicher als die fast normale zweite Szene, in der der Gläubiger ins Gefängnis geworfen wird, bis er seine Schuld abgearbeitet hat oder durch seine Verwandten losgekauft wird (s. u.); erst durch den Kontrast zwischen der riesengroßen Barmherzigkeit, die der Knecht erfahren hat, und der Unbarmherzigkeit, mit der er auf sein Recht pocht, ist der Hörer genötigt, diesen Rechtsstandpunkt zu verurteilen. Für den Hörer der Parabel wird ein Verhalten, das er sonst als normal ansehen würde, verurteilenswert auf dem Hintergrund der empfangenen unvorstellbaren Barmherzigkeit.

Wesentlich ist Merkleins Hinweis auf den *eschatologisch* handelnden Gott. Er kann sich bei diesem Gleichnis darauf stützen, daß es sich um ein Beispiel für die Basileia Gottes handelt (*NT* Mt. 18.23). Die Parabel handelt von der unermeßlichen Barmherzigkeit und Güte des eschatologisch handelnden Gottes, "wie sie jetzt in der Verkündigung Jesu den Menschen zugesprochen und zugehandelt wird und in der apriorischen Vergebung der Schuld des Sünders ihren deutlichsten Ausdruck findet" (*Merklein* S. 240).

Der andere Skopus des Gleichnisses: Der Christ, dem von Gott die große Sündenlast vergeben ist, soll dem Mitmenschen in der gleichen Weise die in jedem Fall viel geringfügigere Schuld vergeben; andernfalls hätte er die ihm angebotene Gnade noch gar nicht angenommen. Als Ethik Jesu erweist Merklein das Prinzip:

> (*Merklein* S. 242.) "Wo Gott sich radikal dem Menschen zuwendet, muß und kann der Mensch seinerseits sich nur radikal dem Menschen zuwenden."

Das Gleichnis wendet sich an Menschen, "welche die in Jesus jetzt offenbare Güte nicht nur kennengelernt, sondern selbst erfahren haben" (*Merklein* S. 241); für sie soll es selbstverständlich werden, auf ihr Recht nicht stur zu pochen; dafür wirbt die Geschichte in erster Linie, ihr Skopus ist, daß solch barmherziges (nach dem Zusammenhang bei Matthäus und dem Gehalt der Parabel darf man ruhig sagen: verzeihendes) Verhalten im Lichte der erfahrenen Güte Gottes das Gegebene, das jetzt Selbstverständliche ist, das an den Tag gelegt werden soll und auch kann.

Nur "im Unterton" schwingt eine Mahnung mit, nicht im Sinne einer Drohung: "Wenn du nicht barmherzig bist, wirst du bestraft!" (*Merklein* S. 241.)

Bei vielen neutestamentlichen Gleichnissen und Herrenworten läßt sich aufzeigen, daß die positive Werbung für die Basileia Gottes im Vordergrund der Verkündigung Jesu steht gegenüber den drohenden Elementen (wie hier) und erst recht vor einer erneuten gesetzmäßigen Festlegung. Die radikale Zuwendung Gottes in der mit Jesu Verkündigung angebrochenen Gottesherrschaft ist nicht abhängig von einem vorhergehenden Verhalten des Menschen, auch nicht dessen eigenem Verzeihen, erst die erfahrene Güte Gottes ergibt die Möglichkeit und Notwendigkeit des entsprechenden menschlichen Verhaltens; diese Notwendigkeit wird allerdings durch den Gerichtsgedanken mit größtem Ernst unterstrichen.

Bei der Predigt des vergebenden Gottes, die das Neue Testament bestimmt, ist dieser Zug der Strenge allerdings nicht zu übersehen. Auch hier gibt es die unvergebbare Sünde (*NT* Mc. 3.29 οὐκ ἔχει ἄφεσιν, *NT* Mt. 12.32 οὐκ ἀφεθήσεται αὐτῷ, *NT* Lc. οὐκ ἀφεθήσεται). Die Jünger entscheiden in der Stellvertretung Gottes über Vergebung und Nichtvergeben.

> *ThBNT* Bd. 3 S. 1266: "Daß es sich wirklich um diese je neue Verwirklichung in der konkreten Situation des Entweder-Oder und nicht um eine zeitlose Anwendung der Vergebung handelt, zeigt neben dem Vergebung das 'Zurückhalten' (κρατέω [...] als Gegensatz zu ἀφίημι [...] Joh 20,23; vgl. Mt 18,18 und 16,19), ohne welches die Vergebung in Gefahr stände, zu einer Spielerei zu werden (vgl. dazu 1Kor 5,1-5; Mt 12,30ff par; Apg 5,1-11; 1Joh 5,16f; Hebr 6,4; 10,26 – letztere Stellen in der Auseinandersetzung mit der wiederum konkreten Frage von Abfall und erneuter Buße, die später der Hirt des Hermas wieder aufnimmt)."[19]

Die Vergebungsbereitschaft des barmherzigen, liebenden, den Menschen zugewandten Gottes hat also dort ihre Grenzen, wo der Mensch sich weigert, sie anzunehmen, nach dem Gleichnis vom Schalksknecht aber auch dort, wo er nicht bereit ist, sie an den Mitmenschen weiterzugeben.

Die ethische Forderung dieses Gleichnisses ist alles andere als unverbindlich. Die Situation des verschuldeten "Mitknechts" spiegelte die Lebenssituation breiter Schichten in Israel wider. Sieht man die juristisch-ökonomische Terminologie mehrerer Gleichnisse Jesu[20] und des Vaterunsers für göttliches und menschliches Vergeben auf dem Hintergrund der ökonomischen Verhältnisse zur Zeit Jesu, so wird klar, wie aktuell die Botschaft Jesu, Schulden seien "dazu da, erlassen zu werden", bei seinen Hörern sein mußte.[21] Entsprechend dringlich war das Gebot, dem Mitmenschen ebenso wie die Schulden auch "die Schuld" zu vergeben.

Nach *Goodman* verschärften sich die Gegensätze innerhalb der jüdischen Gesellschaft im ersten Jahrhundert, die zum Aufstand gegen die römische Herrschaft führte, unter anderem deshalb, weil durch die Tempelabgaben und

---

[19] Es sei auch (für die weiter unten folgende Erörterung) auf Abschnitt d) auf derselben Seite des *ThBNT*, der die Rolle von Buße und Sündenbekenntnis betrifft, hingewiesen.

[20] Vgl. auch den Kontext von *NT* Lc. 7.47 · **48** · **49**.

[21] *Leutzsch* S. 27. Die folgende Darstellung stützt sich auf *Leutzsch*, *Kippenberg* S. 171-80, *Goodman*, *Lachs*, *Fensham*.

-spenden sowie die Herodianischen Stiftungen ein Überfluß an Kapital in den reichen Bevölkerungsschichten entstand, den zu investieren ein Problem darstellte, da bestimmte Formen der Schaustellung des Reichtums in der jüdischen Gesellschaft nicht akzeptiert waren. Es entstand von seiten der Reichen einerseits ein Bedürfnis nach Landerwerb, andererseits ein reichliches Angebot an Krediten. Beide Faktoren führten zu einer weitreichenden Verschuldung und Verarmung der armen Schichten, sowohl der Stadt- als auch der Landbevölkerung. Die Aufnahme von Krediten wurde einerseits für Besitzlose notwendig, um den Lebensunterhalt zu fristen, andererseits für Kleinbauern zum Erwerb von Saatgut und dergleichen. Die Gewährung eines Kredits konnte für den Verleihenden auf dreierlei Art Nutzen ergeben (*Goodman, Leutzsch*): erstens die hohen Zinsen, die vereinbart wurden; zweitens den Erwerb des Landes, das oft als Sicherheit für den Fall der Insolvenz eingesetzt wurde; schließlich die persönliche Haftung des Schuldners bei Insolvenz, sei es durch Schuldknechtschaft, bei der er oder Familienangehörige von ihm die Schuld abarbeiten mußten, sei es als Schuldgefangenschaft, durch die die Angehörigen zur Auslösung des Schuldners erpreßt wurden; möglich, wenn auch vielleicht nicht so häufig, war der Verkauf (*Goodman* S. 424f., *Strack/Billerbeck* S. 797f.) oder Selbstverkauf (*Leutzsch* S. 25) des Schuldners als Sklave.

Der tatsächlichen Verschuldung und Verarmung breiter Schichten, zu der auch in anderen antiken Gesellschaften ähnliche Voraussetzungen bestanden, stand ein spezifisch jüdisches Modell entgegen, das verhindern sollte, daß Juden von Juden in einem solchen Maße abhängig wurden, die Einrichtung des Sabbatjahres: Alle sieben Jahre sollten finanzielle Schulden erlassen und Schuldknechtschaft und -gefangenschaft aufgehoben werden (siehe *LXX* Dt. 15.1 + 2, *LXX* Dt. 15.12-15, *LXX* Lv. cap. 25). Dieses "Erlaßjahr" (hebr. *jobel* und *sch^emitāh bzw. schāmaṭ*) wird griechisch mit ἄφεσις übersetzt.[22]

Zur Zeit Jesu wurde jedoch eine Gesetzesänderung vollzogen, die die Gültigkeit der Schulden über das Sabbatjahr hinaus ermöglichte, die Einrichtung der Prosbul.[23] Gegen diese Neuerung bezieht das Evangelium deutlich Stellung, gerade auch im Vaterunser.

Wenn im Vaterunser Gott um Erlassung der Schulden gebeten und parallel dazu die Erlassung zwischenmenschlicher Schulden versichert wird, so geht dies besonders in der Formulierung bei Matthäus direkt auf die Regelung des Sabbatjahres *LXX* Dt. 15.1-2 zurück; dort wird die dem Menschen zu vergebende Schuld als "Schulden" (ὀφειλήματα *NT* Mt. 6.12, vgl. im Gleichnis ὀφειλὴν *NT* Mt. 18.32) angesprochen, der Mitmensch unter den ὀφειλέταις. Die Formulierung bei Lukas (*NT* Lc. 11.4) kommt dem Verständnis der heidnischen Adressaten

---

[22] *EWNT* Bd. 1 Sp. 438.

[23] Dazu *Goodman* und *Lachs*; das Wort ist ein griechisches Lehnwort im Hebräischen.

entgegen, indem sie von dem ὀφείλοντι nur auf der menschlichen Seite spricht.[24]

Eine grundlegende Umorientierung im ökonomischen Bereich ist mit dem Vaterunser ebenso geboten wie eine neue Einstellung zu den Verfehlungen des Mitmenschen. Diese Orientierung setzt bereits eine Tradition des Alten Testaments fort.

> *LXX* Is. 58.6. "Nicht derartiges Fasten habe ich auserlesen, spricht der Herr, sondern löse alle Fessel der Ungerechtigkeit, zertrenne die Fesseln gewaltsamer Verträge, schicke Verwundete fort in Befreiung (ἐν ἀφήσει), und alle ungerechte Anklage zerstreue (...)."

> *Kippenberg* S. 178 wehrt auch vom Bericht über die Ausrufung des Jobeljahres durch Jesus (*NT* Lc. 4.18) bei der Lesung der Perikope *LXX* Is. 61,1f. die bloß bildliche Deutung ab: Der Einschub von *LXX* Is. 58.6 mache deutlich, "daß es um gesellschaftliche Befreiung aus Schuldknechtschaft geht".

Von ähnlicher "Handhaftigkeit" wie die ökonomische Metaphorik ist die (in der kultischen Grundsituation schon immer gegebene) Konkretion in der Heilung körperlicher Gebrechen, die in der Überlieferung von Jesu Wirken dominieren (die Identität von Heilung und Vergebung ausdrücklich *NT* Mc. 2.5 · 9, *NT* Mt. 9.2 · 5); Belege für die Auffassung der Vergebung als Heilung wurden auch in den vorigen Unterkapiteln aufgeführt.

Der großen Aktualität bedingungsloser Schuld(en)-Vergebung stand allerdings ein Interesse entgegen, göttliche und menschliche Vergebung in ein Verhältnis von Zweck und Mittel zu bringen; es gibt nicht wenige Bibelstellen, die es nahelegen, den Satz "Vergebt einander, wie auch Gott euch in Christus vergeben hat" als "Vergebt einander, damit auch Gott euch vergibt" zu explizieren. Einige Belege mit Verzeihens-problematik, so auch in der Umgebung des Vaterunsers, haben sogar explizit "damit":

> *NT* Mc. 11.25. "Und wenn ihr steht im Gebet, so vergebt (ἄφετε), wenn ihr etwas gegen einen habt, damit (ἵνα) auch euer Vater im Himmel euch eure Verfehlungen vergibt (ἀφῆ)."

> *NT* Mt. 7.1 μὴ κρίνετε, ἵνα μὴ κριθῆτε (...).

> Eine Parallelstelle führt dies in der neutraleren Parataxe an: *NT* Lc. 6.37. "Und richtet nicht, und ihr werdet nicht gerichtet; und verurteilt nicht, und ihr werdet nicht verurteilt. Vergebt, und euch wird vergeben werden (ἀπολύετε καὶ ἀπολυθήσεσθε); gebt, und euch wird gegeben werden (...)."[25]

---

[24] Siehe zum Textvergleich *Fensham* und *Lachs*. Auch *Davies/Allison* S. 611 nehmen an, Lukas habe seinen nichtjüdischen Adressaten zuliebe die Anwendung des Terminus ὀφείλοντι eingeschränkt.

[25] Entsprechend das Nebeneinander in frühchristlichen Fassungen und Zitaten: *Apost. Vät.*: 1Clm. 13.2 ἀφίετε, ἵνα ἀφεθῇ ὑμῖν, *Apost. Vät.*: Polyc. ep. 3.2: ἀφίετε,

Was bei Markus als Zweck erscheint, wirkt bei Matthäus als Folge:

> *NT* Mt. 6.14 • 15. "Denn wenn ihr den Menschen ihre Verfehlungen
> vergebt (ἀφῆτε), wird auch euch euer himmlischer Vater vergeben
> (ἀφήσει), wenn ihr aber nicht vergebt (ἀφῆτε), wird auch euer himmlischer
> Vater eure Verfehlungen nicht vergeben (ἀφήσει)."

Im Vaterunser, das mit diesen Versen erläutert wird, ist das
menschliche Vergeben dem göttlichen zeitlich vorgeordnet:

> *NT* Mt. 6.12. "Und vergib (ἄφες) uns unsere Schuld, wie auch wir
> unseren Schuldnern vergeben haben (ἀφήκαμεν)."

Dem Sinn der Verkündigung Jesu nach sollte diese zeitliche Folge den
Sitz im Leben anzeigen: Das Gebet "vor dem Altar", das (wie der
Schalksknecht des Gleichnisses) um die Vergebung der großen Schuld
bittet, soll nach *NT* Mt. 5.23 nicht gesprochen werden, solange die klei-
nen Schulden unter den Menschen nicht erlassen worden sind.[26] In der
Vaterunser-Fassung des Lukas-Evangeliums wird allerdings der Kausal-
zusammenhang sehr in Richtung auf ein "Menschen vergeben, damit ihnen
Gott vergibt" verschoben:

> *NT* Lc. 11.4. "Und vergib (ἄφες) uns unsere Sünden, denn auch wir selbst
> vergeben (ἀφίομεν) jedem, der uns schuldig ist."

Die Versöhnung mit dem Bruder *vor* dem Opfer schärft auch *NT* Mt. 5.24
(διαλλάγηθι) ein. Im folgenden Vers wird drohend auf das Gefängnis des
Schalksknechts angespielt:[27] Noch auf dem Wege soll daher die Versöhnung
stattfinden. Das ergibt ebenfalls eine Zweckperspektive: Man unterläßt die
Versöhnung mit dem Bruder nicht, um nicht von Gott bestraft zu werden.

Eine altkirchliche Ermahnung, die Voraussetzung zur Bitte des Vaterunsers (in
der Fassung des Lukas-Evangeliums) zu erwerben, indem man den ὁμοδούλοις
(das Gleichnis vom Schalksknecht wird also einbezogen) vor dem Gebet verzeiht
(προαφέντας), findet sich bei Kyrillos von Alexandrien (*Lukas-Katenen* C I 131.4
• 12). Vgl. auch die unten zitierte Stelle *Greg. Nyss.* 9: Usur. 201.22.

Nach *Rordorf* sind die beiden Formen des Vaterunsers liturgisch und
exegetisch verwendet worden: Die Vergebung unter den Gemeinde-
gliedern hatte ihren festen Platz im Gottesdienst.

Im Vergleich zur ökonomischen Neuordnung, auf die die Deutungen von
Leutzsch, Kippenberg und *Lachs* abzielen, sind die konkreten Folgerungen nach

---

καὶ ἀφεθήσεται ὑμῖν, ἐλεᾶτε, ἵνα ἐλεηθῆτε (...) *Apost. Vät.*: Did. 8.2 ἄφες ...
τὴν ὀφειλὴν ..., ὡς ... ἀφίεμεν τοῖς ἠφελέταις.

[26] So auch *Davies/Allison* S. 611: "God's forgiveness, although it cannot be
merited, must be received, and it cannot be received by those without the will to
forgive others." Allerdings halten *Davies/Allison* (S. 611) den Aorist für wahrscheinlich redaktionell (S. 612 zur möglichen aramäischen Vorlage).

[27] Nach *EWNT* Bd. 3 Sp. 1056.

Rordorf (S. 237ff.) recht unverbindlich: Das Perfekt ἀφήκαμεν entspreche einer besonderen liturgischen Tradition, nämlich daß der sogenannte Friedenskuß als Ausdruck der Vergebensbereitschaft nach den Liturgien der Ostkirche getauscht wurde, *bevor* das Vaterunser gebetet wurde, im Abendland dagegen auf die Rezitation des Vaterunsers *folgte*, das bezeichnenderweise in der lukanischen Fassung, also ohne Perfekt, gebraucht wurde. Dieser Unterschied habe sich auch in der Textgeschichte und Exegese in beiden Kirchen fortgesetzt.

Wenn sich in der Verknüpfung von göttlichem und menschlichem Vergeben unterschiedliche Tendenzen zeigen, so läßt sich dieser Widerspruch allerdings abschwächen, wenn man bedenkt, daß mit der eschatologischen Ausrichtung[28] für die nachösterliche Gemeinde eine Zeitdifferenz gegeben ist: Die Vergebung, das Heil, das Gott den Menschen durch Jesus Christus zusagt, ist im Rahmen des irdischen Lebens noch nicht evident; der Glaubende weiß zwar, daß es schon jetzt wirksam ist, aber er könnte es nicht beweisen. In seiner zeitlichen Perspektive kann er nur bestrebt sein, das zu tun, was er als Gottes Willen erkennt, so zum Beispiel seinem Mitmenschen verzeihen. Er wird sich dabei mit Paulus bewußt sein, die geforderte Liebe schuldig zu bleiben (*NT* Rm. 13.8).

Ähnlich wie bei der Zweckausrichtung des menschlichen Vergebens liegt auch die Deutung nahe, man könne bestimmte erkennbare Verhaltensweisen, die mit der religiösen Erfahrung verbunden sind, zu Kriterien machen, wann ein Christ dem anderen verzeihen müsse: Solche Kriterien sind Bekenntnis, Bitte, Reue oder Buße. Ein anderes Gleichnis, das des Verlorenen Sohnes (*NT* Lc. 15.11–32), kann aber in dieser Frage einen Maßstab für das Neue Testament setzen.

˝Ein schier unausrottbarer Topos der Auslegung besteht in der Behauptung, das Gleichnis spreche von der ˈUmkehrˈ (μετάνοια) des Sohnes˝ (*Merklein* S. 195). Demgegenüber macht Merklein geltend, daß der Vater den Sohn schon durch den Kuß annimmt, bevor dieser ein Sündenbekenntnis abgelegt hat. Von einer inneren Umkehr des Sohnes lasse sich zwar sprechen: Er gehe in sich (V. 17a) und wisse, daß ihn nur noch das Bekenntnis seiner verlorenen Schuld retten könne (V. 18f.); aber im Mittelpunkt des Gleichnisses stehe die Freude des Vaters über die Rückkehr des Sohnes. Die Parabel wirbt nach *Merklein* bei den Hörern um ein Verständnis ˝für ein zunächst ungewohntes Verhalten Gottes gegenüber dem Sünder˝ (*Merklein* S. 195). Merklein wertet das Gleichnis so, wie es bei Lukas in die Komposition eingefügt ist, als Antwort auf das Murren seiner Zuhörer über Jesu Umgang mit Sündern, das Lukas am Beginn des Kapitels darstellt. Nur so kann er die Zweigipfeligkeit des Gleichnisses, nämlich die doppelte Bekundung der Freude (V. 24 und 32), einer gemeinsamen Aussage zuordnen.

An der Voraussetzungslosigkeit des väterlichen Vergebens ist festzuhalten; die Gestalt des älteren Sohnes ermöglicht gerade, daß

---

[28] Eschatologischer Hintergrund des Vaterunsers: *Davies/Allison* S. 612.

der Vater seine bedingungslose Freude über die Rückkehr des Sohnes begründet.[29]

Überflüssig ist in der Parabel aber auch nicht die Perpektive des verlorenen Sohnes. Die Wirkung des Gleichnisses ist gegenüber den Gleichnissen, die von der Freude über das Wiederfinden des verlorenen Groschen oder Schafes erzählen (*NT* Lc. 15.3-10), dadurch vertieft, daß der Abstieg des verlorenen Sohnes so plastisch vor Augen geführt wird. Es ist ein überzeugend verkehrtes Leben, aus dem der Sohn zu seinem Vater zurückkehrt; dieses wird exemplarisch geschildert und stellt ein Identifikationsangebot für den sündigen Menschen dar.[30]

Wenn die Reue des Sohnes auch offenbar nicht Bedingung des väterlichen Verzeihens ist, so läßt doch ein derartig verfehltes Leben kaum eine andere Reaktion zu. Der Hörer, der sich mit dem Sohn identifiziert, erfährt unmittelbar darauf die erlösende Wirkung des Schrittes zur Umkehr: Nicht nur, daß der Vater verzeiht, er setzt den Verlorenen in alle Rechte des Sohnes ein, ja erweist ihm eine Liebe, die selbst ein im Hause des Vaters gebliebener Sohn so deutlich noch nicht erfahren hat. Durch die Identifikation mit dem Sohn wird die übergroße Liebe des Vaters für den Zuhörer erfahrbar, und aus dieser Perspektive ist Vergebung ohne Umkehr, Reue und Bitte des Sünders nicht mehr denkbar.

Von der Erfahrbarkeit und Wahrnehmbarkeit der von Gott geschenkten Vergebung hängt also die Bedeutung der Reue ab. Der Eindruck, Reue und Buße seien Voraussetzung der Vergebung, entsteht leicht, da Vergebung ohne sie nicht erfahren wird. Durch Reue ermöglicht wird das spontane Erbarmen des vergebenden Gottes ebensowenig wie durch das verzeihende Verhalten des Menschen zu seinem Mitmenschen; beides wird durch das Wirken der βασιλεία θεοῦ erst ermöglicht. Und doch scheinen die menschlichen Verhaltensweisen dem göttlichen Tun vorauszugehen; das menschliche Verhalten ist als Imperativ formulierbar, z. B.

(*NT* Act. 8.22) μετανόησον οὖν ἀπὸ τῆς κακίας ταύτης (...).

Was diese μετάνοια ist: Reue (als innere Haltung) oder tätige

---

[29] *Jülicher* 2. Teil, S. 353-58 mußte noch begründen, daß das Verhalten des älteren Sohnes, mit Ausnahme seiner mangelnden Mitfreude, keinerlei Kritik ausgesetzt ist. Er arbeitet einleuchtend heraus, daß das Gespräch mit dem älteren Sohn das Verhalten des Vaters beim ersten Handlungshöhepunkt zu begründen veranlaßt, was die Pointe noch zuspitzt (S. 361).

[30] Vgl. *Jülicher* S. 365: Das Gleichnis ermutige Sünder, aus der Perspektive des Sohnes heraus die Umkehr zu wagen.

Besserung, eben "Buße", ist im neutestamentlichen Sprachgebrauch nicht genau zu unterscheiden, sondern wird als untrennbar angesehen, als natürliche Reaktion auf das Erfahrene gefordert. Ob Reue in diesem Sinne gepredigt wird zur Ermöglichung der Vergebung oder umgekehrt die Vergebung zur Ermöglichung der Reue, schwankt bei der Wiedergabe der Botschaft Jesu und Johannes des Täufers.

Johannes verkündet ein βάπτισμα μετανοίας εἰς ἄφεσιν ἁμαρτιῶν (*NT* Mc. 1.4 = *NT* Lc. 3.3), in Jesu Namen soll μετάνοια (...) εἰς ἄφεσιν ἁμαρτιῶν verkündet werden (*NT* Lc. 24.47). Die Apostel bezeugen vor dem Synhedrion, Gott habe Christus zu seiner Rechten erhöht [τοῦ] δοῦναι μετάνοιαν τῷ Ἰσραὴλ καὶ [!] ἄφεσιν ἁμαρτιῶν (*NT* Act. 5.31). Gerade in der Apostelgeschichte finden sich die verschiedensten Zusammenstellungen, bei Petrus in der Pfingstpredigt beispielsweise μετανοήσατε καὶ βαπτισθήτω ἕκαστος ὑμῶν ἐπὶ τῷ ὀνόματι Ἰησοῦ Χριστοῦ εἰς ἄφεσιν τῶν ἁμαρτιῶν ὑμῶν (...) (*NT* Act. 2.38). In der Predigt des Paulus auf dem Areopag geht die vergebende, nämlich in diesem Falle aufschiebende Haltung Gottes (*NT* Act. 17.30 ὑπεριδὼν), dem Befehl zur Buße (μετανοεῖν) voraus. Die Vergebung wird aber auch verkündet ohne jeden Hinweis auf μετάνοια (*NT* Act. 10.43, Act. 13.38, Act. 26.18); der Hinweis auf sie fehlt beim Abendmahl (*NT* Mt. 26.28) und im eschatologisch verstanden Zitat von *LXX* Is. 61.1f. (*NT* Lc. 4.18 ἐν ἀφέσει).

Entsprechend schwankt die Aussage des Neuen Testaments dort, wo es um menschliches Vergeben und Reue als seine Bedingung geht.

NT Mt. 18.21f. Dem Gleichnis vom Schalksknecht geht bei Matthäus die Frage des Petrus voraus, wie oft er seinem Bruder[31] vergeben müsse, wenn dieser sich immer wieder gegen ihn versündige. Petrus spricht von siebenmal und greift damit schon sehr hoch.[32] In Jesu Antwort wird dies jedoch noch weit überboten: nicht siebenmal, sondern siebenundsiebzigmal.[33]

Während die Fragestellung des Petrus der Redaktion des Matthäus

---

[31] Gemeint ist jedes Gemeindeglied, vgl. *Frankemölle* S. 182. Es läßt sich natürlich fragen, wie weit das Liebesgebot und damit das Verzeihen eingeschränkt werden darf, vgl. *Weder*. Bei der paganen Parallele *Plu*. 489d: De fraterno amore (unten erwähnt) ist dagegen der leibliche Bruder gemeint.

[32] *Strack/Billerbeck* S. 795-97 weisen allerdings nach, daß die Belege, die dafür angeführt wurden, daß ein Mensch nach jüdischem Verständnis nur zwei- oder dreimal (für ein gleiches Vergehen) vergeben müsse, sich in Wahrheit auf Gottes Vergebung beziehen; die Folgerung, daß auch der Mensch nicht zu mehr verpflichtet sei, finde sich nirgends ausdrücklich.

[33] Die Bedeutung von ἑβδομηκοντάκις ἑπτά – "77mal" (*Merklein* S. 247) oder "490mal" (*Strack/Billerbeck* S. 797) – ist strittig; deutlich ist die Angabe als Gegenbild zum Lamechlied *LXX* Gn. 4.24 gemeint, wo die Septuaginta denselben Ausdruck, ebenfalls als Gegensatz zu "siebenmal", verwendet. *Merklein* faßt auch "77mal" als "unbegrenzte Vergebungsbereitschaft" auf.

zugeschrieben wird.[34] wird aus *NT* Mt. 18.15 + 22 und *NT* Lc. 17.3 ein Spruch der Logienquelle Q rekonstruiert, bei der die Einsicht des Bruders zur Bedingung der menschlichen Vergebung gemacht zu werden scheint: ἐὰν ἁμαρτήσῃ (ἁμάρτῃ) ὁ ἀδελφός σου, ἔλεγξον αὐτόν, καὶ ἐὰν μετανοήσῃ (σου ἀκούσῃ), ἄφες αὐτῷ. καὶ ἐὰν ἑπτάκις τῆς ἡμέρας ἁμαρτήσῃ εἰς σε, ἀφήσεις αὐτῷ.[35] Doch im Sinne einer notwendigen Bedingung ist dies nicht aufzufassen (*Merklein* S. 248f.): "Die Vergebungsbereitschaft des Menschen muß grenzenlos sein. Zwar scheint der Spruch nur dann Vergebung zu verlangen, wenn der schuldige Teil umkehrt (vgl. Lk. V. 3b). Doch ist dies eher im Sinne einer pragmatischen Feststellung zu verstehen, welche die Voraussetzung einer tatsächlich zur Wiederherstellung der Kommunikation führenden Vergebung formuliert. Daß die Bereitschaft und der Wille zur Vergebung immer, und d. h. auch bereits vor dem Einlenken des Schuldigen, bestehen muß, wird gerade durch die geforderte Schrankenlosigkeit der Vergebung in der Praxis unterstrichen."[36]

Die scheinbare Bedingung der Reue ist also eher ein praktischer Hinweis auf den Ort des Vergebens in der zwischenmenschlichen Kommunikation: Wie im heidnischen Griechenland scheint die Reue des Schuldigen selbstverständlich vorausgesetzt zu werden.[37]

Eine Andeutung einer Forderung nach der Bemühung des Täters findet sich an der unten (C III 3) zitierten Stelle *Plu.* 489d: De fraterno amore: Der schuldige Bruder soll mit seiner Bitte dem Zorn des anderen zuvorkommen – allerdings soll der andere ebenso bestrebt sein, dieser Bitte zuvorzukommen.[38]

Daß der unrechtmäßig Behandelte von sich aus vergeben soll, ohne daß dem oder den Schuldigen die Verfehlung überhaupt bewußt ist, ist in beiden Kulturen eine Folgerung, die aus der herrschenden Auffassung vom Verzeihen gezogen werden kann.[39] Daß sie auch im Neuen Testament gezogen wird, ist ein Beleg dafür, daß Reue nicht (wie oft im paganen Griechenland die Unfreiwilligkeit) zu einem Kriterium des Verzeihens gemacht wird.

---

[34] *Merklein* S. 247.

[35] *Merklein* S. 248; unsicher sind nur die eingeklammerten Stellen.

[36] Vgl. *Merklein* S. 249 zum möglichen Einwand anläßlich *NT* Mt. 18.16f., das nicht als "authentisches Jesusgut" angesehen werden könne.

[37] So auch im jüdischen Bereich, vgl. *Strack/Billerbeck* ·S. 287 zu *NT* Mt. 5.24: "Ohne die vorangegangene Versöhnung des Beleidigten hat der Schuldige keinen Teil an der Kraft des Versöhnungstages. Man pflegte sich deshalb vorher auszusöhnen" (mit Belegen). Überhaupt ist auf *Strack/Billerbeck* für den jüdischen Hintergrund von *NT* Mt. 5.24, 6.14 und 18.21 hinzuweisen.

[38] Die Parallele sieht auch *Betz Ethical Writings* S. 258 mit Anm. 194.

[39] *X.* Cyr. 3.1.38, *NT* Lc. 23.32, *NT* Act. 7.59; in den beiden letztgenannten Beispielen ist es natürlich nicht korrekt, von einem nur zwischenmenschlichen Vorgang zu sprechen.

Gleiches gilt für das Bekenntnis des Schuldigen und seine Bemühung um eine Restitution der Beziehung. Das Bekenntnis kann freilich als Bedingung von Gottes Treue und Gerechtigkeit erscheinen, durch die er Sünden vergibt — dabei ist allerdings die Traditionsbildung schon fortgeschritten.

> *NT* 1Jo. 1.9. "Wenn wir sagen, daß wir keine Sünde haben, führen wir uns selbst in die Irre, und es ist keine Wahrheit in uns. Wenn wir unsere Sünden bekennen, ist er treu und gerecht, daß er uns die Sünden vergibt (ἵνα ἀφῇ ἡμῖν τὰς ἁμαρτίας) und reinigt uns von aller Ungerechtigkeit."

Bei Paulus kann die Theologie der Vergebung nicht völlig anders gesehen werden, als hier für die Evangelien dargelegt wurde, nur müßte man sich auf eine ganz andere Terminologie einlassen.[40] Nicht versäumt werden soll es hingegen, nach dem zwischenmenschlichen Verzeihen zu fragen, das in den Paulinischen Briefen sichtbar wird.

Ein deutlicher Beleg für die Wirksamkeit des Gebotes zu verzeihen findet sich im Zweiten Korintherbrief, wo es um das Verhalten einem bestraften Gemeindeglied gegenüber geht.[41]

> *NT* 2Cor. 2.7 · 10. Paulus ist von dem Betreffenden auf eine nicht mehr erschließbare Art gekränkt worden, hat in einem nicht erhaltenen Brief an die Korinther auf seine Bestrafung gedrungen, die auch vollzogen wurde; eine Minorität der Gemeinde drängt auf weitere Bestrafung. Paulus fordert in dieser Situation die Gemeinde auf, dem Betroffenen zu verzeihen (χαρίσασθαι) und ihn eher zu trösten (παρακαλέσαι) [als weiter zu strafen] damit der Einzelne nicht von Trauer verschlungen werde. Verzeihen soll die Gemeinde aus demselben Grunde, aus dem sie schon aufgefordert wurde zu bestrafen: um ihren vollkommenen Gehorsam zu erweisen, während der Apostel um der Gemeinde willen verzeiht (ᾧ δέ τι χαρίζεσθε, κἀγώ). Der Hintergrund dieser Entscheidung wird deutlich genannt: In der Verzeihung werde die christliche ἀγάπη wirksam, rechtskräftig (V. 8 κυρῶσαι). Paulus selbst habe im Angesicht Christi verziehen (καὶ γὰρ ἐγὼ ὃ κεχάρισμαι, εἴ τι κεχάρισμαι, δι᾽ ὑμᾶς ἐν προσώπῳ Χριστοῦ), ohne die Verzeihung würde dem Satan Vorschub geleistet (V. 11).

In Paulus' Gedankengang ist die Entpersönlichung auffällig.

Der Bestrafte wird schonungsvoll mit "wenn aber einer" bezeichnet; die Paulus selbst angetane Kränkung "verteilt" dieser: Nicht er sei damit gekränkt, sondern die ganze Gemeinde; wenn diese verzeihe, werde auch er verzeihen, soweit er überhaupt etwas zu verzeihen habe (da er ja nicht der Gekränkte ist); schließlich wird auch für den Vorgang des Verzeihens der Blick vom Geschehenen weggewendet und an der Agape Christi orientiert.

Im selben Sinne wendet Paulus später noch einmal den Blick von

---

[40] *ThBNT* s. v. Vergebung, Bd. 3 S. 1265, verweist für die Vokabeln δικαιόω und καταλλάσσω auf die Stichworte Gerechtigkeit und Versöhnung.

[41] Für die beiden folgenden Belege wurden Kommentare *Bachmann* und *Lietzmann/Kümmel* benutzt.

Schädigendem und Geschädigten weg auf den Eifer der Gemeinde vor Gott:

> *NT* 2Cor. 7.12. ἄρα εἰ καὶ ἔγραψα ὑμῖν, οὐχ ἕνεκεν τοῦ ἀδικήσαντος οὐδὲ ἕνεκεν τοῦ ἀδικηθέντος ἀλλ᾽ ἕνεκεν τοῦ φανερωθῆναι τὴν σπουδὴν ὑμῶν τὴν ὑπὲρ ἡμῶν πρὸς ὑμᾶς ἐνώπιον τοῦ θεοῦ.

In dieser Entpersönlichung und Wegwendung vom konkret Geschehenen liegt in erster Linie eine Erleichterung der Last für den Bestraften:[42] Die Schuld verschwindet, wird zugedeckt, vergessen gegenüber dem die Gemeinde mit Christus zusammenschließenden Geschehen.

Nur in einem Punkt hat Paulus, gewissermaßen versehentlich, die Last des Gestraften vergrößert: Wenn der Betroffene nicht nur Paulus, sondern die ganze Gemeinde gekränkt hat, ist seine Schuld eher vergrößert;[43] daher schränkt Paulus *NT* 2Cor. 2.5 πάντας durch ἀπὸ μέρους ein ("in gewissem Maße, bis zu einem gewissen Grad").

So läßt sich christliches Verzeihen denken: Es heißt nicht, daß alles und jedes unbesehen verziehen würde — das Gemeindeglied ist ja bestraft worden, und zwar auf Paulus' Veranlassung —, aber es bedeutet, daß das Handeln nicht von der eigenen Befindlichkeit bestimmt wird, sondern dem liebe- und schonungsvollen Denken zum Besten des anderen vor dem Angesicht Christi.

Nur an einer einzigen Stelle gebraucht Paulus tatsächlich das Wort συγγνώμη.

> *NT* 1Cor. 7.6. τοῦτο δὲ λέγω κατὰ συγγνώμην οὐ κατ᾽ ἐπιταγήν.

Hier wird συγγνώμη landläufig als "Zugeständnis" aufgefaßt; für unsere Fragestellung steht der Beleg damit am Rande des Interesses: Das Wort συγγνώμη verweist dann in erster Linie auf die Mittelstellung, die die gegebene Erlaubnis einnimmt zwischen einem Idealzustand, gegen den sie eine Abwertung erfährt, und einem strikt zu meidenden Zustand; mit bedingungs- und voraussetzungslosem christlichen Vergeben hat das "Zugeständnis" wenig zu tun, da ja eine Begründung angegeben wird; insofern Paulus der menschlichen Natur Rechnung trägt, ist die Anknüpfung an den so oft zur Abstufung verwendeten heidnischen Begriff sinnvoll, etwa an das herablassende Zugeständnis der Philosophen an die große Menge (Kapitel B III).

Daran, daß Paulus bei συγγνώμη keinen religiös geprägten Begriff des

---

[42] Ich ergänze *NT* 2Cor. 2.5 ἐπιβαρῶ mit *EWNT* s. v. gegen *Lietzmann/Kümmel* z. St. mit ⟨τὸν λυποῦντα⟩. Dafür, daß Paulus die auf weitere Bestrafung drängende Minorität nicht belasten wolle (*Lietzmann/Kümmel*), kann ich keinen wichtigen Grund sehen.

[43] Dies in Übereinstimmung mit *Lietzmann/Kümmel* z. St.

Verzeihens im Sinn hat, ändert sich auch nichts, wenn man das Wort hier nach *Baumert* als "Eingeständnis, Zustimmung" versteht. Die sprachliche Seite dieser Auffassung wurde bereits in A III 2 besprochen. Die verschiedenen bei *Baumert* im einzelnen dargestellten Aspekte dieser Deutung seien hier nur angedeutet.

In der herkömmlichen Deutung schließt Vers 5 den Abschnitt 7.1-5 ab.[44] Die Korinther haben eine Anfrage an Paulus gestellt, die einer weitgehenden Tendenz zum Ausweichen vor Eheschließung und ehelicher Gemeinschaft in bestehenden Ehen unter religiöser Begründung entsprang, unter anderem, ob es Verheirateten erlaubt sei, generell keinen sexuellen Verkehr zu vollziehen. Trotz seiner eigenen Ehelosigkeit schränkt Paulus die Erlaubnis zu solcher Enthaltsamkeit in der Ehe stark ein: Es "steht einem Manne" zwar "gut an, seine Frau nicht anzurühren",[45] doch wegen der bei Enthaltsamkeit drohenden Unzuchtsünden soll die eheliche Gemeinschaft gewahrt bleiben; in der Ehe besteht die beiderseitige Pflicht, sich einander nicht zu entziehen. Eine Ausnahme bildet eine zeitlich begrenzte Enthaltsamkeit in gegenseitigem Einverständnis, um größere Konzentration beim Gebet zu erreichen.

Dem Gebot zum Vollzug der bestehenden Ehe steht bei diesem Textverständnis Paulus' Wunsch gegenüber, alle Gemeindeglieder möchten so leben wie er, nämlich ohne Ehe *und* ohne πορνεία, damit sie nicht, um dem Ehepartner zu gefallen, vom Wesentlichen abgelenkt würden: θέλω δὲ ὑμᾶς ἀμερίμνους εἶναι (*NT* 1Cor. 7.32). Der Rat zur Ehe ist dann nur eine mittlere Lösung zwischen der schlechten Praxis und dem von Versuchung bedrohten Idealzustand, hat damit nicht den Wert eines Gebots (ἐπιταγὴν).

Bei *Baumert* bezieht sich Vers 6 – mit vorausweisendem τοῦτο – auf die Verse 6 bis 9, auf die "Entscheidung Lediger für die christliche Ehelosigkeit"; er wird (S. 48) paraphrasiert: "6 Dieses (folgende) hingegen sage ich im Sinne einer Zustimmung (eines Einverständnisses mit solchen, die von sich aus so etwas wünschen), nicht im Sinne einer Auflage (Anordnung, wie das Vorige)." Einverstanden ist Paulus mit der anschließend beschriebenen Regelung: Unverheiratete, Witwer und Witwen tun gut daran, ehelos zu bleiben, vorausgesetzt, daß sie ihren Trieb in der Gewalt haben. Im Gegensatz dazu ist, wie in den Versen 1-5 dargelegt wurde, die Fortsetzung der Ehe bei den Gebundenen (außer nach gemeinsamem Einverständnis in besonderen Zeiten des getrennten Gebets) Auflage, Anordnung (ἐπιταγὴν).

Diese Deutung löst bestimmte Probleme, die der Text aufwirft, vor allem, welche Regelung als "Zugeständnis" aufzufassen ist. Lange Zeit war die Auslegung von der Auffassung bestimmt, damit gebe Paulus die (widerstrebende) Erlaubnis zur Eheschließung, was sich zwar mit bestimmten Anschauungen des Paulus über die Ehe verbinden läßt, aber nicht mit dem Thema der Verse 1-5; das "Haben" der Frau von Vers 2 ist innerhalb der Ehe nicht anheimgestellt, sondern geboten. Eine weitere Möglichkeit des Bezugs stellte die Erlaubnis zu zeitlich begrenzter Enthaltsamkeit dar; allerdings ist bereits klargelegt, daß die Enthaltsamkeit die

---

[44] So etwa *EWNT* Bd. 3 Sp. 331f.; genauer zu den bestehenden Deutungen *Baumert*.

[45] Übersetzung *Baumert* S. 21.

Ausnahme darstellt, die an das Einverständnis beider Ehepartner geknüpft ist. Baumert muß allerdings auch für andere Wörter als συγγνώμη, z. B. θέλω, Sonderbedeutungen postulieren; deren Berechtigung konnte in diesem Rahmen nicht überprüft werden.

Die bereits zitierten Sellen *NT* Eph. 4.32 und *NT* Col. 3.13 führen das (nicht mit συγγνώμη bezeichnete) Vergeben in einem Katalog erstrebenswerter Verhaltensweisen auf; charakteristisch ist die direkt vorher genannte Freundlichkeit (*NT* Col. 3.12 πραΰτητα, *NT* Eph. 4.32 χρηστοί). Dies entspricht den heidnischen Tugendkatalogen mit συγγνώμων (wo das Wort ebenfalls auf einen nicht an Kriterien gebundenen Verzeihensbegriff verweist), braucht aber nicht von diesen abhängig zu sein, da das göttliche Vergeben im jüdischen Bereich bereits seinen festen Platz im Zusammenhang mit Gottes Freundlichkeit, Güte und Barmherzigkeit hat; diese Tradition zieht sich durch Altes und Neues Testament (s. o.).

> Der Mangel an Vergebungsbereitschaft wird (in weiterem Sinne) im Lasterkatalog *NT* 2Tm. 3.3 (ἄσπονδοι) aufgeführt.

Ein zwischenmenschlich bestimmter Verzeihensbegriff kann bei Paulus ironisch gebraucht werden.

> *NT* 2Cor. 12.13. Der Apostel sieht sich gezwungen, klarzustellen, daß er hinter den Gründern anderer Gemeinden, den "Über-Aposteln", keineswegs zurückstehe, was das Wirken von Wundern angehe. Was ihm die Korinther einzig anlasten könnten, sei der Umstand, daß er ihnen nicht zur Last gefallen sei; dafür bitte er sie um Verzeihung (χαρίσασθε) – also für etwas, das ihm in Wahrheit nur als Verdienst angerechnet werden kann. Es ist das einzige "Geschenk", das er ihnen abverlangt – daß diese Vokabel, wenn auch im Neuen Testament relativ selten, auch für religiös bestimmtes Verzeihen verwendet wird,[46] verweist auch auf das christliche Gebot zu vergeben.

Für Altes und Neues Testament läßt sich also folgende charakteristische Struktur des Verzeihensbegriffes feshalten: Beide deuten zwischenmenschliches Verzeihen vom göttlichen Vergeben her. Für Gottes Handeln ist weder das menschliche Miteinander, das συγγνώμη bewirkt, vorauszusetzen, noch läßt Vergebung sich, sind nur gewisse Kriterien erfüllt, mit einer gewissen Wahrscheinlichkeit erwarten; vielmehr ist sein Wille entscheidend, sich als der gnädige Gott zù zeigen. Vergebung ist ein Akt seiner Spontaneität, die sich nicht von menschlichem Verhalten abhängig machen kann, obwohl die Menschen durch ihre Bitte, durch ihr Bekenntnis sowie durch Reue und Buße diese zu beeinflussen suchen und auch bestärkt werden, ihr Vertrauen auf diese Möglichkeit der Beeinflussung zu setzen.

---

[46] *EWNT* s. v.

Dies führt zunächst zu einem zurückhaltenden Sprechen von menschlichem Vergeben. Im Zusammenhang mit eschatologischen Gerichtserwartungen wie auch Verheißungen des endgültig gnädigen Gottes entwickelt sich in später übersetzten oder entstandenen Büchern der Septuaginta ein starker Appell, dem Mitmenschen zu verzeihen. Im Neuen Testament wird dieses menschliche Vergeben gefordert als Teil einer umfassenden Nächstenliebe.

Die Begründung des göttlichen Verzeihens wird nicht aus dem Charakter der Tat oder des Täters hergeleitet. Die Psychologie des Vergebenden spielt keine Rolle, da der vergebende Gott nicht psychologisch analysiert werden kann. Im Mittelpunkt des Begriffs steht dadurch der Akt der Verzeihung und der Verzeihende, aber nicht durch Psychologie gedeutet, sondern von der Erfahrung der positiven Eigenschaften Gottes wie Erbarmen, Menschenfreundlichkeit, Langmut aus.

Vergleicht man diesen Begriff mit der Verwendung von συγγνώμη, so ergibt sich die größte Ähnlichkeit mit dem unbegründeten Verzeihen, für das auch im heidnischen Bereich die größte Affinität zum Religiösen, zum unbefragbaren Verzeihen der Götter besteht (also auch zum ebenfalls nicht durch συγγνώμη bezeichneten Vorgang des Verzeihens bei Homeros).

In zweiter Linie ist aus dem heidnischen Bereich das Begründungsmuster vergleichbar, das Verzeihen vom Verzeihenden her versteht: die Neigung zum Verzeihen als Tugend, als Haltung der Großmut, insbesondere als Herrschertugend. Die Grenzen zum ἔλεος verwischen sich. Allerdings wird hier im Griechischen fast ausschließlich an das menschlich Gute und sozial Wünschenswerte gedacht, ebenso wie bei den Begründungsmustern für συγγνώμη, die den Charakter der Tat als ausschlaggebend ansehen — diese stehen dem biblischen Verzeihensbegriff am wenigsten nahe, obwohl schon in der alttestamentlichen kultischen Gesetzgebung z. B. der Begriff des freien Willens eine Rolle spielt, die an die juristische Begriffsdifferenzierung seit den Drakontischen Gesetzen erinnert. Eine religiöse Motivierung ist im Griechischen jedoch erst ganz im Hintergrund auszumachen, etwa in der griechischen Vorstellung, die Motive solch unfreiwilligen Handelns schlössen den Verzeihenden und den, dem verziehen wird, in einer Solidargemeinschaft fehlbarer, dem intellektuellen Irrtum und der Verblendung durch Leidenschaft unterliegender Menschen zusammen: Diese hellenische Vorstellung ist selbst die säkulare Fortsetzung des delphischen Spruches "Erkenne dich selbst" (s. A V 3).

In den biblischen Schriften liegt hingegen die religiöse Bestimmung offen zutage und macht das gebotene zwischenmenschliche Verzeihen tatsächlich eher zu einer Frage des Gehorsams unter Gottes Willen als der Venunft und Einsicht in menschliche Gegebenheiten und psychologische Vorgänge. Insoweit ist den in Kapitel B V 1 vorgestellten Thesen Dihles (in *Dihle Vorstellung vom Willen*) recht zu geben.

Interessanterweise wird oft in jüdischer und christlicher Literatur im Anschluß an Septuaginta und Neues Testament nicht nur das Wort συγγνώμη häufig gebraucht, sondern auch den Begründungen für Verzeihen, die den Verstand ansprechen, der Vorzug vor der religiösen Begründung gegeben; sofort ist auch für das Wort eine mannigfaltige Anwendung zu beobachten. Vereinzelt nur bekommen Schuldbekenntnis und Reue eine ausschlaggebende Rolle. Dies soll in den folgenden Unterkapiteln dokumentiert werden.

4. Jüdische Schriftsteller

Einige Josephus-Stellen sind bereits angeführt worden (C II 2), um an ihnen die Zurückhaltung der Septuaginta gegenüber dem Wortstamm συγγνώμη und überhaupt Bezeichnungen sich ereignenden zwischenmenschlichen Verzeihens im Kontrast zu zeigen. Bei Philon und Flavius Josephus begegnet man fast nur vertrauten Begründungsmustern, die auf die Motivation der begangenen Tat zielen. Allein auf griechischen Hintergrund kann man nicht alle Verwendungen zurückführen; für eine leicht verstärkte Rolle der (tätigen) Reue und des Geständnisses scheinen bei näherem Zusehen jedoch nicht so sehr jüdische wie römische Denkmodelle ausschlaggebend.

Zu Philons Stellung im Diasporajudentum siehe *Thyen* S. 104ff.

Wie stark jüdische Vorstellungen "übersetzt" und verändert werden, um sie den zeitgenössischen Römern und Griechen nahezubringen, verständlich zu machen, fällt besonders auf, wo es sich um Gottes συγγνώμη handelt.

Allerdings werden auch (für Vorgänge zwischen Gott und Menschen oder zwischen Menschen) Bezeichnungen der Septuaginta verwendet, z. B. *Ph.* 5.46.8 ἁμαρτημάτων ἄφεσιν, *Ph.* 5.58.4 ἄφεσιν und ἱλάσκομαι, *Ph.* 5.52.8 ἀπολύσεις und ἀφέσεις, *Ph.* ἄφεσις und ἀπόλυσιν, *J.* BJ 1.91 · 92 διαλύεσθαι, καταστείλειεν, διαλλαγῆναι, *J.* BJ 1.320 διαλλάττει, *J.* BJ 1.481 διδούς ... ἄφεσιν, *J.* AJ 1.199 συγχωρεῖν ... τὴν ἐπὶ τοῖς ἁμαρτήμασι τιμωρίαν, *J.* Vit. 154 συνεχώρησέ ... τὰ ἁμαρτήματα, *Apoc. Mos.* 27 · 33 · 35 jeweils συγχώρησον, *Apoc. Sedr.* 12 ἀφίεις, οὐ μὴ μνησθῶ · 13 ἀφίω · 15 συγχώρησον. – Wollte man das Thema Versöhnung bei Philon verfolgen, müßte man die Vokabel ἀσύμβατος mit erfassen (mit συγγιγνώσκω *Ph.* 5.368.12).

Aus z. T. schon bekannten erzählerischen Zusammenhängen stammen folgende Belege:

Mose bittet, wie auch in der Septuaginta, Gott um Verzeihung für die Abtrünnigkeit des Volkes Israel in der Wüste, bei Philon und Josephus jedoch unter ausdrücklichem Hinweis auf den *Mangel*, unter dem es leidet (*Ph.* 4.164.16: De vita Mosis I 184 συγγνῶναι, ἔνδειαν, ohne Begründung *Ph.* 4.238.23: De vita Mosis II 166 συγγνῶναι neben ἱκεσίας καὶ λιτάς; *J. AJ* 3.23 συγγινώσκειν ... τοῖς νῦν ὑπὸ τῆς ἀνάγκης ... πραττομένοις).

Wenn bei Josephus Samuel Gott um Verzeihung für Saul bittet (*J. AJ* 6.144 καταλλάττεσθαι, μὴ χαλεπαίνειν), so wird ihm diese verweigert (τὴν συγγνώμην οὐκ ἐπένευεν) mit der Begründung, eine solche Vergebung auf Fürbitte hin (ἁμαρτήμασι χαρίζεσθαι παραίτησιν) führe nur zur Verweichlichung; wer nach dem Ruhm, Milde und Güte (ἐπιεικείας καὶ χρηστότητος) jage, bestärke nur das Unrecht. Es wird also (wie *J. AJ* 7.198 bei David gegenüber Abischalom) eine aus dem Klassischen Griechisch wohlbekannte (negative) *Erziehungstheorie* zur Deutung des göttlichen Verhaltens herangezogen.

Ph. 4.184.20: De vita Mosis I 273. Bileam-Geschichte: Der Esel scheut vor dem Engel, den sein Reiter, Bileam, zunächst nicht bemerkt. "Sobald er [Bileam] nun den ihm gegenüberstehenden Engel erblickte — nicht weil er eines solchen Anblicks würdig gewesen wäre, sondern damit er seinen persönlichen Unwert und seine Nichtigkeit begreife —, verlegte er sich auf Flehen und Bitten (ἱκεσίας καὶ λιτάς); dabei bat er, <ihm> zu verzeihen, da er aus *Unwissenheit*, nicht aus freiwilligem Entschluß gesündigt habe (συγγνῶναι δεόμενος ὑπ' ἀγνοίας ἀλλ' οὐ καθ' ἑκούσιον [sic] γνώμην ἁμαρτόντι)."

In der hellenistisch-jüdischen Erzählung "Joseph und Aseneth" bittet Aseneth im Gebet um Vergebung (*Jos. et Aseneth* 13.9 σύγγνωθί μοι), daß sie sich durch Lästerung Josephs (ἐν ἀγνοίᾳ) gegen Gott versündigt habe (zu ἄγνοια in dieser Schrift siehe *Burchard* S. 646 zu 6.7).

Belege für Bitten um die συγγνώμη Gottes ohne nähere Begründung: *J. AJ* 1.311 συγγνώμης τυγχάνειν, *J. AJ* 7.321 ἱκετεύειν ἤρξατο (...) καὶ συγγιγνώσκειν ἡμαρτηκότι, *J. AJ* 9.214 δεηθεὶς συγγνώμην αὐτῷ παρασχεῖν τῶν ἡμαρτημένων. Ohne nähere Begründung spricht *Ph.* 5.17.11 von der Bitte um συγγνώμη(.) und παραίτησι(ς) im Tempel.

Im Vierten Makkabäerbuch war eine συγγνώμη, die sich auf ἀνάγκη beruft, vehement, mit starkem anti-heidnischen Impuls, abgelehnt worden. Bei Josephus findet sich das genaue Gegenstück:

J. AJ 20.42. Izates, König von Adiabene, ist nicht nur im jüdischen Glauben unterrichtet, sondern will sich auch beschneiden lassen. Seine Mutter und sein jüdischer Lehrer Hananias raten ihm jedoch davon ab: Man müsse um sein Leben fürchten, wenn dies bekannt werde; Izates könne Gott auch ohne Beschneidung verehren, wenn er nur die religiösen Bräuche der Juden befolge. "Und er [Hananias] sagte, Gott werde Nachsicht mit ihm haben (συγγνώμην δ' ἕξειν), wenn er aus Notwendigkeit die Handlung nicht vornehmen lasse und weil er seine Untertanen fürchten müsse, und der König ließ sich damals durch seine Worte überzeugen."

Auch für die Interpretation des göttlichen Gesetzes werden bekannte griechische Deutungsmuster herangezogen.

Philons Schrift "De specialibus legibus" bietet dafür zahlreiche Belege:[47] Ph. 5.11.6 wird bei der Auslegung von LXX 33.13 die Bitte, Gottes Herrlichkeit zu sehen, mit dem Mangel (σπάνει) eines anderen Lehrmeisters begründet (συγγνώμης ἀξιῶ τυχεῖν). Bei einer Gesetzesbegründung setzt Philon voraus (anders wäre es ihm offenbar selbst unverständlich), daß der Betroffene Lebensmittel in Fülle hat, denn ihr Mangel könnte es vielleicht verzeihlich machen (Ph. 5.303.16 συγγνωστὸν γὰρ ἂν εἴη ἴσως, Gegensatz μέμψις), zahme Tiere direkt nach der Geburt zu töten. Philon definiert Gott als τὸν ἵλεω καὶ συγγνώμονα θεὸν (Ph. 5.184.5), woran die Existenz unvergebbarer Verfehlungen wie des vorsätzlichen Mordes (der die Tötung des Mörders zu einem παραιτητὸν καὶ συγγνωστὸν macht, Ph. 5.184.139) nichts ändert; Ph. 5.91.12 wird dem unnötigen Eid, der ebenfalls bei Gott kein Verzeihen findet (συγγνώμης ἀξιοῦσθαι), ebenfalls der von Natur gnädige Gott gegenübergestellt. Ph. 5.89.5 entfaltet Gott seine Gnadenmacht (τῆς ἵλεω δυνάμεως), indem er etwa das aus Unbedachtsamkeit (ἀβουλίᾳ) ausgesprochene Gelübde einer verbotenen Tat verzeiht (συγγνούς); ähnlich Ph. 5.135.3 διὰ τὴν ἵλεω φύσιν τοῦ συγγνώμην πρὸ κολάσεως ὁρίζοντος. Bei Gott unverzeihlich ist hingegen die Gotteslästerung (Ph. 3.127.11: De fuga et inventione 84 οὐδενὶ συγγνώμης μεταδοτέον) und die Päderastie (Ph. 5.162.1 δίχα συγγνώμης, ἀπαραίτηται τιμωρίαι); im letztgenannten Beleg wird die Erziehungstheorie der Abschreckung durch Strafe grundsätzlich gegen συγγνώμη angeführt, während Ph. 4.128.16: De vita Mosis I 37 die ägyptischen Aufseher verurteilt werden, weil sie mit niemandem Nachsicht hatten (συγγνώμης μεταδιδόντας, verbunden mit ἀνηλεεστάτους καὶ ὠμοθύμους).

Bei sehr grundsätzlichen Begründungen wird bei Philon immer wieder Unwissenheit (δι᾽ ἀμαθίαν ἀπειρίᾳ; συγγνώμη Ph. 2.85.3) und Unfreiwilligkeit (περὶ τῶν ἀκουσίων Ph. 5.57.22, s. u.) angeführt. – Der Geschlechtsverkehr mit einem verlobten Mädchen soll an diesem nur dann bestraft werden, wenn er mit dem Einverständnis des Mädchens geschah; andernfalls kann es ἔλεος καὶ συγγνώμη finden (Ph. 5.171.4): eine aus der Gerichtsrhetorik vertraute Begriffskombination.

Ph. 4.248.16: De vita Mosis II 208 ein Schluß a minore ad maius, der etwas an die "Figur des Verzeihlichen und des Unverzeihlichen" erinnert: Wenn man schon die Eltern aus Ehrfurcht nicht bei ihren Namen, sondern "Vater" und "Mutter" nennt, sollen dann diejenigen noch Nachsicht erhalten (συγγνώμης ἀξιούσθωσαν), die den Namen Gottes unnütz gebrauchen? – Auch Ph. 5.160.1, wo das Verbot des Geschlechtsverkehrs während der Monatsblutung der Frau begründet wird, erinnert an die Figur: Wenn Männer unwissend (ἀγνοίᾳ) unfruchtbare Frauen ˋheiraten, sich bei Ausbleiben von Kindern aber aus Gewohnheit und Liebe nicht von ihnen scheiden lassen, so verdienen sie Nachsicht (συγγνώμης ἄξιοι); wer dagegen sich wissentlich mit einer unfruchtbaren Frau einläßt, gehört auf die Säulen der Frevler eingetragen.

Das Bemühen, juristische Regelungen verständlich zu machen, die dem zeitgenössischen Rechtsempfinden widersprechen, spürt man Ph. 5.205.1: Daß

---

[47] In diesem Abschnitt werden nur andere Schriften als diese gekennzeichnet.

das Ausschlagen eines Auges durch einen Sklaven geringer bestraft werde als bei einem Freien, liege nicht daran, daß beim Sklaven die Tat verzeihlich sei (συγγνώμης ἐστὶν ἄξιος), sondern daß ein Sklave, der seinem Herren das Auge ausgeschlagen hat, von diesem unerträgliche, ja lebensgefährliche Aufträge zu erwarten hat, da er ihm grollen (μνησικακήσοντι τῆς συμφορᾶς) und ihn als unerbittlichen (ἄσπονδον) Feind betrachten wird.[48] – *Ph.* 5.214.16 wird ein Gesetz mit ἐπιεικοῦς und συγγνώμονος bezeichnet, das nur Schadensersatz von Hirten verlangt, deren Verhalten dem der πολεμίων ἀσπόνδων gleicht.

Erst recht treten bei zwischenmenschlicher συγγνώμη vielfach vertraute Begründungen auf – sie sind nicht alle aus der griechischen Verwendungsweise herzuleiten, kommen den mit ihr vertrauten Lesern aber entgegen.

Bei Philon gibt es das Kriterium der *Unfreiwilligkeit*, wie bei der Interpretation der Gesetzesregelungen schon zu erkennen war; so auch *Ph.* 4.93.2: De Iosepho 150 (συγγνωστόν; Gegensatz κατὰ προαίρεσιν – τυχηρόν).

Ph. 4.194.17: De vita Mosis I 311 durch *Jugend* begründete politische Schonung der jungen Männer und Mädchen (συνέγνωσαν, ἀμνηστίαν; sachlich übrigens eine Beschönigung, da nach der Bibel alle männlichen midianitischen Kinder getötet wurden: also auch im Inhalt eine Annäherung an das Verständnis nichtjüdischer Leser). – Jugend wird auch *J. AJ* 2.156 und *J. AJ* 4.262 als Grund zum Verzeihen (beide Male συγγνώμην νέμειν) angeführt, Jugend und Unerfahrenheit *J. AJ* 8.278 (συνεγνωκέναι), Alter *J. AJ* 12.172 (συγγίνωσκε).

Begründung durch *Unbildung* (ἀπαιδευσίας): *Ph.* 4.73.5: De Iosepho (συγγνωστός), durch *Mangel*: *Ph.* 4.167.19: De vita Mosis I 197 (συνεγίνωσκεν), durch *Notwendigkeit* (ἀνάγκης): *J. AJ* 1.302 (συγγνώμην ᾐτεῖτο, bei Labans Brautbetrug übrigens etwas verwunderlich), durch *Unglück*: *J. AJ* 2.154 (συγγνούς), durch *Leidenschaft*: *J. AJ* 18.350 (συγγνώμην νέμων), *J. BJ* 1.484 (διδοὺς συγγνώμην τῇ νόσῳ), durch Rache für den Bruder (*Verwandtschaft*smotiv): *J. AJ* 7.285 (συγγνωστὸν).

Eine Handlung in der *ersten Zornesaufwallung* ist eher zu entschuldigen als eine aufgeschobene: *J. AJ* 16.403 συγγνώμην τινὰ φέροι.

Geschwisterliche *Eifersucht* erhält *J. AJ* 20.22 Verzeihung (συνεγίγνωσκεν), da sie nicht aus Schlechtigkeit (κακίαν) entstanden sei, sondern Söhne eben Wohlwollen (εὐνοίας) von ihrem Vater forderten.

Belege *ohne* nähere Begründung: *Ph.* 4.161.20 συνεγίνωσκε (Mose dem Volk in der Wüste), *J. AJ* 1.190 συγγνώμης ἔτυχε (Hagar), *J. AJ* 4.136 συγγιγνώσκειν ... ἠξίουν (den midianitischen Mädchen), *J. AJ* 10.257 συγγνώμην ... νέμειν (der König Daniel), *J. AJ* 11.226 συγγνώμης τυχὼν (Ester vom König), *J. AJ* 11.265 συγγνῶναι τῶν ἡμαρτηκότων (Bitte Hamans an Ester), *J. AJ* 16.198 συνεγνῶσθαι · 228 συγγνώμην ᾐτεῖτο (Pheroas' Mißachtung der ihm verlobten Herodes-Tochter, *J. BJ* 1.484 mit der

---

[48] Zur Sklavenbehandlung siehe C III 3.

Liebes-"Krankheit" begründet, s. o.), *J.* BJ 1.487 συγγιγνώσκεται (Salome für die Verlobung mit einem Feind).

Bitte um συγγνώμη als Höflichkeitsformel, einmal *ironisch*: *J.* Vit. 103 συγγιγνώσκειν μοι δεομένῳ (Entschuldigung des Josephus dafür, daß er es vorziehe, die Unruhen ohne Blutvergießen zu beenden), ein anderes Mal die vorgeschützte Entschuldigung, um einem Anschlag zu entgehen (vgl. *Plu.* Demetr. 36.7): *J.* Vit. 227 συγγνώμης τυχεῖν.

Verzeihung um eines anderen willen: *J.* AJ 20.195 συνέγνω.

Auch bei Josephus erscheint das "Verzeihliche" manchmal als das "*Verständliche*" (gebunden an die Lage des anderen):

J. BJ 4.95 ist dies Teil römischer Argumentation im Rahmen eines Amnestie-Angebots: Titus suche aus Mitleid (οἴκτου 4.92) Gischala zur Übergabe zu bewegen; er wolle den Einwohnern ihre Eigenmächtigkeit dann nicht nachtragen (μηδὲν μνησικακῶν). "Denn verzeihlich (συγγνωστὸν) sei die Hoffnung auf Freiheit, nicht mehr aber das Ausharren in aussichtsloser Position." – Auch J. BJ 2.399 συγγνώμη im Sinne von "es ist verständlich".

Unter all diesen sehr "hellenischen" Formen des Gebrauchs von συγγνώμη mit einem entsprechend wenig an die Septuaginta erinnernden Verzeihensbegriff hält man Ausschau nach Beispielen jüdischer Prägung. Dort, wo diese angenommen werden kann, läßt sie sich jedoch nicht allein vom jüdischen Denken her erklären.

Wenn Gott für etwas um Verzeihung gebeten wird (*J.* AJ 11.144 συγγνωμονῆσαι), das den Tod verdiene, was zu verzeihen jedoch in Gottes Güte (χρηστότητι) liege, so fügt sich dies auch heidnischen Vorstellungen ein.

Auch dafür, daß von Gottes Milde und Freundlichkeit (ἐπιεικείᾳ καὶ χρηστότητι) gesprochen wird, da er immer, wenn er angerufen werde, Vergebung an die Stelle der Strafe setze (*Ph.* 5.375.3: De exsecrationibus 166 τοῦ παρακαλουμένου συγγνώμην πρὸ τιμωρίας ἀεὶ τιθέντος), gibt es Parallelen in beiden Kulturen.

Wenn Neigung zum Verzeihen als göttliche Eigenschaft angesehen wird, so stellt dies auch hier die Parallele dazu dar, daß Verzeihung erlittenen Unrechts als *Tugend* betrachtet wird, besonders als Tugend des Herrschers, der zu ihr nicht gezwungen werden kann.

J. AJ 2.145 (συγγιγνώσκων) · 2.156 (s. o.) bei Joseph. Philon sieht die Gefahr des Herrschers, der sich die Möglichkeit verschafft, Unrecht zu begehen, selbst aber nichts zu verzeihen (*Ph.* 5.368.12 τὸ μηδὲν συγγιγνώσκειν).

Der Anschein einer Verzeihung aus Großmut und Milde wird von Herodes erstrebt: *J.* AJ 15.48 ἐμφαίνων ... μεγαλοψυχίαν μᾶλλον < διὰ τὸ> ἐξ ἐπιεικείας αὐτοῖς [Alexandra und ihrem Sohn] συνεγνωκέναι.

An einer Stelle läßt sich deutlich erkennen, daß Josephus der römisch geprägten *Herrscher*-συγγνώμη und -ἐπιείκεια den Vorzug vor jüdischer Gesetzesstrenge gibt.

J. AJ 19.334. Agrippa I. fördert den Wiederaufbau Jerusalems, führt eine gute Regierung und beachtet alle Gebote des Gesetzes. Dennoch beschuldigt ihn ein Gesetzeskundiger, Simon, öffentlich, er sei nicht gottesfürchtig. Agrippa läßt ihn zu sich ins Theater kommen und fragt ihn freundlich, was denn hier gegen das Gesetz geschehe. "Der aber wußte nichts zu sagen und bat daher um Verzeihung (τυχεῖν ἐδεῖτο συγγνώμης). Und der König ließ sich schneller, als irgend jemand erwartet hätte, versöhnen (διηλλάττετο), da er die Freundlichkeit (πραότητα) für königlicher hielt als Zorn und wußte, daß den Großen Milde (ἐπιείχειαν) besser anstehe als Wut."

Allerdings gibt Josephus J. Ap. 1.192 · 193 offenbar anerkennend den Bericht des Hekataios[49] wieder, wie standhaft Juden ihren Widerstand gegen den Kultdienst für einen fremden Gott durchhielten, doch gewähren die nichtjüdischen Herrscher, etwa Alexandros der Große, öfter Verzeihung (συγγνόντα, συγγνώμης μετελάμβανον). Offenbar vertraut er auf die Vereinbarkeit jüdischer Gesetzesbestimmungen und der Politik der Besatzer.

Typischer für das Judentum ist die *Berufung auf früher erhaltene Verzeihung*, die im griechischen und vor allem im römischen Bereich ungewöhnlich gewirkt haben muß, wo dies eher gegen die erneute Erteilung sprach.[50] In dieser Weise bittet Mardochai Gott um Errettung des durch Haman bedrohten, bereits fastenden Volk (J. AJ 11.229 συνέγνω). Im folgenden Beleg verbindet sich dies allerdings mit einer hervorgehobenen Rolle des *Geständnis*ses, das hier als eine der Bedingungen des Verzeihens genannt wird, und dem vertrauten Motiv des *Liebeswahnsinns* (etwa *Epict.* 1.22.21, B III 5 zitiert).

J. BJ 1.505 · 506. Der Schwiegervater des Alexandros, Archelaos, stimmt Herodes auf geschickte Weise gegen Alexandros günstig, wobei die Schuld ganz auf Pheroas fällt, der sich in seiner Not an Archelaos wendet. "Und jener sagte, er sehe keine Möglichkeit, wie er ihn, der so großen Vorwürfen ausgesetzt sei, entschuldigen solle (ἐξαιτήσαιτο), nachdem klar erwiesen sei, daß er dem König nachgestellt (ἐπίβουλος) und dem jungen Mann [Alexandros] jetzt eine so schlimme Lage bereitet habe – es sei denn, er gebe alle Arglist und alles Leugnen auf, bekenne sich (προσομολογῆσαι) zu dem, was ihm vorgeworfen werde und erbitte Verzeihung (συγγνώμην δ' αἰτήσασθαι) von seinem Bruder, der ihn liebe (...). Pheroas gehorchte ihm, machte sich so erbarmungswürdig (οἰκτρότατος) zurecht, wie er konnte, und fiel in schwarzer Kleidung und mit Tränen dem Herodes zu Füßen; er bat um Verzeihung (συγγνώμην αἰτούμενος), wie er sie vielfach erlangt habe, bekannte sich als ruchlosen Menschen – denn er habe alles getan, was ihm vorgeworfen werde – und beklagte seine Sinnesverwirrung und seinen Wahnsinn, an dem nach seinen Worten die Liebe zu der Frau schuld sei." Auch Archelaos bittet nun für Pheroas (παρῃτεῖτο). Die Versöhnung gelingt.

---

[49] Zur Echtheitsfrage: Stern (*GLAJJ* Bd. 1 S. 23f.) nimmt ein echtes Hekataios-Zitat an, allerdings habe Josephus einen überarbeiteten Text vor sich gehabt.

[50] Vgl. jedoch *Lib.* Or. 15.70 (τοῦ συγγιγνώσκειν ὑπῆρξω).

Die erbarmungswürdige äußere Aufmachung könnte in Rom Mißtrauen erwecken.

> Diese Reaktion ist für den römischen Kulturbereich belegt, nämlich bei der Einnahme Karthagos: Nach *Plb.* 15.17.1f. kann äußere Selbsterniedrigung als Zeichen von Unaufrichtigkeit eher Zorn und Haß hervorrufen (Polybios verwendet den Gegensatz οὐκ ἔλεον, ἀλλ᾽ ὀργὴν).[51] Tatsächlich gibt es eine Stelle bei Josephus, an der der diesem eine solche Aufmachung gerade übelgenommen wird (*J.* BJ 2.603 οἶκτος, ἔλεος, ἐπὶ συγγνώμης πορισμῷ).

Das Geständnis hat auch in Rom erhöhte Wichtigkeit; es kann nicht als eindeutig jüdisches Merkmal gelten (ist auch dem griechischen Denken nicht völlig fremd). Ebenso muß man die Belege prüfen, in denen συγγνώμη tatsächlich durch die *Reue* begründet, also an das von *Oeing-Hanhoff* als typisch für den jüdisch-christlichen Verzeihensbegriff angesehene Kriterium gebunden wird: Handelt es sich um eine gewandelte Einstellung, die dann auch eine *Wiedergutmachung* nach sich zieht, oder ist die Bekundung der Reue ein formaler Vollzug der Kapitulation? Vielfach erscheint das Motiv in politischen Zusammenhängen, wie sie aus der römischen Geschichtsschreibung vertraut sind, und verrät nichts, was über die Offenlegung der Machtverhältnisse hinausginge.

> *J.* Vit. 333 ist es das Versprechen, die Verfehlungen wiedergutzumachen (ἐπανορθώσασθαι), mit dem die (politische) συγγνώμη erbeten wird (συγγιγνώσκειν ... παρεκάλουν).

> *J.* Vit. 110. Die Bewohner von Sepphoris dingen einen Räuber, Jesus, der Josephus überfallen soll. Dieser erfährt jedoch vorher von dem Anschlag, trennt Jesus von seinen Banditen und läßt ihn die Waffen niederlegen. "Und ich rief den Jesus allein zu mir und sagte, mir sei der Anschlag (ἐπιβουλὴν), den er auf mich geplant habe, nicht unbekannt, auch nicht, von wem er geschickt worden sei; ich würde ihm aber dennoch das Getane verzeihen (συγγνώσεσθαι), wenn er bereuen (μετανοήσειν) und mir Treue geloben wolle. Als er nun schwur, alles zu tun, ließ ich ihn frei, wobei ich ihm gestattete, wieder die Leute zu sammeln, die er vorher hatte."

> *J.* Vit. 262 verzeiht (συγγιγνώσκειν) Josephus den Bewohnern von Gabaroth, wenn sie bereuen (μετανοήσειν) und künftig die Wahrheit über seine Verwaltung sagen wollten, obwohl er weiß, daß sie ihr Versprechen nicht halten werden; er hält den Aufruhr für zu gefährlich.

> *J.* BJ 2.302 · 304. Juden bitten Florus für aufständische Juden (ἠτοῦντο συγγνώμην), die jugendlich unbesonnen, in der Menge aber auch gar nicht zu ermitteln seien, da jeder einzelne seinen Sinn geändert habe (μετανοοῦντος) und daher auch leugnen werde. Der vielen Unschuldigen halber solle Florus den wenigen Schuldigen verzeihen (συγγνῶναι).

Die im letzten Beleg verwendete *Gegenüberstellung weniger Schuldi-*

---

[51] Hinweis nach *Koch* S. 30.

ger und vieler Unschuldiger[52] taucht bei Josephus auch an anderer Stelle
auf; ebensowenig wie andere Autoren römischer Geschichtsschreibung
nimmt er Anstoß daran, daß die Ungleichbehandlung der Unterlegenen die
politische Aktion bestimmt, und auch er rechnet sie als persönliche
Großzügigkeit an.

> *J.* BJ 5.127 · 129 (ohne συγγνώμη). "(...) die Truppen aber umringten
> Titus und baten (ἱκέτευε) flehentlich für ihre Kameraden, er möge die
> Voreiligkeit weniger um der Bereitwilligkeit aller willen verzeihen (χαρί-
> σασθαι); denn sicher würden sie die gegenwärtige Verfehlung mit künftiger
> Tapferkeit wettmachen. Der Caesar ließ sich von ihren Bitten überzeugen
> und zugleich vom Nutzen; denn er glaubte, man müsse beim Einzelnen die
> Bestrafung auch ins Werk setzen, bei einer Menge es jedoch nur bis zu
> Worten kommen lassen. Den Soldaten also verzieh er (διηλάττετο) (...)."

> *J.* BJ 4.119 Titus Kalkül, es sei besser, einen Schuldigen in Furcht
> schweben zu lassen, als einen Unschuldigen zugrundezurichten, in Ver-
> bindung mit der zugunsten συγγνώμη sprechenden Erziehungstheorie.

Bei Josephus ist das Thema *politischer* συγγνώμη sehr wichtig, sowohl
in seiner zeitgenössischen Geschichtsschreibung im "Jüdischen Krieg" als
auch in seiner Sicht der jüdischen Geschichte in den "Antiquitates".
Direkt oder indirekt sind die Belege Zeugnisse für den mit dem Wort
συγγνώμη übersetzten römischen Amnestie-Begriff. Auch im Jüdischen
Krieg gibt es den erbittertsten Widerstand von seiten derer, die die Hoffnung auf Amnestie aufgegeben haben.

> *J.* AJ 8.220 συγγνόντες τοῖς εἰρημένοις, *J.* AJ 13.142 συγγνούς, *J.* AJ
> 15.258 συγγνώμης ἠξίωσεν, *J.* BJ 2.524 συγγνώμην, *J.* Vit. 168
> συγγνώσεσθαι.

> Direkte Zeugnisse für die römische Politik: *J.* AJ 14.55 συγγνούς, *J.* AJ
> 14.86 συγγνώσεσθαι περὶ τῶν ... ἡμαρτημένων · 89 συγγιγνώσκειν ...
> δεόμενος, *J.* BJ 1.164 συγγνώμης ὑποσχέσαι περὶ τῶν ἡμαρτημένων, *J.*
> BJ 1.167 συγγνωσθῆναι ... δεόμενος, *J.* BJ 2.78 συνέγνω, *J.* BJ 3.137
> συγγνώσεσθαι παρὰ 'Ρωμαίοις, *J.* BJ 4.193 συγγνώμην ...ἀπελπίσαντες ·
> 221 ἐλπίδι συγγνώμης, *J.* BJ 5.354 συγγνώμην παρὰ 'Ρωμαίοις
> ἀπήλπιζον, *J.* BJ 6.106 τὴν ἀπὸ 'Ρωμαίων συγγνώμην · 229 συγγνώμην
> ἐλπίσαντες · 322 τὸν ... τῆς συγγνώμης καιρὸν αὐτοῖς παρῳχεκέναι ·
> 326 μετέωροι συγγνώμης ἐλπίδι · 391 τὴν τῶν αὐτομόλων συγγνώμην
> ἔδωκε.

Einen entschieden anderen Geist als den römischer Begnadigungspolitik
bezeugen denn auch die Stellen nicht, an denen das Kriterium der Reue
mit religiösen Themen verbunden wird. Ohne Reibung können aus dem
Griechischen gewohnte Motive hinzutreten.

---

[52] Das Motiv findet sich auch bei Libanios: siehe *Lib.* Or. 15.22 · 23 · 24 · 70
(Cap. C III 4).

Ph. 5.57.22: De spec. leg. I 235. Philon wendet sich hier den vorsätzlichen Verfehlungen zu. "Wenn einer, heißt es, über gemeinsamen Besitz oder über hinterlegtes Geld oder einen Raub oder einen Fund, den ein anderer verloren hat, falsch aussagt, verdächtigt und zum Eid genötigt wird, ⟨seine Aussage⟩ beschwört und dann, obwohl er meinte, der Überführung von seiten der Ankläger entkommen zu sein, selbst sein eigener Ankläger wird, weil ihn drinnen sein Gewissen (τοῦ συνειδότος) überführt, er sich selbst anzeigt in der Sache, in der er geleugnet und falsch geschworen hat, indem er im Gegenteil seine unrechte Tat bekennt, und um Verzeihung bittet (συγγνώμην αἰτῆσαι), einem solchen, so bestimmt er [der Gesetzgeber], soll man Begnadigung gewähren (παρέχειν ἀμνηστίαν), wenn er seine Reue erwiesen hat (ἐπαληθεύσαντι τὴν μετάνοιαν), nicht durch ein Versprechen, sondern durch Taten: durch Rückgabe des hinterlegten Geldes und des Geraubten oder Gefundenen oder überhaupt dem Nächsten Vorenthaltenen, und wenn er vorher auch ein Fünftel zur Linderung (εἰς παρηγορίαν) seiner Verfehlung gezahlt hat."

J. AJ 8.301. Bascha hat Nadab, den König von Israel, getötet und ist selbst König geworden. Da er gottlos regiert, kommt der Prophet Jehu mit einer drohenden Prophezeiung zu ihm. Die Bibel hat nur diese Prophezeiung (*LXX* 3Rg. 15.28-16.6, Prophezeiung 16.2-4). "Als Bascha aber von den Übeln gehört hatte, die ihn mit seinem ganzen Geschlecht wegen seiner Frevel treffen sollten, hielt er nicht für den Rest ⟨seines Lebens⟩ Ruhe, damit er nicht in noch üblerem Ruf sterbe und durch Reue (μετανοήσας) für das Vergangene von da an von Gott Verzeihung erlange (συγγνώμης ... τύχῃ); sondern wie diejenigen, denen ein Kampfpreis ausgesetzt ist (...), so wurde auch Bascha (...) ⟨immer⟩ schlechter (...), und er fügte wie ein Champion der Schlechtigkeit Tat für Tag neue Anstrengungen um sie hinzu."

Im folgenden Beleg geht es um das schlechthin *Unverzeihliche*; doch man fühlt sich nicht so sehr an die nicht vergebbaren Verfehlungen der Bibel erinnert, sondern eher an die Figur des Verzeihlichen und des Unverzeihlichen, obwohl nicht ausgeführt wird, wieviel unverzeihlicher noch der Frevel an den Stammesgenossen ist als an Fremdstämmigen.

J. AJ 9.231. Der Heerführer Manaem wirft sich zum König auf, wird aber von den Bewohnern von Tharsa nicht anerkannt; daraufhin verwüstet er das Land, erobert die Stadt und bringt die gesamte Bevölkerung, auch die Kinder, um. "(...) was nicht einmal verzeihlich (συγγνωστόν) gewesen wäre, wenn es irgendwelchen Besiegten eines anderen Volkes angetan worden wäre, das tat dieser seinen Stammesgenossen an."

Bei Philon und Josephus stellt man also eine durchgehende Anpassung an das griechisch-römische Publikum fest: viele aus dem Griechischen bekannte Begründungsmuster, einige für die römische Politik typische Schwerpunkte, aber kaum etwas spezifisch Jüdisches. Zu dieser Anpassung an nichtjüdische Standardvorstellungen paßt auch der Gebrauch rhetorischer Muster.

Rhetorische Schulung ist unverkennbar *Ph.* 6.121.25: In Flaccum 7. Philon hat zunächst die guten Seiten des Flaccus herausgearbeitet. "Ich lobe den Flaccus, nicht weil es richtig wäre, den Feind zu besingen, sondern damit ich seine Schlechtigkeit noch viel klarer herausstellen kann; denn dem, der aus Unkenntnis (ἀγνοίᾳ) des Besseren sich verfehlt, wird Verzeihung gewährt (συγγνώμη δίδοται), wer aber aus seiner Kenntnis (ἐπιστήμης) heraus Unrecht tut, hat keine Entschuldigung (ἀπολογίαν), sondern ist vor <der Tat schon> im Gerichtshof seines Gewissens überführt."

Bei Josephus begegnet die Abwägung, welche Wahrheitsverfälschung einem Historiker[53] zu verzeihen sei, der sich äußerem Druck ausgesetzt sieht (*J.* AJ 16.186 πολλὴν ἄν τις ... ἔχοι τὴν συγγνώμην; *J.* Ap. 1.218 συγγιγνώσκειν ἄξιον); er setzt ihr seine eigene Verpflichtung zur Wahrheitstreue entgegen. – Wo er sich selbst in Gefahr sieht, seiner Geschichtsschreibung eine zu persönlich gefärbte Note zu geben, nämlich beim Untergang von Jerusalem, entschuldigt er sich (*J.* BJ 1.11 διδότω ... συγγνώμην τῷ πάθει) mit der großen "Fallhöhe" von vollkommenem Wohlstand ins äußerste Elend (ἐπὶ πλεῖστον τ' εὐδαιμονίας ... πρὸς ἔσχατον συμφορῶν).

Eine Captatio benevolentiae *Aristeas* 295: Die Entschuldigung für zu große Ausführlichkeit (συγγνώμην ἔχειν) gibt Gelegenheit, die Bewunderung für die siebzig Bibel-Übersetzer zu betonen.

Allerdings gibt es eine Ausnahme: In einem jüdischen Sibyllinischen Orakel, das Ende des 1. Jahrhunderts n. Chr. in Rom entstand, und zwar möglicherweise unter Anhängern Johannes des Täufers,[54] findet sich eine Bußpredigt, die ganz dem Geist der Täuferbewegung entspricht, der sich aus dem Neuen Testament erschließen läßt. Wenn der Büßer aufgefordert wird, Gott um συγγνώμη zu bitten (*Orac. Sib.* 4.167 συγγνώμην αἰτεῖσθε καὶ εὐλογίαις ἀσέβειαν πικρὰν ἰάσασθε), so tritt nur die Vokabel ein, aber griechische Begründungen werden dadurch nicht in den Gedankengang eingefügt. Ähnliches stellt man in der frühen christlichen Kirche fest.

5. Frühchristliche Schriftsteller

Während die jüdischen Schriftsteller συγγνώμη unbefangen für göttliche wie menschliche Vergebung und mitsamt den heidnischen Begründungs-mustern verwenden, scheint in der frühchristlichen Literatur vorwiegend der zurückhaltende, differenzierende Gebrauch der Bibel fortgesetzt

---

[53] In Kapitel C I war die methodische Kritik des Polybios an Timaios begegnet: *Plb.* 12.7.6 · 12.11.3 · 12.12.5 · 6, für dessen Fälschungen aber keine mildernden Umstände angerechnet wurden, zumal er selbst einen sehr strengen Maßstab aufstellte. Auch Plutarchos übt Kritik an Timaios (*Plu.* Dio 36.1) sowie an Herodotos (*Plu.* 864e); s. a. *D. S.* 13.90.6 · 7 (συγγνώμην οὐδεμίαν τοῖς ἱστοριογράφοις ἀπολιπών).

[54] Alle Angaben zur historischen Einordnung nach *Lichtenberger*.

worden zu sein. Wo spezifisch biblische Themen wie das Vergebensgebot reflektiert werden, sind auch die biblischen Vokabeln verwandt, z. B.:

> Für göttliche Vergebung: *Apost. Vät.*: 1Clem. 2.3 ἵλεων γενέσθαι, *Apost. Vät.*: 1Clem. 13.2 ἀφεθῇ, *Apost. Vät.*: Polycarp. ep. 3.2 ἀφεθήσεται, *Apost. Vät.*: 1Clem. 50.5 + 51.1 jeweils ἀφεθῆναι + 60.1 ἄφες, *Apost. Vät.*: Did. 11.7 ἀφεθήσεται (2mal) *Apost. Vät.*: Polycarp. ep. 6.2 ἀφῇ, *Chrys.* de prov. 6.10.11 ἀφέσεως + 6.16.2 καταλλαγὴν. *Clem. Alex.* 1.94.7 ἀφιείς.
>
> Für zwischenmenschliche Vergebung: *Apost. Vät.*: Did. 14.2 διαλλαγῶσιν, *Apost. Vät.*: 1Clem. 13.2 und *Apost. Vät.*: Polycarp. ep. 3.2 ἀφίετε, *Apost. Vät.*: Polycarp. ep. 6.2 ἀφιέναι, *Apost. Vät.*: Ign. Philad. 8.1 ἀφίει; *Clem. Alex.* 3.58.1 ἀφίεμεν + 3.61.9 ἄφεσιν. *Clem. Alex.* 3.200.9 werden einem Apostel vom anderen die Sünden vergeben, sicher in Stellvertretung Gottes (ἀφεθῆναι).
>
> Auch Origenes scheint die Vokabeln mit Bedacht zu verwenden: *Or.* or. 8.1 heißt es im Anschluß an die oben besprochene Stelle *NT* Mt. 5.24: "(...) der Beter kann auch nicht Vergebung für seine Sünde erlangen, wenn er nicht von Herzen seinem Bruder vergibt, der sich ⟨gegen ihn⟩ verfehlt hat und ihn um Verzeihung bittet (οὐδὲ ἀφέσεως ἁμαρτημάτων οἷόν τε τυχεῖν ... μὴ ... ἀφιέντα τῷ πεπλημμεληκότι καὶ συγγνώμης τυχεῖν ἀφιοῦντι ἀδελφῷ).

Ignatius verwendet das Wort συγγνώμη, unterscheidet aber deutlich: Während er für die göttliche und die im Vaterunser genannte zwischenmenschliche Vergebung, wie oben aufgeführt, die biblischen Vokabeln verwendet, bittet er um συγγνώμη an den Stellen, an denen die Anforderung des Evangeliums mit der Verpflichtung gegenüber den Mitchristen zusammenstößt; wenn Ignatius zum Martyrium entschlossen ist, so ist dies keine Verfehlung, für die er ἄφεσις erbeten könnte, aber um συγγνώμη läßt sich ironisch oder konziliant bitten (ähnlich wie Paulus mit χαρίζομαι).[55]

> *Apost. Vät.*: Ign. Rom. 6.2. "Nichts werden mir nützen die Enden der Welt, auch nicht die Königreiche dieser Welt. Es wäre mir gut zu sterben" [*NT* 1Cor. 9.15] für Jesus Christus, ⟨mehr,⟩ als über die Enden der Welt zu herrschen. Ihn suche (...) ich, der für uns auferstanden ist. Die Geburt ist mir auferlegt. Verzeiht mir (συγγνῶτέ μοι), Brüder; seid mir nicht hinderlich zu leben, wollt nicht, daß ich sterbe; den, der Gott angehören will, macht nicht der Welt zum Geschenk, und betrügt ihn nicht mit dem Stoff – laßt mich reines Licht bekommen; wenn ich dorthin komme, werde ich ein Mensch sein." Schon *Apost. Vät.*: Ign. Rom. 5.3 hat Ignatius inständig in derselben Sache gebeten: συγγνώμην μοι ἔχετε.

---

[55] *Wolbert* S. 90 versteht συγγνώμην ἔχειν bei Ignatius als Synonym zu ἐπιτρέπειν "erlauben, zulassen"; doch geht die Pointe verloren, wenn man Ignatius nicht für das um Verzeihung bitten läßt, worüber er tatsächlich Einverständnis voraussetzen können müßte.

Auch *Apost. Vät.*: Ign. Trall. 5.1 handelt es sich nicht um eine wirkliche Verfehlung, die verziehen werden soll (συγγνωμονεῖτέ μοι): Ignatius könne (wie Paulus *NT* 1Cor. 3.1) bestimmtes Wissen nicht mitteilen, für das die Gemeinde noch nicht reif sei und dessen Darstellung ihm auch zum Rühmen seiner selbst geraten könnte,[56] obwohl er in Wahrheit noch nicht einmal ein Eleve sei.

An bestimmten Stellen behauptet συγγνώμη nach literarischer Tradition ihren Platz.

Für die Captatio benevolentiae ist συγγνώμη wie in der Septuaginta die richtige Vokabel (*Ält. Apol.*: Athenag. leg. 18.2 συγγνῶναι). κατὰ συγγνώμην "im Sinne eines Zugeständnisses" findet sich *Ält. Apol.*: Tat. orat. 20.1.

Im Streitgespräch wird συγγνωστὸς εἶ bei Iustinus *Ält. Apol.*: Iust. dial. 65.2 in gewohnter Weise gebraucht, um gerade noch und schon nicht mehr Akzeptables zu scheiden: "'Wenn du nun einfach <so> und nicht aus Bosheit (μετὰ κακίας) diese Worte gesagt hast und dann verstummt bist, Tryphon, ohne an die Worte vorher oder im folgenden anzuknüpfen, so muß man dir verzeihen; wenn aber deshalb, weil du glaubtest, du könntest das Zitat zur Aporie einwerfen, damit ich sage, die <Heiligen> Schriften widersprächen einander, so bist du im Irrtum (...).'"

Im Streitgespräch kann Iustinus dann auch menschliche συγγνώμη und göttliche ἄφεσις addierend nebeneinanderstellen, da beide hier in ihrer Begründung übereinstimmen:

Ält. Apol.: Iust. dial. 9.1. Tryphon behauptet, den Christus erkenne niemand, bis ihn Elias salbe; bis dahin bilde sich jeder seinen eigenen Christus. "Es ist dir zu verzeihen (συγγνώμη σοι), Mensch, sagte ich, und es wird dir wohl vergeben werden (καὶ ἀφεθείη σοι); denn du weißt nicht, was du sagst, sondern vertraust deinen Lehrern, die die Schriften nicht kennen (...)."

Hiermit ist aber auch die Scheidewand zwischen den Begriffen gefallen. Es wird kein Anwendungsbereich ausgegrenzt, für den allenfalls συγγνώμη angewendet werden darf (wie etwa in den Makkabäerbüchern), sondern συγγνώμη samt ihren konventionellen Begründungsmustern zum biblischen Vokabular mit seiner Begrifflichkeit addiert. Dies wird sich für die spätere christliche Literatur als Haupttendenz herausstellen: συγγνώμη wird mit ihren Implikationen in die theologische Argumentation hereingenommen, die durchaus spezifisch christliche Züge behält.

Zunächst ist der Anreiz dazu dort besonders stark, wo es um spezifisch ethische Themen geht. So werden im Dienste eines paränetischen Zwecks im jüdisch-christlichen "Testament der Zwölf Patriarchen" genuin biblische Motive — Gott als der Erbarmende und Mitleidige, Buße des Fleisches, Fürbitte im Gebet — mit der Begründung

---

[56] Auch dies ist ein paulinisches Motiv, vgl. *EWNT* Bd. 3 Sp. 686ff.

göttlicher συγγνώμη durch ein Handeln in Unkenntnis verbunden; diese ἄγνοια wiederum wird nicht konkret bestimmt, sondern als Einfluß des Satans gedeutet, ist also das eigentlich böse Prinzip, fast analog zu Sokratischer Lehre. Durch die mythologische Zurückführung auf den Teufel schließt der Text an die religiöse Tradition, aber mit der heidnisch-vernünftigen Motivierung ist er deshalb noch nicht unvereinbar.

> *Test.* Jud. 19.3. "Meine Kinder, die Geldgier verleitet zur Götzenverehrung (...). Wegen des Geldes richtete ich meine Kinder zugrunde, und wenn nicht die Buße meines Fleisches (μετάνοια σαρκός μου), die Erniedrigung meiner Seele und die Bitten meines Vaters Jakob gewesen wären, müßte ich kinderlos sterben. Aber der Gott meiner Väter, der Erbarmende und Mitleidige, verzieh (συνέγνω), weil ich in Unkenntnis (ἐν ἀγνοίᾳ) gehandelt hatte. Denn mich verblendete der Herrscher des Irrtums, und ich geriet in Nichtwissen (ἠγνόησα) wie ⟨eben⟩ ein Mensch, auch in Sünden verdorben wie ⟨eben⟩ ein Fleisch; und ich erkannte meine Schwäche, ich, der ich geglaubt hatte, unbesiegbar zu sein."

> Auch *Test.* Sym. 3.6 ist die jüdisch-christliche Tradition wirksam. Simeon warnt vor dem Neid, den er selbst durch Fasten bekämpft habe. "Denn wenn jemand sich zum Herrn flüchtet, weicht der üble Geist von ihm, und ihm wird die rechte Erkenntnis leicht. Und schließlich hat er Mitleid (συμπαθεῖ) mit dem Beneideten, verzeiht (συγγιγνώσκει) denen, die ihn lieben, und läßt so vom Neid ab."

6. Athanasios von Alexandrien und Gregorios von Nyssa

Kündigte sich schon in der frühchristlichen Literatur an, daß christliche Texte das spezifisch Christliche durchaus wahren, nur eben gerade nicht in der Verwendung von συγγνώμη, deren argumentative und psychologisierende Begründungsmuster neben und in die theologische Argumentation gestellt werden, so hat sich diese Tendenz im vierten Jahrhundert durchgesetzt. Der Einfluß Klassischer Bildung dominiert. Athanasios von Alexandrien und Gregorios von Nyssa benutzen συγγνώμη ebenso in den rhetorischen Figuren heidnischer Prägung wie für göttliche Vergebung. (Gleiches läßt sich für Johannes Chrysostomos feststellen, aber auch schon für den wesentlich früheren Clemens von Alexandrien.) In beiden Fällen können heidnische Standard-Begründungen wie Gewalt, Täuschung, Jugend etc. gegeben, aber auch im Sinne der christlichen Prägung Reue, Bekenntnis und guter Wille als ausschlaggebend angeführt werden.

Bestand zunächst ein Anknüpfungspunkt im ethischen, also zwischenmenschlichen, Bereich, so wird συγγνώμη hier wie bei Philon und Josephus unbefangen für Gottes Vergebung verwandt. Athanasios spricht etwa selbstverständlich von der unvergebbaren Sünde als ἀσύγγνωστον. Die Benutzung der Vokabel geht einher mit einer rationalen Betonung, die der Vergebungsbegriff bei ihm bekommt — der Maßstab für Vergebung erscheint an einigen Stellen als identisch mit dem Grad der Plausibilität und Vernunft-Gemäßheit.

Dennoch ist die theologische Ausrichtung nicht zu übersehen. Athanasios kennt nur eine unvergebbare Sünde: die Leugnung der trinitarischen Gottheit, die er mit allen Mitteln der Polemik wie der Argumentation bekämpft. Dagegen stellt für ihn jedes Einzelvergehen eine vor Gott und innerhalb der Kirche zu heilende Entgleisung dar, für die Reue und Bekenntnis den sicheren Weg der Wiedergutmachung darstellen. Athanasios kann daher für die *lapsi*, in seinem Fall die Bischöfe, die gegen den Arianismus nicht standhaft geblieben sind, eine moderate und kirchenpolitisch versöhnliche Lösung vorschlagen, während alle arianischen und pneumatomachischen Angriffe gegen das Fundament des christlichen Glaubens die strikteste Verdammung erfahren. Mit dieser Unterscheidung setzt Athanasios aber ein Grundelement der neutestamentlichen Predigt der Basileia Gottes fort: daß deren Kommen nicht von der Erfüllung bestimmter Vorbedingungen und von Einzelleistungen abhängig gemacht wird, sondern vom Menschen "nur" im Glauben angenommen werden muß.

In der Diskussion, wie die Kleriker behandelt werden sollen, die sich der Häresie angeschlossen haben, werden denn auch heidnisch-rationale Elemente mit der biblischen Argumentation (der Anknüpfung an den Exodus) verknüpft: *Gewalt* und *Täuschung* werden als Begründung angeführt; wie in der klassischen Gerichtsrhetorik wird eine Definition von συγγνώμη extemporiert, um die Entscheidung im Spezialfall zu untermauern.

> *Athan.* MPG 26.1181.7 · 9: ep. Rufin. Athanasius verteidigt hier den Beschluß der Friedenssynode von Alexandrien 362 n. Chr., die Bischöfe, die sich unter Constantius dem meletianischen Arianismus angeschlossen hatten, in ihren Ämtern zu belassen.[57] Er deutet deren Verhalten so: Sie hätten durch ihr Nachgeben verhindern wollen, daß die allerschlimmsten Häretiker ihren Platz einnähmen und das Volk verleiteten. Ebenso blieb Aaron

---

[57] Herrn Prof. Martin Tetz, Bochum, verdanke ich folgenden Hinweis: Die Haltung gegenüber den meletianischen *lapsi* wurde auf der Friedenssynode von Alexandrien mit dem Gleichnis vom Verlorenen Sohn begründet; so referiert Rufinus (Historia ecclesiastica 10.29) eine Teilgruppe auf der Synode, die *NT* Lc. 15.11-32 auf die gegenwärtige Situation anwendeten; Ring und Gewand, das der zurückkehrende Sohn erhält, werden direkt auf Bischofsring und Talar der ab-

beim Volke Israel, als dieses das Goldene Kalb anbetete, um zu verhindern, daß das Volk nach Ägypten zurückkehre und dort noch stärkerem Götzendienst anheimfalle. "Deswegen also war das, was den Klerus betraf, verzeihlich (συγγνωστὸν ... γέγονε); den Getäuschten und mit Gewalt Behandelten aber wird Verzeihung gewährt (τοῖς δὲ ἀπατηθεῖσι καὶ βίαν παθοῦσι συγγνώμη δίδοται)."

Athan. 197.30: h. Ar. wird tatsächlich von Bischöfen erzählt, die für ihren Übertritt zu den Arianern, der μὴ προαιρέσει, ἀλλ' ἀνάγκη geschah, um Verzeihung bitten (ἠξίουν ... συγγνώμην ἔχειν). Auch der Gesichtspunkt der Nicht-Vorsätzlichkeit ist im heidnischen Bereich geläufig (s. B I 1). – Übrigens mokiert sich Libanios (Lib. Or. 18.122 τυγχάνειν συγγνώμης) über die Verzeihensbereitschaft der Kirche gegenüber den echten Lapsi (er hält es daher nicht für sinnvoll, Christen zu zwingen, den heidnischen Göttern zu opfern).

In den im folgenden aufgeführten Belegen tauchen etwa noch folgende für die heidnischen Texte typische Begründungen auf: ἀνάγκη καὶ βία (Athan. MPG 26.1180.33 + 36: ep. Rufin.), Jugend (Athan. MPG 26.325.5: Ar. 3 cap. 2), menschliche Schwäche (Athan. 181.10: h. Ar.),

Daneben entscheidet aber auch *Reue* über die Erteilung der göttlichen Vergebung, die hier mit συγγνώμη bezeichnet wird. Allerdings werden die herkömmlichen Begründungen ἀνάγκη und βία in diese Argumentation einbezogen, und daß die Verhaltensweise, die συγγνώμη erhält, nur eine Mittelstellung zwischen Tadellosem und gänzlich zu Verurteilendem einnimmt, ist ebenfalls deutlich.

Athan. MPG 26.1180.33 + 36: ep. Rufin. "(...) und es fand Beifall dort [auf der Synode in Alexandrien 362 n. Chr.] so wie auch überall, daß denen, die den Fehltritt getan und sich zu Führern der Häresie aufgeschwungen hatten, zwar verziehen werden sollte, wenn sie bereuten (καταπεπτώκασι[58] συγγιγνώσκειν μὲν μετανοοῦσι), doch nicht ihnen den Platz im Klerus zu geben; denen aber, die nicht von selbst zur Häresie gestoßen, sondern durch Not oder Gewalt (δι' ἀνάγκην καὶ βίαν) fortgerissen worden waren, beschloß man zu verzeihen (διδόσθαι ... συγγνώμην), und sie sollten den Platz im Klerus behalten, vor allem, weil sie eine glaubwürdige Recht-

---

trünnigen Priester bezogen. Die Teilnehmer der Synode geraten in die Rolle des älteren Bruders, vermeiden aber dessen Neid und Unnachgiebigkeit.

Die auf der Synode gefaßten Beschlüsse wurden anschließend in einem von Athanasius verfaßten Brief, dem sogenannten Tomus ad Antiochenos, auf die speziellen Verhältnisse in Antiochien appliziert (siehe *Tetz* S. 197). Hier findet sich ebenfalls eine Anspielung auf das Gleichnis: Athan. MPG 26.797.32: tom. ὡς μὲν πατέρες υἱοὺς προσλάβεσθε. Man darf also auch die Epistula ad Rufinianum auf diesem exegetischen Hintergrund sehen.

[58] Im gedruckten Text fälschlich κακαπεπτώκασι.

fertigung (ἀπολογίαν) beibringen konnten und dies irgendwie dem göttlichen Heilsplan entsprechend (οἰκονομικῶς)[59] geschehen zu sein schien."

Das *Bekenntnis* als Ausdruck der Reue spielt eine wichtige Rolle.

Athan. 137.22: apol. sec. cap. 58.1. "Als Ursacius und Valens dies [die Erklärung der Jerusalemer Synode] sahen, verurteilten sie sich schließlich selbst, zogen herauf nach Rom, legten gleichfalls ein reumütiges Bekenntnis ab (ἐξωμολογήσαντο ... μεταγινώσκοντες), baten um Verzeihung (συγγνώμην τε ᾐτήσαντο) und schrieben an den Bischof Julius des ehrwürdigen Rom sowie an uns darüber." Die Synode von Rimini (359 n. Chr.) verwendet für denselben Vorgang eine erstaunliche Kombination: *Athan.* 237.20: de syn. cap. 10 μετανοίας τε καὶ συγγνώμης ἠξίουν τυχεῖν (daneben 237.22 τῶν ἐγκλημάτων συγγνώμη). In ihrem Brief ist von der συγγνώμη des Papstes die Rede (*Athan.* 138.12: apol. sec. cap. 58.3), auch ὁμολογοῦμεν kommt ausdrücklich vor.

Eine ähnlich pragmatische Verquickung konventioneller und theologischer Motive findet sich dort, wo es um Entscheidungen in Athanasios' eigenem Leben handelt.

Mit "Sachzwang" (er wird nicht ausdrücklich so benannt) begründet Athanasios Constantius gegenüber den ihm zur Last gelegten Umgang mit Constans (*Athan.* MPG 25.600.4: apol. Const. πολλήν μοι συγγνώμην δός) und die verfrühte Nutzung einer Kirche in Alexandrien, die Constantius hatte einweihen sollen (*Athan.* MPG 25.613.27: apol. Const. καὶ συγγινώσκεις ἐμοὶ μὴ κωλύσαντι); diese so rational begründete συγγνώμη soll von Constantius aber gleichzeitig deshalb erteilt werden, weil er sich als φιλόθεος erwiesen habe.

Wie schon vorweggenommen wurde, kann Athanasios dort nicht konziliant sein, wo die trinitarische Gottheit geleugnet wird. In verschiedenen Zusammenhängen wendet er hierfür immer wieder das biblische Wort von der unvergebbaren Sünde (*NT* Mt. 12.31f.) an. Eine einzelne Verfehlung jedoch kann immer vergeben werden, auch eine zeitweilige dogmatische Verirrung. Vergebung ist dabei an das Kriterium der Reue gebunden, die Bitte um sie ist wichtig:

In der Schrift "Quis dixerit" (ediert als Teil des Vierten Serapionbriefes) lehnt Athanasios die Anschauung des Origenes und des Theognostos (Belege s. u.) ab, mit der unvergebbaren Sünde sei eine Sünde nach Empfang der Taufe gemeint.

Athan. MPG 26.656.1: ep. Serap. 4 cap. 13. "Warum aber tadeln wir auch Novatus, der die Möglichkeit der Reue (μετάνοιαν) aufhob und sagte, es gebe keinerlei Vergebung für diejenigen, die nach der Taufe sündigen, wenn das Bibelwort [*NT* Gal. 4.19 πάλιν] wegen der nach der Taufe Sündigenden gesagt ist?"

Athan. MPG 26.657.33 (· 35) · 42: ep. Serap. 4 cap. 15. Der Rechtgläubige

---

[59] Vgl. *Müller Athan.* s. v.

erstaunt und erschrickt über die sich im Inkarnierten offenbarende Wirkungsmacht der Gottheit. Gottlos hingegen ist es, auf die Kennzeichen der Menschlichkeit – Dürsten, Ermüden, Leiden – zu starren und durch sie in Zweifel an seiner Gottheit zu geraten. Gott aber kann auch solchen Zweiflern verzeihen, wenn sie schnell "umdenken" (λαμβάνειν συγγνώμην, συγγιγνώσκειν ... μεταγινώσκουσιν), da sie als Entschuldigungsgrund (πρόφασιν) die Schwachheit des Leibes haben; nach der Marginalie einer Teilüberliefung ist ihnen Paulus durch *NT* 1Tim. 3.16 Bürge dieser Verzeihung (συγγνώμην ... νέμοντα). (Hier ist zum Beispiel die Mittelstellung der συγγνώμη zwischen Lob und Tadel sehr deutlich.)

Als Beleg für seine Anschauung verwendet Athanasios die biblische Erzählung von der Verleugnung des Petrus, die er offenbar als Vorgang von Verfehlung, Reue und Vergebung ansieht: *Athan.* MPG 26.660.34: ep. Ser. 4 cap. 16. "Denn als zum großen Petrus die Türhüterin wie über einen Menschen sprach und er ebenso antwortete, vergab ihm der Herr, da er geweint hatte (συνέγνω κλαύσαντι)."

Immer wieder bezieht Athanasios das Wort auf die Leugnung der Gottheit des Sohnes: *Athan.* MPG 26.660.7 · 22 ἀσύγγνωστον, ἀσύγγνωστα καὶ ἄφυκτα βλασφημεῖν, *Athan.* MPG 26.664.35 ἀσύγγνωστον, *Athan.* MPG 26.665.28 · 29 τὸ ... λαβεῖν δυνάμενον συγγνώμην, ἀσύγγνωστον βλασφημίαν, *Athan.* MPG 26.676.2 ἀσύγγνωστον ... τὴν ... τιμωρίαν. Alttestamentliches Modell der unvergebbaren Sünde ist, wie schon angeführt, die Anbetung des Goldenen Kalbes (*Athan.* MPG 26.661.25 ἀσύγγνωστα).

Die vereinzelte Verfehlung wird vergeben: Dem Volk Israel vergab Gott nach dem koptisch überlieferten 38. Festbrief die Schmähung der Propheten (*Athan.* ep. fest. Übers. 31.18).

Auch in anderen Schriften wird als die unvergebbare Sünde dieses Bibelzitats die verweigerte Anerkennung der trinitarischen Gottheit angesehen:

Athan. MPG 26.440.18: Ar. 3 cap. 55 (ἀσύγγνωστον ... καταδίκην) und *Athan.* MPG 26.608.27: ep. Ser. 1 cap. 33 (ἀσύγγνωστον ... τὴν τιμωρίαν) bezieht sich auf die Leugnung der Werke des Heiligen Geistes durch die Pharisäer; in der Arianerrede wird diese mit derjenigen der Arianer gleichgestellt, die die Äußerungen der Menschheit des Logos als Argument gegen seine volle Göttlichkeit auffassen, im Serapionbrief mit der Anfechtung der Stellung des Heiligen Geistes in der Trinität. Ähnlich wird auch in der pseudathanasianischen Vierten Arianerrede argumentiert, Paulus von Samosata werde keine συγγνώμη finden können (*Athan.* MPG 26.521.38 οὐδεμίαν συγγνώμην). *Athan.* MPG 25.32.21: gent. cap. 14 (γένοιτο συγγνώμη) richtet sich die Anwendung der Bibelstelle gegen die heidnische Verehrung stummer und lebloser Dinge; *Athan.* MPG 25.96.31: gent. cap. 47 allgemeiner vom κίνδυνος ἀσύγγνωστος des Heidentums.

Es besteht für Athanasios offenbar kein Grund, das Wort συγγνώμη zur Bezeichnung des göttlichen Vergebens zu meiden, ebensowenig für Autoren, die er zitiert:

Athan. MPG 26.652.9: Origenes ἀσύγγνωστον ... τιμωρίαν (im selben

Zusammenhang aber auch λαμβάνειν ἄφεσιν). *Athan.* MPG 26.652.14 · 30 · 32 · 34: Theognostos συγγνώμης τυγχάνοι, ἄφυκτος … καὶ ἀσύγγνωστος, ἐστι συγγνώμη, οὐδεμία περιλείπεται συγγνώμης ἀπολογία καὶ παραίτησις.[60]

Doch es handelt sich nicht allein um den Ersatz einer Vokabel durch die andere: Wenn Athanasios das Wort verwendet, um eine theologisch noch akzeptierbare Haltung von der nicht mehr akzeptierbaren zu scheiden, also ähnlich, wie sich in der medizinischen Fachliteratur das "Schema des Verzeihlichen und des Unverzeihlichen" findet, so wird nicht wie dort der Vorgang des Verzeihens zur Floskel, sondern gerade auf den Ernst des Jüngsten Gerichts bezogen, da Athanasios sicher ist, daß alle Abweichung von der Orthodoxie Gotteslästerung ist. Da er gleichzeitig die orthodoxe Theologie mit rationaler Argumentation verteidigt, fällt hier das Unverzeihliche im Sinne des Unverständlichen mit dem Unvergebbaren zusammen.

> *Athan.* MPG 26.224.23 · 26: Ar. 2 cap. 36. Man darf nicht fragen, warum der Logos Gottes nicht ist wie unser Wort, da Gott nicht ist wie wir; so darf man auch nicht forschen, wie der Logos aus Gott gezeugt werden kann. "Denn es ist besser, daß die schweigen und glauben, die ⟨hierin⟩ ratlos sind, als daß sie ungläubig sind durch ihre Ratlosigkeit (τὸ ἀπορεῖν); denn der Ratlose kann irgendwie Verzeihung erlangen (συγγνώμην ἔχειν), weil er sich völlig ruhig verhielt, auch wenn er geforscht hat⟨, was man nicht erforschen darf⟩; wer aber, weil er ratlos war, ersann, was nicht erlaubt ist, und dazu von Gott verbreitet, was dessen nicht würdig ist, der hat für seine Vermessenheit die Strafe ⟨verwirkt⟩, die keine Vergebung tilgen kann (ἀσύγγνωστον … τὴν δίκην)."[61/62]

---

[60] Die Gleichsetzung der Vokabeln im Zusammenhang desselben Themas erkennt man schon bei Clemens von Alexandrien (*Lukas-Katenen* C I 164.8): Wenn ein Mensch noch nicht erfahren im Mysterium der Gottheit Christi ist und dann eine maßvolle Blasphemie ausspricht, die noch Nachsicht verdient (συγγνώμης ἐστὶν ἄξια), so verzeiht es Gott denen, die sich aus Unwissen verfehlen. Hier dominiert das heidnische Argumentationsmuster.

Von menschlichem Verzeihen wird *Ast. Soph.* 193.3 *a minore ad maius* auf das göttliche geschlossen: Jemandem, der wegen geistiger Behinderung Gott lästert, müßte, wie die Menschen, so erst recht Gott verzeihen (ὡς ἄνθρωπον παραλαλοῦντα συγγνώμης ἠξίωσε). Diese Begründung entspricht der wohlbekannten durch Wahnsinn (z. B. *Epict.* 1.22.21) und physisch bedingtes Unwissen (*Arist.* EN 1136a8 ἀγνοοῦντες διὰ πάθος … φυσικόν).

[61/62] Auch das Christentum selbst wurde anfangs in der antichristlichen Polemik in ähnlicher Form durch den Ausschluß von συγγνώμη gleichzeitig aus dem Bereich des Frommen (Stichworte sind ἀσεβῆ und ἄθεα) und (durch die rhetorische Frage) aus dem der Vernunft und Plausibilität ausgeschlossen *Eus.* p. e. 1.2.3: Porph. Adv. Christ. (καταξιωθήσεσθαι συγγνώμης).

Eine deutliche *"Figur des Verzeihlichen und des Unverzeihlichen"* mit dem klassischen Verzeihensgrund des (jugendlichen) Alters steht im Dienst der antiarianischen Polemik.

Athan. MPG 26.325.5: Ar. 3 cap. 2. "Wenn dies [das Argument des Asterius] einfach als Kinderei gesagt wäre, verdiente es wohl Verzeihung wegen des Alters (συγγνώμην εἶχεν ἐκ τῆς ἡλικίας); da aber der sogenannte Sophist der Schreiber ist, der von sich verkündet, er verstehe alles, wieviel Verachtung verdient er bei einer solchen Qualifikation?"

Athanasios wendet Figuren der klassischen Rhetorik gezielt in theologischen Zusammenhängen an: so etwa die ähnlich aus der Gerichtsrhetorik bekannte Bitte um Verzeihung für eine Formulierung, zu der ihn das Referat der gegnerischen Lehrmeinung zwingt. Auch Athanasios verwendet die Figur, um herauszustellen, daß die Wortwahl durch die Verruchtheit des Gegenstandes bedingt ist. Charakteristisch für seine Gleichsetzung des orthodoxen mit dem göttlichen Standpunkt ist hier, daß er ebensogut Gott um Verzeihung bittet (*Athan.* MPG 25.57.10: gent. cap. 28 συγγνώμην δὲ ὁ λόγος ἐχέτω παρ' αὐτοῦ τοῦ κρείττονος) wie seine Leser (*Athan.* MPG 25.564.14: ep. Aeg. Lib. συγγνώμην ... αἰτησαμένους).

Auch die *Captationes benevolentiae* des Athanasios (*Athan.* MPG 26.1069.24: ep. Epict. συγγνῶναι πάντας τῇ ἡμετέρᾳ ἀσθενείᾳ) stellen gezielte Selbstverkleinerungen dar wie die der klassischen Rhetorik. Bisher ist allerdings das Motiv nicht aufgetaucht, der Leser möge das der Darstellung Fehlende selbst ergänzen und berichtigen (*Athan.* MPG 26.605.37: ep. Serap. 1 συγγιγνώσκεις; Parallele *Luc.* Alex. 1 siehe C III 2), das dafür spricht, daß Athanasios seine Autorität nicht sich selbst zu verdanken glaubt und seine Theologie nicht für abgeschlossen hält. Solcher Bescheidenheit steht allerdings entgegen, daß Athanasios auch einmal vorzieht, seine eigene Furcht vor einem gewichtigen Gegenstand zu überwinden, ehe der Adressat sich ein zweites Mal darüber äußert (*Athan.* MPG 26.648.29: ep. Serap. 4 συγγίγνωσκε). Die (menschliche) Schwäche seiner eigenen Darstellung betont er wiederum in zwei Captationes benevolentiae (*Athan.* 181.10 + 182.14: h. Ar. ἵνα ... συγγνῶτε κἀμοὶ ἀνθρώπῳ ἀσθενεῖ τὴν φύσιν ὄντι, συγγιγνώσκετε μετὰ συνειδήσεως καθαρᾶς).

Ähnlich schon bei Origenes eine Entschuldigung für eventuelle Unvollständigkeit der Auslegung unter Hinweis auf den (guten) Vorsatz (βουλήματος): *Or.* Mt. 461.2 (αἰτοῦμεν ... συγγνώμην) und *Or.* Cels. 615.25 (τῇ ἰδιωτείᾳ τῶν προθεμένων μὲν τὰ κρείττονα, διὰ δὲ τὸν ἰδιωτισμὸν ἀποτυγχανόντων συγγνωστέον). Origenes hatte auch (*Or.* Cels. p. 6.21 συγγνώμην αἰτῶν) den Leser bei Unzufriedenheit an Verständigere verwiesen.

In dem zuletzt aufgeführten Beleg kann ein voluntaristisches Element darin gesehen werden, daß zur Begründung der *gute Wille* angeführt wird: "(...) und laßt nur den Wagemut des Vorsatzes zur Rechtgläubigkeit (τὸ τολμηρὸν τῆς εἰς εὐσέβειαν προθέσεως) gelten." Auch die συγγνώμη der Leser soll gutem Willen entspringen (συνείδησις ἀγαθή in diesem Sinne auch *Athan.* MPG 26.648.29: ep. Serap. 4), doch läßt der formelhafte Gebrauch keine weitreichenden Schlüsse zu.

Auch Gregorios von Nyssa verbindet seine christlich-theologische Argumentation mit heidnischen Verwendungsmustern von συγγνώμη. Seine Ausbildung als Rhetor führt zu noch stärkerer Verwendung rhetorischer Formen als bei Athanasios. Was sich an neuartigen Aspekten zeigt, muß in der Proportion zum Hergebrachten gesehen werden. Beispielsweise bedient sich Gregorios ausführlich der Captatio benevolentiae, die er auch zu gleichen Zwecken einsetzt wie heidnische Schriftsteller:

> *Greg. Nyss.* 1: Eun. 2.351 (συγγνώμην ἔχειν) (Entschuldigung für das Referat unsinniger gegnerischer Thesen); *Greg. Nyss.* 2: Eun. 3.10.45 mit Wortspiel (συγγνώσεται δὲ πάντως ὁ εὐγνώμων ἀκροατὴς ἐπὶ τοῖς εἰρημένοις); *Greg. Nyss.* 2: Eun. 3.3.1 (συγγνώσεται) (Ausführlichkeit durch Gegenstand begründet); *Greg. Nyss.* 8.2: Ep. 11.7 (συγγνώμη) (der Hinweis auf die Weitschweifigkeit des Alters erlaubt ein Kompliment über die verjüngende Wirkung des Adressaten); *Greg. Nyss.* 9: Usur. 196.8 (συγγνώμης ... αἴτησις) (die Selbstverkleinerung dient zur Herausstellung des Bruders Basileios); *Greg. Nyss.* 3.2: infant. 70.12 (συγγνώσῃ) (Hinweis auf die Bereitschaft – προθυμίαν – des Verfassers zur Auskunft); weniger deutlich *Greg. Nyss.* 9: Flacc. 479.23 (σύγγνωτε) (Entschuldigung für den "lauten" Ausbruch der Trauer) und *Greg. Nyss.* 9: Flacc. 481.15 (συγγνώσεσθε) (die Abschweifung wird durch die Trauer begründet). Vergleichbar auch *Greg. Nyss.* 8.2: Ep. 14.5 die elegante Entschuldigung (σύγγνωθι) dafür, daß der Briefschreiber seine Antwort auf das Blatt mit dem vorangegangenen Schreiben des Adressaten schreibt.

Ungewöhnlich ist auch noch nicht, wenn der Zorn — der allerdings im paganen Griechenland in keinem sehr hohen Ansehen steht[63] — neu

---

[63] Grundsätzlich zum Verhältnis von Christentum und Heidentum zum Zorn *Betz Ethical Writings* S. 170ff. Plutarchos warnt davor, dem Zorn nachzugeben (Belege in Kapitel C III 3). Von "gerechtem Zorn" kann übrigens auch – thematisch weit abgelegen – *Luc.* Jud. Voc. 8 (σύγγνωτε τῆς δικαίας ὀργῆς) sprechen.

Zeitgenössische Beispiele für Verurteilung des Zorns: *Lib.* Prog. 9.7.10 (οὐδαμόθεν ἡ συγγνώμη), *Lib.* Decl. 48.55 (ἐμεμψάμην ὀργήν, ἐπῄνεσα συγγνώμην), Warnung vor Zorn: *Lib.* Ep. 1507.3.5 (συγγνώμης τυχεῖν) – für die Verteidigung des Zorns: *Lib.* Decl. 8.22 (συγγνώσῃ, σύγγνωθι).

bewertet wird, wo es gilt, für den anderen in die Bresche zu springen, oder wo er mit der großen Provokation begründet werden kann. Man muß hier nicht die Parallele zu Jesu Reinigung des Tempels suchen: Auch dies zählt dem Vorgehen nach zur Captatio benevolentiae, in der um Verzeihung für das Selbstverständliche gebeten wird, damit es ausführlich begründet werden kann.

> Verteidigung eines anderen: *Greg. Nyss.* 8.2: Ep. 29.6 (τὸ μετριάζειν τοῦ χαλεπαίνειν ἐστὶν ἀσυγγνωστότερον); Zorn über ein Eunomios-Zitat *Greg. Nyss.* 2: Eun. 3.9.28 (ἀσύγγνωστον).

Tatsächlich erweist sich Gregorios als bestens mit der Stasislehre vertraut, die er anführt, um die Methodik seiner Darstellung zu rechtfertigen:

> *Greg. Nyss.* 1: Eun. 1.69. "Es soll aber, wenn es genehm ist, neben der zweiten Verteidigung noch eine weitere geschrieben werden; denn die bisherige ist keine Rechtfertigung für die Verfehlungen, sondern eher Material (κατασκευὴ) für die Vorwürfe. Denn wer weiß nicht, daß jede regelrechte Verteidigung auf die Aufhebung der vorgebrachten Vorwürfe abzielt? Wer zum Beispiel die Anklage des Diebstahls, Mordes oder eines anderen Vergehens ⟨auf sich gezogen⟩ hat, leugnet die Tat entweder gänzlich oder überträgt die Schuld an dem Übel auf einen anderen oder erbittet, wenn er nichts davon kann, Verzeihen und Mitleid (συγγνώμην καὶ ἔλεον αἰτήσει) von den Herren der Entscheidung. Hier aber enthält die Rede weder eine Leugnung des Vorgeworfenen noch die Übertragung (μετάστασιν) auf andere, noch verheißt sie Besserung für die Zukunft, sondern bestärkt den als Anklage vorgebrachten Vorwurf durch mühevolle Materialsammlung."

In der Begründung für die Bitte um συγγνώμη verwendet er Standardmotive:

> Alter: *Greg. Nyss.* MPG 46: infant. 164.58 (συγγνώσῃ); *Greg. Nyss.* 8.2: Ep. 11.7 (συγγνώμη).
>
> Sachzwang: *Greg. Nyss.* 8.2: Ep. 1.19 (συγγνωστόν)

Wie auch sonst ist συγγνώμη ein Zeichen von φιλανθρωπία:

> *Greg. Nyss.* MPG 46: bapt. diff. 428.20 (s. u.); *Greg. Nyss.* MPG 46: bapt. diff. 424.10 (s. u.; verbunden mit ἀνεξικακία und ἔλεος Gottes); *Greg. Nyss.* 9: In sanctum pascha 250.22 (s. u.). Vgl. *Greg. Nyss.* 9: Usur. 201.22 den Gegenbegriff μισανθρωπίας.

Eine Handlung aus Hybris verdient keine συγγνώμη:

> *Greg. Nyss.* 8.2: Ep. 1.35 (ἀσύγγνωστον: Gewalt gegen einen Freien); *Greg. Nyss.* MPG 46: bapt. diff. 424.17 (συγγνώμης ... μεταδιδόναι) besteht die Hybris (ἐνύβρισαν) allerdings in der Mißachtung der durch die Taufe ermöglichten Wiedergeburt (s. u.).

Der geschliffene ironische Gebrauch — wie bei Athanasios ein Element

der polemischen Auseinandersetzung — baut meistens auf der Bedeutungs-
nuance "verständlich" auf:

> Man muß dem verzeihen, der die Argumentation des Gegners nicht
> versteht: *Greg. Nyss.* 1: Eun. 1.659 (συγγνώτω), *Greg. Nyss.* 1: Eun. 2.169
> (συγγνωστὸς ἂν ἦν). Ironisch erbetene Nachsicht auch *Greg. Nyss.* 8.2: Ep.
> 25.16 (συγγνώμην ἔχειν).

Wie bei Athanasios steht die Figur des Verzeihlichen und des Unverzeihlichen im Dienste der polemisch geführten Argumentation, speziell
der Ausgrenzung der Lehre der angegriffenen Gegner aus dem Bereich
des Rechtgläubigen wie auch des Plausiblen:

> Die Lehre des Gegners wäre dann noch verzeihlich, wenn er seine
> Meinung aus Unerfahrenheit verträte (bei Athanasios war auf die mögliche
> Jugend hingewiesen worden): *Greg. Nyss.* 1: Eun. 1.217 (συγγνωστὸς ἂν ἦν);
> wenn ein Analogieschluß von den Geschöpfen auf Gott zulässig wäre: *Greg.*
> *Nyss.* 1: Eun. 1.213 (πλὴν ἀλλ᾽ εἶχέ τι συγγνωστόν); wenn er sich auf die
> Heiligen der Kirche berufen könnte bei der Irrlehre, Gott sei geschaffen:
> *Greg. Nyss.* 2: Eun. 3.1.11 (συγγνωστός); auch eine Homonymie in einem
> bestimmten Bereich könnte als Entschuldigung dienen: *Greg. Nyss.* 2: Eun.
> 3.1.15 (συγγνωστός ἦν); und der überflüssige Ausdruck κατὰ τὴν ἰδίαν
> ἀξίαν könnte in einem anderen Zusammenhang noch gerade unanstößig
> sein: *Greg. Nyss.* 1: Eun. 1.238 (πλὴν ἀλλ᾽ εἶχέ τι συγγνωστόν).

> Zur Abgrenzung und Gegenüberstellung wird συγγνώμη *Greg. Nyss.* MPG
> 46: bapt. diff. 424.10 · 17 (συγγνώμης ἢ φιλανθρωπίας ἀξιωθήσεται,
> συγγνώμης δίκαιον) benutzt: Das Sündigen nach der Taufe ist nicht so
> schlimm, wie überhaupt nicht getauft zu werden; denn die angebotene
> Geburt aus Gott (nach *NT* 1Jo. 3.9) zurückzuweisen, heißt die königliche
> Gnade mit Füßen treten.

Zu συγγνώμη als Instrument der Abstufung gehört es, daß manche
Vergehen "verzeihlicher" oder "unverzeihlicher" sind als andere.

> Die Häresie der Arianer, die sich anmaßten, Gott zu kennen, wie er sich
> selbst kenne, war nach *Greg. Nyss.* MPG 45: deit. 557.39 ἀσυγγνωστότερα
> als die Seelenblindheit der Athener aus der Apostelgeschichte, die trotz ihrer
> Götzen den Unbekannten Gott verehrten.

> Die Benennung der Anhänger nach ihrem Lehrer war im Falle des
> Manes und der Manichäer noch eher verzeihlich, da dieser einen neuen
> Anfang setzen wollte: *Greg. Nyss.* 1: Eun. 1.519 (συγγνωστότερος) —
> ausdrücklich in Parallele zum "kleineren Übel": τοῦ χείρονος κρίσις.

> Eine Skala des mehr und minder Verzeihlichen auch bei Theodoros von
> Herakleia: *Lukas-Katenen* Her. 1.3: οὐ ... οὕτως ἀσύγγνωστοι.

Wie stark heidnische Denkmuster in die theologische Argumentation
einbezogen werden, zeigt sich im folgenden Belege an der Einteilung *Lob*
— Tadel — Verzeihung:

> *Greg. Nyss.* MPG 46: bapt. diff. 428.20. "Denn wie mir scheint, werden im

erwarteten Leben die ⟨Verdienste⟩ der Menschen in drei Gruppen eingeteilt – um es recht allgemein ohne Untergruppierungen darzustellen. Und zwar ist die erste Gruppe die der Lobenswerten (ἐπαινετοῦ) und Gerechten, die zweite derer, die weder geehrt noch gestraft, die dritte derer, die für ihre Vergehen bestraft werden. Wo werden wir also die einordnen, die die Wohltat der Taufe auf dem Totenbett angenommen haben? Oder liegt es auf der Hand, daß sie zu der zweiten Gruppe gehören, und das ⟨auch nur⟩ bei nachsichtiger Beurteilung (μετὰ συγγνώμης), damit wir sie an der Milde- (φιλανθρωπίαν) Gottes teilhaben lassen? Denn wer seinem Zögern die Besserung durch die Tugend opfert, ist nicht frei von Strafe und Verurteilung, jedenfalls nicht, wenn das willentliche Übeltun (τὸ ἐθελοκακεῖν) unter Anklage stellt und der Haß auf das Gute den Erweis für die Schlechtigkeit bringt."

Die Abgrenzung des Verzeihlichen vom Lob findet sich auch *Greg. Nyss.* MPG 45: ep. can. 232.27 (s. o.); von Lob und Tadel *Greg. Nyss.* MPG 45: ep. can. 235.46 · 47 (διῄρηται εἰς τὸ συγγνωστόν τε καὶ ἀσύγγνωστον) · 52 (συγγνωστόν) in der Diskussion der Grabberaubung, die bei der Wahrung einer bestimmten Pietät noch verzeihlich ist.

Wie heidnische Schriftsteller verbindet Gregorios συγγνώμη mit den Stichworten "Unglück", "unfreiwillig", "Unkenntnis"; von ihr schließt Vorsatz aus; doch in der Frage der Priesterweihe reicht diese Art von Verzeihlichkeit nicht aus; hier tauchen "typisch christliche" Kriterien auf, Wille und Reue.

Greg. Nyss. MPG 45: ep. can. 232.27. "Was unfreiwillig ⟨geschieht⟩, wird zwar für verzeihlich erachtet, aber nicht für lobenswert (τὸ δὲ ἀκούσιον, συγγνωστὸν μὲν, οὐ μὴν ἐπαινετὸν ἐκρίθη). Dies sagte ich, damit klar wird, daß auch, wenn jemand unfreiwillig (ἀκουσίως) in die Befleckung eines Totschlags gerät, er doch, da er von der Untat bereits unrein geworden ist, für priesterliche Gnade (ἱερατικῆς χάριτος) vom kirchlichen Kanon verworfen wird; ebenso lange Zeit jedoch, wie von der bloßen Unzucht reinigt, wird auch bei den unfreiwilligen Totschlägern als gut angesehen, das heißt, wenn sich in ihr auch der Wille (τῆς προαιρέσεως) des Bereuenden (μετανοοῦντος) erweist."

Ein Unterschied zum heidnischen Gebrauch des Kriteriums der Unfreiwilligkeit ist dagegen *Greg. Nyss.* 2: Eun. 3.2.80 (πλὴν ἀλλὰ συγγνωστὸν τὸ ἀτύχημα ὅταν ἀκούσιον ᾖ) nicht leicht auszumachen.

Daß συγγνώμη mit ἔλεος verbunden wird, daß (gerade vor Gericht) die Devise "kein Erbarmen mit den Erbarmungslosen" heißt, ist nicht neu; bei Gregorios wird dieses Mitleid aber ausdrücklich als Einlösung des Vaterunsers gefordert. Diese Stelle könnte man zum Beweis anführen, wenn man sagt, daß sich im Christentum nicht so sehr der Begriff des Verzeihens ändert wie die Motivation zu verzeihen. Wie im Neuen Testament besteht hier ein direkter Bezug auf den im Vaterunser angesprochenen ökonomischen Hintergrund: Es geht um das Verbot des Zinsgeschäftes.

Greg. Nyss. 9: Usur. 201.22. Im Zusammenhang tauchen die Begriffe ἐλέου αἴτησις, συγχώρησιν (als Schuldenerlaß), ἀφῆκεν und die Bitte des Vaterunsers mit ὀφειλήματα auf. "Wie willst du nun beten, Zinsabschneider (τοκογλύφος)? Mit welchem Gewissen richtest du die Bitte um Gutes an Gott, der du alles nimmst und nicht gelernt hast zu geben? Oder weißt du nicht, daß dein Gebet eine Erinnerung an deine Unmenschlichkeit (μισανθρωπίας) ist? Was hast du vergeben (συγχωρήσας) und erbittest Verzeihen (συγγνώμην αἰτεῖς)? Wessen hast du dich erbarmt und rufst den Erbarmer an? Wenn du aber auch einmal ein Almosen gegeben hast (ἐλεημοσύνην), wovon hast du es gegeben? Nicht von deiner harten, unmenschlichen Zinstreiberei? Nicht das, was von Tränen und Seufzern fremden Unglücks strotzt?"

Die Verbindung συγγνώμη – ἔλεος auch *Greg. Nyss.* 1: Eun. 1.69 (s. o.), im Zusammenhang mit ἀνεξικακία und ἔλεος Gottes: *Greg. Nyss.* 9: In sanctum pascha 250.22 (s. u.)

Auch für Gregorios gibt es das schlechthin Unverzeihliche; er benutzt es einmal in einer rhetorischen Frage (*Greg. Nyss.* 8.2: Ep. 1.30 συγγνωστὴν); in einem anderen Zusammenhang stellt er jedoch klar, daß Gott auch solche Verfehlungen vergibt.

Greg. Nyss. 9: In sanctum pascha 250.22. "Eine Wohltat erfährt auch derjenige, der noch in der Knechtschaft ⟨der Sünde⟩ bleibt: Wenn nämlich auch seine Sünden zahlreich und schwer sind und das Maß dessen überschreiten, was noch entschuldbar und verzeihbar ist (παραίτησιν ὑπερβαίνοντα καὶ συγγνώμην), so scheute doch der Herr die Helle des Tags und seine Liebe zu den Menschen (τὸ ... φιλάνθρωπον) und nahm den Abgerissenen und sichtbar Verworfenen an wie Pharao den Mundschenk aus dem Gefängnis (...)."

Schließlich seien einige interessante Verwendungen bei Eusebios angeführt. Der Gedanke einer auf Gegenseitigkeit beruhenden συγγνώμη findet sich hier mit der Person des Kaisers Constantinus verbunden.

Bei seinem Versuch im September oder Oktober 324, den dogmatischen Streit zwischen Alexandros von Alexandrien und Areios zu schlichten, weist Constantinus beiden Kontrahenten Fehler nach; die Aufforderung, beiderseits Nachsicht zu üben (*Eus.* vit. Const. 75.26: Constantinus ἐξ ἴσου τὴν συγγνώμην παρασχών · 76.18 ἴσην ἀλλήλαις ἀντιδότωσαν ἐφ᾽ ἑκάτερα συγγνώμην), gibt er in seinem Schreiben ausdrücklich als Mitknecht (συνθεράπων). Constantinus wird von Eusebios auch auf der Synode von Nikaia mit diesem Gedanken referiert (*Eus.* vit. Const. 93.15 λόγῳ συγγνώμης · 16 ἀλλήλοις ... πταίουσι συγγνώμην νέμειν) und durch seine Neigung zu ἀνεξικακεῖν und νέμειν τῷ μὴ ἀξίῳ συγγνώμην (*Eus.* vit. Const. 53.8) charakterisiert.

Im vierten Jahrhundert sind also im Gebrauch des Wortes συγγνώμη die heidnischen Implikationen mit christlichen Vorstollen vereint. So läßt sich auch erklären, warum es gerade einem christlichen Schriftsteller des 4./5. Jahrhunderts vorbehalten war, das Wort συγ-γνώμη nach dem delphischen γνῶθι σαυτόν zu deuten, was vorher in der Verwendung zwar oft mitzuschwingen schien, aber nie ausdrücklich benannt wurde.

> *Isid. Pel.* ep. 5.111.[64] "An den Diakon Epiphanios. Da du geschrieben hast, weshalb der Begriff συγγνώμη (τὸ τῆς συγγνώμης ὄνομα) für ἄφεσις und συγχώρησις verwandt wird – ich glaube, deshalb, weil der, der sich selbst erkannt hat, das heißt der, der weder bei seinen Verfehlungen in Unwissen ist, daß er sich verfehlt hat, sondern die weise Maxime beachtet, das ʿErkenne dich selbst, noch bei seinem Wiedergutmachen (κατορθώμα-σιν) nach kleinen gelegentlichen Versäumnissen sich bis zur Prahlerei im Stolz über sich selbst erheben läßt, sondern die ihm eigene Natur und Schwäche genau kennt, ⟨weil dieser⟩ auch in seinen Vorstellungen keine Meinung verficht, die die menschliche Natur überstiege. Der Wissende (συγγνούς), das heißt der, der eingesehen hat (συννοήσας), daß der andere durch eine Tat seinen Widerruf abgegeben hat, verzeiht (συγχωρεῖ) dem, der sich ⟨seinerseits⟩ selbst erkannt hat; wer dies nicht erkannt hat (ὁ ... μὴ συγγνούς), verzeiht (συγχωρεῖ) auch nicht. Deshalb verdient auch der einen Tadel, wenn er sich selbst nicht erkennt, der andere, wenn er nicht dem verzeiht (μὴ συγγνούς), der sich selbst erkannt hat."

Hier wird (in geschliffenem Wortspiel) die Bildung beim Wort genommen: Verzeihen heißt tatsächlich, die Erkenntnis, nämlich die Selbsterkenntnis, des anderen zu teilen; der Verzeihende erkennt seine eigene Fehlbarkeit, der Täter muß inzwischen sein Vergehen erkannt haben, sonst könnte ihm der andere nicht verzeihen, da sie nichts "miteinander erkennen" können. "Erkenne dich selbst" heißt hier vor allem, die Fehlerhaftigkeit des eigenen Handelns zu erkennen und den (generell unangebrachten) Hochmut vermeiden; eine religiöse Färbung des γνῶθι σαυτόν steht wohl im Hintergrund.[65] Hochmut soll auch über diese Erkenntnis und die ihr entspringenden Taten nicht aufkommen. Eine so hohe Bewertung der Bescheidenheit geht über das hinaus, was im Heidentum mit dem Satz gefordert worden wäre:[66] Hieran erkennt man den Schreiber

---

[64] Der Brief wird fast wörtlich zitiert *Suidas* s. v. συγγνώμη. Den Nachweis für die Herkunft der Suidas-Stelle (nach *Courcelle* Bd. 1 S. 110 Anm. 53) verdanke ich Herrn Prof. Heinrich Marti, Zürich. – Daß *Isid. Pel.* ep. 5.111 selbst von einer klassischen Stelle abhängig wäre, ließe sich bei einem oft nicht gerade originellen Schriftsteller gut denken, ist aber offenbar nicht der Fall (geprüft wurden: *Bayer, Capo, Fuhr, Sicking*). Übrigens scheinen in den Briefen mehrfach etymologische Wortdeutungen vorzukommen, *Sicking* S. 110 verweist auf die Ableitung γῆρας von γῆς ἐρᾶν (ohne Stellenangabe).

[65] Das γνῶθι σαυτόν wird auch *Isid. Pel.* ep. 1.99, 2.38 und 2.291 zur Vermeidung des Hochmuts (ἀλαζονεία 1.99) empfohlen, 3.127 auf einen Zosimos angewandt, der sich des Priesteramts nicht würdig erwiesen hat; 2.38 ist es mit der Warnung vor göttlicher Strafe verbunden (auf die Stellen weisen *Courcelle* Bd. 1 S. 110 Anm. 53 und *Bayer* S. 55 hin).

[66] Zu dieser Entwicklung siehe *RAC* III Sp. 735ff. s. v. Demut.

des Briefes als Christen (freilich auch am Gebrauch der Vokabeln ἄφεσις und συγχωρέω).

Im Rahmen der im Kapitel B V dargelegten Überlegungen zur Rolle darf man mit Vorsicht dem christlichen Standpunkt auch zuschreiben, daß vom Täter verlangt wird, er habe "durch eine Tat seinen Widerruf abgegeben (ἔργῳ παλινῳδίαν ᾄδει)". Wenn also die Deutung auch christlich eingefärbt ist, so paßt sie doch aufs beste zur heidnischen Tradition, die menschlich unvermeidbaren Fehler müßten verziehen werden.

7. Christliche Papyri

Bei der Frage, wie sich das Vergebensgebot auf den alltäglichen Umgang der Christen ausgewirkt hat, wird man dem Zeugnis der Papyri besondere Aufmerksamkeit widmen. Allerdings findet sich in dem Zeitraum, auf den die Untersuchung im allgemeinen begrenzt ist, nur ein Beleg mit συγγνώμη.

> *POxy* 939.10 [IV p.]. Brief eines Abhängigen an Flavianus. Der Schreiber hat in einem vorangegangenen Brief die Krankheit seiner Herrin deren Mann mitgeteilt. Nun meldet er in gehobenem, am Neuen Testament geschulten Stil (so die Herausgeber), daß sich der Zustand der Herrin inzwischen – mit Gottes Hilfe, wie in vielfachen Wendungen herausgestellt wird – wesentlich gebessert hat. "(...) Du mögest mir aber verzeihen (συγγνώμην ... σχοίης μοι), Herr! und vergib[67] mir, wenn ich gegen meinen Willen (ἄκων) auch dich in so große Besorgnis ([ἀγωνία]ν) versetzt habe, indem ich dir alles schrieb, was du erhalten hast. Denn zuerst, als ihr Leiden so stark war, war ich außer mir (οὐκ ὢν ἐν ἐμαυτῷ) und sandte ⟨unverzüglich einen ersten Brief⟩ ab, ob du wohl unter allen Umständen zu uns kommen könntest, denn dies verlangte meine Pflicht (τοῦ καθήκοντος). (...)"

Der Schreiber erbittet Verzeihung und Vergebung für eine Beunruhigung seines Adressaten, für die er sich durchaus rechtfertigen kann: Es war seine Pflicht, den Herren zu benachrichtigen. Darüber hinaus versichert er noch, daß er die Besorgnis gegen seinen Willen erregt hat, weil er nämlich selbst außer sich vor Sorge gewesen sei. Die Stichworte ἄκων und "Nicht-bei-sich-Sein" fügen sich in die griechische Tradition der συγγνώμη-Begründungen nahtlos ein; dagegen spielen die emotionalen Vorgänge eine ungewohnt wichtige Rolle; allerdings bleibt zu fragen, wieweit der Schreiber, der immerhin von seinem Adressaten abhängig ist, den überschwenglichen Tonfall seines Briefes am Zweck

---

[67] Die Herausgeber fühlen sich durch ἀποδέξει an *S. Aj.* 1009 und *Tr.* 793 erinnert; mir scheint der Gedanke an biblisches δέχομαι näherliegend, zumal für das vorhergehende Wort neben [εὔνους] auch [ἵλεως] erwogen wird.

ausrichtet, mit seinem Herren ins reine zu kommen, und hierbei auch Konventionen des Briefstils folgt.[68]

> Die Untersuchung anderer Vokabeln als συγγνώμη würde einen noch detaillierteren Vergleich zwischen christlichen und nichtchristlichen Schreibern ermöglichen. Hingewiesen sei etwa auf *PLond* 417.7 [IV p.] συγχωρησε, *BGU* 665 II 11 [I p.] (διαλλαγῆς), *BGU* 846.10 [II p.] (διαλλάγηθί μοι). Auch hier wird es jedoch nicht gelingen, eine jähe - Kluft zwischen den Kulturen festzustellen.

Einige vergleichbare Belege für den nichtchristlichen Briefstil werden im Kapitel C III 1 besprochen. Nach dem zitierten Beleg läßt sich hier nur vermuten, daß es für den christlichen Briefstil anscheinend typisch wurde, alltägliche Vorgänge mit der Versicherung der emotionalen Anteilnahme zu schmücken, ihnen besondere Bedeutung zu verleihen. Für diese Annahme spricht das Zeugnis eines ganz ähnlichen byzantinischen Papyrus, der sichtlich durch einen bestimmten Stilmaßstab geprägt ist. Es erscheint charakteristisch, daß sich ein solcher stilistischer Maßstab vor dem Hintergrund des generellen Vergebensgebotes des Neuen Testaments herausbildete.

> *PAlex* 439 p. 15 [byz.] (= *Sammelb. 1* 4323.6). Hier schreibt der Bruder an seine Schwester, um sich nach dem Befinden ihrer beider Vater zu erkundigen. "Ich erfuhr von eurer Dienerin, meiner Frau, daß unser gottgeliebtester gemeinsamer Herr, euer Vater, ein wenig unter Übelkeit leidet, und ich habe mir nicht geringe Sorgen gemacht, so daß ich mich gezwungen sah, den Briefboten zu euren schwesterlichen Ehrwürden zu schicken, damit ihr mir durch ihn von seiner Gesundheit Nachricht gebt, über die mir nichts geht, ich bitte also dieselbe, zuerst seine edlen Füße in meinem Namen zu küssen, dann, wie ich schon sagte, durch den Briefboten mir seine Gesundheit anzuzeigen. Ich bitte euch aber um Verzeihung (παρακαλῶ ... συγγνώμην μοι δοῦναι) dafür, daß ich bisher keine Anstalten getroffen habe, Diodotos zu euch zu schicken." Im Brief scheint noch näher ausgeführt worden zu sein, weshalb dies nicht geschah; er ist dort aber sehr lückenhaft überliefert.

Aus dem sechsten Jahrhundert ist der Brief eines christlichen Schreibers an seinen Vorgesetzten erhalten, in dem dieser Fürbitte einlegt für die Bewohner eines Dorfes. Hier wird die Bitte um συγγνώμη tatsächlich mit der Reue begründet.

> *BGU* 836.6 [VI p.] (Die Datierung macht wahrscheinlich, daß die Beteiligten Christen sind.) "(...) und vor einigen Tagen schickte ich Soldaten aus unserer Schar aus in dasselbe Dorf, um einen Teil der uns geschuldeten Steuern zu fordern [Lücke] Da sie sich gegen die dorthin abgegangenen Soldaten auflehnten, griffen ⟨diese⟩ sie an, da sie ihnen die Schuld nicht

---

[68] R. S. Barett-Lennard sieht in *POxy* 939 als typisch christlich die detaillierte Krankheitsbeschreibung in seltenen Wörtern an (*Horsley* S. 247, mit Parallelen).

zahlen wollten. Nun sind die Bewohner desselben Dorfes in Reue gefallen
(ἐν μετανοίᾳ γεν[ό]μενοι) [Lücke] und bitten, daß ihnen verziehen werde,
was sie sich angemaßt haben (αἰτοῦντες συγγνώμην δοθῆναι αὐτοῖς
ὑπὲρ τοῦ τολμ[η]θέντο]ς παρ᾽ αὐτῶν)." Die Dorfbewohner haben
schriftlich eine dringende Bitte geäußert, auch von der Rückzahlung der
geschuldeten Steuern war im Brief wohl noch die Rede, so daß die
verschiedenen Stationen Reue – Bekenntnis – Bitte – Versprechen für die
Zukunft ursprünglich vermutlich alle vertreten waren.

Auch der byzantinische Brief eines Notars an einen seiner Amtsbrüder
(*PMasp* 295 III 6 [byz.]) enthält das Stichwort Reue (μετακαλῶς nach dem
Herausgeber "par repentir") im Zusammenhang mit einer συγγνώμη, die
"nicht in Rechnung gestellt" werden soll (μ[η]δεν της αιτηθεντης
συγγνωμης λογισαμενος). In nicht genau erschließbarer Weise geht es
(nach Masperos Kommentar) darum, daß der Briefschreiber nach früherem
lasterhaftem Leben rückfällig geworden ist.

In der Prosaerzählung des Aphrodito von einem Vater, der seine Tochter
im Testament benachteiligt, weil sie von einem Ausländer ein uneheliches
Kind hatte (*PMasp* 97 II 47 [VI p.]) ist davon die Rede, daß er ihr verzieh,
daß sie ihn hintergangen hatte: Ως υστερ[ον] κατεμαθον ουκ ευδως [sic]
τοτε, Συγγνωμην δε ομως εν τω τεως των κακως εις εμε παρ αυτης
ημαρτηκοτ[ων]. Er enterbt die Tochter nicht vollständig, sondern gibt ihr
den Pflichtanteil, den er ihr wegen Undankbarkeit entziehen könnte (so der
Herausgeber zu *PMasp* 97 II 71).

8. Zusammenfassung

Lassen sich ein heidnisch-griechischer und ein jüdisch-christlicher
Verzeihungsbegriff deutlich voneinander abgrenzen? Tritt mit dem
Christentum eine gänzlich neue Ethik auf den Plan? In Kapitel B V war
diese Frage von der griechischen Seite aus reflektiert worden, hier ist
sie von der Seite des Judentums und Christentums zu stellen. Abermals
muß festgestellt werden: Es gibt keine Kriterien, die völlig neu sind,
aber Schwerpunkte und Begründungszusammenhang ändern sich deutlich.
Zu differenzieren ist allerdings zwischen den biblischen und den
außerbiblischen Schriften. In der Entwicklung von jenen zu diesen setzen
sich beim Gebrauch von συγγνώμη nicht so sehr die neuen Tendenzen
durch als vielmehr die im heidnischen Griechisch gewohnten Ver-
wendungsmuster. Im jüdischen außerbiblischen Schrifttum in griechischer
Sprache trägt dies den Charakter einer fast überall durchgreifenden
Hellenisierung, verbunden mit einer Assimilation an römisches politisches
Denken. In der christlichen Literatur erstaunt die Selbstverständlichkeit,
mit der neben eindeutig christliches Gedankengut die gewohnten Muster
für συγγνώμη gestellt werden. Von einer Synthese wird man nicht sprechen, solange nicht die Adaption reflektiert, sondern die συγγνώμη-Ver-

wendung wie ein handlicher Block in den neuen Zusammenhang gestellt wird.

Die Begründung für dieses Phänomen ist in verschiedener Richtung zu suchen: zum einen Teil sicher beim soziokulturellen Übergewicht, mit dem griechisches Gedankengut im römischen Reich verbreitet wurde. Zum anderen aber auch in der Natur der Sache, des Verzeihens selbst: Im Griechischen waren psychologische Zusammenhänge entdeckt und reflektiert worden, die sich im menschlichen Zusammenleben bewährten und deshalb nicht zur Seite gestellt wurden, als eine spätere Strömung die bisher zweitrangigen Aspekte Bekenntnis, Reue, Buße stärker zur Geltung brachten. Im modernen Bereich hat sich keines der Muster ausschließlich durchgesetzt, es kam zu einem Nebeneinander von "Entschuldige, ich habe nämlich ..." und "Es tut mir leid, verzeih'" (vgl. B V 3). Auch in der spätantiken heidnisch-griechischen Kultur wird man Ansätze dieses Nebeneinanders entdecken: Ohne Erfolg war auch nicht die Betonung von Bekenntnis und Reue geblieben.

C III Griechische Kultur

In den beiden letzten Kapiteln wurde die Verwendung von συγγνώμη in den griechischen Zeugnissen zweier nichtgriechischer Kulturen untersucht. Dieses Kapitel kehrt zu der Kultur zurück, die sich als "griechisch" verstanden haben dürfte, auch wenn sie unter römischer Herrschaft stand. Im Gebrauch von συγγνώμη findet sich dutzendfach Vertrautes wieder: vertraute Begründungen, vertraute rhetorische Figuren, vertraute Konnotationen. Dies überrascht nicht, nachdem diese auch im römischen und jüdisch-christlichen Bereich eine hohe Zahl der Belege bestimmen. In der folgenden Darstellung wird also die Aufgabe darin bestehen, die Masse des Konventionellen zu dokumentieren, um auf diesem Hintergrund das Neue herauszustellen.

In der Fülle der Belege zeigt sich, daß συγγνώμη in Sachzusammenhängen gebraucht wird, die in klassischer Zeit nicht vorkamen, obwohl auch dort die Anwendung (außer in der Tragödie) thematisch nicht eingeschränkt war. In dieser Fülle der Anwendungsbereiche läßt sich sowohl Neuerung wie auch Überalterung sehen. Die Abwechslung der Situationen im Roman, die Reflexion des sozialen Zusammenlebens bei Plutarchos, die verwickelten Sachverhalte in den Papyri: hier bewirkt bereits die Thematik den Eindruck des Neuen. Dagegen die verfeinerte Rhetorik des Libanios: hier wird einmal mehr und im Übermaß bewiesen, daß die Rhetorik jedes Argument umkehren kann; συγγνώμη bietet für solche Umdeutung freilich von jeher einen Ansatzpunkt; man denke an die Erziehungstheorie, die für und gegen συγγνώμη gewendet werden kann, oder an die typischen Begründungen, die sowohl auf das Normale als auch auf das Krankhafte zielen können.

Nach Neuem wird man freilich — gerade in der Spannung zum jüdisch-christlichen Begriff des Vergebens — nicht allein in der Thematik der Anwendung suchen, sondern in den Begründungen und Kriterien für Verzeihen.

Im folgenden werden zunächst die Belege aus nichtchristlichen Papyri vorgestellt, die als Zeugnisse für das Alltagsleben gelten können, dann solche aus den verschiedensten Gattungen, meist fiktiver Literatur, im

Anschluß daran zwei Autoren mit reicher Verwendung von συγγνώμη: Plutarchos und Libanios.

1. Belege aus Papyri und Inschriften

Charakteristisch für die spätere Antike ist, daß das Alltagsleben öfter und detaillierter behandelt wird und in der Überlieferung besser erhalten ist. Für συγγνώμη ist allerdings das Zeugnis der Papyri nicht allzu ergiebig. Ungewöhnlich ist der Befund, daß das Wort öfter in amtlichen Schreiben benutzt wird, sogar in einem Friedensvertrag (*OGI* 116.3 [II a.]) und einer Steuerverordnung (*PGnom* 63 [II p.]). Angesichts der Fülle juristischer Papyri widerlegen diese Belege aber nicht, daß συγγνώμη nie juristischer Terminus technicus wurde.[1] In den Papyri-Belegen reicht das Spektrum der Gegenstände von der bloßen Höflichkeitsform (bei der nicht völlig klar wird, was eigentlich entschuldigt werden soll) bis zum Gegenstand der Anklage vor Gericht.[2]

> *Sammelb. 3* 6787.36 [III a.] Demetrios ist im Gefängnis; Amyntas, der ihm Geschirr geliehen hat, bittet Apollonios um dessen Herausgabe; Zenon erhält eine Abschrift des Briefes. Zum Schluß die höfliche Entschuldigung, wohl weil überhaupt ein Anliegen vorgebracht wird: "Es wäre sehr freundlich von dir, wenn du auch Nachsicht mit uns hättest (συγγνώμην ἡμῖν ἔχων); denn wir hatten nicht erwartet, daß er in so kurzer Zeit für einen Verlust sorgen würde." – Dieser – ziemlich frühe – Papyrus kann am besten zu einem Vergleich mit den viel späteren, noch weitaus gefühlsbetonteren christlichen Briefen dienen (s. C II 5).
>
> *UPZ* 146.39 [II a.] Eventuell Musterbrief in einer Verwaltungsschule. Der Schreiber verteidigt dem Adressaten gegenüber einen Dritten gegen den Vorwurf, er halte es mit den Prozeßgegnern. Der 'Betreffende habe nur diese Gegner von einer Plünderung abhalten wollen. "Wegen der jetzigen ⟨schlimmen⟩ Zeit aber (Διὰ δὲ τὸν ἐνεστηκότα καιρὸν) wirst du Verzeihung gewähren (συγγνώμην ἔξεις), weil diese Leute auch so weder Götter noch Menschen schonen." Die Begründung mit der schlimmen Zeitlage fügt sich in das Schema von ἀνάγκη etc. ein.
>
> *PGnom* 63 [II p.] wird denen Amnestie erteilt (συγγνωμονοῦνται), die die Meldepflicht der κατ' οἰκίαν ἀπογραφή vernachlässigt haben, anscheinend weil es bei deren Durchführung Schwierigkeiten gab. Innerhalb

---

[1] *PPhil* 1.51 [II p.] und *PFlor* 61.15 [I p.] (B I 4 zitiert) wird das Wort vor Gericht gebraucht, aber nicht so, daß man terminologischen Gebrauch vermuten könnte.

[2] Für die Darstellung der Sachzusammenhänge wurden die Kommentare der Herausgeber herangezogen.

einer Frist von drei Jahren mußte die Meldung wahrscheinlich nachgeholt werden.

PTeb 27.43 [II a.] Der Adressat Hermias ist bereits für seine mangelnde Sorgfalt im Amt und die Wahl untüchtiger Untergebener gerügt worden. Da er sich nicht gebessert hat, wird ihm jetzt vor Augen gestellt, er werde für weitere Unregelmäßigkeiten keine Nachsicht erfahren (μηδεμιᾶς τεύξεσθαι συνγνώμης). Hier ist die bekannte Meinung wirksam, eine zweite gleiche Verfehlung dürfe keine συγγνώμη erhalten.

PPan 2.70 [III p.] Der Prokurator des Unteren Theben schreibt an einen Strategen, der dadurch Steuern hinterzogen hat, daß er die Erträge von einem Land aus Tempelbesitz als zu gering angegeben hat. Ohne weitere Begründung heißt es: ἄλλοτε συγγνώμην ἐπὶ τοῖς φθάσασιν δ[ιδοίην]; gemeint ist vielleicht auch hier eine Begründung durch die besonders angespannte Lage gerade zu dieser Zeit.

Auf der Marmor-Inschrift *OGI* 116.3 [II a] rühmt sich Ptolemaios Philometor, daß er schon früher συγγνώ[μην] bei γεγονόσιν ἀγνοήμα[σιν] erteilt habe. charakterisiert sich als [καὶ] ὅσιος καὶ εὐσεβὴς καὶ πάντων ἀνθρώ[πων] ἡμερώτατος und geht dann auf die Abtretung von Kypros an seinen Bruder Euergetes II. ein. Es wird also eine ähnliches Herrscherbild gezeichnet wie von Augustus auf dem Monumentum Ancyranum.

(Für συγγνώμη in der Rechtssprache ist noch auf den Kommentar des Modestinus aus dem 3. Jahrhundert n. Chr. hinzuweisen: *Dig.* 27.1.13.7: Modestinus. Wer "unfreiwillig", "wegen Krankheit oder einer anderen Zwangslage, zum Beispiel Meer, Sturm, Raubüberfall oder aus einem entsprechenden Grund innerhalb der vereinbarten Frist nicht erscheinen kann", soll "Verzeihung erlangen": συγγνώμης τυγχάνειν.)

Amtlich (aber nicht terminologisch) wird συνγνώμη *PPhil* 1.51 [II p.] gebraucht: Ein Dorfschreiber hat, gegründet auf ein absichtliches oder unabsichtliches Mißverständnis, einen Gesetzesverstoß begangen. Der Kanzler Iulius Theon entschuldigt das Geschehen mit den schwierigen Zeiten: τὰ μὲν γενόμενα ἐν τοῖς δυσχερέσι καιροῖς συγγνώμην ἔχει τὴν ἀνάγκην.

Wo in den Papyri Begründungen gegeben werden, werden also recht vertraute Muster gebraucht: Täuschung, Unkenntnis, schwierige Zeiten. Als unverzeihlich gilt Wiederholung desselben Fehlers; der Zeitpunkt des Verzeihens kann den Ausschlag geben.

2. Belege aus verschiedenen Gattungen

In fiktiven Texten verbreitert sich das Spektrum ebenfalls sehr stark; hieran hat die Phantastik der Situationen im Roman starken Anteil. Wie in einzelnen (auch christlichen) Briefen äußert sich hier ein empfindliches Feingefühl für eventuelle Kränkungen, die vorbeugend entschuldigt werden. Die neuen Anlässe verbinden sich mit den bekannten typischen Begründungen.

Im Roman bittet man um συγγνώμη für Formulierungen: *Ach. Tat.* 5.26.2 (σύγγνωθι). Der Anstand kann offenbar durch die verschiedensten Verhaltensweisen verletzt werden: durch die Begrüßung der Liebenden (*Hld.* Aeth. 2.7.1 νέμειν συγγνώμην ἱκέτευον), durch die Äußerung der Verzweiflung einer Liebenden (*Hld.* Aeth. 6.9.4 συγγνωστά), durch einen Formfehler im Hofzeremoniell (*Hld.* Aeth. 7.19.2, s. u.); auch bei einem Konflikt zwischen zwei Höflichkeitspflichten wird vorbeugend die Bitte um Entschuldigung ausgesprochen (*Hld.* Aeth. 10.23.3 σύγγνωθι), ebenso dort, wo jemand befürchtet, das jungfräuliche Schamgefühl verletzt zu haben (*Hld.* Aeth. 10.18.3 σύγγνωθι). Im literarischen Streitgespräch wird eine gewagte Behauptung mit einer solchen Bitte versehen (*D. Chr.* 36.14 παραιτοῦμαι ... συγγνώμην).

Ungefragt zugesicherte Nachsicht drückt dagegen eher Empfindlichkeit und Vorwurf aus, wie auch in der Gerichtsrhetorik schon beobachtet wurde: So spricht *Alciphr.* 4.14.8 (συγγνώμην ἔχομέν σοι τῆς ὑπεροψίας) eine Hetäre der anderen Nachsicht für deren Rücksichtslosigkeit und Vernachlässigung aus, um der aktuellen Einladung zum Adonisfest Nachdruck zu verleihen.

Wo eine Bitte abgeschlagen wird, ist die Entschuldigung dafür verständlicher: *Longus* 1.19.3 συγγνώμην ἔχειν ᾐτήσατο; an dieser Stelle, wo eine Ausflucht gesucht wird, wird allerdings nicht näher angegeben, was und warum verziehen werden soll.

Aristaenet. 1.5.33 (συγγίγνωσκέ μοι) geht es um die Entschuldigung für einen (übrigens nur scheinbar ungerechtfertigten) Verdacht, *Alciphr.* 4.2.4 (συγγίγνωσκε δὲ ταῖς ἑταιρικαῖς ... ζηλοτυπίαις) für die Eifersucht der verliebten Hetäre auf ihre Konkurrentin.

Ernstliche Skrupel quälen Knemon in den "Aithiopika" wegen seines Bruchs der Freundschaftspflicht: *Hld.* Aeth. 6.7.6 (συγγνώμην ... αἰτήσας), *Hld.* Aeth. 6.7.7 (συγγνώμην αἰτῶ καὶ δέομαι δός), *Hld.* Aeth. 6.11.2 (συγγνώμην αἰτοῦντος).

Ach. Tat. 8.10.3 (συνέγνω) ist es nicht völlig klar, ob dem Ehemann Verzeihung für einen Ehebruch zugeschrieben wird oder Einverständnis mit dem Ehebrecher.

Die Reinigung von einem Mordverdacht wird als Erlangen von συγγνώμη beschrieben: *Hld.* Aeth. 1.17.6 (συγγνώμης τυχὼν), *Hld.* Aeth. 2.8.4 (ἐτύγχανε συγγνώμης), *X. Eph.* 5.9.10 (ᾐτεῖτο συγγνώμην ἔχειν).

Menschenraub wird beim Happy-End von "Daphnis und Chloe" (*Longus* 4.38.2 συγγνώμης ἀξιωθείς) dem Lampis verziehen.

Um συγγνώμη wird auch gebeten, wo Leib und Leben durch einen strengen Herrn oder Machthaber gefährdet sind — hier schließt sich der Ring von den anfangs genannten Höflichkeiten: Gemeinsam ist, daß συγγνώμη kaum einen Gegenstand hat; während dort aber die Bitte ihrem Sachgehalt nach nichtig ist, verdeckt sie hier eine andere, entscheidende Bitte.

So bittet in der Fabel die Maus den Löwen um die Schonung ihres Lebens: *Aesop.* D. 2.3 (συγγνώμην ᾐτήσατο ὑπὲρ τοῦ ζῆν), *Aesop.* t. c. 2.3 (συγγνώμη⟨ν τῆς ἁμα⟩ρτίας ᾐτήσατο), *Luc.* Demon. 50 (παρῃτεῖτο συγγνώμην ἔχειν αὐτῷ ... θρασυνομένῳ) der Kyniker um die Verschonung vor strenger Bestrafung. Der Bauer, der aus Versehen das Hündchen seiner Herrin durch eine Fuchsfalle getötet hat, wagt bei seinem strengen Herrn nicht einmal mehr die Bitte (*Alciphr.* 2.19.4 τίς ... συγγνώμη;), sondern entflieht.

Manchmal ist der Verzeihensvorgang sehr vollständig in seinen Stationen festgehalten, im folgenden etwa Schulderkenntnis — Bekenntnis — Bitte — Begründung durch Unfreiwilligkeit:

Aristaenet. 1.22.31f. Eine Hetäre droht ihren besonders geliebten Liebhaber zu verlieren; ihre Magd macht diesem jedoch weis, er habe Grund zur Eifersucht, was seine Liebe sofort anfacht. "Wie denn das, sagt er, habe ich gegen meinen Willen (ἄκων) Glykerion etwas zuleide getan? denn mit Absicht (ἑκών) hätte ich mir wohl gegen sie nichts zuschulden kommen lassen. Dies möchte ich, bei den Eroten, Glykera in deiner Anwesenheit fragen und erfahren, ob sie mir einen gerechten Vorwurf machen kann und ob diesem betrüblichen Zustand abzuhelfen ist. Allerdings — ich habe mich verfehlt (ἥμαρτον), ich gestehe es ein (ὁμολογῶ); nichts habe ich entgegenzusetzen; würde sie mich nicht vielleicht empfangen und verzeihen, wenn ich ⟨darum⟩ bitte (παραιτούμενον συγγνώμην ἔχειν)?" — Sehr vollständiger Ablauf auch *Aristaenet.* 1.5.33 (oben zitiert).

Die alten Standardmotive finden sich in erzählerischen Zusammenhängen in bunter Mischung:

Unkenntnis in verschiedenen Formen: man kenne nichts anderes, man kenne etwas noch nicht: *Luc.* Herm. 34 (παραιτεῖσθαι συγγνώμην ἔχειν αὐτῇ), *Luc.* Pr. Im. 17 (συγγνώμη εἶ), *Hld.* Aeth. 7.19.2 (Σύγγνωτε ... ὡς ἀπείρῳ καὶ ξένῳ καὶ τὸ ὅλον Ἕλληνι καὶ τὴν ἐκεῖθεν ὑπεροψίαν καθ' ἡμῶν νοσοῦντι), vgl. in den Papyri *OGI* 116.3 [II a.] (συγγνώ[μην], ἀγνοήμα[σιν]); das Unwissen selbst ist in bestimmtem Maß verzeihlich: *Luc.* Pseudol. 13 (ἀγνοῆσαι συγγνώμη).

Täuschung: *Luc.* Alex. 17 (συγγνώμην χρὴ ἀπονέμειν)

Rausch: *Ath. Deipn.* 2.5: Timaios (συγγνόντες τῇ αὐτῶν ἐκστάσει)

Jugend: *Luc.* DDeor. 6.11 (σύγγνωθί μοι), *Phalar.* Ep. 6 (συγγιγνώσκω). Vgl. *Corp. Herm.* 18.12.6: Die Unzulänglichkeit der Äußerung von Neugeborenen genießt Nachsicht (συγγνώμην ἔχουσιν), auch für das Gebet der Menschen ist sie erforderlich, jedoch auch sofort gewährt (*Corp. Herm.* 18.13.2 αἰτητέον ... τὰ τῆς συγγνώμης). — Falsche Erziehung: *Luc.* Salt. 1 (συγγνώμη σοι).

Alter: *Aristaenet.* 2.9.15 (συγγνώμην ἀπονέμειν τῇ σῇ πρέπουσαν ἡλικίᾳ), *Phalar.* Ep. 6 (συγγιγνώσκω)

Krankheit: *Luc.* Jud. Voc. 9 (τῷ ... Ῥῶ νοσήσαντι συγγνώμη), ("Hochmutskrankheit") *Hld.* Aeth. 7.19.2 (Σύγγνωτε ... ὡς ἀπείρῳ καὶ ξένῳ καὶ τὸ ὅλον Ἕλληνι καὶ τὴν ἐκεῖθεν ὑπεροψίαν καθ' ἡμῶν νοσοῦντι), *X. Eph.* 5.7.9 (συνεγίνωσκε)

Liebe (insbesondere aufgrund von Schönheit): *Aristaenet.* 1.24.11 (σοι δ' ἂν τυχὸν συνέγνω τις), *Ach. Tat.* 5.26.2 (σύγγνωθι), *Hld.* Aeth. 6.9.4 (συγγνωστά), *Him.* Or. 36.17 (Συγγνώμην ἐχέτω)

Freundschaft: *Herod.* Fr. 10.12 (συγγνώμην μ[οι ἔχε ἄ]κομψος oder συγγνώμην μ[οι ἔχε ὡς] κομψός)

Verrücktheit: *Aristaenet.* 1.5.33 (συγγίγνωσκέ μοι)

Ruhmbestreben, Ehrgeiz ist menschlich: *Luc.* DMort. 23.2 (συγγνώμη ... εἰ), *Philostr.* 2.10.19: VS 1.8.3 (συγγνωστοὶ ... τῆς φιλοτιμίας)

Mangel, Armut: *Luc.* Nigr. (συγγνώμην ἀπονέμειν). Vgl. *D. Chr.* 11.63: daß Helena – in der hier wiedergegebenen Fassung der Helena-Sage – ins Barbarenland verheiratet wurde, entschuldigt Agamemnon mit dem Fehlen eines würdigen griechischen Bewerbers (παρῃτεῖτο, συγγνώμην ἔχειν ἐκέλευε).

Notlage: *Hld.* Aeth. 7.11.9 (συγγνωστὰ)

Ausgeschlossen von συγγνώμη ist das Unrecht (ἀδικήσαντες): *D. Chr.* 73.8 οὐκ ἔστιν οὐδεμιᾶς συγγνώμης τυχεῖν.

Ungewohnter ist das Motiv des gerechten Zorns, das auch bei Gregorios von Nyssa festgestellt wurde (*Luc.* Jud. Voc. 8 σύγγνωτε τῆς δικαίας ὀργῆς).

Außer den Bedingungen der einzelnen Tat wird ihre Einbettung in das übrige Leben beurteilt. Wie gewohnt, kann das erste Mal noch verziehen werden, einen Wiederholung wäre nicht verzeihlich:

Luc. DDeor. 24.3 (νῦν μὲν οὖν συγγνώμην ἀπονέμω σοι), *Phalar.* Ep. 6 (δι' ἃ συγγνώμης ἀξιοῦσθε), vgl. *Luc.* Demon. 50. Ähnlich soll *D. Chr.* 7.40 auf bisher nicht gezahlte Gebühren verzichtet werden (περὶ δὲ τῶν ἔμπροσθεν προσόδων συγγνῶναι αὐτοῖς).

In der Abwägung kann ein anderes Verdienst eine Rolle spielen: *Luc.* Abd. 15 (πρόχειρον τὴν συγγνώμην ἔχειν) ist es eine erwiesene Wohltat. Oder der Blick wird auf die eigene Person gerichtet: Verzeihlich ist, was man selbst begangen hat, wie Aristoteles festgestellt hatte (*Luc.* DDeor. 9.3 τῷ Ἰξίονι συγγνώμην ἀπονέμεις, *D. Chr.* 28.11 βοῦν ... ἀπολέσαι ... ἢ ἄλλοις συγγνοίη).

Schon früher war ausgeführt worden (A III 4): συγγνώμη wird einerseits dem Krankhaften, andererseits dem Normalen, allgemein Üblichen erteilt – was sich unter dem Gesichtspunkt des Menschlichen zusammenfassen läßt. So kommt es, daß immer wieder das "Verzeihliche" das Verständliche ist:

AP 11.389: Lukillios (συγγνώμη ... ἀγειρομένῳ), *Aristaenet.* 1.24.11 (σοι δ' ἂν τυχὸν συνέγνω τις), *Babr.* 103 (συγγνώσῃ), *Luc.* Alex. 17 (oben zitiert), *Luc.* DDeor. 9.3 (συγγνωστοί), *Luc.* DMort (συγγνωστοί), *Luc.* Im. 16 (συγγνώμη, εἰ). Vgl. *Suppl. Hell.* 973.20: Poseidippos.

Wenn *Aristaenet.* 1.24.30 eine Hetäre bittet, man möge ihr verzeihen, daß sie begehre, was sie eben wolle (σύγγνωτέ μοι ποθούσῃ, ἐμὲ γὰρ οὐδὲν θάλπει κέρδος, ἀλλ' ὃ θέλω), so weigert sie sich damit in recht schnippischer Weise, auf das Anliegen der anderen überhaupt einzugehen.

Daß es ihr gelingen kann, liegt daran, daß nach griechischem Verständnis die Wahrung des Eigeninteresses das Allerverständlichste (wohl auch das Allernormalste) ist und insofern (im Übermaß) "zu verzeihen" — eine Anschauung, die ausdrücklich *X. Ath.* 2.20 (s. A III 4) und *M. Ant.* 11.16 (B III 5) begegnet war.

So kann *Luc. Merc. Cond.* 8 auch ein Opportunismus um des Wohllebens willen eine gewisse συγγνώμη genießen.

Wie in den frühesten Belegen besteht Verzeihen oft in einem besonderen Verständnis für die Rolle oder Lage des anderen:

Alciphr. 4.2.4 (συγγίγνωσκε δὲ ταῖς ἑταιρικαῖς ... ζηλοτυπίαις), *Luc.* Anach. 34 (συγγνωστοί), *Luc.* Demon. 50 (παρῃτεῖτο συγγνώμην ἔχειν αὐτῷ ... θρασυνομένῳ), *Luc.* Pr. Im. 12 (συγγνώμη εἰ), *Luc.* Salt. 5 (συγγνωστά σου; jetzt Libanios zugeschrieben), *Hld.* Aeth. 10.16.7 (συγγνωστόν), *D. Chr.* 28.11 (σοὶ μέν ... συγγνώμη).

Ein anderer Platz für συγγνώμη ist der in der Bewertungsskala: als ethisches Urteil über eine Handlung, die weder gelobt noch getadelt werden kann.

Gegensatz συγγνώμη – Tadel: *Luc. Merc. Cond.* 8 (συγγνώμη), *Hld.* Aeth. 6.9.4 (συγγνωστά), vgl. *Jul.* Ep. 184 (Bitte um συγγνώμη im Falle der Verfehlung, sonst durch Entschuldigung Tadel abbiegen)

Die Handlung, der συγγνώμη erteilt wird, wird in nur eingeschränktem Maße akzeptiert: *Philostr.* 2.44.16 + 17: VS 1.25.3 wird eingeräumt, daß man es als Gnadenakt (συγγνώμην) ansprechen kann, wenn der Kaiser die Verantwortung für Polemons Aneignung von Schenkungsgeldern an die Stadt Smyrna auf sich nimmt, doch wird dagegengestellt, daß er diesen (wieder συγγνώμην) wegen seiner Fähigkeiten verdiente.

Die Verwendung in der Captatio benevolentiae (s. u.) dient der – wie immer scheinbaren – Selbstverkleinerung: συγγνώμη bezeichnet den eingeschränkten Maßstab, mit dem etwas angeblich aufgenommen werden muß. – Nur einen mittleren Wert bezeichnet das Wort auch *Philostr.* 2.99.20: VS 2.15.2 (κατὰ ξυγγνώμην) und *Luc.* Pr. 28 (συγγνώμης ἀξιώσας).

Dagegen bedeutet es eine klare Steigerung, wenn eine Handlung nicht nur συγγνώμη, sondern Dank verdient: *Philostr.* 2.45.13: VS 1.25.3 (συγγνώμην).

Was schlechthin unverzeihlich ist, müßte am untersten Ende der Bewertungsskala stehen; wenn bei Gregorios von Nyssa (*Greg. Nyss.* 9: In sanctum pascha 250.22) Gott das Unverzeihliche vergibt, so rühmt sich dessen im heidnischen Bereich auch ein Herrscher: *Phalar.* Ep. 6 (ἀσύγγνωστα) wird ein als unverzeihlich bezeichnetes Vergehen wegen der Jugend des einen und des hohen Alters des anderen Untertanen ein einziges Mal verziehen.

Daß etwas "schlechthin unverzeihlich" sei, ist aber auch oft bloße Setzung, die nicht näher begründet wird, im Dienst der augenblicklichen Wirkungsabsicht des Sprechers: *Him.* Or. 5.10 verteidigt Themistokles seine Rede gegen den Perserkönig gegen den Vorwurf der Gewinnabsicht, die er als ἅπαξ ἀσύγγνωστον bezeichnet. *D. Chr.* 38.23 wird den Nikomedern vorgehalten, der Gegenstand des Streites mit Nikaia sei nichtig, es sei kein Streit, den man verzeihen könne (ἂν συγγνοίη) – die Rede empfiehlt immer wieder καταλλαγή und διαλλαγή. An diesen Stellen stützt das Wort also den Zweck einer Rede ab. Nicht weiter begründet wird auch *Auct. de Subl.* 3.1, daß ein bestimmter Schwulst, der gegen das Klanggesetz verstößt, ἀσύγγνωστον sei, ebensowenig *D. Chr.* 20.2, daß die Flucht vor staatlichen Verpflichtungen wie Wehrdienst und Leiturgien unverzeihlich sei (οὐκ ἂν εἴη πρόφασις αὐτοῖς οὐδὲ συγγνώμη).

Die Figur des Verzeihlichen und des Unverzeihlichen beruht auf der Ausgrenzung des Unverzeihlichen (*Philostr.* Her. 19.9 ξυγγνώμη ἴσως – τίς συγγνώμη; in komischer Verfremdung: *Luc.* Pisc. 26 εἶχε γὰρ ἄν τινα συγγνώμην).

Während die Handlung, die συγγνώμη erhält, abgewertet wird, beweist die Ausübung des Verzeihens die Macht des Verzeihenden: des Gottes oder des Herrschers.

Hist. Alex. 45.15. Dareios macht Alexandros Vorwürfe wegen seiner Eroberungen, maßt sich auch die Macht an, er könne diesem noch wie ein Gott verzeihen (ὡς θεὸς ὤφελον ἀνθρώποις συγγνωμονεῖν).

Luc. Prom. 10 liegt die alte Meinung, Götter müßten mehr verzeihen als Menschen, Prometheus' Vorwurf zugrunde, die Menschen verhielten sich ihren Köchen gegenüber großzügiger als die Götter im Falle des Opferbetrugs (συγγνώμην ἀπονέμουσιν αὐτοῖς).

Geschenke an Heiligtümer werden als Bitte um die συγγνώμη der Götter aufgefaßt: *Philostr.* 2.64.16: VS 2.1.8. Der Vorwurf gegen Herodes Atticus, er habe den Tod seiner Frau verschuldet, wird u. a. dadurch entkräftet, daß seine Weihungen aus diesem Anlaß die Erinyen eher zur Rache aufgehetzt als versöhnlich gestimmt hätte (τιμωροὺς – ξυγγνώμονας), wäre er schuldig gewesen. – Gut bekannt ist der Gegensatz Rache – συγγνώμη.

D. Chr. 32.18 wird συγγνώμη als Kennzeichen des guten Herrschers gefordert (χρηστοῦ μέν ἐστιν ἡγεμόνος συγγνώμη); in den höheren Ämtern braucht eine Stadt vor allem die Milderen (ἐπιεικεστέρων), während sich Philosophen – als Korrektur – durch Schärfe auszeichnen sollen.

In der folgenden Anekdote wird sogar die Anschauung erprobt, daß die gegebene Macht die Gewährung von συγγνώμη hervorrufe.

Philostr. 2.25.27: VS 1.19.2. Ein Konsul namens Rufus fühlte sich durch Niketas gekränkt und verleumdete ihn beim Kaiser, als er Befehlshaber der Gallischen Heere geworden war. Der Kaiser unterstellt Niketas der Gerichtsbarkeit des Rufus; "(...) dies schrieb er nicht, weil er Niketas ausliefern wollte, sondern um Rufus zum Verzeihen zu bringen (ἐς συγγνώμην ἑτοιμάζων); denn ⟨er dachte⟩, Rufus würde einen derartigen Mann nicht töten, wenn er in seine Hände gegeben sei, und auch keine andere Strafe verhängen, damit er nicht dem grausam erscheine, der ihn zum Richter über seinen Feind eingesetzt habe." Tatsächlich vergießt Rufus bei der Verteidigung mehr Tränen, als Wassertropfen in der Wasseruhr fließen. Er entläßt Niketas ungestraft und hochgeehrt.

συγγνώμη als Sache der Mächtigen gereicht diesen auch zum Ruhm. Schließlich kann in Privatdingen leichter verziehen werden als in Staatsangelegenheiten (*Jul.* Ep. 80 98.7bc δὸς αὐτῷ συγγνώμην).

> *Jul.* Or. 3.114c. Lob der Kaiserin Eusebia. "(...) und sie (...) lockt den König [Constantius], der von Natur aus gut und verständnisvoll (εὐγνώμονα) ist, über seine Anlage hinaus noch in schönerer Weise und wendet das Recht in Verzeihen (καὶ πρὸς συγγνώμην τὴν δίκην τρέπει)." Es besteht also auch hier ein Gegensatz zwischen συγγνώμη und Recht, das von jener auch hier überboten wird. – *Jul.* Or. 2.50c dient es Constantius' Ruhm, daß er selbst Schlechten vielfach verzeiht (τῶν φαύλων πολλοῖς τὴν συγγνώμην νέμεις), was sogar gegen Agamemnons Verhalten vorteilhaft absteche.
>
> Vgl. *Sch. Luc.* 1.15: μέτριον wird erklärt als ταπεινὸν καὶ συγγνωμονικόν.

Verzeihen gilt natürlich auch bei anderen Menschen als Tugend: *Jul.* Ep. 184 (Adressat generell nicht ἀσύγγνωστος). Im Gefüge des Staates, in dem jeder seine individuelle Begabung entfaltet, kann nach Philostratos jedoch auch Nicht-Verzeihen als Tugend erscheinen und Ruhm einbringen (*Philostr.* 1.129.17: VA 4.8 μὴ ξυγγνώμων τοῖς ἁμαρτάνουσιν).

Die Captatio benevolentiae, die an den Anfang einer Rede gehört, wird auch gern in der Widmung einer Abhandlung ausgesprochen, und sei es einer poliorketischen.

> In dieser wird eine eventuelle Unklarheit mit den besonderen Schwierigkeiten der Terminologie und des Gegenstandes begründet: *Apollod. Poliorc.* 138.14 (σύγγνωθι); gleichzeitig wird dem Adressaten geschmeichelt: *Apollod. Poliorc.* 138.17 (συγγιγνώσκει ἡ εὐμένεια). Auch vor den Schwierigkeiten astrologischer Terminologie scheint eine Warnung angebracht, zumal wenn der Autor durch die Trauer um einen hochgeschätzten Schüler beeinträchtigt ist: *Vett. Val.* 149.27; andererseits erbittet derselbe Autor Nachsicht für seine Offenheit und Einfachheit im Ausdruck: *Vett. Val.* 288.13 (συγγνωστέος ὁ λόγος). *Aristid. Quint.* 7.14 werden die terminologischen Hürden mit fachlicher Notwendigkeit begründet (συγγνώμη).

Oft ist die Selbstverkleinerung in der Captatio benevolentiae noch weniger von einem konkreten Anliegen angeregt:

> In sokratischer Tradition stehen Reden des Dion Chrysostomos (*D. Chr.* 12.16 συγγνώμην ἔχειν, *D. Chr.* 13.15 ebenso), in denen die Redeweise des Privatmannes und die mangelnde Erinnerung mündlicher Überlieferung entschuldigt werden. *D. Chr.* 50.2 (συγγνώμην ἐχέτωσαν) erbittet Nachsicht für das, was eigentlich Schmeichelei ist, für den Vergleich mit Athenern und Spartanern. Für die Ausführlichkeit läßt sich allerdings der Nutzen einer Erzählung anführen (*D. Chr.* 7.127 συγγνώμην ἔχειν).
>
> *Luc.* Alex. 1 (μετὰ συγγνώμης) wird ähnlich wie bei Athanasios (*Athan.* MPG 26.605.37, s. C II 6) mit der Bitte verbunden, das Fehlende selbst zu

ergänzen. Es scheint sich um eine recht späte rhetorische Konvention zu handeln: *Aristid. Quint.* 108.2 wird der Gott gebeten, für die Verbreitung des Richtigen und Frommen des Werkes zu sorgen, "(...) wenn hingegen etwas davon entweder gegen die Harmonie des Seinsgrundes verstößt oder in unrechter Weise in diese Schrift aufgenommen worden ist, wo es nötig wäre zu schweigen, daß er uns Verzeihung zuteil werden läßt (συγγνώμην ... ἡμῖν νέμειν) in Anbetracht der angespannten Arbeitsmühe und der Liebe zu den Mitmenschen (...)." Auch der Hinweis auf die eigene Arbeitsbemühung fand sich schon in christlicher Literatur (Athanasios, Gregorios), die also aus derselben Tradition schöpft.

3. Plutarchos

Auch im Werk des Plutarchos wird der Begriff συγγνώμη vielfältig und lebendig gebraucht, wenn auch völlig neue Phänomene kaum zu beobachten sind. Es finden sich zahlreiche Stellen, die von συγγνώμη im täglichen und im politischen Leben sprechen; weniger auffallend ist, daß auch die vorgestellten Formen der rhetorischen Ausformung zur Differenzierung verwendet werden, die hier immerhin, aufgrund der vorwiegend ethischen Fragestellung, näher am ursprünglichen Vorgang des Verzeihens bleiben als etwa in der medizinischen Fachliteratur.

Im häuslichen Bereich, besonders im Umgang mit Sklaven und Kindern, könnte ein Ursprung und Modell des Begriffs συγγνώμη vermutet werden — doch die frühesten Belege geben keinen Hinweis für eine solche Hypothese, deuten dagegen auf die Gerichtssituation als Vorbild. In diesem Bereich, den in jedem Fall Unterlegenen gegenüber, wäre auch die Probe aufs Exempel des so hoch geschätzten συγγνώμων zu machen. Erst in der späteren Zeit, eben bei Plutarchos, erfährt man überhaupt einmal etwas über das Verzeihen in diesem Bereich; doch die Auskunft bleibt dürftig.

Im folgenden Beleg greift der Verfasser auf eigene Erfahrung zurück; man erkennt deutlich den Widerstreit zwischen der herrschenden Maxime, man müsse durch Strafe erziehen, und der Selbstachtung, die συγγνώμη fordert; auch sie kann ja eine Erziehungstheorie für sich in Anspruch nehmen:

> *Plu.* 459c: De cohibenda ira cap. 11. "Davon[, daß Frau und Freunde zur harten Bestrafung drängten,] wurde auch ich zur äußersten Schärfe getrieben gegen die Sklaven, in der Meinung, ich würde sie nur schlimmer machen, wenn ich sie nicht bestrafte. Spät freilich sah ich ein, daß es erstens besser ist, man macht jene durch Duldsamkeit (ἀνεξικακία) schlechter, als sich selbst durch Schärfe und Zorn zu pervertieren, nur um andere zu bessern; dann sah ich auch, daß viele, weil sie nicht bestraft wurden, sich schämten,

schlecht zu sein, und zum Anlaß einer Wandlung eher die Verzeihung (συγγνώμην) als die Strafe (τιμωρίαν) nahmen."[3]

Lieber selbst um Verzeihung zu bitten als Sklaven unverdient foltern zu lassen, zeichnet Antonius Creticus wohl als Besonderheit aus (*Plu. Ant.* 1.3 συγγνώμην ἔχειν δεηθείς). Von Sklaven erwartet man eine geringere Moral als von Kindern: Das Lügen ist nämlich nicht nur bei Kindern, sondern selbst Sklaven unverzeihlich (*Plu.* 11c οὐδὲ ... δούλοις συγγνωστόν).

Wieweit die literarischen Ausführungen über die Sklaverei die tatsächlichen Verhältnisse widerspiegeln, ist schwer zu bestimmen, da die Überlieferung die Sicht des freien Mannes darstellt (*Finley Slavery* S. 117). *Finley Slavery* S. 121 verweist darauf, daß der Einfluß stoischer und christlicher Anschauungen auf die Praxis nicht nachweisbar ist; die Situation des einzelnen Sklaven blieb grundsätzlich abhängig von seinem jeweiligen Herren (*Finley Slavery* S. 93). Immerhin sind Christentum und Stoa die Richtungen, in denen neue Impulse zur Behandlung der Sklaven entstanden, auch wenn sie nicht auf die Aufhebung der Sklaverei abzielten (so *Elorduy* S. 201-06 zur Stellung der Stoa zur Sklaverei). *Klees* S. 195 zum Neuen gerade dieser Stelle bei Plutarchos: Obwohl sie in einer langen Tradition stehe, werde hier doch zum ersten Mal geäußert, daß Bestrafung nicht nur nicht besser, sondern schlechter mache und daß auch der Sklave fähig zur Besserung durch Scham sei.

Für die Kindererziehung wird Ausgewogenheit in Zorn und Nachsicht empfohlen:

Plu. 13e: De liberis educandis cap. 18. "Von Freunden ertragen wir Fehler – was wunders, wenn von Kindern? Oft bestrafen wir den Rausch betrunkener Sklaven nicht. Du hast eine Zeitlang gespart, aber spendiere auch 〈wieder〉; du hast eine Weile gezürnt, aber vergib auch (σύγγνωθι). 〈Dein Sohn〉 hat dich mit Hilfe deines Sklaven betrogen; halte den Zorn zurück (τὴν ὀργὴν κατάσχες)."

Die zuletzt angesprochene Situation wird auch in der Neuen Komödie "diskutiert" und in ähnlichem Sinne entschieden (vgl. B II 2), aber auch dort weiß man nicht, in welche übliche Erziehungssituation die dort vertretenen Maximen sprechen.

Zum erzieherischen Wert von συγγνώμη, der sich selbst bei Delphinen bewährt, siehe *Plu.* 978a (συγγνώμης ... τυγχάνοντες).

Dieselbe Ausgeglichenheit stellt zumindest den Maßstab für die Freundschaft dar:

Plu. 73b: De adulatore et amico. "Denn wer bei geringen Anlässen Nachsicht findet (συγγνώμην λαβών), wird nicht ungern seinen Freund bei größeren frei reden lassen; wer aber immer tadelt (ἐγκείμενος) und überall scharf und unerfreulich ist, alles weiß, in alles die Nase streckt, der ist

---

[3] Neutestamentliche Parallelen zur Forderung nach humaner Sklavenbehandlung, gerade auch aus Selbstachtung, s. *Betz Ethical Writings* S. 190 z. St. Aus nichtchristlicher Literatur wurde in Kapitel B III 5 *Epicur.* [1] [= Vita Epicuri] 118.7 = *D. L.* 10.118 angeführt.

weder ⟨seinen⟩ Kindern noch ⟨seinen⟩ Brüdern erträglich, ja selbst den Sklaven unausstehlich."

Plutarchos erkennt die "aufbauende" Wirkung des Verzeihens — wieweit sie die Realität bestimmte, bleibt schwer faßbar: Ist die Hochschätzung allgemein so hoch, wie sie hier ausgesprochen wird, oder wird der herrschenden Strömung gegengesteuert?

> *Plu.* 458c: De cohibenda ira cap. 10. "So wie nun zur Zeit, als Philippos Olynthos zerstört hatte, jemand sagte: Nicht aber könnte er wohl eine so große Stadt wieder aufbauen', so kann man auch zum Zorn sagen: 'Du kannst umstürzen, zerstören und verwüsten. Aufrichten aber, Retten, Schonen und Stärken liegt bei Freundlichkeit (πραότητός), Verzeihen (συγγνώμης) und gemäßigtem Temperament (μετριοπαθείας), bei Camillus, Metellus, Aristeides und Sokrates: sich hineinzuwühlen und zu beißen aber ist Art von Ameisen und Mücken."[4]

Wie wenig später bei Marcus Aurelius (*M. Ant.* 7.26) spielt die eigene Verzeihungs-Bedürftigkeit eine Rolle bei der Hochschätzung des Verzeihens, ebenfalls unter Berufung auf sokratische Tradition:

> *Plu.* 463e: De cohibenda ira cap. 16. "Wenn man aber auch immer ⟨wieder⟩ jenes Wort Platons ausspricht: 'Bin ich selbst wohl so?', den Gedanken von außen nach innen wendet und den Vorwürfen die Vorsicht einpflanzt, dann wird man nicht mehr so viel Abscheu vor fremder Schlechtigkeit hegen, da man sieht, wieviel Nachsicht man selbst benötigt (συγγνώμης δεόμενον)."[5]

Bemerkenswert ist es, daß Plutarchos auf dieser Grundlage zu einem Modell von Gegenseitigkeit gelangt, zumindest für das Verhältnis zwischen Brüdern.

> *Plu.* 489c · d: De fraterno amore. πραότης und μετριότης zwischen Brüdern. "Nicht weniger zeigt es Wohlwollen und Liebe, wenn wir Verzeihung für unsere eigene Verfehlung erbitten und annehmen (αἰτεῖσθαι καὶ λαμβάνειν ⟨συγγνώμην⟩), als wenn wir selbst verzeihen (διδόναι συγγνώμην). Daher darf man nicht darüber hinweggehen, wenn sie zürnen, und nicht Vergeltung üben, wenn sie um Verzeihung bitten (παραιτουμένους), sondern soll mit der Bitte um Entschuldigung für die eigene Verfehlung sogar oftmals ihrem Zorn zuvorkommen, und wiederum mit der Verzeihung, wenn man selbst Unrecht erlitten hat, ihrer Bitte darum (παραιτήσει – συγγνώμη – παραίτησιν)."[6]

---

[4] *Betz Ethical Writings* S. 188f. zu den neutestamentlichen und frühchristlichen Parallellen.

[5] *Betz Ethical Writings* S. 193f. zur Vergleichbarkeit des Konzepts menschlicher Schwäche mit dem christlichen Bewußtsein der Sündhaftigkeit.

[6] Vgl. Kapitel C II 6 Anm. 55 und *Betz Ethical Writings* S. 258 mit Anm. 194 zu den neutestamentlichen Parallellen.

Die Wertschätzung des Verzeihens entspringt — im Gegenzug zum Bewußtsein eigener Verzeihungsbedürftigkeit — in hohem Maße der Selbstachtung und dem Autarkie-Ideal.[7] Das macht verständlich, daß es als vorbildlich gilt, gegen sich selbst die συγγνώμη nicht walten zu lassen, die man anderen zukommen läßt.

> *Plu.* Cat. Ma. 8.17. Cato-Apophthegmen. "Er sagte, (...) er wolle lieber, wenn er gut handele, um den Dank gebracht werden, als nicht bestraft werden, wenn er schlecht handele; und er sagte, er verzeihe (συγγνώμην ... διδόναι) allen, die Fehler machten, außer sich selbst." (Gleicher Ausspruch *Plu.* 198d.)

> *Plu.* 339d: Antigenes, ein sonst tapferer Mann, hat sich aus Liebe zu einer Frau "krankschreiben" lassen. Als Alexandros davon erfährt, setzt er sich dafür ein, daß Antigenes sie gewinnt. "So hatte er für jeden Liebenden mehr Nachsicht (συγγνώμην εἶχεν) als für sich selbst." – Vergleichbar sind übrigens *D. C.* 52.34.2 (μηδεμίαν συγγνώμην σεαυτῷ νέμων, Herrscherideal des Maecenas) und *Lib.* Or. 59.144 (οὐκ ἀσύγγνωστον).

Auch die Furcht vor Selbstkorrumpierung wird durch Platonische Tradition gestützt:

> *Plu.* 85e: De profectibus in virtute. Wer auf dem Weg zur Tugend Fortschritte macht, läßt bequeme Sätze wie "Der nächste Versuch wird besser" lieber weg und "(...) gibt auf jedes einzelne acht, auch wenn die Schlechtigkeit zum geringfügigsten Fehler verleiten will und manchmal einen Entschuldigungsgrund bietet (συγγνώμην πορίζηται) (...)".

> Tatsächlich gibt es ja (zumindest nach einer Sammlung des 9. Jahrhunderts n. Chr.) ein solch "bequemes" Sprichwort, in dem sogar συγγνώμη vorkommt: *CPG* Ap. 15.83 συγγνώμη πρωτοπείρῳ. – Auf Platons Angriff gegen die Selbstliebe *Pl.* Lg. 731de (siehe B I 1) beruft sich Plutarchos *Plu.* 48e (συγγνώμην ... διδόναι).

Die Autarkiebestrebung macht sogar vor dem Vergleich mit den Göttern nicht halt; für die Frage nach der religiösen Konnotation läßt sich der folgende Beleg als Zeugnis für "typisch göttliches" Verzeihen werten.

> *Plu.* Aem. 3.4. Aemilius Paullus besteht bei der Führung des Augurenamtes darauf, daß der Staat um seiner Erhaltung willen weniger συγγνώμη zeige als die Götter (συγγνώμη καὶ παρόρασις). (Vgl. den oben zitierten Anspruch des Dareios *Hist. Alex.* 45.15.)

Rücksichtnahme auf andere gehört dagegen offensichtlich zum guten Ton:

> *Plu.* 512c: De garrulitate cap. 19. Man soll die Aufmerksamkeit nicht auf sich ziehen wollen. "Denn man verzeiht ja auch zu Recht den Gefragten (συγγνώμης δικαίας τυγχάνουσιν), wenn sie sich bei ihrer Antwort täuschen

---

[7] Vgl. *RAC* Bd. 3 Sp. 740 die gleiche Beobachtung anläßlich des Begriffes ἐπιείκεια.

(σφαλῶσιν), wer sich aber selbstherrlich hinstellt und das Wort an sich reißt, ist unerfreulich (...)."

Gegen verliebte Freunde läßt man wie gegen kranke Nachsicht walten (*Plu.* Fr. 136.8 συγγνώμην ἔχειν); es überrascht nicht, daß von der bei Krankheit selbstverständlichen Nachsicht (vgl. *Arist.* EN 1150b8) auf das moralische Phänomen gefolgert wird, das selbst schon einen Standardgrund zum Verzeihen darstellt. – Auch Jugend gilt, wie üblich, als Verzeihensgrund (*Plu.* Agis 21.5 συγγνώμης τυγχάνουσιν, *Plu.* Pomp. 84.2 εἰκός ... καὶ συγγνωστόν).

Ein Scherz wird akzeptiert, wenn er aus dem Gesprächsthema erwächst (*Plu.* 634e μέτεστι συγγνώμης). – Geläufige Versicherungen von Nachsicht im Gespräch *Plu.* 431d (συγγνώμης καὶ παρρησίας) und *Plu.* 550c (συγγνώμης αἴτησις).

Selbstverteidigung ist allerdings erlaubt:

Plu. 540f συγγνώμονα, in ungewöhnlicher Konstruktion.[8] *Plu.* 541e (συγγνωστός und ἄμεμπτος) im Gegensatz zu ψεγόμενος.

Entschuldigungen werden freilich auch ohne weiteres als bloßer Vorwand geäußert:

Plu. Demetr. 36.7. Demetrios ist vor einem Anschlag des jungen Makedonenkönigs Alexandros gewarnt worden, der ihn beim Mahl mit einem giftigen Trank umbringen wolle. Er erscheint jedoch mit einem so großen Gefolge, auch Bewaffneten, daß Alexandros keinen Anschlag wagt; er trinkt auch nichts. "Am folgenden Tag kümmerte er sich um den Aufbruch, unter dem Vorwand, es gebe Umsturzversuche gegen ihn, und bat Alexandros um Verzeihung (παρῃτεῖτο συγγνώμην ἔχειν), wenn er so plötzlich aufbreche; er werde mit ihm lieber ein andermal zusammensein, wenn er mehr Ruhe habe."

Entschuldigungen als Vorwände auch *Plu.* Dio 16.6 (ἀξιῶν ... συγγνώμην) und *Plu.* Nic. 5.2 (παρῃτοῦντο συγγνώμην ἔχειν).

Diese gesellschaftliche Bitte um Entschuldigung kann auch sarkastisch pervertiert werden:

Plu. Pomp. 24.11. Die Schreckensherrschaft der Seeräuber zeigte sich am schlimmsten darin, daß sie einen Gefangenen, der sich als Römer zu erkennen gab, zum Scheine um Verzeihung baten (συγγνώμην ἔχειν ἀντιβολοῦντες) und sich äußerst unterwürfig gebärdeten, ihn mit Schuhen und Toga bekleideten und schließlich auf offenem Meer mit höflichem Gruß verabschiedeten; bei Weigerung wurde er hinabgestoßen.

Das gesellschaftliche Urteil ist noch herauszuhören, wenn das "Verzeihliche" im Sinne des "Verständlichen" gebraucht wird; manchmal zielt es fast auf ein Lob:

---

[8] Der Genitivus absolutus heißt τῇ περιαυτολογίᾳ παρρησίαν συγγνώμονα τῆς αἰτίας διδούσης. Passivisches συγγνώμων "verzeihlich" auch *Th.* 3.40.1 und *Th.* 4.98.6.

Plu. 803c: Praecepta gerendae reipublicae cap. 8. Scherze sind ein bewährtes Mittel der Politik. "Einem, der sich wehren muß, verhilft die günstige Gelegenheit zu Nachsicht und Beliebtheit (συγγνώμην ἅμα καὶ χάριν), wie dem Demosthenes, der zu einem, dem Diebstahl vorgeworfen wurde und der ihn wegen seiner Nachtarbeit verspottete, ⟨sagte⟩: 'Ich weiß, daß es dir wehtut, wenn ich ⟨m⟩ein Licht brennen lasse!' (...)."

Nach dem Ausspruch des Gnaeus Pompeius *Plu.* 203d ist die Parteinahme der Mamertiner für Marius "verzeihlich" (συγγνώμην ἔχειν) angesichts der Vortrefflichkeit ihres Anführers Sthenios. – *Plu.* 1117c: Plutarchos macht die Eitelkeit und den "Personenkult" des Epikureers Kolotes lächerlich; denen, die gerne Kolotes' Fußfall vor Epikuros gemalt vor sich sähen, wäre seiner Meinung nach "zu verzeihen" (συγγνωστά).

Schwächer ist die Bewertung *Plu.* Num. 22.4: "Verständnis" muß man für die haben (συγγνώμην ἔχειν), die wegen der Ähnlichkeiten beider an ein Treffen zwischen Numa und Pythagoras glauben.

Meist ist aber das Moment der Abwertung spürbar: Das Phänomen, das συγγνώμη verdient, ist zwar keinen unumwundenen Tadel, aber auch kein offenes Lob wert und wird leicht einer gewissen Verachtung ausgesetzt.

Plu. Arist. 10.4. Die "bewundernswürdige" (θαυμαστὴν) Antwort der Athener während der Bedrohung durch Mardonios, als die Spartaner Nahrungsmittel anbieten und ihnen raten, Frauen und Kinder zu evakuieren: "(...) sie sagten, sie könnten den Feinden verzeihen (συγγνώμην ἔχειν), wenn sie glaubten, alles für Reichtum und Geld kaufen zu können, da sie nichts Besseres kennten; mit den Spartanern aber zürnten sie (ὀργίζεσθαι), weil sie nur die Armut und den Mangel des gegenwärtigen Athens sähen, aber keine Erinnerung an ihre Vortrefflichkeit und Ehrliebe hätten, wenn sie sie aufforderten, für Nahrung um die Erhaltung Griechenlands zu kämpfen.

Plu. 679b: Quaestionum convivalium lib. V cap. 5. Reichen Leuten müsse man verzeihen (συγγνώμη), wenn sie riesige Speisesäle für ihre Gäste bauten: Sie glaubten, unbedingt Zeugen ihres Reichtums zu benötigen. *Plu.* 1083f: De comm. notitiis adv. Stoic. Bestimmte Unstimmigkeiten sind den Stoikern "vielleicht zu verzeihen (συγγνωστά)", da sie unbedingt den Begriff des Wachstums retten wollen. Eine ähnliche Figur *Plu.* 1118e: Adversus Colotem cap. 20. Nicht so stark ist das Element der Abwertung *Plu.* Agis 31.8.

Plu. 332a: De Alexandri Magni fortuna aut virtute kleidet sich (in der Deutung des Ausspruches "Wenn ich nicht Alexandros wäre, wäre ich wohl Diogenes" durch Plutarchos) die selbstbewußte Haltung des Alexandros in eine Bitte um Verzeihung: "Nun aber verzeih' (σύγγνωθι), Diogenes, ich ahme den Herakles nach und wetteifere mit Perseus, und des Dionysos Spuren verfolge ich, des Gottes, der mein Geschlecht begründet hat und mein Stammvater ist (...)."

συγγνώμη nimmt zwischen Lob und Tadel deutliche Zwischenstellung ein; wenn sie zwischen Mitleid und Bewunderung angesiedelt wird, ist

noch genauer die mittlere Stufe bezeichnet, die sie in der Steigerungs-
skala der Bewertung vertritt.

> *Plu.* 260d: Mulierum virtutes. Timokleia, die Schwester des bei Chaironeia
> geschlagenen Thebaners Theagenes, wird von einem plündernden Makedonier
> zum Sexualverkehr gezwungen und noch auf Herausgabe alles Goldes und
> Silbers gedrängt. Timokleia führt ihn zu einem Brunnen, in dem die Schätze
> angeblich versteckt sind, und steinigt ihn darin mit ihren Mägden zu Tode.
> Als sie verhaftet und vor Alexandros geführt wird, bekennt sie sich zu ihrer
> Abstammung und ihrer Tat, ist auch bereit zu sterben. "Die Weichherzigsten
> unter den Anwesenden brachen in Tränen aus, Alexandros aber kam es
> nicht in den Sinn, die Frau zu bejammern (οἰκτείρειν), da sie Größeres
> getan hatte, als was ⟨nur⟩ Verzeihung verdiene (μείζονα συγγνώμης),
> sondern er staunte (θαυμάσας) über ihre Vortrefflichkeit und ihre Rede,
> die ihn getroffen hatte; er befahl den Feldherren, aufzupassen und Vor-
> kehrungen zu treffen, daß ein solcher Frevel nicht wieder im Hause einer
> berühmten Familie geschehe. Timokleia aber ließ er frei, sie selbst und alle,
> die sich von ihrem Geschlecht finden ließen."
>
> Der Gegensatz zwischen Verzeihen und Bewundern auch *Plu.* Caes. 16.7
> (θαυμαζόντων – συγγνώμην αἰτούμενος). Die verschiedenen Stellung-
> nahmen zu einer Handlung sind *Plu.* Cor. 36.7 Tadel (ἐμέμφοντο), Groll
> (δυσχεραίνοντες) zusammen mit Nachsicht (συγγνωστόν) wegen waltender
> ἀνάγκαι, schließlich Bewunderung (θαυμάζοντες).

Eine Abwertung bezeichnet das Wort συγγνώμη auch in dem in B I
zitierten Diktum des Marcus Cato (*Plu.* Cat. Ma. 12.6, *Plu.* 199e, vgl.
Plb. 39.1), in dem die Bitte um συγγνώμη in der Captatio benevolentiae
ironisch mit ihren eigenen Mitteln geschlagen wird. Die Mittelstellung in
der Wertskala macht immer wieder συγγνώμη zu einem Instrument, um
Akzeptierbares und nicht mehr Akzeptierbares zu trennen, im folgenden
Beleg durch einen weitgespannten Vergleichssatz gleich doppelt.

> *Plu.* Fr. 193.30. "Wie nun bei den Menschen derjenige, der sich um seiner
> eigenen Rettung willen und der von Kindern und Vaterland fremde Dinge
> nimmt oder Land und Stadt verwüstet, als Begründung für sein Unrecht die
> Notwendigkeit (ἀνάγκην) hat, wer dies aber aus Habsucht (διὰ πλοῦτον),
> Überdruß oder Vergnügen tut, wer ein schwelgerisches Leben führt und sich
> die Erfüllung nicht notwendiger Begierden verschafft, unbeherrscht und
> schlecht erscheint, so läßt der Gott die Schädigung von Pflanzen, den
> Gebrauch von Feuer und Strömen, das Schafescheren und -melken, das
> Zähmen und Ins-Joch-Spannen von Rindern zur Rettung und Erhaltung des
> Lebens für die, die davon Nutzen haben, aus Nachsicht (συγγνώμων)
> geschehen (...)." Willkürliches Schlachten und Kochen wegen des Genusses
> ist dagegen unrecht und schrecklich.

In dieser Funktion benutzt Plutarchos auch die "Figur des Verzeihlichen und des Unverzeihlichen".

> *Plu.* 1125f: Adversus Colotem cap. 31 wird die Figur mit einer Gleich-
> setzung von Verzeihlichem und Menschlichem benutzt (Plutarchos polemisiert

gegen die Aufhebung des Götterkultes durch die Epikureer): "Dann, wie von der Nemesis (Ποινῆς) getrieben, bekennen sie, daß sie Schreckliches tun, wenn sie die Gesetze verwirren und die Gesetzesordnung aufheben, damit sie nicht einmal Verzeihung finden (συγγνώμης τύχωσι). Denn in der richtigen Beurteilung zu fehlen, ist, wenn auch kein Zeichen für Weisheit, doch menschlich (ἀνθρώπινόν); aber anderen zum Vorwurf zu machen, was man selbst tut, wie könnte dies einer benennen, ohne ihm den passenden ‹Schimpf-›Namen zu geben?"

Das Grundmuster erkennt man auch *Plu.* Dio 36.1: Dem Zeitgenossen Timaios sind seine Ausfälle gegen Philistos wegen des damals herrschenden ungeheuren Zorns zu verzeihen (συγγνωστόν), die späteren Geschichtsschreiber haben kein Recht, Philistos sein Unglück vorzuhalten. – Beim Vergleich zwischen dem Ende des Pelopidas und dem des Marcellus durch ein eigenmächtiges Wagstück erwirkt es Pelopidas noch Nachsicht (*Plu.* Marc. 33.3 συγγνωστὸν ποιεῖ, "daß ihn auf dem Höhepunkt der Schlacht, als er voller Hitze war, der Mut auf nicht unedle Weise über das Ziel hinausschießen ließ"; bei Marcellus hingegen entfällt ein solcher ἐνθουσιασμός und auch die Notwendigkeit (χρεία), die man für Pelopidas noch anführen kann.

Plu. 609b: Consolatio ad uxorem cap. 4. Plutarchos lobt seine Frau dafür, daß sie das Begräbnis ihrer Tochter ohne großen Aufwand und viele Gesten der Trauer begangen hat. "Denn wir gestatten (χαριζόμεθα) zwar dem Liebenden die Sehnsucht, die Ehrungen, die Erwähnungen der Dahingegangenen, aber das unersättliche Bedürfnis nach Klagen, das dazu führt, zu jammern und sich an Brust und Haupt zu schlagen, ist nicht weniger häßlich als die Unbeherrschtheit in der Lust, sie genießt aber nach ‹allgemeiner› Meinung Nachsicht (συγγνώμης ἔτυχεν), weil ihre Widerlichkeit mit Trauer und Bitterkeit statt Lust verbunden ist."[9]

Am Ende der Wertskala steht, wie sonst auch, das schlechthin Unverzeihliche.

Plu. Ant. 92.2. Man könnte Antonius schon dann schwerlich verzeihen (συγγνώμης τυχεῖν), wenn er Ciceros Tod verursachte, um seinen Onkel zu retten, weil die Tat in sich μιαρὸν und ὠμόν ist; so aber opferte er den Bruder seiner Mutter auf, um Cicero umzubringen, was gegen Demetrius' tadelloses Verhalten seiner Familie gegenüber (ἄμεμπτον ἑαυτὸν ... παρέσχεν) stark absticht. – Die Grundstruktur der "Figur des Verzeihlichen und des Unverzeihlichen" ist zu erkennen, auch wenn der zweite Teil nur angedeutet wird.

Der zitierte Beleg *Plu.* 609b ist natürlich auch ein Beispiel für das Standard-Motiv Liebe. Auch das Standard-Motiv der ἀνάγκη ist bei Plutarchos vertreten.

Plu. 864e: De Herodoti malignitate cap. 31. Herodotos hat zu Unrecht gegen die Thebaner Partei ergriffen: Während er bei den Thessaliern in

---

[9] *Betz Ethical Writings* S. 424f. zu den (schwach ausgeprägten) frühchristlichen Parallellen.

Rechnung stellt, daß sie δι' ἀνάγκης auf die Seite der Perser traten, räumt er den Thebanern nicht dieselbe συγγνώμη ein (οὐ δίδωσι τὴν αὐτὴν συγγνώμην). – *Plu.* Phoc. 1.1 erklärt sich Demades für der Verzeihung wert (συγγνώμης ἄξιος), weil er gezwungen war (ἀναγκαζόμενος), vieles zugunsten der Makedonen und Antipatros zu schreiben und zu sagen, weil er (ebenso wie Phokion) in einer Zeit des Staatsniedergangs lebte.

An mehreren Stellen wird συγγνώμη für politische Amnestie gebraucht, ein Phänomen, das aus der römischen Politik bekannt ist (C I).

Amnestie-συγγνώμη gehört zur Vollmacht des Feldherrn und Herrschers, sei es gegen die eigenen Soldaten (*Plu.* Brut. 26.8, *Plu.* Marc. 25.9, *Plu.* Oth. 18.4), den innenpolitischen Gegner (*Plu.* Ant. 10.2, vgl. *Plu.* Agis 18.5) oder sogar den außenpolitischen Feind (*Plu.* Cam. 29.4).

Bis auf *Plu.* Agis 18.5 wird solche συγγνώμη nicht näher begründet (dort durch Jugend und Ehrgeiz). In der römischen Politik spielt ja die innere Begründung der συγγνώμη wie auch die seelische Beteiligung des Verzeihenden eine sehr geringe Rolle, außerhalb der Politik sieht Plutarchos differenziertere Begründungen.

4. Libanios

Libanios verwendet den Wortstamm συγγνώμη rund 175mal.[10] Bei einem so dezidiert an die griechische rhetorische Tradition anschließenden Autor wird man es nicht anders erwarten, als daß sich die in Klassischer Zeit herausgebildeten Motive vielfältig wiederholen, die Ausführung allerdings oft in ihrer Kunstfertigkeit und Verschlingung verschiedener bekannter Motive überboten wird. Die Fülle reizvoller Ausprägungen, die sich dabei ergibt, kann hier nicht ausreichend dokumentiert werden, da eine Frage noch größeres Interesse erregen muß: Wie setzt sich Libanios als überzeugter Nicht-Christ gegen seine vielfach, vielleicht überwiegend, christlich bestimmte Umgebung ab?

Man wird annehmen, daß Libanios' christliche Zeitgenossen sich selbst als Menschen verstanden, die in besonderem Maße bereit waren, ihren Mitmenschen zu verzeihen. Im Zusammenhang mit der Überlieferung des

---

[10] Dabei sind drei Belege aus dem wohl unechten Briefsteller mitgezählt. Der "reuige" Brief (μεταμελητική) drängt Bekenntnis, Reueversicherung und Berufung auf die Freundespflicht des Verzeihens (abermals ein "gerechtes Verzeihen") auf engstem Raum zusammen: *Lib.* Char. 14.6 Οἶδα καὶ σφαλείς, ὡς κακῶς διεπραξάμην. διὸ μεταγνοὺς ἐπὶ τῷ σφάλματι συγγνώμην αἰτῶ. ἧς μεταδοῦναί μοι μὴ κατοκνήσῃς. δίκαιον γάρ ἐστι συγγιγνώσκειν πταίουσι τοῖς φίλοις, ὅτε μάλιστα καὶ ἀξιοῦσι συγγνώμης τυχεῖν. Als Libanios-Werk hinzuzuzählen wäre noch *Luc.* Salt. 1 · 5 (s. o.). – Es wird darauf verzichtet, die Belege auch nur annähernd vollständig zu zitieren.

Pittakos-Spruches (A IV 3) waren bereits Belege angeführt worden, in denen Libanios Verzeihensbereitschaft als eine typisch griechische Haltung charakterisiert; vor dem Hintergrund des christlichen Verzeihensgebotes sieht dies nach einem polemischen Verhältnis zu diesem christlichen Selbstverständnis aus. Ausdrücklich als griechisch wird συγγνώμη nämlich sonst nicht bezeichnet, während Libanios (*Lib.* Decl. 10.16 + 17) die Verzeihenswürdigkeit einer Handlung einmal damit unterstreicht, daß diese "selbst bei den Barbaren" verziehen würde. Natürlich konnte sich Libanios darauf berufen, daß συγγνώμη bei den Griechen seit langer Zeit als Tugend galt, und die als uralt geltende Gnome, daß Verzeihen besser sei als Rache, mußte einen willkommenen Beleg bieten. Libanios aber beansprucht für die Griechen − im Sprachgebrauch der Zeit ja auch die übliche Bezeichnung für "Heiden"[11] − eine bestimmende Haltung der christlichen Ethik (wie in C II 6 gezeigt wurde, wird im vierten Jahrhundert das Wort συγγνώμη breit für christlich-theologisch bestimmte Vorgänge verwendet).

> Im oben zitierten Beleg, *Lib.* Ep. 75.4.4, wird Fürbitte für den Geliebten des Eumolpios eingelegt, der sich Libanios zufolge rechtfertigen kann, dessen Buße aber auch ausreiche, falls er Eumolpios sehr gekränkt habe − für die "griechische" συγγνώμη wird also ein Motiv angeführt, das man eher mit christlicher Tradition zusammenbringt. Außerdem wird Eumolpios vor dem Urteil der Öffentlichkeit gewarnt (in diesem Zusammenhang ἐπιειχείας), ein Motiv, das im anderen Beleg für "griechische" συγγνώμη, *Lib.* Ep. 823.3.3, die Hauptrolle spielt, nämlich: ὅρα μὴ δόξῃς ἀσυγγνώμων εἶναι καὶ ταῦτα "Ελλην τε ὢν καὶ 'Ελλήνων ὅτιπερ κεφάλαιον.

In einem seiner vielen Empfehlungs- und Fürbittschreiben wendet sich Libanios für die Kurie von Antiochien an Datianos, einen Christen, der unter den christlichen Kaisern seiner Zeit zu einer grauen Eminenz aufgestiegen ist.[12] Libanios stellt sich auf diesen Adressaten in bemerkenswerter − übrigens auch erfolgreicher − Weise ein.

> *Lib.* Ep. 1184.3.6. Nach dem Tode Jovians haben die Antiochener die Landgüter des Datianos zerstört, im Glauben, seine Macht habe ein Ende. Datianos wußte aber auch Valentinian für sich zu gewinnen. "Die Gesandten waren von uns kaum zu bewegen‹, die Gesandtschaft zu übernehmen,› aus ungewöhnlich großer Furcht; diese Furcht hatte ‹ihnen die Meinung› eingeflößt, du seiest gegen die Stadt eingenommen. Nun schwören die Angeklagten, daß sie wirklich und wahrhaftig das, was sie taten, gezwungen (ἠναγχασμένοι) taten und mit ihren Händen zwar, aber nach dem Willen (γνώμῃ) eines anderen[13] die Äcker zerstörten; ich aber habe mich

---

[11] Etwa bei Athanasios, siehe *Müller* s. v. "Ελλην 3.

[12] Die Angaben zum historischen Hintergrund nach *Fatouros/Krischer* S. 326ff.

[13] Wer gemeint ist, ist nach *Fatouros/Krischer* S. 327 unklar.

überzeugt, daß diese Unrecht taten und die Kurie sich mit ihnen zusammen schuldig gemacht hat, da sie es nicht verhinderte; doch will ich dich an deine eigenen Worte erinnern, die du uns oft gesagt hast, daß du Leute, denen du Vorwürfe gemacht hattest, aufgerichtet hast (ὤρθωσας), da sie es nötig hatten. Denn wer eine solche Tat als gut im Gedächtnis behalten hat, handelt nicht sehr gut, wenn er sein eigenes Gesetz übertritt.

Wer einen Gegenschlag tut, begeht nämlich in keinem Fall Unrecht, besser aber ist derjenige, der die Strafe, die ihm möglich ist (παρὸν τιμωρίαν λαβεῖν), nicht vollziehen will. Für das eine gibt es ja überall viele Beispiele, und wir sehen täglich Menschen, die einen Gegenschlag tun; das Verzeihen aber ist Gottes und dessen, der Gott nahekommt (τὸ δὲ δοῦναι συγγνώμην θεοῦ τε καὶ θεῷ παραπλησίου). Wenn aber zum Verzicht auf die Strafe auch noch die Hilfe für die Strafwürdigen kommt, beim Herakles, das ist Kränze wert! Außerdem dürfte es zwar viel Bewunderung erwecken, wenn ein Schwacher einen Mächtigen bestrafen kann, denn das ist nicht leicht; wenn aber einer so viel Macht besitzt wie du – und möge dir die Macht erhalten bleiben! – und gegen die Schwachen vorgeht, ist das Schauspiel nicht sehr ergötzlich." Auch Herakles ging nicht gegen die vor, die schon am Boden lagen.

Tatsächlich hat Datianos vergeben (*Lib.* Ep. 1259.3.2 ἀφῆκας τὰ ἐγκλήματα, ταῖς παρὰ σοῦ διαλλαγαῖς).

Weiß man, daß der Addressat Christ war, erhalten einige Motive dieses Briefes einen speziellen Bezug; vor allem die Begründung, daß Verzeihen Sache Gottes sei oder des Menschen, der "Gott nahe" sei: Sie ist uns ausgeprägt in der Septuaginta begegnet. Datianos selbst hat geäußert, er wolle nicht bestrafen, sondern aufrichten – hier ist an Paulus' Fürsorge für das bestrafte Gemeindemitglied in Korinth zu erinnern (C II 3).

Fatouros/Krischer S. 328 rechnen damit, daß Libanios auf den christlichen Glauben seines Addressaten eingeht. Sie verweisen auf *Lib.* Ep. 1259.4 (ohne συγγνώμη), ebenfalls an Datianos gerichtet, wo Libanios die aufgebrachte Menge mit τῶν οὐκ εἰδότων ἃ ἔδρων bezeichnet (vgl. *NT* Lc. 23.34, den einen von *Gaiser*s Hauptbelegen). Als Kontrast stellen sie einen Brief an einen fanatischen Heiden, Elpidios, entgegen: *Lib.* Ep. 1120.2 (ohne συγγνώμη), der den ähnlichen Gedanken enthält: οὐ γὰρ οὕτω τὸ ἀμύνασθαι ὡς τὸ παρὸν ἀμύνασθαι μὴ βουληθῆναι θαυμάζεται, in dem aber der Brauch, auf die Strafe zu verzichten, Griechen, Athenern und den Göttern (im Plural) zugeschrieben wird.[14]

Wenn Libanios sich auch auf seinen christlichen Adressaten einstellt, sind die Vorstellungen doch so weitgehend miteinander vereinbar, daß er seine heidnische Überzeugung dabei nicht zu verleugnen braucht. Setzt er auch bewußt den Singular, so ist die Meinung, Verzeihen sei eine göttliche Handlung, im Griechischen gut belegt (vgl. A V 3); er verweist

---

[14] *Misson* S. 34 zur Äquivalenz des Singulars und Plurals von θεός bei Libanios. – Zu Libanios' unterschiedlicher Bewertung der Strafe s. *Norman* S. 153.

auf Zwang und Unvorsätzlichkeit der Schuldigen, deren Schuld er so ausdrücklich konstatiert wie Agesilaos bei Xenophon die des Sphodrias (vgl. A IV 2). Darauf, daß συγγνώμη ein Machterweis ist und dem Mächtigen entsprechend gut ansteht, ist man im Griechischen längst aufmerksam; ungewohnt ist allenfalls die Schlußfolgerung, der Vollzug der Strafe sei ein abgeschmacktes Schauspiel.

Einem Heiden gegenüber, der selbst in seinen Schriften hohe Wertschätzung für συγγνώμη äußert (s. oben *Iul.* Or. 3.114c), nämlich dem Kaiser Iulianus, bringt Libanios eine Fürbitte folgendermaßen vor:

> *Lib.* Or. 15.22 · 23 · 24. Gesandtschaftsrede für Antiochien. "Wie kann ich nun vom Zorn und von der Gefahr die Stadt retten, die ich doch nicht unschuldig nennen könnte? Es gibt ein altes von Göttern gesandtes Recht (νόμον), das von den Griechen geehrt wird und viele vor Gericht gerettet hat, das auch du tausendfach in seine Gültigkeit gesetzt hast (πεποίηκας κύριον). Du hast vor mir die Verzeihung (συγγνώμην) erwähnt und ⟨damit⟩ den Begriff gefunden, den ich gebrauchen wollte, den du schon in nicht wenigen Fällen ins Werk gesetzt hast. Wir haben gefehlt, wir bekennen es (ὁμολογοῦμεν), und sind langsamer gewesen als dein Wille. Die einen von uns haben die Müller zu nachlässig beaufsichtigt, andere ganz geschlafen, wieder andere nach Gewinn gestrebt.
>
> Sei's drum – was nun? Muß deshalb die ganze Stadt schuldig werden? Wird denn das zuteilgewordene Verzeihen (τὸ τῆς συγγνώμης μέρος) nichts an denen bessern, denen widerfahren ist, was zur menschlichen Natur gehört und sie von ihrer Pflicht abgelenkt hat? Und wo bleibt die Überlegenheit der Götter über die Menschen, wenn wir auch von diesen fordern wollen, sie sollten keine Fehler machen? Welche Stadt, welches Volk oder welcher Mensch wird gerettet werden können, wenn man in allem solche Genauigkeit walten läßt? Wenn es erforderlich ist, die Verzeihung (συγγνώμην) aus dem Leben zu tilgen, alles streng zu prüfen und jeden zu bestrafen, der bei irgendetwas ertappt worden ist, so soll der Haß bestehen bleiben, und das Gemeinwesen nenne Feindeswesen; wenn man aber jetzt, wenn nur irgendwann, zu Recht davon sprechen kann, daß diese Zuflucht (καταφυγὴν) auf ihrem Höhepunkt steht, weshalb sollen allein wir von den Zeitgenossen ausgeschlossen werden?"

Wie Datianos gegenüber wird an der Schuld der Schuldigen nichts gemindert; aber gerade dieses Geständnis spricht zu ihren Gunsten, so wird deutlich herausgestellt. Wie Datianos hat der Mächtige auch hier sich selbst bereits für συγγνώμη ausgesprochen, beansprucht selbst Verzeihung als Regierungsprogramm (wie man aus den Schriften des Iulianus entnehmen kann, s. o.). Iulianus wird darin mit etwas anderen Argumenten bestärkt als Datianos, die aber im Rahmen dieser Untersuchung nicht überraschen: Die (positive) Erziehungstheorie wird angeführt, die Fehlbarkeit des Menschen wird hier im Sinne der delphischen Religion als Gegensatz zu göttlicher Unfehlbarkeit verteidigt; ein "Recht" auf συγγνώμη, die doch im Spannungsverhältnis zum Begriff der Gerechtigkeit steht, wird daraus abgeleitet, daß auch andere Städte sie erhalten haben.

Gewiß, in genau dieser Weise konnte nur ein Heide um συγγνώμη
gebeten werden. Dennoch scheint es zeittypische Gemeinsamkeiten zwischen Heiden und Christen zu geben: Herrscher und Mächtige bekennen
sich selbst zum Wert der συγγνώμη, das Bekenntnis der Schuldigen tritt
stärker in den Vordergrund, es kann das Urteil vorausgesetzt werden,
daß es keinen Sinn ergibt, große soziale Einheiten in einem jedem Fall zu
bestrafen, der dazu Anlaß gibt. Ohne die römische Theorie der *clementia*
(und deren Vorbereitung durch das ptolemäische Herrscherideal) wäre
diese Gemeinsamkeit vermutlich nicht so stark ausgeprägt.

Libanios erinnert Iulianus noch einmal in derselben Rede an seine
eigene Äußerung zum Thema συγγνώμη. Diese wirkt wie eine humoristische Reaktion auf *NT* Mt. 18.21f.: Die Verpflichtung zu wiederholtem
Verzeihen bleibt zwar auf drei Male und eine bestimmte Verfehlung
beschränkt, aber der Grundsatz συγγνώμη πρωτοπείρῳ (*CPG* Ap. 15.83),
der in der griechischen (und besonders auch der römischen) Kultur zunächst das Natürliche war, ist damit immerhin überboten.

> *Lib.* Or. 15.54. "Erinnere dich an dein eigenes Wort über die Lügner:
> 'Wenn einer meiner Gesprächspartner', sagt es, einmal lügt, werde ich es
> ertragen; und wenn er dasselbe ein zweites Mal wagt, werde ich auch das
> dulden; und wenn er ihn das dritte Mal bei einer Unwahrheit ertappe, ist
> er mir noch nicht verhaßt; wenn er aber ein viertes Mal hinzusetzt, ist er
> verbannt!' Aber uns sollst du nicht dreimal Verzeihung gewähren (νέμε
> συγγνώμην), sondern nur jetzt."

Wie Josephus beruft sich Libanios (*Lib.* Or. 15.70 συγγιγνώσκειν)
sogar auf die früher schon einmal gewährte Verzeihung (es ergibt sich
ein Widerspruch zu der 15.54 behaupteten Einmaligkeit).

In Kapitel C II wurde immer darauf hingewiesen, wenn συγγνώμη mit
der Reue des Schuldigen begründet wurde, da hier ein "typisch christliches" Verzeihen gesucht werden konnte, wenn auch in Kapitel B V 5
dargelegt worden war, daß Reue allgemein in der Antike als selbstverständliche Voraussetzung für Verzeihen galt; bei Libanios gibt es ein
sehr anschauliches Beispiel für die Erwartung von Reue und Bitte:

> *Lib.* Or. 32.20. Thrasydaios hat Libanios verleumdet; trotzdem findet dieser
> ihn nicht in reuevoller Stimmung: "(...) er saß nicht da und schlug auf die
> Erde, er zerfleischte sich nicht das Gesicht, woran man die erkennt, die sich
> selbst verurteilen. Und *ich* glaubte doch, er werde bekennen (ὁμολογήσειν),
> Unrecht begangen zu haben, Loblieder auf das Verzeihen (συγγνώμης) sin
> gen, diese Knie umfassen und ebenso bitten, als wenn er einen Anfall von
> Wahnsinn hinter sich hätte."

Zur Bedeutung des Bekenntnisses siehe auch die unten erwähnten Belege *Lib.* Ep. 256.1.6 und *Lib.* Ep. 256.5.3.

Die bisher zitierten Begründungen und Motive finden auch im übrigen Werk des Libanios ihre Parallelen; anstelle einer ausführlichen Dokumentation über συγγνώμη bei Libanios seien hier solche Parallelen angeführt, die die bisher zitierten Belege werkimmanent kommentieren.

Unfreiwillige Verfehlungen sind verzeihlich, freiwillige nicht: *Lib.* Decl. 40.56 τὸ δ' ἑκόντας ἐξαμαρτεῖν οὔτε τινὰ παρὰ τοῖς νόμοις ἀποφέρεται συγγνώμην (...), vgl. auch *Lib.* Decl. 4.8 (ἐνέγκαι τινὰ συγγνώμην), *Lib.* Ep. 796.5.1 (ἄκων, δὸς ... συγγνώμην). *Lib.* Prog. 7.1.3 dagegen die Bemerkung, daß nicht einmal die unfreiwillige Tötung gänzlich verziehen werde (συγγνώμην ... εἶναι).

Daß man unter Menschen verzeihen muß (συγγνώμη) – den Jungen, weil sie jung, und den Alten, weil sie alt sind –, weil Unfehlbarkeit nur Göttern zukommt, wird auch *Lib.* Decl. 47.39 postuliert. Verzeihen als "Sache der Götter" findet sich im direkten Zusammenhang mit συγγνώμη auch *Lib.* Or. 19.11 · 12, wo ebenfalls die Reaktion auf einen Aufstand gemildert werden soll: Auch in der römischen Königszeit gab es Amnestie für Aufständische (συγγνώμης ἠξίωσαν) und hat sich ihre Bestrafung nicht bewährt; sie minderte die Macht und verstieß gegen göttliches Recht. Die Götter verzeihen nämlich den Menschen, die sie täglich verunglimpfen (συγγνώμη). (Man sieht, daß Libanios die archaisierende Berufung auf die römische Monarchie wichtiger ist als die Anknüpfung an die historisch nähere Tradition des Prinzipats, vgl. C I.)

Lib. Or. 15.75 beschwört Libanios Iulianus auch "bei den Göttern" zum Verzeihen (σύγγνωθι), allerdings nur in einer Reihe mit anderen Werten: "bei den Siegeszeichen, selbst bei der Philosophie". – Allerdings wird auch die bereits von Platon bekannte Kritik angebracht, mit Opfern sollten die Götter zum Verzeihen bestochen werden (*Lib.* Decl. 5.74 συγγνώμονας ἂν κατασκευάσαι τοὺς θεούς).

Zwang, Notwendigkeit als Standardgrund für συγγνώμη: *Lib.* Decl. 9.21 (συγγνώμην ἐχέτω), *Lib.* Decl. 40.56 (Gegensatz zur zitierten Freiwilligkeit), *Lib.* Decl. 47.7 (ἠναγκασμένῳ συγγνώμη), *Lib.* Or. 3.1 (συγγνώσεσθε), *Lib.* Ep. 9.1.3 σύγγνωθι, ἀνάγκη (vgl. *Lib.* Ep. 1251.2.3 σύγγνωθι, ἐμοὶ μὲν ἡττηθέντι ...), *Lib.* Or. 63.24 (συγγνοίην ἂν, da keine andere Möglichkeit bestand, als die Hoffnung auf Profit zu wecken), *Lib.* Or. 11.6 (συγγνώμην αἰτεῖν, ἀνάγκη – man beachte auch den Hinweis auf den [guten] Willen: βουλόμενοι) · 8 (συγγνώμη, ἀνάγκη), *Lib.* Or. 12.76 (σύγγνωθι, βιάζεται).

συγγνώμη als Machterweis des Herrschers wird eindrucksvoll *Lib.* Or. 20.13 gerühmt: "So also glaubte der König [Themistios] wirklich göttergleich zu scheinen und wahrhaftig 'zeusgenährt', wenn er nicht seine Freude an Strafen nach Gebühr hätte. Und dies hält er für königlicher und ein Mittel, seine Herrschaft eher zu bewahren. Denn die Herrschaft, die von Siegeszeichen oder von mit Waffengewalt eroberten Städten oder von Friedensschlüssen oder von Soldaten-Massen oder von Gesetzgebung oder von Weisheit oder von Genauigkeit in der Rechtsprechung herrührt, wird nicht so sehr

geliebt wie die, die aus dem Gewähren des Verzeihens (ἀπὸ τοῦ συγγνώμην
... νέμειν) im Falle des Unrechts erwächst." *Lib.* Or. 20.29 werden zu Theodosios' Ruhm die Fälle von Herrscher-συγγνώμη verglichen (συνέγνως),
Lib. Or. 20.42 wird ihm die Stadt (Antiochien) dediziert, die er durch συγγνώμη geschaffen hat (ἡ συγγνώμη πεποίηκεν), so wie jemand Vater dessen wird, den er aus dem Wasser gefischt hat. Lob der durch συγγνώμη geprägten Herrschaft oder Amtsausübung auch *Lib.* Or. 23.13 (ὁ τῆς βασιλείας
χρόνος πολλὴν αὐτῷ συνειδὼς τὴν συγγνώμην), *Lib.* Or. 29.122 (νεῖμαι
συγγνώμην) und *Lib.* Ep. 648.2.2 (τῷ συγγνώμην νέμειν εἰδέναι).

Libanios setzte sich vielfach dafür ein, daß andere Menschen Verzeihung
erhielten (z. B. *Lib.* Ep. 256.1.6 συγγνώμην αἰτεῖν, *Lib.* Ep. 741.7.2
συγγνώμην ἂν δοίης ῥᾷον ἢ λάβοις δίκην, *Lib.* Ep. 1058.5.2 ἔχετ' ...
συγγνώμην). Er rühmt sich sogar, daß er sich freue, "denen zu nützen, die
mir geschadet haben" – auch dies wohl ein Selbstverständnis, das er dem
Anspruch des Christentums entgegensetzt (*Lib.* Ep. 1196.2 σύγγνωθι,
συγγνώμην ἔδωκας).

Dagegen spricht er *Lib.* Or. 18.240 mit Verständnis von den Soldaten, die
nach der Einnahme von Maozamalcha gegen den Befehl des Kaisers ihr
Rachebedürfnis stillen und dafür nur den Kaiser um Verzeihung bitten
(ἐδέοντο ... συγγνώμην ἔχειν): Das Lob der συγγνώμη steht so hoch
nicht im Kurs, wo es nicht für die Wirkungsabsicht der jeweiligen Rede
eingesetzt wird. Auch *Lib.* Or. 23.10 findet Libanios keinerlei Entschuldigungsgrund für die Flüchtlinge (οὐδεμία συγγνώμη).[15]

Verzeihen als ungeschriebenes Gesetz: *Lib.* Or. 19.14 ἔργῳ τοῦτον
τεθείκατε τὸν νόμον, συγγνώμην ἔχειν πόλεων ἀνοίᾳ, als Gesetz der
guten Menschen *Lib.* Decl. 23.79 συγγνώμην γενέσθαι κατὰ τὸν τῶν
ἀγαθῶν ἀνδρῶν νόμον.

Die Bitte um συγγνώμη stellt eine (letzte) Zuflucht dar (vgl. Stasislehre.
B I 4): *Lib.* Or. 1.64 will sich Libanios zufriedengeben, wenn er seinen
Prozeßgegner εἰς συγγνώμην καταφεύγοντα sieht. So auch *Lib.* Or. 20.26:
Die Verfehlung selbst hatte keinen Anlaß zum Verzeihen (ἀφορμὴν ... εἰς
συγγνώμην), sondern nur die Zuflucht (καταφυγὴν) der φιλανθρωπία
des Theodosios. Vgl. *Lib.* Decl. 5.42 εἰς συγγνώμην καταφεύγετε, *Lib.*
Decl. 7.11 καταφυγὼν εἰς οἶνον ἢ θυμὸν ἢ προπέτειαν ἢ λήθην ἥ τι
τοιοῦτον (im nächsten Satz συγγνώμην), *Lib.* Or. 46.10 (συγγνοίη, daneben
καταφυγὴ καὶ τὸ παραιτησόμενον).

Es darf nicht ein einzelner als einziger von συγγνώμη ausgeschlossen
werden: *Lib.* Decl. 5.5 (μόνῳ τῶν ὑβριστῶν οὐκ ἔστι συγγνώμη), *Lib.*
Decl. 7.11 (συγγνωσόμεθα), *Lib.* Decl. 10.16 · 17 (συγγνώμη, συγγνώμην).

Die Umkehr dieses Motivs: Wenn ein Vergehen verziehen wird, müssen
auch lauter andere verziehen werden (Gerechtigkeitsaspekt): *Lib.* Decl. 8.18
(συγγνωσόμεθα).

Die positive Erziehungstheorie wird in der Rede an Iulianus noch einmal
angeführt: *Lib.* Or. 15.70 σύγγνωθι μικρὰ καὶ ποιήσεις ἀμείνους ἢ
δεῖσθαι συγγνώμης. Entsprechend auch *Lib.* Decl. 37.19 ὡς πονηρὰ φύσις

---

[15] Weitere Belege für Libanios' Rachelust *Misson* S. 126 Anm. 4.

ἀνελπίστου τυχοῦσα συγγνώμης δυσωπεῖται τὴν χάριν καὶ μεταβάλλει τοὺς τρόπους ...

Im Gegensatz zum (vor allem) römischen Grundsatz, die Wiederholung eines Vergehens sei nicht zu verzeihen, begegnet bei Libanios (nach christlichem Muster?) auch die Befürwortung einer zweiten συγγνώμη, außer *Lib.* Or. 15.70 noch *Lib.* Ep. 57.1.3 (συγγνώμης δευτέρας).

In der Einleitung zu diesem Kapitel war Libanios als Beispiel dafür angeführt worden, daß die Rhetorik jedes Argument umkehren könne.

So zeigt *Lib.* Or. 38.9 (συγγνώμη) die doppelte Verwendbarkeit eines Aspekts: Man kann dem Vater weder verzeihen, wenn er vom Treiben seines Sohnes wußte, noch, wenn er sich nicht darum kümmerte. Umgekehrt ist nach *Lib.* Ep. 795.3.2 (ἐκείνοις τε συγγνώμη καὶ σοί) beiden Seiten zu verzeihen, dem Verliebten und den nicht Verliebten. Ganz ähnliche Figur *Lib.* Or. 29.31 (ἦν δ᾽ ἂν ἴσως τι καὶ συγγνώμης).

Gerade daß das "Verzeihliche" im Griechischen oft identisch ist mit dem Verständlichen, das der Rolle oder Situation des anderen entspricht, läßt vielfache Wendungen der Argumentation zu: Libanios äußert *Lib.* Ep. 1220.3.1 sarkastisches "Verständnis" (συγγνώμη γε αὐτοῖς) für die beiden Städte, die beim Tode des Iulianus vor Freude getanzt haben; denn "der, der schlecht sein will, hält den, der ihn nicht schlecht sein läßt, für seinen Feind, und wenn der Zuchtmeister stirbt, freut sich der, der die Zucht nicht halten kann, weil es ihm endlich möglich ist, schlecht zu sein." Ironisch fordert er *Lib.* Ep. 493.2.2 Verständnis (συγγνώμην ἔχειν) dafür, daß die Schmeichler schmeicheln. Wo Libanios seinen eigenen Einsatz für die eigene Sache (*Lib.* Or. 57.2 συγγνώμην ἔχειν) oder sein Bemühen um schöne Reden *Lib.* Ep. 1009.2.4 ἕξουσιν ἡμῖν συγγνώμην) für verständlich erklärt, selbst wenn er es verständlich findet, daß der Betrogene betrügt (*Lib.* Or. 46.10, zitiert), ist freilich keine Ironie zu bemerken.

Auch *Lib.* Decl. 8.22 (bereits angeführt) die Umkehrung eines beliebten Motivs: "Wenn du aber jenem verzeihst (συγγνώσῃ), weil er seine Liebe nicht tragen konnte, dann verzeih᾽ (σύγγνωθι) auch dem, der seinen Zorn nicht tragen konnte, fürchterlichsten Zorn, von stärkerer Notwendigkeit als Liebe." *Lib.* Decl. 9.21 (zitiert) eine ähnliche doppelseitige Anwendung des συγγνώμη-Standardgrundes Zwang; *Lib.* Decl. 27.23 (σύγγνωθι) Abwehr des Standardmotivs Jugend. Selbst im Brief an einen befreundeten Archonten (Germanos) kann Libanios schreiben, für diesen gelte die Entschuldigung nicht, die für einen anderen überlasteten Archonten gälte (*Lib.* Ep. 222.1.1 συγγνοίη ἄν).

Zusammenfassung

Ein weiter Bogen ist geschlagen worden. Die Frage, wieweit man von einem spezifisch griechischen Verzeihensbegriff[1] sprechen könne im Gegensatz zu einem christlich geprägten, hat Anlaß gegeben, mehr als ein ganzes Jahrtausend der Verwendung und Nicht-Verwendung von συγγνώμη zu sichten. Man könnte zweifeln, ob die erreichte Antwort, die sich in die Form "einerseits — andererseits" kleiden muß, den langen Weg rechtfertige, wenn nicht das ausgebreitete Material für sich spräche durch Beispiele menschlicher Großmut, ein mannigfaltiges Bild antiker Lebenswelt, Eindringen in psychologische Vorgänge, Beherrschen sprachlicher Formen, schließlich auch der Widerspiegelung religiöser Erfahrung in ethischen Normen.

Man kann von einem spezifisch griechischen Verzeihensbegriff sprechen, sofern man ihn nicht als defizitär auf eine bestimmte Form eingrenzt, sondern ihn bei seinem lebendigsten, produktivsten Aspekt erfaßt, ohne andere Aspekte zu leugnen, die von den Griechen durchaus gesehen und berücksichtigt wurden. Im lebendigsten, produktivsten Kern besteht συγγνώμη tatsächlich in einem Vorgang des Verstehens: des Verständnisses für die Situation des Gegenübers, in erster Linie für die Bedingungen der zurückliegenden schädigenden Handlung, aber auch für seine jetzige Abhängigkeit von der zu erteilenden Verzeihung.

Was zu "verstehen" ist, steht dabei in einer besonderen Spannung: Es sind einerseits die ganz besonderen, individuellen Umstände, vor allem diejenigen, die die Freiwilligkeit einschränkten — also die Diagnose eines "krankhaften" Ursprungs der unglückstiftenden Tat. Andererseits kann der Täter verstanden werden, weil er als Mensch ähnlichen Einschränkungen seines freien Willens unterworfen ist, wie sie der Verzeihende an sich selbst kennt. Die Verwendung von συγγνώμη kann daher auf das Individuelle abzielen und doch das Allgemein-Menschliche heranholen. Dem ent-

---

[1] Die Reflexion des Kapitels B V, das eine Zwischenbilanz der Untersuchung darstellt, wird hier vorausgesetzt.

sprechen zwei Hauptverwendungsweisen, einmal als "Verzeihung" im vollen Wortsinn mit Begründung durch die Bedingung des Handelns, wobei bestimmte Standardmotive vorherrschen: Unfreiwilligkeit, Unwissen, Liebe, Eifersucht, Jugend, Alter usw.; sodann als das "Verzeihliche" im Sinne des Verständlichen, Plausiblen, Akzeptablen. So kommt es zu einer Erfassung so vielfältiger Lebensbereiche. "Verstehen" geht über einen bloß mentalen Vorgang hinaus.

Neben diesem Kern von συγγνώμη, in dem Verzeihen vor allem als eine Annäherung an die Vergangenheit des Täters aufgefaßt wird, werden andere Aspekte im Griechischen nicht übersehen: das Verhalten des Verzeihungsbedürftigen in der Gegenwart, das neue Perspektiven für ein künftiges Miteinander eröffnet; der Wert des Gewährens von συγγνώμη für das Selbstverständnis des Verzeihenden. Diese Aspekte werden jedoch in anderen Kulturen stärker zur Geltung gebracht, abermals aber nicht im Sinne eines ausschließenden Kriteriums. Im Gegenteil erweist sich der griechische Verzeihensbegriff mit seiner Blickrichtung auf die Bedingungen der vergangenen Tat als äußerst erfolgreich und wird auch fremden Zusammenhängen einverleibt. Doch läßt sich erkennen, daß der Kern des römischen Begriffes Vertragscharakter hat und machtpolitischen Bedingungen untergeordnet ist. Bitte um συγγνώμη, Schuldbekenntnis, zum Teil auch Wiedergutmachungsleistungen sind hier wichtige Faktoren der Absicherung des juristischen Vorgangs.

Nicht aus machtpolitischer, sondern aus religiöser Motivation gewinnen in jüdisch-christlicher Literatur Bitte um Verzeihung, Schuldbekenntnis, Reue und Buße einen höheren Stellenwert. Der Kern des biblischen Verzeihensbegriffes ist jedoch von Vorleistungen und Bedingungen freizuhalten, da menschliches Verzeihen dem Vorbild der Güte und Barmherzigkeit des vergebenden Gottes folgen soll. In der literarischen Auseinandersetzung, die auf Septuaginta und Neues Testament folgt, erweist sich dieser Begriff voraussetzungs- und bedingungslosen Verzeihens als der am schwierigsten zu handhabende. Bitte, Bekenntnis und μετάνοια werden in die Begründung von συγγνώμη aufgenommen, aber die aus dem Griechischen übernommene Bindung des Verzeihens an die speziellen Tatumstände ist im menschlichen Zusammenleben und sogar in der theologischen Argumentation mit der Zeit die erfolgreichere.

Freilich hat das jüdisch-christliche Verzeihensgebot eine gewisse Wirkung, und dies sogar bis in die sich als griechisch verstehende Welt hinein. In dieser nimmt man auch eine etwas stärkere Betonung von Reue und Bekenntnis wahr. So zeigt sich in der Spätantike ein Nebeneinander der verschiedensten Begründungen und Zielrichtungen von συγγνώμη, das sich der Eingrenzung auf bestimmte Kategorien besonders widersetzt.

Literaturverzeichnis

Die Abkürzungen antiker Literatur sind, soweit es ohne Dubletten möglich war, denen bei *LSJ* und *Lampe* angeglichen. (Änderungen wurden bei den biblischen Büchern vorgenommen, die bei *LSJ* z. T. englisch abgekürzt werden); allerdings wurde die Reihenfolge manchmal umgestellt, um Mehrfachnennungen zu vermeiden: So werden Autoren- und Werknamen bei Sammelwerken und antiken Zitaten zum Schluß aufgeführt. Maßgeblich für die alphabetische Reihenfolge ist vorrangig die (kursiv geschriebene) Abkürzung des Autors; erst dann werden die (nicht kursiv geschriebenen) Werktitel berücksichtigt. Die Abkürzungen für einzelne Werke innerhalb einer Ausgabe werden nicht einzeln aufgeschlüsselt, erschließen sich aber leicht nach der Ausgabe oder *LSJ*.

Soweit nicht anders angegeben, erfolgt die Zitierung von Primärliteratur nach einer üblichen Zählung, meist der Buch- und Kapiteleinteilung, die von Sekundärliteratur nach ⟨Buch- und⟩ Seitenzahl. Bei Papyri wird in eckigen Klammern das Jahrhundert der Entstehung beigefügt (a. = ante, p. = post).

Zur Suche nach Belegen für συγγνώμη und andere untersuchte Wörter konnte erst in einem fortgeschrittenen Stadium der Untersuchung mit Hilfe von Herrn Prof. Kleinlogel, Bochum, die CD ROM des Thesaurus Linguae Graecae in Irvine, USA, mit einem Suchprogramm von Randall M. Smith, St. Barbara, benutzt werden, und zwar in der Version B. Die Autoren, für die diese Möglichkeit wahrgenommen wurde, sind im folgenden Verzeichnis mit dem Zusatz "erschlossen durch *Computer Irvine*" gekennzeichnet. Auf dieses Hilfsmittel wird sicher keine vergleichbare Untersuchung mehr verzichten. Trotzdem sind hier auch die benutzten konventionellen Hilfsmittel gekennzeichnet: Ein * vor der Sigle bedeutet, daß das betreffende Buch (auch) zur Erschließung von Belegen verwendet wurde. Viele dieser Hilfsmittel wurden selbst mit *Riesenfeld* erschlossen. (Es wurden mehr als die angegebenen Indices verwandt und weitere Autoren auf der CD ROM durchsucht; nur bei den Autoren, bei denen ein Negativbefund in der Arbeit auch erwähnt wird, ist die Bibliographie des betreffenden Index genannt.) Wo weder * noch Hilfsmittel angegeben ist, stammen die Belege aus allgemeinen Lexika oder aus der Sekundärliteratur; für diesen Autor sind die Belege dann vermutlich nicht vollständig.

Nicht aufgeführt wurden Übersetzungen, die nicht zitiert werden; mit solchen sind die in der Untersuchung gegebenen Übersetzungen z. T. verglichen worden, stellen aber immer die von der Autorin verantwortete Auffassung dar.

A. [erschlossen durch *Edinger* und *TrGF 3*]
  Aeschyli Septem quae supersunt Tragoedias, edidit Page, Denys, Oxonii 1972

Ach. Tat. [erschlossen durch *Computer Irvine*]
Achilles Tatius, Leucippe and Clitophon. Edited Vilborg, Ebbe (Studia Graeca et Latina Gothoburgensia 1), Stockholm 1955

Adam
Adam, Traute, Clementia Principis. Der Einfluß hellenistischer Fürstenspiegel auf den Versuch einer rechtlichen Fundierung des Principats durch Seneca (Kieler Historische Studien Bd. 11), Stuttgart 1970

Adkins
Adkins, Arthur W. H., Merit and Responsibility. A Study in Greek Values, Oxford 1960

Ält. Apol. [erschlossen durch *Goodspeed Apol.*]
Die ältesten Apologeten. Texte mit kurzen Einleitungen, hg. Goodspeed, Edgar J., Göttingen 1984 (= 1914)

Aeschin. [erschlossen durch *Preuss Aeschin.*]
Aeschines, Orationes, post Frankium, Fr., curavit Blass, Fridericus, editionem alteram correctiorem anni MCMVIII iterum correxit Schindel, Udalricus, Stutgardiae 1978

*Aesop. [erschlossen durch *Computer Irvine*]
Corpus Fabularum Aesopicarum. Volumen prius: Fabulae Aesopicae soluta oratione conscriptae, edidit Hausrath, Augustus. Fasc. 1: Editio stereotypa editionis prioris (MCMXL). Addenda et corrigenda ex ipsius editoris ad fasc. 1 annotationibus excerpta et collecta ab Haas, H. Fasc. 2: Indices ad fasc. 1 et 2 adiecit Haas, H. Editionem alteram curavit Hunger, Herbert., Lipsiae 1957-59

Alciph.
Alciphronis Rhetoris Epistularum libri IV, edidit Schepers, M. A. Editio stereotypa editionis anni MCMV, Stutgardiae 1969

Alex. Aphr. Fat. [erschlossen durch *Computer Irvine*]
Alexander of Aphrodisias, On Fate. Text, translation and commentary by Shaples, R. W., London 1983 [zitiert nach Seite und Zeile der Ausgabe von Bruns]

Alex. Aphr. Febr. [erschlossen durch *Computer Irvine*]
Physici et medici Graeci minores, congessit, ad fidem codd. mss. praesertim eorum, quos beatus Diezius contulerat, veterumque editionum partim emendavit partim nunc prima vice edidit, commentariis criticis indicibusque tam rerum quam verborum instruxit Ideler, Iulius Ludovicus, Amsterdam 1963 (= [Berlin] 1841), S. 81-106

Alex. Aphr. Quaest. [erschlossen durch *Computer Irvine*]
Alexandri Aphrodisiensis praeter commentaria scripta minora. Quaestiones, De fato, De mixtone, edidit Bruns, Ivo (Supplementum Aristotelicum 2 [2]), Berolini 1892, S. 117-163 [zitiert nach Seite und Zeile]

*Allen/Italie
Allen, James / Italie, Gabriel, A Concordance to Euripides, London 1954

*Anacr.
Carmina Anacreontea, edidit West, Martin L., Leipzig 1984

*Anaximenes Rh.
Anaximenis Ars Rhetorica, quae vulgo fertur Aristotelis ad Alexandrum, edidit Fuhrmann, Manfred, Lipsiae 1966

And. [erschlossen durch *Forman*]

Andocidis Orationes, edidit Blass, Fridericus. Editio quarta correctior curavit Fuhr, C(arl), Stutgardiae 1966 (= Leipzig [4]1913)

Antipho [erschlossen durch *van Cleef*]

Antiphontis Orationes et Fragmenta, post Blass, Fridericum (Friedrich) edidit Thalheim, Theodorus, Stutgardiae 1966 (= Leipzig [1]1914)

AP 11

Antholologie Grecque. Première Partie: Anthologie Palatine. Tome X (Livre XI). Texte établi et traduit par Aubreton, Robert, Paris 1972

*Aphthonius

Aphthonii Progymnasmata, edidit Rabe, Hugo, accedunt Anonymi Aegyptiaci, Sopatri, aliorum fragmenta (Rhetores Graeci Bd. X), Lipsiae 1926

Apoc. Mos. [erschlossen durch *Bauer Pseudepigrapha*]

Tischendorff, Konstantin von, Apocalypses Apocryphae Mosis, Esdrae, Pauli, Iohannis, item Mariae dormitio, additis Evangeliorum et actuum Apocryphorum supplementis, Hildesheim 1966 (= Leipzig 1866), S. 1-23

Apoc. Sedr. [erschlossen durch *Bauer Pseudepigrapha*]

Apocrypha Anecdota. A collection of thirteen apocryphal books and fragments. Now first edited from manuscripts James, Montague Rhodes (Texts and Studies. Contributions to Biblical and Patristic Literature, Bd. II 3), Cambridge 1893, S. 130-37

Apollod. [erschlossen durch *Computer Irvine*]

Mythographi Graeci. Vol. I: Apollodori Bibliotheca. Pediasimi libellus. De duodecim Herculis laboribus, edidit Wagner, Richardus. Adiecta est tabula phototypa, Lipsiae 1894

*Apollod. Poliorc.

Griechische Poliorketiker. Mit den handschriftlichen Bildern herausgegeben und übersetzt von Schneider, Rudolf, Bd. 1 (Abh. d. Königlichen Gesellschaften der Wissenschaften zu Göttingen Bd. 10 Nr. 1), Berlin 1908 [zitiert nach Seite und Zeile bei Wescher]

Apost. Vät. [erschlossen durch *Kraft*]

Die Apostolischen Väter. Neubearbeitung der Funkschen Ausgabe von Karl Bihlmeyer. 3. Auflage: Unveränderter Nachdruck der mit einem Nachtrag von Schneemelcher, Wilhelm, versehenen 2. Auflage. Erster Teil: Didache, Barnabas, Klemens I und II, Ignatius, Polykarp, Quadratus, Diognetbrief, Tübingen 1970

App. BC [erschlossen durch *Computer Irvine*]

Appiani Historia Romana, ex recensione Mendelssohnii, Ludovici, editio altera correctior curante Viereck, Paulo. Volumen alterum, Leipzig 1986 (= Lipsiae 1905) [zitiert nach Buch und der dichteren, also höheren Paragraphenzählung]

App. [sonst] [erschlossen durch *Computer Irvine*]

Appiani Historia Romana. Bd. 1: ediderunt Viereck, P., et Roos, A. G. Editio stereotypa correctior. Addenda et corrigenda adiecit Gabba, E. Vol. I: Prooemium. Iberica. Annibaica. Libyca. Illyrica. Syrica. Mithridatica. Fragmenta, Lipsiae 1962

Ar. [erschlossen durch *Dunbar Ar.*]

Aristophanis Comoediae, recognoverunt brevique adnotatione critica instruxerunt Hall, F. W. / Geldaert, W. M. (2 Bde.), Oxonii 1967 (= [2]1906-07)

Arat.

Arati Phaenomena, recensuit et fontium testimoniorumque notis prolegomenis indicibus instruxit Maas, Ernestus, Berolini ³1964

Arendt

Arendt, Hannah, Vita activa oder Vom tätigen Leben, Stuttgart 1960

Arist. Ath. [erschlossen durch *Computer Irvine*]

Aristoteles, Ἀθηναίων πολιτεία, edidit Chambers, Mortimer. Accedunt tabulae, Leipzig 1986

Arist. EE [erschlossen durch *Computer Irvine*]

[Aristotelis Ethica Eudemia.] Eudemii Rhodii Ethica, adiecto De virtutibus et vitiis libello, recognovit Susemihl, Franciscus (Franz), Amsterdam 1967 (= Lipsiae 1884)

Arist. EN [erschlossen durch *Computer Irvine*]

Aristotelis Ethica Nicomachea, recognovit brevique adnotatione critica instruxit Bywater, I(ngram), Oxonii 1979 (= 1894)

Arist. MM [erschlossen durch *Computer Irvine*]

Aristotelis qui feruntur Magna Moralia, recognovit Susemihl, Franciscus (Franz), Lipsiae 1883

Arist. Protr. [erschlossen durch *Computer Irvine*]

Der Protreptikos des Aristoteles. Einleitung, Text, Übersetzung und Kommentar von Düring, Ingemar (Quellen der Philosophie Bd. 9), Ffm. 1969

Arist. Pol. [erschlossen durch *Computer Irvine*]

Aristotelis Politica, recognovit brevique adnotatione critica instruxit Ross, W(illiam) D(avid), Oxonii 1957

Arist. Rh. [erschlossen durch *Computer Irvine*]

Aristotelis Ars rhetorica, recognovit brevique adnotatione critica instruxit Ross, W(illiam) D(avid), Oxonii 1959

Arist. SE [erschlossen durch *Computer Irvine*]

Aristotelis Topica et Sophistici elenchi, recognovit brevique adnotatione critica instruxit Ross, W(illiam) D(avid), Oxonii 1963 (= 1958)

Arist. VV: s. *Arist.* EE

Aristaenet.

Aristaeneti Epistularum libri II, edidit Mazal, Otto, Stutgardiae 1971 [zitiert nach Buch, Brief und Zeile]

Aristeas

Aristeae Ad Philocratem epistula cum ceteris de origine versionis LXX interpretum testimoniis, Mendelssohn, Ludovici, schedis usus edidit Wendland, Paulus, Lipsiae 1900

Aristid. Rh.

Aristidis qui feruntur Libri Rhetorici II, edidit Schmid, Guilelmus, Lipsiae 1926

Aristid. Quint.

Aristidis Quintilianis De musica libri tres, edidit Winnington-Ingram, R. P. Accedunt quattuor tabulae, Lipsiae 1963

Ast. Soph. [erschlossen durch *Skard*]

Asterii Sophisti Commentariorum in psalmos quae supersunt, accedunt aliquot homiliae anonymae, edidit Richard, Marcel (Symbolae Osloensis Fasc. Supplet. 16), Osloae 1956 [zitiert nach Seite und Zeile]

Ath. Deipn.
Athenaei Naucratitae Dipnosophistarum libri XV, recensuit Kaibel, Georgius (3 Bde.), Stutgardiae 1961-62 (= Lipsiae 1887-90)

*Athan. ep. fest.
S. Athanase, Lettres festales et pastorales en copte. Bd. 1: éditées Lefort, L.-Th. Bd. 2: traduites Lefort, L.-Th. (Corpus Scriptorum Christianorum Orientalium Bd. 150/151. Scriptores coptici Bd. 19/20), Louvain 1955 [zitiert nach Seite und Zeile, ggf. mit Zusatz "Übers."]

Athan. [folgt Zahl] [erschlossen durch *Müller Athan.*]
Athanasius ⟨von Alexandrien⟩, Werke. II/1 Die Apologien (Lfg. 3-9), hg. Opitz, Hans-Georg, Berlin 1934-41 [zitiert nach Seite und Zeile, folgt Werkangabe, evtl. zitierter Autor]

Athan. MPG [erschlossen durch *Müller Athan.*]
S(ancti) P(atris) N(ostri) Athanasii archiepiscopi Alexandrini Opera omnia quae exstant vel quae eius nomine circumferuntur (...) accurante et recognoscente Migne, J. P. (= Patrologia Graeca Bd. 25-28), Turnhout 1979-84 (= Paris 1857) [zitiert nach Band, Seite, Zeile, folgt Werkangabe, evtl. zitierter Autor]

Athenag.
Athenagoras, Legatio and De Resurrectione. Edited and translated Schoedel, William R. (Oxford Early Christian Texts), Oxford 1972

*Aubineau
Aubineau, Michel, Index verborum Homiliarum Festalium Hesychii Hierosolymitani (Alpha - Omega Reihe A Bd. A 52), Hildesheim/Zürich/New York 1983

Auct. de Subl. [erschlossen durch *Neuberger-Donath*]
Libellus de sublimitate Dionysio Longino fere adscriptus, recognovit brevique adnotatione critica instruxit Russell, D. A., Oxonii 1968

*Avotins
Avotins, Ivars / Avotins, Miriam Milner, An Index to the Lives of the Sophists of Philostratus (Alpha - Omega Bd. A 25), Hildesheim/New York 1978

*Babr.
Babrii Mythiambi Aesopei, ediderunt Luzzatto, Maria Jagoda, et La Penna, Antonius, Leipzig 1986

Bachmann
Bachmann, Philipp, Der zweite Brief des Paulus an die Korinther (Zahn, Theodor [Hg.], Kommentar zum Neuen Testament Bd. 8). 4., unveränderte Auflage, Leipzig/Erlangen 1922

Bataille
Bataille, Georges, Das theoretische Werk, hg. Bergfleth, Gerd, unter Mitwirkung von Matthes, Axel. Bd. 1: Die Aufhebung der Ökonomie. Der Begriff der Verausgabung. Der verfemte Teil. Kommunismus und Stalinismus. Mit einer Studie von Bergfleth, Gerd, München 1975

*Bauer/Aland
Bauer, Walter, Griechisch-deutsches Wörterbuch zu den Schriften des Neuen Testaments und der frühchristlichen Literatur. 6., völlig neu bearbeitete Auflage, im Institut für neutestamentliche Textforschung/Münster unter besonderer Mitwirkung von Reichmann, Viktor, hg. von Aland, Kurt, und Aland, Barbara, Berlin/New York 1988

Bauer Pseudepigrapha
Wahl, Christ. Abrah., Clavis librorum Veteris Testamenti apocryphorum philo-
logica, indicem verborum in libris pseudepigraphis usurpatorum adjecit Bauer,
Johannes Baptista, Graz 1972, S. 511-828

Baumert
Baumert, Norbert, Ehelosigkeit und Ehe im Herrn. Eine Neuinterpretation von
1 Kor 7 (Forschung zur Bibel Bd. 47), Würzburg 1984

Bayer
Bayer, Leo, Isidor von Pelusiums klassische Bildung (Forschungen zur Christlichen Literatur- und Dogmengeschichte Bd. 13 [2]), Paderborn 1915

Bétant
Bétant, E.-A., Lexicon Thukydideum (2 Bde.), Hildesheim 1961 (= Genf 1843-47)

Betz Ethical Writinigs
Betz, Hans Dieter (Hg.), Plutarch's Ethical Writinigs and Early Christian
Literature (Studia ad corpus Hellenisticum Novi Testamenti Bd. 4), Leiden 1978

Betz Theological Writinigs
Betz, Hans Dieter (Hg.), Plutarch's Theological Writinigs and Early Christian
Literature (Studia ad corpus Hellenisticum Novi Testamenti Bd. 3), Leiden 1975

BGU [erschlossen durch *Preisigke/Kießling*, kontrolliert durch *Kießling/Rübsam*]
Ägyptische Urkunden aus den Königlichen Museen zu Berlin, hg. von der Ge-
neralverwaltung. Bd. 1-3: Griechische Urkunden, Milano o. J. (= Berlin 1895-1903)

Bishop
Bishop, William A., Greek Words for Forgiveness, Diss. Dallas 1953

BKT V 1
Epische und elegische Fragmente, ed. Schubart, W(ilhelm), und Wilamowitz, U(l-
rich) von, mit einem Beitrage von Buechler, F. Mit zwei Lichtdrucktafeln (Berliner Klassikertexte aus den Staatlichen Museen zu Berlin 5 [1]), Berlin 1907

BKT VII
Rhetorische Papyri, bearbeitet von Kunst, Karl. Mit drei Lichtdrucktafeln (Berliner Klassikertexte aus den Staatlichen Museen zu Berlin 7), Berlin 1923

Blass
Blass, Friedrich, Die attische Beredsamkeit (4 Bde.), Hildesheim 1962 (= Leipzig
[3]1887-98) [zitiert nach Band - I, II, III (1), III (2) - und Seite]

Blass/Debrunner/Rehkopf
Blass, Friedrich / Debrunner, Albert, Grammatik des neutestamentlichen Griechisch. Bearbeitet von Rehkopf, Friedrich. 16. durchgesehene Auflage, Göttingen
1984

Bonhöffer
Bonhöffer, Adolf, Die Ethik des Stoikers Epictet. Anhang: Exkurse über einige
wichtige Punkte der stoischen Ethik, Stuttgart 1894

Bowra
Bowra, C. M., Greek Lyric Poetry. From Alcman to Simonides. Second, revised
edition, Oxford [2]1961

Brandt
Brandt, Herwig, Die Sklaven in den Rollen von Dienern und Vertrauten bei
Euripides (Altertumswissenschaftliche Texte und Studien Bd. 1), Hildesheim/New
York 1973

Brandwood

Brandwood, Leonard, A Word Index to Plato (Compendia Bd. 8), Leeds 1976

Bremer

Bremer, J. M., Hamartia. Tragic Error in the *Poetics* of Aristotle and in Greek Tragedy, Amsterdam 1969

Breytenbach

Breytenbach, Cilliers, Versöhnung. Eine Studie zur paulinischen Soteriologie (Wissenschaftliche Monographien zum Alten und Neuen Testament Bd. 60), Neukirchen-Vluyn 1989

Burchard

Kümmel, Werner Georg (Hg.), in Zusammenarbeit mit Habicht, Christian Kaiser, Otto / Plöger, Otto, und Schreiner, Georg, Jüdische Schriften aus hellenistisch-römischer Zeit. bd. 2, Lfr. 4: Burchard, Christoph, Joseph und Aseneth, Gütersloh 1983

Burkert Mitleidsbegriff

Burkert, Walter, Zum altgriechischen Mitleidsbegriff, Diss. Erlangen 1955

Burkert Religion

Burkert, Walter, Griechische Religion der archaischen und klassischen Epoche (Die Religionen der Menschheit Bd. 15), Stuttgart/Berlin/Köln/Mainz 1977

CAF [erschlossen durch *Computer Irvine*]

Comicorum Atticorum Fragmenta, edidit Kock, Theodorus (3 Bde.), Lipsiae 1880-88 [zitiert nach Band, Seite, Autor, Fragment]

Call.

Callimachus, edidit Pfeiffer, Rudolfus (2 Bde.), Oxonii [2]1965

Callinicus v. Hyp.

Callinici De vita S. Hypatii liber, ediderunt Seminarii philologorum Bonnensis sodales, Lipsiae 1895 [zitiert nach Kapitel und Zeile]

Campbell

Campbell, Malcolm, Index verborum in Apollonium Rhodium (Alpha - Omega Bd. A 62), Hildesheim/Zürich/New York 1983

Cancrini

Cancrini, Antonia, Syneidesis. Il tema semantico della "Con-scientia" nella Grecia antica (Lessico intellettuale Europeo Bd. 6), Roma 1970

Capo

Capo, N., De S. Isidori Pelusiotae epistularum locis ad antiquitatem pertinentibus, in: Bessarione 2. Ser. 6 (1901/01), S. 342-63

Casaubonus/Ernesti

Index Graecitatis Polybianae sive Lexicon Polybianum, ab Casaubonis, Is. et Merico, olim adumbratum, inde ab Ernesti, Io. Aug., elaboratum (…) (Polybii Megalopolitani Historiarum quidquid superest ed. Schweighäuser, Johannes, Bd. 8 [2]), Lipsiae 1795

Ceb.

The Tabula of Cebes, [ed. Praechter, Carolus, transl.] Fitzgerald, John T., and White, L. Michael (Texts and Translations Bd. 24. Graeco-Roman Religion Series Bd. 7), Chico, California 1983

CEG

Carmina Epigraphica Graeca saeculorum VIII - V a. Chr. n. edidit Hansen, Petrus Allanus (Texte und Kommentare Bd. 12), Berolini et Novi Eboraci 1983

CGFP

Comicorum Graecorum fragmenta in papyris reperta, edidit Austin, Colinus, Berolini et Novi Eboraci 1973

CGIL

Corpus glossariorum Latinorum a Loewe, Gustavo, incohatum auspiciis societatis litterarum Regiae Saxonicae composuit recensuit edidit Goetz, Georgius (7 Bde.), Amsterdam 1965 (= Lipsiae et Berolini 1888-23) [zitiert nach Band und Seite]

Chantraine

Chantraine, Pierre, Dictionaire Étymologique de la langue Grecque. Historie des mots, Paris 1968

Christ

Christ, Georg, Simonidesstudien. Diss. Basel, Freiburg (Schweiz) 1941

Chrys. ep. ex. [erschlossen durch *Malingrey*]

Jean Chrysostome, Lettre d'exile à Olympias et à tous les fidèles (Quod nemo laeditur). Introduction, texte critique, traduction et notes Malingrey, Anne-Marie (Sources chrétiennes Bd. 103), Paris 1964 [zitiert nach Kapitel und Zeile]

Ciani

Ciani, Maria Gracia, Lexikon zu Lycophron (= Alpha - Omega Bd. A 22), Hildesheim/New York 1975

Class

Class, Manfred, Gewissensregungen in der griechischen Tragödie (Spudasmata Bd. 3), Hildesheim 1984

Clem. Alex.

Clemens Alexandrinus, [Werke], hg. Stählin, Otto (Die griechischen christlichen Schriftsteller der ersten Jahrhunderte) (6 Bde.), Leipzig 1905-36 [zitiert nach Band, Seite und Zeile]

Collard

Collard, Christopher, Supplement to Allen & Italie, Concordance to Euripides, Groningen 1971

Condanari-Michler

Condanari-Michler, Slavomir, Über Schuld und Schaden in der Antike, in: Scritti in Onore di Ferrini, Contario, pubblicati in occasione della sua beatificazione, Bd. 3. (Edizioni dell' Università cattolica del S. Cuore Bd. 23), Milano 1948, S. 28-108

Corp. Herm. [erschlossen durch *Delatte/Govaerts/Denooz*]

Corpus Hermeticum, texte établi par Nock, A(rthur) D(arby), et traduit par Festugière, A.-J., Bd. 1/2 Paris [2]1960, Bd. 3/4 [1]1954 [zitiert nach Traktat, Kapitel und Zeile im Kapitel]

Courcelle

Courcelle, Pierre, Connais-toi-toi même. De Socrate à Saint Bernard (3 Bde.), Paris 1974-75

CPG

Corpus Paroemiographorum Graecorum. Bd. 1: Zenobius, Diogenianus, Plutarchus, Gregorius Cyprius cum Appendice proverbiorum, ediderunt Leutsch, E(rnst) L(udwig) a (= von), et Schneidwein, F(riedrich) G. (= Wilhelm). Bd. 2: Diogenianus, Plutarchus, Gregorius Cyprius, Macarius, Aesopus, Apostolius et Arsenius, Mantissa proverbiorum, edidit Leutsch, E(rnst) L(udwig) a (= von), Hildesheim 1965 (= Göttingen 1893) [zitiert nach Sammlung, Abteilung und Nummer]

D. [erschlossen durch *Preuss D.*]

Demosthenis Orationes, recognovit brevique adnotatione critica instruxit (Tom. 1, 2 [1]) Butcher, S(amuel); (Tom. 2 [2], 3) Rennie, W(illiam), Oxonii 1958-71 (= 1903-31)

d´Agostino

d´Agostino, Francesco, Epieikeia. Il tema dell equità nell´antichità Greca (Pubblicazioni dell´Istituto di filosofia del diritto dell´Università di Roma, Ser. 3 Bd. 8), Milano 1973

***Daris**

Daris, Sergio, Rez. Kießling, E. / Rübsam, W., Wörterbuch der griechischen Papyrusurkunden ... [siehe *Kießling/Rübsam*], in: Aegyptus 48 (1968), S. 167-244; Aegyptus 49 (1969), S. 203-257

Davies/Allison

Davies, W. D., and Allison, Dale C., A Critical and Exegetical Commentary on the Gospel According to Saint Matthew. Bd. 1: Introduction and Commentary on Matthew I - VII, Edinburgh 1988

***D. C.**

Cassii Dionis Cocceiani Historiarum Romanarum quae supersunt, (Vol. 1-3) edidit Boissean, Ursulus Philippus. Editio secunda lucis ope expressa, Berolini 1955; (Vol. 5) Index Graecitatis, quem composuit Nawjin, W., Dublin/Zürich ^{2}1969 [Ziffernfolgen, die aus zwei Zahlen bestehen, beziehen sich auf die Fragmentzählung. Die Auffindung der Stellen soll durch Zusätze wie "Zonaras" erleichtert werden.]

D. Chr. [erschlossen durch *Koolmeister/Tallmeister*]

Dionis Chrysostomi Orationes, post Dindorfium, Ludovicum, edidit Budé, Guy de (2 Bde.), Leipzig 1916-19

***Delatte/Govaerts/Denooz**

Delatte, L. / Govaerts, S. / Denooz, J., Index du Corpus Hermeticum (Lessico intellettuale Europeo Bd. 13), Roma 1977

Denniston

Denniston, J(ohn) D(ewar), The Greek Particles, Oxford ^{2}1954

***Denommé**

Denommé, Jean-Marc, Index Isaeus (Alpha - Omega Bd. A 10), Hildesheim 1968

D. H. [folgt Zahl] [erschlossen durch *Computer Irvine*]

Dionysii Halicarnasei Antiquitatum Romanarum quae supersunt, edidit Jacoby, Carolus (4 Bde.), Stutgardiae 1967 (= Leipzig ^{1}1885-1925)

D. H. [folgt Titel] [erschlossen durch *Computer Irvine*]

Dionysii Halicarnasei Quae exstant. Vol. V Opusculorum volumen prius. Vol. VI Opusculorum volumen secundum, ediderunt Usener, Hermannus, et Radermacher, Ludovicus. Edita stereotypa editiones prioris (MDCCCXCIX/MCMIV-MCMXXIX) (2 Bde.), Stutgardiae 1965

Did.

Didymos, Kommentar zu Demosthenes (Papyrus 9780) nebst Wörterbuch zu Demosthenes´ Aristocratea (Papyrus 5008), bearbeitet von Diels, H., und Schubart, W. Mit zwei Lichtdrucktafeln (Berliner Klassikertexte aus den Staatlichen Museen zu Berlin 1), Berlin 1904 [zitiert nach Kolumne und Zeile]

Dig.

Digesta Iustiniani Augusti, recognovit adsumpto in operis societatem Kruegero, Paulo, Mommsen, Th(eodor) (2 Bde.), Berlin ²1962-63

Dihle Goldene Regel

Dihle, Albrecht, Die Goldene Regel. Eine Einführung in die Geschichte der antiken und frühchristlichen Vulgärethik (Studienhefte zur Altertumswissenschaft H. 7), Göttingen 1962

Dihle Theory of Will

Dihle, Albrecht, The Theory of Will in Classical Antiquity (Sather Classical Lectures 48), Berkeley / Los Angeles / London 1982

Dihle Vorstellung vom Willen

Dihle, Albrecht, Die Vorstellung vom Willen in der Antike, Göttingen 1985

Din. [erschlossen durch *Forman*]

Dinarchi orationes adiectis Demadis qui fertur fragmentur ὑπὲρ τῆς δωδεκαετίας iterum edidit Blass, Fridericus, Stutgardiae 1966 (= Leipzig ²1888)

Dirlmeier

Aristoteles, Nikomachische Ethik, übersetzt und kommentiert von Dirlmeier, Franz. Dritte, erneut durchgesehene Auflage (Aristoteles, Werke in deutscher Übersetzung, hg. Grumach, Ernst, Bd. 6), Darmstadt 1964 (= Berlin 1959)

D. L. [erschlossen durch *Computer Irvine*]

Diogenis Laertii Vitae philosophorum, recognovit brevique adnotatione critica instruxit Long, H. S. (2 Bde.), Oxonii 1964

Dover Clouds

Aristophanes, Clouds. Edited with introduction and commentary Dover, K(enneth) J., Oxford 1968

Dover Morality

Dover, Kenneth J., Greek Popular Morality. In the time of Plato and Aristotle, Oxford 1974

Dover Symposium

Plato, Symposium, edited by Dover, Kenneth (Cambridge Greek and Latin Classics), Cambridge 1980

D. S. [erschlossen durch *McDougall*]

Diodori Bibliotheca historica, Bd. 1/2: editionem primam curavit Bekker, Imm(anuel), alteram Dindorf, Ludovicus, Lipsiae 1888-90; Bd. 3: post Bekker, I., et Dindorf, L., recognovit Vogel, Fr(iedrich). Editio stereotypa editionis tertiae (MDCCCXCIII), Stutgardiae 1964; Bd. 4/5: post Bekker, I., et Dindorf, L., recognovit Fischer, C(urt) Th(eodor). Editio streotypa editionis tertiae (MCMVI), Stutgardiae 1964; Bd. 6: post Bekker, I., et Dindorf, L., recognovit Fischer, C(urt) Th(eodor). Editio streotypa editionis annorumMDCCCLXVII/ MDCCCLXVIII, Stutgardiae 1969

Dunbar Ar.

Dunbar, Henry, A Complete Concordance to the Comedies and Fragments of

Aristophanes. New edition completely revised and enlarged by Marzullo, Benedetto, Hildesheim/New York 1973 (= Oxford 1883)

*Dunbar Od.

Dunbar, Henry, A Complete Concordance to the Odyssey of Homer. New edition completely revised and enlarged by Marzullo, Benedetto, Darmstadt 1962 (= Oxford 1880)

Dunkel IE conjunctions

Dunkel, G(eorge) E., IE conjunctions: pleonasm, ablaut, suppletion, in: Zeitschrift für vergleichende Sprachforschung 96 (1982/83), S. 178-199

Dunkel σύν

Dunkel, G(eorge) E., σύν, ξύν, in: Glotta 60 (1982), S. 55-61

E. [Alc./Med./Heracl./Hipp./Andr./Hec./El./HF/Tr./IT] [erschlossen durch *Allen/ Italie,* kontrolliert durch **Collard*]
Euripidis Fabulae, edidit Diggle, J. (Tom. I, II), Oxonii 1981-84

E. [übrige] [erschlossen durch *Allen/Italie,* kontrolliert durch **Collard*]
Euripidis Fabulae, recognovit brevique adnotatione critica instruxit Murray, Gilbertus, Tom. III, Oxonii 1975 (= 1913)

*Edinger

Edinger, Harry G., Index Analyticus Graecitatis Aeschyleae (Alpha - Omega Bd. A 2), Hildesheim 1981

*EGF

Epicorum Graecorum Fragmenta, edidit Davies, Malcolm, Göttingen 1988

*Ellendt

Lexicon Sophocleum, adhibitis veterum interpretum explicationibus, grammaticorum notationibus, recentiorum doctorum commentariis composuit Ellendt, Fridericus. Editio altera emendata curavit Genthe, Hermannus, Hildesheim 1958 (= Berlin 1872)

Elorduy

Elorduy, Eleuterio, Die Sozialphilosophie der Stoa (Philologus Supplementband 28, H. 3), Leipzig 1936

*Epict. [überprüft durch *Computer Irvine*]

Epicteti Dissertationes ab Arriani digestae, ad fidem codicis Bodleiani iterum recensuit Schenkl, Henricus, accedunt Fragmenta, Enchiridion ex recensione Schweighaeuseri, gnomologiorum Epicteteorum reliquiae, Indices, Stutgardiae 1965 (= 1916)

(*)Epicur. [erschlossen durch *Usener*]

Epicuro, Opere. Introduzione, testo critico, traduzione e note di Arrighetti, Graziano (Classici della filosofia Bd. 4), Torino 1960 [zitiert nach Werknummer der Ausgabe und Werknamen sowie Kapitel oder Fragment]

Erffa

Erffa, Carl Eduard von, ΑΙΔΩΣ und verwandte Begriffe in ihrer Entwicklung von Homer bis Demokrit (Philologus Supplementband 30, Heft 2), Leipzig 1937

*Ernesti

Lexicon Technologiae Graecorum Rhetoricae, congessit et animadversionibus illustravit Ernesti, Io. Christ. Theoph., Hildesheim 1962 (= Leipzig 1795)

Ernout/Meillet

Ernout, A. / Meillet, A., Dictionnaire étymologique de la langue Latine. Histoire des mots, Paris 1967

*Eus. Is.

Eusebius, Werke. 9. Bd.: Der Jesajakommentar. hg. Ziegler, Joseph (Die griechischen christlichen Schriftsteller der ersten Jahrhunderte), Berlin 1975 [zitiert nach Seite und Zeile]

(*)Eus. p. e.

Eusebius, Werke. 8. Bd.: Die Praeparatio Evangelica, hg. Mras, Karl. 2., bearbeitete Auflage hg. des Places, Edouard (Die griechischen christlichen Schriftsteller der ersten Jahrhunderte) (2 Bde.), Berlin 1982-83

*Eus. theoph. fr.

Eusebius, Werke. 3. Bd., 2. Hälfte: Die Theophanie der griechischen Bruchstücke und Übersetzung der syrischen Überlieferungen, hg. Gressmann, Hugo (Die griechischen christlichen Schriftsteller der ersten Jahrhunderte), Leipzig 1904 [zitiert nach Seite und Zeile]

*Eus. vit. Const.

Eusebius, Werke. 1. Bd., 1. Teil: Über das Leben des Kaisers Konstantin, hg. Winkelmann, Friedhelm (Die griechischen christlichen Schriftsteller der ersten Jahrhunderte), Berlin 1975 [zitiert nach Seite und Zeile]

*Eustr. in EN

Eustratii et Michaelis et anonyma In Ethica Nicomachea commentaria, edidit Heylbutt, Gustavus (Commentaria in Aristotelem Graeca 20), Berlin 1892 [zitiert nach Seite und Zeile]

EWNT

Balz, Horst / Schneider, Gerhard (Hg.), Exegetisches Wörterbuch zum Neuen Testament (3 Bde.), Stuttgart/Berlin/Köln/Mainz 1980-83

Fatouros/Krischer

Libanios, Briefe. Griechisch – deutsch. In Auswahl herausgegeben, übersetzt und erläutert von Fatouros, G(eorgios), und Krischer, T(ilman), München 1980

*Fatouros/Krischer/Najock

Concordantiae in Libanium. Pars Prima: Epistulae, ediderunt Fatouros, Georgius / Krischer, Tilman / Najock, Dietmar (Alpha - Omega Reihe A Bd. 50 [1,1/2]) (2 Bde.), Hildesheim 1987

Fehling

Fehling, Detlev, Die sieben Weisen und die frühgriechische Chronologie. Eine traditionsgeschichtliche Studie, Bern/Ffm/New York 1985

Feix

Herodot, Historien. Griechisch-deutsch. Hg. Feix, Josef (2 Bde.), München 1963

Fensham

Fensham, Charles F., The Legal Background of Mt. vi 12, in: Novum Testamentum 4 (1960), S. 1-2

Fink

Fink, Gerhard, Pandora und Epimetheus. Mythologische Studien, Diss. Erlangen 1958

Finley Odysseus

Finley, M. I., The World of Odysseus. Second edition, London 1979

Finley Slavery

Finley, M. I., Ancient Slavery and Modern Ideology, London 1983

Fisher

Fisher, N. R. E., *Hybris* and Dishonour, in: Greece and Rome Ser. 2, 23 (1976), S. 177-193, und 26 (1979), S. 32-47

Flacelière/Chambry

Plutarque, Vies. Tome V: Aristide – Caton l'Ancien – Philopœmen – Flamininus, texte établi et traduit par Flacelière, Robert, et Chambry, Émile, Paris 1969

Flashar

Flashar, Hellmut, Die medizinischen Grundlagen der Lehre von der Wirkung der Dichtung in der griechischen Poetik, in: Hermes 84 (1956), S. 12-48

*Forman

Forman, Ludovicus Leaming, Index Andocideus, Lycurgeus, Dinarcheus, Amsterdam 1962 (= Oxford 1897)

Fränkel

Fränkel, Hermann, Dichtung und Philosophie des frühen Griechentums. Eine Geschichte der griechischen Epik, Lyrik und Prosa bis zur Mitte des fünften Jahrhunderts. 3., durchgesehene Auflage, München 1969

Frankemölle

Frankemölle, Hubert, Jahwebund und Kirche Christi. Studien zur Form- und Traditionsgeschichte des "Evangeliums" nach Matthäus (Neutestamentliche Abhandlungen N. F. Bd. 10), Münster 1974

Friedländer II

Friedländer, Paul, Platon. Bd. II: Die Platonischen Schriften. Erste Periode, 3., verbesserte Auflage, Berlin 1964

Friedrich

Friedrich, Wolf-Hartmut, Medeas Rache, in: Euripides, hg. Schwinge, Ernst-Richard (Wege der Forschung Bd. 89), Darmstadt 1968, S. 177-237

Frisk

Frisk, Hjalmar, Griechisches Etymologisches Wörterbuch (Indogermanische Bibliothek, Reihe II), 2., unveränderte Auflage (3 Bde.), Heidelberg 1973-79

Führer

Führer, Rudolf, Beiträge zur Metrik und Textkritik der griechischen Lyriker. I. Textkritik und Kolometrie von Simonides' Danae (fr. 543 P.) (Nachr. Ak. der Wiss. Göttingen 1976, H. 4), Göttingen 1976

Fuhr

Fuhr, K. Rez. Bayer, Leo, Isidor von Pelusiums klassische Bildung, in: Berliner Philologische Wochenschrift 36 (1916), Sp. 1164-71

Fuhrmann Alleinherrschaft

Fuhrmann, Manfred, Die Alleinherrschaft und das Problem der Gerechtigkeit *(Seneca: De clementia)*, in: Klein, Richard, Prinzipat und Freiheit (Wege der Forschung Bd. 135), Darmstadt 1969, S. 271-320

Fuhrmann Rhetorik

Fuhrmann, Manfred, Die antike Rhetorik. Eine Einführung (Artemis Einführungen Bd. 10), München 1984

Fuhrmann Summum ius

Fuhrmann, Manfred, Philologische Bemerkungen zur Sentenz 'Summum ius summa iniuria`, in: Studi in onore di Volterra, Edoardo, Bd. 2 (Pubblicazioni della facoltà di giurisprudenza dell' università di Roma Bd. 41), Milano 1971, S. 53-81

Gagarin Homicide
Gagarin, Michael, Drakon and Early Athenian Homicide Law, New Haven/London 1981

Gagarin Hybris
Gagarin, Michael, The Athenian Law against *Hybris*, in: Arktouros. Hellenic Studies presented to Knox, Bernhard M. WE., on the occasion of his 65th birthday, ed. Bowersock, Glen W. / Burkert, Walter / Putnano, Michael C. J., Berlin/New York 1979, S. 229-36

Gaiser
Gaiser, Konrad, Griechisches und christliches Verzeihen: Xenophon, Kyrupädie 3, 1, 38-40 und Lukas 23,34a, in: Latinität und Alte Kirche. Fs. für Hanslik, Rudolf zum 70. Geburtstag (Wiener Studien Beiheft 8), Wien/Köln/Graz 1977, S. 78-100

Gaiser Rez. Steinmetz
Gaiser, Konrad, Rez. Theophrast, Charaktere, hg. und erkl. Steinmetz, Peter. Band 2: Kommentar und Übersetzung, München 1962, in: Gnomon 36 (1964), S. 24-31

Gal. [folgt Zahl] [erschlossen durch *Computer Irvine*]
Claudii Galeni Opera omnia, editionem curavit Kühn, C. G. (Medicorum Graecorum Opera quae exstant Bd. 1-20) (22 Bde.), Hildesheim 1964-65 (= Leipzig 1821-33) [zitiert nach Band, Seite, Zeile, Werk]

Gal. CMG 4.1.2 [erschlossen durch *Computer Irvine*]
Galen, On the Doctrines of Hippocrates and Plato. Edition, translation and commentary by de Lacy, Phillip (Corpus Medicorum Graecorum V 4,1,2) (3 Bde.), Berlin 1978-84 [zitiert nach Werktitel, Buch, Kapitel, Paragraph]

Gal. CMG 4.2 [erschlossen durch *Computer Irvine*]
Galeni De sanitate tuenda, De alimentorum facultatibus, De bonis malisque sucis, De victu attenuante, De ptisana, ediderunt Koch, Konradus / Helmreich, Georgius / Kalbfleisch, Carolus / Hartlich, Otto (Corpus Medicorum Graecorum V 4,2), Lipsiae et Berolini 1923 [zitiert nach Werktitel und Seitenzahl nach Kühn]

Gal. CMG 9.1 [erschlossen durch *Computer Irvine*]
Galeni In Hippocratis De victu acutorum, De diaeta Hippocratis, In morbis acutis, ediderunt Mewaldt, Ioannes / Helmreich, Georgius / Westenberger, Ioannes (Corpus Medicorum Graecorum V 9,2), Lipsiae et Berolini 1914 [zitiert nach Werktitel und Seitenzahl nach Kühn]

Gal. CMG 9.2 [erschlossen durch *Computer Irvine*]
Galeni In Hippocratis Prorrheticum I, De comate secundum Hippocratem, In Hippocratis Prognosticum, ediderunt Diels, Hermannus / Mewaldt, Ioannes / Heeg, Josephus (Corpus Medicorum Graecorum V 9,2), Lipsiae et Berolini 1915 [zitiert nach Werktitel und Seitenzahl nach Kühn]

Gal. CMG 10.1 [erschlossen durch *Computer Irvine*]
Galeni In Hippocratis Epidemiarum libros I et II, ediderunt Wenkebach, Ernst / Pfaff, Franz (Corpus Medicorum Graecorum V 10, 1), Lipsiae et Berolini 1934 [zitiert nach Werktitel und Seitenzahl nach Kühn]

Gal. CMG 10.2.1 [erschlossen durch *Computer Irvine*]
Galeni In Hippocratis Epidemiarum libros III, edidit Wenkebach, Ernst (Corpus Medicorum Graecorum V 10, 2,1), Lipsiae et Berolini 1936 [zitiert nach Werktitel, Buch und Seitenzahl nach Kühn]

Gal. CMG 10.3 [erschlossen durch *Computer Irvine*]
Galeni Adversus Lycum et Adversus Iulianum libelli, edidit Wenkebach, Ernst (Corpus Medicorum Graecorum V 10,3), Berolini 1951 [zitiert nach Werktitel und Seitenzahl nach Kühn]

Gal. Protr. [erschlossen durch *Computer Irvine*]
Claudii Galeni Pergameni Scripta minora, recensuerunt Marquardt, Ioannes / Müller, Iwanus / Helmreich, Georgius (3 Bde.), Amsterdam 1967 (= Lipsiae 1884-93), Bd. 1, S. 103ff.

Gal. Cris. [erschlossen durch *Computer Irvine*]
Galenos, ΠΕΡΙ ΚΡΙΣΕΩΝ, hg. Alexanderson, Bengt (Studia Graeca et Latina Gothoburgensia Bd. 23), Göteborg 1967 [zitiert nach Seitenzahl und Zeile nach Kühn]

Gal. UP [erschlossen durch *Computer Irvine*]
Galeni De usu partium libri XVII, ad codicum fidem recensuit Helmreich, Georgius (2 Bde.), Lipsiae 1907-09 [zitiert nach Seitenzahl und Zeile nach Kühn]

Gerber
Gerber, Douglas E., Lexicon in Bacchylidem (Alpha - Omega Bd. A 69), Hildesheim/Zürich/New York 1984

GLAJJ
Greek and Latin Authors on Jews and Judaism. Edited with Introduction, Translations and Commentary Stern, Menahem (Publications of the Israel Academy of Sciences and Humanities. Section of Humanities) (3 Bde.), Jerusalem 1976-84

Goodman
Goodman, Martin, The First Jewish Revolt: Social Conflict and the Problem of Debt, in: Journal of Jewish Studies 33 (1982), S. 417-27

Goodspeed Apol.
Goodspeed, Edgar J(ohnson), Index Apologeticus sive Clavis Iustini martyris operum aliorumque apologetarum pristinorum, Leipzig 1912

Grant
Grant, John R., Thukydides 2.44.2, in: Philologus 112 (1968), S. 292f.

Gray
Gray, Vivienne, The Character of Xenophons *Hellenica*, London 1989

Greg. Nyss. 1/2/3.1/5/8.2/9 [erschlossen durch *Computer Irvine*]
Institutum pro studiis classicis Havardianum (Hg.), Gregorii Nysseni Opera, auxilio aliorum virorum doctorum edenda curavit Jaeger, Wernerus. Bd. 1/2: Contra Eunomium libri, edidit Jaeger, Wernerus; Bd. 3 (1): Gregorii Nysseni Opera dogmatica minora, edidit Mueller, Fridericus; Bd. 5: Gregorii Nysseni In inscriptiones Psalmorum, In sextum psalmum, In ecclesiasten Homiliae, ediderunt Mc Donough, Jacobus / Alexander, Paulus; Bd. 8 (2): Gregorii Nysseni Epistulae, edidit Pasquali, Georgius. Editio altera; Bd. 9: Gregorii Nysseni Sermones, ediderunt Heil, Gunterus / van Heck, Adrianus / Gebhardt, Ernestus / Spira,

Andreas, Leiden 1958-67 [Bd. 1 - 8 (2) zitiert nach Band, Werk, Buch, Kapitel, Bd. 9 nach Werk, Seite und Zeile]

Greg. Nyss. 3.2 [erschlossen durch *Computer Irvine*]

Institutum pro studiis classicis Havardianum (Hg.), Gregorii Nysseni Opera, auxilio aliorum virorum doctorum edenda curaverunt Jaeger, Wernerus / Langerbeck, Hermannus / Hörner, Hadwiga. Bd. 3 (2): Gregorii Nysseni Opera dogmatica minora, ediderunt Downing, J. Kenneth / Mc Donough, Jacobus A. / Hörner, Hadwiga, Leiden/New York/Købnhavn/Köln 1987 [zitiert nach Werk, Seite und Zeile]

Greg. Nyss. MPG [erschlossen durch *Computer Irvine*]

S(ancti) P(atris) N(ostri) Gregorii archiepiscopi Nysseni Opera quae reperiri potuerunt omnia (Ed. Morelt. 1638), nunc denuo correctius et accuratius edita et multis aucta Migne, J. P. (Patrologia Graeca Bd. 45-46), Turnholti 1979-84 (= Paris 1857) [zitiert nach Band, Werktitel, Spalte und Zeile]

*Hatch/Redpath

Hatch, Edwin / Redpath, Henry A. (u. a.), A Concordance to the Septuagint and the Other Greek Versions of the Old Testament (Including the Apocryphal Books) (3 Bde.), Graz 1975 (= Oxford 1897)

Hatzfeld

Xénophon, Helleniques. Texte établi et traduit Hatzfeld, J. (2 Bde.), Paris 1960 / 1948

Hdn.

Herodiani Ab excessu Divi Marci libri octo, edidit Stavenhagen, Curt. Editio stereotypa editionis primae (MCMXXII), Stutgardiae 1967 (= Leipzig 1922)

Hdt. [erschlossen durch *Powell Hdt., Schweighäuser Hdt.* verglichen]

Herodoti Historiae, recognovit brevique adnotatione critica instruxit Hude, Carolus. Editio tertia (2 Bde.), Oxonii 1967-75 (= 1927)

Heitsch

Heitsch, Ernst, Antiphon aus Rhamnus (Abh. Ak. der Wiss.sch. Mainz 1984 Nr. 3), Mainz 1984

*Hephaest. Astr.

Hephaestionis Thebani Apotelesmaticorum libri tres / epitomae quattuor, edidit Pingree, David (2 Bde.), Leipzig 1973-74 [zitiert nach Seite und Zeile]

*Heraclit.

Heracliti Quaestiones Homericae, ediderunt Societatis philologae Bonnenses sodales, prolegomena scripsit Oelmann, Franciscus, Lipsiae 1910

*Hermagoras

Hermagorae Temnitae Testimonia et fragmenta, adiunctis et Hermagorae cuiusdam discipuli Theodori Gadarei et Hermagorae minoris fragmenta, collegit Matthes, Dieter, Lipsiae 1962 [zitiert nach Seite und Zeile]

*Hermog.

Hermogenis Opera edidit Rabe, Hugo. Adiectae sunt II tabulae (Rhetores Graeci Bd. 6), Stutgardiae 1969 (= [Leipzig] 1913)

*Herod.

Herodae Mimiambi cum Appendice fragmentorum mimorum papyraceorum, edidit Cunningham, I. C., Leipzig 1987

*Herodes Atticus
Drerup, Engelbert, [ΗΡΩΔΟΥ] ΠΕΡΙ ΠΟΛΙΤΕΙΑΣ. Ein politisches Pamphlet aus Athen 404 vor Chr. (Studien zur Geschichte und Kultur des Altertums Bd. 2, H. 1), New York/London 1967 (= Paderborn 1908)

Hes. [erschlossen durch *Tebben*]
Hesiodi Theogonia, Opera et dies, Scutum, edidit Solmsen, Friedrich; Fragmenta, ediderunt Merkelbach R(einhold) et West, M(artin) L. Editio altera cum appendice nova fragmentorum, Oxford 1983

Hexapla [erschlossen durch *Hatch/Redpath*]
Origenis Hexaplorum quae supersunt sive veterum interpretum Graecorum in totum Vetus Testamentum fragmenta post Flaminium Nobilium, Drusium, et Montefalconium, adhibita etiam versione Syro-Hexaplari, concinnavit, emendavit, et multis partibus auxit Field, Fridericus (2 Bde.), Hildesheim 1964 (= Oxford 1875)

Hierocl. in CA
Hieroclis In Aureum Pythagoreorum carmen commentarius, recensuit Koehler, FridericusGuilelmus, Stutgardiae 1974

Hill
Hill, David, Greek Words and Hebrew Meanings: Studies in the Semantics of Soteriological Terms (Society for New Testament Studies, Monograph Series 5), Cambridge 1967

Him. Or.
Himerii Declamationes et orationes cum deperditarum fragmentis, Colonna, Aristides, recensuit (Scriptores Graeci et Latini consilio Academiae Lynceorum editi), Romae 1951

Hirzel Agraphos Nomos
Hirzel, Rudolf, Agraphos Nomos, Hildesheim 1979 (= Leipzig 1900)

Hirzel Themis
Hirzel, Rudolf, Themis, Dike und Verwandtes. Ein Beitrag zur Geschichte der Rechtsidee bei den Griechen, Hildesheim 1966 (= Leipzig 1907)

*Hist. Alex.
Historia Alexandri Magni (Pseudo-Callisthenes), Vol. I: Recensio vetusta, edidit Kroll, Guilelmus. Editio altera ex editione anni MCMXXVI lucis ope expressa, Berlin 1958 [zitiert nach Seite und Zeile]

Hld. [erschlossen durch *Computer Irvine*]
Héliodore, Les Éthiopiques (Théagène et Chariclée), texte établi et traduit par Rattenbury, R. M. / Lumb, T. W., et traduit par Maillon, J. (3 Bde.), Paris ²1960

*Holmes
Holmes, David, Index Lysiacus, Amsterdam 1965 (= Bonn 1895)

Hom. [erschlossen durch *Prendergast* und *Dunbar Od.*]
Homeri Opera, reconoverunt brevique adnotatione critica instruxerunt Monro, David B., et Allan, Thomas W. (5 Bde.). Bd. I/II: Editio tertia, Oxonii 1962-76 (= 1920); Bd. III-V: Editio secunda, Oxonii 1969-74 (= 1917-46)

Horsley
Horsley, G. H. R.; New Documents Illustrating Early Christianity. Bd. 4: A Review of the Greek Inscriptions and Papyri published in 1979, with the collaboration of Conolly, A. L., and others, Macquarie University 1987

How/Wells

How, W. W. / Wells, J., A Commentary on Herodotos. With Introduction and Appendices (2 Bde.), Oxford 1961-64 (= 1912)

Hp. Fract. [erschlossen durch *Computer Irvine*]

Oevres complètes d'Hippocrate, traduction nouvelle avec le texte Grec en regard, collationné sur les manuscrits et toutes les éditions, accompagnée d'un introduction, de commentaires médicaux, de variantes et de notes philologiques; suivie d'une table générale des matieres par Littré, E., Bd. 3, Amsterdam 1961 (= Paris 1841) [zitiert nach Kapitel und Zeile]

Hsch.

Hesychii Alexandrini Lexicon post Albertum, Ioannem, rec. Schmidt, Mauricius (5 Bde.), Amsterdam 1965 (= Halle 1858-68)

Hsch. Hieros. [erschlossen durch *Aubineau*]

Les Homélies festales d'Hesychius de Jérusalem, publiées par Aubineau, Michel (Subsidia hagiographica 59) (2 Bde.), Bruxelles 1978-80 [zitiert nach Homilie, Kapitel und Zeile]

Huart GNOME

Huart, Pierre, ΓΝΩΜΗ chez Thucydide et ses contemporains (Sophocle – Euripide – Antiphon – Andocide – Aristophane) (Contribution à l'histoire des idées à Athènes dans la seconde moitié du Vᵉ siècle av. J.-C.) (Études et commentaires 81), Paris 1973

Huart Vocabulaire

Huart, Pierre, Le vocabulaire de l' analyse psychologique dans l'œvre de Thukydide (Études et commentaires 69), Paris 1968

Hude

Xenophontis Historia Graeca, recensuit Hude, Carolus. Editio stereotypa editionis anni MCMXXXIV, Stutgardiae 1969

Hunger

Hunger, Herbert, ΦΙΛΑΝΘΡΩΠΙΑ. Eine griechische Wortprägung auf ihrem Weg von Aischylos bis Theodoros Metochites, Sonderdruck Anzeiger der phil.-hist. Klasse der österreichischen Akademie der Wissenschaften, Graz/Wien/Köln 1963

Hyginus fab.

Hygini Fabulae, recensuit, prolegomenis commentario appendice instruxit Rose, H. I., Lugduni Batavorum 1963 (= ²1933)

*Hyp.

Hyperidis orationes sex cum ceterarum fragmentis edidit Jensen, Christianus, Stutgardiae 1963 (= Leipzig 1917)

*Iamb. in Nic.

Iamblichi In Nicomachi Arithmeticam introductionem liber, ad fidem codicis Florentini recensuit Pistelli, Hermenegildus, Lipsiae 1894

*Iamb. Protr.

Iamblichi Protrepticus, ad fidem codicis Florentini recensuit Pistelli, Hermenegildus, Lipsiae 1888

*Iamb. VP

Iamblichi De vita Pythagorica liber, ad fidem codicis Florentini recensuit

Nauck, Augustus, accedit epimetrum de Pythagorae aureo carmine, Amsterdam 1965 (= St. Petersburg 1884) [zitiert nach Seite und Zeile]

*IEG

Iambi et elegi Graeci ante Alexandrum cantati, edidit West, M(artin) L(itchfield) (2 Bde.), Oxonii 1971-72

IG ²[folgt Bandzahl]

Inscriptiones Graecae. Consilio et auctoriate Academiae Literarum Borussicae editae. Editio minor, Berolini 1924ff.

IK 1

Engelmann, Helmut, und Merkelbach, Reinhold (Hg.), Die Inschriften von Erythrai und Klazomenai. Teil 1 (1): Nr. 1-200 (Kommission für die archäologische Erforschung Kleinasiens bei der österreichischen Akademie der Wissenschaften; Institut für Altertumskunde der Universität Köln, Inschriften griechischer Städte aus Kleinasien Bd. 1 [1]), Bonn 1972

Index généraux

Olivier, J(ean)-P(ierre) / Godart, L. / Seydel, C. / Sourvinou, C., Index généraux du linéaire B (Incunabula Graeca Bd. 52), Roma 1973

Is. [erschlossen durch Denommé]

Isaei Orationes cum deperditarum fragmentis, edidit Thalheim, Th(eodor), Stutgardiae 1963 (= [Leipzig] 1903)

Isid. Pel. ep.

Sancti Isidori Pelusiotae, Epistularum libri quinque. Post Billii, Jac. / Rittershusii, Cunradi, et Schotti, Andreae, curas ad codices Vaticanos exegit et plus bis mille locis emendavit, restituit, supplevit Possinus, P. Accedunt Zoisimi abbatis Alloquia (Migne Patrologia Graeca Bd. 78), Paris 1864

Isoc. [erschlossen durch Preuss Isoc.]

Isocrate, Discours. Texte établi et traduit par Mathieu, George, et Brémond, Émile. Tome I, Paris ³1963, Tome II, Paris ⁴1961, Tome III, ³1960, Tome IV, Paris 1962

J. [erschlossen durch Rengstorf]

Flavii Josephi Opera omnia, post Bekkerum, Immanuelem, recognovit Naber, Samuel Adrianus (6 Bde.), Lipsiae 1888-96

*James

James, A. W., Index in Halieutica Oppiani Cilicis et in Cynegetica poetae Apamensis (Alpha - Omega Bd. 4), Hildesheim/New York 1970

*Jensen

Ein neuer Brief Epikurs. Wiederhergestellt und erklärt von Jensen, Christian. Mit 22 Abbildungen im Text (Abh. Ak. Göttingen 3 H. 5), Berlin 1933

*Jos. et Aseneth

Jos. et Aseneth. Introduction, texte critique, traduction et notes par Philonenko, Marc (Studia Post-Biblica Bd. 13), Leiden 1968

Jülicher

Jülicher, Adolf, Die Gleichnisreden Jesu. Zwei Teile in einem Band, Darmstadt 1983 (= Tübingen ²1910)

Jul. Ep.

Imp(eratoris) Caesaris Flavii Claudii Iuliani Epistulae Leges Poematia Fragmenta Varia, collegerunt recensuerunt Bidez, L. et Cumont, F. (Nouvelle collection de textes et documents), Paris 1922

Jul. Or.

Iuliani Imperatoris Quae supersunt praeter reliquias apud Cyrillum omnia, recensuit Hertlein, Fridericus Carolus (2 Bde.), Lipsiae 1875-76

Kabiersch

Kabiersch, Jürgen, Untersuchungen zum Begriff der Philanthropia bei dem Kaiser Julian (Klassisch-philologische Studien H. 21), Wiesbaden 1960

Kannicht Helena

Euripides, Helena. Hg. und erklärt Kannicht, Richard (Wissenschaftliche Kommentare zu griechischen und lateinischen Schriftstellern) (2 Bde.), Heidelberg 1969

Kannicht Homer

Kannicht, Richard, Helena – die Entdeckung des Erotischen bei Homer. Vorlesung, gehalten am 24. 4. 1975 in der Vorlesungreihe "Die Erotik in der antiken Welt" an der Eberhard-Karls-Universität Tübingen

*Kießling/Rübsam [kontrolliert nach *Daris*]

Wörterbuch der griechischen Papyrusurkunden mit Einschluß der griechischen Inschriften, Aufschriften, Ostraka, Mumienschilder usw. aus Ägypten, hg. Kießling, Emil. Supplement 1 (1940-66). Unter Leitung des Herausgebers bearbeitet von Rübsam, Winfried, in Zusammenarbeit mit Draht, Jürgen / Mißler, Ernst-Ludwig, und Roth, Wolf, Amsterdam 1971

Kierkegaard

Kierkegaard, Sören, Die Krankheit zum Tode. Furcht und Zittern. Die Wiederholung. Der Begriff der Angst. Unter Mitwirkung von Thulstrup, Niels, und der Kopenhagener Kierkegaard-Gesellschaft hg. Diem, Hermann, und Rest, Walter, München 1976

Kippenberg

Kippenberg, Hans G., Religion und Klassenbildung im antiken Judäa. Eine religionssoziologische Studie zum Verhältnis von Tradition und gesellschaftlicher Entwicklung (Studien zur Umwelt des Neuen Testaments Bd. 14). 2., erweiterte Auflage, Göttingen 1982

Kirwan

Kirwan, Christopher, Rez. Dihle, Albrecht, The Theory of Will in Classical Antiquity, in: Classical Review N. S. 34 (1984), S. 335f.

Klees

Klees, Hans, Herren und Sklaven. Die Sklaverei im oikonomischen und politischen Schrifttum der Griechen in klassischer Zeit (Forschungen zur antiken Sklaverei Bd. 6), Wiesbaden 1975

Kluge

Kluge, Friedrich, Etymologisches Wörterbuch der deutschen Sprache. 21. unveränderte Auflage, Berlin/New York 1975 (= [20]1967)

Knoch

Knoch, Winfried, Die Strafbestimmungen in Platons Nomoi (Klassisch-philologische Studien Heft 23), Wiesbaden 1960

Koch

Koch, Hans, Culpa – paenitentia – venia (und ihre griechischen Entsprechungen)

in den Darstellungen der römischen deditio bei republikanischen und augustei-
schen Historikern, Diss. Erlangen 1955

Koolmeister/Tallmeister

Koolmeister, Richard / Tallmeister, Theodor, An Index to Dio Chrysostomos, hg.
Kindstrand, Jan Fredrik, Uppsala 1981

Kraft

Kraft, Henricus, Clavis Patrum Apostolicorum. Catalogum vocum in libris patrum qui dicuntur apostolici non raro occurrentium adiuvante Früchtel, Ursula,
Darmstadt 1963

Kraner/Dittenberger/Meusel

C. Iulii Caesaris Commentarii de bello Gallico, erklärt von Kraner, Fr., und
Dittenberger, W., Meusel, H. Zwanzigste unveränderte Auflage. Mit Nachwort
und neuen bibliographischen Nachträgen von Oppermann, Hans. Zweiter Band,
Berlin/Zürich 1965

Kraus

Kraus, Oskar, Die Lehre von Lob, Lohn, Tadel und Strafe bei Aristoteles, Hal-
le/Saale 1905

Krauss

Krauss, Samuel, Griechische und lateinische Lehnwörter im Talmud, Midrasch
und Targum. Mit Bemerkungen von Löw, Immanuel. Preisgekrönte Lösung der
Lattes'schen Preisfrage (2 Bde.), Berlin 1898-99

Lachs

Lachs, Samuel Tobias, On Matthew VI.12, in: Novum Testamentum 17 (1975),
S. 6-8

Lampe

Lampe, G. W. H., A Patristic Greek Lexicon, Oxford 1984 (= 1961)

Lapide

Lapide, Pinchas, Nicht Feindes-, sondern Entfeindungsliebe. Die Weisung der
Bergpredigt, in: Neue Zürcher Zeitung vom 8. 10. 1982, Fernausgabe S. 33

Latte

Latte, Kurt, Kleine Schriften zu Religion, Recht, Literatur und Sprache der
Griechen und Römer, hg. Gigon, Olof / Buchwald, Wolfgang / Kunkel, Wolfgang, München 1968

Lausberg

Lausberg, Heinrich, Handbuch der literarischen Rhetorik. Eine Grundlegung der
Literaturwissenschaft. 2., durch einen Nachtrag vermehrte Auflage (2 Bde.),
München 1973

LB

Acta Apostolorum Apocrypha, post Tischendorf, Constantinum, denuo ediderunt
Lipsius, Ricardus Adelbertus, et Bonnet, Maximilianus (3 Bde.), Hildesheim 1959
(= Leipzig 1891-1903) [zitiert nach Schrift, Seite und Zeile]

Leg. Gort.

Dialectorum Graecarum exempla epigraphica potiora ('Delectus inscriptionum
Graecarum propter dialectum memorabilium', quem primum atque iterum Cau-
er, Paulus, editio tertia renovata), edidit Schwyzer, Eduardus, Hildesheim 1960
(= Leipzig 1923), S. 89-90 (Nr. 179) [zitiert nach Tafel und Zeile]

Lesky

Lesky, Albin, Die tragische Dichtung der Hellenen. 3., völlig neubearbeitete und erweiterte Auflage (Studienhefte zur Altertumswissenschaft Bd. 2), Göttingen 1972

Leukart

Leukart, Alex, Zur Herkunft der griechischen Nomina vom Typus ἀγρότης, οἰκέτης und περι-κτίτης, κυν-ηγέτης, in: Rix, Helmut (Hg.), Flexion und Wortbildung. Akten der V. Fachtagung der Indogermanischen Gesellschaft Regensburg, 9. - 14. September 1973, Wiesbaden 1975, S. 175-91

Leutzsch

Leutzsch, Martin, Schuldenerlaß — eine Erinnerung an die jüdisch-christliche Tradition, in: BAG-SB Informationen (Informationsdienst der Bundesarbeitsgemeinschaft Schuldnerberatung e. V.) Heft 2/1989

Lib. [erschlossen durch *Fatouros/Krischer/Najock* und *Computer Irvine*]

Libanii Opera, recensuit Foerster, Richardus (12 Bde., Bd. 7 imprimemdum curavit Richtsteig, Eberhardus), Hildesheim 1963 (= Lipsiae 1903-27) [zitiert nach Gattung, Nummer, Abschnitt, evt. Zeile]

Lichtenberger

Lichtenberger, Hermann, Täufergemeinden und frühchristliche Täuferpolemik im letzten Drittel des 1. Jahrhunderts, in: Zeitschrift für Theologie und Kirche 84 (1987), S. 36-57

Lietzmann/Kümmel

Lietzmann, Hans / Kümmel, Werner Georg, An die Korinther I/II (Bornkamm, Günter [Hg.], Handbuch zum Neuen Testament Bd. 9). 5., durch einen Literaturnachtrag erweiterte Auflage, Tübingen 1969

Lipsius

Lipsius, Justus Hermann, Das attische Recht und Rechtsverfahren. Mit Benutzung des "Attischen Processes" von Meier, M. H. E., und Schömann, G. F., dargestellt (3 Bde.), Darmstadt 1966 (= Leipzig 1905-15)

Loening Reconciliation Agreement

Loening, Thomas Clark, The Reconciliation Agreement of 403/402 B. C. in Athens. Its content and application (Hermes Einzelschriften H. 53), Stuttgart 1987

Loening Zurechnungslehre

Loening, Richard, Die Zurechnungslehre des Aristoteles, Hildesheim 1967 (= Jena 1903)

Longus [erschlossen durch *Computer Irvine*]

Longus, Pastorales (Daphnis et Chloé), texte établi et traduit par Viellefond, René, Paris 1987

*LSJ

A Greek-English Lexicon, compiled by Liddell, Henry George, and Scott, Robert. Revised and augmented throughout by Jones, Henry Stuart, with the assistance of McKenzie, Roderick, and with the co-operation of many scholars. With a Supplement Oxford 1968

Luc. Salt. [erschlossen durch *Reitz*]

Luciani Samosatensis Opera, ex recognitione Iacobitz, Caroli, Vol. 2. Editio stereotypa, Lipsiae 1887, S. 143-70

Luc. [sonst] [erschlossen durch *Reitz*]

Luciani Opera, recognovit brevique adnotatione critica instruxit Macleod, M(atthew) D(onald) (4 Bde.), Oxonii 1972-87

*Ludwich

Die homerische Batrachomyomachia des Karers Pigres nebst Scholien und Paraphrase, hg. und erläutert Ludwich, Arthur, Leipzig 1896

*Lukas-Katenen

Lukas-Kommentare aus der griechischen Kirche, aus Katenenhandschriften gesammelt und hg. Reuss, Joseph (Texte und Untersuchungen zur Geschichte der altchristlichen Literatur 130), Berlin 1984 [zitiert nach Autor, Lemma, Zeile]

Lycophron Alexandra [erschlossen durch *Ciani*]

Lycophronis Alexandra, edidit Mascialino, Lorenzo, Leipzig 1964

Lycurg. [erschlossen durch *Forman*]

Lycurgi oratio in Leocratem cum ceterarum Lycurgi orationum fragmentis post Scheibe, C. et Blass F(riedrich) curavit Conomis, Nicos C., Leipzig 1970 [zitiert nach Paragraphenzählung der Rede gegen Leokrates]

Lys. [erschlossen durch *Holmes*]

Lysiae Orationes, recognovit brevique adnotatione critica instruxit Hude, Carolus, Oxonii 1978 (= 1912)

LXX [Gn./Lv./Nm./1Esr./Jdt./1-3Mcc./Ps./Jb./Sap./SirP/Sir./Is./Bar./Dn.] [erschlossen durch *Hatch/Redpath*]

Septuaginta. Vetus Testamentum Graecum. Auctoritate Academiae Scientarum Gottingensis editum. Vol. 1: Genesis, edidit Wevers, John William, Göttingen 1974. Vol. 2 (2): Leviticus, edidit Wevers, John William, Göttingen 1986. Vol. 3 (1): Numeri, edidit Wevers, John William, adiuvante Quast, U., Göttingen 1982. Vol. 8 (1): Esdrae liber I, edidit Hanhart, Robert, Göttingen 1974. Vol. 8 (4) Judith, Hanhart, Robert, Göttingen 1979. Vol. 9 (1-3): Maccabaeorum liber I edidit Kappler, Werner. 2., durchgesehene Auflage, Göttingen 1967. II copiis usus quas reliquit Kappler, Werner, edidit Hanhart, Robert, Göttingen 1959. III edidit Hanhart, Robert, Göttingen 1960. Vol. 10: Psalmi cum Odis, edidit Rahlfs, Alfred. 3., unveränderte Auflage, Göttingen 1979. Vol. 11 (4): Iob, edidit Ziegler, Joseph, Göttingen 1982. Vol. 12 (1): Sapientia Salomonis, edidit Ziegler, Joseph. 2., durchgesehene Auflage, Göttingen 1980. Vol. 12 (2): Sapientia Iesu Filii Sirach, edidit Ziegler, Joseph, Göttingen 1965. Vol. 15: Jeremias. Baruch. Threni. Epistulae Jeremiae, edidit Ziegler, Joseph. 2., durchgesehene Auflage, Göttingen 1976. Vol. 16 (2): Susanna. Daniel. Bel et Draco, edidit Ziegler, Joseph, Göttingen 1980

LXX [sonst] [erschlossen durch *Hatch/Redpath*]

Septuaginta. Id est Vetus Testamentum graece iuxta LXX interpretes, edidit Rahlfs, Alfred (2 Bde.), Stuttgart 1982 (= 1935)

*Maass

Commentariorum in Aratum reliquiae collegit recensuit prolegomenis indicibusque instruxit Maass, Ernestus, Berolini [2]1958

MacDowell Homicide

MacDowell, Douglas M., Athenian Homicide Law in the Age of the Orators (Publications of the Faculty of Arts of the University of Manchester No. 15), Manchester 1963

MacDowell Hybris

MacDowell, Douglas, *Hybris* in Athens, in: Greece and Rome Ser. 2, 23 (1976),. S. 14-31

*Malingrey

Malingrey, Anne-Marie / Guillemin, M.-L., Indices Chrysostomici I: Ad Olympiadem — Ab exilio epistulae — De providentia dei (Alpha - Omega Bd. A 31), Hildesheim / New York 1978

*M. Ant.

Marci Aurelii Antonini Ad se ipsum libri XII, edidit Dalfen, Joachim, Leipzig 1979

Maschke

Maschke, Richard, Die Willenslehre im griechischen Recht. Zugleich ein Beitrag zur Frage der Interpolationen in den griechischen Rechtsquellen, Darmstadt 1968

*Mauersberger

Polybios-Lexikon, im Auftrag der Deutschen Akademie der Wissenschaften bearbeitet von Mauersberger, Arno, Band I, Lieferung 1-4, Berlin 1956-75

Mauss

Mauss, Marcel, Die Gabe. Form und Funktion des Austauschs in archaischen Gesellschaften. Vorwort von Evans-Pritchard, E. E., Frankfurt/Main 1968

*Mayer

Mayer, Günter, Index Philoneus, Berlin/New York 1974

Max. Tyr.

Maximi Tyrii Philosophumena, edidit Hobein, H(ermann), Lipsiae 1910

*McDougall

Lexicon in Diodorum Sicelum, edidit McDougall, J. Iain (Alpha - Omega Bd. A 64) (2 Bde.), Hildesheim/Zürich/New York 1983

*Men. [Aspis/Sam.]

Menandri Aspis et Samia. Bd. 1: Textus (cum apparato critico) et indices, edidit Austin, Colinus (Kleine Texte für Vorlesungen und Übungen 188a), Berlin 1969

*Men. [sonst]

Menandri quae supersunt reliquiae in papyris et membranis vetustissimis servatae, edidit Koerte, Alfredus. Editio stereotypa correctior tertiae editionis (MCMXXXVIII) (2 Bde.), Leipzig 1957-59

Merklein

Merklein, Helmut, Die Gottesherrschaft als Handlungsprinzip. Untersuchung zur Ethik Jesu (Forschung zur Bibel Bd. 34), [Würzburg] 1978

Mette

Mette, Hans Joachim, Die περιεργία bei Menander, in: Gymnasium 69 (1962), S. 398-406

Meyer Erkennen

Meyer, Ernst, Erkennen und Wollen bei Thukydides. Untersuchung über den Sprachgebrauch, Diss. Göttingen 1939

Meyer-Laurin

Meyer-Laurin, Harald, Gesetz und Billigkeit im attischen Prozeß (Graezistische Abhandlungen Bd. 1), Weimar 1965

Misson

Misson, J., Recherches sur Le Paganisme de Libanios (Université de Louvain, Recueil de traveaux fasc. 43), Louvain/Bruxelles/Paris 1914

Mitteis Urkunden

Mitteis, L(udwig), Neue Urkunden, in: Zeitschrift der Savigny-Stiftung für Rechtsgeschichte 26 (1905), S. 484-494

Morpurgo

Morpurgo, Anna, Mycenae Graecitatis Lexicon (Incunabula Graeca Bd. 3), Romae 1963

*Moulton/Geden

Moulton, W. F. / Geden, A. S., A Concordance to the Greek Testament. According to the texts of Westcott and Hort, Tischendorf and the English Revisors. Fifth edition revised Moulton, H. K., Edinburgh 1984 (= [5]1978)

*M. Perp.

Passio sanctarum Perpetuae et Felicitatis. Vol. I: Textum Graecum et Latinum ad fidum codicum mss. edidit van Beek, Cornelius Ioannes Maria Joseph, accedunt Acta brevia ss. Perpetuae et Felicitatis, Nijmegen 1936

*Müller Athan.

Lexicon Athanasianum, digessit et illustravit Müller, Guido, Berlin 1952

Müller Kurzdialoge

Müller, Carl Werner, Die Kurzdialoge der Appendix Platonica. Philologische Beiträge zur nachplatonischen Sokratik (Studia et testimonia antiqua XVII, 1975), München 1975

Natorp

Natorp, Paul, Die Ethika des Demokritos. Text und Untersuchungen, Marburg 1893

*Nauck

Tragicae dictionis index, spectans ad Tragicorum Graecorum fragmenta Nauck, Augusto, edita, Hildesheim 1962 (= Petersburg 1892)

* Neuberger-Donath

Longini *De sublimitate* Lexicon, curavit Neuberger-Donath, Ruth (Alpha - Omega Bd. A 88), Hildesheim/Zürich/New York 1987

Norman

Norman, A. F., Libanius: The Teacher in an Age of Violence, in: Fatouros, Georgios, und Krischer, Tilman (Hg.), Libanios (Wege der Forschung Bd. 621) Darmstadt 1983, S. 150-69

NT [erschlossen durch Moulton/Geden]

Novum Testamentum Graece, post Nestle, Eberhard, et Nestle, Erwin, communiter ediderunt Aland, Kurt / Black, Matthew / Martini, Carlo M. / Metzger, Bruce M. / Wikgren, Allen, apparatum criticum recensuerunt et editionem novis curis elaboraverunt Aland, Kurt / Aland, Barbara, una cum Instituto studiorum textus Novi Testamenti Monasteriensi (Westphalia), Stuttgart [26]1979, 7. Druck

Oeing-Hanhoff

Oeing-Hanhoff, Ludger, Verzeihen, Ent-schuldigen, Wiedergutmachen. Philologisch-philosophische Klärungsversuche, in: Gießener Universitätsblätter 11 (1978), H. 1, S. 68-80

Ökumenisches Verzeichnis

Ökumenisches Verzeichnis der biblischen Eigennamen nach den Loccumer Richtlinien, hg. von den katholischen Bischöfen Deutschlands, dem Rat der Evangelischen Kirche in Deutschland und der Deutschen Bibelgesellschaft – Evangelisches Bibelwerk. 1. Auflage erarbeitet von Fricke, Klaus Dietrich, und Schwank, Benedikt. 2. Auflage neu bearbeitet von Lange, Joachim, Stuttgart 1981

OGI

Orientis Graeci inscriptiones selectae. Supplementum Sylloges Inscriptionum Graecarum, edidit Dittenberger, Wilhelmus (2 Bde.), Hildesheim 1960 (= Leipzig 1903-05)

Or. Cels. [erschlossen durch *Computer Irvine*]

Origène, Contre Celse. Introduction, texte critique, traduction et notes par Borret, Marcel (Sources chrétiennes Bd. 132, 136, 147, 150) (4 Bde.), Paris 1967-69

Or. comm. in Eph. [erschlossen durch *Computer Irvine*]

Gregg, J. A. F., The commentary of Origen upon the epistle to the Ephesians, in: The Journal of Theological Studies 3 (1902), S. 233-44, 398-420, 554-576 [zitiert nach Fragment und Zeile]

Or. Mt. [erschlossen durch *Computer Irvine*]

Origenes, Werke. Zehnter Band: Origenes, Matthäuserklärung. I Die griechisch erhaltenen Tomoi, hg. unter Mitwirkung von Benz, Ernst, von Klostermann, Erich (Die griechischen christlichen Schriftsteller der ersten Jahrhunderte Bd. 40), Leipzig 1935 [zitiert nach Seite und Zeile]

Or. or. [erschlossen durch *Computer Irvine*]

Origenes, Werke. Zweiter Band: Origenes, Buch V-VIII gegen Celsus. Die Schrift vom Gebet, hg. Kretschau, Paul (Die griechischen christlichen Schriftsteller der ersten Jahrhunderte), Leipzig 1899

Orac. Sib.

Die Oracula Sibyllina, bearbeitet von Geffcken, Joh(annes) (Die griechischen christlichen Schriftsteller der ersten Jahrhunderte), Leipzig 1902

*Oros

Alpers, Klaus, Das attizistische Lexikon des Oros. Untersuchung und kritische Ausgabe der Fragmente (Sammlung griechischer und lateinischer Grammatiker Bd. 4), Berlin/New York 1981

Ostwald

Ostwald, Martin, Was There a Concept ἄγραφος νόμος in Classical Greece?, in: Exegesis and Argument. Fs. Vlastos, Gregory, ed. Lee, E. N. / Mourelatos, A. P. D. / Rorty, R. M. (Pronesis Supplementary Volume 1), Assen 1973, S. 70-104

PAlex [erschlossen durch *Daris*]

Papyrus Grecs du Musée Gréco-Romain d'Alexandrie (Travaux du Centre d'archéologie mediteranéenne de l'Academie Polonaise des Sciences Bd. 2), Warszawa 1964

Parker

Parker, Robert, Miasma. Pollution and Purification in early Greek Religion, Oxford 1990 (= 1983)

Patzer

Patzer, Harald, Hauptperson und tragischer Held in Sophokles' 'Antigone', Sb.

der Wissenschaftlichen Gesellschaft an der Johann-Wolfgang-Goethe-Universität Frankfurt/Main Bd. XV Nr. 2, Wiesbaden 1978

Paulson

Paulson, Johannes, Index Hesiodeus, Hildesheim 1962 (= Lund 1890)

Paus.

Pausaniae Graeciae Descriptio, edidit Rocha-Pereira, Maria Helena (3 Bde.), Leipzig 1973-81

PCG [erschlossen durch *Computer Irvine*]

Poetae comici Graeci, ediderunt Kassel, R(udolf), et Austin, C(olin) (erschienen: Bd.3 [2], 4, 5, 7), Berolini/Novi Eboraci 1983-89

Peek

Lexikon zu den Dionysiaka des Nonnos, hg. von den Mitarbeitern der Abteilung Klassische Philologie der Sektion Orient- und Altertumswissenschaften an der Martin-Luther-Universität Halle-Wittenberg von Blumentritt, Maria / Ebert, Joachim / Luppe, Wolfgang / Reuter, Peter / Schulze, Joachim-Friedrich / Wolf, Fritz, unter Leitung von Peek, Werner, Berlin 1968-75

PEG

Poetarum epicorum Graecorum testimonia et fragmenta. Pars I edidit Bernabé, Albertus. Cum appendice iconographica a Olmos, R., confecta, Leipzig 1987

PFlor. [erschlossen durch *Preisigke/Kießling*, kontrolliert durch *Kießling/Rübsam*]

Papiri Greco-Egizii, pubblicata dalla R. Accademia del Lincei sotto la direzione di Comparetti, D., e Vitelli, G(irolamo). Volume Primo (N.[i] 1-15 con 15 tavole in fototipia): Papiri Fiorentini. Documenti pubblici e privati dell' età Romana e bizantina per cura di Vitelli, Girolamo (Supplementi filologico-storici di monumenti antichi), Milano 1906

PGnom [erschlossen durch *Preisigke/Kießling*, kontrolliert durch *Kießling/Rübsam*]

Der Gnomon des Idios Logos, bearbeitet von Seckel, Emil, und Schubart, Wilhelm. Erster Teil: Der Text, hg. Schubart, Wilhelm. Mit einer Lichtdrucktafel. Zweiter Teil: Der Kommentar, von Uexkull-Gyllenbrand, Woldemar Graf (Ägyptische Urkunden aus den Staatlichen Museen zu Berlin V 1/2), Milano 1973 (= Berlin 1919-34) [zitiert nach Paragraph]

Ph. [erschlossen durch *Mayer*]

Philonis Alexandrini Opera quae supersunt. Bd. 1: edidit Cohn, Leopoldus. Adiecta est tabula phototypica codicis Vindobonensis; Bd. 2/3: edidit Wendland, Paul; Bd. 4: edidit Cohn, Leopoldus; Bd. 5: edidit Cohn, Leopoldus. Adiectae sunt tabulae phototypicae duae; Bd. 6: ediderunt Cohn, Leopoldus, et Reiter, Sigofredus, Berlin 1962 (= 1896-1906)

Phalar. Ep.

Epistolographi Graeci, recensuit, recognovit, adnotatione critica et indicibus instruxit Hercher, Rudolphus. Accedunt Boissonadii, Francisci, ad Synesium notae ineditae, Amsterdam 1965 (= Paris 1873), S. 409-59

Philostr. Her.

Flavii Philostrati Heroicus, edidit de Lannoy, Ludo, Leipzig 1977

Philostr. [folgt Zahl]

Flavii Philostrati Opera, auctiora edidit Kayser, C(arl) L(udwig), accedunt Apollonii Epistulae, Eusebius [sic] Adversus Hieroclem, Philostrati junioris Imagines,

Callistrati Descriptiones (2 Bde.). Lipsiae 1870-71 [zitiert nach Band, Seite, Zeile und Werktitel, gegebenenfalls Paragraph]

Phld. Acad. Ind.
Konrad Gaiser, Philodems Academica. Die Berichte über Platon und die Alte Akademie in zwei herkulanensischen Papyri (Supplementum Platonicum. Die Texte der indirekten Platonüberlieferung Bd. 1). Stuttgart-Bad Cannstadt 1988 [zitiert nach Kolumne und Zeile, Kommentar nach Seite]

Phld. Mort. [erschlossen durch *Vooys*]
Philodemus, Over den Dood, Proefschrift (...) door Kuiper, Taco, Paris/Amsterdam 1925

Phld. Rh. [erschlossen durch *Vooys*]
Philodemi Volumina Rhetorica, ed(idit) Sudhaus, Siegfried (3 Bde.). Amsterdam 1964 (= Leipzig 1892-95)

Phld. Vit. [s. a. *Jensen*]
Philodemi ΠΕΡΙ ΚΑΚΩΝ liber decimus, edidit Jensen, Christianus. Accedit tabula phototypica. Lipsiae 1911

Phryn. Ecl.
Fischer, Eitel (Hg.). Die Ekloge des Phrynichos (Sammlung griechischer und lateinischer Grammatiker Bd. 1). Berlin/New York 1974

Pl. [erschlossen durch *Brandwood*]
Platonis Opera, recognovit brevique adnotatione critica instruxit Burnet, Ioannes (5 Bde.). Oxonii 1961-77 (= 1900-07)

Plb. [erschlossen durch *Casaubonus/Ernesti* und *Mauersberger*]
Polybii Historiae, editionem a Dindorfio, Ludovico, curatam retractavit Buettner-Wobst, Theodorus (5 Bde.). Stutgardiae 1962-63 (= Leipzig 1893-1905)

PLF
Poetarum Lesbiorum fragmenta, ediderunt Lobel, Edgar, et Page, Denys, Oxford ²1963

PLond
Greek Papyri in the British Museum. Catalogue, with texts. Vol. II. ed. Kenyon, F. G., Milano 1973 (= London 1907)

Plot. [erschlossen durch *Sleeman*]
Plotini Opera ediderunt Henry, Paul, et Schwyzer, Hans-Rudolf (3 Bde.). Oxonii 1964-82

Plu. Fr. [erschlossen durch *Computer Irvine*]
Plutarchi Moralia Vol. VII, recensuit et emendavit Sandbach, F. H., Lipsiae 1967 [zitiert nach Fragment und Zeile]

Plu. [folgt anderer Titel] [erschlossen durch *Computer Irvine*]
Plutarchi Vitae Parallelae, recognoverunt Lindskog, Cl., et Ziegler, K(onrat), tertium/iterum recensuit Ziegler, Konrat (3 Bde. in 6 Fasc.). Lipsiae 1960-73 [Die Neuzählung in der Comparatio wird nicht mit aufgeführt.]

Plu. [folgt Zahl] [erschlossen durch *Computer Irvine*]
Plutarchi Moralia, recenserunt et emendaverunt (Bd. 1) Paton, W. R., et Wegehaupt, I., praefationem scr(ipsit) Pohlenz, M(ax), editionem correctiorem curavit Gärtner, Hans, (Bd. 2) Nachstädt, W. / Sieveking, W. / Titchener, J. B., (Bd. 3) Paton, W. R., Pohlenz, M. / Sieveking, W., (Bd. 4) Hubert, C., (Bd. 5 [1]) Hubert, C., praefationem scr(ipsit) Pohlenz, M(ax), editio altera correctior, addenda

adiecit Drexler, G., (Bd. 5 [2.1]) edidit Häsler, Berthold, (Bd. 5 [2.2]) edidit Man, Jürgen, (Bd. 5 [3]) edidit Hubert, C., et Pohlenz, M. Editio altera, addenda adiecit Drexler, G., (Bd. 6 [1]) Hubert, C. Additamentum ad editionem correctiorem collegit Drexler, H., (Bd. 6 [2]) Pohlenz, M. Editio altera, quam curavit addendisque instruxit Westman, R. (Bd. 6 [3]) Ziegler, K., et Pohlenz, M., iterum rec(ensuit) Ziegler, K., Lipsiae 1959-78

PMasp [erschlossen durch *Preisigke/Kießling*, kontrolliert durch *Kießling/Rübsam*]
Jean Maspero (Hg.), Catalogue général des Antiquités Égyptiennes du Musee du Caire. Papyrus Grecs d'époque Byzantine (3 Bde.), Osnabrück 1973 (= 1911-16) [zitiert nach Nummer des Papyrus unter Weglassung der ersten beiden Ziffern 67, Kolumne und Zeile]

*PMG
Poetae melici Graeci. Alcmanis Stesichori Ibyci Anacreontis Simonidis Corinnae poetarum minorum relinquias carmina popularia et convivialia quaeque adespota feruntur, edidit Page, D(enys) L(ionel), Oxford 1962 [zitiert nach Nummer Gesamtzählung, Autor, Fragmentnummer und Zeile]

*PMG Suppl.
Supplementum Lyricis Graecis. Poetarum lyricorum Graecorum fragmenta quae recens innotuerunt, edidit Page, Denys, Oxford 1974

Pohlenz
Pohlenz, Max, Herodot. Der erste Geschichtschreiber des Abendlandes, Darmstadt [2]1961 (= [Neue Wege zur Antike R. II H. 7/8] Leipzig [1]1937)

*Pompella
Pompella, Giuseppe (Hg.), Index in Quintum Smyrnaeum (Alpha - Omega Bd. A 49), Hildesheim/New York 1981

*Porphyr. Sent.
Porphyrii Sententiae ad intelligibilia ducentes, edidit Lamberz, Erich. Adiecta sunt octo tabulae, Leipzig 1975

Powell Cl. Qu.
Powell, J. Enoch, Notes on Herodotus, in: The Classical Quaterly 29 (1935), S. 72-82

*Powell Hdt.
Powell, J. Enoch, A Lexicon to Herodotus, Second Editon, Hildesheim 1960 (= Cambridge 1938)

POxy [erschlossen durch *Preisigke/Kießling*, kontrolliert durch *Kießling/Rübsam*]
The Oxyrhynchus Papyri, edited with translations and notes Grenfell, Bernard P., and Hunt, Arthur S. (Egypt Exploration Fund. Graeco-Roman Branch), London 1898ff.

PPan [erschlossen durch *Kießling/Rübsam*]
Skeat, T. C. (Hg.), Papyri from Panopolis in the Chester Beatty Library Dublin. With 3 plates (Chester Beatty Monographs Bd. 10), Dublin 1964

PPhil [erschlossen durch *Kießling/Rübsam*]
Scherer, Jean (Hg.), Papyrus de Philadelphie (Publications de la Société Fouad I de Papyrologie, Textes et Documents VII), Le Caire 1947

*PPF
Poetarum Philosophorum Fragmenta, edidit Diels, Hermannus (Poetarum Grae-

corum Fragmenta auct. Wilamowitz-Moellendorff, Udalrico de, collecta et edita Vol. 8 [1]), Berolini 1901

Preisigke/Kießling

Wörterbuch der griechischen Papyrusurkunden mit Einschluß der griechischen Inschriften, Aufschriften, Ostraka, Mumienschilder usw. aus Ägypten, begründet von Preisigke, Friedrich, bearbeitet und hg. von Kießling, Emil. (Bd. 1:) Mit einem Nachruf von Gradenwitz, Otto, (Bd. 1-3 und Bd. 4, Lfrg. 1) Berlin 1925-44, (Bd. 4, Lfrg. 2-4) Marburg 1958-71

*Prendergast

Prendergast, Guy Lushington, A Complete Concordance to the Iliad of Homer. New edition completely revised and enlarged by Marzullo, Benedetto, Hildesheim/New York 1962 (= Oxford 1875)

*Preuss Aeschin.

Preuss, S(iegmund), Index Aeschineus, Amsterdam 1965 (= Lipsiae 1926)

*Preuss D.

Preuss, Siegmundus, Index Demosthenicus, Hildesheim 1963 (= Lipsiae 1892)

*Preuss Isoc.

Preuss, Siegmundus, Index Isocrateus, Hildesheim 1963 (= Fürth 1904)

PTeb [erschlossen durch *Preisigke/Kießling*, kontrolliert durch *Kießling/Rübsam*]

The Tebtunis Papyri, edited Grenfell, Bernard P. / Hunt, Arthur S. / Smyley, J. Gilbart. With nine plates (University of California Publications, Graeco-Roman Archaeology 1), London 1902

RAC

Reallexikon für Antike und Christentum. Sachwörterbuch zur Auseinandersetzung des Christentums mit der antiken Welt. In Verbindung mit Dölger, Franz Joseph, und Lietzmann, Hans, und unter besonderer Mitwirkung von Waszink, Jan Hendrik, und Wenger, Leopold, hg. Klauser, Theodor, Stuttgart 1950ff.

Ramsauer

Aristotelis Ethica Nicomachea, edidit et commentario continuo instruxit Ramsauer, (August Jacob) G(ottfried). Adiecta est Susemihlii, Francisci, ad editorem epistola critica, Lipsiae 1878

RE

Paulys Realencyclopädie der Classischen Altertumswissenschaft. Neue Bearbeitung. Unter Mitwirkung zahlreicher Fachgenossen hg. Wissowa, Georg (81 Bde.), Stuttgart bzw. München, 1958-1980 (= 1894-1980)

*Reitz

Reitz, Car. Conr., Index verborum ac phrasum Luciani sive Lexicon Lucianeum. Ad editiones omnes, maxime novissimam Wetstenianam, Amsterdam 1965 (= Utrecht 1746)

*Rengstorf

A Complete Concordance to Flavius Josephus, in cooperation with Buck, Erwin / Güting, Eberhard / Justus, Bernhard / Schreckenberger, Heinz, edited by Rengstorf, Karl Heinrich (4 Bde.), Leiden 1973-83

R. gest. div. Aug.

Res gestae divi Augusti. Das Monumentum Ancyranum, hg. und erklärt von Volkmann, Hans (Kleine Texte für Vorlesungen und Übungen 29/30), Berlin 1964 [zitiert nach Kolumne und Zeile]

Rh.

Rhetores Graeci, ex codicibus Florentinis, Mediolanensibus, Monacensibus, Neapolitanis, Parisiensibus, Romanis, Venetis, Taurensibus et Vindobonensibus emendatiores et auctiores edidit (...) Walz, Christianus (9 Bde.), Osnabrück 1968 (= Ort? 1832-36) [zitiert nach Band, Seite, evtl. Autor, Werk]

Rhodes

Rhodes, P. J., A Commentary on the Aristotelian *Athenaion Politeia*, Oxford 1981

Riesenfeld

Riesenfeld, Harald / Riesenfeld, Blenda, Repertorium lexicographicum Graecum. A Catalogue of Indexes and Dictionaries to Greek Authors (Coniectanea Neotestamentica 14), Uppsala 1953

Rieckher

Aristoteles, Werke. Abt. 6: Schriften zur praktischen Philosophie. 1. - 3. Bdch.: Nikomachische Ethik, übers. Rieckher, J., Stuttgart 1856

Risch

Risch, Ernst, Les traits non-homeriques chez Homère, in: E. R., Kleine Schriften, hg. Etter, Annemarie, und Looser, Marcel, Berlin/New York 1981, S. 346-353

Ritter Arius

Ritter, Adolf Martin, Arius redivivus? Ein Jahrzwölft Arianismusforschung, in: Theologische Rundschau 55 (1990), S. 153-187

Ritter Plato

Platos Gesetze. Kommentar zum griechischen Text von Ritter, Constantin, Leipzig 1896

Rordorf

Rordorf, W., Wie auch wir vergeben *haben* unsern Schuldnern" (Matth. VI, 12b), in: Cross, F. L. (Hg.), Studia Patristica Vol. X: Papers presented to the Fifth International Conference on Patristic Studies held in Oxford 1967. Part I: Editiones, Critica, Philologica, Historica, Liturgica et Ascetica (Texte und Untersuchungen zur Geschichte der altchristlichen Literatur 107), S. 236-246

*Rumpel Pi.

Rumpel, Ioannes, Lexicon Pindaricum, Hildesheim 1961 (= Leipzig 1883)

*Rumpel Theocr.

Rumpel, Ioannes, Lexicon Theocriteum, Hildesheim 1961 (= Leipzig 1879)

S. [erschlossen durch *Ellendt*]

Sophoclis Fabulae, recognoverunt brevique adnotatione critica instruxerunt Lloyd-Jones, H., et Wilson, N. G., Oxonii 1990

Sammelb. 1 [erschlossen durch *Preisigke/Kießling*, kontrolliert durch *Kießling/ Rübsam*]

Sammelbuch Griechischer Urkunden aus Ägypten. Bd. 1: Hg. im Auftrage der Wissenschaftlichen Gesellschaft in Straßburg von Preisigke, Friedrich. Urkunden Nr. 1 bis 6000, Straßburg 1915 [zitiert nach Nummer und Zeile]

*Sammelb. 3

Sammelbuch Griechischer Urkunden aus Ägypten. Bd. 3: Begründet im Auftrage der Straßburger Wissenschaftlichen Gesellschaft zu Heidelberg von Preisigke, Friedrich, fortgesetzt von Bilabel, Friedrich (2 Hälften), Berlin/Leipzig 1926 [zitiert nach Nummer und Zeile]

Sammelb. 6 [erschlossen durch *Sammelb. 7*]
> Sammelbuch Griechischer Urkunden aus Ägypten. Bd. 6: Begonnen im Auftrage
> der Straßburger Wissenschaftlichen Gesellschaft zu Heidelberg von Preisigke,
> Friedrich und Bilabel, Friedrich, fortgeführt von Kießling, Emil. Nr. 8964 - 9641,
> Wiesbaden 1963 [zitiert nach Nummer und Zeile]

*Sammelb. 7
> Sammelbuch Griechischer Urkunden aus Ägypten. Bd. 7: Begonnen im Auftrage
> der Straßburger Wissenschaftlichen Gesellschaft zu Heidelberg von Preisigke,
> Friedrich und Bilabel, Friedrich, fortgeführt von Kießling, Emil (Index zu Band
> VI), Wiesbaden 1964

Scardigli
> Scardigli, Barbara, Die Römerbiographien Plutarchs. Ein Forschungsbericht,
> München 1979

*Sch. A.
> Aeschylus, Tragoediae superstites et deperditarum fragmenta, ex recensione
> Dindorfii, G(uilielmi = Karl Wilhelm). Tomus III: Scholia Graeca ex codicibus
> aucta et emendata, Hildesheim 1962 (= Oxford 1851)

Schall
> Schall, Anton, Studien über griechische Fremdwörter im Syrischen, Darmstadt
> 1960 (= Diss. Tübingen 1948)

Sch. Ar. Nu.
> Scholia in Aristophanem, ed. Koster, W. J. W. / Holwerda, D. Pars I: Prolego-
> mena de comoedia. Scholia in Acharnenses, Equites, Nubes. Fasc. III 2: Scholia
> recentiora in Nubes, edidit Koster, W. J. W., Groningen 1974

Sch. Ar. Tzetzes
> Scholia in Aristophanem, ed. Koster, W. J. W. Pars VI: Jo(annis) Tzetzae Com-
> mentarii in Aristophanem, ediderunt Positano, Lydia Massa / Holwerda, D. /
> Koster, W. J. W. (3 Bde.), Groningen / Amsterdam 1960-62

Sch. Ar. V.
> Scholia in Aristophanem, ed. Koster, W. J. W. / Holwerda, D. Pars II: Scholia in
> Vespas; Pacem; Aves et Lysistratam. Fasc. I continens Scholia vetera et recen-
> tiora in Aristophanis Vespas, edidit Koster, W. J. W., Groningen 1978

*Sch. D.
> Scholia Demosthenica, edidit Dilts, Mervin R. (2 Bde.), Leipzig 1983-86 [zitiert
> nach Rede, Paragraph und Scholiennummer]

*Sch. Hom. Il.
> Scholia Graeca in Homeri Iliadem (Scholia vetera), recensuit Erbse, Hartmut (7
> Bde.), Berolini 1969-88

*Sch. Hom. Od.
> Scholia Graeca in Homeri Odysseam ex codicibus aucta et emendata, edidit
> Dindorfius, Gulielmus (2 Bde.), Oxonii 1855

*Sch. Luc.
> Scholia in Lucianum, edidit Rabe, Hugo. Adiectae sunt duae tabulae phototypi-
> cae, Stutgardiae 1971 (= [Leipzig] 1906) [zitiert nach Seite und Zeile]

Schmidt
> Schmidt, Leopold, Die Ethik der alten Griechen. Faksimile-Neudruck der Aus-
> gabe Berlin 1882, Stuttgart-Bad Cannstadt 1964

Schmitt

Schmitt, Rüdiger (Hg.), Indogermanische Dichtersprache (Wege der Forschung Bd. 165), Darmstadt 1968

*Sch. Pl.

Scholia Platonica, contulerunt atque investigaverunt Allen, Fridericus de Forest / Burnet, Ioannes / Parker, Carolus Pomeroy, omnia recognita praefatione indicibusque instructa edidit Greene, Guilelmus Chase (Philological Monographs, published by the American Philological Association Bd. 8), Haverfordianae 1938

*Sch. S.

Scholia in Sophoclis tragoedias vetera, e codice Laurentiano denuo collato edidit commentario critico instruxit, indices adiecit Papageorgius, Petrus, Lipsiae 1888

*Sch. Theocr.

Scholia in Theocritum vetera, recensuit Wendel, Carolus. Adiecta sunt scholia in technopaegnia scripta. Editio stereotypa editionis primae (<Lipsiae> MCMXIV), Stutgardiae 1967

Schubart

Schubart, Wilhelm, Das hellenistische Königsideal nach Inschriften und Papyri, in: Kloft, Hans (Hg.), Ideologie und Herrschaft in der Antike (Wege der Forschung Bd. 528), Darmstadt 1979, S. 90-122

*Schweighäuser Hdt.

Schweighäuser, Johannes, Lexicon Herodoteum, quo et styli Herodotei universa ratio enucleate explicatur et quam plurimi musarum loci ex professo illustrantur passim etiam partim Graeca lectio partim versio Latina quas offert Argentoratensis editio vel vindicatur vel emendatur (2 Bde.), Argentorati/Parisiis/Londini 1824

Seel

Seel, Otto, Zur Vorgeschichte des Gewissensbegriffes im altgriechischen Denken, in: Fs. Dornseiff, Franz, hg. Kusch, Horst, Leipzig 1933, S. 291-319

Sicking

Sicking, L. J., Isidorus van Pelusium, in: De Katholiek 130 (1906), S. 109-29

*SIG

Sylloge Inscriptionum Graecarum, a Dittenbergero, Guilelmo (= Wilhelm) condita et aucta, Hildesheim 1960 (= Leipzig [4]1915-24)

Simon

Simon, Josef, Wahrheit als Freiheit. Zur Entwicklung der Wahrheitsfrage in der neueren Philosophie, Berlin/New York 1978

Simonetos

Simonetos, Georgios S., Die Willensmängel in den Rechtsgeschäften nach altgriechischem Recht, in: Berneker, Erich (Hg.), Zur griechischen Rechtsgeschichte (Wege der Forschung Bd. 45), Darmstadt 1968, S. 455-82

Simp. in Epict.

Theophrasti Characteres Marci Antonini Commentarii, Epicteti Dissertationes ab Arriano literis mandatae, Fragmenta et Enchiridion cum commentario Simplicii, Cebetis Tabula, Maximi Tyrii Dissertationes graece et latine cum indicibus, edidit Dübner, Fred. (= Friedrich), Parisiis 1890 [zitiert nach Seite und Zeile]

*Sitzler

Theognidis Reliquiae, edidit Sitzler, Jacobus, Heidelbergae 1880

Skard

Skard, Eiliv, Index Asterianus. Index de l'édition d'Astérius le Sophiste établi par Richard, Marcel, Symb. Os. fasc. supplet. XVI, Oslo 1956 (Symbolae Osloenses fasc. supplet. 17), Oslo 1962

Sleeman

Sleeman, J(ohn) H(erbert) / Pollet, Gilbert, Lexicon Plotinianum (Ancient and Medieval Philosophy de Wulf-Mansion Centre Series 1 Bd. 2), Leiden/Leuven 1980

Slings

Slings, Simon Roelof, A Commentary on the Platonic Clitophon. Diss. Amsterdam 1981

Smolar/Aberbach

Smolar, Leivy, and Aberbach, Moshe, The Golden Calf Episode in Postbiblical Literature, in: Hebrew Union College Annual 39 (1968), S. 91-116

Snell Ausdrücke des Wissens

Snell, Bruno, Die Ausdrücke den Begriff des Wissens in der vorplatonischen Philosophie (σοφία, γνώμη, σύνεσις, ἱστορία, ἐπιστήμη) (Philologische Untersuchungen 29), Berlin 1924

Snell Dichtung

Snell, Bruno, Dichtung und Gesellschaft. Studien zum Einfluß der Dichter auf das soziale Denken und Verhalten im alten Griechenland, Hamburg 1965

Snell Entdeckung

Snell, Bruno, Die Entdeckung des Geistes. Studien zur Entstehung des europäischen Denkens bei den Griechen. 4., neubearbeitete Auflage, Göttingen 1975

Snell Rez. Zucker

Snell, Bruno, Rez. Zucker, Friedrich, Syneidesis – Conscientia, in: Gnomon 6 (1930), S. 21-30

Snell Sieben Weise

Snell, Bruno, Leben und Meinungen der Sieben Weisen. Griechische und lateinische Quellen aus 2000 Jahren mit der deutschen Übertragung, München 1938

Sokolowski

Sokolowski, Robert, Rez. Dihle, Albrecht, The Theory of Will in Classical Antiquity, in: The Review of Metaphysics 37 (1983/84), S. 624-26

Spaemann

Spaemann, Robert, Moralische Grundbegriffe, München [2]1983

Stein

Stein, Jürgen, Standortbewußtsein und Entscheidungskompetenz bei Thukydides und Aristoteles. Eine Untersuchung zur politischen Bedeutung des Begriffes "gnome", Diss. Köln 1987

Stewart

Stewart, J. A., Notes on the Nicomachean Ethics of Aristotle (2 Bde.), Oxford 1892

Stob.

Ioannis Stobaei Anthologium, recensuerunt Wachsmuth, Curtius (Kurt), et Hense, Otto (2 Bde. in je 2 Teilen), Berlin [2]1958 (= 1884-1909) [zitiert nach Buch, Kapitel, Nummer]

Stoffels

Stoffels, Paulus, Billijkheid in het Oud-Grieske Recht, Diss. Amsterdam 1954

Strack/Billerbeck

Strack, Hermann L. / Billerbeck, Paul, Das Evangelium nach Matthäus erläutert aus Talmud und Midrasch (H. L. Str. / P. B., Kommentar zum Neuen Testament aus Talmud und Midrasch, Erster [Doppel-] Band). 4., unveränderte Auflage, München 1965

Straßburger

Xenophon, Hellenika. Griechisch - deutsch ed. Straßburger, Gisela, München 1970

Stroud

Stroud, Ronald S., Drakon's Law on Homicide, Berkeley/Los Angeles 1968

Stroux

Stroux, Johannes, Summum ius summa iniuria, in: J. S., Römische Rechtswissenschaft und Rhetorik, Potsdam 1949

*Sturz

Sturz, Fried(rich) Guil. (= Wilhelm), Lexicon Xenophonteum (5 Bde.), Hildesheim 1964 (= Leipzig 1901-04)

Suidas

Suidae Lexicon, ed. Adler, Ada (Lexicographi Graeci Bd. 1) (5 Bde.), Lipsiae 1928-38

*Suppl. Hell.

Supplementum Hellenisticum, ediderunt Lloyd-Jones, Hugh / Parsons, Peter. Indices in hoc Supplementum necnon in Powellii Collectanea Alexandrina confecit Nesselrath, H.-G. (Texte und Kommentare Bd. 11), Berolini et Novi Eboraci 1983

Susemihl

Aristoteles, Werke. Griechisch und deutsch und mit sacherklärenden Anmerkungen. Bd. 7: Aristoteles' Politik. Griechisch und deutsch hg. Susemihl, Franz. Teil II: Inhaltsübersicht und Anmerkungen. Neudruck der Ausgabe Leipzig 1879, Aalen 1978

*SVF

Stoicorum veterum fragmenta, collegit Arnim, Joannes ab. Vol. IV, quo indices continentur, conscripsit Adler, Maximilianus (4 Bde.), Lipsiae 1903-24 [zitiert nach Band, Seite und Zeile]

*Syrian. in Hermog.

Syriani In Hermogenem commentaria, edidit Rabe, Hugo (Rhetores Graeci Bd. 16, 1 + 2), Lipsiae 1892-93

*Syrian. in Metaph.

Syriani In Metaphysica commentaria, consilio et auctoritate Academiae Litterarum Regiae Borussicae edidit Kroll, Guilelmus (Commentaria in Aristotelem Graeca VI.1), Berlin 1902

*T. Abrah.

Le Testament grec d'Abraham. Introduction, édition critique des deux recensions grecques, traduction par Schmidt, Francis (Texte und Studien zum Antiken Judentum), Tübingen 1986

Taubenschlag

Taubenschlag, Rafael, Das Strafrecht im Rechte der Papyri. Neudruck der Ausgabe Leipzig 1916, Aalen 1972

Tebben

Tebben, Joseph R., Hesiod-Konkordanz. A Computer Concordance to Hesiod (Alpha - Omega Bd. A 34), Hildesheim / New York 1977

Test.

The Testament of the Twelve Patriarchs. A Critical Edition of the Greek Text by de Jonge, M(arinus), in cooperation with Hollander, H. W. / de Jonge, H. J. / Korteweg, Th. (Pseudepigrapha Veteris Testamentis I 2), Leiden 1978

Tetz

Tetz, Martin, Über nikäische Orthodoxie. Der sog. Tomus ad Antiochenos des Athanasios von Alexandrien, in: Zeitschrift für die neutestamentliche Wissenschaft und die Ältere Kirche 66 (1975), S. 194-222

Th. [erschlossen durch *Bétant*]

Thukydidis Historiae, recognovit brevique adnotatione critica instruxit Jones, Henricus Stuart. Apparatum criticum correxit et auxit Powell, Johannes Enoch (2 Bde.), Oxonii 1966-67 (= 1942-63)

ThBNT

Theologisches Begriffslexikon zum Neuen Testament, hg. Coenen, Lothar / Beyreuther, Erich, und Bietenhard, Hans (3 Bde.), Wuppertal [3]1972

Theiler

Theiler, Willy, Ein griechischer Historiker bei Sallust, in: W. Th., Untersuchungen zur antiken Literatur, Berlin 1970, S. 351-62

Thom. Mag.

Thomae Magistri sive Theoduli Monachi Ecloga vocum Atticorum, ex recensione et cum prolegomenis Ritschelii, Friderici, Halis Saxonum 1832 [zitiert nach Seite und Zeile]

Thphr. Char. [erschlossen durch *Computer Irvine*]

Theophrast, Charaktere, hg. und erkl. Steinmetz, Peter. 1. Band: Textgeschichte und Text. 2. Band: Kommentar und Übersetzung (Das Wort der Antike Bd. 7), München 1960-62

ThWNT

Theologisches Wörterbuch zum Neuen Testament, (...) Bd. 1 hg. Kittel, Gerhard. Bd. 5-10 (1) hg. Friedrich, Gerhard. Bd. 10 (1): Register. Unter Mitwirkung von Hiller, August, und Reinhardt, Klaus, bearbeitet von Rühle, Oskar. (Bd. 1-7) Stuttgart, (Bd. 8-10) Stuttgart/Berlin/Köln/Mainz 1957 (= 1933) - 1979

Thyen

Thyen, Hartwig, Studien zur Sündenvergebung im Neuen Testament und seinen alttestamentlichen und jüdischen Voraussetzungen (Forschungen zur Religion und Literatur des Alten und Neuen Testaments Heft 96), Göttingen 1970

TrGF [erschlossen durch *Nauck*]

Tragicorum Graecorum Fragmenta, recensuit Nauck, Augustus. Supplementum continens nova fragmenta Euripidea et adespota apud scriptores veteres reperta adiecit Snell, Bruno, Hildesheim 1964

TrGF 2

Tragicorum Graecorum Fragmenta. Vol. 2: Fragmenta adespota, testimonia volumini 1 addenda, indices ad volumina 1 et 2, editores Kannicht, Richard, et Snell, Bruno, Göttingen 1981

*TrGF 3

Tragicorum Graecorum Fragmenta. Vol. 3: Aeschylus, editor Radt, Stefan, Göttingen 1985

*TrGF 4

Tragicorum Graecorum Fragmenta. Vol. 4: Sophocles, editor Radt, Stefan (F 730 a-g edidit Kannicht, R[ichard]), Göttingen 1985

*Triph.

Triphiodorus, Ilii excidium, edidit Livrea, Henricus, Leipzig 1982

Underhill

Xenophon, Hellenica. Text by Marchant, E. C. Notes by Underhill, G. E. (Greek Texts and Commentaries), New York 1979 (= Oxford 1906)

*UPZ

Wilcken, Ulrich (Hg.), Urkunden der Ptolemäerzeit (Ältere Funde) (2 Bde.), Berlin und Leipzig 1927 / Berlin 1957

*Usener

Usener, Hermannus, Glossarium Epicureum, edendum curaverunt Gigante, M., et Schmid, W. (Lessico intellettuale Europeo 14), Roma 1977

*van Cleef

van Cleef, Frank Louis, Index Antiphonteus, Hildesheim 1984 (= Ithaca/N. Y. 1895)

*Vett. Val.

Vettii Valentis Anthologiarum libri novem, edidit Pingree, David, Leipzig 1986 [zitiert nach Seite und Zeile]

Vince

Demosthenes II: De Corona and De falsa legatione. XVIII, XIX, with an English translation by Vince, C. A. / Vince, J. H., London / Cambridge Mass. 1936

Voigtländer

Voigtländer, Hanns-Dieter, Der Philosoph und die Vielen. Die Bedeutung des Gegensatzes der unphilosophischen Menge zu den Philosophen (und das Problem des Argumentum e consensu omnium) im philologischen Denken der Griechen bis auf Aristoteles, Wiesbaden 1980

Volkmann

Volkmann, Richard, Die Rhetorik der Griechen und Römer in systematischer Übersicht, Hildesheim 1963 (= Leipzig ²1885)

*Vooys

Vooys, Cornelis Jan, Lexicon Philodemeum. Pars Prior (= Diss. Amsterdam), Purmerend 1935. Pars altera, perfecit van Krevelen, D. A., Amsterdam 1941

*Vorsokr.

Die Fragmente der Vorsokratiker, griechisch und deutsch von Diels, Hermann, hg. Kranz, Walther (3 Bde.), [Dublin/Zürich] ¹⁷1974 (= ⁶1951) [zitiert nach Nummer des Autors, Abteilung, Fragment; evtl. folgt Autorenname und Werk]

Wackernagel Ignosco

Wackernagel, Jacob, Ignosco, in: J. W., Kleine Schriften, hg. Akademie der Wissenschaften zu Göttingen, Bd. I (2), Göttingen [1953] S. 1314-21

Wackernagel Homer

Wackernagel, Jacob, Die Lücken der homerischen Sprache, in: J. W., Sprachliche

Untersuchungen zu Homer (Forschungen zur griechischen und lateinischen Grammatik Heft 4), Göttingen 1916, S. 201-231

Walde/Hofmann

Walde, A., Lateinisches etymologisches Wörterbuch. 3., neubearbeitete Auflage von Hofmann, J. B. (Indogermanische Bibliothek, Erste Abteilung, Zweite Reihe, Bd. 1), Heidelberg 1938-54

Waldstein

Waldstein, Wolfgang, Untersuchungen zum römischen Begnadigungsrecht. Abolitio — indulgentia — venia (Commentationes Aenipontanae 18), Innsbruck 1964

Weder

Weder, Hans, Plädoyer für die Feindesliebe, in: Neue Zürcher Zeitung vom 18. 2. 1983, Fernausgabe S. 32

Wenger

Wenger, Leopold, Die Quellen des römischen Rechts (Österreichische Akademie der Wissenschaften. Denkschriften der Gesamtakademie Bd. 2), Wien 1953

West

West, M(artin) L(itchfield), Greek Metre, Oxford 1982

Westman

Westman, Rolf, Plutarch gegen Kolotes. Seine Schrift "Adversus Colotem" als philosophiegeschichtliche Quelle (Acta Philosophica Fennica Bd. 7), Helsingfors 1955

Wickler

Wickler, Wolfgang, Die Biologie der Zehn Gebote, München 1971

Wiedemann

Wiedemann, Alfred (Hg.), Herodots Zweites Buch mit sachlichen Erläuterungen, Leipzig 1890

Wilamowitz

Wilamowitz-Moellendorff, Ulrich von, Isyllos von Epidauros (Philologische Untersuchungen 9), Berlin 1886

Wiese

Wiese, Klaus, Irrtum und Unkenntnis im Recht der griechischen und lateinischen Papyrusurkunden, Diss. Köln 1971

Winnington-Ingram

Winnington-Ingram, R. P., Τὰ Δέοντα Εἰπεῖν: Cleon and Diodotus, in: Bulletin of the University of London 12 (1965), S. 70-82

Wolbert

Wolbert, Werner, Ethische Argumentation und Paränese in 1 Kor 7 (Moraltheologische Studien, Systematische Abteilung Bd. 8), Düsseldorf 1981

X. [erschlossen durch *Sturz*]

Xenophontis Opera omnia, recognovit brevique adnotatione critica instruxit Marchant, E. C. (5 Bde.), Oxonii 1961-74 (= 1900-20)

X. Eph. [erschlossen durch *Computer Irvine*]

Xenophontis Ephesii Ephesiacorum libri V de amoribus Anthiae et Abrocomae, recognovit Papanikolaou, Antonius D., Leipzig 1973

Register

Nachgewiesen wird der Zitatbeginn der ausführlicher behandelten Stellen.

Wissenschaftliche Untersuchungen zum Neuen Testament

Alphabetisches Verzeichnis
der ersten und zweiten Reihe

Appold, Mark L.: The Oneness Motif in the Fourth Gospel. 1976. *Band II/1.*

Bammel, Ernst: Judaica. 1986. *Band 37.*

Bauernfeind, Otto: Kommentar und Studien zur Apostelgeschichte. 1980. *Band 22.*

Bayer, Hans Friedrich: Jesus' Predictions of Vindication and Resurrection. 1986. *Band II/20.*

Betz, Otto: Jesus, der Messias Israels. 1987. *Band 42.*

– Jesus, der Herr der Kirche. 1990. *Band 52.*

Beyschlag, Karlmann: Simon Magnus und die christliche Gnosis. 1974. *Band 16.*

Bittner, Wolfgang J.: Jesu Zeichen im Johannesevangelium. 1987. *Band II/26.*

Bjerkelund, Carl J.: Tauta Egeneto. 1987. *Band 40.*

Blackburn, Barry Lee: 'Theios Anēr' and the Markan Miracle Traditions. 1991. *Band II/40.*

Bockmuehl, Markus N. A.: Revelation and Mystery in Ancient Judaism and Pauline Christianity. 1990. *Band II/36.*

Böhlig, Alexander: Gnosis und Synkretismus Teil 1 1989. *Band 47* – Teil 2 1989. *Band 48.*

Büchli, Jörg: Der Poimandres – ein paganisiertes Evangelium. 1987. *Band II/27.*

Bühner, Jan A.: Der Gesandte und sein Weg im 4. Evangelium. 1977. *Band II/2.*

Burchard, Christoph: Untersuchungen zu Joseph und Aseneth. 1965. *Band 8.*

Cancik, Hubert (Hrsg.): Markus-Philologie. 1984. *Band 33.*

Caragounis, Chrys C.: The Son of Man. 1986. *Band 38.*

Dobbeler, Axel von: Glaube als Teilhabe. 1987. *Band II/22.*

Ebertz, Michael N.: Das Charisma des Gekreuzigten. 1987. *Band 45.*

Eckstein, Hans-Joachim: Der Begriff der Syneidesis bei Paulus. 1983. *Band II/10.*

Ego, Beate: Im Himmel wie auf Erden. 1989. *Band II/34.*

Ellis, E. Earle: Prophecy and Hermeneutic in Early Christianity. 1978. *Band 18.*

– The Old Testament in Early Christianity. 1991. *Band 54.*

Feldmeier, Reinhard: Die Krisis des Gottessohnes. 1987. *Band II/21.*

Fossum, Jarl E.: The Name of God and the Angel of the Lord. 1985. *Band 36.*

Garlington, Don B.: The Obedience of Faith. 1991. *Band II/38.*

Garnet, Paul: Salvation and Atonement in the Qumran Scrolls. 1977. *Band II/3.*

Grässer, Erich: Der Alte Bund im Neuen. 1985. *Band 35.*

Green, Joel B.: The Death of Jesus. 1988. *Band II/33.*

Gundry Volf, Judith M.: Paul and Perseverance. 1990. *Band II/37.*

Hafemann, Scott J.: Suffering and the Spirit. 1986. *Band II/19.*

Heiligenthal, Roman: Werke als Zeichen. 1983. *Band II/9.*

Hemer, Colin J.: The Book of Acts in the Setting of Hellenistic History. 1989. *Band 49.*

Hengel, Martin und *A. M. Schwemer* (Hrsg.): Königsherrschaft Gottes und himmlischer Kult. 1991. *Band 55.*

Hengel, Martin: Judentum und Hellenismus. 1969, [3]1988. *Band 10.*

Herrenbrück, Fritz: Jesus und die Zöllner. 1990. *Band II/41.*

Hofius, Otfried: Katapausis. 1970. *Band 11.*

– Der Vorhang vor dem Thron Gottes. 1972. *Band 14.*

– Der Christushymnus Philipper 2,6 – 11. 1976, [2]1991. *Band 17.*

– Paulusstudien. 1989. *Band 51.*

Holtz, Traugott: Geschichte und Theologie des Urchristentums. Hrsg. von Eckart Reinmuth und Christian Wolff. 1991. *Band 57.*

Hommel, Hildebrecht: Sebasmata. Band 1. 1983. *Band 31.* – Band 2. 1984. *Band 32.*

Kamlah, Ehrhard: Die Form der katalogischen Paränese im Neuen Testament. 1964. *Band 7.*

Kim, Seyoon: The Origin of Paul's Gospel. 1981, [2]1984. *Band II/4.*

– »The ›Son of Man‹« as the Son of God. 1983. *Band 30.*

Kleinknecht, Karl Th.: Der leidende Gerechtfertigte. 1984, [2]1988. *Band II/13.*

Klinghardt, Matthias: Gesetz und Volk Gottes. 1988. *Band II/32.*

Köhler, Wolf-Dietrich: Rezeption des Matthäusevangeliums in der Zeit vor Irenäus. 1987. *Band II/24.*

Kuhn, Karl G.: Achtzehngebet und Vaterunser und der Reim. 1950. *Band 1.*

Lampe, Peter: Die stadtrömischen Christen in den ersten beiden Jahrhunderten. 1987, [2]1989. *Band II/18.*

Maier, Gerhard: Mensch und freier Wille. 1971. *Band 12.*

– Die Johannesoffenbarung und die Kirche. 1981. *Band 25.*

Marshall, Peter: Enmity in Corinth: Social Conventions in Paul's Relations with the Corinthians. 1987. *Band II/23.*

Meade, David G.: Pseudonymity and Canon. 1986. *Band 39.*

Mengel, Berthold: Studien zum Philipperbrief. 1982. *Band II/8.*

Merkel, Helmut: Die Widersprüche zwischen den Evangelien. 1971. *Band 13.*

Merklein, Helmut: Studien zu Jesus und Paulus. 1987. *Band 43.*

Metzler, Karin: Der griechische Begriff des Verzeihens. 1991. *Band II/44.*

Niebuhr, Karl-Wilhelm: Gesetz und Paränese. 1987. *Band II/28.*

Nissen, Andreas: Gott und der Nächste im antiken Judentum. 1974. *Band 15.*

Okure, Teresa: The Johannine Approach to Mission. 1988. *Band II/31.*

Pilhofer, Peter: Presbyteron Kreitton. 1990. *Band II/39.*

Probst, Hermann: Paulus und der Brief. 1991. *Band II/45.*

Räisänen, Heikki: Paul and the Law. 1983, [2]1987. *Band 29.*

Rehkopf, Friedrich: Die lukanische Sonderquelle. 1959. *Band 5.*

Reinmuth, Eckhardt: siehe *Holtz.*

Reiser, Marius: Syntax und Stil des Markusevangeliums. 1984. *Band II/11.*

Richards, E. Randolph: The Secretary in the Letters of Paul. 1991. *Band II/42.*

Riesner, Rainer: Jesus als Lehrer. 1981, [3]1988. *Band II/7.*

Rissi, Mathias: Die Theologie des Hebräerbriefs. 1987. *Band 41.*

Röhser, Günter: Metaphorik und Personifikation der Sünde. 1987. *Band II/25.*

Rüger, Hans Peter: Die Weisheitsschrift aus der Kairoer Geniza. 1991. *Band 53.*

Sänger, Dieter: Antikes Judentum und die Mysterien. 1980. *Band II/5.*

Sandnes, Karl Olav: Paul – One of the Prophets? 1991. *Band II/43.*

Sato, Migaku: Q und Prophetie. 1988. *Band II/29.*

Schimanowski, Gottfried: Weisheit und Messias. 1985. *Band II/17.*

Schlichting, Günter: Ein jüdisches Leben Jesu. 1982. *Band 24.*

Schnabel, Eckhard J.: Law and Wisdom from Ben Sira to Paul. 1985. *Band II/16.*

Schutter, William L.: Hermeneutic and Composition in I Peter. 1989. *Band II/30.*

Schwemer, A. M. – siehe *Hengel.*

Siegert, Folker: Drei hellenistisch-jüdische Predigten. Teil 1 1980. *Band 20.* – Teil 2 1991.

– Nag-Hammadi-Register. 1982. *Band 26.*

– Argumentation bei Paulus. 1985. *Band 34.*

– Philon von Alexandrien. 1988. *Band 46.*

Simon, Marcel: Le christianisme antique et son contexte religieux I/II. 1981. *Band 23.*

Snodgrass, Klyne: The Parable of the Wicked Tenants. 1983. *Band 27.*

Speyer, Wolfgang: Frühes Christentum im antiken Strahlungsfeld. 1989. *Band 50.*

Stadelmann, Helge: Ben Sira als Schriftgelehrter. 1980. *Band II/6.*

Strobel, August: Die Studie der Wahrheit. 1980. *Band 21.*

Stuhlmacher, Peter (Hrsg.): Das Evangelium und die Evangelien. 1983. *Band 28.*

Tajra, Harry W.: The Trial of St. Paul. 1989. *Band II/35.*

Theissen, Gerd: Studien zur Soziologie des Urchristentums. 1979, [3]1989. *Band 19.*

Thornton, Claus-Jürgen: Der Zeuge des Zeugen. 1991. *Band 56.*

Wedderburn, A. J. M.: Baptism and Resurrection. 1987. *Band 44.*

Wegner, Uwe: Der Hauptmann von Kafarnaum. 1985. *Band II/14.*

Wolff, Christian: siehe *Holtz.*

Zimmermann, Alfred E.: Die urchristlichen Lehrer. 1984, [2]1988. *Band II/12.*

Ausführliche Prospekte schickt Ihnen gern der Verlag
J. C. B. Mohr (Paul Siebeck), Postfach 2040, D-7400 Tübingen